História das crenças
e das ideias religiosas

História das crenças e das ideias religiosas

VOLUME I Da Idade da Pedra aos mistérios de Elêusis
VOLUME II De Gautama Buda ao triunfo do cristianismo
VOLUME III De Maomé à Idade das Reformas

Mircea Eliade

História das crenças e das ideias religiosas

VOLUME I
Da Idade da Pedra aos mistérios de Elêusis

Tradução:
Roberto Cortes de Lacerda

9ª reimpressão

Para Christinel

Copyright © 1976 by Payot

Tradução autorizada da primeira edição francesa,
publicada em 1976 por Payot, de Paris, França

Esta obra foi anteriormente publicada no Brasil por Zahar Editores em 1978.
O texto da edição atual foi revisto pelo tradutor a partir da reimpressão francesa de 1996.

*Grafia atualizada segundo o Acordo Ortográfico da Língua Portuguesa
de 1990, que entrou em vigor no Brasil em 2009.*

Título original
Histoire des croyances et des idées religieuses – volume I

Capa
Dupla Design

Imagem da capa
© José Carlos Pires Pereira

Projeto gráfico
Carolina Falcão

Preparação
Angela Ramalho Vianna

CIP-Brasil. Catalogação na publicação
Sindicato Nacional dos Editores de Livros, RJ

	Eliade, Mircea, 1907-1986
E39h v.1	História das crenças e das ideias religiosas, volume I: da Idade da Pedra aos mistérios de Elêusis / Mircea Eliade; tradução Roberto Cortes de Lacerda. – 1ª ed. – Rio de Janeiro: Zahar, 2010.
	Tradução de: Histoire des croyances et des idées religieuses. Inclui bibliografia e índice ISBN 978-85-378-0112-3
	1. Religião – História. 2. Religiões – História. I. Título.

CDD: 291

CDU: 2-9

09-6230

[2022]
Todos os direitos desta edição reservados à
EDITORA SCHWARCZ S.A.
Praça Floriano, 19, sala 3001 — Cinelândia
20031-050 — Rio de Janeiro — RJ
Telefone: (21) 3993-7510
www.companhiadasletras.com.br
www.blogdacompanhia.com.br
facebook.com/editorazahar
instagram.com/editorazahar
twitter.com/editorazahar

Sumário

Nota do tradutor 9

Lista de abreviaturas 11

Prefácio 13

I. No começo... Comportamentos mágico-religiosos dos paleantropídeos 17

1. *Orientatio*. Ferramentas para fazer ferramentas. A "domesticação" do fogo, *17* • 2. A "opacidade" dos documentos pré-históricos, *19* • 3. Significações simbólicas das sepulturas, *22* • 4. A controvérsia em torno dos depósitos de ossadas, *26* • 5. As pinturas rupestres: imagens ou símbolos?, *29* • 6. A presença feminina, *31* • 7. Ritos, pensamento e imaginação entre os caçadores paleolíticos, *33* • Notas, *39*

II. A mais longa revolução: a descoberta da agricultura – mesolítico e neolítico 41

8. Um paraíso perdido, *41* • 9. Trabalho, tecnologia e mundos imaginários, *44* • 10. A herança dos caçadores paleolíticos, *46* • 11. A domesticação das plantas alimentares: mitos de origem, *47* • 12. A mulher e a vegetação. Espaço sagrado e renovação periódica do mundo, *50* • 13. Religiões neolíticas do Oriente Próximo, *54* • 14. O edifício espiritual do neolítico, *57* • 15. Contexto religioso da metalurgia: mitologia da Idade do Ferro, *60* • Notas, *63*

III. As religiões mesopotâmicas 66

16. "A história começa na Suméria...", *66* • 17. O homem diante dos seus deuses, *68* • 18. O primeiro mito do dilúvio, *71* • 19. A descida aos Infernos: Inanna e Dumuzi, *72* • 20. A síntese sumério-acadiana, *75* • 21. A Criação do mundo, *77* • 22. A sacralidade do soberano mesopotâmico, *81* • 23. Gilgamesh em busca da imortalidade, *83* • 24. O destino e os deuses, *86* • Notas, *89*

IV. Ideias religiosas e crises políticas no antigo Egito 92

25. O inesquecível milagre: a "Primeira Vez", *92* • **26.** Teogonias e cosmogonias, *94* • **27.** As responsabilidades de um deus encarnado, *96* • **28.** A ascensão do faraó ao Céu, *99* • **29.** Osíris, o deus assassinado, *102* • **30.** A síncope: anarquia, desespero e "democratização" da vida de além-túmulo, *105* • **31.** Teologia e política da "solarização", *107* • **32.** Akhenaton ou a reforma fracassada, *110* • **33.** Síntese final: a associação Ré-Osíris, *113* • Notas, *116*

V. Megálitos, templos, centros cerimoniais: Ocidente, Mediterrâneo, vale do Indo 119

34. A pedra e a banana, *119* • **35.** Centros cerimoniais e construções megalíticas, *122* • **36.** O "enigma dos megálitos", *124* • **37.** Etnografia e pré-história, *126* • **38.** As primeiras cidades da Índia, *128* • **39.** Concepções religiosas proto-históricas e seus paralelos no hinduísmo, *130* • **40.** Creta: grutas sagradas, labirintos, deusas, *132* • **41.** Traços característicos da religião minoica, *135* • **42.** Continuidade das estruturas religiosas pré-helênicas, *137* • Notas, *139*

VI. As religiões dos hititas e dos cananeus 142

43. Simbiose anatólia e sincretismo hitita, *142* • **44.** O "deus que desaparece", *144* • **45.** Vencer o dragão, *146* • **46.** Kumarbi e a soberania, *147* • **47.** Conflitos entre gerações divinas, *149* • **48.** Um panteão cananeu: Ugarit, *150* • **49.** Baal apodera-se da soberania e triunfa sobre o dragão, *153* • **50.** O palácio de Baal, *155* • **51.** Baal enfrenta Môt: morte e retorno à vida, *156* • **52.** Visão religiosa cananeia, *158* • Notas, *160*

VII. "Quando Israel era menino..." 162

53. Os dois primeiros capítulos do Gênese, *162* • **54.** O paraíso perdido: Caim e Abel, *165* • **55.** Antes e depois do dilúvio, *167* • **56.** A religião dos patriarcas, *170* • **57.** Abraão, "pai da fé", *172* • **58.** Moisés e a saída do Egito, *174* • **59.** "Eu sou aquele que é", *176* • **60.** A religião sob os juízes: a primeira fase do sincretismo, *179* • Notas, *181*

VIII. A religião dos indo-europeus e os deuses védicos 184

61. Proto-história dos indo-europeus, *184* • **62.** O primeiro panteão e o vocabulário religioso comum, *186* • **63.** A ideologia tripartida indo-europeia, *188* • **64.** Os árias na Índia, *191* • **65.** Varuna, divindade primordial: devas e asuras, *194* • **66.** Varuna: rei universal e "mágico"; *rta* e *maya*, *195* • **67.** Serpentes e deuses: Mitra, Aryaman, Aditi, *197* • **68.** Indra, paladino e demiurgo, *199* • **69.** Agni, o capelão dos deuses: fogo sacrifical, luz, inteligência, *201* • **70.** O deus Soma e a bebida da "não morte", *203* • **71.** Dois grandes deuses na época védica: Rudra-Xiva e Vishnu, *205* • Notas, *207*

IX. A Índia antes de Gautama Buda:
do sacrifício cósmico à suprema identidade *atman*-Brahman 210

72. Morfologia dos rituais védicos, *210* • 73. Os sacrifícios supremos: *asva-medha* e *purusamedha*, *212* • 74. Estrutura iniciatória dos rituais: a consagração (*diksa*), a sagração do rei (*rajasuya*), *214* • 75. Cosmogonias e metafísica, *216* • 76. A doutrina do sacrifício nos Bramanas, *220* • 77. Escatologia: identificação a Prajapati pelo sacrifício, *222* • 78. *Tapas:* técnica e dialética das austeridades, *224* • 79. Ascetas e extáticos: *muni, vratya*, *226* • 80. Os Upanixades e a coleta dos *rishis*: como se livrar dos "frutos" dos seus próprios atos?, *229* • 81. A identidade *atman*-Brahman e a experiência da "luz interior", *231* • 82. As duas modalidades do Brahman e o mistério do *atman* "cativo" na matéria, *233* • Notas, *236*

X. Zeus e a religião grega 238

83. Teogonia e lutas entre gerações divinas, *238* • 84. Triunfo e soberania de Zeus, *240* • 85. O mito das primeiras raças. Prometeu. Pandora, *243* • 86. As consequências do sacrifício primordial, *246* • 87. O homem e o destino. Sentido da "alegria de viver", *249* • Notas, *252*

XI. Os olímpicos e os heróis 254

88. O grande deus decaído e o ferreiro-mágico: Posídon e Hefesto, *254* • 89. Apolo: as contradições reconciliadas, *257* • 90. Oráculos e purificação, *259* • 91. Da "visão" ao conhecimento, *261* • 92. Hermes, "o companheiro do homem", *263* • 93. As deusas I: Hera, Ártemis, *265* • 94. As deusas II: Antena, Afrodite, *267* • 95. Os heróis, *270* • Notas, *275*

XII. Os mistérios de Elêusis 277

96. O mito: Perséfone nos Infernos, *277* • 97. As iniciações: cerimônias públicas e rituais secretos, *280* • 98. Podemos conhecer os mistérios?, *282* • 99. "Segredos" e "mistérios", *285* • Notas, *287*

XIII. Zaratustra e a religião iraniana 289

100. Os enigmas, *289* • 101. A vida de Zaratustra: história e mito, *292* • 102. Êxtase xamânico?, *294* • 103. A revelação de Aúra-Masda: o homem é livre para escolher entre o bem e o mal, *295* • 104. A "transfiguração" do mundo, *297* • 105. A religião dos aquemênidas, *301* • 106. O rei iraniano e a festa do ano-novo, *303* • 107. O problema dos magos. Os citas, *304* • 108. Aspectos novos do masdeísmo: o culto do Haoma, *306* • 109. A exaltação do deus Mithra, *307* • 110. Aúra-Masda e o sacrifício escatológico, *309* • 111. A viagem da alma depois da morte, *311* • 112. A ressurreição do corpo, *313* • Notas, *315*

XIV. A religião de Israel na época dos reis e dos profetas 318

113. A realeza: o apogeu do sincretismo, *318* • 114. Javé e a criatura, *320* • 115. Jó, o justo posto à prova, *322* • 116. O tempo dos profetas, *324* • 117. Amós, o pastor; Oseias, o mal-amado, *326* • 118. Isaías: "um resto de Israel" retornará, *329* • 119. A promessa feita a Jeremias, *330* • 120. A queda de Jerusalém: a missão de Ezequiel, *332* • 121. Valorização religiosa do "terror da história", *334* • Notas, *336*

XV. Dioniso ou o reencontro das beatitudes 338

122. Epifanias e ocultações de um deus "nascido duas vezes", *338* • 123. O arcaísmo de algumas festas públicas, *341* • 124. Eurípides e o orgiasmo dionisíaco, *343* • 125. Quando os gregos redescobrem a presença do deus..., *348* • Notas, *352*

Estado das questões: bibliografia crítica 353

Índice remissivo 429

Nota do tradutor

Os vocábulos gregos obedeceram ao seguinte critério de transliteração:

GREGO	TRANSLITERAÇÃO EM PORTUGUÊS
α	a
β	b
γ	g
δ	d
ε	e
ζ	z
η	ê
θ	th
ι	i
κ	k
λ	l
μ	m
ν	n
ξ	x
ο	o
π	p
ρ	r
σ, ς	s
τ	t
υ	u
φ	ph
χ	kh
ψ	ps
ω	ô

Espíritos e iota subscrito:

ʽ (espírito forte) sobre vogal = h (ἁ = ha)
     sobre o rô = h (ῥ = rh)

ʼ (espírito fraco) sobre vogal: não transliterado

ͺ (iota subscrito) sob vogal = i (ᾳ = ai).

Os acentos do grego (agudo, grave e circunflexo) foram substituídos pelos de mesmo nome em português:

γραμματεὺς τῆς πόλεως = grammateùs tês póleôs.

Sempre que um acento agudo incide sobre as vogais longas η ou ω, optamos pela manutenção do acento circunflexo referente à quantidade:

κοινή = koinê
ψυχή = psukhê
Λητώ = Lêtô

Lista das abreviaturas

Anet	J.B. Pritchard. *Ancient Near Eastern Texts Relating to the Old Testament* (Princeton, 1950; 2ª edição, 1955)
Ar Or	*Archiv Orientálni* (Praga)
ARW	*Archiv für Religionswissenschaft* (Freiburg/Leipzig)
BJRL	*Bulletin of the John Rylands Library* (Manchester)
BSOAS	*Bulletin of the School of Oriental and African Studies* (Londres)
CA	*Current Anthropology* (Chicago)
HJAS	*Harvard Journal of Asiatic Studies*
HR	*History of Religions* (Chicago)
IIJ	*Indo-Iranian Journal* (Haia)
JA	*Journal Asiatique* (Paris)
Jaos	*Journal of the American Oriental Society* (Baltimore)
JAS Bombay	*Journal of the Asiatic Society, Bombay Branch*
Jies	*Journal of Indo-European Studies* (Montana)
JNES	*Journal of Near Eastern Studies* (Chicago)
JRAS	*Journal of the Royal Asiatic Society* (Londres)
JSS	*Journal of Semitic Studies* (Manchester)
OLZ	*Orientalistische Literaturzeitung* (Berlim/Leipzig)
RB	*Revue Biblique* (Paris)
REG	*Revue des Etudes Grecques* (Paris)
RHPR	*Revue d'Histoire et de Philosophie Religieuses* (Estrasburgo)
SMSR	*Studi e Materiali di Storia delle Religioni* (Roma)
VT	*Vetus Testamentum* (Leiden)
W.d.M.	*Woerterbuch der Mythologie* (Stuttgart)

Prefácio

Para o historiador das religiões, *toda* manifestação do sagrado é importante; todo rito, mito, crença ou figura divina reflete a experiência do sagrado e por conseguinte implica as noções de *ser*, de *significação* e de *verdade*. Como observei em outra ocasião:

> É difícil imaginar de que modo o espírito humano poderia funcionar sem a convicção de que existe no mundo alguma coisa de irredutivelmente *real*; e é impossível imaginar como a consciência poderia aparecer sem conferir *significado* aos impulsos e às experiências do homem. A consciência de um mundo real e significativo está intimamente ligada à descoberta do sagrado. Por meio da experiência do sagrado, o espírito humano captou a diferença entre o que se revela como real, poderoso, rico e significativo e o que é desprovido dessas qualidades, isto é, o fluxo caótico e perigoso das coisas, seus aparecimentos e desaparecimentos fortuitos e vazios de sentido.[1]

Em suma, o sagrado é um elemento na estrutura da consciência, e não uma fase na história dessa consciência. Nos mais arcaicos níveis de cultura, *viver como ser humano* é em si um *ato religioso*, pois a alimentação, a vida sexual e o trabalho têm um valor sacramental. Em outras palavras, ser – ou, antes, tornar-se – *um homem* significa ser "religioso".[2]

Discuti a dialética do sagrado e sua morfologia em obras anteriores, desde o *Traité d'histoire des religions* (1949) até o livrinho dedicado às *Religions australiennes* (1972). A presente obra foi pensada e elaborada de acordo com uma perspectiva diferente. Por um lado, analisei as manifestações do sagrado em ordem cronológica (mas convém não confundir a "idade" de uma concepção religiosa com a data do primeiro documento que a atesta!); por outro lado – e na medida em que a documentação o permitia –, insisti profundamente nas crises e, sobretudo, nos *momentos criadores* das diferentes tradições. Tentei, enfim, pôr em destaque as mais significativas contribuições para a história das ideias e das crenças religiosas.

Toda manifestação do sagrado é importante para o historiador das religiões; contudo, não é menos evidente que a estrutura do deus Anu, por exemplo, ou a teogonia e a cosmogonia transmitidas no *Enuma elish*, ou a saga de Gilgamesh, revelam a criatividade e a originalidade religiosas dos mesopotâmios com muito mais felicidade do que, digamos, os ritos apotropaicos contra Lamashtu ou a mitologia do deus Nusku. Às vezes, a importância de uma criação religiosa é revelada por suas valorizações posteriores.

Temos poucas informações acerca dos mistérios de Elêusis e do orfismo mais antigo; entretanto, o fascínio que têm exercido sobre as elites europeias após mais de 20 séculos constitui um *fato religioso* altamente significativo, cujas consequências ainda não apreciamos. Certamente a iniciação eleusina e os ritos secretos órficos, exaltados por alguns autores tardios, refletem a gnose mitologizante e o sincretismo greco-oriental. Mas foi justamente *essa* concepção dos mistérios e do orfismo que influenciou o hermetismo medieval, o Renascimento italiano, as tradições "ocultistas" do século XVIII e o romantismo; e foram ainda os mistérios e o Orfeu dos eruditos, místicos e teólogos alexandrinos que inspiraram a poesia europeia moderna, de Rilke a T.S. Eliot e a Pierre Emmanuel.

Pode-se discutir a validade do critério escolhido para circunscrever as grandes contribuições à história das ideias religiosas. Entretanto, o desenvolvimento de muitas religiões o confirma; pois é graças a crises profundas e às criações delas resultantes que as tradições religiosas conseguem renovar-se. Basta-nos lembrar o caso da Índia, onde a tensão e o desespero desencadeados pela desvalorização religiosa do sacrifício bramânico suscitaram uma série de deslumbrantes criações (os Upanixades, a articulação das técnicas da ioga, a mensagem de Gautama Buda, a devoção mística etc.), cada qual constituindo na verdade uma resolução distinta e audaciosa da mesma crise (ver Capítulos IX, XVII, XVIII e XIX).

Durante anos tive a intenção de escrever uma obra curta e concisa, que se pudesse ler em poucos dias, pois a leitura continuada revela muito bem a *unidade fundamental* dos fenômenos religiosos e, ao mesmo tempo, a inesgotável *novidade* das suas expressões. O leitor de um livro como esse se defrontaria com os hinos védicos, os Bramanas e os Upanixades algumas horas depois de ter passado em revista as ideias e as crenças dos paleolíticos, da Mesopotâmia e do Egito; descobriria Sankara, o tantrismo e Milarepa, o islã, Gioachino da Fiore ou Paracelso, após haver meditado na véspera sobre Zaratustra, Gautama Buda e o taoismo, sobre os mistérios helenísticos, o desenvolvimento do cristianismo, o gnosticismo, a alquimia ou a mitologia do Graal; encontraria os iluministas e os românticos alemães, Hegel, Max Müller, Freud, Jung e

Prefácio 15

Bonhoeffer, pouco depois de ter descoberto Quetzalcoatl e Viracocha, os 12 Alvârs e Gregório Palamas, os primeiros cabalistas, Avicena ou Eisai.

Mas infelizmente esse livro curto e conciso ainda não está escrito. Resignei-me a apresentar, por enquanto, uma obra em três volumes, na esperança de reduzi-la eventualmente a um volume de cerca de 400 páginas. Escolhi essa fórmula conciliatória sobretudo por duas razões: por um lado, pareceu-me oportuno citar certo número de textos importantes e insuficientemente conhecidos; por outro, quis colocar à disposição do estudioso bibliografias críticas bastante elaboradas. Restringi a um mínimo as notas e agrupei, na parte final do volume, as bibliografias e a discussão de certos aspectos que não foram tratados no texto ou só foram evocados de maneira muito sumária. Desse modo, a obra pode ser lida de forma contínua, sem as interrupções acarretadas pela discussão das fontes e pelo relatório sobre o estado das questões.

Os livros de síntese ou de vulgarização apresentam habitualmente uma lista de títulos no fim de cada capítulo. A estrutura desta *História das crenças e das ideias religiosas* exigia um aparato crítico mais complexo. Consequentemente, dividi os capítulos em subseções, munidas de um número e de um subtítulo. O estudioso pode consultar, passo a passo com a leitura, o estado das questões e as bibliografias reunidas no final do livro. Procurei estabelecer para cada subseção o essencial da bibliografia crítica recente, sem ignorar os trabalhos cuja orientação metodológica não compartilho. Afora raras exceções, não mencionei as contribuições publicadas em línguas escandinavas, eslavas ou balcânicas. A fim de facilitar a leitura, simplifiquei a transliteração dos nomes e termos orientais.

Com exceção de alguns capítulos, este livro reproduz o essencial dos cursos de história das religiões que ministrei, de 1933 a 1938, na Universidade de Bucareste, na École des Hautes Études, em 1946 e 1948, e, a partir de 1956, na Universidade de Chicago. Pertenço a essa categoria de historiadores das religiões que, seja qual for sua "especialidade", se esforçam por acompanhar os progressos efetuados nos domínios vizinhos e não hesitam em manter os estudantes informados sobre os diferentes problemas suscitados pela disciplina que aprendem.

Julgo, na verdade, que todo estudo histórico pressupõe certa familiaridade com a história universal; por conseguinte, a mais rigorosa "especialização" não exime o cientista da obrigação de situar suas pesquisas na perspectiva da história universal. Participo igualmente da convicção daqueles que pensam que o estudo de Dante ou Shakespeare, ou até de Dostoiévski ou Proust, é esclarecido pelo conhecimento de Kâlidâsa, do teatro nô ou do *Macaco peregrino*. Não se trata de um pseudoenciclopedismo vão e, em suma, estéril.

Trata-se simplesmente de não perder de vista a unidade profunda e indivisível da história do espírito humano.

A *consciência* dessa unidade da história espiritual da humanidade é uma descoberta recente, ainda pouco assimilada. No último capítulo do volume III, apreciaremos sua importância para o futuro da nossa disciplina. É ainda nesse capítulo final, quando discutirmos as crises provocadas pelos mestres do reducionismo – desde Marx e Nietzsche até Freud – e as contribuições trazidas pela antropologia, a história das religiões, a fenomenologia e a nova hermenêutica, que estaremos em condições de julgar a única, mas importante, criação religiosa do mundo ocidental moderno. Trata-se da derradeira etapa da dessacralização. O processo apresenta um interesse considerável para o historiador das religiões; ele ilustra, na verdade, a perfeita camuflagem do "sagrado", mais precisamente sua identificação ao "profano".

Em meio século de trabalho, muito aprendi com meus mestres, colegas e estudantes. Por todos, mortos ou vivos, nutro o mais sincero reconhecimento. Agradeço também à senhora Michel Fromentoux e aos senhores. Jean-Luc Benoziglio e Jean-Luc Pidoux-Payot, que se deram ao trabalho de rever o texto deste primeiro volume. Como todos os meus outros trabalhos desde 1950, este livro não teria sido concluído sem a presença, o carinho e a dedicação de minha mulher. Com alegria e gratidão, inscrevo o nome dela na dedicatória desta que será provavelmente a minha última contribuição a uma disciplina que nos é cara.

Mircea Eliade
Universidade de Chicago

NOTAS

1. M. Eliade, *La Nostalgie des origines*, p.7s.
2. Ibid., p.9.

I. No começo... comportamentos mágico-religiosos dos paleantropídeos

1. *Orientatio*. Ferramentas para fazer ferramentas. A "domesticação" do fogo

Apesar de sua importância para a compreensão do fenômeno religioso, não vamos discutir aqui o problema da "hominização". Basta lembrar que a postura vertical já marca a superação da condição dos primatas. Só podemos nos manter de pé em estado de vigília. É graças à postura vertical que o espaço é organizado numa estrutura inacessível aos pré-homínidas: em quatro direções horizontais projetadas a partir de um eixo central "alto"/"baixo". Em outros termos, o espaço deixa-se organizar em volta do corpo humano como se ele se estendesse à frente, atrás, à direita, à esquerda, em cima e embaixo. É a partir dessa experiência originária – sentir-se "lançado" no meio de uma extensão aparentemente ilimitada, desconhecida, ameaçadora – que se elaboram os diferentes meios de *orientatio*; com efeito, não se pode viver por muito tempo na vertigem provocada pela desorientação. Essa experiência do espaço orientado em torno de um "centro" explica a importância das divisões e repartições exemplares dos territórios, das aglomerações e das habitações, e o seu simbolismo cosmológico (cf. §12).*

Uma diferença igualmente decisiva em relação ao modo de vida dos primatas é esclarecida pelo uso das ferramentas. Os paleantropídeos não só se servem das ferramentas, mas são ainda capazes de fabricá-las. É verdade que certos macacos empregam objetos como se fossem "ferramentas", e conhecemos até casos em que eles as fabricam. Mas os paleantropídeos produzem, além disso, "ferramentas para fazer ferramentas". Aliás, o uso que dão às ferramentas é muito mais complexo; guardam-nas bem perto para que delas se possam servir no futuro. Em resumo, o emprego da ferramenta não está limi-

---

* Embora não seja mais consciente do seu valor "existencial", a experiência do espaço orientado ainda é familiar ao homem das sociedades modernas.

tado a uma situação particular ou a um momento específico, como acontece com os macacos.

Convém ainda explicar que as ferramentas não prolongam os órgãos do corpo. As mais antigas pedras que conhecemos foram trabalhadas para desempenhar uma função que não estava prefigurada na estrutura do corpo humano, como, por exemplo, a de cortar (ação diversa da de estraçalhar com os dentes ou de arranhar com as unhas).[1] Os progressos muito lentos em tecnologia não implicam um desenvolvimento semelhante da inteligência. Sabe-se que o extraordinário progresso da tecnologia nos dois últimos séculos não se traduziu em um desenvolvimento comparável da inteligência do homem ocidental. Por outro lado, como já se observou, "toda inovação comportava um perigo de morte coletiva" (André Varagnac). O imobilismo tecnológico assegurava a sobrevivência dos paleantropídeos.

A "domesticação" do fogo, isto é, a possibilidade de produzi-lo, conservá-lo e transportá-lo, assinala, poderíamos dizer, a separação definitiva dos paleantropídeos em relação aos seus antecessores zoológicos. O mais antigo "documento" que atesta a utilização do fogo data de Chu-ku-tien (cerca de ~ 600.000), mas é provável que a "domesticação" tenha acontecido bem antes e em vários sítios.

É bom lembrar esses poucos fatos bem conhecidos para que não se perca de vista, ao ler as análises que se seguirão, que o homem pré-histórico já se comportava como um ser dotado de inteligência e de imaginação. Quanto à atividade do inconsciente – sonhos, fantasias, visões, fabulações etc. –, presume-se que ela não se distinguia, a não ser por sua identidade e amplidão, da dos nossos contemporâneos. Mas é necessário compreender os termos *intensidade* e *amplidão* no seu sentido mais forte e dramático. Pois o homem é o produto final de uma decisão tomada "no começo do tempo": a de matar para poder viver.

De fato, os homínidas conseguiram superar os seus "ancestrais" transformando-se em carnívoros. Durante dois milhões de anos, aproximadamente, os paleantropídeos viveram da caça; os frutos, as raízes, os moluscos etc., recolhidos por mulheres e crianças, eram insuficientes para assegurar a sobrevivência da espécie. A caça determinou a divisão do trabalho de acordo com o sexo, reforçando assim a "hominização"; entre os carnívoros, e em todo o mundo animal, essa diferença não existe.

Mas a incessante perseguição e morte da presa acabaram por criar um sistema de relações *sui generis* entre o caçador e os animais abatidos. Voltaremos oportunamente a esse problema. Lembremos por enquanto que a "solidariedade mística" entre o caçador e suas presas é revelada pelo próprio ato

No começo...

de matar; o sangue derramado é em todos os aspectos semelhante ao sangue humano. Em última instância, a "solidariedade mística" com a presa revela o parentesco entre as sociedades humanas e o mundo animal. Abater o animal caçado ou, mais tarde, o domesticado equivale a um "sacrifício" em que as vítimas são intermutáveis.* Convém explicar que todas essas concepções se constituíram durante as últimas fases do processo de "hominização". Elas estão ainda ativas – modificadas, revalorizadas, camufladas – milênios após o desaparecimento das civilizações paleolíticas.

2. A "opacidade" dos documentos pré-históricos

Se os paleantropídeos são considerados "homens completos", deduz-se que possuíam também certo número de crenças e praticavam determinados ritos. Pois, conforme lembramos, a experiência do sagrado constitui um elemento na estrutura da consciência. Em outros termos, se lembrarmos a questão da "religiosidade" ou da "não religiosidade" dos homens pré-históricos, incumbe aos partidários da "não religiosidade" dar provas em apoio de sua hipótese. É provável que a teoria da "não religiosidade dos paleantropídeos tenha se imposto na época do evolucionismo, quando se acabavam de descobrir as analogias com os primatas. Trata-se, porém, de um mal-entendido, pois, nesse caso, o que conta não é a estrutura anatômico-osteológica dos paleantropídeos (similar, sem dúvida, à dos primatas), mas suas *obras*; e estas demonstram a atividade de uma inteligência que só podemos definir como "humana".

Mas se hoje estamos de acordo quanto ao fato de que os paleantropídeos tinham uma "religião", é difícil, se não praticamente impossível, determinar qual era seu conteúdo. Entretanto, os pesquisadores não entregaram os pontos; pois resta certo número de "documentos-testemunhos" sobre a vida dos paleantropídeos, e espera-se chegar um dia a decifrar-lhes o significado religioso. Em outras palavras, espera-se que esses "documentos" sejam suscetíveis de constituir uma "linguagem", exatamente como, graças ao gênio de Freud, as criações do inconsciente, até então tidas por absurdas ou sem sentido – sonhos, devaneios, fantasias etc. –, revelaram a vigência de uma "linguagem" extremamente preciosa para o conhecimento do homem.

---

* Essa ideia extremamente arcaica ainda sobrevivia na Antiguidade mediterrânea: não só animais substituíam vítimas humanas (o costume é universalmente difundido), como também homens eram sacrificados no lugar dos animais. Cf. Walter Burkert, *Homo necans*, p.29, n.34.

Na verdade, os "documentos" são bastante numerosos, mas "opacos" e pouco variados; ossadas humanas, sobretudo crânios, ferramentas de pedra, pigmentos (em primeiro lugar, a ocra vermelha, a hematita), diversos objetos encontrados nos túmulos. É apenas a partir do paleolítico recente que dispomos de gravuras e pinturas rupestres, seixos pintados e estatuetas de osso e de pedra. Em certos casos – sepulturas, obras de arte –, e nos limites que vamos examinar, estamos pelo menos seguros de uma intencionalidade "religiosa". Mas a maioria dos "documentos" anteriores ao aurignaciano (~ 30.000), vale dizer, as ferramentas ou utensílios, nada revelam além do seu valor utilitário.

E é entretanto inconcebível que as ferramentas não tenham sido investidas de certa sacralidade e não tenham inspirado inúmeros episódios mitológicos. As primeiras descobertas tecnológicas – a transformação da pedra em instrumentos de ataque e de defesa, o domínio do fogo – não só asseguraram a sobrevivência e o desenvolvimento da espécie humana; produziram também todo um universo de valores mítico-religiosos, e incitaram e nutriram a imaginação criadora. Basta examinar o papel das ferramentas na vida religiosa e na mitologia dos primitivos que ainda permanecem no estágio da caça e da pesca. O valor mágico-religioso de uma arma – de madeira, pedra, metal – sobrevive ainda entre as populações rurais europeias, e não somente no seu folclore. Não é nossa intenção examinar aqui as cratofanias e as hierofanias da pedra, das rochas e dos seixos; o leitor encontrará exemplos atinentes a esse tema num dos capítulos do nosso *Traité d'histoire des religions*.

Foi principalmente o "domínio da distância", conquistado graças à arma-projétil, que suscitou incontáveis crenças, mitos e lendas. Lembremos as mitologias articuladas em torno das lanças que se cravam na abóbada celeste e permitem que se ascenda ao Céu, ou as flechas que voam através das nuvens, traspassam os demônios, ou formam uma corrente até o Céu etc. Teríamos de evocar pelo menos algumas das crenças e mitologias das ferramentas, em primeiro lugar das armas, para melhor aquilatarmos tudo o que as pedras trabalhadas dos paleantropídeos *já não nos podem comunicar*. A "opacidade semântica" desses documentos pré-históricos não constitui uma singularidade. Todo documento, mesmo contemporâneo, é "espiritualmente opaco" enquanto não conseguimos decifrá-lo, integrando-o em um sistema de significações.

Uma ferramenta, pré-histórica ou contemporânea, só pode revelar sua intencionalidade tecnológica: tudo aquilo que seu produtor ou seus possuidores pensaram, sentiram, sonharam, imaginaram, esperaram em relação a ela nos escapa. Mas cumpre-nos pelo menos tentar "imaginar" os valores não materiais das ferramentas pré-históricas. Do contrário, essa opacidade semântica pode impor-nos uma compreensão inteiramente errônea da história da cultura. Corremos, por exemplo, o risco de confundir o aparecimento de uma crença com a data em que ela é claramente atestada pela primeira vez.* Quando, na Idade dos Metais, certas tradições aludem a "segredos de ofício" relacionados com o trabalho nas minas, a metalurgia e a fabricação das armas, seria imprudente acreditar que se trata de uma invenção sem precedente, pois essas tradições prolongam, pelo menos em parte, uma herança da Idade da Pedra.

Por cerca de dois milhões de anos, os paleantropídeos viveram principalmente da caça, da pesca e da coleta. Mas as primeiras indicações arqueológicas referentes ao universo religioso do caçador paleolítico remontam à arte rupestre franco-cantábrica (~ 30.000). E mais, se examinarmos as crenças e os comportamentos religiosos dos povos caçadores contemporâneos, perceberemos a impossibilidade quase total de *demonstrar a existência ou a ausência* de crenças semelhantes entre os paleantropídeos. Os caçadores primitivos[2] consideram que os animais são semelhantes aos homens, embora possuam poderes sobrenaturais; creem que o homem pode transformar-se em animal e vice-versa; que as almas dos mortos podem penetrar nos animais, e, finalmente, que existem relações misteriosas entre uma pessoa e um animal determinado (é o que se conhecia outrora pelo nome de nagualismo). Quanto aos seres sobrenaturais atestados nas religiões dos caçadores, distinguem-se os companheiros ou os "espíritos guardiães" teriomorfos, as divindades do tipo "ser supremo senhor das feras", que protegem simultaneamente a çaça e os caçadores, os espíritos da savana e os espíritos das diferentes espécies animais.

De mais a mais, certo número de comportamentos religiosos é específico das civilizações dos caçadores: a matança do animal constitui um ritual, o que implica a crença de que o senhor das feras zela para que o caçador só mate aquilo de que necessita para se alimentar e para que o alimento não seja desperdiçado; os ossos, especialmente o crânio, têm um valor ritual considerável (provavelmente por se acreditar que eles encerram a "alma" ou a "vida" do animal, e que é a partir do esqueleto que o senhor das feras fará crescer uma nova carne); eis por que o crânio e os ossos longos são expostos sobre galhos ou lugares altos; entre certos povos, envia-se a alma do animal morto para a sua "pátria espiritual" (cf. o "festival do urso" dos ainos e dos giliaks); existe também o costume de oferecer aos seres supremos um pedaço de cada

---

* Rigorosamente aplicado, esse método levaria a situar em 1812-22 os contos germânicos, data da sua publicação pelos irmãos Grimm.

animal morto (os pigmeus, os negritos das Filipinas etc.) ou o crânio e os ossos longos (samoiedos etc.); entre algumas populações do Sudão, o jovem, após haver abatido a sua primeira caça, lambuza com sangue as paredes de uma caverna.

Quantas dessas crenças e cerimônias podem ser identificadas nos documentos arqueológicos de que dispomos? Quando muito, as oferendas dos crânios e dos ossos longos. Nunca se insistirá o bastante sobre a riqueza e complexidade da ideologia religiosa dos povos caçadores – e sobre a impossibilidade quase absoluta de provar ou negar sua existência entre os paleantropídeos. Como já se repetiu muitas vezes: as crenças e as ideias não são fossilizáveis. Alguns cientistas têm portanto preferido nada dizer sobre as ideias e as crenças dos paleantropídeos, em vez de reconstituí-las com o auxílio de comparações com as civilizações dos caçadores. Essa posição metodológica radical não está isenta de perigo. Deixar em branco uma enorme parte da história do espírito humano acarreta o risco de encorajar a ideia de que durante todo esse tempo a atividade espiritual se limitava à conservação e à transmissão da tecnologia. Ora, uma opinião como esta não só é errônea, mas também nefasta para o conhecimento do homem. O *Homo faber* era igualmente *homo ludens, sapiens* e *religiosus*. Já que não podemos reconstituir suas crenças e práticas religiosas, devemos pelo menos indicar certas analogias suscetíveis de esclarecê-las de maneira indireta.

3. Significações simbólicas das sepulturas

Os "documentos" mais antigos e numerosos são, evidentemente, as ossadas. A partir do musteriano (~ 70.000-50.000) podemos falar com absoluta certeza em sepulturas. Mas encontramos crânios e mandíbulas inferiores em sítios muito mais antigos, como por exemplo em Chu-ku-tien (em um nível datável de ~ 400.000-300.000), e sua presença levantou problemas. Uma vez que não se trata de sepulturas, a conservação desses crânios podia se explicar por motivos religiosos. O abade Breuil e Wilhelm Schmidt lembraram o costume, atestado entre os australianos e outros povos primitivos,[3] de conservar os crânios dos pais falecidos e transportá-los consigo em seus deslocamentos. Embora verossímil, a hipótese não foi admitida pela maior parte dos cientistas. Também se interpretaram esses fatos como uma prova de canibalismo – ritual ou profano. Foi assim que A.C. Blanc explicou a mutilação de um crânio neandertalense, encontrado numa gruta do monte Circeu: o homem teria sido abatido por um golpe que lhe partira a órbita direita, e em seguida se teria

No começo... 23

alargado o orifício occipital para extrair o cérebro e comê-lo ritualmente. Mas essa explicação tampouco foi unanimemente aceita.[4]

A crença numa vida *post mortem* parece demonstrada, desde os tempos mais recuados, pela utilização da ocra vermelha, substituto ritual do sangue, e portanto "símbolo" da vida. O costume de salpicar os cadáveres com ocra é universalmente difundido, no tempo e no espaço, desde Chu-ku-tien até a costa ocidental da Europa, na África até o cabo da Boa Esperança, na Austrália, na Tasmânia e na América, até a Terra do Fogo. Quanto ao sentido religioso das sepulturas, ele foi alvo de acirradas controvérsias. Não se pode duvidar de que a inumação dos mortos *devia* ter uma justificativa, mas qual?

Antes de mais nada, convém não esquecer que "o abandono puro e simples do corpo nos matagais, o desmembramento, o servir de alimento às aves, a fuga precipitada da habitação ali deixando o corpo não significam ausência de ideias sobre a vida depois da morte".[5] *A fortiori*, a crença na imortalidade é confirmada pelas sepulturas; de outra forma, não se compreenderia o trabalho empregado para enterrar os corpos. Essa imortalidade podia ser exclusivamente "espiritual", isto é, concebida como uma pós-existência da alma, crença corroborada pela aparição dos mortos nos sonhos. Mas certas sepulturas também podem ser interpretadas como uma precaução contra o eventual retorno do morto; nesses casos, os cadáveres eram dobrados e talvez amarrados. Por outro lado, nada impede que a posição curvada do morto, longe de denunciar o medo de "cadáveres vivos" (medo atestado em alguns povos), signifique, ao contrário, a esperança de um "*renascimento*"; conhecem-se, na verdade, vários casos de inumação intencional em posição fetal.

Entre os melhores exemplos de sepulturas com sentido mágico-religioso, citemos a de Teshik Tash, no Usbequistão (uma criança rodeada por uma guarnição de chifres de cabritos-monteses); a da Chapelle-aux-Saints, no departamento de Corrèze (na vala onde repousava o corpo encontraram-se várias ferramentas de sílex e pedaços de ocra vermelha[6]); a de Ferrassie, na Dordonha (diversos túmulos em montículos com depósitos de ferramentas de sílex). Cumpre acrescentar o cemitério de uma gruta do monte Carmelo, com dez sepulturas. Ainda se discute a autenticidade e o significado das oferendas de alimento ou de objetos depositados nos túmulos; o exemplo mais familiar é o do crânio feminino do Mas-d'Azil, com olhos postiços, colocado sobre uma mandíbula e uma galhada de rena.[7]

No paleolítico superior a prática da inumação parece generalizar-se. Os corpos, salpicados com ocra vermelha, são enterrados em valas onde se encontrou certa quantidade de objetos de adorno (conchas, penduricalhos, colares). É provável que os crânios e as ossadas de animais descobertos ao lado dos túmulos sejam restos de refeições rituais ou até de oferendas. Leroi-Gourhan cuida que os "acessórios funerários", isto é, os objetos pessoais dos defuntos, são "muito discutíveis".[8] O problema é importante; a presença de tais objetos implica não só a crença numa sobrevivência pessoal, mas também a certeza de que o morto continuará sua atividade específica no outro mundo. Ideias similares são abundantemente atestadas, e em diferentes níveis de cultura. De qualquer modo, o mesmo autor reconhece a autenticidade de um túmulo aurignaciano na Ligúria, onde o esqueleto é acompanhado de quatro desses objetos misteriosos denominados "bastões de comando".[9] Portanto, pelo menos certos túmulos indicam de forma indiscutível a crença na continuação *post mortem* de uma atividade particular.*

Em suma, pode-se concluir que as sepulturas confirmam a crença na imortalidade (já assinalada pela utilização da ocra vermelha) e trazem alguns esclarecimentos suplementares: enterros orientados para leste, marcando a intenção de tornar o destino da alma solidário com o curso do Sol, portanto a esperança de um "*renascimento*", isto é, de uma pós-existência num outro mundo; crença na continuação da atividade específica; certos ritos funerários, indicados pelas oferendas de objetos de adorno e restos de refeições.

Basta, porém, examinar a inumação num povo arcaico dos nossos dias para nos darmos conta da riqueza e profundidade do simbolismo religioso implicado numa cerimônia aparentemente tão simples. Reichel-Dolmatoff fez uma descrição bastante minuciosa do sepultamento de uma jovem, em 1966, entre os índios kogi, tribo de língua chibcha, que habita a Sierra Nevada de Santa Marta, na Colômbia.[10] Após ter escolhido o local da cova, o xamã (*máma*) executa uma série de gestos rituais e declara: "Aqui é a aldeia da morte; aqui é a casa cerimonial da morte; aqui é o útero. Vou abrir a casa. A casa está fechada, e eu vou abri-la." A seguir, anuncia: "A casa está aberta." Indica aos homens o lugar onde devem cavar a cova e retira-se. A morta está envolta por um pano branco e seu pai cose a mortalha. Durante todo esse tempo, a mãe e a avó entoam uma canção lenta, quase sem palavras. No fundo do túmulo, colocam-se pequenas pedras verdes, conchinhas e a sambá de um gastrópode. Em seguida, o xamã tenta inutilmente erguer o corpo, dando a impressão de que ele é pesado demais; só na nona tentativa é que consegue fazê-lo. O corpo é depositado com a cabeça voltada para leste e "fecha-se a casa", isto é, cobre-se de terra a cova. Seguem-se outros movimentos rituais em torno do túmulo, e finalmente todos se retiram. A cerimônia durou duas horas.

---

* Convém explicar que outros cientistas julgam que o número dos "documentos" autênticos encontrados nos túmulos é muito maior.

No começo...

Como observa Reichel-Dolmatoff, quando um arqueólogo do futuro escavar o túmulo, só encontrará um esqueleto com a cabeça voltada para leste e algumas pedras e conchas. Os ritos e sobretudo a ideologia religiosa implicada não são mais "recuperáveis" por esses restos.* Aliás, mesmo para um observador estrangeiro contemporâneo que ignore a religião dos kogi, o simbolismo da cerimônia permanecerá inacessível. Pois, como escreve Reichel-Dolmatoff, trata-se da "verbalização" do cemitério como "aldeia da morte" e "casa cerimonial da morte"; e a verbalização da cova como "casa" e "útero" (o que explica a posição fetal do corpo, deitado sobre o lado direito), seguida da verbalização das oferendas como "alimentos para a morte", e pelo ritual da "abertura" e do "fechamento" da "casa-útero". A purificação final pela circunvalação ritual encerra a cerimônia.

Por outro lado, os kogi identificam o mundo – útero da mãe universal – a cada aldeia, a cada casa de culto, cada habitação e a cada túmulo. Ao levantar nove vezes o cadáver, o xamã assinala o retorno do corpo ao seu estado fetal, percorrendo, em sentido inverso, os nove meses da gestação. E, como o túmulo é assimilado ao mundo, as oferendas funerárias recebem um significado cósmico. Ademais, as oferendas, "alimento para a morte", têm também um sentido sexual (nos mitos, sonhos e regras do casamento, o ato de "comer" simboliza, entre os kogi, o ato sexual), e, por conseguinte, constituem uma "semente" que fertiliza a mãe. As conchinhas são carregadas de um simbolismo bastante complexo, que não é apenas sexual: elas representam os membros vivos da família, ao passo que a sambá de gastrópode simboliza o "esposo" da morta, pois, se o objeto não se encontrasse no túmulo, a jovem, mal chegasse ao outro mundo, "pediria um marido", o que provocaria a morte de um rapaz da tribo.**

Terminamos aqui a análise do simbolismo religioso contido num enterro kogi. Mas convém frisar que, *abordado unicamente em nível arqueológico,* esse simbolismo nos é tão inacessível quanto o de uma sepultura paleolítica. É a modalidade particular dos documentos arqueológicos que limita e empobrece as "mensagens" que eles são suscetíveis de transmitir. É necessário nunca perder de vista esse fato quando nos virmos diante da pobreza e da opacidade de nossas fontes.

---

* Na verdade, esse rito era mais ou menos desconhecido antes das observações de Reichel-Dolmatoff.

** Esse costume é extremamente difundido, e sobrevive ainda na Europa oriental, onde os rapazes mortos são "casados" com um pinheiro.

4. A controvérsia em torno dos depósitos de ossadas

Os depósitos de ossadas dos ursos das cavernas, descobertos nos Alpes e em regiões circunvizinhas, constituem os "documentos" mais numerosos, e também os mais controvertidos, referentes às ideias religiosas do último período interglaciário. Na gruta de Drachenloch (Suíça), Emil Bächler encontrou depósitos de ossadas, sobretudo crânios e ossos longos; estavam agrupados e dispostos ao longo da parede, quer em nichos naturais da rocha, quer numa espécie de caixote de pedra. De 1923 a 1925, Bächler explorou outra gruta, a Wildenmannlisloch; achou vários crânios de ursos desprovidos de mandíbulas, com ossos longos colocados entre eles.

Descobertas similares foram feitas por outros historiadores da pré-história em diversas grutas dos Alpes; as mais importantes na Drachenhoetli, na Estíria, e na Petershoehle, na Francônia, onde K. Hoermann descobriu crânios de ursos em nichos situados a 1,20m do solo. Da mesma forma, em 1950, K. Ehrenberg encontrou na Salzofenhoehle (Alpes austríacos) três crânios de ursos alojados em nichos naturais da parede e unidos a ossos longos, orientados de leste para oeste.

Como esses depósitos pareciam intencionais, os cientistas se dedicaram a desvendar-lhe o significado. Al. Gahs comparou-os às oferendas das primícias (*Primitialopfer*) concedidas por certas populações árticas a um ser supremo. A oferenda consistia justamente na exposição, sobre plataformas, do crânio e dos ossos longos do animal abatido; ofereciam-se à divindade o cérebro e o tutano do animal, isto é, as partes mais apreciadas pelo caçador. Essa interpretação foi aceita, entre outros, por Wilhelm Schmidt e W. Koppers; para esses etnólogos, era a prova de que os caçadores de ursos das cavernas do último período interglaciário acreditavam num ser supremo ou num senhor das feras.

Outros autores compararam os depósitos de crânios ao culto do urso tal como é – ou foi até o século XIX – praticado no hemisfério norte; o culto comporta a conservação do crânio e dos ossos longos do urso abatido, para que o senhor das feras possa ressuscitá-lo no ano seguinte. Karl Meuli via somente uma forma especial da "inumação dos animais", por ele considerada o mais antigo rito de caça. Para o cientista suíço, esse rito evidenciava uma relação direta entre o caçador e o animal caçado; o primeiro inumava os restos do animal a fim de possibilitar a sua reencarnação. Nenhum ser divino estava envolvido.

Todas essas interpretações foram discutidas e criticadas por um pesquisador de Basileia, F.E. Koby, para quem muitos "depósitos" de crânios são obra do acaso e dos próprios ursos, ao circularem e remexerem entre as ossadas.

No começo...

Leroi-Gourhan declarou-se inteiramente de acordo com essa crítica radical: os crânios encerrados em "caixas" de pedra, agrupados perto das paredes ou suspensos nos nichos e rodeados por ossos longos, explicam-se por fatos geológicos e pelo comportamento dos próprios ursos.[11] Essa crítica à intencionalidade dos "depósitos" parece convincente, tanto mais que as primeiras escavações das cavernas deixavam muito a desejar. No entanto, seria surpreendente que o mesmo tipo de "depósito" se encontrasse em inúmeras grutas, mesmo em nichos colocados a mais de um metro de altura. Aliás, Leroi-Gourhan reconhece que "a intervenção humana é provável em alguns casos".[12]

Seja como for, a interpretação dos depósitos como oferendas a seres supremos foi abandonada, mesmo pelos partidários de W. Schmidt e W. Koppers. Em estudo recente sobre os sacrifícios entre os paleantropídeos, Johannes Maringer chegou às seguintes conclusões: 1) no paleolítico antigo (Torralba, Chu-ku-tien, Lehringen), os *sacrifícios* não são atestados; 2) os documentos do paleolítico médio (Drachenloch, Petershoehle etc.) prestam-se a diversas interpretações, mas seu caráter *religioso* (isto é, sacrifícios aos seres sobrenaturais) não é evidente; 3) é tão somente no paleolítico tardio (Willendorf, Meierdorf, Stellmoore, Montespan etc.) que se pode falar, "com alguma certeza", em sacrifícios.[13]

Como era de se esperar, o pesquisador vê-se diante da *ausência* de documentos irrefutáveis ou da *opacidade semântica* de documentos cuja autenticidade parece assegurada. A "atividade espiritual" dos paleantropídeos – como, aliás, a dos "povos primitivos" hoje existentes – deixava traços frágeis. Como exemplo solitário, podemos invocar os argumentos de Koby e Leroi-Gourhan contra sua própria conclusão: os fatos geológicos e o comportamento dos ursos das cavernas são suficientes para explicar a *ausência* de depósitos rituais. Quanto à *opacidade semântica* dos depósitos de ossadas cuja intenção ritual é inquestionável, encontram-se paralelos entre os caçadores árticos contemporâneos.

Em si mesmo, o depósito não passa da *expressão de uma intencionalidade mágico-religiosa*; as significações específicas desse ato se tornam acessíveis a nós graças às informações comunicadas pelos membros das respectivas sociedades. Aprendemos eventualmente se os crânios e os ossos longos representam oferendas a um ser supremo ou ao senhor das feras, ou se, ao contrário, são conservados porque existe a esperança de que serão recobertos de carne. Mesmo esta última crença é suscetível de diversas interpretações: o animal "renasce" graças ao senhor das feras, ou à "alma" que reside nos ossos, ou, finalmente, graças ao fato de o caçador lhe ter assegurado uma "sepultura" (para evitar que os ossos sejam devorados por cães).

Devemos sempre levar em conta a multiplicidade das interpretações possíveis de um documento cuja intencionalidade mágico-religiosa é plausível. Mas, por outro lado, cumpre não esquecer que, sejam quais forem as diferenças entre os caçadores árticos e os paleolíticos, todos partilham a mesma economia e muito provavelmente a mesma ideologia religiosa específicas das civilizações da caça. Consequentemente, a comparação dos documentos pré-históricos com os fatos etnológicos é legítima.

Propôs-se interpretar dentro dessa perspectiva a descoberta, na Silésia, de um crânio fóssil de um jovem urso pardo, pertencente a um nível do aurignaciano antigo; enquanto os incisivos e os caninos tinham sido serrados ou limados, os molares ainda estavam em excelentes condições. W. Koppers evocou o "festival do urso" entre os giliaks da ilha Sacalina e os ainos da ilha Ieso: antes de abaterem o jovem urso, os participantes da cerimônia cortam-lhe os caninos e os incisivos com uma espécie de serra, para que o animal não possa mais feri-los.* E como, durante a mesma cerimônia, as crianças crivam de flechas o urso amarrado, interpretaram-se no mesmo sentido certas gravuras murais da gruta dos Três Irmãos, que mostram ursos atingidos por flechas e pedras e que parecem vomitar uma onda de sangue.[14] Mas tais cenas admitem diversas interpretações.

A importância de uma ideia religiosa arcaica é também confirmada por sua capacidade de "sobreviver" em épocas posteriores. Assim, a crença de que o animal pode renascer a partir dos ossos é encontrada em um número considerável de culturas.[15] É esse o motivo pelo qual se proíbe quebrar os ossos dos animais cuja carne acaba de ser comida. Trata-se de uma ideia peculiar às civilizações de caçadores e pastores, mas que sobreviveu em religiões e mitologias mais complexas. Um exemplo bastante conhecido é o dos bodes de Thorr, degolados e comidos à noite; mas o deus ressuscitava no dia seguinte a partir dos ossos.[16] É igualmente célebre uma visão de Ezequiel (37:1-8s.): o profeta foi transportado para "um vale cheio de ossos" e, obedecendo à ordem do Senhor, disse-lhes:

> Ossos secos, ouvi a palavra do Eterno. E diz o Senhor, o Eterno, a esses ossos: "Eu vou introduzir em vós o espírito, e vivereis... E porei sobre vós nervos e farei crescer carnes sobre vós, e sobre vós estenderei pele." E ouviu-se um frêmito, seguido de um estrondo, e os ossos se chegaram uns para os outros. Olhei, e eis que vieram, sobre tais ossos, músculos e carnes para revesti-los.

---

* Trata-se de um ritual muito importante: a alma do urso é enviada como mensageiro dos homens à divindade protetora, para assegurar o êxito das futuras caçadas.

5. As pinturas rupestres: imagens ou símbolos?

Os documentos figurativos mais importantes e mais numerosos foram fornecidos pela exploração das grutas decoradas. Esses tesouros da arte paleolítica estão repartidos em um território relativamente restrito, entre o Ural e o Atlântico. Objetos de arte moveleira foram encontrados numa grande porção da Europa ocidental e central, e na Rússia até o rio Dom. Mas a arte mural limita-se à Espanha, à França e à Itália meridional (exceto uma gruta com pinturas, no Ural, descoberta em 1961). O que surpreende à primeira vista é a "extraordinária unidade do conteúdo artístico: o sentido aparente das imagens não parece ter variado de ~ 30.000 a ~ 9.000 antes da nossa era, e permanece idêntico nas Astúrias e às margens do Dom".[17] Segundo Leroi-Gourhan, trata-se da difusão por contato de um mesmo sistema ideológico, principalmente aquele que marca a "religião das cavernas".[*]

Como as pinturas se encontram muito longe da entrada, os pesquisadores concluíram que as grutas são uma espécie de santuário. Por outro lado, muitas dessas cavernas eram inabitáveis, e as dificuldades de acesso reforçavam seu caráter numinoso. Para chegar diante das paredes ornamentadas, é necessário percorrer centenas de metros, como no caso das grutas de Niaux ou dos Três Irmãos. A gruta de Cabrerets constitui um verdadeiro labirinto e exige várias horas de visita. Em Lascaux, ingressa-se na galeria inferior – onde se encontra uma das obras-primas da arte paleolítica – descendo por uma escada de corda através de um poço de 6,30m de profundidade. A intencionalidade dessas obras pintadas ou gravadas parece indiscutível. Para interpretá-las, a maioria dos exploradores tem recorrido a paralelismos etnológicos. Entretanto, certas comparações não eram convincentes, sobretudo quando se procurava "completar" o documento paleolítico a fim de torná-lo mais parecido com um documento etnográfico análogo. Apesar disso, tais explicações imprudentes só comprometem os seus autores, e não o método que pretendiam utilizar.

Têm-se interpretado ursos, leões e outros animais selvagens crivados de flechas, ou as modelagens de argila encontradas na gruta de Montespan, representando leões e um urso com perfurações redondas e profundas, como

---

[*] O mesmo autor estabeleceu a cronologia e a morfologia das obras de arte paleolíticas, por ele distribuídas em cinco períodos, começando com a época pré-figurativa (~ 50.000), a que se segue a época primitiva (~ 30.000), onde aparecem figuras fortemente estilizadas, o período arcaico (cerca de ~ 20.000-15.000), caracterizado por um grande domínio técnico, o período clássico (no magdaleniano, cerca de ~ 15.000-11.000) com um realismo muito ousado das formas, para declinar e extinguir-se no período tardio (cerca de ~ 10.000) (Leroi-Gourhan, *Les Réligions de la préhistoire*, p.84).

provas da "magia da caça".[18] A hipótese é plausível, mas algumas dessas obras poderiam ser interpretadas como a reatualização de uma caçada primordial. É também provável que certos ritos fossem celebrados nas zonas mais profundas dos "santuários", talvez antes de uma expedição de caça ou por ocasião daquilo que se poderia denominar a "iniciação" dos adolescentes.* Explicou-se uma cena da gruta dos Três Irmãos como a representação de um dançarino com máscara de bisão e tocando um instrumento que poderia ser uma flauta. A interpretação parece válida, uma vez que se conhecem, na arte paleolítica, cerca de 55 representações de homens vestidos com peles, muitas vezes em postura de dança.[19] Trata-se, aliás, de um comportamento ritual específico dos povos caçadores contemporâneos.

O abade Breuil celebrizou o "grande mágico" da gruta dos Três Irmãos, gravura esculpida na parede e medindo 75cm de altura. O desenho de Breuil mostra-o com uma cabeça de cervo com grandes galhadas, mas com cara de coruja, orelhas de lobo e barba de camurça. Os seus braços terminam em patas de urso e ele possui uma longa cauda de cavalo. Só os membros inferiores, o sexo e a postura de dançarino indicam que se trata de uma figura humana. Mas algumas fotografias recentes não mostram todos os elementos cuidadosamente descritos por Breuil.[20] É possível que certos detalhes se tenham deteriorado desde a descoberta da gravura (por exemplo, a segunda galhada), mas não está excluída a hipótese de o abade Breuil ter executado mal seu desenho. Tal como o vemos nas fotografias recentes, o "grande mágico" é menos impressionante. Entretanto, pode ser interpretado como um senhor das feras ou um feiticeiro que o personifique. Por outro lado, numa placa de ardósia gravada existente em Lourdes, pode-se distinguir um homem envolto em pele de cervo, com cauda de cavalo e guarnecido de armações de cervo.

Também célebre, e não menos controvertida, é a famosa composição recentemente descoberta em Lascaux, numa galeria inferior da caverna, de acesso muito difícil. Pode-se ver um bisão ferido, apontando os chifres para um homem aparentemente morto, deitado no chão; sua arma, espécie de chuço munido de gancho, está apoiada contra o ventre do animal; perto do homem (cuja cabeça termina num bico), vê-se um pássaro empoleirado numa vara comprida. A cena tem sido geralmente interpretada como a ilustração de um "acidente de caça". Em 1950, Horst Kirchner propôs que há nela representada uma sessão xamânica: o homem não estaria morto, mas em transe

---

* Charet interpretou as marcas de pés humanos na gruta de Tuc d'Aubert como uma prova de iniciação de rapazes; a hipótese foi aceita por alguns pesquisadores, mas rejeitada por Ucko e Rosenfeld, *Palaeolithic Cave Art*, p.177-8.

diante do bisão sacrificado, enquanto sua alma viajaria no além. O pássaro sobre a vara, motivo específico ao xamanismo siberiano, seria o seu espírito protetor. Segundo Kirchner, a "sessão" era realizada a fim de que o xamã se dirigisse, em êxtase, para perto dos deuses e lhes pedisse a bênção, isto é, o sucesso da caçada. O mesmo autor considera que os misteriosos "bastões de comando" são baquetas de tambor. Se essa interpretação fosse aceita, isso significaria que os feiticeiros paleolíticos utilizavam tambores comparáveis aos dos xamãs siberianos.[21]

A explicação de Kirchner tem sido debatida, e não temos competência para julgá-la. Entretanto, parece assegurada a existência de certo tipo de "xamanismo" na época paleolítica. Por um lado, o xamanismo domina ainda em nossos dias a ideologia religiosa dos caçadores e dos que vivem do pastoreio. Por outro lado, a experiência extática em si, como fenômeno original, é constitutiva da condição humana; não se pode imaginar uma época em que o homem não sonhasse, não tivesse devaneios e não entrasse em "transe", perda de consciência que se interpretava como uma viagem da alma ao além. O que se modificava e mudava com as diferentes formas de cultura e de religião era a interpretação e a valorização da experiência extática. Já que o universo espiritual dos paleolíticos era dominado pelas relações de ordem "mística" entre o homem e o animal, não é difícil adivinhar as funções de um especialista do êxtase.

Já se relacionaram também com o xamanismo os desenhos chamados "de raios X", isto é, que mostram o esqueleto e os órgãos internos do animal. Tais desenhos, atestados na França durante o magdaleniano (~ 13.000-6.000) e na Noruega entre ~ 6.000-2.000, encontram-se na Sibéria oriental, entre os esquimós, na América (entre os odjibwa, os pueblos etc.), mas também na Índia, na Malásia, na Nova Guiné e na Austrália norte-ocidental.[22] É uma arte específica às culturas de caçadores, mas a ideologia religiosa que a impregna é xamânica. Com efeito, só o xamã, graças à visão sobrenatural que possui, é capaz de "ver seu próprio esqueleto".[23] Em outros termos, ele é capaz de penetrar até na origem da vida animal, o elemento ósseo. Que se tratava de uma experiência fundamental para determinado tipo de "mística" prova-o, entre outras coisas, o fato de ainda ser cultivada no budismo tibetano.

6. A presença feminina

A descoberta de figuras femininas no último período glaciário levantou problemas que continuam a ser discutidos. Sua distribuição é bastante extensa, do sudoeste da França ao lago Baical, na Sibéria, e da Itália setentrional até o Reno. As estatuetas, de 5cm a 25cm de altura, são esculpidas em pedra, osso ou marfim. Muito impropriamente, deram-lhes o nome de "Vênus", sendo as mais célebres as "Vênus" de Lespuges, de Willendorf (Áustria) e de Laussel (Dordonha).[24] No entanto, graças sobretudo à precisão das escavações, são mais instrutivas as peças descobertas em Gagarino e Mezina, na Ucrânia. Elas provêm dos níveis de habitação e, portanto, parecem estar relacionadas com a religião doméstica. Encontraram-se em Gagarino, próximas das paredes da habitação, seis estatuetas esculpidas em osso de mamute. São talhadas de maneira simples, com um abdômen de proporções exageradas e a cabeça desprovida de traços.

As peças descobertas em Mezina são fortemente estilizadas; algumas delas podem ser interpretadas como formas femininas reduzidas a elementos geométricos (esse tipo é atestado em outras partes da Europa central); outras representam muito provavelmente pássaros. As estatuetas são decoradas com diferentes desenhos geométricos, entre outros a suástica. Para explicar sua eventual função religiosa, Hancar lembrou que certas tribos de caçadores da Ásia setentrional fabricam pequenas esculturas antropomórficas de madeira, denominadas *dzuli*. Nas tribos onde as *dzuli* são femininas, esses "ídolos" representam a avó mítica da qual, presume-se, descendem todos os membros da tribo: elas protegem as famílias e as habitações, e, por ocasião do retorno das grandes caçadas, recebem oferendas de grãos de cereais e gordura.

Ainda mais significativa foi a descoberta feita por Gerasimov em Mal'ta, na Sibéria. Tratava-se de uma "aldeia" cujas casas retangulares eram divididas em duas metades, a da direita reservada aos homens (onde só havia objetos de uso masculino), e a da esquerda pertencente às mulheres; as estatuetas femininas provêm exclusivamente dessa seção. As suas homólogas na parte masculina representam pássaros, mas algumas foram interpretadas como falos.[25]

É impossível determinar a função religiosa dessas estatuetas. Pode-se supor que elas representam de alguma forma a sacralidade feminina, e consequentemente os poderes mágico-religiosos das deusas. O "mistério" constituído pelo modo de existência específico às mulheres desempenhou importante papel em várias religiões, tanto primitivas quanto históricas. O mérito de Leroi-Gourhan foi ter salientado a função central da polaridade masculino-feminino no conjunto da arte paleolítica, isto é, pinturas e relevos rupestres, estatuetas ou plaquetas de pedra. Ele pôde, além disso, mostrar a unidade dessa linguagem simbólica desde a região franco-cantábrica até a Sibéria. Utilizando a análise topográfica e estatística, Leroi-Gourhan chegou à conclusão de que as *figuras* (formas, rostos etc.) e os *sinais* são intermutáveis; por exemplo, a imagem do bisão possui o mesmo valor – "feminino" – que as "feridas" ou outros sinais geométricos. Observou em seguida que existe uma conexão entre os valores macho-fêmea, por exemplo, bisão (feminino) e cavalo (masculino). "Decifrada" à luz desse simbolismo, a caverna revela-se um mundo organizado e carregado de significações.

Para Leroi-Gourhan não há dúvida de que a caverna é um santuário e de que as plaquetas de pedra ou as estatuetas constituem "santuários portáteis", tendo a mesma estrutura simbólica que as grutas ornamentais. Entretanto, esse autor admite que a síntese que ele julga ter reconstituído não nos ensina a *linguagem* da religião paleolítica. O método que utiliza impede-o de reconhecer os "acontecimentos" evocados em certas pinturas rupestres. Na célebre "cena" de Lascaux, interpretada por outros pesquisadores como um acidente de caça ou uma sessão xamânica, Leroi-Gourhan só vê um pássaro pertencente a determinado "grupo topográfico" e que "equivale simbolicamente ao homem ou ao rinoceronte que, justamente, são os seus vizinhos chegados".[26] Afora a aproximação de símbolos de valor sexual diferente (e que talvez exprima a importância religiosa concedida a essa complementaridade), tudo o que Leroi-Gourhan pode adiantar "é que as representações cobrem um sistema extremamente complexo e rico, muito mais rico e muito mais complexo do que até então se havia imaginado".[27]

A teoria de Leroi-Gourhan foi criticada de diferentes ângulos. Foi-lhe principalmente censurada certa inconsistência nas suas "leituras" das figuras e sinais, e o fato de ele não haver relacionado os ritos efetuados nas cavernas com o sistema simbólico que acabava de estabelecer.[28] Seja como for, a contribuição de Leroi-Gourhan é importante; ele demonstrou a unidade estilística e ideológica da arte paleolítica, e esclareceu a complementaridade dos valores religiosos camuflados sob o sinal "masculino" e "feminino". Um simbolismo análogo caracterizava a "aldeia" de Mal'ta, com as suas metades bem distintas destinadas aos dois sexos. Os sistemas que implicam a complementaridade dos dois princípios sexuais e cosmológicos são ainda abundantes nas sociedades primitivas, e vamos encontrá-los também nas religiões arcaicas. É provável que esse princípio de complementaridade fosse invocado ao mesmo tempo para organizar o mundo e para explicar o mistério da sua criação e da sua regeneração periódicas.

7. Ritos, pensamento e imaginação entre os caçadores paleolíticos

As recentes descobertas da paleontologia têm em comum o fato de recuarem sempre para mais longe no tempo os "começos" do homem e da cultura. O homem revela-se mais antigo, e a sua atividade psicomental mais complexa

34   *História das crenças e das ideias religiosas*

do que se acreditava há apenas alguns decênios. Recentemente, Alexander Marshak pôde demonstrar a existência, no paleolítico superior, de um sistema simbólico de notações do tempo, baseado na observação das fases lunares. Essas notações, que o autor denomina *"time-factored"*, isto é, acumuladas ininterruptamente durante um longo período, permitem a suposição de que certas cerimônias sazonais ou periódicas eram fixadas com muita antecedência, como acontece em nossos dias entre os siberianos e os índios da América do Norte. Esse "sistema" de notações conservou-se por mais de 25 mil anos, do aurignaciano precoce ao magdaleniano tardio. Segundo Marshak, a escrita, a aritmética e o calendário propriamente dito, que fazem seu aparecimento nas primeiras civilizações, referem-se provavelmente ao simbolismo que impregna o "sistema" de notações utilizado durante o paleolítico.[29]

O que quer que se pense sobre a teoria geral de Marshak a respeito do desenvolvimento da civilização, permanece o fato de que o ciclo lunar já era analisado, memorizado e utilizado com finalidades práticas cerca de 15 mil anos antes da descoberta da agricultura. Compreende-se então melhor o papel considerável da Lua nas mitologias arcaicas e sobretudo o fato de o simbolismo lunar haver integrado num único e mesmo "sistema" realidades tão diversas quanto a mulher, as águas, a vegetação, a serpente, a fertilidade, a morte, o *"renascimento"* etc.[30]

Ao analisar os meandros gravados em objetos ou pintados nas paredes das cavernas, Marshak concluiu que esses desenhos constituem um "sistema", pois apresentam uma sucessão e exprimem uma intencionalidade. Essa estrutura já é atestada nos desenhos gravados sobre um osso exumado em Pech de l'Azé (Dordonha) e pertencente ao nível do acheuliano (cerca de ~ 135.000), isto é, pelo menos 100 mil anos antes dos meandros do paleolítico superior. Além disso, os meandros são traçados em torno de desenhos de animais e sobre eles, indicando certo ritual ("ato individual de participação", como o denomina Marshak). É difícil precisar-lhes o sentido, mas, a partir de determinado momento (por exemplo, o desenho de Petersfeld, Baden), os meandros são apresentados em *"running angles"* e acompanhados de peixes. Nesse caso, o simbolismo aquático é evidente. Entretanto, segundo o autor, não se trata simplesmente de uma "imagem" da água; os inúmeros traços deixados pelos dedos e por diversas ferramentas denotam "um ato individual de participação" em que o simbolismo ou a mitologia aquáticos exercem seu papel.*

---

* A. Marshak, "The Meander as a System". O autor julga que a tradição dos meandros não se deixa explicar pela magia da caça ou pelo simbolismo sexual. O conjunto serpente-água-chuva-tempestade-nuvem é encontrado na Eurásia neolítica, na Austrália, na África e nas duas Américas.

No começo...

Tais análises confirmam a *função ritual* dos sinais e das figuras paleo-líticas. Parece agora evidente que essas imagens e esses símbolos se referem a certas "histórias", isto é, a acontecimentos relacionados com as estações, os hábitos do animal caçado, a sexualidade, a morte, os poderes misteriosos de alguns seres sobrenaturais e de certas personagens ("especialistas do sagrado"). Podemos considerar as representações paleolíticas como um código que significa ao mesmo tempo o *valor simbólico* (portanto "mágico-religioso") das imagens e sua *função* nas cerimônias referentes a diversas "histórias". Sem dúvida, jamais saberemos o conteúdo preciso dessas "histórias". Mas os "sistemas" em que se inserem os diferentes símbolos permitem-nos ao menos adivinhar sua importância nas práticas mágico-religiosas dos paleolíticos. Tanto mais que vários desses "sistemas" são também partilhados pelas sociedades de caçadores.

Como observamos anteriormente (cf. §4), é possível "reconstituir" certos aspectos das religiões da pré-história considerando os ritos e as crenças específicas dos caçadores primitivos. Não se trata apenas de "paralelos etnográficos", método que, com maior ou menor sucesso, foi aplicado por todos os pesquisadores, com exceção de Leroi-Gourhan e de Laming-Emperair.* Mas, levando-se em conta todas as diferenças que separam uma cultura pré-histórica de uma cultura primitiva, podem-se não obstante circunscrever certas configurações fundamentais. De fato, várias civilizações arcaicas, baseadas na caça, na pesca e na coleta, sobrevivem recentemente na margem do ecúmeno (na Terra do Fogo, na África, entre os hotentotes e os bosquímanos, na zona ártica, na Austrália etc.) ou nas grandes florestas tropicais (os pigmeus bambutos etc.). Apesar das influências das civilizações agrícolas vizinhas (pelo menos em certos casos), as estruturas originais não estavam desarticuladas por volta do fim do século XIX. Essas civilizações "paradas" em um estágio semelhante ao paleolítico superior constituem de alguma forma "fósseis vivos".**

Sem dúvida, não se trata de transportar para os homens da Idade da Pedra antiga as práticas religiosas e as mitologias dos "primitivos". Mas, conforme

---

* O que atraiu a crítica de Ucko, *Anthropomorphic Figurines*, p.140s. Esse autor, depois de haver lembrado alguns exemplos em que a comparação etnográfica esclareceu certos aspectos das sociedades pré-históricas (p.151s.), apresenta uma análise da arte rupestre paleolítica à luz dos fatos australianos e africanos (p.191s.).
** Lembremos que o conceito dos "fósseis vivos" foi utilizado com sucesso em vários ramos da biologia, especialmente na espeleologia. As troglóbias que habitam hoje as grutas pertencem a uma fauna há muito superada. "São verdadeiros fósseis vivos e representam amiúde estágios muito antigos da história da vida: terciário e mesmo secundário" (dr. Racovitza). As grutas conservam assim uma fauna arcaica, muito importante para a compreensão dos grupos zoomórficos primitivos que não são fossilizáveis.

já observamos, o êxtase de tipo xamânico parece atestado no paleolítico. Isso implica, por um lado, a crença numa "alma" capaz de abandonar o corpo e de viajar livremente no mundo; e, por outro lado, a convicção de que, nessa viagem, a alma pode encontrar certos seres sobre-humanos e pedir-lhes ajuda ou bênção. O êxtase xamânico implica, além disso, a possibilidade de "possuir", isto é, de penetrar os corpos dos humanos, e também de "ser possuído" pela alma de um morto ou de um animal, ou ainda por um espírito ou por um deus.

Para evocar outro exemplo, a separação dos sexos (cf. §6) permite-nos supor a existência de ritos secretos reservados aos homens e celebrados antes das expedições de caça. Ritos semelhantes constituem o apanágio dos grupos de adultos, análogos às "sociedades de homens" (*Männerbünde*); os "segredos" são revelados aos adolescentes por intermédio dos ritos iniciatórios. Certos autores acreditaram ter encontrado a prova desse tipo de iniciação na gruta de Montespan, mas a interpretação foi contestada. Entretanto, o arcaísmo dos ritos iniciatórios é indubitável. As analogias entre várias cerimônias atestadas nas extremidades do ecúmeno (Austrália, América do Sul e do Norte)[31] testemunham uma tradição comum desenvolvida já no paleolítico.

No que se refere à "dança circular" de Montespan (seja qual for a interpretação dos traços deixados pelos pés dos jovens no solo argiloso da gruta), Curt Sachs não duvida de que essa coreografia ritual fosse conhecida pelos paleolíticos.[32] Ora, a dança circular é extremamente difundida (em toda a Eurásia, na Europa oriental, na Melanésia, entre os índios da Califórnia etc.). Ela é praticada em toda parte pelos caçadores, seja para apaziguar a alma do animal abatido, seja para garantir a multiplicação da caça.[33] Em ambos os casos, a continuidade com a ideologia religiosa dos caçadores paleolíticos é evidente. Ademais, a "solidariedade mística" entre o grupo de caçadores e a presa deixa presumir certo número de "segredos do ofício" exclusivos dos homens; ora, "segredos" semelhantes são comunicados aos adolescentes através das iniciações.

A dança circular ilustra admiravelmente a persistência dos ritos e crenças pré-históricos nas culturas arcaicas contemporâneas. Vamos encontrar outros exemplos. Lembremos, por enquanto, que certas pinturas rupestres do maciço do Hoggar e do Tassili puderam ser "decifradas" graças a um mito iniciatório dos pastores peúles, mito comunicado por um erudito do Mali ao africanista Germaine Dieterlen, que o publicou.[34] Por seu turno, H. von Sicard, em monografia dedicada a Luwe e aos seus análogos onomásticos, chegou à conclusão de que esse deus africano representa a mais antiga crença religiosa dos caçadores euro-africanos, numa época que o cientista sueco data como sendo anterior a ~ 8.000.[35]

No começo...

Em resumo, parece plausível afirmar que determinado número de mitos era familiar às populações paleolíticas, em primeiro lugar os mitos cosmogônicos e os mitos de origem (a origem do homem, da presa, da morte etc.). Para darmos apenas um exemplo, um mito cosmogônico põe em cena as águas primordiais e o Criador, antropomorfo ou com a forma de um animal aquático, que desce ao fundo do oceano para trazer a matéria necessária à criação do mundo. A enorme difusão dessa cosmogonia e sua estrutura arcaica indicam uma tradição herdada da mais alta pré-história.[36] Da mesma forma, mitos, lendas e ritos relacionados com a ascensão ao Céu e com o "voo mágico" (as asas, as plumas de aves de rapina, águia, falcão) são universalmente atestados, em todos os continentes, desde a Austrália e a América do Sul até as zonas árticas.[37] Ora, esses mitos são solidários às experiências oníricas e extáticas, específicas do xamanismo, e o seu arcaísmo é indubitável.

De igual difusão são os mitos e os símbolos do arco-íris e da sua réplica terrestre, a ponte, ligações por excelência com o outro mundo. É também permitido supor a existência de um "sistema" cosmológico articulado a partir da experiência fundamental de um "centro do mundo" em torno do qual está organizado o espaço. Já em 1914, W. Gaerte tinha recolhido uma grande quantidade de sinais e imagens pré-históricos, suscetíveis de ser interpretados como montanhas cósmicas, umbigos da Terra e rios paradigmáticos que dividem o "mundo" em quatro direções.[38]

Quanto aos mitos sobre a origem dos animais e as relações religiosas entre o caçador, a presa e o senhor das feras, é provável que eles sejam profusamente mencionados em código cifrado no repertório iconográfico dos paleolíticos. É também difícil imaginar uma sociedade de caçadores desprovida de mitos sobre a origem do fogo, tanto mais que a maioria desses mitos dão destaque à atividade sexual. Finalmente, é preciso levar sempre em consideração a experiência primária da sacralidade do Céu e dos fenômenos celestes e atmosféricos. É uma das raras experiências que revelam espontaneamente a "transcendência" e a majestade. Além do mais, as ascensões extáticas dos xamãs, o simbolismo do voo, a experiência imaginária da altitude como libertação da gravidade, contribuem para consagrar o espaço celeste como fonte e morada por excelência dos seres sobre-humanos: deuses, espíritos, heróis civilizadores. Mas igualmente importantes e significativas são as "revelações" da noite e das trevas, do sacrifício do animal caçado e da morte de um membro da família, das catástrofes cósmicas, das eventuais crises de entusiasmo, de loucura ou de ferocidade homicida dos membros da tribo.

Um papel decisivo é desempenhado pelas valorizações mágico-religiosas da linguagem. Certos gestos já podiam indicar a epifania de uma potência sagrada ou de um "mistério" cósmico. É provável que os gestos das figuras antropomorfas da arte pré-histórica estivessem carregados não só de sentido, mas também de poder. O significado religioso dos "gestos-epifanias" era ainda conhecido por certas sociedades primitivas aproximadamente no final do século XIX.* *A fortiori*, a inventividade fonética deve ter constituído uma fonte inesgotável de poderes mágico-religiosos. Mesmo antes da linguagem articulada, a voz humana era não só capaz de transmitir informações, ordens ou desejos, mas também de criar todo um universo imaginário por suas explosões sonoras e inovações fônicas. Basta pensar nas criações fabulosas, paramitológicas e parapoéticas, mas também iconográficas, ocasionadas pelos exercícios preliminares dos xamãs ao prepararem sua viagem extática, ou pela repetição dos *mantras* durante certas meditações iogues, que envolvem ao mesmo tempo o ritmo da respiração (*prânâyâma*) e a visualização das "sílabas místicas".

À proporção que se aperfeiçoava, a linguagem aumentava seus meios mágico-religiosos. A palavra pronunciada desencadeava uma força difícil, se não impossível, de anular. Crenças similares ainda sobrevivem em várias culturas primitivas e populares. São encontradas também na função ritual das fórmulas mágicas do panegírico, da sátira, da execração e do anátema nas sociedades mais complexas. A experiência exaltante da palavra como força mágico-religiosa conduziu às vezes à certeza de que a linguagem é capaz de assegurar os resultados obtidos pela ação ritual.

Concluindo, temos também de levar em conta a diferença entre os diversos tipos de personalidade. Certo caçador destacava-se por suas proezas ou pela astúcia; outro, pela intensidade dos seus transes extáticos. Essas diferenças caracterológicas implicam uma certa variedade na valorização e interpretação das experiências religiosas. No final, apesar das poucas ideias fundamentais comuns, a herança religiosa do paleolítico já apresentava uma configuração religiosa bastante complexa.

---

* Em certas tribos da Austrália setentrional, o principal rito de iniciação de uma moça consiste em apresentá-la solenemente diante da comunidade. Mostra-se que ela é adulta, ou seja, está pronta para assumir o comportamento próprio das mulheres. Ora, mostrar alguma coisa ritualmente, quer se trate de uma marca, de um objeto ou de um animal, é declarar uma presença sagrada, aclamar o milagre de uma hierofania; cf. Eliade, *Religions australiennes*, p.120; para outros exemplos, ver *Naissances mystiques*, p.96s.

No começo... 39

NOTAS

1. Ver Karl Narr, "Approaches to the social life of earliest man", p.605s.
2. Para simplificar, utilizamos a sintética exposição de J. Haeckel, "Jäger u. Jagdritten", *Religion in Geschichte und Gegenwart*, 3ª ed., III, 1959, col.511-13.
3. J. Maringer, *The Gods of Prehistoric Man*, p.18s.
4. Leroi-Gourhan não está convencido de que o homem tenha sido morto e devorado (*Les Religions de la préhistoire*, p.44). Maringer, que se recusara a reconhecer a antropofagia em Chu-ku-tien (op.cit., p.20), rejeita também a explicação de Blanc (ibid., p.31s.). Ver contudo Müller-Karpe, *Altsteinzeit*, p.230s., 240; M.K. Roper, "A survey of evidence for intrahuman killing in the Pleistocene".
5. Leroi-Gourhan, p.54.
6. As descobertas arqueológicas recentes mostraram que a hematita era extraída de uma mina na Suazilândia há 29 mil anos e, na Rodésia, há 43 mil anos. A exploração da hematita nessas minas da África prolongou-se durante milênios. A descoberta de uma exploração similar perto do lago Baraton, na Hungria, ~ 24.000, ilustra as possibilidades tecnológicas dos paleolíticos e a extensão das suas comunicações. Cf. R.A. Dart, "The antiquity of mining in South Africa"; id., "The birth of symbology", p.21s.
7. Segundo Leroi-Gourhan, trata-se de um "amontoado de detritos culinários sobre o qual jazia uma relíquia humana que provavelmente perdeu sua destinação primitiva e, em todo o caso, foi deslocada" (p.57).
8. Ibid., p.62.
9. Ibid., p.63.
10. C. Reichel-Dolmatoff, "Notas sobre el simbolismo religioso de los indios de la Sierra Nevada de Santa Marta", *Razón y Fábula, Revista de la Universidad de los Andes*, n.1, 1967, p.55-72.
11. Leroi Gourhan, op.cit., p.31s.
12. Ibid., p.31.
13. J. Maringer, "Die Opfer der palaeolithischen Menschen", p.271.
14. Cf. J. Maringer, *The Gods of the Prehistoric Man*, p.103s. e fig.14.
15. Cf. Eliade, *Le Chamanisme et les techniques archaïques de l'extase*, 2ª ed., p.139s., com as bibliografias citadas nas notas; e principalmente Joseph Henninger, "Neuere Forschungen zum Verbot des Knochenzerbrechens", passim.
16. Cf. *Gylfaginning*, cap.26.
17. Leroi-Gourhan, *Les Religions de la préhistoire*, p.83.
18. Bégouen e Casteret reconstituíram todo um ritual a partir da modelagem em argila do urso de Montespan; ver a crítica de P. Graziosi, *Palaeolithic Art*, p.52; cf. Peter J. Ucko e André Rosenfeld, *Palaeolithic Cave Art*, p.188-9.
19. Cf. Maringer, op.cit., p.145.
20. Cf. Ucko e Rosenfeld, fig.89 e p.204, 206.
21. H. Kirchner, "Ein archäologischer Beitrag zur Urgeschichte des Schamanismus", p.244s., 279s. Lembremos que se encontraram baquetas de tambor de osso na ilha de Oleni, no mar de Barents, num sítio datado de ~ 500; cf. Eliade, *Le Chamanisme*, p.391.
22. Andreas Lommel, *Shamanism: The Beginnings of Art*, p.129s.

23. Eliade, *Le Chamanisme*, p.65s.
24. Franz Hancar, "Zum Problem der Venusstatuetten im eurasiatischen Jungpalaeolithikum", p.90s., 150s.
25. M.M. Gerasimov, "Paleolithischeskaja stojanka Mal'ta", p.40, condensado por Karl Jettmar, in *Les Religions arctiques et finnoises*, p.292.
26. Ibid., p.148.
27. Ibid., p.151.
28. Cf. Ucko e Rosenfeld, p.220; 195s. Críticas similares foram feitas por Henri Lhote.
29. Cf. Alexander Marshak, *The Roots of Civilization*, p.81s. Igualmente significativa é a capacidade que possuíam os paleolíticos de observar e designar com precisão as fases da vida vegetal; cf. Marshak, op.cit., p.172s.; id., "O bastão de comando de Montgaudier (Charente)", p.329s.
30. Cf. Eliade, *Traité d'histoire des religions*, cap.IV.
31. Cf. M. Eliade, *Naissances mystiques*, p.69s.
32. Curt Sachs, *World History of the Dance* (1937), p.124, 208.
33. Ver rica documentação em Evel Gasparini, *Il matriarcato slavo*, p.667s.
34. C. Dieterlen, *Koumen*; cf. Henri Lhote, "Les gravures et les peintures rupestres de Sahara", p.282s.
35. H. von Sicard, "*Luwe* und verwante mythische Gestalten", p.720s.
36. Ver a análise comparativa de todas as suas variantes em nosso livro *De Zalmoxis a Gengis-Khan*, p.81-130.
37. Cf. Eliade, *Mythes, rêves et mystères*, p.163-4; id., *Le Chamanisme*, p.319s., 350s., 372s.; id., *Religions australiennes*, p.139s.
38. W. Gaerte, "Kosmische Vorstellungen im Bilde praehistorischer Zeit: Erdberg, Himmelsberg, Erdnabel und Weltstroeme". Observemos que a maioria dos exemplos citados por Gaerte pertence às culturas pré-históricas mais recentes.

II. A MAIS LONGA REVOLUÇÃO: A DESCOBERTA DA AGRICULTURA — MESOLÍTICO E NEOLÍTICO

8. Um paraíso perdido

O fim da época glaciária, por volta de ~ 8.000, mudou de maneira radical o clima e a paisagem, e por conseguinte a flora e a fauna da Europa ao norte dos Alpes. O recuo das geleiras provocou a migração da fauna para as regiões setentrionais. Gradualmente, a floresta foi substituindo as estepes árticas. Os caçadores acompanharam a caça, sobretudo as manadas de renas, mas a rarefação da fauna obrigou-os a instalar-se nas margens dos lagos e sobre os litorais, e a viverem da pesca. As novas culturas que se desenvolveram durante os milênios subsequentes foram conhecidas pelo termo de mesolítico. Na Europa ocidental, elas são nitidamente mais pobres que as grandiosas criações do paleolítico superior. Em compensação, na Ásia do sudoeste, e particularmente na Palestina, o mesolítico constitui um período axial: é a época da domesticação dos primeiros animais e dos primórdios da agricultura.

Pouco se conhecem as práticas religiosas dos caçadores que acompanharam as manadas de renas no norte da Europa. No depósito de limo de uma lagoa de Stellmoor, perto de Hamburgo, A. Rust encontrou os restos completos de 12 renas, submersas e com pedras na caixa torácica ou no ventre. Rust e outros autores interpretaram esse fato como oferenda das primícias apresentadas a uma divindade, provavelmente ao senhor das feras. Mas H. Pohlhausen lembrou que os esquimós conservam as provisões de carne na água gelada dos lagos e dos riachos.[1] Entretanto, como reconhece o próprio Pohlhausen, essa explicação empírica não exclui a intencionalidade religiosa de certos depósitos. Na verdade, o sacrifício por imersão é amplamente atestado, e em épocas diferentes, desde a Europa setentrional até a Índia.[2]

O lago de Stellmoor era provavelmente tido como "lugar sagrado" pelos caçadores mesolíticos. Rust recolheu na jazida numerosos objetos: flechas de madeira, ferramentas de osso, machados talhados em galhadas de renas. É muito provável que eles representem oferendas, como acontece com os objetos da Idade do Bronze e da Idade do Ferro encontrados em alguns lagos e lagoas da Europa ocidental. Sem dúvida, mais de cinco milênios separam os dois grupos de objetos, mas a continuidade desse tipo de prática religiosa é inquestionável.

Na fonte chamada de Saint-Sauveur (floresta de Compiègne) foram descobertos objetos de sílex da época neolítica (quebrados intencionalmente como sinal de ex-voto), do tempo dos gauleses e dos galo-romanos, e da Idade Média aos nossos dias.[3] É preciso também ter presente que, neste último caso, a prática se manteve apesar da influência cultural da Roma imperial e, sobretudo, a despeito das repetidas proibições da Igreja. Além do seu interesse intrínseco, esse exemplo tem um valor paradigmático: ilustra admiravelmente a continuidade dos "lugares sagrados" e de certas práticas religiosas.

Ainda na camada mesolítica de Stellmoor, Rust descobriu uma estaca de pinho com um crânio de rena colocado na parte mais alta. Segundo Maringer, essa estaca cultual indica provavelmente refeições rituais: comia-se a carne das renas e ofereciam-se as cabeças desses animais a um ser divino. Não longe de Ahrensburg-Hopfenbach, num sítio mesolítico datado de ~ 10.000, Rust resgatou do fundo da lagoa um tronco de salgueiro de 3,50m de comprimento, grosseiramente esculpido: distinguem-se a cabeça, um pescoço alongado e incisões de grandes riscos que, segundo o autor da descoberta, representam os braços. Esse "ídolo" tinha sido fixado na lagoa, mas não se encontraram em torno ossadas nem objetos de qualquer espécie. Trata-se, provavelmente, da imagem de um ser sobrenatural, embora não seja possível precisar-lhe a estrutura.[4]

Ao lado da pobreza desses parcos documentos dos caçadores de rena a arte rupestre da Espanha oriental oferece ao historiador das religiões um material apreciável. A pintura rupestre naturalista do paleolítico superior transformou-se, no "Levante espanhol", numa arte geométrica rígida e formalista. As paredes rochosas da Sierra Morena estão cobertas de figuras antropomorfas e teriomorfas (principalmente de cervos e cabritos-monteses), reduzidas a alguns traços, e de diferentes sinais (tiras onduladas, círculos, pontos, sois). Hugo Obermaier mostrou que essas figuras antropomorfas se aproximam dos desenhos específicos dos seixos pintados do aziliano.* Uma vez que essa civilização deriva da Espanha, as representações antropomorfas inscritas nas paredes rochosas e nos seixos devem ter significados similares. Têm sido explicadas como símbolos fálicos, elementos de uma escrita ou sinais mágicos.

---

* Civilização de caçadores e pescadores que deve essa denominação ao sítio de Mas d'Azil, gruta dos Pireneus franceses.

A mais longa revolução

Mais convincente parece a comparação com as *tjurunga* australianas. Sabe-se que esses objetos rituais, mais frequentemente de pedra e enfeitados com diversos desenhos geométricos, representam o corpo místico dos antepassados. As *tjurunga* estão escondidas em grutas ou enterradas em certos locais sagrados e só são comunicadas aos jovens no final da sua iniciação. Entre os arandas, o pai dirige-se ao filho nestes termos: "Eis o teu próprio corpo do qual saíste por um novo nascimento;" ou: "É o teu próprio corpo. É o antepassado que tu eras quando, durante a tua existência anterior, erravas por regiões longínquas. Depois, desceste à gruta sagrada, para nela repousar."*

Supondo-se que os seixos pintados de Mas d'Azil tenham tido, como é provável, uma função análoga à das *tjurunga*, é impossível saber se os seus autores partilhavam ideias similares às dos australianos. Contudo, não se pode duvidar do sentido religioso dos seixos azilianos. Na gruta de Birsek, na Suíça, encontraram-se 133 seixos pintados, quase todos quebrados. Parece plausível que eles tenham sido partidos por inimigos ou por posteriores ocupantes da caverna. Em ambos os casos, pretendia-se eliminar a força mágico-religiosa presente em tais objetos. Provavelmente as grutas e os locais ornados de pinturas rupestres do Levante espanhol constituíam lugares santos. Quanto aos sóis e aos outros sinais geométricos que acompanham as figurações antropomorfas, o seu significado continua a ser um mistério.**

Não temos como determinar a origem e o desenvolvimento da crença nos antepassados durante a pré-história. A julgar pelos paralelos etnográficos, esse complexo religioso é suscetível de coexistir com a crença em seres sobrenaturais ou em senhores das feras. Não se vê por que a ideia dos ancestrais míticos não faria parte do sistema religioso dos paleolíticos: ela é solidária com a mitologia das origens – origem do mundo, do animal caçado, do homem, da morte – específicas às civilizações de caçadores. Trata-se, além disso, de uma ideia religiosa universalmente difundida e mitologicamente fértil, pois se manteve em todas as religiões, mesmo as mais complexas (com exceção do budismo hinaiana). Pode acontecer que uma ideia religiosa arcaica se espalhe de maneira inesperada em certas épocas e em seguida a determinadas circunstâncias particulares.

---

* M. Eliade, *Religions australiennes* (1972), p.100s. Vê-se que, segundo as crenças dos australianos, o antepassado existe simultaneamente no seu "corpo místico", a *tjurunga*, e no homem em que se reencarnou. Devemos acrescentar que ele existe também sob a terra na forma de "criança espírito" (ibid., p.60).

** Lembremos que os australianos, assim como várias tribos sul-americanas, acreditam que os seus antepassados místicos se metamorfosearam em astros ou subiram ao Céu para habitar o Sol e as estrelas.

Se é verdade que a ideia do ancestral mítico e o culto dos antepassados dominam o mesolítico europeu, é provável, como pensa Maringer,[5] que a importância desse complexo religioso se explique pela lembrança da época glaciária, quando os antepassados remotos viviam numa espécie de "paraíso dos caçadores". Com efeito, os australianos julgam que seus antepassados míticos viveram, durante a idade de ouro, num paraíso terrestre onde a caça era farta e em que as noções de bem e de mal eram praticamente desconhecidas.[6] É esse mundo "paradisíaco" que os australianos se esforçam por reatualizar durante certas festas, quando as leis e as proibições estão suspensas.

9. Trabalho, tecnologia e mundos imaginários

Como dissemos, no Oriente Próximo, sobretudo na Palestina, o mesolítico assinala uma época criadora, embora conservando seu caráter de transição entre dois tipos de civilização, a da caça e da coleta, e aquela baseada na cultura dos cereais. Na Palestina, os caçadores do paleolítico superior parecem ter habitado as grutas no decorrer de longos intervalos. Mas foram sobretudo os representantes da cultura natufiana* que optaram por uma existência claramente sedentária. Eles habitavam tanto cavernas quanto lugares ao ar livre (como em Einan, onde escavações revelaram um sítio formado de choupanas circulares e munidas de lares). Os natufianos haviam descoberto a importância alimentar dos cereais silvestres, que ceifavam utilizando foices de pedra, e cujos grãos eram triturados em um almofariz com o auxílio de um pilão.[7] Era um grande passo em direção à agricultura. A domesticação dos animais também teve início durante o mesolítico (muito embora só se generalize no começo do neolítico): o carneiro em Zawi Chemi-Shanidar, ~ 8.000, o bode em Jericó, na Jordânia, cerca de ~ 7.000, e o porco em ~ 6.500; o cão em Stan Carr, na Inglaterra, em ~ 7.500.[8] Os resultados imediatos da domesticação das gramíneas aparecem na expansão populacional e no desenvolvimento do comércio, fenômenos que já caracterizam os natufianos.

Ao contrário do esquematismo geométrico específico dos desenhos e das pinturas do mesolítico europeu, a arte dos natufianos é naturalista: desenterraram-se pequenas esculturas de animais e estatuetas humanas, às vezes em postura erótica.[9] O simbolismo sexual dos pilões esculpidos em forma de falo é tão "evidente" que não se pode duvidar do seu significado mágico-religioso.

---

* Termo derivado de Wady en Natuf, onde essa população mesolítica foi identificada pela primeira vez.

A mais longa revolução

Os dois tipos de sepultura natufiana – a) inumação de todo o corpo, numa posição curvada, b) sepultamento dos crânios – eram conhecidos no paleolítico e prolongaram-se no neolítico. A propósito dos esqueletos exumados em Einan,[10] supôs-se que uma vítima humana era sacrificada por ocasião do enterro, mas ignora-se o sentido do ritual. Quanto aos depósitos de crânios, compararam-se os documentos natufianos com os depósitos descobertos em Offnet, na Baviera, e na gruta do Hohlenstern, em Württenburg: todos esses crânios pertenciam a indivíduos que haviam sido chacinados, talvez por caçadores de cabeças ou por canibais.[11]

Em ambos os casos, pode-se presumir um ato mágico-religioso, uma vez que a cabeça (isto é, o cérebro) era considerada a sede da "alma". Já faz muito tempo que, graças aos sonhos e às experiências extáticas e paraextáticas, se reconheceu a existência de um elemento independente do corpo, que as línguas modernas designam pelos termos "alma", "espírito", "sopro", "vida", "duplo" etc. Esse elemento "espiritual" (não lhes podemos dar outro nome, já que era apreendido como imagem, visão, "aparição" etc.) estava presente no corpo inteiro; constituía de alguma forma o seu "duplo". Mas a localização da "alma" ou do "espírito" no cérebro teve consequências consideráveis:* por um lado, acreditava-se poder assimilar o elemento "espiritual" da vítima devorando-lhe o cérebro; por outro lado, o crânio, fonte de poder, tornava-se objeto de culto.

Além da agricultura, outras invenções tiveram lugar durante o mesolítico, sendo as mais importantes o arco e a confecção de cordas, redes, anzóis e de embarcações capazes de fazer viagens muito longas. Tal como as outras invenções anteriores (ferramentas de pedra, diversos objetos trabalhados em osso ou em armações de cervo, roupas e toldos de peles etc.), e as que serão efetivadas durante o neolítico (em primeiro lugar a cerâmica), todas essas descobertas suscitaram mitologias e fabulações paramitológicas, e às vezes deram origem a comportamentos rituais.

O valor empírico dessas invenções é evidente. Menos óbvia é *a importância da atividade imaginária deflagrada pela intimidade com as diferentes modalidades da matéria*. Trabalhando com um sílex ou uma agulha primitiva, ligando peles de animais ou tábuas de madeira, preparando um anzol ou uma ponta de flecha, moldando uma estatueta em argila, a imaginação revela analogias insuspeitadas entre os diferentes níveis do real; as ferramentas e os

---

* E não só para as crenças compartilhadas durante a pré-história. Os gregos também haviam localizado a alma (e mais tarde, com Alcméon de Crotona, o esperma) na cabeça. Cf. Onians, *Origins of European Thought*, p.107-8, 115, 134-6 etc.

objetos são carregados de inumeráveis simbolismos, o mundo do trabalho – o microuniverso que rouba a atenção do artesão durante longas horas – torna-se um centro misterioso e sagrado, rico de significados.

O mundo imaginário criado e continuamente enriquecido pela intimidade com a matéria deixa-se apreender de maneira insuficiente nas criações figurativas ou geométricas das diferentes culturas pré-históricas. Mas esse mundo ainda nos é acessível nas experiências da nossa própria imaginação. É principalmente essa continuidade no plano da atividade imaginária que nos permite "compreender" a existência dos homens que viviam nessas épocas longínquas. Mas, ao contrário do homem das sociedades modernas, a atividade imaginária do homem pré-histórico possuía uma dimensão mitológica. Uma quantidade considerável de figuras sobrenaturais e de episódios mitológicos, que vamos encontrar nas tradições religiosas posteriores, representa muito provavelmente "descobertas" da Idade da Pedra.

10. A herança dos caçadores paleolíticos

Os progressos realizados durante o mesolítico põem fim à unidade cultural das populações paleolíticas e desencadeiam a variedade e as divergências que passarão a ser doravante a principal característica das civilizações. As sociedades de caçadores paleolíticos restantes começam a penetrar nas regiões marginais ou de difícil acesso: o deserto, as grandes florestas e as montanhas. Mas esse processo de afastamento e de isolamento das sociedades paleolíticas não implica o desaparecimento do comportamento e da espiritualidade próprios do caçador.

A caça como meio de subsistência persiste nas sociedades dos agricultores. É provável que certo número de caçadores, que se recusavam a participar ativamente da economia dos cultivadores, tenha sido empregado como defensores das aldeias; a princípio contra os animais selvagens que importunavam os sedentários e causavam prejuízos aos campos cultivados, e mais tarde contra os bandos de saqueadores. É também provável que as primeiras organizações militares se tenham constituído a partir desses grupos de caçadores-defensores das aldeias. Como veremos no momento oportuno, os guerreiros, os conquistadores e as aristocracias militares são um prolongamento do simbolismo e da ideologia do caçador típico.

Por outro lado, os sacrifícios cruentos, praticados tanto pelos cultivadores quanto pelos que vivem do pastoreio, repetem, no final das contas, o ato do caçador ao abater a presa. Um comportamento que, durante um ou dois mi-

A mais longa revolução

lhões de anos, se confundira com a forma humana (ou pelo menos masculina) de existir: não se deixa eliminar com facilidade.

Vários milênios depois do triunfo da economia agrícola, a *Weltanschauung* do caçador primitivo se fará de novo sentir na história. Com efeito, as invasões e as conquistas dos indo-europeus e dos turco-mongóis serão empreendidas sob a égide do caçador por excelência, o animal carnívoro. Os membros das confrarias militares (*Männerbünde*) indo-europeias e os cavaleiros nômades da Ásia central comportavam-se em relação às populações sedentárias que eles atacavam como carnívoros que caçam, estrangulam e devoram os herbívoros da estepe ou o gado dos criadores. Numerosas tribos indo-europeias e turco-mongóis tinham epônimos de animais de rapina (em primeiro lugar o lobo) e se consideravam descendentes de um ancestral mítico teriomorfo. As iniciações militares dos indo-europeus comportavam uma transformação ritual em lobo: o guerreiro exemplar assumia o comportamento de um carnívoro.

Por outro lado, a perseguição e morte de uma fera torna-se o modelo mítico da conquista de um território (*Landnáma*) e da fundação de um Estado.* Entre os assírios, os iranianos e os turco-mongóis, as técnicas da caça e da guerra assemelham-se a ponto de se confundirem. Por toda a parte, no mundo asiático, desde o aparecimento dos assírios até os começos da época moderna, a caça constitui ao mesmo tempo a educação por excelência e o esporte favorito dos soberanos e das aristocracias militares. De resto, o prestígio fabuloso da existência do caçador em relação à dos cultivadores sedentários mantém-se ainda em diversas populações primitivas.** As centenas de milhares de anos vividos numa espécie de simbiose mística com o mundo animal deixaram traços indeléveis. Além disso, o êxtase orgiástico é capaz de reatualizar o comportamento religioso dos primeiros páleo-hominídas, quando a caça era devorada crua; fato que se verificou na Grécia, entre os adoradores de Dioniso (cf §124), ou, ainda no princípio do século XX, entre os aissauas do Marrocos.

11. A domesticação das plantas alimentares: mitos de origem

Desde 1960 sabe-se que as aldeias precederam a descoberta da agricultura. O que Gordon Childe chamava de "revolução neolítica" efetuou-se gradual-

---

* Na África e em outras partes a "caça ritual" é efetuada por ocasião das iniciações e da instituição de um novo chefe.

** Um exemplo característico: os desanas da Colômbia proclamam-se caçadores, embora três quartos da sua alimentação provenham da pesca e da horticultura; mas, a seu ver, só a vida de caçador é digna de ser vivida.

mente entre ~ 9.000 e ~ 7.000. Sabe-se também que, ao contrário do que se pensava até bem pouco tempo, a cultura das gramíneas e a domesticação dos animais precederam a cerâmica. A agricultura propriamente dita, isto é, a cerealicultura, desenvolveu-se na Ásia sul-ocidental e na América Central. A "vegetocultura", que depende da reprodução vegetativa dos tubérculos, raízes ou rizomas, parece ter origem nas planícies úmidas tropicais da América e do sudeste da Ásia.

Ainda se conhecem mal a antiguidade da vegetocultura e suas relações com a cerealicultura. Alguns etnólogos inclinam-se a considerar a vegetocultura como mais antiga do que a cultura dos grãos; outros, ao contrário, cuidam que ela representa uma imitação empobrecida da agricultura. Uma das raras indicações precisas foi fornecida pelas escavações efetuadas na América do Sul. Nas planícies de Rancho Peludo, na Venezuela, e Momil, na Colômbia, vestígios de uma cultura de mandioca foram descobertos debaixo do nível da cultura do milho, o que significa a antecedência da vegetocultura.[12] Recentemente, uma nova prova da antiguidade da vegetocultura foi revelada na Tailândia: numa caverna (a "Gruta dos Fantasmas") exumaram-se ervilhas cultivadas, favas e raízes de plantas tropicais; a análise com carbono radiativo aponta para datas em torno de ~ 9.000.[13]

Inútil insistir na importância da descoberta da agricultura para a história da civilização. Tornando-se o *produtor* do seu alimento, o homem teve de modificar seu comportamento ancestral. Antes de mais nada, teve de aperfeiçoar sua técnica de calcular o tempo, descoberta ainda no paleolítico. Já não lhe bastava assegurar a exatidão de certas datas futuras com o auxílio de um calendário lunar rudimentar. Doravante o cultivador estava obrigado a elaborar os seus projetos vários meses antes da sua aplicação, e também a executar, numa ordem precisa, uma série de atividades complexas tendo em vista um resultado distante e, sobretudo no início, sempre incerto: a colheita. De mais a mais, a cultura das plantas impôs uma divisão do trabalho orientada de forma diferente da de antes, pois a principal responsabilidade em assegurar os meios de subsistência passava a caber às mulheres.

Não menos consideráveis foram as consequências da descoberta da agricultura para a história religiosa da humanidade. A domesticação das plantas ocasionou uma situação existencial antes inacessível; por conseguinte, ela serviu de estímulo a criações e inversões de valores que modificaram radicalmente o universo espiritual do homem pré-neolítico. Vamos analisar adiante essa "revolução religiosa" inaugurada pelo triunfo da cerealicultura. Por enquanto, lembremos os mitos que explicam a origem dos dois tipos de agricultura. Ao tomar conhecimento de como os cultivadores explicavam o

A mais longa revolução

aparecimento das plantas alimentares, aprendemos ao mesmo tempo a justificativa religiosa dos seus comportamentos.

A maioria dos mitos de origem foi recolhida entre populações primitivas que praticam quer a vegetocultura, quer a cerealicultura. (Tais mitos são mais raros e por vezes radicalmente reinterpretados nas culturas evoluídas.) Um tema bastante difundido explica que os tubérculos e as árvores que produzem frutos comestíveis (coqueiro, bananeira etc.) teriam nascido de uma divindade imolada. O exemplo mais famoso chega-nos de Ceram, uma das ilhas da Nova Guiné: do corpo retalhado e enterrado de uma jovem semidivina, Hainuwele, crescem plantas até então desconhecidas, principalmente os tubérculos. Esse assassínio primordial transformou radicalmente a condição humana, pois introduziu a sexualidade e a morte, e instaurou as instituições religiosas e sociais ainda vigentes. A morte violenta de Hainuwele não é apenas uma morte "criadora": ela permite à deusa estar continuamente presente na vida dos seres humanos, e mesmo em sua morte. Nutrindo-se das plantas provindas do seu próprio corpo, os homens alimentam-se, na realidade, da própria substância da divindade.

Não vamos insistir na importância desse mito de origem para a vida religiosa e a cultura dos paleocultivadores. Basta-nos afirmar que todas as atividades responsáveis (cerimônias de puberdade, sacrifícios de animais ou sacrifícios humanos, canibalismo, cerimônias funerárias etc.) constituem propriamente a rememoração do assassínio primordial.[14] É significativo que o cultivador associe a um assassinato o trabalho, pacífico por excelência, que lhe assegura a existência; ao passo que nas sociedades dos caçadores a responsabilidade pela carnificina é atribuída a *um outro*, a um "estrangeiro". Compreende-se o caçador: ele teme a vingança do animal abatido (mais exatamente, da sua "alma") ou justifica-se perante o senhor das feras. Quanto aos paleocultivadores, o mito do assassínio primordial justifica, decerto, ritos cruentos como o sacrifício humano e o canibalismo, mas é difícil precisar o seu contexto religioso inicial.

Um tema mítico análogo explica a origem das plantas nutrientes – quer tubérculos, quer cereais – como oriundas das excreções ou da sujeira de uma divindade ou de um antepassado mítico. Quando os beneficiários descobrem a origem – repulsiva – dos alimentos, matam o autor; mas, seguindo os seus conselhos, decepam o corpo e enterram-lhe os pedaços. Plantas nutrientes e outros elementos de cultura (instrumentos agrícolas, bicho-da-seda etc.) brotam do seu cadáver.[15]

O significado desses mitos é evidente: as plantas alimentares são sagradas por derivarem do corpo de uma divindade (pois as excreções e a sujeira também fazem parte da substância divina). Ao se nutrir, o homem come, em última instância, um ser divino. A planta alimentar *não é "dada" no mundo*, tal como o animal. Ela é o resultado de um acontecimento dramático primitivo, no caso, o *produto de um assassínio*. Veremos mais adiante as consequências dessas teologias alimentares.

O etnólogo alemão Ad. E. Jensen julgava que o mito de Hainuwele é específico aos paleocultivadores de tubérculos. Quanto aos mitos referentes à origem da cerealicultura, colocam em cena um roubo primordial: os cereais existem, mas no Céu, ciosamente guardados pelos deuses; um herói civilizador sobe ao Céu, apodera-se de alguns grãos e os oferece aos seres humanos. Jensen dava a esses dois tipos de mitologia os nomes de "Hainuwele" e "Prometeu", e os relacionava respectivamente com a civilização dos paleocultivadores (vegetocultura) e com a dos agricultores propriamente ditos (cerealicultura).[16] A distinção é, sem dúvida, real. Entretanto, no que tange aos dois tipos de mitos de origem, ela é menos rígida do que pensava Jensen, pois muitos mitos explicam o aparecimento dos *cereais* a partir de um ser primitivo imolado. Acrescentemos que, nas religiões dos agricultores, a origem dos cereais é igualmente divina; o presente dos *cereais* aos seres humanos é às vezes relacionado a uma hierogamia entre o deus do Céu (ou da atmosfera) a a terra-mãe, ou com um drama mítico que implica união sexual, morte e ressurreição.

12. A mulher e a vegetação. Espaço sagrado e renovação periódica do mundo

A primeira – e talvez a mais importante – consequência da descoberta da agricultura provoca uma crise nos valores dos caçadores paleolíticos: as relações de ordem religiosa com o mundo animal são suplantadas pelo que podemos chamar de *a solidariedade mística entre o homem e a vegetação*. Se o osso e o sangue representavam até então a essência e a sacralidade da vida, doravante são o esperma e o sangue que as encarnam. Além disso, a mulher e a sacralidade feminina são promovidas ao primeiro plano. Como as mulheres desempenharam um papel decisivo na domesticação das plantas, elas se tornam as proprietárias dos campos cultivados, o que lhes realça a posição social e cria instituições características, como, por exemplo, a matrilocação, em que o marido está obrigado a habitar a casa da esposa.

A fertilidade da terra é solidária com a fecundidade feminina; consequentemente, as mulheres tornam-se responsáveis pela abundância das colheitas,

A *mais longa revolução*

pois são elas que conhecem o "mistério" da criação. Trata-se de um mistério religioso, porque governa a origem da vida, a alimentação e a morte. Mais tarde, após a descoberta do arado, o trabalho agrário é assimilado ao ato sexual.[17] Mas, durante milênios, a terra-mãe dava à luz sozinha, por partenogênese. A lembrança desse "mistério" sobrevivia ainda na mitologia olímpica (Hera concebe sozinha e dá à luz Hefesto e Ares) e deixa-se decifrar em numerosos mitos e várias crenças populares sobre o nascimento dos homens da Terra, o parto no solo, a colocação do recém-nascido sobre o chão etc.[18] Nascido da Terra, o homem, ao morrer, retorna a sua mãe. "Rasteja para a terra, tua mãe", exclama o poeta védico (*Rig Veda*, X, 18, 10).

Certamente a sacralidade feminina e maternal não era ignorada no paleolítico (cf. §6), mas a descoberta da agricultura aumenta-lhe sensivelmente o poder. A sacralidade da vida sexual, em primeiro lugar a sacralidade feminina, confunde-se com o miraculoso enigma da criação. A partenogênese, o *hieròs gámos* e a orgia ritual exprimem, em planos distintos, o caráter religioso da sexualidade. Um simbolismo complexo, de estrutura antropocósmica, associa a mulher e a sexualidade aos ritmos lunares, à Terra (assimilada ao útero) e àquilo a que devemos chamar o "mistério" da vegetação. Mistério que reclama a "morte" da semente a fim de assegurar-lhe um novo nascimento, tanto mais maravilhoso quanto se traduz por uma espantosa multiplicação. A assimilação da existência humana à vida vegetativa exprime-se por imagens e metáforas tomadas ao drama vegetal (a vida é como a flor dos campos etc.). Essa imagística alimentou a poesia e a reflexão filosófica durante milhares de anos, e ainda continua a ser "verdadeira" para o homem contemporâneo.

Todos esses valores religiosos resultantes da invenção da agricultura foram articulados progressivamente com o passar do tempo. Entretanto, nós os evocamos a partir de agora para salientar o caráter específico das criações mesolíticas e neolíticas. Vamos encontrar continuadamente ideias religiosas, mitologias e encenações rituais solidárias do "mistério" da vida vegetal, pois a criatividade religiosa foi despertada não *pelo fenômeno empírico da agricultura*, mas *pelo mistério do nascimento, da morte e do renascimento* identificado no ritmo da vegetação. As crises que põem a colheita em perigo (inundações, secas etc.) serão traduzidas, para serem compreendidas, aceitas e dominadas, em dramas mitológicos. Essas mitologias e as encenações rituais delas dependentes vão dominar durante milênios as civilizações do Oriente Próximo. O tema mítico dos deuses que morrem e ressuscitam alinha-se entre os mais importantes. Em certos casos, essas encenações arcaicas darão origem a novas criações religiosas (por exemplo, Elêusis, os mistérios greco-orientais; cf. §96).

As culturas agrícolas elaboram o que podemos chamar de *religião cósmica*, uma vez que a atividade religiosa está concentrada em torno do mistério central: *a renovação periódica do mundo*. Tal como a existência humana, os ritmos cósmicos são expressos em termos tirados da vida vegetal. O mistério da sacralidade cósmica está simbolizado na árvore do mundo. O Universo é concebido como um organismo que deve renovar-se periodicamente; em outros termos, todos os anos. A "realidade absoluta", o rejuvenescimento, a imortalidade, são acessíveis a alguns privilegiados na forma de um fruto ou de uma fonte próxima a uma árvore.[19] Julga-se que a árvore cósmica se encontra no centro do mundo e congrega as três regiões cósmicas, pois afunda as suas raízes no Inferno e o seu cimo toca o Céu.*

Já que o mundo deve ser renovado periodicamente, a cosmogonia será ritualmente refeita por ocasião de cada ano-novo. Essa encenação mítico-ritual é atestada no Oriente Próximo e entre os indo-iranianos. Mas pode ser observada também nas sociedades dos cultivadores primitivos, que prolongam de alguma forma as concepções religiosas do neolítico. A ideia fundamental – renovação do mundo pela repetição da cosmogonia – é certamente mais antiga, pré-agrícola. Iremos reencontrá-la, com as inevitáveis variações, entre os australianos e em numerosas tribos da América do Norte.[20] Entre os paleocultivadores e os agricultores, a encenação mítico-ritual do ano-novo compreende o retorno dos mortos, e cerimônias análogas subsistem na Grécia clássica, entre os antigos germanos, no Japão etc.

A experiência do tempo cósmico, sobretudo no âmbito dos trabalhos agrícolas, acaba por impor a ideia do *tempo circular* e do *ciclo cósmico*. Visto que o mundo e a existência humana são valorizados em termos da vida vegetal, o ciclo cósmico é concebido como a repetição indefinida do mesmo ritmo: nascimento, morte, renascimento. Na Índia pós-védica, essa concepção será elaborada em duas doutrinas solidárias: a dos ciclos (*yuga*) que se repetem até o infinito e a da transmigração das almas. Por outro lado, as ideias arcaicas articuladas em torno da renovação periódica do mundo serão retomadas, reinterpretadas e integradas em diversos sistemas religiosos do Oriente Próximo. As cosmologias, as escatologias e os messianismos que vão dominar durante dois milênios o Oriente e o mundo mediterrâneo aprofundam suas raízes nas concepções dos neolíticos.

Igualmente importantes foram *as valorizações religiosas do espaço*, isto é, antes de tudo, da habitação e da aldeia. Uma existência sedentária organiza

---

* É a expressão mais difundida do *axis mundi*; mas é provável que o simbolismo do eixo cósmico preceda as civilizações agrícolas – ou delas seja independente –, uma vez que se encontra em certas culturas árticas.

o "mundo" de uma forma diferente da empregada por uma vida de nômade. O "verdadeiro mundo" é, para o agricultor, o espaço onde ele vive: a casa, a aldeia, os campos cultivados. O "centro do mundo" é o lugar consagrado pelos rituais e orações, pois é ali que se efetua a comunicação com os seres sobre-humanos. Ignoramos as significações religiosas atribuídas pelos neolíticos do Oriente Próximo às suas casas e aldeias. Sabemos apenas que, a partir de determinado momento, eles haviam construído altares e santuários. Contudo, na China, podemos reconstituir o simbolismo da casa neolítica, por existir continuidade ou analogia com certos tipos de habitações da Ásia setentrional e do Tibete.

Na cultura neolítica do Yang-chao, havia pequenas construções circulares (com aproximadamente 5m de diâmetro) cujas vigas sustentavam o telhado e se alinhavam em torno de uma cavidade central que servia de lareira. É possível que o telhado também possuísse uma abertura destinada a dar saída à fumaça da lareira. Essa casa teria tido, em materiais duros, a mesma estrutura que a iurta mongol dos nossos dias.[21] Ora, conhece-se o simbolismo cosmológico de que se revestem a iurta e as tendas das populações norte-asiáticas: o Céu é concebido como uma imensa tenda sustentada por um pilar central: a estaca da tenda ou a abertura superior para a saída da fumaça são assimiladas ao pilar do mundo ou à "cavidade do Céu", a estrela Polar.[22] Essa abertura também é chamada de "janela do Céu". Os tibetanos dão à abertura do telhado das suas casas o nome de "fortuna do Céu" ou "porta do Céu".

O simbolismo cosmológico da habitação é atestado em numerosas sociedades primitivas. De forma quase indiscutível, a habitação é considerada uma *imago mundi*. Como se encontram exemplos disso em todos os níveis de cultura, não se compreende por que os primeiros neolíticos do Oriente Próximo constituiriam uma exceção, tanto mais que é nessa região que o simbolismo cosmológico da arquitetura terá o mais próspero desenvolvimento. A separação da habitação entre os dois sexos (costume já testemunhado no paleolítico, cf. §6) tinha provavelmente um sentido cosmológico. As divisões que nos revelam as aldeias dos cultivadores correspondem em geral a uma dicotomia ao mesmo tempo classificatória e ritual: Céu e Terra, masculino e feminino etc., e também a dois grupos ritualmente antagônicos.

Ora, como veremos em várias oportunidades, os combates rituais entre dois grupos opostos desempenham um papel importante, sobretudo nas encenações do ano-novo. Quer se trate da repetição de um combate mítico, como na Mesopotâmia (cf. §22), ou simplesmente do confronto entre dois princípios cosmogônicos (inverno/verão; dia/noite; vida/morte), o seu significado profundo é idêntico; o confronto, as justas, os combates despertam, estimulam ou aumentam as forças criadoras da vida.[23] Essa concepção bio-cosmológica, provavelmente elaborada pelos agricultores neolíticos, foi alvo no decorrer dos tempos de múltiplas reinterpretações, ou até de deformações. Ela mal pode ser reconhecida, por exemplo, em certos tipos de dualismo religioso.

Não temos a pretensão de haver enumerado todas as criações religiosas suscitadas pela descoberta da agricultura. Bastou-nos mostrar a origem comum, no neolítico, de algumas ideias que por vezes se desenvolverão milênios mais tarde. Acrescentemos que a difusão da religiosidade de estrutura agrária teve como resultado, a despeito das inúmeras variações e inovações, a constituição de certa unidade fundamental que, ainda em nossos dias, se aproxima de sociedades camponesas tão distantes umas das outras quanto aquelas do Mediterrâneo, da Índia e da China.

13. Religiões neolíticas do Oriente Próximo

Poderíamos dizer que, desde o neolítico até a Idade do Ferro, a história das ideias e das crenças religiosas se confunde com a história da civilização. Cada descoberta tecnológica, cada inovação econômica e social, é, ao que parece, "reprodução" de um sentido e de um valor religiosos. Quando, nas páginas que se seguem, mencionarmos certas inovações do neolítico, teremos também de levar em conta sua "ressonância" religiosa. Contudo, para que não se interrompa demais a unidade da exposição, nem sempre a destacaremos.

Assim, por exemplo, todos os aspectos da cultura de Jericó mereceriam um comentário religioso. É talvez a mais antiga cidade do mundo (c. ~6.850, 6.770),[24] embora não conheça a cerâmica. Entretanto, as fortificações, a torre maciça, os amplos edifícios públicos – um dos quais pelo menos parece ter sido construído para cerimônias rituais – denotam uma integração social e uma organização econômica que preludiam as futuras cidades-Estado da Mesopotâmia. Garstang e Kathleen Kenyon resgataram várias construções de estrutura pouco comum, que denominaram "templos" e "capela familiar".

Entre os documentos nitidamente religiosos, duas estatuetas femininas e algumas outras representando animais indicam um culto da fertilidade. Alguns autores atribuíram uma significação especial aos restos das três imagens de gesso descobertas por Garstang na década de 1930 – elas representariam um macho com barba, uma mulher e uma criança. Os olhos estão representados por conchas. Garstang acreditou poder identificar nesses restos a mais antiga tríade divina conhecida, comportando provavelmente uma mitologia

A mais longa revolução

análoga àquelas que hão de dominar mais tarde o Oriente Próximo. Mas essa interpretação é ainda controvertida.[25]

Os mortos eram enterrados sob o assoalho das casas. Alguns crânios exumados por Kathleen Kenyon[26] apresentam uma preparação singular: as partes inferiores são moldadas em gesso e os olhos são representados por conchas, a ponto de terem sido comparados a verdadeiros retratos. Trata-se certamente de um culto dos crânios.[27] Mas também seria possível dizer que havia um esforço para conservar a lembrança do indivíduo vivo.

Voltamos a encontrar o culto dos crânios em Tell Ramad (na Síria, perto de Damasco), onde as escavações encontraram calotas cranianas com a fronte pintada de vermelho e o rosto modelado por cima.[28] Ainda da Síria (Tell Ramad e Biblos), mais exatamente dos níveis datados do quinto milênio, provêm algumas pequenas estatuetas antropomorfas de argila. A que foi descoberta em Biblos é bissexual.[29] Outras estatuetas femininas, encontradas na Palestina e datadas de cerca de ~ 4.500, apresentam a deusa-mãe sob um aspecto aterrador e demoníaco.[30]

O culto da fertilidade e o culto dos mortos parecem portanto solidários. Com efeito, as culturas de Hacilar e de Çatal Hüyük (~ 7.000), na Anatólia, que precederam – e provavelmente influenciaram – a cultura pré-cerâmica de Jericó, indicam a existência de crenças similares.

O culto dos crânios é amplamente atestado em Hacilar. Em Çatal Hüyük, os esqueletos estavam enterrados sob os assoalhos das casas, acompanhados de presentes funerários: joias, pedras semipreciosas, armas, tecidos, recipientes de madeira etc.[31] Nos 40 santuários escavados até 1965, havia numerosas estatuetas de pedra e de argila. A principal divindade é a deusa, apresentada sob três aspectos: mulher jovem, mãe dando à luz um filho (ou um touro), e velha (acompanhada às vezes de uma ave de rapina). A divindade masculina aparece sob a forma de um rapaz ou adolescente – o filho ou o amante da deusa – e de um adulto barbudo, ocasionalmente montado sobre seu animal sagrado, o touro.

A variedade das pinturas nas paredes é espantosa; não há dois santuários que sejam similares. Relevos da deusa, às vezes com a altura de dois metros, modelados em gesso, madeira ou argila, e cabeças de touro – epifania do deus – eram fixados aos muros. A imaginária sexual está ausente, mas os seios femininos e o chifre de touro – símbolos da vida – estão de quando em quando combinados. Um santuário (cerca de ~ 6.200) continha quatro crânios de homens depositados sobre cabeças de touro fixadas nos muros. Uma das paredes está decorada com pinturas que representam abutres de pernas antropomorfas atacando homens decapitados. Trata-se, certamente, de um complexo mítico-ritual importante, mas cujo significado nos escapa.

Em Hacilar, em um nível datado de ~ 5.700, a deusa aparece sentada sobre um leopardo, ou de pé, segurando a cria desse felino, mas também sozinha, de pé, sentada, ajoelhada, repousando ou em companhia de uma criança. Às vezes, está nua ou vestida com um minúsculo tapa-sexo. Também aqui ela é representada ora jovem, ora mais idosa. Em um nível mais recente (~ 5.435, ~ 5.200), as estatuetas da deusa com criança ou acompanhada de um animal, assim como as estátuas masculinas, desaparecem. Em contrapartida, as últimas fases da cultura de Hacilar são caracterizadas por uma cerâmica admirável, ricamente enfeitada com desenhos geométricos.[32]

A cultura conhecida como de Tell Halaf* surge por ocasião do desaparecimento das culturas da Anatólia. Ela conhece o cobre e parece ser criação de uma população proveniente do norte, talvez sobreviventes de Hacilar e de Çatal Hüyük. O complexo religioso de Tell Halaf não difere muito das culturas que examinamos até agora. Os mortos eram enterrados ao lado de presentes, entre os quais estatuetas de argila. O touro selvagem era adorado como epifania da fertilidade masculina. As imagens dos touros, os bucrânios, as cabeças de carneiros e o machado de dois gumes tinham certamente um papel cultual, relacionado com o deus da tempestade, tão importante em todas as religiões do Oriente Próximo antigo. Entretanto, não se encontraram estatuetas masculinas, ao passo que é grande a quantidade de imagens da deusa. Em companhia de pombos, com seios exagerados, muitas vezes representada em posição agachada, é difícil não reconhecer a imagem-padrão da deusa-mãe.[33]

A cultura halafiana foi destruída ou desapareceu por volta de ~ 4.400, ~ 4.300, ao tempo em que a cultura de Obeid, originária do Iraque meridional, se espalhava por toda a Mesopotâmia. Ela já é atestada em Warka (sumério Uruk, semita Erech) em torno de ~ 4.325. Nenhuma outra cultura pré-histórica exerceu uma influência comparável. O progresso no trabalho dos metais é considerável (machados de cobre, diversos objetos de ouro). A riqueza acumula-se com o progresso da agricultura e com o comércio. Uma cabeça de homem quase de tamanho natural e cabeças de animais esculpidas em mármore têm certamente um significado religioso. Certos sinetes de tipo gawra representam diferentes cenas de culto (personagens em volta de um altar ornado de bucrânios, danças rituais, animais simbólicos etc.). As figuras humanas são acentuadamente esquematizadas. A tendência não figurativa caracteriza aliás toda a cultura de Obeid. Os santuários desenhados em amuletos não são a cópia de construções particulares, mas representam uma espécie de imagem-padrão do templo.

---

* Segundo o nome da região, Tell Halaf, na aldeia de Arpachiyah, perto de Mosul.

Estatuetas humanas de pedra calcária representam provavelmente sacerdotes. Com efeito, a novidade mais significativa do período de Obeid é justamente o aparecimento dos templos monumentais.[34] Um dos mais notáveis é o Templo Branco (~ 3.100), de 22,3 × 17,5m, erigido sobre um platô de 70m de comprimento por 66m de largura e com a altura de 13m. Esse platô incorpora os restos de antigos santuários e constitui um zigurate (*ziqqurat*), uma "montanha" sagrada cujo simbolismo ainda iremos examinar (cf. §54).

14. O edifício espiritual do neolítico

Para a nossa finalidade seria inútil acompanhar a difusão da agricultura e, mais tarde, da metalurgia, através do Egeu e do Mediterrâneo oriental, na Grécia, Bálcãs e regiões danubianas, e no resto da Europa; seria também inútil acompanhar sua difusão até a Índia, a China e o sudeste da Ásia. Lembremos apenas que, no começo, a agricultura penetrou com bastante lentidão em certas regiões da Europa. Por um lado, o clima pós-glaciário permitia que as sociedades mesolíticas da Europa central e ocidental subsistissem com os produtos da caça e da pesca. Por outro lado, era necessário adaptar a cultura dos cereais a uma zona temperada e coberta de florestas. As primeiras comunidades agrícolas desenvolvem-se ao longo dos cursos de água e na orla das grandes florestas. No entanto, a propagação da agricultura neolítica, iniciada no Oriente Próximo por volta de ~ 8.000, revela-se um processo inevitável. Apesar da resistência de certas populações, sobretudo depois da cristalização do pastoreio, a difusão da cultura das plantas alimentares aproximava-se da Austrália e da Patagônia quando se fizeram sentir os efeitos da colonização europeia e da revolução industrial.

A propagação da cerealicultura transporta consigo rituais, mitos e ideias religiosas específicas. Mas não se trata de um processo mecânico. Mesmo reduzidos, como estamos, a documentos arqueológicos – em outras palavras, ignorando os significados religiosos, em primeiro lugar os mitos e os rituais –, constatam-se diferenças, por vezes muito importantes, entre as culturas neolíticas europeias e as suas fontes orientais. É certo, por exemplo, que o culto do touro, atestado por numerosas imagens nas regiões do Danúbio, provém do Oriente Próximo. Contudo, não temos prova de um sacrifício do touro, tal como se praticava em Creta ou nas culturas neolíticas do Indo. Da mesma forma, os ídolos dos deuses, ou do conjunto iconográfico deusa-mãe-filho, tão comuns no Oriente, são bastante raros nas regiões danubianas. E, além disso, tais estatuetas nunca foram encontradas nos túmulos.

58   *História das crenças e das ideias religiosas*

Certas descobertas recentes confirmaram brilhantemente a originalidade das culturas arcaicas do sudeste da Europa, isto é, do complexo que Marija Gimbutas denomina *Old European Civilization*. Com efeito, uma civilização que comporta a cultura do trigo e da cevada e a domesticação do carneiro, do gado vacum e equino, além do porco, manifesta-se simultaneamente, ao redor de ~ 7.000 ou antes, nas costas da Grécia e da Itália, em Creta, na Anatólia meridional, na Síria e Palestina e no Crescente Fértil.* Ora, com base nas datas fornecidas pelo carbono radiativo, não se pode afirmar que esse complexo cultural tenha surgido na Grécia *mais tarde* do que no Crescente Fértil, na Síria, na Cilícia ou na Palestina. Ignora-se ainda qual foi o "impulso inicial" dessa cultura.[35] Mas não há prova arqueológica indicativa de um afluxo de imigrantes chegados da Ásia Menor, de posse de plantas cultivadas e animais domésticos.**

Seja qual for a sua origem, a "civilização europeia arcaica" desenvolveu-se em uma direção original, que a distingue tanto das culturas do Oriente Próximo quanto das da Europa central e setentrional. Entre ~ 6.500 e ~ 5.300 verificou-se um poderoso surto cultural na península balcânica e na Anatólia central. Um grande número de objetos (sinetes com ideogramas, figuras humanas e animais, vasos teriomorfos, imagens de máscaras divinas) indicam atividades rituais. No meio do sexto milênio, aproximadamente, multiplicam-se as aldeias defendidas por fossos ou muros, e capazes de abrigar até mil habitantes.*** Vários altares e santuários, além de diversos objetos de culto, testemunham uma religião bem organizada. Na estação eneolítica de Cascioarele, a 60km ao sul de Bucareste, descobriu-se um templo cujas paredes eram pintadas com magníficas espirais vermelhas e verdes sobre um fundo branco-amarelado. Não se encontraram estatuetas, mas uma coluna de 2m e outra, menor, indicam um culto do pilar sagrado, símbolo do *axis mundi*.**** Sobre esse templo, havia um outro, mais recente, no qual se achou o modelo em terracota de um santuário. A maqueta representa um complexo

---

* Região da Ásia ocidental cuja fertilidade era lendária desde a Antiguidade; compreende os poderosos impérios de Babilônia, da Assíria e da Fenícia. (N.T.)

** Aliás o gado vacum e equino, o porco e uma espécie de trigo (*einkorn wheat*) possuem ancestrais indígenas na Europa: Gimbutas, "Old Europe c. 7.000-3.500 B.C.".

*** Comparativamente, grupos habitacionais como os dos lagos suíços parecem um conjunto de casebres; Gimbutas, p.6.

**** Vladimir Dumitrescu, "Edifice destiné au culte découvert à Cascioarele", p.21. As duas colunas são ocas por dentro, o que indica que foram modeladas em torno de troncos de árvores; ibid., p.14, 21. O simbolismo do *axis mundi* assimila a árvore cósmica ao pilar cósmico (*columna universalis*). As datas estabelecidas pelo carbono radiativo comunicadas por Dumitrescu variam entre ~ 4.035 e ~ 3.620 (cf. p.24, nota 25); Gimbutas fala de "5.000 a.C. aproximadamente" (p.11).

arquitetônico bastante impressionante: quatro templos assentados sobre um alto pedestal.[36]

Vários modelos de templos foram encontrados na península balcânica. Somados a um sem-número de outros documentos (pequenas estatuetas, máscaras, diversos símbolos não figurativos etc.), eles indicam a riqueza e a complexidade de uma religião de conteúdo ainda inacessível.*

Seria ocioso enumerar todos os documentos neolíticos suscetíveis de uma interpretação religiosa. Às vezes aludiremos a eles ao evocar a pré-história religiosa de certas zonas nucleares (Mediterrâneo, Índia, China, Sudeste da Ásia, América Central). Digamos desde logo que, reduzidas tão somente aos documentos arqueológicos, e sem os esclarecimentos trazidos pelos textos ou pelas tradições de certas sociedades agrícolas, tradições ainda vivas no começo do século, as religiões neolíticas correm o risco de parecer simplistas e monótonas. Mas os documentos arqueológicos apresentam-nos uma visão fragmentária, e em suma mutilada, da vida e do pensamento religiosos.

Acabamos de ver o que nos revelam os documentos religiosos dos primeiros cultos neolíticos: cultos dos mortos e da fertilidade assinalados pelas estatuetas das deusas e do deus da tempestade (com suas epifanias: o touro, o bucrânio); crenças e rituais relacionados com o "mistério" da vegetação; a assimilação mulher-gleba-planta, que implica a homologia nascimento-renascimento (iniciação); muito provavelmente, a esperança de uma pós-existência; uma cosmologia que encerra o simbolismo de um "centro do mundo" e o espaço habitado como uma *imago mundi*. Basta pensarmos numa sociedade contemporânea de lavradores primitivos para nos darmos conta da complexidade e da riqueza de uma religião articulada em torno das ideias da fertilidade ctoniana e do ciclo vida-morte-pós-existência.**

Aliás, desde que os primeiros textos vieram acrescentar-se aos documentos arqueológicos do Oriente Próximo, constatamos a que ponto eles revelam um universo de significados não só complexos e profundos, mas também longamente meditados, reinterpretados e às vezes em via de se tornarem obscuros, quase ininteligíveis. Em certos casos, os primeiros textos que nos são

---

* Segundo Gimbutas, a "civilização arcaica europeia" também havia elaborado uma escrita (cf. figuras 2 e 3), já por volta de ~ 5.300-5.200, isto é, 2.000 anos antes da Suméria (p.12). A desintegração dessa civilização começa após ~ 3.500, em seguida à invasão das populações da estepe pôntica (p.13).

** Uma análise comparativa da iconografia e do simbolismo dos motivos ornamentais, que se destacam nos vasos e objetos de bronze é, às vezes, suscetível de ampliar sensivelmente o conhecimento de uma religião pré-histórica; mas isso se verifica a partir da cerâmica pintada e sobretudo na Idade dos Metais.

acessíveis representam a lembrança aproximada de criações religiosas imemoriais, que deixaram de ser utilizadas ou foram semiesquecidas. Convém não perder de vista que a grandiosa espiritualidade neolítica não é "transparente" através da documentação de que dispomos. As possibilidades semânticas dos documentos arqueológicos são limitadas, e os primeiros textos expressam uma visão do mundo fortemente influenciada pelas ideias religiosas indissociáveis da metalurgia, da civilização urbana, da realeza e de um corpo sacerdotal organizado.

Mas, se o edifício espiritual do neolítico* não nos é mais acessível em seu conjunto, fragmentos esparsos foram conservados nas tradições das sociedades camponesas. A continuidade dos "lugares sagrados" (cf. §8) e de certos rituais agrários e funerários já não precisa ser demonstrada. No Egito do século XX, a gavela ritual é amarrada da mesma forma que vemos sobre os monumentos antigos, que reproduzem aliás um costume herdado da pré-história. Na Arábia Petreia, a última gavela é enterrada sob a denominação de "O Velho", isto é, tal como era designada no Egito faraônico. A papa de grãos que se oferece nos funerais e nas festas dos mortos na Romênia e nos Bálcãs chama-se *coliva*. O nome (*kollyva*) e a oferenda são atestados na Grécia Antiga, mas o costume é certamente mais arcaico (é encontrado, segundo se crê, nos túmulos do Dípilo**).

Leopold Schmidt mostrou que certas encenações mítico-rituais, ainda em vigor entre os camponeses da Europa central e sul-oriental no início do século XX, conservam fragmentos mitológicos e rituais desaparecidos, na Grécia Antiga, antes de Homero. É inútil continuar. Frisemos apenas que tais ritos se mantiveram durante 4.000-5.000 anos, sendo que os últimos 1.000-1.500 anos sob a vigilância dos dois monoteísmos conhecidos pelo seu vigor: o cristianismo e o islamismo.

15. Contexto religioso da metalurgia: mitologia da Idade do Ferro

À "mitologia da pedra polida" sucedeu uma "mitologia dos metais"; a mais rica e mais característica foi elaborada em torno do ferro. Sabe-se que os "primitivos", assim como as populações pré-históricas, trabalharam o ferro meteórico

---

* Referimo-nos, evidentemente, ao neolítico arqueológico do Oriente Médio e da Europa.
** A porta por onde passava a Estrada Sagrada, que levava de Atenas a Elêusis. Era também por ela que passava a maior parte do tráfego proveniente do Pireu. Ver ilustração de um desses túmulos em Pierre Lavedan, *Dictionnaire illustré de la mythologie et des antiquités grecques et romaines*, Paris, Hachette, 1959, p.959. (N.T.)

muito tempo antes de aprenderem a utilizar os minérios ferrosos superficiais. Eles tratavam alguns minérios como pedras, isto é, consideravam-nos materiais brutos para a fabricação das ferramentas líticas.[37] Quando Cortez indagou aos chefes astecas de onde tiravam as suas facas, eles lhe apontaram o Céu. Com efeito, as escavações não revelaram qualquer traço de ferro terrestre nas jazidas pré-históricas do Novo Mundo.[38] Os povos páleo-orientais muito provavelmente partilharam ideias análogas. A palavra suméria AN.BAR, o mais antigo vocábulo designativo do ferro, é escrita com os sinais "Céu" e "fogo". É geralmente traduzida por "metal celeste" ou "metal-estrela". Durante um tempo bastante longo, os egípcios só conheceram o ferro meteórico. Idêntica situação entre os hititas: um texto do século XIV observa que os reis hititas utilizavam "o ferro negro do Céu".[39]

Mas o metal era raro (tão precioso quanto o ouro) e o seu uso foi preferentemente ritual. Foi necessária a descoberta da fundição dos minérios para que se inaugurasse uma nova etapa na história da humanidade. Ao contrário do cobre e do bronze, a metalurgia do ferro industrializou-se com muita rapidez. Uma vez descoberto o segredo de fundir a magnetita ou a hematita, não se teve mais dificuldade em obter grandes quantidades de metal, pois as jazidas eram muito ricas e muito fáceis de explorar. Mas o tratamento do minério terrestre não era idêntico ao do ferro meteórico, e diferia também da fundição do cobre e do bronze. Foi somente depois da descoberta dos fornos, e sobretudo após ter sido ajustada a técnica de "endurecimento" do metal levado a uma coloração alvirrubra, que o ferro passou a ter posição predominante. Foi a metalurgia do ferro terrestre que tornou esse metal apto para a utilização diária.

Esse fato teve consequências religiosas importantes. Ao lado da sacralidade celeste, imanente aos meteoritos, estamos agora diante da sacralidade telúrica, de que participam as minas e os minérios. Os metais "crescem" no interior da terra.[40] As cavernas e as minas são assimiladas à matriz da terra-mãe. Os minérios extraídos das minas são de certo modo "embriões". Crescem lentamente, como se obedecessem a um ritmo temporal diferente do da vida dos organismos vegetais e animais – eles não deixam de crescer, pois "amadurecem" nas trevas telúricas. Sua extração do seio da terra-mãe é portanto uma operação praticada antes do termo. Se lhes tivéssemos concedido tempo suficiente para se desenvolverem (isto é, o *ritmo geológico* do tempo), os minérios se teriam transformado em metais maduros, "perfeitos".

Em todo o mundo, os mineiros praticam ritos que incluem estado de pureza, jejum, meditação, orações e atos de culto. Os ritos são regidos pela natureza da operação que se tem em vista, pois se verifica uma introdução numa zona sagrada, tida como inviolável; entra-se em contato com uma sacralidade que não participa do universo religioso familiar, sacralidade mais profunda e também mais perigosa. Tem-se o sentimento de aventurar-se em um domínio que não pertence de direito ao homem: o mundo subterrâneo com os seus mistérios da lenta gestação mineralógica que se processa nas entranhas da terra-mãe. Todas as mitologias das minas e das montanhas, os inumeráveis gênios, fadas, elfos, fantasmas e espíritos, são as múltiplas epifanias da *presença sagrada* que se enfrenta ao penetrar nos níveis geológicos da vida.

Carregados dessa sacralidade tenebrosa, os minérios são enviados aos fornos. É então que tem início a operação mais difícil e mais temerária. O artesão substitui a terra-mãe para acelerar e completar o "crescimento". Os fornos são de alguma forma uma nova matriz, artificial, onde o minério conclui sua gestação. Daí o número infinito de precauções, tabus e rituais que acompanham a fundição.*

O metalúrgico, tal como o ferreiro, e, antes dele, o oleiro, é um "senhor do fogo". É pelo fogo que ele opera a passagem da matéria de um estado a outro. Quanto ao metalúrgico, ele acelera o "crescimento" dos minérios, faz com que "amadureçam" num espaço de tempo milagrosamente curto. O ferro se revela o meio de "fazer mais rápido", mas também de fazer *algo diferente* daquilo que já existia na natureza. É por isso que, nas sociedades arcaicas, os fundidores e os ferreiros têm a fama de ser os "senhores do fogo", ao lado dos xamãs, dos homens-medicina e dos mágicos. Mas o caráter ambivalente do metal – cheio de poderes ao mesmo tempo sagrados e "demoníacos" – é transmitido aos metalúrgicos e aos ferreiros: estes gozam de alta estima, mas são também temidos, mantidos à distância ou até mesmo desprezados.[41]

Em várias mitologias, os ferreiros divinos forjam as armas dos deuses, assegurando-lhes assim a vitória contra os dragões ou outros seres monstruosos. No mito cananeu, Kôshar-wa-Hasis (literalmente: "Hábil-e-Astucioso") forja para Baal os dois porretes com os quais abaterá Yam, Senhor dos mares e das águas subterrâneas (cf. §49). Na versão egípcia do mito, Ptá (o deus-oleiro) forja as armas que permitem a Horus vencer Seth. Da mesma forma, o ferreiro divino Tvastr fabrica as armas de Indra por ocasião do seu combate com Vrtra; Hefesto forja o raio graças ao qual Zeus derrotará Tífon (cf. §84).

Mas a cooperação entre o ferreiro divino e os deuses não se cinge ao seu concurso no combate decisivo para a soberania do mundo. O ferreiro é tam-

---

* Cf. *Forgerons*, p.61s. Certas populações africanas dividem os minérios em "machos" e "fêmeas"; na China antiga, Yu o Grande, o fundidor primordial, fazia distinção entre metais machos e metais fêmeas; ibid., p.37. Na África, o trabalho da fundição é assimilado ao ato sexual; ibid., p.62.

bém o arquiteto e o artesão dos deuses, dirige a construção do palácio de Baal e equipa os santuários das outras divindades. Além disso, esse deus-ferreiro está ligado à música e ao canto, tal como em numerosas sociedades os ferreiros e caldeireiros são ainda músicos, poetas, curandeiros e mágicos.[42] Em níveis de cultura distintos (indício de grande antiguidade), parece existir portanto um elo íntimo entre a arte do ferreiro, as técnicas ocultas (xamanismo, magia, curandeirismo etc.) e a arte da canção, da dança e da poesia.

Todas essas ideias e crenças articuladas em torno do ofício dos mineiros, dos metalúrgicos e dos ferreiros enriqueceram de maneira sensível a mitologia do *homo faber* herdada da Idade da Pedra. Mas o desejo de colaborar para o aperfeiçoamento da matéria teve importantes consequências. Ao assumir a responsabilidade de transformar a natureza, o homem colocou-se no lugar do tempo; o que teria exigido éons para "amadurecer" nas profundidades subterrâneas o artesão julga ser capaz de obter em algumas semanas; pois o forno substitui a matriz telúrica.

Milênios mais tarde o alquimista não pensará de outra maneira. Uma personagem da peça de Ben Jonson, *The Alchemist*, declara: "O chumbo e os outros metais seriam ouro *se tivessem tido o tempo necessário para transformar-se*." E um outro alquimista acrescenta: "E é isso o que a nossa arte realiza."[43] A luta pelo "domínio do tempo" – que conhecerá o seu maior sucesso com os "produtos sintéticos" obtidos pela química orgânica, etapa decisiva na "preparação sintética da vida" (o homúnculo, velho sonho dos alquimistas) –, essa luta para substituir o tempo, que caracteriza o homem das sociedades tecnológicas modernas, já era travada na Idade do Ferro. Avaliaremos mais adiante os seus significados religiosos.

NOTAS

1. A. Rust, *Die alt- und mittelsteinzeitlichen Funde von Stellmoor*; H. Müller-Karpe, *Handbuch der Vorgeschichte*, vol.I, p.224s.; H. Pohlhausen, "Zum Motiv der Rentierversenkung", p.988-9; J. Maringer, "Die Opfer der palaeolitischen Menschen", p.266s.
2. Cf. A. Closs, "Das Versenkungsopfer", passim.
3. M. Eliade, *Traité d'histoire des religions* (nova edição, 1968), p.174.
4. A. Rust, *Die jungpalaeolitischen Zeltanlangen von Ahrensburg*, p.14a; J. Maringer, "Die Opfer der palaeolitischen Menschen", p.267s.; H. Müller-Karpe, *Handbuch d. Vorgeschichte*, vol.II, p.496-7 (n.347) hesita em ver nesse objeto um "ídolo".
5. Ibid., p.183.
6. Éliade, *Religions australiennes*, p.57.
7. Emmanuel Anati, *Palestine before the Hebrews*, p.49s.; Müller-Karpe, *Handbuch*, II, p.245s.; R. de Vaux, *Histoire ancienne d'Israël*, I, p.41s.

8. Todas essas datas foram obtidas graças às análises com carbono radiativo. Sobre a domesticação animal, ver Müller-Karpe, op.cit., vol.II, p.250s. Descobriu-se recentemente no vale do alto Nilo um complexo pré-neolítico de alimentação à base de cereal datado de ~ 13.000. Cf. Fred Wendorf, S. Rushdi e R. Schild, "Egyptian prehistory: some new concepts" (*Science*, vol.169, 1970, p.1.161-71).

9. Ver, por exemplo, a estatueta encontrada em Ain Sakhri; Anati, op.cit., p.160. Ver agora Jacques Cauvin, *Religions néolithiques*, p.21s.

10. Um dos túmulos pode ser considerado o mais antigo monumento megalítico do mundo; Anati, op.cit., p.172. Sobre Einan, cf. Müller-Karpe, II, 349.

11. Anati, op.cit., p.175; Maringer, *The Gods of the Prehistoric Men*, p.184s. Ver também Müller-Karpe, vol.I, p.239s.

12. David R. Harris, "Agricultural systems, ecosystems and the origins of agriculture", in *The Domestication and Exploitation of Plants and Animals*, p.12.

13. William Solhein, "Relics from two diggings indicate Thais were the first agrarians", *New York Times*, 12 jan 1970.

14. Cf. M. Eliade, *Aspects du mythe*, p.132s.

15. Ver Atsuhiko Yoshida, "Les excrétions de la déesse et l'origine de l'agriculture".

16. Cf. Ad. E. Jensen, *Das religiöese Weltbild eines frühen Kultur*, p.35s.; id., *Mythes et cultes chez les peuples primitifs*, p.188s.

17. Ver exemplos em *Traité d'histoire des religions*, §91s.

18. Cf. *Traité*, §86s.; *Mythes, rêves et mystères*, p.218s.

19. Cf. *Traité*, §99s.

20. Ver exemplos em Eliade, *Aspects du mythe*, p.58s. Os australianos não conhecem, propriamente, uma cosmogonia, mas a "formação do mundo" pelos seres sobre-humanos equivale à sua "criação"; cf. *Religions australiennes*, p.55s.

21. R. Stein, "Architecture et pensée religieuse en Extrême-Orient", p.168. Ver ibid. descrição de um outro tipo de habitação neolítica chinesa: construções quadradas ou retangulares, semissubterrâneas, munidas de degraus descendentes.

22. Cf. Eliade, *Le chamanisme*, p.213.

23. Cf. Eliade, "Remarques sur le dualisme religieux: dyades et polarités", in *La Nostalgie des origines*, p.249-336, especialmente p.315s.

24. K.M. Kenyon, *Archaeology in the Holy Land*, p.39s. A expressão – "a primeira cidade do mundo" – foi criticada por Childe e R.J. Braidwood. Segundo Kathleen Kenyon, os primeiros natufianos tinham construído, perto da grande fonte, um santuário, que se incendiou antes de ~ 7.800.

25. Cf. Anati, *Palestine before the Hebrews*, p.256, que aceita a interpretação de Garstang. Contra ela: J. Cauvin, *Religions néolitiques de Syro-Palestine*, p.51.

26. K. Kenyon, *Archaeology in the Holy Land*, p.50.

27. Kenyon, *Digging up Jericho*, p.53s, 84s. Ver também Müller-Karpe, *Handbuch*, vol.II, p.380-1; J. Cauvin, op.cit., p.44s.

28. Escavações de Contenson, resumidas por J. Cauvin, op.cit., p.59s. e fig.18.

29. Escavações de Contenson (Tell Ramad) e Dunand (Biblos), resumidas por Cauvin, p.79s. e figs.26, 28.

30. Ver as pequenas estatuetas encontradas em Munhata, Tel-Aviv e Shaar-Ha-Golan, reproduzidas por Cauvin, figs.29-30.

31. James Mellaart, *Çatal Hüyük: A Neolithic Town of Anatolia*, p.60s.; id., *Earliest Civilizations of the Near East*, p.87s.

A mais longa revolução

32. Mellaart, "Hacilar: a neolithic village site", p.94s.; id., *Earliest Civilizations of the Near East*, p.102s.
33. Apresentação geral e bibliografia em Müller-Karpe, II, p.59s. Para o simbolismo religioso das estatuetas e dos motivos iconográficos halafianos, cf. B.L. Goff, *Symbols of Prehistorical Mesopotamia*, p.11s.
34. Ver Müller-Karpe, II, p.61s., 339, 351, 423; M.E.L. Mallowan, *Early Mesopotamia and Iran*, p.40s. (o Templo Branco).
35. Marija Gimbutas, "Old Europe c. 7.000-3.500 B.C.", p.5.
36. Hortensia Dumitrescu, "Un modèle de sanctuaire découvert à Cascioarele", figs.1 e 4 (esta última reproduzida por Gimbutas, fig.1, p.12).
37. Cf. Eliade, *Forgerons et alchimistes*, p.20.
38. R.C. Forbes, *Metallurgy in Antiquity*, p.401.
39. T.A. Rickard, *Man and Metals*, I, p.149.
40. Ver *Forgerons et alchimistes*, p.46s.
41. Sobre a situação ambivalente dos ferreiros na África, cf. *Forgerons et alchimistes*, p.89s.
42. Ibid., p.101s.
43. Ibid., p.54s., 175s. Ver também os capítulos sobre a alquimia ocidental e sobre as implicações religiosas do "progresso científico" no volume III da presente obra.

III. As religiões mesopotâmicas

16. "A história começa na Suméria..."

Trata-se, como se sabe, do título de um livro de S.N. Kramer. O eminente orientalista norte-americano mostrava que as *primeiras* informações referentes ao número de instituições, técnicas e concepções religiosas foram conservadas nos textos sumerianos. São os primeiros *documentos escritos*, cujo original remonta ao terceiro milênio. Mas esses documentos refletem certamente crenças religiosas mais arcaicas.

A origem e a história antiga da civilização sumeriana ainda são mal conhecidas. Supõe-se que uma população que falava o sumério – língua não semítica impossível de explicar por qualquer outra família linguística conhecida – desceu das regiões setentrionais e instalou-se na baixa Mesopotâmia. Muito provavelmente, os sumérios subjugaram os autóctones, cujo componente étnico ainda se ignora (culturalmente eles faziam parte da civilização dita de Obeid, cf. §13). Bem cedo, grupos de nômades que vinham do deserto da Síria e falavam uma língua semítica, o acadiano, começaram a penetrar nos territórios ao norte da Suméria, ao mesmo tempo que se infiltravam, em ondas sucessivas, nas cidades sumerianas.

Na metade do terceiro milênio, aproximadamente, chefiados pelo legendário Sargão, os acadianos impuseram sua supremacia às cidades da Suméria. Entretanto, mesmo antes da conquista, desenvolveu-se uma simbiose sumério-acadiana que aumentou acentuadamente após a unificação dos dois países. Há não mais que 30 ou 40 anos, os eruditos falavam de uma única cultura, a babilônica, produto da fusão desses dois troncos étnicos. Concorda-se hoje em estudar separadamente a contribuição da Suméria e de Akkad, pois, muito embora os conquistadores tenham assimilado a cultura dos vencidos, o gênio criativo dos dois povos era diferente.

É sobretudo no campo religioso que essas divergências são palpáveis. Desde a mais alta antiguidade, a insígnia característica dos seres divinos era

As religiões mesopotâmicas

uma tiara com chifres. Na Suméria, portanto, como em todo o Oriente Médio, o simbolismo religioso do touro, atestado desde o neolítico, havia sido transmitido sem descontinuidade. Em outras palavras, a modalidade divina era definida pela *força* e pela *"transcendência" espacial*, isto é, o Céu tempestuoso onde reboa o trovão (pois o trovão era assimilado ao mugido dos touros). A estrutura "transcendente", celeste, dos seres divinos é confirmada pelo sinal determinativo que precede seus ideogramas e que representava, originariamente, uma estrela. De acordo com os léxicos, a significação própria desse determinativo é "Céu". Por conseguinte, toda divindade era imaginada como um ser celeste; eis por que deuses e deusas irradiavam uma luz muito forte.

Os primeiros textos sumerianos refletem o trabalho de classificação e sistematização efetuado pelos sacerdotes. Há inicialmente a tríade dos grandes deuses, seguida da tríade dos deuses planetários. Dispomos, ademais, de listas consideráveis de divindades de toda espécie, a cujo respeito em geral nada sabemos, com exceção dos nomes. Na aurora de sua *história*, a religião sumeriana já se revela "antiga". Não há dúvida de que os textos até agora descobertos são fragmentários e de interpretação singularmente difícil. Contudo, mesmo nos baseando nessa informação lacunar, notamos que certas tradições religiosas estavam quase perdendo seus significados iniciais. Percebe-se esse mesmo processo na tríade dos grandes deuses, constituída por An, En-lil e En-ki. Como o nome indica (*an* = Céu), o primeiro é um deus uraniano. Ele devia ser o deus soberano por excelência, o mais importante do panteão; mas An já apresenta a síndrome de um *deus otiosus*. Mais ativos e "atuais" são En-lil, deus da atmosfera (também chamado o "Grande Monte") e En-ki, "Senhor da Terra", deus dos "fundamentos", que fora erradamente considerado deus das águas porque, na concepção sumeriana, a Terra estava assentada sobre o oceano.

Até o momento não se descobriu qualquer texto cosmogônico propriamente dito, mas algumas alusões nos permitem reconstituir os instantes decisivos da Criação tal como era concebida pelos sumérios. A deusa Nammu (cujo nome é escrito com o pictograma que designa o "mar primordial") é apresentada como "a mãe que gerou o Céu e a Terra", e "a avó que deu à luz todos os deuses". O tema das águas primordiais, imaginadas como uma totalidade ao mesmo tempo cósmica e divina, é bastante frequente nas cosmogonias arcaicas. Também nesse caso a massa aquática é identificada à mãe original que gerou, por partenogênese, o primeiro casal, o Céu (An) e a Terra (Ki), encarnando os princípios masculino e feminino. Esse primeiro casal era tão unido que chegou a confundir-se no *hieròs gámos*. Da sua união nasceu En-lil, o deus da atmosfera. Outro fragmento nos ensina que este último separou seus pais: o deus An levou o Céu para o alto, e En-lil carregou consigo sua mãe, a Terra.[1] O tema cosmogônico da separação do Céu e da Terra é também bastante difundido. Nós o encontramos em níveis diferentes de cultura. Mas é provável que as versões registradas no Oriente Médio e no Mediterrâneo derivem, em última instância, da tradição sumeriana.

Certos textos evocam a perfeição e a bem-aventurança dos "primeiros tempos": "os dias antigos quando todas as coisas eram criadas com perfeição" etc.[2] Entretanto, o verdadeiro paraíso parece ser Dilmun, região onde não existe doença ou morte. Lá, "nenhum leão trucida sua presa, nenhum lobo foge com cordeiro… Nenhum enfermo dos olhos repete: 'Eu sofro dos olhos…' Nenhum vigia noturno faz a ronda do local que lhe incumbe guardar".[3] Entretanto, essa perfeição era, em suma, uma estagnação. Pois o deus En-ki, o senhor de Dilmun, adormecera ao lado da esposa ainda virgem, tal como a Terra, também virgem. Ao acordar, En-ki une-se à deusa Nin-gur-sag e em seguida à filha que esta deu à luz, e finalmente à filha dessa filha – pois se trata de uma teogonia que deve se efetuar nessa região paradisíaca.

Mas um incidente aparentemente insignificante dá origem ao primeiro drama divino. O deus come certas plantas que acabavam de ser criadas: ora, era preciso que ele "lhes determinasse a espécie", isto é, que lhes fixasse a modalidade de ser e a função. Indignada com esse gesto insensato, Nin-gur-sag declara que não olhará mais En-ki com o "olhar de vida" até que ele morra. Com efeito, males desconhecidos afligem o deus, e seu enfraquecimento progressivo lhe pressagia a morte próxima. Finalmente, quem o cura ainda é a esposa.[4]

Até onde conseguimos reconstituí-lo, esse mito apresenta modificações cuja intenção não se pode avaliar. O tema paradisíaco, completado por uma teogonia, culmina num drama que revela o desencaminhamento e a punição de um deus criador, seguido de um extremo enfraquecimento que o condena à morte. Trata-se, sem dúvida, de uma "falta" fatal, uma vez que En-ki *não se comportou de acordo com o princípio que ele encarnava*. Essa "falta" acarretava o risco de pôr em crise até a estrutura de sua própria criação. Outros textos nos transmitiram as lamentações dos deuses ao caírem vítimas do destino. E veremos mais adiante os riscos com que deparou Inanna ao transgredir as fronteiras de sua soberania. O que surpreende no drama de En-ki não é a natureza mortal dos deuses, mas o contexto mitológico em que ela é proclamada.

17. O homem diante dos seus deuses

Existem pelo menos quatro narrativas que explicam a origem do homem. Elas são tão diferentes que devemos presumir uma pluralidade de tradições. Um

As religiões mesopotâmicas

69

mito relata que os primeiros seres humanos brotaram da terra à semelhança das plantas. Segundo outra versão, o homem foi fabricado com argila por certos operários divinos; em seguida, a deusa Nammu modelou-lhe o coração e En-ki concedeu-lhe a vida. Outros textos designam a deusa Aruru como criadora dos seres humanos. Finalmente, de acordo com a quarta versão, o homem foi formado com o sangue de dois deuses Lamga imolados com essa finalidade. Este último tema será retomado e reinterpretado no célebre poema cosmogônico da Babilônia, o *Enuma elish* (cf. §21).

Todos esses motivos são atestados, com numerosas variantes, quase que no mundo inteiro. Segundo duas versões sumerianas, o homem primitivo partilhava de algum modo a substância divina: o sopro vital de En-ki ou o sangue dos deuses Lamga. Isso significa que não havia uma distância intransponível entre o modo de ser da divindade e a condição humana. É verdade que o homem foi criado com o objetivo de servir os deuses, os quais, antes de tudo, necessitavam ser alimentados e vestidos.[5] O culto era concebido como um serviço aos deuses. Entretanto, se os homens são os servidores dos deuses, nem por isso são seus escravos. O sacrifício consiste sobretudo em oferendas e homenagens. Quanto às grandes festas coletivas da cidade – celebradas por ocasião do ano-novo ou da construção de um templo –, elas possuem uma estrutura cosmológica.

Raymond Jestin insiste no fato de que a noção de pecado, o elemento de expiação e a ideia do "bode expiatório" não são atestados pelos textos.[6] Isso implica que os homens são não apenas os servidores dos deuses, mas também seus imitadores e, por conseguinte, seus colaboradores. Já que os deuses são responsáveis pela ordem cósmica, os homens devem seguir suas injunções, pois elas se referem às normas, aos "decretos", *me*, que asseguram tanto o funcionamento do mundo quanto da sociedade humana.[7] Os "decretos" fundam, isto é, *determinam* o destino de qualquer ser, de qualquer forma de vida, de qualquer empreendimento divino ou humano. A determinação dos "decretos" se realiza pelo ato do *nam-tar*, que constitui e proclama a decisão tomada. Por ocasião de cada ano-novo, os deuses fixam o destino dos 12 meses subsequentes. Trata-se, sem dúvida, de uma ideia antiga que encontramos no Oriente Próximo; mas a sua primeira expressão rigorosamente articulada é sumeriana e demonstra o trabalho de aprofundamento e sistematização efetuado pelos teólogos.

A ordem cósmica é continuamente perturbada: pela "grande serpente", em primeiro lugar, a qual ameaça reduzir o mundo ao "caos"; pelos crimes, faltas e erros dos homens, que têm de ser expiados e "purgados" com o auxílio de diversos ritos. Mas o mundo é periodicamente regenerado, isto é, "recriado", pela festa do ano-novo. "O nome sumeriano dessa festa, *à-ki-til*, significa 'força que faz reviver o mundo' (*til* quer dizer 'viver' e 'reviver'; assim sendo, um doente '(re)vive', isto é, sara); todo o ciclo da lei do eterno retorno é evocado."[8]

Encenações mítico-rituais do ano-novo, mais ou menos análogas, são atestadas em muitas culturas. Teremos a oportunidade de medir-lhes a importância quando analisarmos a festa babilônica, *akitu* (cf. §22). A encenação compreende o *hieròs gámos* entre duas divindades padroeiras da cidade, representadas por suas estátuas ou pelo soberano – que recebia o título de marido da deusa Inanna e encarnava Dumuzi[9] – e um hierodulo. Esse *hieròs gámos* atualizava a comunhão entre os deuses e os homens; comunhão por certo passageira, mas com significativas consequências. Pois a energia divina convergia diretamente sobre a cidade – em outras palavras, sobre a "Terra" –, santificava-a e lhe garantia a prosperidade e a felicidade para o ano que começava.

Ainda mais importante do que a festa do ano-novo era a construção dos templos. Era também uma repetição da cosmogonia, pois o templo – o "palácio" do deus – representa a *imago mundi* por excelência. A ideia é arcaica e muito difundida. (Vamos reencontrá-la no mito de Baal, cf. §50.) Segundo a tradição sumeriana, depois da criação do homem, um dos deuses fundou as cinco cidades; construiu-as "em lugares puros, deu-lhes nomes e designou-as como centros do culto".[10] Mais tarde, os deuses contentam-se em comunicar diretamente aos soberanos a planta das cidades e dos santuários. O rei Gudea vê em sonho a deusa Nidaba, que lhe mostra um quadro no qual são mencionadas as estrelas benfazejas, além de um deus que lhe revela a planta do templo.[11] Os modelos do templo e da cidade são, pode-se dizer, "transcendentais", pois preexistem no Céu. As cidades babilônicas tinham seus arquétipos em constelações: Sippar na de Câncer, Nínive na da Ursa Maior, Assur na de Arcturo etc.[12] Essa concepção está presente em todo o Oriente antigo.

A instituição da realeza, de modo semelhante, "desceu do Céu" ao mesmo tempo que suas insígnias, a tiara e o trono.[13] Depois do dilúvio, ela foi pela segunda vez trazida à Terra. A crença numa preexistência celeste das "obras" e das instituições terá uma importância considerável para a ontologia arcaica e conhecerá sua mais famosa expressão na doutrina platônica das ideias. Ela é atestada pela primeira vez nos documentos sumerianos, mas suas origens provavelmente mergulham na pré-história. Na verdade, a teoria dos modelos celestes prolonga e desenvolve a concepção arcaica, universalmente difundida, segundo a qual as ações do homem não passam da repetição (da imitação) dos atos revelados por seres divinos.

As religiões mesopotâmicas　　　71

18. O primeiro mito do dilúvio

A realeza teve de ser trazida de novo do Céu depois do dilúvio, porque a catástrofe diluviana equivalia ao "fim do mundo". Com efeito, um único ser humano – denominado Zisudra na versão sumeriana, e Utnapishtim na versão acadiana – foi salvo. Mas, ao contrário de Noé, não lhe foi permitido habitar a "nova terra" que emergiu das águas. Mais ou menos "divinizado", desfrutando em todo caso a imortalidade, o sobrevivente é transferido para a região de Dilmun (Zisudra) ou para "a foz dos rios" (Utnapishtim). Chegaram-nos apenas alguns fragmentos da versão sumeriana: apesar da reserva ou da oposição de certos membros do panteão, os grandes deuses decidem destruir a humanidade com o dilúvio. Alguém evoca os méritos do rei Zisudra, "humilde, submisso, piedoso". Instruído por seu protetor, Zisudra ouve a decisão determinada por An e En-lil. O texto é interrompido por uma extensa lacuna. Provavelmente Zisudra recebeu indicações precisas referentes à construção da arca. Após sete dias e sete noites, o sol aparece de novo e Zisudra se prosterna diante do deus solar, Utu. No último fragmento conservado, An e En-lil conferem-lhe "a vida de um deus" e "o sopro eterno" dos deuses, e o instalam na fabulosa região de Dilmun.[14]

Voltamos a encontrar o tema do dilúvio na *Epopeia de Gilgamesh*. Essa obra famosa, muito bem conservada, torna ainda mais evidentes as analogias com o relato bíblico. Provavelmente estamos diante de uma fonte comum e bastante arcaica. Como se sabe desde as compilações de R. Andree, H. Usener e J.G. Prazer, o mito do dilúvio é quase universalmente difundido; é atestado em todos os continentes (embora muito raramente na África) e em níveis diferentes de cultura. Certo número de variantes parece ser o resultado da difusão, primeiro a partir da Mesopotâmia e depois da Índia. É também possível que uma ou várias catástrofes diluvianas tenham dado lugar a narrativas fabulosas. Mas seria imprudente explicar um mito tão difundido por meio de fenômenos cujos traços geológicos não foram encontrados. A maioria dos mitos diluvianos parece de alguma forma fazer parte do ritmo cósmico: o "velho mundo", povoado por uma humanidade decaída, é submerso nas águas e, algum tempo depois, um "mundo novo" emerge do "caos" aquático.[15]

Em um grande número de variantes, o dilúvio é resultado dos "pecados" (ou faltas rituais) dos seres humanos; às vezes ele resulta simplesmente do desejo de um ser divino de pôr fim à humanidade. É difícil precisar a causa do dilúvio na tradição mesopotâmica. Certas alusões dão a entender que os deuses tomaram essa decisão por causa dos "pecadores". De acordo com outra tradição, a cólera de En-lil foi provocada pelo alarido insuportável dos homens.* Entretanto, se examinarmos mitos que, em outras culturas, anunciam a proximidade do dilúvio, constataremos que as principais causas residem *ao mesmo tempo nos pecados dos homens e na decrepitude do mundo*. Pelo simples fato de existir, isto é, de estar *vivo e produzir*, o cosmo se deteriora gradualmente e acaba por perecer. É por esse motivo que ele tem de ser recriado. Em outros termos, o dilúvio *realiza*, em escala macroscópica, aquilo que *simbolicamente* é efetuado durante a festa do ano-novo: o "fim do mundo" e de uma humanidade pecadora, para possibilitar uma nova Criação.[16]

19. A descida aos Infernos: Inanna e Dumuzi

A tríade dos deuses planetários compreendia Nanna-Suen (a Lua), Utu (o Sol) e Inanna, deusa da estrela Vênus e do amor. Os deuses da Lua e do Sol conhecerão seu apogeu na época babilônica. Quanto a Inanna, equiparada ao Ishtar acadiano e mais tarde a Astarte, gozará de uma "atualidade" cultual e mitológica jamais igualada por outra deusa do Oriente Médio. No seu apogeu, Inanna-Ishtar era ao mesmo tempo deusa do amor e da guerra, isto é, regia a vida e a morte; para indicar a plenitude dos seus poderes, dizia-se que ela era hermafrodita (*Ishtar barbata*). Sua personalidade já estava perfeitamente traçada na época sumeriana, e seu mito central constitui uma das mais significativas criações do mundo antigo.

O mito começa com uma história de amor: Inanna, a deusa tutelar de Erech, casa-se com o pastor Dumuzi,** que se torna dessa maneira o soberano da cidade. Inanna proclama bem alto sua paixão e felicidade: "Como ando contente!... O meu senhor é digno do colo sagrado!" E no entanto ela pressente a sorte trágica que aguarda o esposo: "Ó meu bem-amado, homem do meu coração, ... arrastei-te para um desejo funesto, ... tocaste-me os lábios com tua boca, apertaste-me os lábios contra tua cabeça, e por isso foste condenado a um destino funesto."[17]

Esse "destino funesto" foi fixado no dia em que a ambiciosa Inanna decidiu descer aos Infernos para suplantar sua "irmã mais velha", Ereshkigal.

---

* Veremos (§21) que foi ainda o "barulho", desta vez o alarido dos deuses jovens, que o impedia de dormir, que fez com que Apsu se decidisse a exterminá-los (cf. *Enuma elish*, quadro I, 21s.).
** Segundo outra versão, ela teria preferido inicialmente Enkimdu, um agricultor, mas seu irmão, o deus-Sol Utu, fez com que mudasse de opinião; cf. S.N. Kramer, *The Sacred Marriage Rite*, p.69s.; id., "Le rite de mariage sacré Dumuzi-Inanna", p.124s. Salvo indicação em contrário, citamos as traduções de Kramer publicadas nesse artigo.

Soberana do "Grande-Reino-do-Alto", Inanna aspira a reinar também sobre o mundo inferior. Consegue penetrar no palácio de Ereshkigal, mas, à medida que atravessa as sete portas, o porteiro vai despojando-a de suas roupas e adornos. Inanna chega completamente nua – isto é, despida de todo "poder" – à presença da irmã. Ereshkigal nela fixa o "olhar da morte" e "seu corpo torna-se inerte". Ao fim de três dias, sua devotada amiga Ninshubur, seguindo as instruções que Inanna lhe dera antes da partida, informa o ocorrido aos deuses En-lil e Nanna-Sin. Mas estes se esquivam. Pois, alegam eles, ao penetrar em um domínio – a terra dos mortos – que é regido por decretos invioláveis, Inanna "quis ocupar-se de coisas proibidas". En-lil encontra porém uma solução: cria dois mensageiros e os envia aos Infernos, munidos do "alimento de vida" e da "água de vida". Recorrendo a um ardil, conseguem reanimar "o cadáver que estava suspenso por um prego"; Inanna preparava-se para subir quando os sete juízes do Inferno (os Anunaki) a retiveram, dizendo: "Quem é que, após ter descido ao Inferno, conseguiu deixá-lo sem nada sofrer? Se Inanna quiser de novo ascender do Inferno, que forneça um substituto!"[18]

Inanna retorna à superfície escoltada por uma tropa de demônios, os *galla*; estes deveriam levá-la de volta ao Inferno caso ela não lhes fornecesse um outro substituto divino. Os demônios quiseram primeiro apoderar-se de Ninshubur, mas Inanna os impediu. Em seguida, dirigem-se para as cidades de Umma e Bad-Tibira; aterrorizadas, as divindades tutelares põem-se de joelhos diante de Inanna, suplicantes, e a deusa, apiedada, decide ir procurar um refém em outra parte. Finalmente chegam a Erech. Com surpresa e indignação, Inanna descobre que Dumuzi, em vez de lamentar-se, estava sentado no trono dela, ricamente vestido, satisfeito – como se teria dito – de ser o soberano único da cidade. "Ela fitou-o: era o olhar da morte! Pronunciou uma só palavra: a palavra de desespero! Proferiu contra ele um grito: o grito de condenação! 'É este (disse aos demônios), levem-no!'"*

Dumuzi suplica ao cunhado, o deus-Sol Utu, que o metamorfoseie em serpente, e foge para a casa de sua irmã, Geshtinanna, e depois para o redil de carneiros. É lá que os demônios o agarram, torturam-no e levam-no para o Inferno. Uma lacuna no texto impede-nos de conhecer o epílogo. "Ao que tudo indica, foi Ereshkigal que, comovida pelas lágrimas de Dumuzi, suavizou seu triste destino, decidindo que este só ficaria a metade do ano no

---

* Traduzido para o francês por J. Bottéro, "La naissance du monde selon Israël", p.91. Em outra versão, é o medo que parece explicar o gesto de Inanna. Como os demônios se apoderaram dela e ameaçam levá-la de volta, "Aterrorizada, ela lhes entrega Dumuzi! Este jovem (diz-lhes), acorrentem-lhes os pés etc." (ibid.).

mundo inferior, e que sua irmã, Geshtinanna, o substituiria durante a outra metade" (Kramer, p.144).

O mesmo mito, mas com algumas divergências significativas, é narrado na versão acadiana da *Descida de Ishtar aos Infernos*. Antes da edição e da tradução dos textos sumerianos, acreditava-se que a deusa se dirigiu para a "Terra sem retorno" *após* a morte de Tammuz exatamente para trazê-la de volta. Certos elementos, ausentes na versão sumeriana, pareciam encorajar uma interpretação desse gênero. Em primeiro lugar, as consequências desastrosas do cativeiro de Ishtar, salientadas na versão acadiana: a reprodução humana e animal cessou totalmente depois do desaparecimento da deusa. Podia-se ver nessa calamidade uma consequência da interrupção do *hieròs gámos* entre a deusa do amor e da fertilidade e Tammuz, seu querido esposo. A catástrofe tinha proporções cósmicas, e, na versão acadiana, são os grandes deuses que, apavorados com o iminente desaparecimento da vida, tiveram de intervir para libertar Ishtar.

O que surpreende na versão sumeriana é a justificação "psicológica", isto é, humana, da condenação de Dumuzi: tudo parece explicar-se pela cólera de Inanna ao encontrar o esposo gloriosamente instalado no trono dela. Essa explicação romanesca esconde aparentemente uma ideia mais arcaica: a "morte" – ritual, e portanto reversível – acompanha inevitavelmente todo ato de criação ou procriação. Os reis da Suméria, tal como mais tarde os reis acadianos, encarnam Dumuzi no *hieròs gámos* com Inanna.[19] Isso implica, mais ou menos, a aceitação da "morte" ritual do rei. Nesse caso, temos de supor, por trás da história transmitida no texto sumeriano, um "mistério" instaurado por Inanna, a fim de assegurar o ciclo da fertilidade universal. Pode-se entrever uma alusão a esse "mistério" na réplica desdenhosa de Gilgamesh quando Ishtar o convida a tornar-se seu marido: ele lembra-lhe que foi ela que decretou as lamentações anuais por Tammuz.[20] Mas essas "lamentações" eram rituais: chorava-se a descida do jovem deus aos Infernos, no dia 18 do mês de Tammuz (junho-julho), embora se soubesse que ele "retornaria" à superfície seis meses depois.

O culto de Tammuz estende-se mais ou menos por todo o Oriente Médio. No século VI, Ezequiel (7:14) lança invectivas contra as mulheres de Jerusalém que se "lamentavam" nas próprias portas do templo. Tammuz acaba por assumir a figura dramática e elegíaca dos jovens deuses que morrem e ressuscitam anualmente. Porém, é provável que seu protótipo sumeriano tivesse uma estrutura mais complexa: os reis que o encarnavam e, por conseguinte, compartilhavam o seu destino, celebravam todos os anos a recriação do mundo. Ora, para poder ser criado de novo, o mundo devia ser destruído;

As religiões mesopotâmicas

o "caos" pré-cosmogônico implicava igualmente a "morte" ritual do rei, sua descida aos Infernos.

As duas modalidades cósmicas – vida/morte, caos/cosmo, esterilidade/fertilidade – constituíam, em suma, os dois momentos de um mesmo processo. Esse "mistério", compreendido após a descoberta da agricultura, torna-se o princípio de uma explicação unitária do mundo, da vida e da existência humana; ele transcende o drama vegetal, visto que também governa os ritmos cósmicos, o destino humano e as relações com os deuses. O mito narra o *fracasso da deusa do amor* e da fertilidade em conquistar o reino de Ereshkigal, isto é, em *eliminar a morte*. Consequentemente, os homens, bem como certos deuses, devem aceitar a alternância vida/morte. Dumuzi-Tammuz "desaparece" para "reaparecer" seis meses mais tarde. Essa alternância – presença e ausência periódicas do deus – era suscetível de constituir mistérios que envolviam a "salvação" dos homens, o seu destino *post mortem*. O papel de Dumuzi-Tammuz, ritualmente encarnado pelos reis sumério-acadianos, foi considerável, pois havia efetuado a aproximação entre as modalidades divina e humana. Posteriormente, todo ser humano podia ter a esperança de desfrutar esse privilégio reservado aos reis.

20. A síntese sumério-acadiana

A maioria das cidades-templos sumerianas foi reunida por Lugalzaggisi, o soberano de Umma, por volta de ~ 2.375. É a primeira manifestação da ideia imperial de que temos conhecimento. Uma geração mais tarde, a operação foi repetida, com mais sucesso, por Sargão, o rei de Akkad. Mas a civilização sumeriana manteve todas as suas estruturas. A mudança só interessava aos reis das cidades-templos: eles se reconheciam tributários do conquistador acadiano. O império de Sargão desmoronou depois de um século, em consequência dos ataques dos gutis, "bárbaros" que viviam como nômades na região do alto Tigre. Desde então, a história da Mesopotâmia parece repetir-se: a unidade política da Suméria e de Akkad é destruída por "bárbaros" vindos do exterior; estes últimos, por seu turno, são destruídos por revoltas intestinas.

> Assim, o domínio dos gutis só durou um século, e foi substituído, no século seguinte (c. ~ 2.050-1.950), pelos reis da terceira dinastia de Ur. É durante esse período que a civilização sumeriana atinge o auge. Mas essa é também a derradeira manifestação do poder político da Suméria. Acossado a leste pelos elamitas e a oeste pelos amoritas, que provinham do deserto sírio-árabe, o império ruiu.

Por mais de dois séculos, a Mesopotâmia permaneceu dividida em vários Estados. Apenas por volta de ~1.700, Hamurabi, o soberano amorita de Babilônia, conseguiu impor a unidade. Ele fixou o centro do império mais para o norte, na cidade sobre a qual reinava. A dinastia fundada por Hamurabi, que parecia todo-poderosa, reinou por menos de um século. Outros "bárbaros", os cassitas, descem do norte e começam a assediar os amoritas. Finalmente, em torno de ~1.525, conseguem triunfar. Permanecerão senhores da Mesopotâmia durante quatro séculos.

A passagem das cidades-templos a cidades-Estado e a império representa um fenômeno de considerável importância para a história do Oriente Médio.* Para o nosso propósito, importa lembrar que o sumério, embora deixasse de ser falado em 2.000 aproximadamente, conservou sua função de língua litúrgica e, em suma, de língua culta por mais 15 séculos. Outras línguas litúrgicas terão um destino parecido: o sânscrito, o hebraico, o latim, o velho eslavo. O conservadorismo religioso sumeriano prolonga-se nas estruturas acadianas. A tríade suprema permaneceu inalterada: Anu, En-lil, Ea (= En-ki). A tríade astral utilizou em parte os nomes semíticos das respectivas divindades: a Lua, Sin (derivado do sumério Suen), o Sol, Shamash, a estrela Vênus, Ishtar (= Inanna). O mundo inferior continuará a ser governado por Ereshkigal e seu esposo, Nergal. As raras modificações, impostas pelas necessidades do império – como, por exemplo, a transferência para Babilônia da primazia religiosa e a substituição de En-lil por Mar-duk –, "levaram séculos para se realizar".[21] Quanto ao templo, "nada de essencial mudou na organização geral ... desde a fase sumeriana, a não ser o tamanho e o número dos edifícios".[22]

Entretanto, as contribuições do gênio religioso semítico vêm somar-se às estruturas anteriores. Assinalemos inicialmente os dois deuses "nacionais" – Marduk da Babilônia e, mais tarde, o assírio Assur – que são promovidos à classe de divindades universais. Igualmente significativa é a importância adquirida no culto pelas orações pessoais e pelos salmos de penitência. Uma das mais belas orações babilônicas é dirigida a todos os deuses, e até àqueles que o autor da prece admite humildemente não conhecer. "Ó senhor, grandes são os meus pecados! Ó deus que desconheço, grandes são os meus pecados! ... Ó deusa que desconheço, grandes são os meus pecados! ... O homem nada sabe; nem sequer sabe se peca ou se faz o bem ... Ó senhor meu, não repudie o teu servo! Os meus pecados são sete vezes sete ... Afasta os meus pecados!"[23]

---

* Instituições novas (como o exército profissional e a burocracia) são atestadas pela primeira vez; com o tempo, elas serão adotadas por outros Estados.

As religiões mesopotâmicas 77

Nos salmos de penitência o suplicante se reconhece culpado e confessa em voz alta os seus pecados. A confissão é acompanhada de gestos litúrgicos precisos: genuflexão, prostração e "achatamento do nariz".

Os grandes deuses – Anu, En-lil, Ea – perdem gradualmente a supremacia no culto. Os fiéis dirigem-se de preferência a Marduk ou às divindades astrais: Ishtar e sobretudo Shamash. Com o tempo, este último se tornará o deus universal por excelência. Um hino proclama que o deus solar é venerado por toda parte, mesmo entre os estrangeiros; Shamash defende a justiça, pune o malfeitor e recompensa o justo.[24] O caráter "numinoso" dos deuses se acentua: eles inspiram o temor sagrado, principalmente por sua luminosidade aterradora. A luz é considerada o verdadeiro atributo da divindade, e, na medida em que compartilha a condição divina, o próprio rei é radioso.[25]

Outra criação do pensamento religioso acadiano é a adivinhação. Observa-se também a multiplicação das práticas mágicas e o desenvolvimento das disciplinas ocultas (sobretudo a astrologia), que se tornarão mais tarde populares em todo o mundo asiático e mediterrâneo.

Em suma, a contribuição semítica caracteriza-se pela importância concedida ao elemento pessoal na experiência religiosa e pela elevação de algumas divindades a uma classe suprema. Essa nova e grandiosa síntese mesopotâmica apresenta contudo uma visão trágica da existência humana.

21. A Criação do mundo

O poema cosmogônico conhecido pelo nome de *Enuma elish* (segundo as primeiras palavras: "Quando no alto...") constitui, com a *Epopeia de Gilgamesh*, a mais importante criação da religião acadiana. Nada há de comparável em grandeza, tensão dramática, em esforço por unificar a teogonia, a cosmogonia e a Criação do homem na literatura sumeriana.

O *Enuma elish* relata as origens do mundo para exaltar Marduk. Não obstante sua reinterpretação, os temas são antigos. Antes de tudo, a imagem primordial de uma totalidade aquática não diferenciada, em que se distingue o primeiro casal, Apsu e Tiamat. (Outras fontes especificam que Tiamat representa o mar, e Apsu a massa de água doce em que a Terra flutua.) À semelhança de tantas outras divindades originais, Tiamat é imaginada ao mesmo tempo como mulher e bissexuada. Da mistura das águas doces com as salgadas são gerados outros casais divinos. Ignora-se quase tudo sobre o segundo casal, Lakhmu e Lakhamu (de acordo com determinada tradição, eles foram

78   *História das crenças e das ideias religiosas*

sacrificados por terem criado o homem). Quanto ao terceiro casal, Anshar e Kishar, seus nomes significam, em sumério, "totalidade dos elementos superiores" e "totalidade dos elementos inferiores".

O tempo passa ("os dias se estenderam, os anos se multiplicaram").[26] Do *hieròs gámos* dessas duas "totalidades" complementares, nasce o deus do Céu, Anu, que por sua vez gera Nudimmud (= Ea).* Com seus folguedos e gritos, os jovens deuses perturbam o repouso de Apsu, que se queixa a Tiamat: "Não posso suportar-lhes a conduta. De dia não posso descansar, à noite não consigo dormir. Quero acabar com eles para pôr fim aos seus atos censuráveis. E oxalá reine o silêncio, para que possamos (finalmente) dormir!" (I, 37-9). Pode-se descobrir nesses versos a nostalgia da "matéria" (isto é, de um modo de ser que corresponde à inércia e à inconsciência da substância) para a imobilidade primordial, a resistência a qualquer movimento, condição prévia da cosmogonia. Tiamat "pôs-se a vociferar contra o esposo. Ela lançou um grito de dor: ... 'Quê! Nós mesmos destruirmos o que criamos!' Não há dúvida de que a conduta deles é deplorável, mas sejamos brandos e pacientes" (I, 41-6). Mas Apsu não se deixou convencer.

Quando os jovens deuses souberam da decisão do avô, "ficaram imóveis sem proferir palavra" (I, 58). Mas "o onisciente Ea" toma a iniciativa. Com seus encantamentos mágicos, faz Apsu mergulhar num sono profundo, rouba-lhe "o brilho e com ele se veste", e, depois de tê-lo acorrentado, mata-o. Ea torna-se assim o deus das águas, que passaram a ser por ele chamadas de *apsu*. Foi no próprio seio da *apsu*, "na câmara dos destinos, o santuário dos arquétipos" (I, 79), que sua esposa, Damkina, gerou Marduk. O texto exalta a gigantesca majestade, a sabedoria e a onipotência desse caçula dos deuses. Anu, então, recomeçou o ataque contra os seus maiores. Fez com que aparecessem os quatro ventos "e criou as ondas para perturbar Tiamat" (I, 108). Os deuses, privados de repouso, dirigem-se a sua mãe: "Quando eles mataram Apsu, teu esposo, em vez de ficares do lado dele, tu te mantiveste distante sem nada dizer" (I, 113-4).

Dessa vez Tiamat resolveu reagir. Criou monstros, serpentes, o "grande leão", "demônios furibundos" e outros mais, "que traziam armas implacáveis e não temiam o combate" (144). E "dentre os deuses seus primogênitos, ... ela exaltou Kingu" (147s.). Tiamat fixou ao peito de Kingu a tábula dos destinos e conferiu-lhe o poder supremo (155s.). Diante desses preparativos, os jovens deuses perdem a coragem. Nem Anu nem Ea ousam enfrentar Kingu. Apenas Marduk aceita o combate, mas com a condição de ser antecipadamente

---

* Da grande tríade sumeriana, está faltando En-lil; seu lugar foi tomado por Marduk, filho de Ea.

As religiões mesopotâmicas

proclamado deus supremo, o que conta com a rápida anuência dos deuses. A batalha entre as duas tropas é decidida no duelo entre Tiamat e Marduk.

"Como Tiamat abrisse a goela para engoli-lo" (IV, 97), Marduk lançou os ventos furibundos que "lhe dilataram o corpo. Seu ventre inchou e a goela permaneceu escancarada. Ele arremessou então uma flecha que lhe perfurou o ventre, despedaçou-lhe as entranhas e traspassou-lhe o coração. Tendo-a assim dominado, tirou-lhe a vida, lançou o cadáver por terra e plantou-se sobre ele" (IV, 100-4). Os auxiliares de Tiamat tentaram escapar, mas Marduk "amarrou-os e quebrou-lhes as armas" (111); em seguida, acorrentou Kingu, roubou-lhe a tábula dos destinos e prendeu-a ao próprio peito (120s.). Finalmente, voltou para perto de Tiamat, partiu-lhe o crânio e cortou o cadáver em dois pedaços "como um peixe ressecado" (137). Um deles transformou-se na abóbada celeste, o outro na Terra. Marduk ergueu até o Céu uma réplica do palácio da *apsu* e fixou a rota das estrelas. A quinquagésima tábua narra a organização do Universo planetário, a determinação do tempo e a configuração da Terra a partir dos órgãos de Tiamat (dos seus olhos correm o Tigre e o Eufrates, "e com um anel da sua cauda criou o elo entre o Céu e a Terra", V, 59; etc.).

Finalmente, Marduk decidiu criar o homem, para que "sobre ele repouse o serviço dos deuses, para o seu consolo" (VI, 8). Os deuses vencidos e acorrentados ainda aguardavam o castigo. E sugere que apenas um seja sacrificado. Interrogados sobre se sabiam quem "fomentou a guerra, incitou Tiamat à revolta e começou a luta"? (VI, 23-4), todos apontam um único nome: Kingu. Cortaram-lhe as veias, e com o seu sangue Ea criou a humanidade (VI, 30).[*] O poema narra a seguir como foi erguido um santuário (isto é, o seu palácio) em homenagem a Marduk.

Embora utilize temas míticos tradicionais, o *Enuma elish* apresenta uma cosmogonia bastante sombria e uma antropologia pessimista. A fim de exaltar o jovem paladino, Marduk e os deuses da época mais antiga, em primeiro lugar Tiamat, estão prenhes de valores "demoníacos". Tiamat não é apenas a totalidade caótica primitiva que antecede toda cosmogonia; ela acaba por aparecer como autora de inúmeros monstros; sua "criatividade" é inteiramente negativa. Tal como é evocado pelo *Enuma elish*, o processo criador é muito cedo colocado em perigo pelo desejo de Apsu de eliminar os jovens deuses, isto é, em suma, de deter na origem a Criação do Universo. (Certa espécie de "mundo" já existia, visto que os deuses se multiplicavam e dispunham de "moradas"; mas tratava-se de um modo de ser puramente formal.)

---

[*] Convém acrescentar que existem outras tradições paralelas relativas à cosmogonia e à Criação do homem.

O assassínio de Apsu abre a série de "morticínios criadores", pois Ea não só toma seu lugar, como também esboça uma primeira organização na massa aquática ("nesse lugar ele construiu a sua residência, ... estabeleceu os santuários"). A cosmogonia é o resultado de um conflito entre dois grupos de deuses, mas a facção de Tiamat conta também com criaturas monstruosas e demoníacas. Em outros termos, a "primordialidade" enquanto tal é apresentada como a fonte das "criações negativas". É com os despojos de Tiamat que Marduk forma o Céu e a Terra. O tema, também atestado em outras tradições, é suscetível de diversas interpretações. O Universo, constituído do corpo de uma divindade original, compartilha a sua substância, mas, depois da "demonização" de Tiamat, será lícito ainda falar de uma substância divina?

O cosmo participa, portanto, de uma dupla natureza: uma "matéria" ambivalente, se não francamente demoníaca, e uma "forma" divina, pois é obra de Marduk. A abóbada celeste é constituída pela metade do corpo de Tiamat, mas as estrelas e as constelações se transformam em "moradas" ou imagens dos deuses. A própria Terra compreende a outra metade de Tiamat e seus diversos órgãos, mas é santificada pelas cidades e pelos templos. Afinal, o mundo se revela o resultado de uma "mistura" de "primordialidade" caótica e demoníaca, de um lado, e, do outro, de criatividade, presença e sabedoria divinas. Essa talvez seja a fórmula cosmogônica mais complexa a que chegou a especulação mesopotâmica, pois reúne, numa audaciosa síntese, todas as estruturas de uma sociedade divina, algumas das quais se tinham tornado incompreensíveis ou inutilizáveis.

No que tange à Criação do homem, ela prolonga a tradição sumeriana (o homem é criado para servir os deuses), particularmente a versão que explica a origem a partir dos dois deuses Lamgha, sacrificados. Mas com o acréscimo de uma agravante: Kingu, apesar de ter sido um dos primeiros deuses, tornara-se o arquidemônio, o chefe do bando de monstros e demônios criados por Tiamat. O homem é, então, constituído de uma matéria demoníaca: o sangue de Kingu. A diferença em relação às versões sumerianas é significativa. Pode-se falar de um pessimismo trágico, pois o homem já parece condenado por sua própria gênese. Sua única esperança é ter sido fabricado por Ea; ele possui portanto uma forma criada por um grande deus. A partir desse prisma, existe uma simetria entre a Criação do homem e a origem do mundo. Em ambos os casos, a matéria-prima é constituída pela substância de uma divindade primordial decaída, demonizada e morta pelos jovens deuses vitoriosos.

As religiões mesopotâmicas   81

22. A sacralidade do soberano mesopotâmico

Em Babilônia, o *Enuma elish* era recitado no templo, por ocasião do quarto dia da festa do ano-novo. Essa festa, denominada *zagmuk* ("começo do ano") em sumério e *akitu* em acadiano, era comemorada durante os primeiros 12 dias do mês de Nisan. Apresentava diversas sequências, de que destacaremos as mais importantes: 1) dia de expiação para o rei, correspondente ao "cativeiro" de Marduk; 2) libertação de Marduk; 3) combates rituais e procissão triunfal, sob a direção do rei, no Bit Akitu (a casa da festa do ano-novo), onde se realiza um banquete; 4) o *hieròs gámos* do rei com uma hierodula que personifica a deusa; 5) a determinação dos destinos pelos deuses.

A primeira sequência dessa encenação mítico-ritual – a humilhação do rei e o cativeiro de Marduk – assinala a regressão do mundo ao caos pré-cosmogônico. No santuário de Marduk, o sumo sacerdote despojava o rei dos seus emblemas (o cetro, o anel, a cimitarra e a coroa) e batia-lhe no rosto. Depois, ajoelhado, o rei pronunciava uma declaração de inocência: "Não pequei, ó senhor das terras, não fui negligente para com a tua divindade." O sumo sacerdote respondia em nome de Marduk: "Não receies, ... Marduk ouvirá a tua prece. Ele ampliará o teu império..."[27]

Durante esse tempo, o povo procurava Marduk, que, segundo se julgava, estava "preso na montanha", expressão indicadora da "morte" de uma divindade. Tal como vimos a propósito de Inanna-Ishtar, essa "morte" não era definitiva, mas, apesar disso, a deusa teve de ser resgatada do mundo inferior. Marduk, da mesma forma, foi forçado a descer "longe do sol e da luz".* Finalmente, ele consegue libertar-se, e os deuses se reúnem (isto é, tinham as estátuas reunidas) para determinar os destinos. (Esse episódio corresponde, no *Enuma elish*, à promoção de Marduk a deus supremo.)

O rei conduzia a procissão até o Bit Akitu, construção situada fora da cidade. A procissão representava o exército dos deuses dirigindo-se contra Tiamat. Segundo uma inscrição de Senaqueribe, pode-se supor que se representava a batalha principal, com o rei personificando Assur (deus que substituíra Marduk).** O *hieròs gámos* realizava-se depois do retorno do banquete de Bit Akitu. O último ato consistia na determinação dos destinos*** de cada mês do ano. Ao "ser determinado", o ano *era* ritualmente *criado*, isto

---

* Os autores clássicos falam do "sepulcro de Bel" (= Marduk) em Babilônia. Era, muito provavelmente, o zigurate do templo Etemenanki, considerado o túmulo momentâneo do deus.
** Certas alusões dão a entender que se representavam combates entre dois grupos de figurantes.
*** Assim como, no *Enuma elish*, Marduk havia determinado as leis que regem o Universo que ele acabava de criar.

82   *História das crenças e das ideias religiosas*

é, garantiam-se a boa sorte, a fertilidade e a riqueza do novo mundo que acabava de nascer.

A *akitu* representa a versão mesopotâmica de uma encenação mítico-ritual bastante difundida, especialmente a festa do ano-novo, considerada uma repetição da cosmogonia.[28] Uma vez que a regeneração periódica do cosmo constitui a grande esperança das sociedades tradicionais, vamos muitas vezes aludir às festas do ano-novo. Observemos desde já que vários episódios da *akitu* são encontrados – para nos limitarmos ao Oriente Próximo – no Egito, entre os hititas, em Ugarit, no Irã, entre os mandeus. Assim, por exemplo, o "caos", ritualmente atualizado nos últimos dias do ano, era expresso por excessos "orgiásticos" de tipo *Saturnalia*, pela perturbação de toda a ordem social, pela extinção dos fogos e pelo retorno dos mortos (representados por máscaras). Os combates entre dois grupos de figurantes são atestados no Egito, entre os hititas e em Ugarit. O costume de "fixar os destinos" dos 12 meses vindouros durante os 12 dias intercalares ainda subsiste no Oriente Médio e na Europa oriental.[29]

O papel do rei na *akitu* é insuficientemente conhecido. Sua "humilhação" corresponde à regressão do mundo ao "caos" e ao "cativeiro" de Marduk na montanha. O rei personifica o deus na batalha contra Tiamat e no *hieròs gámos* com uma hierodula. Mas a identificação com o deus nem sempre é indicada: como vimos, durante sua "humilhação", o rei dirige-se a Marduk. Entretanto, a sacralidade do soberano mesopotâmico é amplamente atestada. Aludimos ao casamento sagrado do rei sumeriano, representando Dumuzi, com a deusa Inanna: esse *hieròs gámos* realizava-se durante a festa do ano-novo (cf. §19). Para os sumérios, a realeza tinha descido do Céu; tinha uma origem divina, e essa concepção manteve-se até o desaparecimento da civilização assírio-babilônica.

A sacralidade do soberano era proclamada de muitas maneiras. Chamavam-lhe "rei do país" (isto é, do mundo) ou "das quatro regiões do Universo", títulos reservados originariamente aos deuses.[30] Tal como nos deuses, uma luz sobrenatural brilhava-lhe em volta da cabeça.[31] Já antes do seu nascimento, os deuses o haviam predestinado à soberania. O rei, ainda que reconhecesse a sua progenitura terrestre, era tido como "filho de deus" (Hamurabi proclama-se gerado por Sin, e Lipitishtar por En-lil). Essa dupla descendência fazia dele o legítimo intermediário entre os deuses e os homens. O soberano representava o povo perante os deuses, e era ele quem expiava os pecados dos seus súditos. De quando em quando tinha de sofrer a morte pelos crimes do seu povo; é por esse motivo que os assírios tinham um "substituto do rei".[32]

Os textos proclamam que o soberano vivera na intimidade dos deuses, no jardim fabuloso em que se encontram a árvore da vida e a água da vida.[33]

As religiões mesopotâmicas   83

(Na verdade, são ele e seu séquito que comem as iguarias diariamente oferecidas às estátuas dos deuses.) O rei é o "enviado" do deus, o "pastor do povo" convocado por deus[34] para instaurar na Terra a justiça e a paz. "Quando Anu e En-lil chamaram Lipitishtar para governar o país a fim de estabelecer nele a justiça, ... então eu, Lipitishtar, o humilde zagal de Nipur, ... estabeleci a justiça na Suméria e em Akkad, de acordo com a palavra de En-lil."[35]

Pode-se dizer que o rei compartilhava a modalidade divina, mas sem tornar-se deus. *Representava* o deus, o que, nas fases arcaicas de cultura, implicava também que ele *era* de algum modo aquele a quem figurava. Em todo o caso, como mediador entre o mundo dos homens e o mundo dos deuses, o rei mesopotâmico efetuava, na sua própria pessoa, uma união ritual entre as duas modalidades de existência, a divina e a humana. Por essa dupla natureza, o rei era considerado, pelo menos metaforicamente, o criador da vida e da fertilidade. *Mas ele não era deus, um novo membro do panteão* (como, por exemplo, o faraó egípcio: cf. §27). Os fiéis não lhe endereçavam orações; ao contrário, rogavam aos deuses que abençoassem o seu rei. Pois os soberanos, apesar da intimidade que tinham com o mundo divino, e, não obstante o *hieròs gámos* com certas deusas, não chegavam a ter transmudada a sua condição humana. No final, continuavam mortais. Não se devia esquecer que mesmo o legendário rei de Uruk, Gilgamesh, fracassou no seu intento de adquirir a imortalidade.

23. Gilgamesh em busca da imortalidade

A *Epopeia de Gilgamesh* é, sem dúvida, a mais famosa e mais popular criação babilônica. O herói, Gilgamesh, rei de Uruk, já era célebre na época arcaica, e descobriu-se a versão sumeriana de diversos episódios da sua vida legendária. Mas, apesar desses antecedentes, a *Epopeia de Gilgamesh* é a obra do gênio semítico. Foi em acadiano que se compôs, a partir de diversos episódios isolados, uma das mais comoventes histórias da busca da imortalidade, ou, mais exatamente, do insucesso final de uma empresa que parecia ter todas as possibilidades de êxito. Essa *saga*, que começa com os excessos eróticos de um misto de herói e tirano, revela em última análise a inaptidão das virtudes puramente "heroicas" para transcender radicalmente a condição humana.

E entretanto Gilgamesh tinha dois terços de um ser divino, filho da deusa Ninsun e de um mortal.[36] Logo no princípio o texto exalta-lhe a onisciência e as grandiosas construções que empreendera. Mas pouco depois ele nos é apresentado como um déspota que viola mulheres e moças e extenua os homens com duros trabalhos. Os habitantes imploram os deuses e estes decidem criar um ser de porte gigantesco, capaz de enfrentar Gilgamesh. Esse semisselvagem, que recebe o nome de Enkidu, vive em paz entre as feras; vão todos matar a sede nas mesmas fontes. Gilgamesh fica sabendo da existência dele inicialmente em sonho, e, em seguida, por meio de um caçador que o vira. Envia então uma cortesã para enfeitiçá-lo com os seus encantos e conduzi-lo a Uruk. Conforme estava previsto pelos deuses, os dois se enfrentam logo que se veem. Gilgamesh sai vitorioso, mas fica amigo de Enkidu, e dele faz um companheiro. Afinal, o plano dos deuses não fracassou, pois doravante Gilgamesh vai empregar seu vigor em aventuras heroicas.

Acompanhado de Enkidu, dirige-se para a longínqua e legendária floresta de cedros, guardada por um ser monstruoso e onipotente, Huwawa. Os dois heróis o matam, depois de lhe terem cortado o cedro sagrado. Ao entrar em Uruk, Gilgamesh é notado por Ishtar. A deusa pede-o em casamento, mas ele insolentemente a rejeita. Humilhada, Ishtar roga a seu pai Anu que crie o "touro celeste", a fim de destruir Gilgamesh e sua cidade. Anu nega-se a princípio, mas dobra-se à vontade da filha quando esta ameaça fazer com que os mortos dos Infernos ascendam. O "touro celeste" arremete contra Uruk, e os seus mugidos fazem cair às centenas os guardas do rei. Enkidu, porém, consegue agarrá-lo pelo rabo, do que se aproveita Gilgamesh para cravar-lhe a espada na cerviz. Furiosa, Ishtar escala as muralhas da cidade e amaldiçoa o rei. Inebriado com a vitória, Enkidu arranca uma coxa do "touro celeste" e lança-a diante da deusa, cobrindo-a de impropérios. É o momento culminante na carreira dos dois heróis; contudo, é também o prólogo de uma tragédia. Naquela mesma noite Enkidu sonha que foi condenado pelos deuses. No dia seguinte, adoece, morrendo 12 dias depois.

Uma mudança inesperada torna Gilgamesh irreconhecível. Durante sete dias e sete noites chora a morte do amigo e recusa-se a enterrá-lo. Tinha a esperança de que suas lamentações acabassem por ressuscitá-lo. Só quando o corpo começa a se decompor é que Gilgamesh se rende diante dos fatos; Enkidu é faustosamente sepultado. O rei abandona a cidade e vagueia pelo deserto, entre gemidos: "Será que me espera a mesma morte de Enkidu?" (tábula IX, coluna I, v.4).* É aterrorizado pela ideia da morte. Os feitos heroicos já não o consolam. Doravante seu único objetivo é fugir à sorte dos homens, adquirindo a imortalidade. Ele sabe que o famoso Utnapishtim, que sobreviveu ao dilúvio, vive para sempre, e decide ir à sua procura.

---

* Salvo indicação em contrário, citamos a tradução para o francês de Contenau, *L'Epopée de Gilgamesh.*

As religiões mesopotâmicas

Sua viagem está cheia de provas de tipo iniciatório. Chega às montanhas Mâshu e encontra a porta por onde passa o Sol todos os dias. Ela está guardada por dois homens-escorpiões, cuja "visão é suficiente para causar a morte" (IX, 11, 7). O invencível herói fica paralisado de medo e humildemente se prosterna. Mas os homens-escorpiões reconhecem a parte divina de Gilgamesh e permitem que ele entre no túnel. Depois de andar 12 horas nas trevas, Gilgamesh chega, do outro lado das montanhas, a um jardim maravilhoso. A alguma distância, à margem do mar, encontra a ninfa Siduri e pergunta-lhe onde pode achar Utnapishtim. Siduri tenta dissuadi-lo: "Quando os deuses fizeram os homens, deram-lhes de presente a morte, guardando para si próprios a vida. Tu, Gilgamesh, trata de encher tua barriga e de aproveitar as noites e os dias. Faze de cada dia uma festa e, noite e dia, dança e te diverte."[37]

Mas Gilgamesh permanece firme na sua decisão, e Siduri o encaminha para Urshanabi, o barqueiro de Utnapishtim, que se encontrava nas proximidades. Atravessam as águas da morte e chegam à margem onde vivia Utnapishtim. Gilgamesh pergunta-lhe como adquiriu a imortalidade. Dessa maneira toma conhecimento da história do dilúvio e da decisão dos deuses de fazer de Utnapishtim e sua esposa "parentes" seus, instalando-os "nas fozes dos rios". Mas, pergunta Utnapishtim a Gilgamesh, "que deus te convidará para participares da assembleia dos deuses a fim de que obtenhas a vida que procuras?" (IX, 198). Entretanto, a sequência do seu discurso é inesperada: "Vamos, tenta ficar sem dormir seis dias e sete noites!" (XI, 199). Trata-se certamente da mais dura prova iniciatória; vencer o sono, permanecer "acordado", equivale a uma transformação da condição humana.[38]

Será que devemos entender que Utnapishtim, sabendo que os deuses não lhe dariam em recompensa a imortalidade, sugere que Gilgamesh a conquiste por uma iniciação? O herói já havia vencido algumas "provas": a caminhada no túnel, a "tentação" de Siduri, a travessia das águas da morte. Elas eram de certo modo provas de tipo heroico. Tratava-se agora de uma prova de ordem "espiritual", pois só uma excepcional força de concentração podia dar a um ser humano a capacidade de permanecer "acordado" seis dias e sete noites. Mas Gilgamesh adormece imediatamente, e Utnapishtim exclama com sarcasmo: "Olha só o homem forte que deseja a imortalidade: o sono, qual vento violento, derramou-se sobre ele!" (203-4). Ele dorme de enfiada seis dias e sete noites, e, quando Utnapishtim o acorda, Gilgamesh censura-o por tê-lo despertado logo depois de haver adormecido. Dobra-se, porém, à evidência e começa novamente a lamentar-se: "Que fazer, Utnapishtim, aonde ir? Um demônio apoderou-se do meu corpo; no quarto onde durmo mora a morte, e aonde quer que eu vá lá está a morte!" (230-4).

Gilgamesh já se prepara para tornar a partir, quando, no derradeiro momento, por sugestão de sua mulher, Utnapishtim lhe revela um "segredo dos deuses": o local onde se encontra a planta que devolve a juventude. Gilgamesh desce ao fundo do mar, colhe-a* e, cheio de felicidade, retoma o caminho de volta. Após alguns dias de caminhada, avista uma fonte de água fresca e apressa-se nela a banhar-se. Atraída pelo perfume da planta, uma serpente sai da água, arrebata-lhe a planta e troca de pele.** Em soluços, Gilgamesh queixa-se a Urshanabi de sua má sorte. Pode-se ver nesse episódio o fracasso de uma nova prova iniciatória: o herói não soube tirar partido de uma dádiva inesperada; faltava-lhe, em suma, "sabedoria". O texto termina de maneira brusca: tendo chegado a Uruk, Gilgamesh incita Urshanabi a subir nas muralhas da cidade e a admirar-lhe as fundações.***

Viu-se na *Epopeia de Gilgamesh* um exemplo dramático da condição humana, definida pela inevitabilidade da morte. Entretanto, essa primeira obra-prima da literatura universal também dá a entender que, sem o auxílio dos deuses, alguns seres poderiam obter a imortalidade, desde que saíssem vitoriosos de uma série de provas iniciatórias. Vista por esse ângulo, a história de Gilgamesh seria antes de tudo o relato dramatizado de uma iniciação malograda.

24. O destino e os deuses

Infelizmente ignoramos o contexto ritual da iniciação mesopotâmica, partindo da hipótese de que ela tenha existido. O sentido iniciatório da procura de imortalidade revela-se na estrutura específica das provas sofridas por Gilgamesh. Os romances arturianos apresentam uma situação análoga: os símbolos e os motivos iniciatórios são abundantes, mas é impossível decidir se pertencem a uma encenação ritual ou se representam reminiscências da mitologia céltica ou da gnose hermética, ou se não passam de produtos da atividade imaginária. Pelo menos no caso dos romances arturianos, conhecemos as tradições iniciatórias que antecederam sua redação, ao passo que ignoramos a proto-história da eventual encenação iniciatória implicada nas aventuras de Gilgamesh.

---

* Pode-se indagar por que ele não a comeu logo depois de colhê-la, mas Gilgamesh a reservava para mais tarde; cf. Heidel, *The Gilgamesh Epic and the Old Testament Parallels*, p.92, nota 211.
** Trata-se de um tema folclórico muito conhecido: ao despojar-se da sua velha pele, a serpente renova a sua vida.
*** A tábula XII, redigida em sumério, foi acrescentada mais tarde; os incidentes relatados não têm vínculos diretos com a narrativa que acabamos de resumir.

As religiões mesopotâmicas   87

Tem-se insistido, e com razão, no fato de que a tônica do pensamento religioso acadiano é o homem. Em última análise, a história de Gilgamesh torna-se exemplar; ela proclama a precariedade da condição humana, a impossibilidade – mesmo para um herói – de adquirir a imortalidade. O homem foi criado mortal e foi formado unicamente para servir os deuses. Essa antropologia pessimista já estava formulada no *Enuma elish*. É também encontrada em outros importantes textos religiosos. "Diálogo entre senhor e servo" parece ser um produto do niilismo agravado por uma neurose: o senhor nem mesmo sabe o que quer. Está obcecado pela inutilidade de todo e qualquer esforço humano: "Sobe aos montículos das velhas ruínas e vai e volta pelo mesmo caminho; olha os crânios dos homens de outrora e os dos nossos dias: quem é o malfeitor e quem é o amável filantropo?"[39]

Outro texto célebre, "Diálogo sobre a miséria humana", que foi chamado de o "Eclesiastes babilônico", é ainda mais desesperado. "Será que o altivo leão, que se alimenta da melhor carne, apresenta sua oferenda de incenso a fim de aplacar a contrariedade da deusa? ... [Quanto a mim], não terei feito a oblação? [Não], Orei aos deuses, ofereci os sacrifícios previstos às deusas" (linhas 51s.). Desde a infância, esse justo esforçou-se por compreender o pensamento do deus; humilde e piedoso, buscou a deusa. No entanto, "o deus trouxe-me a penúria em vez da riqueza" (linhas 71s.). E contudo foi o criminoso, o ímpio que amontoou a riqueza (linha 236). "A multidão louva a palavra de um homem preeminente, especialista em crime, mas vilipendia o humilde ser que não se serve da violência." "O malfeitor é justificado, e o justo, repelido." Enquanto o bandido recebe o ouro, o fraco passa fome. Reforça-se ainda mais o poder do pérfido, enquanto se arruína o inválido e se abate o fraco" (linhas 267s.).[40]

Esse desespero surge não de uma meditação sobre a inutilidade da existência humana, mas da experiência da injustiça generalizada: os maus triunfam, as orações não surtem efeito; os deuses parecem indiferentes aos problemas humanos. A partir do segundo milênio, crises espirituais desse gênero explodirão em outros recantos (Egito, Israel, Índia, Irã, Grécia), com consequências diversas, pois as respostas a esse tipo de experiência niilista foram dadas de acordo com o gênio religioso específico a cada cultura. Mas, na literatura sapiencial mesopotâmica, os deuses nem sempre se mostram indiferentes. Um texto apresenta os sofrimentos físicos e mentais de um inocente que já se comparou a Jó. É um verdadeiro justo sofredor, pois nenhuma divindade parece auxiliá-lo. Incontáveis deformidades o haviam condenado a "chafurdar nos próprios excrementos". Os seus já o choravam como a um morto quando uma série de sonhos lhe revela que Marduk iria salvá-lo. Como num transe extático, ele próprio vê o deus derrotando os demônios da doença e arrancando-lhe depois as dores do corpo, como se tiram as raízes a uma planta. Finalmente, recuperada a saúde, o justo rende graças a Marduk atravessando ritualmente as 12 portas do seu templo em Babilônia.[41]

Afinal, ao colocar a tônica no homem, o pensamento religioso acadiano destaca os limites das possibilidades humanas. A distância entre os homens e os deuses mostra-se intransponível. E, no entanto, o homem não está sozinho na própria solidão. Antes de tudo, ele partilha um elemento espiritual que se pode considerar divino: é o seu "espírito", *ilu* (literalmente "deus").* Em seguida, através dos ritos e das preces, espera obter a bênção dos deuses. Ele sabe, sobretudo, que faz parte de um universo unificado pelas homologias: vive numa cidade que constitui uma *imago mundi*, cujos templos e zigurates representam "centros do mundo" e, por conseguinte, asseguram a comunicação com o Céu e os deuses. Babilônia era uma Bâb-ilâni, uma "porta dos deuses", pois era ali que os deuses desciam na Terra. Inúmeras cidades e santuários chamavam-se "Elo entre o Céu e a Terra".[42]

Em outros termos, o homem não vive em um mundo fechado, separado dos deuses, completamente isolado dos ritmos cósmicos. Além disso, um sistema complexo de correspondência entre o Céu e a Terra tornava possível ao mesmo tempo a compreensão das realidades terrestres e a sua "influência" pelos respectivos protótipos celestes. Um exemplo: visto que a cada planeta correspondia um metal e uma cor, tudo aquilo que era colorido achava-se sob a "influência" de um planeta. Mas cada planeta pertencia a um deus que, por isso mesmo, era "representado" pelo metal respectivo.** Por conseguinte, ao manipular ritualmente certo objeto metálico ou uma pedra semipreciosa de determinada cor, o acadiano considerava-se sob a proteção de um deus.

Finalmente, numerosas técnicas divinatórias, a maior parte desenvolvida na época acadiana, permitiam o conhecimento do futuro. Julgava-se portanto que certas desventuras podiam ser evitadas. A diversidade das técnicas e o número considerável de documentos escritos que chegaram até nós comprovam o prestígio de que gozava a mântica em todas as camadas sociais. O método mais elaborado era o *extispicium*, isto é, o exame das entranhas da vítima; a menos onerosa, a lecanomancia, consistia em derramar um pouco de óleo sobre a água, ou inversamente, e em interpretar os "sinais" que se podiam ler nas formas produzidas pelos dois líquidos. A astrologia, que se desenvolveu

---

* Trata-se do elemento mais importante de uma personalidade. Os outros são *istaru* (o seu destino); *lamassu* (sua individualidade; assemelha-se a uma estátua) e s*edu* (comparável a *genius*); cf. A.L. Oppenheim, *Ancient Mesopotamia*, p.198-206.
** O ouro correspondia a En-lil, a prata a Anu, o bronze a Ea. Quando Shamash substituiu En-lil, tornou-se o "senhor" do ouro; cf. B. Meissner, *Babylonien und Assyrien*, II, p.130s., 254.

As religiões mesopotâmicas

mais tarde do que as outras técnicas, era praticada sobretudo entre as pessoas que viviam em volta dos soberanos. Quanto à interpretação dos sonhos, ela foi completada, desde o começo do segundo milênio, por artifícios destinados a conjurar os presságios funestos.[43]

Todas as técnicas divinatórias procuravam chegar à descoberta dos "sinais", que se decifravam de acordo com certas regras tradicionais. *O mundo revelava-se, portanto, provido de estruturas e governado por leis*. Ao decifrar os "sinais", chegava-se a conhecer o futuro, em outras palavras, *"dominava-se" o tempo*; com efeito, previam-se acontecimentos que iriam verificar-se somente após certa duração temporal. A atenção dispensada aos "sinais" resultava em descobertas de real valor científico. Algumas dessas descobertas foram mais tarde retomadas e aperfeiçoadas pelos gregos. No entanto, a ciência babilônica continuou a ser uma "ciência tradicional", no sentido de que o conhecimento científico manteve uma estrutura "totalitária", isto é, que envolve pressuposições cosmológicas, éticas e "existenciais".*

Por volta de ~1.500, a época criadora do pensamento mesopotâmico parece definitivamente encerrada. Durante os dez séculos seguintes, a atividade intelectual mostra-se absorvida pela erudição e pelos trabalhos de compilação. Mas a irradiação da cultura mesopotâmica, atestada desde os tempos mais remotos, prossegue e cresce. Ideias, crenças e técnicas de origem mesopotâmica circulam do Mediterrâneo ocidental ao Hindu Kuch. É significativo que as descobertas babilônicas que se tornariam populares implicam mais ou menos diretamente correspondências Céu-Terra, ou macrocosmo-microcosmo.

NOTAS

1. Ver Kramer, *From the Tablets of Sumer*, p.77s.; id., *The Sumerians*, p.145.
2. Ver uma nova tradução do poema "Gilgamesh, Enkidu et les enfers" in Giorgio R. Castellino, *Mitologia sumerico-accadica*, p.176-81. Sobre a concepção egípcia da perfeição inicial, cf. §25.
3. Traduzido para o francês por Maurice Lambert, in *Naissance du Monde*, p.106.
4. Seguimos a interpretação dada por R. Jestin, "La Religion sumérienne", p.170.
5. Sobre o culto, cf. Kramer, *The Sumerians*, p.140s.; A.L. Oppenheim, *Ancient Mesopotamia*, p.183s.
6. Jestin, op.cit., p.184. "Alguns 'salmos de penitência' aparecem na literatura tardia, mas a influência semítica crescente que aí se manifesta não permite mais considerá-los expressões autênticas da consciência sumeriana" (ibid.).

---

* Como, por exemplo, a medicina e a alquimia na China.

7. Sobre o *me* dos diferentes ofícios, vocações e instituições, cf. Kramer, *From the Tablets*, p.89s; *The Sumerians*, p.117s. O termo *me* foi traduzido por "ser" (Jacobsen), ou "potência divina" (Landsberger e Falkenstein) e foi interpretado como uma "imanência divina na matéria morta e viva, imutável, subsistente, mas impessoal, de que só os deuses dispõem" (J. van Dijk).

8. Jestin, op.cit., p.181.

9. Cf. S.N. Kramer, "Le Rite de mariage sacré Dumuzi-Inanna", p.129; id., *The Sacred Marriage Rite*, p.49s.

10. Cf. o texto traduzido por Kramer, *From the Tablets*, p.177.

11. E. Burrows, "Some cosmological patterns in babylonian religion", p.65s.

12. Cf. Burrows, op.cit., p.60s.

13. Ver a "Lista dos reis sumerianos", traduzida por Kramer, *The Sumerians*, p.328s.

14. Cf. Kramer, *From the Tablets*, p.177s.; id., *Sumerian Mythology*, p.97s.; G.R. Castellino, *Mitologia*, p.140-3.

15. Sobre o simbolismo presente em certos mitos diluvianos, ver M. Eliade, *Traité d'histoire des religions*, p.182s.

16. Cf. *Aspects du mythe*, p.71s. Segundo a versão conservada na *Epopeia de Atrahasis*, Ea decidiu, após o dilúvio, criar sete homens e sete mulheres; cf. Heidel, *The Gilgamesh Epic*, p.259-60.

17. Kramer, p.141.

18. Traduzido para o francês por Jean Bottéro, *Annuaire...*, 1971-72, p.85.

19. Cf. Kramer, *The Sacred Marriage Rite*, p.63s.; "Le Rite de mariage sacré", p.131s.

20. Tábula VI, 46-7. Bottéro traduz: "Foi por Tammuz, o teu primeiro esposo, que instauraste um luto universal" (op.cit., p.83).

21. Jean Nougayrol, "La Religion babylonienne", p.217.

22. Ibid., p. 236.

23. Traduzido conforme F.J. Stephens, in Anet, p.39-92. Os versos citados são 21-6, 51-3, 59-60.

24. Ver a tradução em Anet, p.387-9.

25. A. Leo Oppenheim, *Ancient Mesopotamia*, p.176; E. Cassin, *La Splendeur divine*, p.26s., 65s. e passim.

26. Tábula I, 13. Salvo indicação em contrário, citamos a tradução para o francês de Paul Garelli e Marcel Leibovici, "La Naissance du monde selon Akkad", p.133-45. Utilizamos também as traduções de Labat, Heidel, Speiser e Castellino.

27. Textos citados por H. Frankfort, *Kingship and the Gods*, p.320 (*La Royauté et les dieux*, p.409).

28. Cf. Eliade, *Le Mythe de l'éternel retour* (nova edição, 1969), p.65s.; *Aspects du mythe*, p.56s.

29. Cf. *Le Mythe de l'éternel retour*, p.81s.

30. Cf. Frankfort, *Kingship*, p.227s. (*La Royauté*, p.303s.).

31. Essa luz, denominada *melammû* em acadiano, corresponde ao *hvarena* dos iranianos; cf. Oppenheim, *Ancient Mesopotamia*, p.206; Cassin, *La splendeur divine*, p.65s.

32. Labat, *Le Caractère religieux de la royauté assyro-babylonienne*, p.352s., Frankfort, op.cit., p.262s. (*La Royauté*, p.342s.).

33. Era o rei que, na qualidade de jardineiro, cuidava da árvore da vida; cf. Widengren, *The King and the Tree of Life in Ancient Near Eastern Religion*, esp. p.22s., 59s.

As religiões mesopotâmicas 91

34. Cf. a Introdução do Código de Hamurabi (I, 50), in Anet, p.164.
35. Prólogo ao Código de Lipitishtar, Anet, p.159. Ver os textos citados e traduzidos por J. Zandee, "Le Messie", p.13, 14, 16.
36. Um "sumo sacerdote" da cidade de Uruk, segundo a tradição sumeriana; cf. A. Heidel, *The Gilgamesh Epic*, p.4.
37. Tábula X, coluna III, 6-9; tradução de Jean Nougayrol, *Histoire des religions*, I, p.222.
38. Cf. Eliade, *Naissances mystiques*, p.44s.
39. "A pessimistic dialogue between master and servant", linha 84; trad. de R.H. Pfeiffer, Anet, p.438.
40. "A dialogue about human misery", trad. de Pfeiffer, Anet, p.439-40.
41. "I will praise the Lord of Wisdom", trad. de Pfeiffer, Anet, p.434-7.
42. Cf. M. Eliade, *Le Mythe de l'éternel retour*, p.26s.
43. J. Nougayrol, "La Divination babylonienne", esp. p.39s.

IV. IDEIAS RELIGIOSAS E CRISES POLÍTICAS NO ANTIGO EGITO

25. O inesquecível milagre: a "Primeira Vez"

O nascimento da civilização egípcia jamais deixou de maravilhar os historiadores. Durante os dois milênios que antecederam a formação do "Reino Unido", as culturas neolíticas continuaram a se desenvolver, mas sem profundas modificações. Contudo, no quarto milênio, os contatos com a civilização sumeriana provocam uma verdadeira mutação. O Egito tomou emprestados o sinete cilíndrico, a arte de construir com tijolos, a técnica da fabricação de barcos, inúmeros motivos artísticos e sobretudo a escrita, que surgiu bruscamente, sem antecedentes, no começo da I dinastia (cerca de ~ 3.000).[1]

Mas a civilização egípcia não tardou a elaborar um estilo característico, que transparece em todas as suas criações. Sem dúvida a própria geografia impunha um desenvolvimento diferente daquele peculiar às culturas sumério-acadianas. Pois, ao contrário da Mesopotâmia, de todos os lados vulnerável às invasões, o Egito – mais exatamente o vale do Nilo – estava isolado e defendido pelo deserto, o mar Vermelho e o Mediterrâneo. Até a irrupção dos hicsos (~ 1.674), o Egito não conheceu perigo proveniente do exterior. Por outro lado, a navegabilidade do Nilo permitia que o soberano governasse o país com uma administração cada vez mais centralizada. De mais a mais, o Egito não teve as grandes cidades de tipo mesopotâmico. Pode-se dizer que o país era constituído de uma massa rural dirigida pelos representantes de um deus encarnado, o faraó.

Mas foram a religião e sobretudo o dogma da divindade do faraó que contribuíram, desde o início, para modelar a estrutura da civilização egípcia. Segundo a tradição, a unificação do país e a fundação do Estado foram obra do primeiro soberano, conhecido pelo nome de Menés. Vindo do sul, Menés construiu a nova capital do Egito unificado em Mênfis, perto da atual cidade do Cairo. Foi lá que celebrou pela primeira vez a cerimônia da coroação. Mais tarde, e durante mais de três milênios, os faraós foram coroados em Mênfis;

muito provavelmente a cerimônia culminante era uma reprodução daquela inaugurada por Menés. Não era uma comemoração dos feitos de Menés, mas *a renovação da fonte criadora presente no acontecimento original.*[2]

A fundação do Estado unificado equivalia a uma cosmogonia. O faraó, deus encarnado, instaurou um mundo novo, uma civilização infinitamente mais complexa e superior à das aldeias neolíticas. O essencial era assegurar a permanência dessa obra efetuada de acordo com um modelo divino; em outras palavras, evitar as crises suscetíveis de abalar os alicerces do novo mundo. A divindade do faraó constituía a melhor garantia disso. Como o faraó era imortal, sua morte significava somente sua transladação ao Céu. Estava assegurada a continuidade de um deus encarnado para outro deus encarnado e, consequentemente, a continuidade da ordem cósmica e social.

É de notar que as mais importantes criações sociopolíticas e culturais se tenham verificado durante as primeiras dinastias. Foram essas criações que fixaram os modelos para os 15 séculos subsequentes. Depois da V dinastia (~ 2.500-2.300), quase nada de importante foi acrescentado ao patrimônio cultural. Esse "imobilismo" que caracteriza a civilização egípcia, mas que se encontra nos mitos e nas reminiscências nostálgicas de outras sociedades tradicionais, é de origem religiosa. A fixidez das formas hieráticas e a repetição das gestas e façanhas efetuadas na aurora dos tempos são a consequência lógica de uma teologia que considerava a ordem cósmica uma obra essencialmente divina, e via em toda mudança o risco de uma regressão ao caos e, por conseguinte, o triunfo das forças demoníacas.

A tendência designada pelos especialistas europeus como "imobilismo" esforçava-se por manter intacta a primeira Criação, pois era perfeita de todos os pontos de vista – cosmológico, religioso, social e ético. As fases sucessivas da cosmologia são evocadas nas diferentes tradições mitológicas. Com efeito, os mitos referem-se exclusivamente aos acontecimentos que tiveram lugar no fabuloso tempo das origens. Essa época, denominada *Tep zepi*, a "Primeira Vez", durou desde o aparecimento do deus criador sobre as águas primordiais até a entronização de Horus. Tudo aquilo que existe, desde fenômenos naturais até realidades religiosas e culturais (plantas dos templos, calendário, escrita, rituais, insígnias reais etc.), deve sua validade e justificação ao fato de ter sido criado no decorrer da época inicial.

Evidentemente, a "Primeira Vez" constituiu a idade de ouro da perfeição absoluta, "antes que a raiva, ou o barulho, a luta ou a desordem fizessem seu aparecimento". Não havia morte nem doença durante essa era maravilhosa denominada "o tempo de Ré", ou de Osíris, ou de Horus.[3] Em determinado momento, que se seguiu à intervenção do mal, surgiu a desordem, pondo fim à idade de ouro. Mas a época lendária da "Primeira Vez" não ficou relegada entre as relíquias de um passado definitivamente terminado. Por constituir a soma dos modelos que devem ser imitados, essa época era continuamente reatualizada. Em suma, pode-se dizer que os ritos, trilhando o caminho das forças demoníacas, tinham por finalidade a restauração da perfeição inicial.

26. Teogonias e cosmogonias

Como em todas as religiões tradicionais, a cosmogonia e os mitos das origens (a origem do homem, da realeza, das instituições sociais, dos rituais etc.) constituíam o essencial da ciência sagrada. Naturalmente existiam vários mitos cosmogônicos que davam destaque a deuses diferentes e localizavam o começo da Criação num sem-número de centros religiosos. Os temas alinhavam-se entre os mais arcaicos: emergência de um outeiro, de um lótus ou de um ovo sobre as águas primordiais. Quanto aos deuses criadores, cada cidade importante colocava o seu em primeiro plano. As mudanças dinásticas eram muitas vezes acompanhadas pela mudança da capital. Tais acontecimentos obrigavam os teólogos da nova capital a integrar diversas tradições cosmogônicas, identificando o principal deus local ao demiurgo. Quando se estava às voltas com deuses criadores, a assimilação era facilitada pela sua semelhança estrutural. Mas os teólogos elaboraram, além disso, sínteses audaciosas, assimilando sistemas religiosos heterogêneos e associando-lhes figuras divinas claramente antagônicas.*

Semelhante a tantas outras tradições, a cosmogonia egípcia começava com a emergência de um outeiro nas águas primordiais. O aparecimento desse "primeiro lugar" sobre a imensidão aquática significa a emergência da Terra, e também da luz, da vida e da consciência.[4] Em Heliópolis, o local denominado "colina de areia", que fazia parte do templo do Sul, era identificado com a "colina primordial". Hermópolis era celebrada por seu lago, onde emergiu o lótus cosmogônico. Mas outras localidades orgulhavam-se do mesmo privilégio.[5] Com efeito, cada cidade e cada santuário eram considerados um "centro do mundo", o lugar onde havia começado a Criação. O outeiro inicial tornava-se às vezes a montanha cósmica sobre a qual subia o faraó para encontrar o deus-Sol.

---

* Os mitos não eram contados de forma contínua e coerente, a fim de constituir, por assim dizer, "versões canônicas". Por conseguinte, somos obrigados a reconstituí-los a partir dos episódios e das alusões encontrados nas mais antigas coleções, especialmente no *Livro das pirâmides* (~ 2.500-2.300, aproximadamente), no *Livro dos sarcófagos* (~ 2.300-2.000, aproximadamente) e no *Livro dos mortos* (depois de 1.500).

Outras versões falam do ovo primordial que continha o "pássaro de luz" (*Livro dos sarcófagos*, IV, 181s.), ou do lótus original trazendo o Sol criança,[6] ou, finalmente, da serpente primitiva, primeira e última imagem do deus Atum. (Na verdade, o capítulo 175 do *Livro dos mortos* anuncia que, quando o mundo voltar ao estado de caos, Atum de novo se transformará em serpente. Pode-se reconhecer em Atum o deus supremo e oculto, ao passo que Ré, o Sol, é por excelência o deus manifesto; cf. §32.) As etapas da Criação – cosmogonia, teogonia, criação dos seres vivos etc. – são apresentadas de maneira diferente. Segundo a teologia solar de Heliópolis, cidade situada na extremidade do delta, o deus Ré-Atum-Khépri* criou um primeiro casal divino, Xu (a atmosfera) e Tefnut, pais do deus Geb (a Terra) e da deusa Nut (o Céu). O demiurgo realizou a Criação masturbando-se ou escarrando. As expressões são ingenuamente grosseiras, mas seu sentido é claro: as divindades nascem da própria substância do deus supremo.

Tal como na tradição sumeriana (cf. §16), o Céu e a Terra estavam unidos num *hieròs gámos* ininterrupto, até o momento em que foram separados por Xu, o deus da atmosfera.[7] Da união deles nasceram Osíris e Ísis, Seth e Néftis, protagonistas de um drama patético que abordaremos adiante.

Em Hermópolis, no Médio Egito, os teólogos elaboraram uma doutrina bastante complexa em torno da Ogdóade, o grupo de oito deuses, aos quais veio juntar-se Ptá. No lago primordial de Hermópolis emergiu um lótus, de onde saiu "a criança sacrossanta, o herdeiro perfeito dado à luz pela Ogdóade, semente divina dos primeiros deuses anteriores", "aquele que amalgamou os embriões dos deuses e dos homens".[8]

No entanto, foi em Mênfis, capital dos faraós da I dinastia, que se articulou, em torno do deus Ptá, a teologia mais sistemática. O texto capital daquilo que se denominou "teologia menfita" foi inscrito em pedra na época do faraó Shabaka (~ 700, aproximadamente), mas o original foi redigido cerca de dois mil anos antes. É surpreendente que a mais antiga cosmogonia egípcia até hoje conhecida seja também a mais filosófica, uma vez que Ptá criou com seu espírito (seu "coração") e seu verbo (sua "língua"). "Aquele que se manifestou como coração (= espírito), aquele que se manifestou como língua (= verbo), sob a aparência de Atum, é Ptá, o muito antigo." Ptá é proclamado o maior dos deuses, sendo Atum considerado apenas o criador do primeiro casal divino. Foi Ptá "quem fez com que os deuses existissem". Mais tarde, os deuses penetraram seus corpos visíveis, entrando "em todas as espécies de plantas,

---

* Trata-se das três formas do Sol: Khépri, o Sol nascente; Ré, o Sol no zênite; e Atum, o Sol poente.

pedras, argila, em toda coisa que cresce no seu relevo (isto é, a Terra) e pelas quais eles podem manifestar-se".[9]

Em suma, a teologia e a cosmogonia são efetuadas pelo poder criador do pensamento e da palavra de um único deus. Trata-se certamente da mais elevada expressão da especulação metafísica egípcia. Conforme observa John Wilson (Anet, p.4), é *no começo* da história egípcia que se encontra uma doutrina que pode ser aproximada da teoria cristã do *lógos*.

Comparados à teogonia e à cosmogonia, os mitos sobre a origem do homem mostram-se bastante apagados. Os homens (*erme*) nasceram das lágrimas (*erme*) do deus solar Ré. Num texto escrito mais tarde (~ 2.000, aproximadamente), em período de crise, lê-se: "Os homens, rebanho de Deus, foram bem aquinhoados. Ele [isto é, o deus-Sol] fez o Céu e a Terra em sua intenção. ... Fez o ar para vivificar-lhes as narinas, pois são as suas imagens, oriundas das suas carnes. Ele brilha no Céu, para eles fez a vegetação e os animais, as aves e os peixes, a fim de alimentá-los."[10]

Entretanto, quando Ré descobriu que os homens conspiravam contra ele, decidiu destruí-los. Quem se encarregou da matança foi Hathor. Mas, como essa deusa ameaçasse aniquilar por completo a raça humana, Ré recorreu a um estratagema e conseguiu embriagá-la.[11] A revolta dos homens e suas consequências ocorreram durante a época mítica. Evidentemente, os "homens" eram os primeiros habitantes do Egito, visto que este foi o primeiro país que se formou, sendo portanto o centro do mundo.[12] Os egípcios eram os únicos habitantes de pleno direito; isso explica por que os estrangeiros estavam proibidos de entrar nos santuários, imagens microcósmicas do país.[13] Alguns textos tardios refletem a tendência para o universalismo. Os deuses (Horus, Sekhmet) protegiam não só os egípcios como também os palestinos, os núbios e os líbios.[14] Contudo, a história mítica dos primeiros homens não desempenhava um papel importante. Na época prodigiosa da "Primeira Vez", os dois momentos decisivos foram a *cosmogonia* e o *advento do faraó*.

27. As responsabilidades de um deus encarnado

Como observa Henri Frankfort,[15] a cosmogonia é o acontecimento mais importante porque representa a *única mudança real*: a emergência do mundo. Desde então, só as mudanças implicadas nos ritmos da vida cósmica possuem significação. Mas, nesse caso, trata-se dos momentos sucessivos articulados em diferentes ciclos e que lhes garantem a periodicidade: os movimentos dos astros, a ronda das estações, as fases da Lua, o ritmo da vegetação, o fluxo e o

Ideias religiosas e crises políticas no antigo Egito

refluxo do Nilo etc. Ora, é justamente essa periodicidade dos ritmos cósmicos que constitui a perfeição instituída nos tempos da "Primeira Vez". A desordem implica uma mudança inútil e, por conseguinte, nociva no ciclo exemplar das mudanças perfeitamente ordenadas.

Já que a ordem social representava um aspecto da ordem cósmica, julgava-se que a realeza existia desde o começo do mundo. O criador foi o primeiro rei;* ele transmitiu essa função a seu filho e sucessor, o primeiro faraó. Essa delegação consagrou a realeza como instituição divina. Com efeito, os gestos do faraó são descritos nos mesmos termos utilizados para descrever os gestos do deus Ré ou certas epifanias solares. Daremos apenas dois exemplos: a criação de Ré é resumida às vezes com palavras precisas: "Ele colocou a ordem (*ma'at*) no lugar do caos." E é nos mesmos termos que se fala de Tutancâmon quando ele restaurou a ordem depois da "heresia" de Akhenaton (cf. §32), ou de Pepi II: "Ele pôs a *ma'at* no lugar da mentira (da desordem)." Da mesma forma, o verbo *khay*, "brilhar", é empregado indiferentemente para descrever a emergência do Sol no instante da Criação ou em cada aurora, e o aparecimento do faraó na cerimônia da coroação, nas festividades, ou no conselho privado.[16]

O faraó era a encarnação da *ma'at*, termo que se traduz por "verdade", mas cuja significação geral é "a boa ordem" e, consequentemente, "o direito", "a justiça". A *ma'at* pertence à Criação original: ela reflete portanto a perfeição da idade de ouro. Por constituir o próprio fundamento do cosmo e da vida, a *ma'at* pode ser conhecida pelos indivíduos isoladamente. Em textos de origens e épocas diferentes, encontram-se declarações como a seguinte: "Incita teu coração a conhecer a *ma'at*"; "Faço com que conheças a coisa da *ma'at* no teu coração; oxalá possas fazer o que é correto para ti!" Ou: "Eu era um homem que amava a *ma'at* e odiava o pecado, pois sabia que (o pecado) é como que uma abominação a Deus." Com efeito, é Deus que concede o conhecimento necessário. Um príncipe é designado como "alguém que conhece a verdade (*ma'at*) e que é instruído por Deus". O autor de uma oração a Ré exclama: "Oxalá possas introduzir a *ma'at* no meu coração!"[17]

Como encarnação da *ma'at*, o faraó constituía o modelo exemplar para todos os seus súditos. Como expressava o vizir Rekhmire: "Ele é um deus

---

* No *Livro dos mortos* (cap. 17), o deus proclama: "Eu sou Atum, quando estava sozinho em Num (o oceano primordial). Eu sou Ré na sua primeira manifestação, quando ele começou a governar a sua Criação." Uma glosa acrescenta a seguinte explicação: "Isso significa que Ré começou a parecer *com o rei*, como aquele que existia antes de Xu suspender o Céu sobre a Terra" (Frankfort, *Ancient Egypt Religion*, p.54-5).

que nos faz viver por meio de suas ações."* A obra do faraó assegurava a estabilidade do cosmo e do Estado, e por conseguinte a continuidade da vida. De fato, a cosmogonia era retomada todas as manhãs, quando o deus solar "expulsava" a serpente Apófis, sem contudo conseguir eliminá-la; pois o caos (= as trevas) representava a virtualidade; ele era, portanto, indestrutível. A atividade política do faraó repetia a façanha de Ré: ele também "expulsava" Apófis, ou, em outros termos, cuidava para que o mundo não retornasse ao caos. Quando inimigos apareciam nas fronteiras, seriam assimilados a Apófis, e a vitória do faraó reproduziria o triunfo de Ré. (Essa tendência a interpretar a vida e a história em termos de modelos exemplares e de categorias é específica às culturas tradicionais.)[18]

O faraó era decerto o único protagonista dos acontecimentos históricos particulares, que não deviam se repetir: campanhas militares em países distintos, vitória contra diversos povos etc. E, todavia, quando Ramsés III construiu seu sepulcro, reproduziu os nomes das cidades conquistadas inscritos no templo funerário de Ramsés II. Mesmo na época do Antigo Império, os líbios, que "aparecem como as vítimas das conquistas de Pepi II, trazem os mesmos nomes individuais que figuram nos relevos do templo de Sahuri dois séculos antes".[19]

É impossível reconhecer os traços individuais dos faraós, tal como estão pintados nos monumentos e nos textos. Em numerosos detalhes característicos, como, por exemplo, a iniciativa e a coragem de Tutmósis III durante a batalha de Meguido, A. de Buck reconheceu os elementos convencionais do retrato de um soberano ideal. Constata-se a mesma tendência para a impessoalidade na representação dos deuses. À exceção de Osíris e de Ísis, os outros deuses, apesar das suas formas e funções distintas, são evocados nos hinos e nas orações quase que nos mesmos termos.**

Em princípio, o culto devia ser celebrado pelo faraó, mas ele delegava suas funções aos sacerdotes dos diversos templos. Direta ou indiretamente, os rituais tinham por objetivo a defesa, e portanto a estabilidade, da "Criação

---

* Segundo Frankfort, concepção semelhante explica a ausência total de levantes populares. Durante as conturbações políticas dos períodos intermediários (2.250-2.040, aproximadamente; 1.730-1.562), a instituição monárquica não foi questionada (*Ancient Egyptian Religion*, p.43).

** Cf. a comparação entre Min e Sobek, Frankfort, ibid., p.25-6. Reconhecendo a importância da visão estática do Universo, interpretado como um movimento rítmico dentro de uma totalidade imutável, Frankfort propôs uma explicação engenhosa para as manifestações dos deuses em formas animais: enquanto nos seres humanos os traços individuais contrabalançam a estrutura morfológica do rosto, os animais não mudam, reproduzindo sempre sua espécie. Assim, aos olhos dos egípcios, a vida animal parecia sobre-humana, já que compartilhava a vida estática do Universo, ibid., p.13-4.

Ideias religiosas e crises políticas no antigo Egito 99

original". Em cada ano-novo a cosmogonia era repetida[20] de uma forma ainda mais exemplar que a vitória quotidiana de Ré, pois se tratava de um ciclo temporal mais amplo. A entronização do faraó reproduzia os episódios da gesta de Menés: a unificação dos dois países. Em suma, repetia-se ritualmente a fundação do Estado (cf. §25). A cerimônia da sagração era retomada por ocasião da festa de *sed*, realizada 30 anos depois da entronização e que continuava a renovação da energia divina do soberano.[21] Quanto às festas periódicas de certos deuses (Horus, Min, Anúlis etc.), dispomos de informações muito escassas. Os sacerdotes conduziam em procissão, sobre os próprios ombros, a estátua do deus ou o barco sagrado; a procissão compreendia cantos, música e danças, e desenrolava-se em meio às aclamações dos fiéis.

A grande festa de Min, uma das mais populares em todo o Egito, nos é mais bem conhecida graças ao fato de ter sido associada mais tarde ao culto real. Originalmente, era a festa das colheitas; o rei, a rainha e um touro branco participavam da procissão. O rei cortava um feixe de espigas e oferecia-o ao touro; mas a sequência dos ritos é obscura.[22] As cerimônias da fundação e da inauguração dos templos eram presididas pelo faraó. Infelizmente só se conhecem certos atos simbólicos: no fosso aberto no terreno em que se ergueria o futuro templo, o rei introduzia os "depósitos de fundação" (um tijolo modelado pelo soberano, lingotes de ouro etc.); na inauguração, ele consagrava o monumento levantando o braço direito etc.

O culto divino diário era dirigido à estátua do deus guardada na nave do templo. Depois de realizada a purificação ritual, o oficiante aproximava-se da nave, quebrava o sinete de argila e abria a porta. Prosternava-se diante da estátua, declarando que havia penetrado no Céu (a nave) para contemplar o deus. Em seguida, a estátua era purificada com natrão, para "abrir a boca" do deus. Finalmente, o oficiante tornava a fechar a porta, lacrava o ferrolho e retirava-se, recuando.[23]

As informações referentes ao culto funerário são sensivelmente mais abundantes. A morte e o além-túmulo preocuparam os egípcios mais que aos outros povos do Oriente Próximo. Para o faraó, a morte constituía o ponto de partida da sua viagem celeste e da sua "imortalização". Por outro lado, a morte envolvia diretamente um dos mais populares deuses egípcios: Osíris.

28. A ascensão do faraó ao Céu

Na medida em que podemos reconstituí-las, as mais antigas crenças relativas à existência *post mortem* assemelhavam-se a duas tradições amplamente atestadas no mundo: a morada dos mortos era subterrânea ou celeste, mais exatamente estelar. Depois da morte, as almas iam encontrar as estrelas e compartilhavam a eternidade delas. Uma vez que o Céu era imaginado como uma deusa-mãe, a morte equivalia a um novo nascimento, ou seja, a um renascimento no mundo sideral. A maternidade do Céu implicava a ideia de que o morto deveria nascer pela segunda vez: depois de seu renascimento celeste ele era amamentado pela deusa-mãe (representada sob a forma de uma vaca).*

A localização subterrânea do outro mundo era uma crença predominante nas culturas neolíticas. Já na época pré-dinástica (isto é, no começo do quarto milênio), certas tradições religiosas inerentes à agricultura foram articuladas no complexo mítico-ritual osiriano. Ora, Osíris, o único deus egípcio que teve morte violenta, estava também presente no culto real. Iremos examinar mais adiante as consequências desse encontro entre um deus que morre e a teologia solar que explicitava e validava a imortalização do faraó.

O *Livro das pirâmides* exprime quase exclusivamente as concepções relativas ao destino do rei depois da morte. Apesar do esforço dos teólogos, a doutrina não está perfeitamente sistematizada. Encontra-se certa oposição entre concepções paralelas e por vezes antagônicas. A maioria dos enunciados repete com ênfase que o faraó, filho de Atum (= Ré), gerado pelo grande deus antes da criação do mundo, não pode morrer; mas outros textos garantem ao rei que seu corpo não sofrerá decomposição. Trata-se de duas ideologias religiosas distintas, ainda insuficientemente integradas.** Entretanto, a maioria dos enunciados alude à viagem celeste do faraó. Ele voa sob a forma de uma ave – falcão, garça-real, ganso-selvagem (*Livro das pirâmides*, 461-3, 890-1, 913, 1.048), de um escaravelho (366) ou gafanhoto (890-1 etc.). Os ventos, as nuvens e os deuses devem acorrer em seu auxílio. Às vezes o rei sobe ao Céu por uma escada (365, 390, 971s., 2.083). Durante sua ascensão, o rei já é um deus, de essência totalmente diversa da raça dos homens (650, 809).[24]

Entretanto, antes de chegar à morada celeste, no Oriente, denominada "Campos das Oferendas", o faraó tinha de passar por certas provas. A entrada era protegida por um lago "de contornos sinuosos" (2.061) e o barqueiro tinha o poder de juiz. Para ser admitido na barca, era necessário haver cumprido todas as purificações rituais (519, 1.116) e, sobretudo, responder a um interro-

---

* Essa ideia justifica a união incestuosa do faraó morto, denominado o "touro que fecunda a própria mãe". Cf. Frankfort, *La Royauté*, p.244s.

** Certos textos (*Livro das pirâmides*, 2.007-9) ensinam que se devem juntar os ossos do rei e retirar as bandagens dos seus membros para garantir-lhe a ascensão; Vandier mostrou que se trata de um complexo mítico-ritual osiriano (*La religion égyptienne*, p.81).

Ideias religiosas e crises políticas no antigo Egito

gatório de estrutura iniciatória, isto é, replicar com expressões estereotipadas que serviam de senha de passagem. Às vezes o rei recorria a um discurso de defesa (1.188-9), à magia (492s.) ou à ameaça. Implorava aos deuses (sobretudo Ré, Tot, Horus) ou rogava aos dois sicômoros, entre os quais o Sol, que se levanta todos os dias, que o transportassem aos "Campos dos Caniços".*

Tendo chegado ao Céu, o faraó era triunfalmente recebido pelo deus-Sol, e mensageiros eram enviados aos quatro cantos do mundo para anunciar sua vitória sobre a morte. O rei prolongava no Céu sua existência terrena: sentado no trono, recebia as homenagens dos súditos e continuava a julgar e a dar ordens.[25] Pois, embora fosse o único a gozar da imortalidade solar, o faraó era cercado de um bom número de súditos, em primeiro lugar os membros de sua família e os altos funcionários.[26] Estes eram identificados às estrelas e chamados de "os glorificados". Segundo Vandier (p.80): "As passagens estelares do *Livro das pirâmides* estão impregnadas de uma poesia de excepcional qualidade: encontramos nelas a imaginação simples e espontânea de um povo primitivo que se move com facilidade no mistério."

Como já observamos, a doutrina soteriológica do *Livro das pirâmides* nem sempre é coerente. Ao identificá-lo com Ré, a teologia solar insistia no regime privilegiado do faraó: este não caía sob a jurisdição de Osíris, o soberano dos mortos. "Tu abres teu lugar no Céu entre as estrelas, pois és uma estrela. ... Olhas por cima de Osíris, dás ordens aos defuntos; tu te conservas afastado deles, pois absolutamente não és um deles."[27] "Ré-Atum não te entrega a Osíris, que não julga o teu coração nem tem poder sobre ele. ... Osíris, tu não te apoderarás dele, teu filho (Horus) também dele não se apoderará" (145-6). Outros textos são até agressivos; lembram que Osíris é um deus morto, pois foi assassinado e lançado na água. Todavia, certas passagens aludem à identificação do faraó com Osíris. Encontram-se palavras como estas: "Tal como Osíris, o rei Unas está vivo e, tal como Osíris não morre, também o rei Unas não morre" (167s.).

---

* Ibid., p.72. Uma exposição mais pormenorizada aparece em Breasted, *Ancient Records of Egypt*, p.103s.; e R. Weill, *Le Champ des roseaux et le champ des offrandes*, p.16s. Tais provas figuram em inúmeras tradições arcaicas. Elas pressupõem uma iniciação prévia, que comporta certos rituais e ensinamentos (mitologia e geografia funerárias, expressões secretas etc.). As poucas alusões encontradas nos *Textos das pirâmides* constituem os mais antigos documentos escritos referentes à obtenção de um destino privilegiado graças a determinados conhecimentos secretos. Trata-se sem dúvida de uma herança imemorial, também compartilhada pelas culturas neolíticas prédinásticas. Na ideologia real egípcia, essas alusões iniciatórias constituem antes de mais nada uma relíquia inútil; de fato, como filho de deus e deus encarnado, o faraó não necessitava de provas iniciatórias para obter o direito de ingressar no paraíso celeste.

29. Osíris, o Deus assassinado

Para apreciar o significado dessas palavras, devemos apresentar sinteticamente os mitos e a função religiosa de Osíris. Lembremos antes de mais nada que a mais completa versão do mito osiriano é aquela transmitida por Plutarco (século II d.C.) em seu tratado *De Iside et Osiride*. Pois, como salientamos a propósito da cosmogonia (cf. §26), os textos egípcios referem-se exclusivamente a episódios isolados. A despeito de certas incoerências e contradições, explicáveis pelas tensões e sincretismos que antecederam a vitória final de Osíris, seu mito central deixa-se facilmente reconstituir. De acordo com todas as tradições, ele era um rei lendário, célebre pelo vigor e justiça com que governava o Egito. Mas seu irmão Seth preparou-lhe uma armadilha e conseguiu assassiná-lo. Ísis, sua esposa, "grande feiticeira", conseguiu ser fecundada por Osíris morto. Após ter sepultado o corpo, Ísis refugiou-se no delta; ali, oculta nas moitas de papiros, deu à luz um filho, Horus. Ao tornar-se adulto, Horus fez com que os seus direitos fossem reconhecidos perante os deuses da Enéade e atacou o tio.

No começo da luta, Seth conseguiu arrancar-lhe um olho (*Livro das pirâmides*, 1.463), mas o combate prosseguiu e finalmente Horus triunfou. Recuperou seu olho e ofereceu-o a Osíris. (Foi assim que Osíris readquiriu a vida; ibid., 609s.) Os deuses condenaram Seth a carregar a própria vítima[*] (por exemplo, Seth foi transformado na barca que transportou Osíris sobre as águas do Nilo). Mas, tal como Apófis, Seth não pôde ser definitivamente eliminado, pois também encarnava uma força irredutível. Depois da vitória, Horus desceu ao país dos mortos e deu a boa notícia: reconhecido como sucessor legítimo do pai, foi coroado rei. Assim "acordou" Osíris: segundo os textos, "ele colocou sua alma em movimento".

É sobretudo este último ato do drama que esclarece o modo de ser específico a Osíris. Horus encontrou-o num estado de torpor inconsciente e conseguiu reanimá-lo. "Osíris! Olha! Osíris! Escuta! Levanta-te! Ressuscita!"[28] Osíris nunca é representado em movimento; aparece sempre impotente e passivo.[**] Depois de sua coroação, isto é, depois de haver terminado o período

---

[*] *Livro das pirâmides*, 626-7, 651-2 etc. Segundo uma variante sobre a qual insiste Plutarco, Seth desmembrou o cadáver de Osíris (ibid., 1.867) em 14 pedaços, e dispersou-os. Mas Ísis encontrou-os (com exceção do órgão sexual, engolido por um peixe) e sepultou-os naqueles locais, o que explica o fato de que numerosos santuários tinham a reputação de possuir um túmulo de Osíris. Ver A. Brunner, "Zum Raumbegriff der Aegypter", p.615.

[**] Foi somente nos textos das 9ª e 10ª dinastias que ele começou a falar em seu nome; cf. Rundle Clark, *Myth and Symbol in Ancient Egypt*, p.110.

Ideias religiosas e crises políticas no antigo Egito

de crise (o "caos"), Horus ressuscitou-o: "Osíris! Tu partiste, mas retornaste; adormeceste, mas foste despertado: morreste, mas de novo vives."[29] Entretanto, Osíris foi ressuscitado como "pessoa espiritual" (= alma) e energia vital. Era ele quem, doravante, iria assegurar a fertilidade vegetal e todas as forças de reprodução. Ele era descrito como a Terra inteira, ou comparado ao oceano que circundava o mundo. Já por volta de 2.750, Osíris simbolizava as fontes da fecundidade e do crescimento.[30] Em outras palavras, Osíris, o rei assassinado (= o faraó falecido), garantia a prosperidade do reino regido por seu filho Horus (representado pelo faraó que acabava de assumir o poder).

Adivinham-se em seus contornos principais as relações entre Ré, o faraó e o casal Osíris-Horus. O Sol e os sepulcros dos reis constituíam as duas principais fontes de sacralidade. Segundo a teologia solar, o faraó era o filho de Ré; como, porém, sucedia ao soberano falecido (= Osíris), o faraó reinante era igualmente Horus. A tensão entre essas duas orientações do espírito religioso egípcio, a "solarização" e a "osirianização",* aparecia na função da realeza. Como vimos, a civilização egípcia é o resultado da união do Baixo e do Alto Egito em um único reino. No início, tinha-se considerado Ré soberano da idade de ouro, mas, desde o Médio Império (~ 2.040-1.730, aproximadamente), esse papel foi transferido a Osíris. Na ideologia real, a fórmula osiriana acabou por se impor, pois a filiação Osíris-Horus assegurava a continuidade da dinastia e, além disso, garantia a prosperidade do país. Como fonte da fertilidade universal, Osíris tornava florescente o reino de seu filho e sucessor.

Um texto do Médio Império exprime de maneira admirável a exaltação de Osíris como origem e fundamento de toda a Criação:

> Vivendo ou morrendo, eu sou Osíris. Penetro em ti e reapareço através de ti; definho em ti e em ti creio. ... Os deuses vivem em mim porque vivo e creio no trigo que os sustenta. Cubro a terra; vivendo ou morrendo, sou a cevada, ninguém me destrói. Penetrei na Ordem. ... Tornei-me o Senhor da Ordem, emerjo na Ordem.[31]

Trata-se de uma audaciosa valorização da morte, assumida doravante como uma espécie de transmutação exaltadora da existência encarnada. A morte põe termo à passagem da esfera do insignificante para a esfera do significativo. O túmulo é o lugar onde se cumpre a transfiguração (*sakh*) do ho-

---

* A partir de certo ponto de vista, pode-se falar da concorrência entre um deus morto, Osíris, e um deus moribundo, Ré; pois o Sol também "morria" todas as tardes, mas renascia na aurora do novo dia.

mem, pois o morto se transforma em um *Akh*, um "espírito transfigurado".*
O que nos interessa é o fato de Osíris tornar-se progressivamente o modelo
exemplar não só para os soberanos, mas também para cada indivíduo. É certo
que seu culto já era popular sob o Antigo Império, o que explica a presença
de Osíris no *Livro das pirâmides*, apesar da resistência dos teólogos heliopoli-
tanos. Mas uma primeira crise grave, que vamos relatar daqui a pouco, tinha
encerrado bruscamente a época clássica da civilização egípcia. Restabelecida
a ordem, encontramos Osíris no centro das preocupações éticas e das esperanças religiosas. É o começo de um processo que tem sido descrito como a
"democratização de Osíris".

De fato, ao lado dos faraós, muitos outros professavam sua participação
ritual no drama e na apoteose de Osíris. Os textos outrora inscritos nas paredes das criptas ocultas nas pirâmides erguidas para os faraós eram agora
reproduzidos no interior dos sarcófagos dos nobres e até de pessoas desprovidas de privilégios. Osíris tornava-se o modelo daqueles que esperavam vencer
a morte. O *Livro dos sarcófagos* (IV, 276s.) proclama: "Tu és agora o filho de
um rei, um príncipe, e o serás por todo o tempo em que o teu coração (isto é,
espírito) estiver contigo." Seguindo o exemplo de Osíris, e com a ajuda dele, os
finados conseguiam transformar-se em "almas", ou seja, em seres espirituais
perfeitamente integrados e portanto indestrutíveis.

Assassinado e desmembrado, Osíris foi "reconstituído" por Ísis e reani-
mado por Horus. Desse modo, ele inaugurou uma nova forma de existência:
de sombra impotente, tornou-se uma "pessoa" que "sabe", um ser espiritual
devidamente iniciado.** É provável que os mistérios helenísticos de Ísis e de
Osíris tenham desenvolvido ideias semelhantes. Osíris tomou de Ré a função
de juiz dos mortos; tornou-se o senhor da justiça, instalado em um palácio
ou no outeiro primordial, isto é, no "centro do mundo". Entretanto, como
veremos (cf. §33), a tensão Ré-Osíris encontrará uma solução durante o Médio
e o Novo Império.

---

* Frankfort, op.cit., p.96, 101. Lembremos que, ao depositar o morto no seu ataúde, os egípcios
colocavam-no entre os braços da mãe, a deusa do céu, Nut: "Foste entregue a tua mãe sob
o nome de ataúde" (*Livro das pirâmides*, 616). Um outro texto compara Nut a um leito em que
dorme o morto, enquanto espera despertar para uma vida nova (*Livro das pirâmides*, 741). Os
quatro lados do ataúde são personificados como Ísis, Néftis, Horus e Tot; a parte de baixo é
identificada a Geb, o deus da Terra, e a tampa à deusa do Céu. Dessa maneira, o defunto estava
cercado, no seu ataúde, pelas personificações de todo o cosmo; cf. A. Piankoff, *The Shrines of
Tut-Ankh-Amon*, p.21-2.
** Quando Horus desceu ao outro mundo e ressuscitou Osíris, recompensou-o com o poder do
"conhecimento". Osíris foi uma vítima fácil porque "não sabia", não conhecia a verdadeira natureza de Seth; cf. textos traduzidos e comentados por Clark, op.cit., p.114s.

Ideias religiosas e crises políticas no antigo Egito

30. A síncope: anarquia, desespero e "democratização" da vida de além-túmulo

Pepi II foi o último faraó da VI dinastia. Pouco tempo depois de sua morte, por volta de ~ 2.200, o Egito foi gravemente sacudido pela guerra civil, e o Estado desmoronou. O enfraquecimento do poder central tinha encorajado as ambições dos dinastas. Durante algum tempo, a anarquia assolou o país. Em determinado momento, o país foi dividido em dois reinos, o do norte, com a capital em Heracleópolis, e o do sul, que tinha como capital Tebas. A guerra civil terminou com a vitória dos tebanos, e os últimos reis da XI dinastia conseguiram reunificar o país. O período de anarquia, denominado pelos historiadores o "primeiro período intermediário" (ou "primeiro interregno"), terminou em ~ 2.050, com o advento da XII dinastia. A restauração do poder central assinalou o começo de um verdadeiro renascimento.

Foi durante o período intermediário que se produziu a "democratização" da existência *post mortem*: os nobres recopiavam sobre os seus sarcófagos o *Livro das pirâmides*, redigido exclusivamente para os faraós. Também foi a única época da história egípcia em que se acusou o faraó de fraqueza e até de imoralidade. Graças a várias composições literárias de enorme interesse, podemos acompanhar as profundas transformações que se verificaram durante a crise. Os textos mais importantes são conhecidos pelos seguintes títulos: *Instruções para o rei Meri-ka-ré*; *As advertências do profeta Ipu-wer*; *O canto do harpista*; *A disputa entre um homem cansado e sua alma*. Seus autores evocam os desastres provocados pelo desmoronamento da autoridade tradicional, e sobretudo as injustiças e os crimes que induzem ao ceticismo e ao desespero, ou até ao suicídio. Mas esses documentos indicam ao mesmo tempo uma mudança de ordem interior. Ao menos certos dignitários se interrogavam sobre a sua responsabilidade na catástrofe e não hesitavam em se reconhecer culpados.

Um certo Ipu-wer apresentou-se diante do faraó para relatar-lhe as proporções do desastre. "Eis o país despojado da realeza por alguns indivíduos irresponsáveis! ... Os homens rebelam-se contra o Uraeus real, ... que tinha pacificado os dois países. ... A residência real pode ser demolida em uma hora!" As províncias e os templos já não pagavam os tributos por causa da guerra civil. Os túmulos das pirâmides foram brutalmente pilhados. "O rei foi dominado pelos pobres. Eis que aquele que havia sido enterrado como um falcão (divino) jaz agora sobre um (simples) coche mortuário; a câmara oculta da pirâmide agora está vazia." Entretanto, à medida que falava, o profeta Ipu-wer ia-se tornando mais audacioso e acabou por censurar o faraó pela anarquia geral. Pois o rei devia ser o pastor do seu povo, e contudo o seu reinado entronizava a morte. "A autoridade e a justiça estão contigo; mas é a confusão que instalas em todos os recantos do teu país, juntamente com o rumor das querelas. Eis que cada um se lança sobre o seu próprio vizinho; os homens executam as ordens que lhes deste. Isso mostra que os teus atos criaram essa situação e que só proferiste mentiras."[32]

Um dos reis do mesmo período compôs um tratado para seu filho Meri-ka-ré. Ele reconhecia humildemente os seus pecados: "O Egito combate até nas necrópoles, ... e eu fiz a mesma coisa!" As infelicidades do país "foram provocadas pelos meus atos, e só compreendi [o mal que fizera] depois de havê-lo causado!". Ele recomendava ao filho "que aja com justiça (*ma'at*) por todo o tempo em que viver sobre a terra". "Não confies na extensão dos anos, pois para os juízes [que te irão julgar depois da morte] a vida não dura mais do que uma hora." Só os atos do homem permaneciam com ele. Por conseguinte, "não faças o mal". Em vez de erguer um monumento de pedra, "faze com que o teu monumento persista pelo amor que te devotam". "Ama todas as pessoas!" Os deuses dariam mais valor à justiça que às oferendas. "Consola aquele que chora e não oprimas a viúva. Não afastes um homem da propriedade de seu pai. ... Não punas injustamente. Não mates!"[33]

Certo vandalismo tinha sobretudo consternado os egípcios. Os homens destruíam os túmulos dos ancestrais, desembaraçavam-se dos corpos e transportavam as pedras para as suas próprias sepulturas. Como observava Ipuwer: "Inúmeros mortos são sepultados no rio. O rio transformou-se numa sepultura." E o rei aconselhava a seu filho Meri-ka-ré: "Não danifiques o monumento de outrem. ... Não construas teu sepulcro com ruínas!" *O canto do harpista* evocava a pilhagem e a destruição dos túmulos, mas por razões completamente distintas. "Os deuses que outrora viveram [isto é, os reis] e repousam em suas pirâmides, e também os mortos beatificados [isto é, os nobres] enterrados em suas pirâmides – as suas moradas não existem mais! Veja o que foi feito deles! ... As paredes estão quebradas, e suas casas não existem mais, como se nunca tivessem existido!" Mas, para o autor do poema, esses crimes só faziam confirmar o mistério impenetrável da morte. "Ninguém retorna lá de baixo para nos descrever como estão, e nos contar das suas necessidades, a fim de nos tranquilizar os corações até o momento em que também iremos caminhar para o lugar onde desapareceram." Consequentemente, concluía o harpista, "Procura satisfazer teu desejo enquanto viveres. ... Não deixes teu coração enlanguescer."[34]

A ruína de todas as instituições tradicionais traduzia-se ao mesmo tempo pelo agnosticismo e pelo pessimismo, e por uma exaltação do prazer que não

Ideias religiosas e crises políticas no antigo Egito

chegava a esconder o profundo desespero. A síncope da realeza divina levava fatalmente à desvalorização religiosa da morte. Se o faraó não se comportasse mais como um deus encarnado, tudo voltaria a ser questionado; em primeiro lugar, a significação da vida e, portanto, a realidade da pós-existência de além-túmulo. *O canto do harpista* lembra outras crises do desespero – em Israel, na Grécia, na Índia antiga –, crises provocadas pelo desmoronamento dos valores tradicionais.

O texto mais comovente é, sem dúvida, "O debate sobre o suicídio". É um diálogo entre um homem atormentado pelo desespero e sua alma (*bâ*). O homem esforçava-se por convencer sua alma da conveniência do suicídio. "A quem eu falaria hoje? Os irmãos são maus, os companheiros de ontem não se amam. ... Os corações são ávidos: cada qual deseja os bens do seu vizinho. ... Já não existem justos. O país está abandonado aos que cultivam iniquidades. ... O pecado que paira sobre a Terra não tem fim." Evocada em meio a esses flagelos, a morte parecia-lhe mais que desejável: ele seria coberto de beatitudes esquecidas ou raramente conhecidas. "A morte está hoje diante de mim como a cura para um doente, ... o perfume de mirra, ... o aroma das flores de lótus, ... o odor [dos campos] depois da chuva, ... como o desejo ardente de um homem de retornar a seu lar, após longos anos de cativeiro." Sua alma lembrava-lhe primeiro que o suicídio impediria que ele fosse enterrado e recebesse os serviços funerários; ela se esforçava em seguida por persuadi-lo a esquecer as preocupações buscando os prazeres sensuais. Finalmente, a alma garantia-lhe que ficaria junto dele mesmo na hipótese de ele decidir pôr cobro à vida.[35]

As composições literárias do período intermediário continuaram a ser lidas e recopiadas muito tempo após a restauração da unidade política sob os faraós do Médio Império (~ 2.040-1.730). Esses textos representavam mais que testemunhos inigualáveis da grande crise; ilustravam, de mais a mais, uma tendência do espírito religioso egípcio que não deixou de ampliar-se desde então. Trata-se de uma corrente de pensamento difícil de descrever de maneira resumida, mas cuja principal característica é a importância concedida à *pessoa humana* como réplica virtual do modelo exemplar, a pessoa do faraó.

31. Teologia e política da "solarização"

O Médio Império foi governado por uma série de magníficos soberanos, quase todos pertencentes à XII dinastia. Sob esses reis, o Egito conheceu uma época de expansão econômica e de grande prestígio internacional.* Os nomes escolhidos pelos faraós no momento da coroação traduziam sua vontade de conduzir-se com justiça (*ma'at*) com relação aos homens e deuses.** Foi durante a XII dinastia que Amon, um dos oito deuses adorados em Hermópolis, alcançou a categoria suprema, sob o título de Amon-Ré. (O fundador da dinastia chamava-se Amenemhat, "Amon está à frente".) O deus "oculto" (cf. §26) foi identificado ao Sol, deus "manifesto" por excelência. Foi graças à "solarização" que Amon se tornou o deus universal do Novo Império.

Paradoxalmente, esse Império – o único que aliás merece esse nome – foi a consequência, retardada mas inevitável, de uma segunda crise, deflagrada depois da extinção da XII dinastia. Vários soberanos sucederam-se rapidamente até a invasão dos hicsos, em ~1.674. Não se conhecem as causas da desintegração do Estado, duas gerações antes do ataque dos hicsos. Mas, de qualquer forma, os egípcios não poderiam resistir por muito tempo ao ataque desses guerreiros temíveis, que utilizavam o cavalo, o carro de assalto, a armadura e o arco composto. Conhecemos muito mal a história dos hicsos;*** entretanto, sua investida em direção ao Egito era certamente consequência das migrações que haviam sacudido o Oriente Próximo no século XVII.

Depois da vitória, os conquistadores instalaram-se no delta. Da sua capital, Avaris, governavam por intermédio dos vassalos a maior parte do Baixo Egito; mas cometeram o erro de tolerar, em troca de um tributo, a sucessão dos faraós no Alto Egito. Os hicsos importaram alguns deuses sírios, em primeiro lugar Baal e Teshup, que identificaram a Seth. A promoção à categoria suprema de assassino de Osíris constituía sem dúvida uma rude humilhação. É preciso esclarecer, porém, que o culto de Seth era praticado no delta já na época da IV dinastia.

Para os egípcios, a invasão dos hicsos representava uma catástrofe difícil de compreender. A confiança em sua posição privilegiada, predeterminada pelos deuses, foi gravemente atingida. Além disso, enquanto o delta era co-

---

* Resultado tanto mais meritório se atentarmos para o fato de que os governadores das diferentes regiões haviam conservado inteiramente sua soberania local.

** Ver os exemplos citados por Wilson, *The Culture of Ancient Egypt*, p.133. É verdade que os egípcios ainda se julgavam os únicos seres *realmente* humanos; os estrangeiros eram assimilados aos animais e em certos casos podiam ser sacrificados (ibid., p.140).

*** A fonte etimológica do termo é egípcia: *hikau khasut*, "governador dos países estrangeiros". A maioria dos nomes conhecidos é de origem semítica, mas foram também identificados vocábulos hurritas. Os hicsos não são mencionados em qualquer documento egípcio contemporâneo. Encontra-se uma alusão à sua cidade fortificada, Tanis, num texto da XIX dinastia e num conto popular redigido aproximadamente na mesma época. Como era de esperar, os conquistadores ("bárbaros" aos olhos dos egípcios) foram assimilados à serpente Apófis, símbolo do caos.

Ideias religiosas e crises políticas no antigo Egito

lonizado por asiáticos, os conquistadores, entrincheirados em seus campos fortificados, ignoravam com desprezo a civilização egípcia. Mas os egípcios compreenderam a lição. Progressivamente, aprenderam a manejar as armas dos vencedores. Um século após a derrota (isto é, cerca de ~1.600), Tebas, onde reinava um faraó da XII dinastia, deflagrou a guerra de libertação. A vitória final* coincidiu com o advento da XVIII dinastia (~1.562-1.308) e a fundação do Novo Império.

A libertação traduziu-se pela ascensão do nacionalismo e da xenofobia. Foi necessário pelo menos um século para aplacar a sede de desforra contra os hicsos. Inicialmente, os soberanos empreendiam reides punitivos. Mas, em ~1.470, Tutmósis III inaugurou a série de campanhas militares na Ásia com uma expedição contra as antigas praças-fortes dos hicsos. O sentimento de insegurança produzido pela ocupação estrangeira demorou a desaparecer. Foi para tornar o Egito invulnerável às agressões externas que Tutmósis III procedeu a uma série de conquistas que redundaram no Império. É provável que as frustrações sofridas durante os primeiros 22 anos do seu reinado tenham exacerbado suas ambições militares. Pois durante todo esse tempo o verdadeiro soberano era sua tia e sogra, Hatshepsut. Essa rainha singularmente dotada preferia a expansão cultural e comercial às guerras de conquista. Mas 15 dias após a queda de Hatshepsut, Tutmósis já estava a caminho da Palestina e da Síria – a fim de subjugar os "rebeldes". Pouco tempo depois, triunfou em Meguido. Felizmente, para o futuro do Império, Tutmósis mostrou-se generoso com os vencidos.

Era o fim do isolacionismo egípcio, mas também o declínio de sua cultura tradicional. Não obstante a duração relativamente curta do Império, suas repercussões foram irreversíveis. Em decorrência de sua política internacional, o Egito voltou-se paulatinamente para uma cultura cosmopolita. Um século depois da vitória de Meguido, a presença maciça dos "asiáticos" era atestada em toda a parte, mesmo na administração e nas residências reais.[36] Numerosas divindades estrangeiras eram não só toleradas, mas assimiladas às divindades nacionais. E, além disso, os deuses egípcios começaram a ser adorados nos países estrangeiros, e Amon-Ré passou a ser um deus universal.

A solarização de Amon facilitara ao mesmo tempo o sincretismo religioso e a restauração do deus solar na primeira categoria, pois o Sol era o único deus universalmente acessível.[37] Os mais belos hinos a Amon-Ré, que o exaltavam

---

* Nenhum documento oficial registra a expulsão dos hicsos. O único testemunho é a breve autobiografia de um modesto combatente na guerra de libertação; o texto foi traduzido por Breasted, op.cit., vol.II, p.1s.; ver também Wilson, op.cit., p.164-5.

como criador universal e cosmocrata, foram compostos no começo da época "imperial". Por outro lado, a adoração do deus solar como deus supremo por excelência preparava certa unidade religiosa: a supremacia de um único e mesmo princípio divino impunha-se gradativamente, desde o vale do Nilo até a Síria e a Anatólia.

No Egito, essa teologia solar de tendência universalista encontrava-se fatalmente implicada nas tensões de ordem política. Durante a XVIII dinastia, os templos de Amon-Ré foram consideravelmente ampliados e os seus rendimentos decuplicaram. Como consequência da ocupação hicsa e sobretudo da libertação do Egito por um faraó de Tebas, os deuses foram convocados a dirigir mais diretamente os negócios do Estado. Isso queria dizer que os deuses – em primeiro lugar Amon-Ré – comunicavam seus conselhos por intermédio do corpo sacerdotal. O sumo sacerdote de Amon obteve uma autoridade considerável; situava-se imediatamente depois do faraó. O Egito estava se transformando numa teocracia; o que, aliás, não reduzia a luta pelo poder entre o sumo sacerdote e os faraós. Foi essa excessiva politização da hierarquia sacerdotal que agravou a tensão entre as diferentes orientações teológicas em antagonismos às vezes irredutíveis.

32. Akhenaton ou a reforma fracassada

Aquilo a que se chamou de "Revolução de Amarna" (1375-1350), isto é, a promoção de Aton, o disco solar, a única divindade suprema, explica-se em parte pela vontade do faraó Amenhotep IV de libertar-se do domínio do sumo sacerdote. Pouco tempo depois de subir ao trono, o jovem soberano arrebatou ao sumo sacerdote de Amon a administração dos bens do deus, retirando-lhe assim a fonte de poder. Mais tarde, o faraó trocou seu nome ("Amon está satisfeito") para Akh-en-Aton ("Aquele que serve Aton"), abandonou a velha capital, Tebas, a "cidade de Amon", e construiu uma outra 500km mais ao norte, a que chamou Akhenaton (atualmente Tell-el-Amarna), onde ergueu os palácios e os templos de Aton. Ao contrário dos santuários de Amon, os de Aton não eram cobertos; podia-se adorar o Sol em toda a sua glória. Mas essa não foi a única inovação de Akhenaton. Nas artes figurativas, estimulou o estilo que foi depois denominado "naturalismo" de Amarna; pela primeira vez a linguagem popular foi introduzida nas inscrições reais e nos decretos oficiais; além disso, o faraó renunciou ao convencionalismo rígido imposto pela etiqueta, e deixou que a espontaneidade regesse as relações com os membros de sua família e seu círculo íntimo.

Todas essas inovações justificavam-se pelo valor religioso que Akhenaton reservava à "verdade" (ma'at), e por conseguinte a tudo o que era "natural", de acordo com os ritmos da vida. Pois esse faraó raquítico e quase disforme, que morreria muito jovem, descobrira o sentido religioso da "alegria de viver", a felicidade de desfrutar a Criação inesgotável de Aton, em primeiro lugar a luz divina. A fim de impor sua "reforma", Akhenaton afastou Amon e todos os outros deuses* em favor de Aton, deus supremo, identificado ao disco solar, fonte universal de vida: ele era representado com seus raios que terminavam em mãos, levando aos seus fiéis o símbolo de vida (o ankh).

O essencial da teologia de Akhenaton encontra-se em dois hinos endereçados a Aton, os únicos que foram conservados. Trata-se, certamente, de uma das mais nobres expressões religiosas egípcias. O Sol "é o começo da vida", os seus raios "beijam todos os países". "Embora estejas muito distante, teus raios estão sobre a Terra; embora estejas sobre os semblantes dos homens, teus traços são invisíveis."** Aton é "o criador do gérmen na mulher", ele que anima o embrião e zela pelo parto e pelo crescimento da criança – como aliás dá o alento ao passarinho e mais tarde o protege. "Quão diversas são tuas obras! Elas estão escondidas diante dos homens, ó deus único, a não ser que exista um outro."*** Foi Aton quem criou todos os países, os homens e as mulheres, e colocou cada um em seu lugar próprio, atentando para suas necessidades. "O mundo subsiste por ti!..." "Cada qual tem o seu alimento."

Esse hino tem sido, com razão, comparado ao Salmo 104. Já se falou até no caráter "monoteísta" da reforma de Akhenaton. A originalidade e a importância desse "primeiro indivíduo da história", como o caracterizava Breasted, são ainda controvertidas. Mas não se pode duvidar de seu fervor religioso. A prece encontrada em seu sarcófago continha estas linhas: "Vou respirar o doce hálito da tua boca. A cada dia, vou contemplar tua beleza. Dá-me tuas mãos, carregadas de teu espírito, a fim de que eu te receba e viva por ele. Chama o meu nome no decorrer da eternidade: ele jamais faltará ao teu apelo!" Depois de 33 séculos, essa prece ainda conserva seu comovente poder.

---

* Em princípio, pois ele conservou Ré, Ma'at e Harakhti.
** "Quando te deitas, a Terra está nas trevas, semelhante à morte." É durante a noite que os animais ferozes e as serpentes circulam, e então "o mundo afunda-se no silêncio". Akhenaton evoca, com detalhes de surpreendente frescor, a beatitude compartilhada por árvores, flores, pássaros e peixes.
*** "Tu criaste a Terra quando estavas só." "Fizeste o Céu tão distante para que lá pudesses erguer-te bem alto e contemplar toda a tua Criação!"

Durante o reinado de Akhenaton, e justamente em virtude de sua passividade política e militar, o Egito perdeu o império asiático. Seu sucessor, Tut-Ankh-Amon (~ 1.357-1.349), restabeleceu as relações com o sumo sacerdote de Amon e retornou a Tebas. Os traços da "reforma atonista" foram apagados em sua quase totalidade. Pouco tempo depois, morria o último faraó da longa e gloriosa XVIII dinastia.

Segundo o consenso geral dos especialistas, a extinção dessa dinastia assinala também o fim da criatividade do gênio egípcio. No que se refere às criações religiosas, pode-se indagar se sua modicidade até a fundação dos mistérios de Ísis e de Osíris não se explica pela grandeza e pela eficácia das sínteses estabelecidas durante o Novo Império.* De fato, sob certo ângulo, essas sínteses representam o ponto culminante do pensamento religioso egípcio: elas constituem um sistema perfeitamente articulado que é um estímulo para inovações estilísticas.

Para uma melhor avaliação da importância dessas sínteses teológicas, voltemos por um momento ao "monoteísmo atoniano". Cumpre precisar antes de mais nada que a expressão utilizada por Akhenaton em seu hino – "o deus único, a não ser que exista um outro" – já era aplicada, mil anos antes da reforma de Amarna, a Amon, Ré, Atum e outros deuses. Ademais, como observa John Wilson,[38] havia pelo menos *dois* deuses, pois o próprio Akhenaton era adorado como divindade. As orações dos fiéis (isto é, do grupo restrito dos funcionários e dignitários da corte) eram endereçadas não a Aton, mas diretamente a Akhenaton. Em seu admirável hino, o faraó declarava que Aton era o seu *deus pessoal*: "Tu estás no meu coração e ninguém mais te conhece a não ser teu filho [isto é, Akhenaton] que iniciaste em teus planos e em teu poder!" Isso explica o desaparecimento quase instantâneo do "atonismo" depois da morte de Akhenaton. Afinal, era uma devoção limitada à família real e aos cortesãos.

Acrescentemos que Aton era conhecido e adorado muito tempo antes da reforma de Amarna.[39] No *Livro do que existe no outro mundo*, Ré é denominado "Senhor do disco (Aton)". Em outros textos da XVIII dinastia, Amon (o "deus escondido") é ignorado, enquanto Ré aparece descrito como o deus cujo "rosto está coberto" e que "se esconde no outro mundo". Em outras palavras, o caráter misterioso e a invisibilidade de Ré eram declarados aspectos complementares de Aton, deus plenamente manifestado no disco solar.[40]

---

* Pensamos evidentemente nas elites religiosas às quais eram acessíveis as significações profundas dessas criações.

Ideias religiosas e crises políticas no antigo Egito

33. Síntese final: a associação Ré-Osíris

Os teólogos do Novo Império insistem na complementaridade dos deuses opostos, ou até antagônicos. Na *Litania de Ré*, o deus solar é denominado "O Um-Conjunto"; ele é representado sob a forma de Osíris-múmia, ostentando a coroa do Alto Egito. Em outros termos, Osíris é penetrado pela alma de Ré.[41] A identificação entre os dois deuses efetua-se na pessoa do faraó morto: após o processo de osirificação, o rei ressuscita como jovem Ré. O curso do sol representa o modelo exemplar do destino do homem: passagem de um modo de ser a outro, da vida à morte e, depois, a um novo nascimento. A descida de Ré ao mundo subterrâneo significa ao mesmo tempo sua morte e ressurreição. Certo texto evoca "Ré, que vai repousar em Osíris, e Osíris, que vai repousar em Ré".[42] Numerosas alusões mitológicas enfatizam o duplo aspecto de Ré: solar e osiriano. Ao descer no mundo do além, o rei torna-se o equivalente do binômio Osíris-Ré.

Segundo um dos textos citados anteriormente, Ré "esconde-se no outro mundo". Diversas invocações da *Litania* (20-23) ressaltam o caráter aquático de Ré e identificam o deus solar com o oceano primordial. Mas a união dos contrários é expressa sobretudo pela solidariedade oculta entre Ré e Osíris, ou entre Horus e Seth.[43] Recorrendo a uma fórmula feliz de Rundle Clark (p.158), *Ré como deus transcendente e Osíris como deus emergente constituem as manifestações complementares da divindade*. Em última instância, trata-se do mesmo "mistério", e especialmente da multiplicidade das formas emanadas pelo deus único.* Segundo a teogonia e a cosmogonia desencadeadas por Atum (cf. §26), a divindade é *ao mesmo tempo* una e múltipla; a criação consiste na multiplicação de seus nomes e formas.

A associação e a coalescência dos deuses são operações familiares ao pensamento religioso egípcio desde a mais remota antiguidade. O que constitui a originalidade da teologia do Novo Império é, por um lado, o postulado do duplo processo de osirificação de Ré e de solarização de Osíris; por outro lado, a convicção de que esse duplo processo revela o sentido secreto da existência humana, e precisamente *a complementaridade entre a vida e a morte*.** De certo ponto de vista, essa síntese teológica confirma a vitória

---

* Já no *Livro das pirâmides*, Atum faz os deuses emanarem do seu próprio ser. Sob sua forma primordial de serpente (cf. §26), Atum foi identificado também com Osíris (o que implica que ele também pode "morrer") e consequentemente com Horus; cf. os textos citados e comentados por Piankoff, *Litany*, p.11, nota 2.

** Um trabalho análogo, embora visando outros objetivos, foi efetuado na Índia a partir da época dos Bramanas; cf. Cap. IX.

de Osíris, ao mesmo tempo que lhe acrescenta nova significação. O triunfo do deus assassinado já era total no início do Médio Império. A partir da XVIII dinastia, Osíris tornou-se o juiz dos mortos. Os dois atos do drama de além-túmulo – o "processo" e a "pesagem do coração" – desenrolaram-se diante de Osíris. Distintos no *Livro dos sarcófagos*, o "processo" e a "pesagem da alma" tendem a se confundir no *Livro dos mortos*.* Esses textos funerários, organizados durante o Novo Império, porém contendo materiais mais antigos, teriam incomparável popularidade até o fim da civilização egípcia. O *Livro dos mortos* é o guia por excelência da alma no além. As orações e as expressões mágicas que ele contém têm por objetivo facilitar a viagem da alma e, sobretudo, assegurar-lhe o êxito nas provas do "processo" e da "pesagem do coração".

Entre os elementos arcaicos do *Livro dos mortos*, salientemos o perigo de uma "segunda morte" (Capítulos 44, 130, 135-6, 175-6) e a importância de conservar a memória (Capítulo 90) e de se lembrar o seu nome (Capítulo 25); crenças amplamente atestadas entre os "primitivos" mas também na Grécia e na Índia antiga. A obra reflete entretanto as sínteses teológicas do Novo Império. Um hino a Ré (Capítulo 15) descreve a viagem quotidiana do Sol; ao penetrar o mundo subterrâneo, ele espalha a alegria. Os mortos "se rejubilam quando lá brilhas para o grande deus Osíris, o senhor da eternidade". Não menos significativo é o desejo do morto de identificar-se a uma divindade: Ré, Horus, Osíris, Anúbis, Ptá etc. Isso não exclui de modo algum o uso das expressões mágicas.

Conhecer o nome de um deus equivale a obter certo poder sobre ele. O valor mágico do nome, e em geral da palavra, era decerto conhecido desde a pré-história. Para os egípcios, a magia era uma arma criada pelos deuses para a defesa do homem. Na época do Novo Império, a magia era personificada por um deus que acompanhava Ré em sua barca, como atributo do deus solar.** Afinal, a viagem noturna de Ré no mundo subterrâneo, descida perigosa, juncada de numerosos obstáculos, constituía o modelo exemplar da viagem de cada morto ao local do julgamento.***

---

* Cf. Yoyote, "Le Jugement des morts dans l'Egypte ancienne", p.45. Convém notar que o julgamento dos mortos e a noção de uma justiça celeste, "intervindo depois da morte de todos, homens e reis", são claramente atestados a partir da IX dinastia; ibid., p.64.
** Mas progressivamente o papel das expressões mágicas torna-se supremo, sobretudo nos meios populares.
*** Outras coletâneas funerárias – *O livro do que existe no além*, *O livro das portas* etc. – descrevem de maneira sistemática o reino dos mortos que Ré percorre de barca durante as 12 horas da noite.

Um dos mais importantes capítulos do *Livro dos mortos*, o 125, é dedicado ao julgamento da alma na ampla sala denominada "Duas *Ma'at*".[44] O coração do morto era colocado em um dos pratos da balança; sobre o outro, encontrava-se uma pena, ou um olho, símbolos da *ma'at*. Durante a operação, o morto recitava uma prece, suplicando ao seu coração que não testemunhe contra ele. Depois, devia pronunciar uma declaração de inocência, impropriamente designada "confissão negativa":

> Não cometi iniquidade contra os homens...
> Não blasfemei contra Deus.
> Não depauperei um pobre...
> Não matei...
> Não causei dor a ninguém.
> Não diminuí as contribuições alimentares nos templos etc.
> Sou puro. Sou puro. Sou puro. Sou puro.

O morto dirige-se aos 42 deuses que constituem o tribunal: "Saúdo-vos, ó deuses aqui presentes! Conheço-vos, sei vossos nomes. Não cairei sob vossos golpes. Não direis que sou mau a esse deus a cujo séquito pertenceis. ... Direis que faço jus à *ma'at*, em presença do Senhor Universal, pois pratiquei a *ma'at* no Egito." Ele pronuncia seu próprio elogio: "Contentei a Deus com aquilo que ele ama [praticar]. Dei pão a quem tinha fome, água a quem tinha sede, roupas a quem estava nu, uma barca a quem não possuía nenhuma. ... Portanto, salvai-me e protegei-me! Não testemunheis contra mim na presença do grande deus!" Finalmente ele se volta para Osíris: "Ó deus que te manténs altivo em tua base, ... possas tu proteger-me contra esses mensageiros que semeiam infelicidade e provocam aborrecimentos, ... pois eu pratiquei a *ma'at* em benefício do senhor da *ma'at*. Sou puro!"[45] O morto é submetido além disso a um interrogatório de ordem iniciatória. Deve provar que conhece os nomes secretos das diferentes partes da porta e do limiar, do porteiro da sala e dos deuses.*

Foi meditando sobre o mistério da morte que o gênio egípcio realizou a derradeira síntese religiosa, a única que manteve supremacia até o fim da civilização egípcia. Trata-se certamente de uma criação suscetível de múltiplas interpretações e aplicações. O sentido profundo do binômio Ré-Osíris ou da continuidade vida-morte-transfiguração não era necessariamente acessível

---

* Yoyote, op.cit., p.56-7. Na época do Antigo Império, o faraó também tinha de ser submetido a um interrogatório de iniciação; cf. §28.

aos fiéis persuadidos da infalibilidade das expressões mágicas; no entanto, estas últimas refletiam a mesma gnose escatológica. Ao desenvolverem a velha concepção da morte como transmutação espiritual, os teólogos do Novo Império identificaram os modelos desse "mistério" ao mesmo tempo nas façanhas quotidianas de Ré e no drama primordial de Osíris. Dessa maneira, articularam num mesmo sistema aquilo que, por excelência, parecia eterno e invulnerável – o curso do Sol –, aquilo que não passava de um episódio trágico mas afinal fortuito – o assassinato de Osíris –, e aquilo que pareceria por definição efêmero e insignificante: a existência humana. Na articulação dessa soteriologia, o papel de Osíris foi essencial. Graças a ele, cada mortal podia doravante esperar um "destino real" no outro mundo. Em última instância, o faraó constituía o modelo universal.

A tensão entre "privilégio", "sabedoria iniciatória" e "boas ações" era resolvida de uma forma que às vezes poderia decepcionar. Pois, se a "justiça" estava sempre assegurada, a "sabedoria iniciatória" podia ser reduzida à posse das expressões mágicas. Tudo dependia da perspectiva em que alguém se situava em relação à súmula escatológica, canhestramente articulada no *Livro dos mortos* e nas outras obras similares. Esses textos exigiam várias "leituras", efetuadas em níveis diferentes. "A leitura mágica" era, sem dúvida, a mais fácil: ela só implicava a fé na onipotência do verbo. Na medida em que, graças à nova escatologia, o "destino real" tornava-se universalmente acessível, o prestígio da magia não cessava de aumentar. O crepúsculo da civilização egípcia seria dominado pelas crenças e pelas práticas mágicas.[46] Deve-se lembrar porém que, na teologia menfita (cf. §26), Ptá havia criado os deuses e o mundo pelo poder do verbo...

NOTAS

1. H. Frankfort, *The Birth of Civilization in the Near-East*, p.100-11; Baumgartel, *The Culture of Prehistoric Egypt*, p.48s.
2. H. Frankfort, *La Royauté et les dieux*, p.50.
3. Cf. Rundle Clark, *Myth and Symbol in Ancient Egypt*, p.263-4. Trata-se de um motivo mítico bastante conhecido: "a perfeição dos começos".
4. Cf. Rundle Clark, op.cit., p.36.
5. Ver os textos citados e comentados por Frankfort, *La Royauté*, p.206s.
6. Sauneron e Yoyote, in *La Naissance du monde*, p.37, e as referências citadas em Morenz, *La religion égyptienne*, p.234s.
7. Ver os textos citados por Sauneron-Yoyote, p.46-7. Acrescentemos que o papel de separador não está exclusivamente reservado a Xu; ver os textos citados por Morenz, p.228, onde o autor da separação é Ptá.

8. Textos citados por Sauneron-Yoyote, p.59. Ver outros textos traduzidos e comentados por Morenz e Schubert, *Der Gott auf der Blume*, p.32s.; cf. também Morenz, *La Religion égyptienne*, p.229s.
9. Trad. de Sauneron-Yoyote, p.63-4. Ver o comentário de Morenz, *La Religion égyptienne*, p.216s., e principalmente Frankfort, *La Royauté et les dieux*, p.51-64.
10. As *Instruções para Meri-ka-ré*, passagem vertida para o francês por Sauneron-Yoyote, p.75-6. Ver a tradução integral feita por Wilson, Anet, p.414-8.
11. Cf. o texto traduzido por Wilson, Anet, p.10-1. A tradição cananeia conhece um mito análogo; cf. §50.
12. Ver os exemplos citados por Morenz, *La Religion égyptienne*, p.70s. Trata-se de uma concepção específica às civilizações tradicionais; cf. Eliade, *Le Mythe de l'éternel retour*, p.17s.
13. Ver exemplos em Morenz, p.78s.
14. *O livro das portas*, fragmento traduzido para o francês por Sauneron-Yoyote, p.76-7. Ver outras referências em Morenz, p.80.
15. *Ancient Egyptian Religion*, p.49s.
16. Frankfort, ibid., p.54s. Ver outros exemplos em *La Royauté et les dieux*, p.202s.
17. Textos traduzidos para o francês por Morenz, op.cit., p.167-70.
18. Ver *Le Mythe de l'éternel retour*, cap. 1.
19. H. Frankfort, *La Royauté et les dieux*, p.30, nota 1.
20. Cf. *Le Mythe de l'éternel retour*, p.65s. Frankfort, *La Royauté et les dieux*, p.205.
21. Cf. Frankfort, *La Royauté et les dieux*, p.122-36. Vandier, *La Religion égyptienne*, p.200-1.
22. Segundo Gardiner, o ofício compreendia também uma união cerimonial do casal real; cf. Frankfort, *La Royauté et les dieux*, p. 260.
23. A. Moret, *Le Rituel du culte divin journalier en Egypte*, passim; Vandier, p.164s.
24. Textos citados por Vandier, p.78. Ver também os trechos traduzidos por Breasted (*Development of Religion and Thought in Ancient Egypt*, p.109-15, 118-20, 122, 136) e reproduzidos na nossa antologia, *From Primitives to Zen*, p.353-5.
25. *Livro das pirâmides*, 1.301, 1.721; 134-5, 712-3, 1.774-6, citados por Vandier, p.79. Ver outros textos traduzidos e comentados por Breasted, op.cit., p.118s.
26. Isto é, os que foram enterrados na vizinhança das tumbas reais.
27. *Livro das pirâmides*, p.251.
28. Ibid., p.258s.
29. Ibid., p.1.004s.
30. Cf. Frankfort, *La Royauté et les dieux*, p.256s (Osíris no grão e no Nilo).
31. *Texte des sarcophages*, 330; trad. para o francês por Rundle Clark, p.142.
32. *Les Remontrances d'Ipu-wer*; trad. francesa de Wilson, Anet, p.441-4; Erman-Blackman, *The Ancient Egyptians*, p.92s.
33. Trad. de Wilson, Anet, p.414-8; Erman-Blackman, p.72s.
34. Ibid. p.467; cf. também Breasted, *Development of Religion and Thought*, p.183; Erman-Blackman, p.132s.
35. Trad. de Wilson, Anet, p.405-7; cf. Breasted, op.cit., p.189s.; Erman-Blackman, p.86s.
36. *Ver* Wilson, op.cit., p.189s.
37. Por razões que examinamos em outro local (§20; *ver* também *Traité*, §§14, 30), os deuses celestes tinham-se transformado em *dii otiosi*.

38. Ibid., p.223s.

39. Cf. Wilson, op.cit., p.210s.; Piankoff, *Les Shrines de Tut-Ankh-Amon*, p.5s.

40. Piankoff, op.cit., p.12.

41. Cf. Piankoff, *The Litany of Re*, p.11.

42. Cf. Piankoff, *Ramesses VI*, p.35.

43. Cf. os exemplos citados por Piankoff, *Litany*, p.49, nota 3.

44. Sobre o sentido dessa expressão, ver Yoyote, p.61s.

45. Trad. para o francês por Yoyote, p.52-6.

46. Ver o volume II desta obra.

V. MEGÁLITOS, TEMPLOS, CENTROS CERIMONIAIS: OCIDENTE, MEDITERRÂNEO, VALE DO INDO

34. A pedra e a banana

As construções megalíticas da Europa ocidental e setentrional têm fascinado os pesquisadores há mais de um século. Efetivamente, não há como olhar uma bela fotografia dos alinhamentos de Carnac ou dos gigantescos trílitos de Stonehenge sem se sentir intrigado com sua finalidade e sentido. Ficamos estupefatos diante da mestria tecnológica desses camponeses da Idade da Pedra Polida. Como conseguiram colocar em posição vertical blocos de 300 toneladas e levantar mesas de 100 toneladas? Aliás, esses monumentos não estão isolados. Fazem parte de todo um complexo megalítico que se estende do litoral mediterrâneo da Espanha, compreendendo Portugal, a metade da França, a costa ocidental da Inglaterra e prolonga-se pela Irlanda, Dinamarca e a costa meridional da Suécia. Existem, decerto, variações morfológicas significativas. Mas duas gerações de estudiosos da pré-história têm-se esforçado por demonstrar a continuidade de todas as culturas megalíticas europeias. Continuidade que só se pode explicar pela difusão do complexo megalítico a partir de um centro situado em Los Millares, na província de Almeria.

O complexo megalítico compreende três categorias de construção: 1) o menir (do baixo-bretão *men* = pedra e *hir* = comprida) é uma enorme pedra, às vezes de grande altura,* enterrada verticalmente no solo; 2) o *cromlech* (de *crom* = círculo, curva e *lech* = lugar) designa um conjunto de menires dispostos em círculo ou em semicírculo (o mais monumental é o *cromlech* de Stonehenge, perto de Salisbury); às vezes os menires estão alinhados em diversas filas paralelas, como em Carnac, na Bretanha;** 3) o dólmen (*dol* = mesa

---

* O menir situado perto de Locmariaquer media mais de 20m de altura. Na Bretanha, certos menires isolados estão associados a sepulturas.

** Os alinhamentos de Carnac compreendem 2.935 menires dispostos sobre um terreno de 3.900m de comprimento.

e *men* = pedra) é constituído por uma imensa laje sustentada por diversas pedras erguidas e arrumadas de tal sorte que formem uma espécie de recinto ou câmara. Originalmente, o dólmen era recoberto por um montículo.

Os dolmens constituem sepulturas propriamente ditas. (Mais tarde, e em certas regiões – a Europa ocidental, a Suécia –, o dólmen foi transformado em "aleia coberta", quando lhe acrescentaram, como uma espécie de vestíbulo, um longo corredor coberto de lajes.) Existem dolmens gigantescos, como o de Soto (próximo de Sevilha), de 21m de comprimento, tendo por frontão um bloco de granito de 3,40m de altura, 3,10m de largura e 0,72m de espessura, pesando 21 toneladas. Em Los Millares, desenterrou-se uma necrópole de cerca de uma centena de "aleias cobertas". A maior parte dos túmulos está situada sob enormes montes de terra. Certas sepulturas abrigam até 100 mortos, representando várias gerações da mesma *gens*. As câmaras funerárias possuem às vezes um pilar central e sobre as paredes ainda se distinguem restos de pintura. Os dolmens são encontrados ao longo do Atlântico, sobretudo na Bretanha, estendendo-se até os Países Baixos. Na Irlanda, as câmaras funerárias, muito altas, têm as paredes ornadas de esculturas.

Trata-se, certamente, de um culto dos mortos muito importante. Enquanto as casas dos camponeses neolíticos que ergueram os monumentos eram modestas e efêmeras (de fato, quase não deixaram vestígios), as moradas dos mortos eram construídas de pedra. Evidentemente, a intenção era edificar obras imponentes e sólidas, capazes de resistir ao tempo. Já se conhecem a complexidade do simbolismo lítico e o valor religioso das pedras e das rochas.[1] O rochedo, a laje e o bloco de granito revelam a duração infinita, a permanência, a incorruptibilidade e, finalmente, uma modalidade de *existência* independente do devir temporal.

Ao contemplarmos os grandiosos monumentos megalíticos dos primeiros agricultores da Europa ocidental, não podemos deixar de recordar um certo mito indonésio: no começo, quando o Céu estava muito próximo da Terra, Deus recompensava o casal primordial com presentes suspensos à extremidade de uma corda. Um dia, enviou-lhes uma pedra, mas os nossos ancestrais, surpreendidos e indignados, a recusaram. Depois de algum tempo, Deus desceu novamente a corda; desta vez, com uma banana, que foi prontamente aceita. Então se fez ouvir a voz do criador: "Já que escolhestes a banana, vossa vida será como a vida desse fruto. Se tivésseis escolhido a pedra, ela teria sido como a existência da pedra, imutável e imortal."[2]

Como vimos (cf. §12), a descoberta da agricultura mudou radicalmente a concepção da existência humana: ela se revelava tão frágil e efêmera quanto a vida das plantas. Mas, por outro lado, o homem compartilhava o destino

Megálitos, templos, centros cerimoniais   121

cíclico da vegetação: nascimento, vida, morte e renascimento. Seria possível interpretar os monumentos megalíticos como uma resposta ao nosso mito indonésio: uma vez que a vida dos homens é semelhante à dos cereais, a força e a perenidade tornam-se acessíveis *pela morte*. Os mortos retornam ao seio da terra-mãe, na esperança de participar da sorte das sementes; mas eles são, além disso, misticamente associados aos blocos de pedra, e, por conseguinte, tornam-se poderosos e indestrutíveis como os rochedos.

Com efeito, o culto megalítico dos mortos parece comportar não só a certeza da sobrevivência da alma, mas sobretudo a confiança no poder dos antepassados e a esperança de que irão proteger e assistir os vivos. Uma confiança desse gênero distingue-se radicalmente das concepções atestadas entre outros povos da Antiguidade (mesopotâmios, hititas, hebreus, gregos etc.), para os quais os mortos eram pobres sombras infelizes e impotentes. E mais: enquanto para os construtores dos megálitos, da Irlanda a Malta e às ilhas egeias, *a comunhão ritual com os antepassados* constituía o ponto primordial da sua atividade religiosa, nas culturas proto-históricas da Europa central, bem como no antigo Oriente Próximo, *a separação entre os mortos e os vivos* era rigorosamente prescrita.

O culto megalítico dos mortos implicava, além de diferentes cerimônias (procissões, danças etc.), oferendas (alimentos, bebidas etc.), sacrifícios realizados perto dos monumentos e refeições rituais sobre os túmulos. Certo número de menires foi erigido independentemente das sepulturas. É muito provável que essas pedras constituíssem uma espécie de "substitutos do corpo", aos quais se incorporavam as almas dos mortos.[3] Afinal, *um "substituto" de pedra era um corpo construído para a eternidade*. Encontramos às vezes menires ornados com figuras humanas; em outros termos, eles são a "morada", o "corpo" dos mortos. Da mesma forma, as figuras estilizadas, desenhadas sobre as paredes dos dolmens, assim como os pequenos ídolos exumados nas sepulturas megalíticas da Espanha representavam provavelmente os antepassados. Em alguns casos, pode-se identificar uma crença paralela: a alma do antepassado é capaz de abandonar de quando em quando o túmulo.* As pedras esca-

---

* Têm-se explicado certos menires da Bretanha, erguidos diante das galerias de dolmens, pela crença egípcia segundo a qual as almas dos mortos, metamorfoseadas em pássaros, deixavam os túmulos para pousar sobre uma coluna à luz do Sol. "Parece que uma crença desse tipo foi difundida em toda a bacia mediterrânea e na Europa ocidental" (Maringer, *L'Homme préhistorique et ses dieux*, p.245). Carl Schuchhardt interpretava no mesmo sentido os obeliscos pintados do sarcófago de Hagia Triada (cf. §41), em cima dos quais estão empoleirados alguns pássaros. Ver porém a crítica de Kirchner, "Ein archäologischer Beitrage zur Urgeschichte des Schamanismus", p.706 (= 98). Nas culturas megalíticas da Ásia sul-oriental, o menir serve de "sede" para as almas (cf. §36).

vadas que tapam certas sepulturas megalíticas, e que são aliás denominadas "buracos das almas", permitiam a comunicação com os vivos.

"Cumpre também não esquecer o sentido sexual dos menires, pois é universalmente atestado, e em níveis de cultura distintos. Jeremias (2:27) evoca aqueles "que dizem à madeira: 'Tu és o meu pai!' e à pedra: 'Tu me geraste!'"* A crença nas virtudes fertilizantes dos menires era ainda compartilhada pelos camponeses europeus no início do século XX. Na França, as mulheres jovens, para conceber, praticavam o "deslizamento" (deixando-se escorregar ao longo de uma pedra) e a "fricção" (sentando-se sobre monólitos, ou esfregando o ventre em certas rochas).[4]

Essa função genesíaca não deve ser explicada pelo simbolismo fálico do menir, muito embora tal simbolismo seja atestado em determinadas culturas. A ideia primeira, e fundamental, era a "transmutação" dos antepassados em pedra; seja por intermédio de um menir "substituto do corpo", seja integrando, na própria estrutura da construção, um elemento essencial do morto: o esqueleto, as cinzas, a "alma". Em ambos os casos, o morto "animava" a pedra, habitava um novo corpo, mineral e portanto imperecível. Por conseguinte, o menir ou o túmulo megalítico constituía um reservatório inesgotável de vitalidade e potência. Graças à sua projeção nas estruturas das pedras funerárias, os mortos tornavam-se os senhores da fertilidade e da prosperidade. Na linguagem do mito indonésio, eles tinham conseguido apoderar-se ao mesmo tempo da pedra e da banana…

35. Centros cerimoniais e construções megalíticas

Alguns complexos megalíticos, como o de Carnac ou o de Ashdown, no Berkshire (contendo 800 megálitos em um paralelogramo de 250m por 500m de lado), constituíam sem dúvida centros cerimoniais importantes. As festas incluíam sacrifícios e, segundo se presume, danças e procissões. Efetivamente, milhares de homens podiam andar em procissão na larga avenida de Carnac. É provável que a maioria das festas estivesse relacionada com o culto dos mortos. Tal como outros monumentos ingleses análogos,[5] o *cromlech* de Stonehenge está situado no meio de um campo de túmulos funerários. Esse famoso centro cerimonial constituía, pelo menos na sua forma primitiva,[6]

---

* Entretanto, até um tratado vigorosamente javista como o Deuteronômio ainda utiliza a metáfora ontológica da pedra, ao proclamar a realidade absoluta de Deus como fonte única de criatividade: "Desprezas a Rocha que te deu à luz, esqueces Deus que te gerou!" (32:18).

Megálitos, templos, centros cerimoniais

um santuário edificado com o objetivo de assegurar as relações com os antepassados. Do ponto de vista da estrutura, pode-se aproximar Stonehenge dos complexos megalíticos desenvolvidos, em outras culturas, a partir de um sítio sagrado: templos ou cidades. Estamos lidando com a mesma valorização do espaço sagrado como "centro do mundo", lugar privilegiado onde se realiza a comunicação com o Céu e o mundo subterrâneo, isto é, com os deuses, as deusas ctonianas e os espíritos dos mortos.

Em certas regiões da França, na península Ibérica e em outras partes, descobriram-se vestígios de um culto da deusa, divindade protetora dos mortos. Entretanto, em nenhum lugar a arquitetura megalítica, o culto dos mortos e a veneração de uma grande deusa encontraram expressão tão notável quanto em Malta. As escavações revelaram pouquíssimas casas; mas até agora descobriram-se 17 templos, e estima-se que seu número seja ainda maior, o que justifica a opinião de certos especialistas de que, na época neolítica, Malta era uma *isola sacra*.[7] Os amplos terraços elípticos que se estendiam entre os santuários, ou defronte a eles, serviam certamente para as procissões e a coreografia ritual. As paredes dos templos são decoradas com admiráveis espirais em baixo-relevo e escavou-se um certo número de esculturas de pedras, representando mulheres deitadas lateralmente. Mas a descoberta mais sensacional é a enorme estátua de uma mulher – seguramente uma deusa – sentada.

As escavações revelaram um culto elaborado, com sacrifícios de animais, oferendas de alimento e libações, ritos de incubação e de adivinhação, que indicam a existência de um corpo sacerdotal importante e bem organizado. O culto dos mortos desempenhava provavelmente o papel central. Na notável necrópole de Hal Saflieni, atualmente denominada hipogeu e compreendendo várias salas talhadas na rocha, exumaram-se os esqueletos de cerca de sete mil pessoas. Foi no hipogeu que se encontraram as estátuas das mulheres deitadas, o que sugere um rito de incubação. Tal como em outros monumentos megalíticos, as salas internas têm as paredes esculpidas e pintadas. Essas amplas peças serviam para certas cerimônias religiosas reservadas aos sacerdotes e aos iniciados, separados que estavam por guarda-ventos modelados.[8]

Enquanto o hipogeu era ao mesmo tempo necrópole e capela, nos templos não se descobriram sepulturas. A estrutura curvilínea dos santuários malteses parece única; os arqueólogos descrevem-na com "a forma de rins", mas, segundo Zuntz, essa estrutura lembra antes a forma de um útero. Como os templos eram cobertos por um telhado, e as salas, privadas de janelas e bastante escuras, ingressar em um santuário equivalia a penetrar nas "entranhas da Terra", isto é, no útero da deusa ctoniana. Mas os túmulos talhados na rocha também possuem a forma de um útero. Era como se o morto estivesse recolocado no seio da Terra para uma nova vida. "Os templos representam o mesmo modelo numa escala mais ampla. Os vivos que ingressam no santuário penetram o corpo da deusa." De fato, conclui Zuntz, esses monumentos constituem a cena "de um culto dos mistérios no sentido exato do termo".[9]

Acrescentemos que, sobre as paredes dos dolmens e dos menires da Ibéria e da Europa ocidental, encontram-se também outros sinais e símbolos mágico-religiosos, como por exemplo a imagem de um Sol brilhante, o signo do machado (específico aos deuses da tempestade), a serpente, símbolo da vida, associada a figuras de antepassados, o cervo etc. É certo que essas figuras foram descobertas em regiões diferentes e pertencem a culturas de idade diversa; mas têm em comum o fato de serem solidárias do mesmo complexo megalítico. Isso pode ser explicado quer pela variedade das ideias religiosas partilhadas pelas diferentes populações "megalíticas", quer pelo fato de que o culto dos antepassados, apesar de sua considerável importância, estava associado a outros complexos religiosos.

36. O "enigma dos megálitos"

Há ainda duas décadas, os arqueólogos explicavam as culturas megalíticas pelas influências dos colonizadores vindos do Mediterrâneo oriental, onde, na verdade, as sepulturas coletivas já são atestadas no terceiro milênio.[10] Difundindo-se para o oeste, a construção dos dolmens (*chamber-tombs*) transformou-se em arquitetura ciclópica. Segundo Glyn Daniel, essa transformação teve lugar em Malta, na península Ibérica e no sul da França. O mesmo autor compara a difusão da arquitetura megalítica com a colonização grega e fenícia no Mediterrâneo ou a expansão do islã na Espanha.

> Era uma poderosa religião, de inspiração egeia, que os obrigou a construir seus túmulos (ou túmulos-templos?) com enorme labor e a conservar a imagem da sua deusa tutelar e funerária. A figura da deusa, o machado, os chifres e outros símbolos nos vêm da bacia parisiense, de Gavrinnis, de Anghelu Ruju, em Creta, no mar Egeu e até em Troia. Está fora de dúvida que uma fé robusta, originária do Mediterrâneo oriental, modelou e inspirou os construtores dos sepulcros megalíticos enquanto se espalhavam pela Europa ocidental.[11]

Mas a religião não era a principal causa de suas migrações; a religião era apenas "a consolação do seu exílio no extremo Ocidente e no norte da Eu-

Megálitos, templos, centros cerimoniais 125

ropa". Os emigrados procuravam novas regiões para nelas viver e minérios para seu comércio.[12]

No seu último livro, Gordon Childe falava de uma "religião megalítica", difundida pelos prospectores e colonizadores mediterrâneos. Uma vez aceita, a ideia de construir túmulos megalíticos era adaptada pelas diversas sociedades, sem no entanto afetar suas estruturas específicas. Cada túmulo pertencia provavelmente a um nobre ou a um chefe de família; o trabalho penoso era fornecido pelos seus companheiros. "Um túmulo megalítico deve ser comparado antes a uma igreja que a um castelo, e seus ocupantes estão mais próximos dos santos celtas do que dos barões normandos."[13] Os "missionários" da fé megalítica, religião por excelência da deusa-mãe, atraíam para suas comunidades grande número de agricultores. Com efeito, os dolmens e os *cromlechs* estão situados nas regiões que mais convinham à agricultura neolítica.[14]

Algumas explicações análogas do complexo megalítico foram propostas por outros eminentes historiadores da pré-história.* Contudo, essas justificativas foram invalidadas pela descoberta da datação com o auxílio do carbono radiativo e da dendrocronologia.[15] Foi possível mostrar que as sepulturas megalíticas (*chamber-tombs*) da Bretanha foram construídas antes de 4.000 a.C., e que, na Inglaterra e na Dinamarca, já se edificavam sepulcros de pedra antes de ~ 3.000. Quanto ao gigantesco complexo de Stonehenge, era tido como contemporâneo da cultura de Wessex, dependente da civilização micênica. Ora, as análises baseadas nos métodos recentes provam que Stonehenge encontrou seu fim antes de Micenas; a última reforma (Stonehenge III) data de ~ 2.100-1.900.[16] Da mesma forma, em Malta, a época representada pelos templos de Tarxien e pela necrópole de Hal Saflieni estava encerrada antes de ~ 2.000; por conseguinte, não se poderiam explicar alguns desses traços característicos por uma influência da Idade do Bronze minoica.[17] Cumpre portanto concluir que *o complexo megalítico europeu antecede a contribuição egeia.* Estamos lidando com uma série de criações originais autóctones.

No entanto, a perturbação produzida na cronologia e a demonstração da originalidade das populações ocidentais não trouxeram progresso à interpretação dos monumentos megalíticos. São abundantes as discussões em torno

---

* Stuart Piggot aponta como região de origem dos monumentos megalíticos o Mediterrâneo oriental, e compara-os às igrejas cristãs ou às mesquitas; cf. *Ancient Europe*, p.60. Para Grahame Clark, o rito egeu das sepulturas coletivas, associado ao culto da deusa-mãe, foi difundido no Ocidente pelos prospectores e exploradores das minas; cf. *World Prehistory*, p.138-9.

126   *História das crenças e das ideias religiosas*

de Stonehenge, mas, apesar de algumas contribuições notáveis,* a função religiosa e o simbolismo desse monumento são ainda controvertidos. Além disso, reagindo contra as hipóteses aventurosas (por exemplo, a de sir Grafton Eliott Smith, que derivava todas as construções megalíticas de uma única fonte, o Egito faraônico), os pesquisadores já não ousam abordar o problema em seu conjunto. Ora, essa timidez é lamentável, pois o "megalitismo" constitui um tema de estudo exemplar e provavelmente único. Na verdade, uma pesquisa comparativa seria capaz de mostrar em que medida a análise das numerosas culturas megalíticas, ainda florescentes no século XIX, pode contribuir para a compreensão das concepções religiosas compartilhadas pelos autores dos monumentos pré-históricos.

37. Etnografia e pré-história

Lembremos que, fora do Mediterrâneo e da Europa ocidental e setentrional, os megálitos de origem pré-histórica e proto-histórica estão espalhados por uma área imensa: Magrebe, Palestina, Abissínia, planalto do Decã, Assã, Ceilão, Tibete e Coreia. Quanto às culturas megalíticas ainda remanescentes no começo do século XX, as mais notáveis são atestadas na Indonésia e na Melanésia. Robert Heine-Geldern, que devotou uma parte de sua vida ao estudo desse problema, pensava que os dois grupos de culturas megalíticas – as da pré-história e as culturas em estágio etnográfico – são historicamente solidários, pois, em sua opinião, o complexo megalítico teria se difundido a partir de um único centro, muito provavelmente o Mediterrâneo oriental.

Mais adiante voltaremos à hipótese de Heine-Geldern. Por enquanto, convém lembrar suas conclusões sobre as crenças específicas das sociedades megalíticas ainda existentes. Os megálitos estão relacionados com certas ideias referentes à vida depois da morte. Na sua maioria, são erguidos no decorrer de cerimônias destinadas a defender a alma na sua viagem ao outro mundo; mas eles também asseguram uma pós-existência eterna àqueles que os erigem durante a vida, ou àqueles para quem se constroem os monumentos depois da morte. Além disso, os megálitos constituem a ligação por

---

* Lembremos que, no Egito, as primeiras pirâmides de pedra foram erguidas em torno de ~2.700. É verdade que essas pirâmides tinham predecessores de tijolos, mas permanece o fato de que, antes de ~3.000, não se conhece qualquer monumento egípcio de pedra comparável aos megálitos da Europa ocidental; cf. Renfrew, *Before Civilization*, p.123.

Megálitos, templos, centros cerimoniais 127

excelência entre os vivos e os mortos; julga-se que eles perpetuam as virtudes mágicas das pessoas que os construíram ou para as quais foram construídos, assegurando dessa forma a fertilidade dos homens, do gado e das colheitas. Em todas as culturas megalíticas ainda florescentes, o culto dos antepassados desempenha um papel importante.[18]

Os monumentos servem de sede às almas dos mortos quando elas retornam para visitar a aldeia, mas são também utilizados pelos vivos. O sítio onde se encontram os megálitos é, ao mesmo tempo, o local de culto por excelência (coreografia cerimonial, sacrifícios etc.) e o centro da atividade social. No culto dos mortos de tipo megalítico, as genealogias têm um papel importante. Segundo Heine-Geldern, é provável que se recitassem ritualmente as genealogias dos antepassados, isto é, dos fundadores de aldeias e de determinadas famílias. Convém salientar o seguinte fato: *o homem espera que o seu nome seja lembrado por intermédio da pedra*; em outras palavras, a ligação com os antepassados é assegurada pela recordação dos seus nomes e feitos, recordação esta "fixada" nos megálitos.

Como acabamos de afirmar, Heine-Geldern defende a continuidade das civilizações megalíticas, desde o quinto milênio até as sociedades "primitivas" contemporâneas. Contudo, rejeita a hipótese pan-egípcia de G. Eliott Smith e J.W. Perry. Nega, ademais, a existência de uma "religião megalítica", pelo simples motivo de que certas crenças e concepções "megalíticas" são atestadas em relação a um grande número de formas religiosas, tanto elementares como superiores. O estudioso austríaco compara o complexo megalítico a alguns movimentos "místicos", o tantrismo, por exemplo, que pode ser indiferentemente hinduísta ou budista. Ele nega ainda a existência de um "círculo cultural megalítico", constituído, segundo alguns autores, por mitos específicos e por instituições sociais ou econômicas características; efetivamente, ideias e práticas megalíticas são atestadas entre populações que compartilham uma grande variedade de formas sociais, estruturas econômicas e instituições culturais.[19]

A análise do complexo megalítico efetuada por Heine-Geldern conserva ainda o seu valor. Mas suas hipóteses sobre a unidade das culturas megalíticas arqueológicas e contemporâneas são hoje contestadas, ou simplesmente ignoradas, por um grande número de pesquisadores. O problema da "continuidade" do complexo megalítico é considerável e deve continuar em aberto. Pois, como afirmou recentemente certo autor, trata-se do "maior enigma da pré-história". De qualquer modo, e seja qual for a hipótese adotada – continuidade ou convergência –, não se pode falar de *uma* cultura megalítica. Para a nossa finalidade, importa notar que, nas religiões megalíticas, a sacralidade da pedra é valorizada principalmente em sua relação com a vida de além-túmulo. Há esforços no sentido de "fundar" um modo particular de existência *post mortem*, por intermédio da ontofania específica às pedras.

Nas culturas megalíticas da Europa ocidental, a atração exercida pelas massas rochosas é evidente; trata-se, porém, de um fascínio suscitado pelo desejo de transformar os túmulos coletivos em monumentos espetaculares e indestrutíveis. Graças às construções megalíticas, os mortos desfrutam de um poder excepcional. Contudo, uma vez que a comunicação com os antepassados é ritualmente assegurada, esse poder pode ser compartilhado pelos vivos. Existem por certo outras formas de culto dos antepassados. O que caracteriza as religiões megalíticas é o fato de que as ideias de *perenidade* e de *continuidade entre a vida e a morte* são apreendidas pela *exaltação dos antepassados identificados, ou associados, às pedras*. Acrescentemos, todavia, que essas ideias religiosas não foram plenamente realizadas e perfeitamente expressas a não ser apenas em algumas criações privilegiadas.

38. As primeiras cidades da Índia

As pesquisas recentes sobre a pré-história da civilização indiana abriram perspectivas imprevisíveis há algumas décadas. Elas levantaram também problemas que ainda não tiveram soluções satisfatórias. A escavação de duas cidades-fortalezas – Harapa e Mohenjo-daro – revelaram uma civilização urbana razoavelmente adiantada, ao mesmo tempo mercantil e "teocrática". A cronologia ainda é objeto de controvérsia, mas parece certo que a civilização do Indo estava perfeitamente desenvolvida por volta de ~ 2.500. O que surpreendeu os autores das primeiras escavações é a uniformidade e a estagnação dessa civilização. Nenhuma mudança, nenhuma inovação, pôde ser observada no milênio histórico da civilização harapiana. As duas cidades-fortalezas eram provavelmente as capitais do "Império". A uniformidade e a continuidade cultural só podem ser explicadas pela hipótese de um regime baseado numa espécie de autoridade religiosa.[20]

Sabe-se hoje que essa cultura se estendia muito além do vale do Indo, e que apresentava a mesma uniformidade por toda parte. A tecnologia harapiana era considerada por Gordon Childe como igual à do Egito e da Mesopotâmia. No entanto, a maior parte dos produtos carece de imaginação, "o que indica que os de Harapa não se concentravam nas coisas deste mundo".[21]

Quanto à origem dessa primeira civilização urbana desenvolvida na Índia, há um consenso em procurá-la no Beluchistão. Segundo Fairservis, os

Megálitos, templos, centros cerimoniais

antepassados dos harapianos descendiam dos agricultores pré-arianos do Irã. Certas fases da cultura pré-harapiana começam a ser melhor conhecidas graças às escavações efetuadas no Beluchistão meridional. É de notar que as primeiras aglomerações importantes foram construídas junto de estruturas que tinham uma função cerimonial. No importante complexo arqueológico escavado na região do rio Porali, conhecido pelo nome de "Edith Shabr Complex", descobriu-se um outeiro com 7m a 12m de altura, e inúmeras construções cercadas de muros. No cume, a estrutura era erigida em forma de zigurate; várias escadas conduziam ao terraço. As construções de pedra parecem ter sido pouco e esporadicamente habitadas, o que indica a função cerimonial de todo o edifício. A segunda fase (a fase B) do mesmo complexo caracteriza-se pela presença de grandes círculos de pedra, com mais de uma centena de construções de 3m a 8m de largura, e por "avenidas" de rochas brancas. Essas estruturas também parecem ter servido unicamente a propósitos religiosos.[22]

Fairservis aproxima esses sítios sagrados, e em geral as estruturas exumadas no vale de Queta (representando as fases pré-harapianas do Sind e do Beluchistão), de Mohenjo-daro e de Harapa, cidades que ele julga terem sido edificadas originariamente para as cerimônias de culto. Essa hipótese é ainda controvertida, embora não se duvide da função religiosa da "fortaleza", terraço que comporta estruturas características, idênticas nas duas cidades. A controvérsia não apresenta interesse para o que nos propomos. Pois, de um lado, a "origem" cultual das aglomerações pré-harapianas (portanto, das primeiras "cidades"!) está assegurada, e, por outro lado, os especialistas são hoje unânimes em ver, nos mais antigos centros urbanos, complexos cerimoniais. Paul Wheatley demonstrou brilhantemente a intenção e a função religiosas das primeiras cidades na China, na Mesopotâmia, no Egito, na América Central etc.[23] As mais antigas cidades foram construídas em torno de santuários, isto é, nas vizinhanças de um espaço sagrado, de um "centro do mundo", onde se tinha como possível a comunicação entre a Terra, o Céu e as regiões subterrâneas.[24] Se era possível mostrar que as duas cidades-capitais do Indo se distinguem nitidamente dos seus protótipos pré-harapianos (e das outras cidades antigas), Harapa e Mohenjo-daro teriam de ser consideradas os primeiros exemplos de secularização de uma estrutura urbana, fenômeno moderno por excelência.

O que importa destacar por ora é a diversidade morfológica do espaço sagrado e do centro de culto. Nas culturas megalíticas do Mediterrâneo e da Europa ocidental, o centro cerimonial, solidário do culto dos mortos, era consagrado por menires e dolmens, raramente por santuários; no que tange

130   *História das crenças e das ideias religiosas*

às aglomerações, elas não ultrapassavam as proporções de aldeias.* Como vimos, as verdadeiras "cidades" megalíticas eram edificadas para os mortos: eram necrópoles.

39. Concepções religiosas proto-históricas e seus paralelos no hinduísmo

A religião harapiana, isto é, a da primeira civilização urbana da Índia, é igualmente importante por outra razão, e sobretudo pelas suas relações com o hinduísmo. Apesar do ceticismo de alguns autores, a vida religiosa de Mohenjo-daro e de Harapa nos é acessível, pelo menos em seus contornos mais amplos. Assim, por exemplo, o grande número de estatuetas e de desenhos inscritos nos sinetes indica os cultos de uma deusa-mãe. Além disso, como sir John Marshall já o reconhecera, uma figura itifálica sentada numa postura "iogue" e rodeada de animais ferozes representa um grande deus, provavelmente um protótipo de Xiva".[25] Fairservis chamou a atenção para o grande número de cenas de adoração ou de sacrifício pintadas sobre os sinetes. A mais famosa mostra uma figura sentada (ou dançando?) em um terraço, entre dois suplicantes ajoelhados, cada um deles acompanhado de uma naja. Outros sinetes dão destaque a uma personagem paralisante, como Gilgamesh, entre dois tigres; ou a um deus de chifres, com as patas e a cauda de um touro, lembrando o mesopotâmico Enkidu; finalmente, diferentes espíritos de árvores, aos quais se dedicam sacrifícios, procissões de pessoas carregando "estandartes" etc.[26] Nas cenas pintadas sobre certas urnas exumadas em Harapa, Vats acreditou poder identificar as almas dos mortos preparando-se para atravessar um rio.[27]

Desde sir John Marshall, os especialistas têm salientado o caráter "hinduísta" da religião harapiana. Além dos exemplos já citados – a grande deusa, um proto-Xiva em postura "iogue", o valor ritual das árvores, das serpentes, do *lingam* – podem-se mencionar: o "Grande Bath" de Mohenjo-daro, que lembra as "piscinas" dos templos hindus de nossos dias; a árvore *pipal*; o uso do turbante (desconhecido nos textos védicos, atestado somente após a época dos Bramanas); os adornos nasais; o pente de marfim etc.[28] O processo histórico que assegurou a transmissão de parte da herança harapiana e sua absorção pelo hinduísmo é insuficientemente conhecido. Os pesquisadores ainda

---

* As primeiras cidades erguidas nessas regiões eram, também elas, "cidades sagradas", isto é, "centros do mundo"; cf. Werner Müller, *Die heilige Stadt*, passim.

Megálitos, templos, centros cerimoniais

discutem as causas da decadência e da ruína final das duas cidades-capitais. Foram invocadas as inundações catastróficas do Indo, as consequências da dessecação, os movimentos sísmicos[29] e finalmente o assalto dos invasores arianos. Provavelmente as causas do declínio foram múltiplas. De toda maneira, por volta de ~1.750, a civilização do Indo estava agonizante, e os indo-arianos só lhe desfecharam o golpe de misericórdia (cf. §64). Mas cumpre precisar, por um lado, que a invasão das tribos arianas ocorreu progressivamente, durante vários séculos, e, por outro lado, que no sul, na região outrora conhecida como Saurashtra, uma cultura derivada do complexo nuclear harapiano continuou a se desenvolver depois da investida ariana.[30]

Há 20 anos, escrevíamos a propósito da destruição da cultura do Indo:

> A ruína de uma civilização urbana não equivale à pura e simples extinção da cultura, mas simplesmente à sua regressão a formas rurais, larvárias, "populares". (Trata-se aí de um fenômeno amplamente verificado na Europa durante e após as grandes invasões bárbaras.) Mas bem cedo a arianização do Penjabe deu início ao movimento da grande síntese que um dia se transformaria no hinduísmo. O considerável número de elementos harapianos atestados no hinduísmo só pode ser explicado por um contato, iniciado muito cedo, entre os conquistadores indo-europeus e os representantes da cultura do Indo. Esses representantes não eram necessariamente os autores da cultura do Indo ou seus descendentes diretos: podiam ser os tributários, por irradiação, de certas formas culturais harapianas, que eles haviam conservado nas regiões periféricas, poupadas pelas primeiras ondas da arianização. Isso explicaria o seguinte fato, aparentemente estranho: o culto da grande deusa e de Xiva, o falismo e a dendrolatria, o ascetismo e a ioga etc., aparecem pela primeira vez na Índia como a expressão religiosa de uma avançada civilização urbana, a do Indo – enquanto a maior parte desses elementos religiosos são, na Índia medieval e moderna, característicos da devoção "popular". É certo que houve, desde a época harapiana, uma síntese entre a espiritualidade dos aborígines e a dos "senhores", os autores da civilização urbana. Mas deve-se presumir que não só essa síntese foi conservada, mas também a contribuição específica e quase exclusiva dos "senhores": não se poderia explicar de outra maneira a importância considerável assumida pelos brâmanes depois da época védica. Muito provavelmente, todas essas concepções religiosas harapianas – que contrastam fortemente com a dos indo-europeus – foram conservadas, com as inevitáveis regressões, sobretudo nas camadas "populares", à margem da sociedade e da civilização dos novos senhores ariófonos: foi daí que elas surgiram, em ondas sucessivas, durante as sínteses posteriores que resultaram na formação do hinduísmo.[31]

Desde 1954, outras provas de continuidade foram fornecidas.[32] Além do mais, processos similares são atestados em outras partes, e especialmente em Creta, no Egeu e na Grécia continental. Com efeito, a cultura e a religião helênicas são o resultado da simbiose entre o substrato mediterrâneo e os conquistadores indo-europeus descidos do norte. Tal como na Índia, as ideias e as crenças religiosas dos autóctones nos são acessíveis sobretudo através dos testemunhos *arqueológicos*, ao passo que os mais antigos *textos*, em primeiro lugar Homero e Hesíodo, refletem em parte as tradições dos invasores arió-fonos. É preciso, porém, observar que Homero e Hesíodo representam já as primeiras fases da síntese helênica.

40. Creta: grutas sagradas, labirintos, deusas

Em Creta, a cultura neolítica, atestada desde o quinto milênio, chegou ao fim quando, por volta da metade do terceiro milênio, a ilha foi colonizada por imigrantes oriundos do sul e do leste. Os recém-chegados dominavam as técnicas metalúrgicas do cobre e do bronze. Sir Arthur Evans deu a essa cultura o nome de "minoica", derivado do lendário rei Minas, e dividiu-a em três períodos:[33] minoico antigo (por volta do fim do terceiro milênio); minoico médio (donde a construção dos palácios de Cnossos e de Mallia, ~ 2.000, até ~ 1.580); minoico recente (~ 1.580-1.150). Durante o minoico médio, os cretenses utilizavam uma escrita hieroglífica, a que se seguiu, cerca de ~ 1.700, uma escrita linear (o Linear A); ambas ainda não foram decifradas. Durante esse período (entre ~ 2.000 e ~ 1.900) os primeiros gregos, os mínios, penetraram na Grécia continental. Eles representavam a vanguarda das tropas indo-europeias que, em ondas sucessivas, iriam se instalar na Hélade, nas ilhas e no litoral da Ásia Menor. A primeira fase do minoico recente (~ 1.580-1.450) constituiu o apogeu da civilização minoica. Foi a época em que, no Peloponeso, os invasores ariófonos fundaram Micenas e mantiveram relações com Creta. Pouco tempo depois (~ 1.450-1.400), os micênios (ou aqueus) se estabeleceram em Cnossos e introduziram a escrita conhecida como Linear B. A última fase do minoico tardio, denominada período micênico (~ 1.400-1.150), terminou com a invasão dos dórios (por volta de ~ 1.150) e com a destruição definitiva da civilização cretense.

Até a decifração do Linear B por Michael Ventris, em 1952, os únicos documentos acerca da cultura e da religião minoicas eram provenientes das escavações arqueológicas. Eles continuam a ser os mais importantes. Os primeiros testemunhos de atos com intenção religiosa foram descobertos nas grutas. Em Creta, como aliás em todo o Mediterrâneo, as cavernas serviram por muito

Megálitos, templos, centros cerimoniais

tempo de habitação, mas também, sobretudo a partir do neolítico, de cemitérios (costume que se prolongou até os tempos modernos). Entretanto, um número bastante grande de grutas foi consagrado às diversas divindades autóctones. Certos ritos, mitos e lendas, associados a esses antros prestigiosos, foram mais tarde integrados às tradições religiosas dos gregos. Assim, uma das mais célebres, a gruta de Amnisos, próxima de Cnossos, era consagrada a Ilitíia, deusa pré-helênica dos partos. Outra, no monte Dicteu,[34] era famosa por ter abrigado Zeus na infância: foi lá que nasceu o futuro Senhor do Olimpo, e os vagidos do recém-nascido eram abafados pelo barulho produzido pelos curetes ao entrechocarem seus escudos. A dança armada dos curetes constituía provavelmente uma cerimônia de iniciação, celebrada por confrarias de jovens (cf. §83). De fato, era em certas cavernas que as confrarias realizavam seus ritos secretos, como por exemplo a gruta do monte Ida, onde se reuniam os dáctilos, personificação mitológica de uma confraria de mestres metalúrgicos.

Como se sabe, as cavernas desempenharam um papel religioso desde o paleolítico. O labirinto retoma e amplia esse papel: penetrar em uma caverna ou em um labirinto equivalia a uma descida aos Infernos, ou, em outras palavras, a uma morte ritual de tipo iniciatório. A mitologia do famoso labirinto de Minos é obscura e fragmentária; contudo, os episódios mais dramáticos dizem respeito a uma iniciação. O sentido original dessa encenação mítico-ritual estava provavelmente esquecida bem antes dos primeiros testemunhos escritos. A saga de Teseu, especialmente seu ingresso no labirinto e o combate vitorioso contra o Minotauro, será examinada adiante (cf. §94). Convém, no entanto, lembrar desde já a função ritual do labirinto como prova de iniciação.

As escavações de Cnossos não revelaram vestígio algum da fabulosa obra de Dédalo. Todavia, o labirinto figura nas moedas cretenses da época clássica, e os labirintos são assinalados em relação a outras cidades. Quanto à etimologia, tinha-se explicado o vocábulo como significando "casa do machado de dois gumes" (*lábrus*); em outros termos, designando o palácio real de Cnossos. Mas o vocábulo aqueu para machado era *pélekus* (cf. o mesopotâmico *pilakku*). É mais provável que o termo derive de um vocábulo da Ásia Menor – *labra/laura*, "pedra", "gruta". O labirinto designava portanto uma pedreira subterrânea, talhada pela mão do homem. Na verdade, ainda em nossos dias, chama-se "labirinto" a caverna de Ampelusa perto de Gortina.[35] Destaquemos, por enquanto, o arcaísmo do papel ritual das grutas. Ainda voltaremos à persistência desse papel, pois ele ilustra admiravelmente a continuidade de certas ideias religiosas e encenações iniciatórias, desde a pré-história e até os tempos modernos (cf. §42).

As estatuetas femininas multiplicam-se durante o neolítico: elas são caracterizadas por uma saia em forma de sino que deixa os seios à mostra, e pelos braços levantados num gesto de adoração. Quer representem ex-votos ou "ídolos", essas estatuetas indicam a preeminência religiosa da mulher e principalmente a primazia da deusa. Os documentos posteriores confirmam e destacam essa primazia. A julgar pelas representações de procissões, festas palacianas e cenas de sacrifícios, o pessoal feminino desempenhava um papel considerável.[36] As deusas são representadas cobertas por um véu ou parcialmente nuas, as mãos contra os seios ou os braços erguidos em sinal de bênção.[37] Outras imagens representam-nas como "senhora das feras" (*pótnia therôn*). Um sinete de Cnossos mostra a Dama das Montanhas inclinando o cetro em direção a um adorador do sexo masculino que tapa os olhos.[38] Sobre as pedras entalhadas vê-se a deusa precedida por um leão, ou segurando uma corça ou um carneiro, ou de pé entre dois animais etc. Como veremos, a senhora das feras sobrevive na mitologia e na religião gregas (cf. §92).

O culto era celebrado tanto nos cumes das montanhas quanto nas capelas dos palácios ou no recinto dos lares. Por toda a parte as deusas acham-se no centro da atividade religiosa. No começo do minoico médio (~ 2.100-1.900) são atestados os primeiros santuários em elevações; no princípio modestos cercados, mais tarde pequenos edifícios. Nos santuários de Petsofa, assim como sobre o monte Juktas, em espessa camada de cinzas, exumaram-se inúmeras estatuetas de terracota, representando homens e animais. Nilsson cuida que aí se adorava uma deusa da natureza, lançando as estatuetas votivas nas fogueiras acesas periodicamente.[39] Mais complexos – e ainda enigmáticos – são os cultos denominados agrários ou da vegetação. De origem rural, eles foram integrados, ao menos de maneira simbólica, no ofício palaciano. Eram porém celebrados principalmente em recintos sagrados. A julgar pelos entalhes, pinturas e relevos dos vasos, esses cultos comportavam sobretudo danças, procissões de objetos sagrados e cerimônias de purificação.

As árvores desempenhavam um papel central. Os documentos iconográficos mostram diversas personagens tocando em folhas ou adorando a deusa da vegetação, ou ainda na execução de danças rituais. Certas cenas enfatizam o caráter extravagante ou até extático do rito: uma mulher nua agarra-se com paixão ao tronco de uma árvore, um oficiante arranca a árvore desviando a cabeça, enquanto sua companheira parece gemer em cima de um túmulo.[40] É com razão que se têm visto[41] em semelhantes cenas não só o drama anual da vegetação, mas também a experiência religiosa produzida pela descoberta da solidariedade mística entre o homem e a planta (cf. §12, 14).

Megálitos, templos, centros cerimoniais 135

41. Traços característicos da religião minoica

Segundo Picard, "ainda não temos a menor prova da existência de um deus adulto de sexo masculino".[42] A deusa é às vezes escoltada por um acólito armado, mas seu papel é obscuro. Entretanto, certos deuses da vegetação eram certamente conhecidos, pois os mitos gregos aludem a hierogamias acontecidas em Creta, hierogamias características das religiões agrárias. Persson tentou reconstituir, com base nas representações iconográficas, a encenação ritual da morte e da ressurreição periódicas da vegetação. O estudioso sueco pensou poder situar as diferentes cenas de culto nas estações do ciclo agrário: primavera (epifania do deus da vegetação etc.), inverno (lamentações rituais; cenas representando a partida das divindades etc.).[43] Algumas interpretações são bastante sedutoras, mas a reconstituição da encenação integral é controvertida.

O que parece certo é que a maioria dos documentos iconográficos tinha um sentido religioso e que o culto estava centralizado nos mistérios da vida, da morte e do renascimento; comportava, por conseguinte, ritos de iniciação, lamentações fúnebres, cerimônias orgiásticas e extáticas. Como frisa Francis Vian:

> Seria um erro concluir, pela exiguidade dos locais, que a religião ocupava um lugar pouco importante nas moradias dos príncipes. De fato, o palácio na sua totalidade é sagrado, pois ele é a residência da padroeira divina e do rei-sacerdote que serve de intermediário entre ela e os homens. As áreas de danças cercadas de degraus, os pátios internos onde se erguem os altares, os próprios depósitos são instalações religiosas. O trono era um objeto de veneração, como o demonstram os grifos simbólicos que o ladeiam em Cnossos e em Pilos; talvez ele fosse mesmo reservado à epifania ritual da deusa do palácio antes que ao soberano.[44]

Convém destacar a função do palácio como centro cerimonial. As touradas sagradas, nas quais o touro não era sacrificado, eram celebradas nas áreas do palácio cercadas por degraus, denominadas "teatrais". As pinturas de Cnossos mostram-nos acrobatas de ambos os sexos fazendo piruetas em cima de um touro. Apesar do ceticismo de Nilsson, o sentido religioso da "acrobacia" é indiscutível: pular por sobre o touro na corrida constitui uma "prova iniciatória" por excelência.[45] Muito provavelmente, a lenda dos companheiros de Teseu, sete rapazes e sete moças "oferecidos" ao Minotauro, reflete a lembrança de uma prova iniciatória desse gênero. Infelizmente, ignoramos a mitologia do touro divino e seu papel no culto. É provável que o objeto cultual, especificamente cretense, denominado "chifres de consagração", represente a estilização de um frontal de touro. Sua onipresença confirma a importância da sua função religiosa: os chifres serviam para consagrar os objetos colocados no interior.

O significado religioso e o simbolismo de determinado número de objetos cultuais são ainda controvertidos. O machado de dois gumes ou bipene era certamente utilizado nos sacrifícios. É encontrado numa área bastante ampla fora da ilha de Creta. Na Ásia Menor, como símbolo do relâmpago, ele é o emblema do deus da tempestade. Contudo, já no paleolítico, é igualmente encontrado no Iraque, em Tell Arpachiyah, ao lado de uma deusa despida. Também em Creta vemos a bipene empunhada por sacerdotisas ou deuses – ou colocada sobre suas cabeças. No que se refere ao seu gume duplo, Evans explicava-o como um emblema que simboliza a união dos princípios complementares, masculino e feminino.

As colunas e os pilares compartilhavam, ao que parece, o simbolismo cosmológico do *axis mundi*, atestado já desde a pré-história (cf. §12). As pequenas colunas encimadas por pássaros são suscetíveis de diversas interpretações, uma vez que o pássaro pode representar tanto a alma quanto a epifania de uma deusa. Em todo caso, as colunas e os pilares substituem a deusa, "pois é assim que às vezes os vemos, antes de tudo *como a própria deusa*, ladeados de leões ou de grifos *ligados* heraldicamente".[46]

O culto dos mortos desempenhava um papel considerável. Os corpos eram introduzidos pelo alto nas profundas salas dos ossuários. Tal como na Ásia Menor e no Mediterrâneo, os mortos eram objeto de libações subterrâneas. Os vivos podiam descer em determinadas câmaras, guarnecidas de banquetas para o culto. É provável que o ofício funerário se desenrolasse sob os auspícios da Deusa (cf. §35). O túmulo de um rei-sacerdote de Cnossos, talhado na rocha, compreendia uma cripta de pilares, cujo teto tingido de azul representava a abóbada celeste; em cima, tinha-se erigido uma capela semelhante aos santuários palatinos da deusa-mãe.[47]

O documento mais precioso, e também o mais enigmático, sobre a religião cretense é constituído pelos dois painéis decorados de um sarcófago exumado em Haghia Triada. Esse documento reflete, sem dúvida, as ideias religiosas da sua época (séculos XIII-XII a.C.), quando os micênios já se haviam estabelecido em Creta. Contudo, na medida em que as cenas pintadas sobre os painéis são suscetíveis de uma interpretação coerente, elas evocam crenças e costumes minoicos e orientais. Num dos painéis está representado o sacrifício de um touro, em cuja direção se adiantam três sacerdotisas em procissão. Do outro lado da vítima degolada está pintado um sacrifício cruento, diante de uma árvore sagrada. No segundo painel vê-se a fase final da libação funerária: uma

Megálitos, templos, centros cerimoniais 137

sacerdotisa derrama o líquido vermelho de uma cratera numa grande urna. A última cena é a mais misteriosa: diante de seu túmulo, o morto, com uma longa túnica, assiste à oferenda funerária: três sacrificadores de sexo masculino trazem-lhe uma pequena barca e dois bezerros de tenra idade.[48]

Muitos especialistas, julgando pela aparência do morto (segundo Picard, "lembrava uma múmia"), pensam que ele está *deificado*. A hipótese é plausível. Nesse caso, tratar-se-ia de um privilegiado como rei-sacerdote de Cnossos ou como certos heróis gregos (Héracles, Aquiles, Menelau). Todavia, parece mais provável que as cenas evoquem não a *divinização* do morto, mas o término da sua *iniciação*, cerimônia do tipo religião "de mistérios", suscetível de assegurar-lhe uma pós-existência feliz. Com efeito, Diodoro (século I a.C.) já havia observado a analogia entre a religião cretense e as religiões "de mistérios". Ora, esse tipo de religião sofrerá opressão mais tarde na Grécia chamada "dórica" e só sobreviverá em certas sociedades fechadas, as *tiases* (vocábulo talvez pré-helênico).[49]

A tradição narrada por Diodoro é do mais alto interesse: ela indica os limites do processo de assimilação das ideias religiosas orientais e mediterrâneas pelos conquistadores ariófonos.

42. Continuidade das estruturas religiosas pré-helênicas

A decifração do Linear B demonstrou que, por volta de ~1.400, o grego era falado e escrito em Cnossos. Daí se conclui que os invasores micênicos desempenharam um papel decisivo não só na destruição da civilização minoica, mas também no seu período final; em outras palavras, na sua derradeira fase, a civilização cretense englobava também a Grécia continental. Se levarmos em conta o fato de que, antes da invasão dos micênios, as influências do Egito e da Ásia Menor* tinham resultado numa síntese anatólio-mediterrânea, poderemos medir a antiguidade e a complexidade do fenômeno cultural grego. O helenismo mergulha suas raízes no Egito e na Ásia; mas é a contribuição dos conquistadores que produzirá o "milagre grego".

As tábulas exumadas em Cnossos, Pilos e Micenas mencionam os deuses homéricos com os seus nomes clássicos: Zeus, Hera, Atena, Posídon e Dioniso. Infelizmente, as informações mitológicas e cultuais são bastante modestas: faz-se menção a Zeus *Diktaîos*, e a Dédalo, aos "escravos do deus", ao "escravo de Atena", aos nomes das sacerdotisas etc. Muito mais significa-

---

* Convém lembrar que as influências também se haviam exercido em sentido contrário.

tivo é o renome de Creta na mitologia e na religião da Grécia clássica. Foi em Creta que Zeus nasceu e morreu; Dioniso, Apolo e Héracles passaram suas "infâncias" nessa ilha; foi lá que Deméter amou Iásion, que Minos recebeu as leis e, em companhia de Radamanto, tornou-se juiz nos Infernos. E era ainda de Creta que, em plena época clássica, se enviavam os purificadores autorizados.[50] A ilha foi dotada dos prestígios fabulosos da época do *primordium*; para a Grécia clássica, a Creta minoica participava dos prodígios das "origens" e da "autoctonia".

Não se pode duvidar de que as tradições religiosas dos gregos foram modificadas pela simbiose com os autóctones, tanto em Creta quanto em outros lugares do mundo egeu. Nilsson havia observado que, dos quatro centros religiosos da Grécia clássica – Delfos, Delos, Elêusis e Olímpia –, os três primeiros foram herdados dos micênios. A persistência de certas estruturas religiosas minoicas foi oportunamente esclarecida. Pôde-se mostrar o prolongamento da capela minoico-micênica no santuário grego, e a continuidade entre o culto cretense do lar e o dos palácios micênicos. A imagem da *psukhê*-borboleta era familiar aos minoicos. As origens do culto de Deméter são atestadas em Creta, e o mais antigo santuário de Elêusis data dos tempos micênicos. "Certas modificações, arquitetônicas ou de outra espécie, dos templos de mistérios clássicos parecem derivar, mais ou menos, das instalações observadas na Creta pré-helênica."[51]

À semelhança do que ocorreu na Índia pré-ariana, foram sobretudo os cultos das deusas e os ritos e crenças relacionados à fertilidade, morte e sobrevivência da alma que persistiram. Em certos casos, a continuidade verifica-se da pré-história até os tempos modernos. Para citarmos apenas um exemplo, a gruta de Skoteino, "uma das mais grandiosas e pitorescas de toda a ilha de Creta", com 60m de profundidade, compreende quatro pavimentos; na extremidade do segundo pavimento encontram-se dois "ídolos de culto, erguidos para cima e para a frente de um altar de pedra": uma mulher e "um busto imberbe de riso sardônico". Diante dessas estátuas, "os fragmentos de vasos alcançam vários metros de altura; outros juncam o solo do terceiro pavimento subterrâneo. ... Cronologicamente, eles seguem sem descontinuidade do início do segundo milênio a.C. até o fim do período romano".[52] A santidade da gruta manteve-se até os nossos dias. Bem perto, eleva-se uma pequena capela branca dedicada a são Parascévio. E, na entrada da gruta, no dia 26 de julho de cada ano, reúne-se "toda a população do vale do Aposelemi e da região do Quersoneso: dança-se sobre duas superfícies abaixo da abóbada, bebe-se a valer, cantam-se canções de amor de uma forma tão ritual quanto se acompanhou a missa na capela vizinha".[53]

Megálitos, templos, centros cerimoniais 139

A continuidade verifica-se também a propósito de outras expressões específicas da religiosidade cretense arcaica. Sir Arthur Evans insistira na solidariedade entre o culto da árvore e a veneração das pedras sagradas. Reencontra-se uma solidariedade similar no culto de Atena *Parthénos* em Atenas: um pilar associado à árvore sagrada (a oliveira) e à coruja, a ave emblemática da deusa. Evans mostrou além disso a sobrevivência do culto do pilar até a época moderna; por exemplo, o pilar sagrado de Tekekioi, perto de Skoplje, réplica da coluna minoica, venerado tanto pelos cristãos como pelos muçulmanos. A crença de que as fontes sagradas estão associadas a deusas é reencontrada na Grécia clássica, onde as fontes eram adoradas como nereidas, e persiste em nossos dias: as fadas denominam-se ainda as nereides.

Seria inútil multiplicar os exemplos. Lembremos que um processo análogo de continuidade das estruturas religiosas arcaicas caracteriza todas as culturas "populares", desde a Europa ocidental e o Mediterrâneo até a planície gangética e a China (cf. §14). Para o que nos propomos, importa sublinhar o fato de que esse complexo religioso – deusas da fertilidade e da morte, ritos e crenças referentes à iniciação e à sobrevivência da alma – não foi integrado na religião homérica. Apesar da simbiose com as inúmeras tradições pré-helênicas, os conquistadores ariófonos conseguiram impor o seu panteão e manter o seu "estilo religioso" específico (cf. Capítulos X e XI).

NOTAS

1. Cf. nosso *Traité d'histoire des religions,* §74s.
2. A.C. Kruijt, citado por J.G. Frazer, *The Belief in Immortality* (1913), I, p.74-5. Comentamos esse mito em: "Mythologies of death" (*Occultism, Witchcraft and Cultural Vogues,* cap.3).
3. Horst Kirchner, "Die Menhire in Mitteleuropa und der Menhirgedanke", p.698 (= 90s).
4. Ver alguns exemplos e a bibliografia em *Traité d'histoire des religions,* §77; acrescentar Kirchner, op.cit., p.650 (= 42)s.
5. Por exemplo, Woodhenge, Avebury, Arminghall e Arbor Low; Maringer, p.256.
6. Pois Stonehenge não foi construído de uma só vez. Sabe-se hoje que a obra original sofreu várias alterações. Ver Colin Renfrew, *Before Civilization,* p.214s.
7. Günther Zuntz, *Persephone,* p.4, nota 1.
8. J.D. Evans, *Malta,* p.139; Glyn Daniel e J.D. Evans, *The Western Mediterranean,* p.20.
9. Zuntz, *Persephone,* p.8, 25.
10. Os túmulos coletivos minoicos eram cavernas naturais ou recintos circulares, geralmente denominados *thóloi* (tolos); cf. Glyn Daniel, *The Megalithic Builders of Western Europe* (2ª ed., 1962), p.129.

11. Daniel, op.cit., p.136.
12. Ibid., p.136-7.
13. Gordon Childe, *The Prehistory of European Society*, p.126s. O autor faz uma aproximação entre os túmulos megalíticos e as pequenas capelas construídas pelos santos galeses e irlandeses nas mesmas regiões das ilhas britânicas (ibid., p.128).
14. Ibid., p.129.
15. Em inglês, *"tree-ring calibration of radiocarbon"*; ver uma exposição clara e atualizada em Collin Renfrew, *Before Civilization*, p.48-83. Como se sabe, as duas "revoluções" – o "carbono 14" e a dendrocronologia – modificaram radicalmente a cronologia da pré-história europeia.
16. Ver a documentação in Renfrew, op.cit., p.214s.
17. Renfrew, p.152. Ver também Daniel e Evans, *The Western Mediterranean*, p.21. Zuntz pensa, porém, numa influência egípcia ou sumeriana; cf. *Persephone*, p.10s.
18. R. Heine-Geldern, "Prehistoric research in the netherlands Indies", p.149; id., "Das Megalithproblem", p.167s.
19. Ibid., p.164s.
20. Cf. M. Eliade, *Le Yoga*, p.248s.
21. B. e R. Allchin, *The Birth of Indian Civilization*, p.136.
22. W.A. Fairservis, *The Roots of Ancient India*, p.195s., 362s. Sobre as relações entre essa fase da cultura pré-harapiana e os megálitos da Índia meridional, ver ibid., p.375s.
23. Paul Wheatley, *The Pivot of the Four Quarters*, esp. p.20s., 107s., 225s.
24. Eliade, *Le Mythe de l'éternel retour*, cap.I; id., "Centre du monde, temple, maison".
25. Sir John Marshall, *Mohenjo-daro*, vol.I, p.52; cf. Eliade, *Le Yoga*, p.349-50. Aliás, pedras em forma de *lingam* foram encontradas nas cidades; cf. Allchin, op.cit., p.312.
26. Fairservis, op.cit., p.274s.
27. Allchin, p.314 e fig.75.
28. Cf. Eliade, *Le Yoga*, p.350-1; Piggott, *Prehistoric India*, p.268s; Allchin, op.cit., p.310s.; sir Mortimer Wheeler, *The Indus Civilization*, p.135.
29. Ver a discussão dessas hipóteses em Wheeler, op.cit., p.127s, Allchin, op.cit., p.143s.; Fairservis, p.302s.
30. Wheeler, op.cit., p.133s.; Allchin, p.179s; Fairservis, p.293, 295.
31. *Le Yoga*, p.352-3.
32. Podem ser encontradas nas obras de Wheeler, Allchin e Fairservis. Ver também Mario Cappieri, "Ist die Indus-Kultur und ihre Bevölkerung wirklich verschwunden?"; W. Koppers, "Zentralindische Fruchtbarkeitsriten und ihre Beziehungen zur Induskultur"; J. Haekel, "'Adonisgärtchen' im Zeremonialwesen der Rathwa in Gujerat (Zentral-indien). Vergleich und Problematik".
33. Sobre esses períodos, ver R.W. Hutchinson, *Prehistoric Crete*, p.137-98, 267-316; R.F. Willets, *Cretan Cults and Festivals*, p.8-37.
34. Sobre as grutas sagradas, ver M.P. Nilsson, *The Minoan Mycenaeam Religion*, p.53s.; Charles Picard, *Les religions préhelleniques*, p.58s., 130-1; Willetts, op.cit., p.141s.
35. P. Faure, "Spéléologie crétoise et humanisme", p.47.
36. Picard, op.cit., p.71, 159s.
37. Evans, *Palace of Minos*, II, p.277s; Picard, op.cit., p.74s.; Nilsson, op.cit., p.296s. As deusas são às vezes substituídas por colunas de sustentação; cf. Picard, p.77; Nilsson, p.250s.

Megálitos, templos, centros cerimoniais 141

38. Picard, p.63. Mas Nilsson considera essa imagem relativamente tardia, e Hutchinson julga-a micênica (cf. *Prehistoric Crete*, p.206).

39. Nilsson, *Min. Myc. Religion*, p.75.

40. Evans, *Palace of Minos*, II, p.838s; Nilsson, op.cit., p.268s; Axel W. Persson, *The Religion of Greece in Prehistoric Times*, p.38-9.

41. Picard, op.cit., p.152.

42. Op.cit., p.80. As estatuetas masculinas representam os adoradores; ibid., p.154.

43. Persson, op.cit., p.25-104.

44. F. Vian, in *Histoire des religions*, I, p.475. Já Evans chamava o rei de Cnossos de rei-sacerdote, termo aceito por Nilsson (op.cit., p.486s.) e Picard (op.cit., p.70s.). Ver também Willetts, *Cretan Cults*, p.84s.

45. Evans, op.cit., III, p.220, fig.154; Picard, p.144, 199; Persson, p.93s., J.W. Graham, *The Palaces of Crete*, p.73s.

46. Picard, p.77.

47. Evans, *Palace of Minos*, IV, 2, p.962s. Picard recorda a tradição transmitida por Diodoro (4, 76-80; 16, 9), segundo a qual Minos foi sepultado em um túmulo-cripta sobre o qual foi construído um templo consagrado a Afrodite, herdeira da Deusa egeia (op.cit., p.173).

48. Ver as reproduções em Paribeni, "Il sarcofago dipinto...", pranchas I-III, e J. Harrison, *Themis*, figs.31-38. Cf. Nilsson, op.cit., p.426s.; Picard, p.168s. A viagem marítima de além-túmulo deixou vestígios na concepção grega das "ilhas dos Bem-Aventurados"; cf. Hesíodo, *Os trabalhos e os dias*, p.167s.; Píndaro, *Olímpicas*, II, p.67s.

49. Picard, op.cit., p.142. Ver também vol.2, §99.

50. Picard, op.cit., p.73.

51. Ibid., p.142.

52. P. Faure, "Spéléologie crétoise et humanisme", p.40.

53. Ibid., p.40. Numerosas cavernas são dedicadas aos santos e mais de 100 capelas estão instaladas nas grutas; ibid., p.45.

VI. As religiões dos hititas e dos cananeus

43. Simbiose anatólia e sincretismo hitita

Já se observou a surpreendente continuidade religiosa na Anatólia, desde o sétimo milênio até a implantação do cristianismo.

> Não há, com efeito, verdadeira solução de continuidade entre as estatuetas informes de uma divindade masculina montada em um touro das quais se encontraram exemplos em Çatal Hüyük, no nível VI (por volta de ~ 6.000), as representações do deus da tempestade da época hitita e as estátuas do Júpiter Doliqueno, que era adorado pelos soldados das legiões romanas; nem entre a deusa dos leopardos de Çatal Hüyük, a deusa Hepat hitita e a Cíbele da época clássica.[1]

Pelo menos em parte, essa continuidade é consequência de uma espantosa vocação para o sincretismo religioso. A etnia indo-europeia designada na historiografia moderna pelo nome de hititas dominou a Anatólia durante o segundo milênio (o Reino Antigo, ~ 1.740-1.460, e o Império, de ~ 1.460 a ~ 1.200). Ao subjugar os hatis – a mais antiga população anatólia cuja linguagem se conhece –, os invasores ariófonos inauguraram um processo de simbiose cultural que se prolongou por muito tempo após a derrocada das suas criações políticas. Pouco tempo depois de terem penetrado na Anatólia, os hititas sofreram influências babilônicas. Mais tarde, principalmente durante o Império, assimilaram o essencial da cultura dos hurritas, população não indo-europeia que habitava as regiões setentrionais da Mesopotâmia e da Síria. Em consequência disso, no panteão dos hititas, as divindades de origem sumério-acadiana ladeavam as divindades anatólias e hurritas. A maior parte dos mitos e rituais hititas até agora conhecidos apresentam paralelos, ou até modelos, nas tradições religiosas hatianas ou hurritas. A herança indo-europeia revela-se menos significativa. Todavia, apesar da heterogeneidade das suas fontes, as criações do gênio hitita – em primeiro lugar, a arte religiosa – não carecem de originalidade.

As divindades distinguiam-se pela força aterradora e luminosa que delas emanava (cf. "o esplendor divino", *melammu*, §20). O panteão era vasto, mas a respeito de certos deuses tudo ignoramos, salvo os nomes. Cada cidade importante constituía a residência principal de uma deidade, cercada por certo de outras personagens divinas. Como em todo o antigo Oriente Próximo, as divindades "habitavam" os templos; os sacerdotes e seus acólitos estavam incumbidos de lavá-las, vesti-las, alimentá-las e distraí-las com danças e música. De quando em quando, os deuses deixavam os templos e viajavam; essas ausências às vezes podiam ser invocadas para explicar o fracasso de certos pedidos.

O panteão era imaginado como uma grande família, tendo à frente o casal primordial, os patronos do país hitita: o deus da tempestade e uma grande deusa. O deus da tempestade era conhecido sobretudo pelo seu nome hurrita, Teshup, denominação a que daremos preferência. Sua esposa chamava-se, em língua hurrita, Hepat. Seus animais sagrados – o touro e, para Hepat, o leão (ou a pantera) – confirmam a continuidade desde a pré-história (cf. §13). A mais famosa grande deusa era conhecida pelo nome de deusa "solar" de Arinna (em língua hati, Wurusema). De fato, ela era uma epifania da *mesma* deusa-mãe,* já que é exaltada como "rainha do país, rainha da Terra e do Céu, protetora dos reis e das rainhas do país hati" etc. É provável que a "solarização" represente um ato de homenagem, efetuado quando a deusa de Arinna se torna a padroeira do reino hitita.

O ideograma babilônico "Ishtar" era utilizado para designar as numerosas deusas locais, cujos nomes anatólios se ignoram. O nome hurrita era Shanshka. Mas é necessário levar em conta o fato de que a Ishtar babilônica, deusa do amor e da guerra, era conhecida na Anatólia; por conseguinte, em alguns casos estamos lidando com um sincretismo anatólio-babilônico. O deus-Sol, filho de Teshup, era considerado, tal como Shamash, o defensor do direito e da justiça. Não menos popular era Telipinu, também filho de Teshup, de cujo mito faremos uma ligeira apreciação.

No que se refere à vida religiosa, as fontes só nos informam sobre o culto oficial. As preces cujo texto foi conservado pertenciam às famílias reais. Em outras palavras, ignoramos as crenças e os rituais do povo. Entretanto, não podemos duvidar do papel atribuído às deusas da fecundidade e ao deus da

---

* Numa bela prece, a rainha Puduhepas identifica a deusa de Arinna a Hepat (cf. a trad. de A. Goetze, Anet, p.393). Trata-se, contudo, do único testemunho nesse sentido; nos rituais e nas listas de oferendas, os nomes das duas deusas são citados um depois do outro. O que se pode explicar pela importância obtida, sob os soberanos hititas, pelas duas famosas epifanias da deusa-mãe.

tempestade. As festas sazonais, sobretudo a do ano-novo (*purulli*), eram celebradas pelo rei, que representava os conquistadores ariófonos; mas algumas cerimônias similares eram praticadas no país desde o neolítico.

A "magia negra" era proibida pelo código das leis; os culpados eram executados. O que confirma indiretamente o extraordinário renome de que gozavam, nos meios populares, certas práticas arcaicas. Em compensação, o número considerável de textos descobertos até este momento prova que a "magia branca" era aberta e profusamente praticada; ela compreendia principalmente rituais de purificação e de "afastamento do mal".

O prestígio e o papel religioso do rei eram apreciáveis. A soberania era uma dádiva dos deuses. "A mim, o rei, o deus da tempestade e o deus-Sol confiaram o país e a minha casa. ... Os deuses concederam-me, a mim, o rei, muitos anos. Esses anos não têm limite."* O rei era "amado" por um grande deus. (Entretanto, a "descendência divina" fictícia, de tipo mesopotâmico, não é atestada.) Sua prosperidade se identificava com a prosperidade de todo o povo. O soberano era o vigário dos deuses na Terra; por outro lado, representava o povo diante do panteão.

Nenhum texto que descreva o cerimonial do sagrado foi encontrado, mas sabe-se que o soberano era ungido com óleo, vestido com uma roupa especial e coroado; finalmente, ele recebia um nome real. O soberano era também sumo sacerdote e, sozinho ou em companhia da rainha, celebrava as festas mais importantes do ano. Depois da morte, os reis eram divinizados. Ao se referir à morte de um rei, dizia-se que ele "se tornara deus". Sua estátua era colocada no templo, e os soberanos reinantes levavam-lhe oferendas. De acordo com certos textos, o rei era considerado, em vida, a encarnação dos seus ancestrais divinizados.[2]

44. O "deus que desaparece"

A originalidade do pensamento religioso "hitita"** revela-se principalmente na reinterpretação de alguns mitos importantes. Um dos temas mais notáveis é o do "deus que desaparece". Na versão mais conhecida, o protagonista é Telipinu. Outros textos, porém, conferem esse papel a seu pai, o deus da tempestade, ao deus solar ou a certas deusas. O âmago – como o nome Telipinu – é

---

* Ritual para a edificação de um novo palácio, trad. de Goetze, Anet, p.735.
** Colocamos as aspas para indicar que se trata, em grande número de casos, de mitos hatianos ou hurritas traduzidos ou adaptados em língua hitita.

As religiões dos hititas e dos cananeus 145

hatiano. As redações hititas foram compostas em relação a diversos rituais; em outras palavras, a recitação do mito desempenhava um papel fundamental no culto.

Como o começo da narração[3] se perdeu, ignora-se por que Telipinu decidiu "desaparecer". Talvez porque os homens o tivessem irritado. Mas as consequências do seu desaparecimento se fizeram sentir de imediato. O fogo apagou-se nas lareiras, os deuses e os homens sentiram-se "acabrunhados"; a ovelha abandonou seu cordeiro e a vaca o seu bezerro; "a cevada e o trigo não amadureceram mais", os animais e os homens deixaram de acasalar; os pastos ficaram secos e a água das fontes parou de correr. (Talvez seja essa a primeira versão literária do famoso motivo mitológico – o "país arruinado, devastado", *waste land* – celebrizado pelos romances do Graal.) Então o deus-Sol enviou mensageiros – primeiro a águia, em seguida o próprio deus da tempestade – para irem procurar Telipinu, mas em vão. Finalmente, a deusa-mãe enviou a abelha; ela encontrou o deus dormindo num pequeno bosque e com uma picada acordou-o. Furioso, Telipinu provocou tais calamidades no país que os deuses ficaram temerosos; para acalmá-lo, recorreram à magia. Por meio de cerimônias e fórmulas mágicas, Telipinu foi purgado da raiva e do "mal".[4] Apaziguado, retornou por fim para junto dos deuses – e a vida retomou seu ritmo.

Telipinu é um deus que, "enraivecido", "se esconde", isto é, desaparece do mundo que nos cerca. Ele não pertence à categoria dos deuses da vegetação, que morrem e ressuscitam periodicamente. Apesar disso, seu "desaparecimento" tem as mesmas consequências desastrosas em todos os níveis da vida cósmica. Por outro lado, "desaparecimento" e "epifania" significam igualmente descida aos Infernos e retorno à Terra (cf. Dioniso, §122). Todavia, o que distingue Telipinu dos deuses da vegetação é o fato de que sua "descoberta" e "reanimação" pela abelha agravam a situação: os rituais de purgação é que conseguem apaziguá-lo.

O traço específico de Telipinu é sua "raiva" demoníaca, que ameaçava arruinar todo o país. Trata-se da fúria caprichosa e irracional de um deus da fertilidade contra sua própria criação, *a vida* sob todas as suas formas. Concepções análogas da ambivalência divina podem ser encontradas em outros lugares; elas serão elaboradas sobretudo no hinduísmo (cf. Xiva, Kali). O fato de que o papel de Telipinu foi devolvido também aos deuses da tempestade e do Sol, e a certas deusas – portanto, grosso modo, a divindades que governam diversos setores da *vida cósmica* –, prova que esse mito se refere a um drama mais complexo que o da vegetação; ele ilustra, de fato, o mistério incompreensível do aniquilamento da Criação *pelos seus próprios criadores*.

45. Vencer o dragão

Por ocasião da festa do ano-novo, *purulli*, o mito do combate entre o deus da tempestade e o dragão (Illuyanka*) era ritualmente recitado. Num primeiro encontro, o deus da tempestade foi vencido, e implorou o auxílio das outras divindades. A deusa Inara preparou um banquete e convidou o dragão. Anteriormente, ela havia solicitado a assistência de um mortal, Hupashiya. Este aceitou, com a condição de que ela dormisse com ele; a deusa o atendeu. O dragão comeu e bebeu com tal voracidade que não pôde descer de volta a sua cova, e Hupashiya amarrou-o com uma corda. Então surgiu o deus da tempestade, que, sem combate, matou o dragão. Essa versão do mito acaba com um incidente muito conhecido nos contos de fadas: Hupashiya veio morar na casa de Inara, mas não respeitou a advertência da deusa para não olhar pela janela durante sua ausência. Ele viu sua mulher e filhos, e suplicou a Inara que o deixasse voltar para casa. A sequência do texto perdeu-se, mas presume-se que Hupashiya tenha sido morto.

A segunda versão traz os seguintes detalhes: o dragão venceu o deus da tempestade e arrancou-lhe o coração e os olhos. Então o deus casou-se com a filha de um pobre e dela teve um filho. Este cresceu e decidiu esposar a filha do dragão. Instruído pelo pai, o jovem, logo depois de entrar na casa da esposa, pediu o coração e os olhos do deus da tempestade, e os obteve. De posse das suas "forças", o deus da tempestade tornou a encontrar o dragão, "junto ao mar", e conseguiu vencê-lo. Mas, ao casar com a filha do dragão, o marido contraíra a obrigação de ser leal para com este, e mesmo assim pediu a seu pai que não o poupasse. "Então o deus da tempestade matou o dragão e o seu próprio filho."[5]

O combate entre um deus e o dragão constitui um tema mítico-ritual bastante conhecido. Uma primeira derrota do deus e sua mutilação encontram paralelos no combate entre Zeus e o gigante Tífon: este conseguiu cortar-lhe os tendões das mãos e dos pés, ergueu-o sobre os ombros e o conduziu a uma gruta da Cilícia. Tífon escondeu os tendões numa pele de urso, mas Hermes e Egipã acabaram por furtá-los. Zeus recuperou suas forças e matou o gigante.[6] O motivo do roubo de um órgão vital é bastante conhecido. Mas, na versão hitita, o dragão não é mais o monstro aterrador que se encontra em muitos mitos cosmogônicos ou de combates pela soberania do mundo (cf. Tiamat, Leviatã, Tífon etc.). Ele já representa certos traços que caracterizam os dragões nas narrativas folclóricas; Illuyanka carece de inteligência e é glutão.[7]

---

* Illuyanka, literalmente "dragão", "serpente", é também um nome próprio.

As religiões dos hititas e dos cananeus 147

O deus da tempestade, vencido numa primeira fase do combate (tese atestada em outros lugares) acaba triunfando, não em virtude de seu heroísmo, mas com a ajuda de um ser humano (Hupashiya ou o filho que ele teve com uma mortal). É verdade que nas duas versões essa personagem humana está previamente munida de uma força de origem divina: é o amante da deusa Inara ou o filho do deus da tempestade. Em ambos os casos, embora por razões diferentes, o auxiliar é eliminado pelo próprio autor de sua quase divinização. Depois de haver dormido com Inara, Hupashiya já não tinha o direito de reincorporar-se à sua família, isto é, à sociedade humana, pois, tendo participado da condição divina, podia transmiti-la a outros seres humanos.

Apesar dessa "folclorização" parcial, o mito de Illuyanka desempenhava um papel central: era ritualmente recitado durante a festa do ano-novo. Certos textos aludem a um combate ritual entre dois grupos opostos,[8] comparável ao cerimonial babilônico de *akitu*. O sentido "cosmogônico" do mito, evidente na luta de Marduk contra Tiamat, é substituído pela competição em torno da soberania do mundo (cf. Zeus-Tífon). A vitória do deus assegura a estabilidade e a prosperidade do país. Pode-se presumir que, antes da sua "folclorização", o mito apresentava o "reinado do dragão" como um período "caótico", que punha em perigo as próprias fontes da vida (o dragão simboliza tanto a "virtualidade" e a obscuridade quanto a seca, a suspensão das normas e a morte).

46. Kumarbi e a soberania

De excepcional interesse é aquilo que se chamou a "teogonia" hurrito-hitita,* isto é, a sequência de acontecimentos míticos que têm por protagonista Kumarbi, "o pai dos deuses". O episódio inicial – "a realeza no Céu" – explica a sucessão dos primeiros deuses. No princípio, Alalu foi rei, e Anu, o mais importante dos deuses, se prosternava diante dele e o servia. Mas, depois de nove anos, Anu atacou-o e venceu-o. Então Alalu refugiou-se no mundo subterrâneo, e Kumarbi tornou-se o servo do novo soberano. Decorridos outros nove anos, Kumarbi por sua vez atacou Anu. Este fugiu, voando em direção ao Céu, mas Kumarbi o perseguiu e, agarrando-o pelos pés, precipitou-o ao solo, após ter-lhe mordido os "rins".** Como Kumarbi risse e se rejubilasse

---

* Trata-se das traduções hititas dos textos hurritas, efetuadas em ~1.300. A "teogonia" hurrita reflete o sincretismo com as mais antigas tradições sumerianas e do norte da Síria.
** Os primeiros tradutores propuseram "joelhos". Os dois termos são eufemismos para o órgão genital masculino.

com a façanha, Anu disse-lhe que ele havia engravidado. Kumarbi cuspiu o que ainda tinha na boca, mas uma parte da virilidade de Anu penetrou-lhe no corpo e ele ficou grávido de três deuses. A continuação do texto está seriamente mutilada, mas é de presumir que os "filhos" de Anu, com destaque para Teshub, o deus da tempestade, fizeram guerra a Kumarbi e o destronaram.

O episódio seguinte, o "Canto de Ullikummi", relata o esforço de Kumarbi para recuperar a realeza roubada por Teshub. A fim de criar um rival capaz de vencer Teshub, ele fecundou com o seu sêmen uma rocha. O produto dessa união foi Ullikummi, um antropomorfo de pedra. Colocado sobre os ombros do gigante Upelluri, que, com metade do corpo emergindo do mar, sustenta o Céu e a Terra (é o análogo hurrita de Atlas), Ullikummi cresce com tal rapidez que atinge o Céu. Teshub dirigiu-se então para o mar e enfrentou o diorito gigante, tendo sido, porém, derrotado.

O texto contém sérias lacunas, mas podemos reconstituir a sequência dos acontecimentos. Ullikummi ameaça destruir toda a humanidade e, alarmados, os deuses se reúnem e decidem apelar para Ea. Este dirige-se primeiro à casa de En-lil e depois à de Upelluri, e lhes pergunta se tiveram notícia de que um gigante de pedra resolvera matar Teshub. A resposta de En-lil se perdeu. Quanto a Upelluri, ele revela um detalhe de grandes consequências. "Quando suspenderam o Céu e a Terra sobre mim, eu nada sabia. Quando separaram o Céu e a Terra com uma faca, eu também nada sabia. Atualmente, dói-me o ombro direito, mas ignoro quem é esse deus." Ea solicita então aos "deuses antigos" que "abram os velhos depósitos dos pais e dos avós" e tragam a faca com que haviam separado o Céu da Terra. Serram-se os pés de Ullikummi, tornando-o assim inválido, mas o diorito não para de gabar-se de que a realeza celeste lhe foi destinada por seu pai, Kumarbi. Finalmente, ele é morto por Teshub.

Esse mito é notável sob vários aspectos. Primeiro, por certos elementos arcaicos: a autofecundação de Kumarbi ao engolir o órgão genital do deus que ele acabava de destronar; a união sexual de um ser divino com uma massa rochosa, tendo como resultado o nascimento de um monstro antropomorfo mineral; as relações entre esse diorito gigante e o Atlas hurrita, Upelluri. O primeiro episódio pode ser interpretado como uma alusão à bissexualidade de Kumarbi, traço característico das divindades primordiais (cf., por exemplo, Tiamat e Zurvan). Nesse caso, Teshub, que obtém irrevogavelmente a soberania, é o filho de um deus celeste (Anu) e de uma divindade andrógina.*

---

* Segundo certos fragmentos mitológicos, parece que os deuses que se achavam no "interior" de Kumarbi discutiram com ele para saber através de que orifícios do seu corpo deviam sair (cf. Güterbock, "Hittite Religion", p.157-8).

As religiões dos hititas e dos cananeus 149

Quanto à fecundação de uma rocha por um ser sobre-humano, encontra-se um mito análogo na Frígia: Papas (= Zeus) fecunda uma pedra denominada Agdos, e esta gera um monstro hermafrodita, Agditis. Mas os deuses castram Agditis transformando-o assim na deusa Cíbele (Pausânias, VII, 17:10-2).

Muito mais difundidos são os mitos que relatam o nascimento dos homens a partir da pedra: são encontrados desde a Ásia Menor até o Extremo Oriente e a Polinésia. Trata-se, provavelmente, do tema mítico da "autoctonia" dos primeiros homens gerados por uma grande deusa ctoniana. Certos deuses (como por exemplo Mithra) são igualmente imaginados emergindo de uma rocha, tal como o Sol, cuja luz brilha todas as manhãs acima das montanhas. Não podemos, porém, reduzir esse tema mítico a uma epifania solar.* Poderíamos dizer que a *petra genitrix* reforça a sacralidade da terra-mãe com as virtudes prodigiosas com que se presumia estavam embebidas as pedras. Como vimos (cf. §34), em nenhuma parte a sacralidade da massa rochosa foi mais exaltada do que nas religiões "megalíticas". Não é por acaso que Ullikummi está colocado sobre o ombro do gigante que sustenta o Céu; o diorito prepara-se para tornar-se, também ele, uma *columna universalis*. Entretanto, esse motivo, específico às religiões megalíticas, faz parte de um contexto mais amplo: a luta pela sucessão da soberania divina.

47. Conflitos entre gerações divinas

Desde a primeira tradução do texto hurrita/hitita, observaram-se analogias com, por um lado, a teogonia fenícia tal como foi apresentada por Fílon de Biblos e, por outro lado, com a tradição transmitida por Hesíodo. Segundo Fílon,** o primeiro deus soberano era Eliun (em grego, Húpsistos, "O Mais Alto"), que corresponde na mitologia hurrito-hitita a Alalu. Da sua união com Bruth vieram ao mundo Urano (correspondente a Anu) e Gê (Gaia ou Geia). Estes últimos, por sua vez, geraram quatro filhos, o primeiro dos quais, El (ou Cronos), corresponde a Kumarbi. Depois de uma discussão com a esposa, Urano tentou destruir sua prole, mas El forjou para si uma serra (ou lança?),

---

* De fato, o primeiro combate de Mithra, logo depois de sair da rocha, é com o Sol; vitorioso, rouba-lhe a coroa radiosa. Mas pouco tempo depois os dois deuses selam sua amizade com um aperto de mãos.
** Alguns fragmentos da sua *História fenícia* foram conservados por Eusébio e Porfírio. Fílon afirma que resume os escritos de Sanchoniaton, um erudito fenício que teria vivido "antes da guerra de Troia". Cf. Clemen, *Die phönikische Religion...*, p.28.

expulsou o pai e tornou-se soberano.* Finalmente, Baal (que representa a quarta geração e corresponde a Teshub e a Zeus) obteve a soberania; traço excepcional, conseguiu-a sem combate.

Até a descoberta da literatura ugarítica, punha-se em dúvida a autenticidade dessa tradição transmitida por Fílon. Mas a sucessão das gerações divinas é atestada na mitologia cananeia (cf. §49). O fato de Hesíodo (§83) falar apenas de três gerações – representadas por Urano, Cronos e Zeus – torna a confirmar a autenticidade da versão Fílon/"Sanchoniaton", pois esta menciona, antes de Urano (= Anu), o reinado de Eliun (= Alalu). É provável que a versão fenícia do mito da soberania derive do mito hurrita, ou tenha sido fortemente influenciada por ele. Quanto a Hesíodo, pode-se presumir que utilizou a mesma tradição, conhecida na Grécia por intermédio dos fenícios ou diretamente dos hititas.

É importante ressaltar o caráter "especializado" e ao mesmo tempo sincretista desse mito, e não apenas na sua versão hurrita/hitita (onde se encontram, aliás, muitos elementos sumério-acadianos).[9] De modo parecido, o *Enuma elish* apresenta: 1) uma série de gerações divinas, 2) a batalha dos "jovens" deuses contra os "velhos", e 3) a vitória de Marduk, que assume dessa maneira a soberania. Mas no mito mesopotâmico o combate vitorioso termina com uma cosmogonia, mais exatamente com a Criação do Universo tal como os homens o conhecerão. Esse mito enquadra-se na série das cosmogonias que comportam um combate entre um deus e o dragão, seguido do desmembramento do adversário abatido. Na *Teogonia* de Hesíodo, o ato cosmogônico – ou seja, a separação do Céu (Urano) da Terra (Gaia ou Geia) pela castração de Urano – verificou-se no início do drama e desencadeia, de fato, a luta pela soberania. Temos a mesma situação no mito hurrito-hitita: a cosmogonia, isto é, a separação do Céu e da Terra, deu-se muito tempo antes, na época dos "deuses antigos".

Em suma, todos os mitos que relatam os conflitos entre as sucessivas gerações dos deuses para a conquista da soberania universal justificam, por um lado, a posição exaltada do último deus vitorioso, e, por outro lado, explicam a presente estrutura do mundo e a atual condição da humanidade.

48. Um panteão cananeu: Ugarit

Pouco antes de ~ 3.000, uma nova civilização, a do Bronze Antigo, surgiu na Palestina: *ela assinala o primeiro estabelecimento dos semitas.* Seguindo o uso

---

* Só 32 anos mais tarde foi que El conseguiu castrar Urano. Os dois atos – castração do pai e conquista da soberania –, solidários nos mitos hurrita/hitita e grego, estão aqui separados.

As religiões dos hititas e dos cananeus 151

bíblico, podemos chamar-lhes "cananeus", mas esse nome é convencional.[10] Os invasores tornaram-se sedentários, praticaram a agricultura e desenvolveram uma civilização urbana. Durante vários séculos, outros imigrantes infiltraram-se na região, e os intercâmbios com os países vizinhos, sobretudo o Egito, se multiplicaram. Por volta de ~ 2.200, a civilização do Bronze Antigo foi arruinada pela irrupção de nova população semítica, os amoritas, guerreiros seminômades que eram sobretudo pastores e praticavam intermitentemente a agricultura. Esse fim de uma civilização constituiu, no entanto, o começo de uma nova era. A invasão da Síria e da Palestina pelos amoritas (MAR.TU em sumério, Amurru em acadiano) não passou de um episódio em um movimento mais amplo, atestado, aproximadamente na mesma época, na Mesopotâmia e no Egito. Foram ataques em cadeia por nômades impetuosos e "selvagens",* que se precipitavam, em ondas sucessivas, do deserto sírio, a um só tempo fascinados e estimulados pela opulência das cidades e das terras de cultivo. Mas, ao conquistá-las, adotaram o estilo de vida dos aborígines, e se civilizaram. Depois de certo intervalo, seus descendentes foram obrigados a se defender das incursões armadas de outros "bárbaros", que viviam como nômades no limite das terras cultivadas. O processo se repetiria nos últimos séculos do terceiro milênio, quando os israelitas começaram a penetrar em Canaã.

A tensão e a simbiose entre os cultos de fertilidade agrária, que floresciam na costa sírio-palestina, e a ideologia religiosa dos pastores nômades dominada pelas divindades celestes e astrais conheceriam uma nova intensidade com a instalação dos hebreus em Canaã. Seria possível dizer que essa tensão, que muitas vezes resultava numa simbiose, seria elevada à categoria de modelo exemplar, pois foi ali, na Palestina, que um novo tipo de experiência religiosa se chocou com as velhas e veneráveis tradições da religiosidade cósmica.

Até 1929, as informações sobre a religião sírio-cananeia eram fornecidas pelo Antigo Testamento, pelas inscrições fenícias e por alguns escritores gregos (sobretudo Fílon de Biblos nos séculos I-II d.C., mas também Luciano de Samósata no século II d.C., e Nono de Panópolis no século V d.C.). Mas o Antigo Testamento reflete a polêmica contra o paganismo, e as outras fontes são muito fragmentárias ou tardias. A partir de 1929, uma grande quantidade de textos mitológicos foi descoberta pelas escavações efetuadas em Ras Shamra, a antiga Ugarit, cidade portuária da costa setentrional da Síria. Trata-se de

---

* Nos textos literários mesopotâmicos do fim do terceiro milênio, os MAR.TU são designados como "rústicos da montanha", "que não conhecem o trigo", "e não conhecem casa nem cidade". Textos citados por R. de Vaux, "Les Hurrites de l'histoire et les Horites de la Bible", p.64.

textos escritos nos séculos XIV-XII, mas que contêm concepções mítico-religiosas mais antigas. Os documentos decifrados e traduzidos até este momento são ainda insuficientes para nos permitir uma visão abrangente da religião e da mitologia ugarítica. Lamentáveis lacunas interrompem as narrativas; quebrados que foram os começos e os finais das colunas, não há sequer consenso sobre a ordem dos episódios mitológicos. Não obstante esse estado fragmentário, a literatura ugarítica é inestimável. É preciso porém ter em conta que *a religião de Ugarit nunca foi a de todo o Canaã.*

O interesse dos documentos ugaríticos liga-se sobretudo ao fato de que ilustram as fases da passagem de certa ideologia religiosa para outra. El é o chefe do panteão. Seu nome significa "deus" em semita, mas entre os semitas ocidentais ele é um deus pessoal. Chamam-lhe "Poderoso", "Touro", "Pai dos deuses e dos homens",[11] "Rei", "Pai dos Anos". Ele é "santo", "misericordioso", "muito sábio". Numa estela do século XIV, aparece sentado sobre o trono, majestoso, barbudo, vestido com uma longa túnica, com a tiara coroada por chifres.[12] Até agora não se encontrou qualquer texto cosmogônico.[13] No entanto, a criação das estrelas por hierogamia pode ser interpretada como um reflexo das concepções cosmogônicas cananeias. De fato, o texto #52 ("O nascimento dos deuses graciosos e belos") descreve El fecundando suas duas mulheres, Asherat e 'Anat, com a estrela-d'alva e a estrela Vésper.* Asherat, ela própria "gerada por El", é denominada "Mãe dos deuses" (#51); ela deu à luz 70 filhos divinos. Com exceção de Baal, todos os deuses descendem do casal primordial El-Asherat.

E, no entanto, apesar dos epítetos que o apresentam como um deus poderoso, verdadeiro "Senhor da Terra", e não obstante o fato de que nas listas sacrificatórias seu nome seja sempre mencionado em primeiro lugar, El aparece nos mitos como alguém fisicamente fraco, indeciso, senil, resignado. Certos deuses tratam-no com desprezo. Finalmente, suas duas esposas, Asherat e 'Anat, lhe são tomadas por Baal. Deve-se pois concluir que os epítetos que o exaltam são reflexos de uma situação anterior, quando El era na verdade o chefe do panteão. A substituição de um antigo deus criador e cosmocrata por um jovem deus, mais dinâmico e "especializado" na fertilidade cósmica, é um fenômeno um tanto ou quanto frequente. Muitas vezes, o criador torna-se um *deus otiosus* e afasta-se progressivamente de

---

* Esse mito é o modelo de um ritual efetuado no começo de um novo ciclo de sete anos, o que prova que, numa data antiga, El era ainda considerado o autor da fertilidade terrestre, prestígio que caberia mais tarde a Baal; cf. Cyrus H. Gordon, "Canaanite mythology", p.185s.; Ulf Oldenburg, *The Conflict between El and Baal in Canaanite Religion*, p.19s.; Cross, *Canaanite Myth*, p.21s.

As religiões dos hititas e dos cananeus · 153

sua criação. Às vezes a substituição é o resultado de um conflito entre gerações divinas ou entre os seus representantes. Na medida em que é possível reconstituir os temas essenciais da mitologia ugarítica, é lícito dizer que os textos nos apresentam a promoção de Baal à categoria suprema. Trata-se, porém, de uma promoção obtida por força e astúcia, e que não está isenta de certa ambiguidade.

Baal é o único deus que, mesmo incluído entre os filhos de El (já que este era o pai de todos os deuses), é denominado "filho de Dagan". Esse deus, cujo nome quer dizer "grão", era venerado no terceiro milênio nas regiões do alto e médio Eufrates.* Dagan, porém, não desempenha papel algum nos textos mitológicos de Ugarit, onde Baal é o principal protagonista. O substantivo comum *baal* ("Senhor") tornou-se o seu nome pessoal. Ele tem igualmente um nome próprio, Haddu, isto é, Hadad. É chamado de "Cavalgador das Nuvens", "Príncipe", "Senhor da Terra". Um dos seus epítetos é Aliyan, "Poderoso", "Soberano". Ele é fonte e princípio da fertilidade, mas também guerreiro, tal como sua irmã e esposa 'Anat é, ao mesmo tempo, deusa do amor e da guerra. Ao lado deles, as mais importantes personagens mitológicas são Yam, o "Príncipe Mar, Regente Rio", e Môt, "Morte", que disputam ao jovem deus o poder supremo. De fato, grande parte da mitologia ugarítica ocupa-se do conflito entre El e Baal, e dos combates de Baal com Yam e Môt para impor e manter a sua soberania.

49. Baal apodera-se da soberania e triunfa sobre o dragão

Segundo um texto seriamente mutilado,[14] Baal e seus cúmplices atacam El de surpresa em seu palácio no monte Sapân e conseguem amarrá-lo e feri-lo. Aparentemente, "alguma coisa" cai sobre a Terra, o que pode ser interpretado como a castração do "pai dos deuses". A hipótese é plausível não só porque, em conflitos análogos pela soberania, Urano e o deus hurrito-hitita Anu são castrados, mas também porque, apesar da hostilidade que demonstra em relação a Baal, El jamais tentará recuperar sua posição suprema, nem mesmo ao tomar conhecimento de que Baal acaba de ser assassinado por Môt.[15] No Oriente antigo, tal mutilação exclui a vítima da soberania. Aliás, com exceção

---

* Nas mesmas regiões é também atestado o nome de 'Anat. É possível que Baal, filho de Dagan, tenha sido introduzido pelos amoritas: ver Oldenburg, *The Conflict between El and Ba'al in Canaanite Religion*, p.151s. Nesse caso ele seria aglutinado a um "Baal"-Hadad local, pois não se pode conceber a antiga religião cananeia sem esse famoso deus semítico da tempestade e, portanto, da fertilidade. Cf. também Cross, *Canaanite Myth and Hebrew Epic*, p.112s.

do texto #56, em que El prova sua virilidade gerando os deuses-planetas, os documentos ugaríticos fazem dele um impotente, o que explica sua atitude submissa e hesitante, e também o fato de Baal lhe roubar a mulher.

Usurpando-lhe o trono sobre o monte Sapân, Baal obriga El a refugiar-se nos confins do mundo, "na nascente dos rios, no fundo dos abismos", que doravante serão a sua morada.* El lamenta-se e implora o socorro dos seus. Yam é o primeiro a ouvi-lo, e serve-lhe uma bebida forte. El abençoa-o, dá-lhe um novo nome e proclama-o seu sucessor. Promete-lhe, além disso, erigir-lhe um palácio; incita-o, porém, a expulsar Baal do trono.

O texto que descreve o combate entre Yam e Baal está entrecortado de lacunas. Embora Yam pareça ser agora soberano, El encontra-se com a maioria dos deuses numa montanha que, evidentemente, já não é o monte Sapân. Como Baal tinha insultado Yam, ao declarar que ele se elevara presunçosamente à sua posição e que seria destruído, Yam envia seus mensageiros e pede a rendição de Baal. Os deuses ficam intimidados, e Baal os censura. "Levantem, ó deuses, as cabeças de seus joelhos que eu mesmo, em pessoa, irei intimidar os mensageiros de Yam!"[16] Contudo, El recebe os mensageiros e declara que Baal é escravo deles e que pagará um tributo a Yam. E como Baal presumivelmente se mostre ameaçador, El acrescenta que os mensageiros poderão dominá-lo sem dificuldade. Entretanto, auxiliado por 'Anat, Baal prepara-se para enfrentar Yam. (Segundo outra tábula, Yam teria expulsado Baal do trono e 'Anat é que o teria vencido.**) O ferreiro divino Koshar-wa-Hasis ("Destro-e-Hábil") entrega-lhe dois porretes mágicos, que têm a qualidade de partir como dardos da mão de quem os utiliza. O primeiro porrete atinge Yam no ombro, mas ele não cai. O segundo fere-o na testa, e o "Príncipe Mar" cai por terra vencido. Baal liquida-o, e a deusa 'Athtart pede-lhe que desmembre e disperse o cadáver de Yam.[17]

Yam é apresentado ao mesmo tempo como "deus" e "demônio". É o filho "amado de El", e, na qualidade de deus, recebe sacrifícios como os demais deuses do panteão. Por outro lado, ele é um monstro aquático, um dragão de sete cabeças, "Príncipe Mar", princípio e epifania das águas subterrâneas. O sentido mitológico do combate é múltiplo. Por um lado, no plano da icono-

---

* Como a montanha é um símbolo celeste, sua perda equivale, para um deus soberano, à sua queda.

** "Não esmaguei Yam, o bem-amado de El? Não aniquilei o grande deus rio? Não amordacei Tannin (= o dragão)? Eu o amordacei! Destruí a serpente retorcida, o poderoso ser de sete cabeças!" (trad. de Oldenburg, p. 198; cf. Anet, p.137). Esse texto alude, portanto, a uma primeira vitória de Yam contra Baal, seguida da sua derrota (nesse caso, graças a 'Anat), o que corresponde a um tema mitológico muito conhecido: derrota e desforra triunfal do deus contra um monstro ofídio.

As religiões dos hititas e dos cananeus

grafia sazonal e agrícola, a vitória de Baal designa o triunfo da "chuva" contra o "Mar" e as águas subterrâneas; o ritmo pluvial, que representa a lei cósmica, substitui a imensidão caótica e estéril do "Mar" e as inundações catastróficas. Com a vitória de Baal, triunfa a confiança na ordem e na estabilidade das estações. Por outro lado, o combate contra o dragão aquático ilustra a emergência de um jovem deus como o mais valoroso e, portanto, novo soberano do panteão. Finalmente, pode-se interpretar esse episódio como a vingança do primogênito (Yam) contra o usurpador que havia castrado e destronado seu próprio pai (El).[18]

Tais combates são exemplares, isto é, suscetíveis de ser indefinidamente repetidos. Eis por que Yam, apesar de ter sido "morto" por Baal, reaparecerá nos textos. Aliás, ele não é o único que desfruta uma "existência circular". Como veremos, Baal e Môt compartilham um modo de existência similar.

50. O palácio de Baal

A fim de celebrar a vitória contra o dragão, 'Anat oferece um banquete em honra de Baal. Mais tarde, a deusa fechará as portas do palácio e, tomada de furor homicida, matará os guardas, os soldados, os velhos; no sangue que lhe chega até os joelhos, ela cinge-se das cabeças e das mãos das vítimas. O episódio é significativo.* Paralelos seus foram encontrados no Egito e sobretudo na mitologia e na iconografia da deusa indiana Durga.[19] A carnificina e o canibalismo são traços característicos das deusas arcaicas da fertilidade. Desse ponto de vista, o mito de 'Anat pode ser classificado entre os elementos comuns da velha civilização agrícola que se estendia do Mediterrâneo oriental até a planície gangética. Num outro episódio, 'Anat ameaça seu próprio pai, El, de cobrir-lhe de sangue os cabelos e a barba (texto 'nt: V, Oldenburg, p.26). Ao encontrar o corpo inanimado de Baal, 'Anat começou a lamentar-se enquanto "lhe devorava a carne sem servir-se da faca e lhe bebia o sangue sem taça".[20] É em virtude do seu comportamento brutal e sanguinário que 'Anat – como, aliás, outras deusas do amor e da guerra – foi dotada de atributos masculinos e, por conseguinte, considerada bissexual.

Depois de nova lacuna, o texto mostra Baal enviando-lhe mensageiros carregados de presentes. Ele a informa de que a guerra lhe é odiosa; que 'Anat

---

* Sendo o sangue considerado a essência da vida, aventou-se a hipótese de ver nessa matança um rito que tinha por objetivo a passagem da esterilidade do verão tardio sírio à fertilidade da nova estação; cf. Gray, *The Legacy of Canaan*, p.36. O texto é traduzido por Caquot e Sznycer, p.393-4.

deponha pois as armas e faça oferendas pela paz e pela fecundidade dos campos. Baal comunica-lhe que vai criar o raio e o trovão para que os deuses e os homens possam ter conhecimento da aproximação da chuva. 'Anat assegura-lhe que seguirá os seus conselhos.

Contudo, embora fosse o soberano, Baal não possuía nem palácio nem capela, ao contrário dos outros deuses. Em outras palavras, não dispõe de um templo suficientemente grandioso para proclamar a sua soberania. Uma série de episódios relata a construção do palácio. Mas não faltam contradições. Com efeito, embora haja destronado El, Baal necessita da sua autorização: envia Asherat para advogar a sua causa, e a "Mãe dos deuses" exalta o fato de que, doravante, Baal "vai conceder chuva em abundância" e "emitir a sua voz de dentro das nuvens". El consente, e Baal incumbe Koshar-wa-Hasis de construir-lhe o palácio. A princípio Baal recusa-se a colocar janelas em sua casa, temeroso de que Yam nela penetre. Entretanto, termina aquiescendo.[*]

A ereção de um templo-palácio depois da vitória do deus contra o dragão proclama sua promoção à categoria suprema. Os deuses constroem o templo-palácio em honra a Marduk após a derrota de Tiamat e a criação do mundo (cf. §21). Mas o simbolismo cosmogônico está também presente no mito de Baal. Sendo o templo-palácio uma *imago mundi*, sua construção corresponde de alguma forma a uma cosmogonia. Realmente, ao triunfar contra o "caos" aquático e ao regular o ritmo das chuvas, Baal "forma" o mundo tal como é hoje.[21]

51. Baal enfrenta Môt: morte e retorno à vida

Construído o palácio, Baal prepara-se para enfrentar Môt, a "Morte". Este último é um deus extremamente interessante. É evidentemente filho de El e reina sobre o mundo subterrâneo; representa, porém, o único exemplo conhecido no Oriente Próximo de uma personificação (que é também uma divinização) da Morte. Baal envia mensageiros para informar-lhe que doravante ele, Baal, é o único rei dos deuses e dos homens, "a fim de que os deuses possam engordar, e de que os seres humanos, as multidões da Terra, possam ser saciados" (VII: 50, 2).[22] Baal manda que seus mensageiros se dirijam para os deuses-montanhas que marcam os limites do mundo, faça-os revoltar-se e

---

[*] As janelas poderiam simbolizar a abertura nas nuvens pela qual Baal envia a chuva. No seu templo em Ugarit foi prevista a construção de uma lucarna de telha côncava, de sorte que o aguaceiro caísse sobre o rosto do deus representado numa estela; cf. Schaeffer, *The Cuneiform Texts of RasShamra-Ugarit*, p.6, pr.XXXII, fig.2. Mas o simbolismo e a função das lucarnas de telha côncava são mais complexos; cf., entre outros, A.K. Coomaraswamy, "The symbolism of the dome".

As religiões dos hititas e dos cananeus 157

descer sob a Terra. Eles encontrarão Môt sentado em seu trono na lama, numa região coberta de imundícies. Mas não devem aproximar-se em demasia dele, pois do contrário Môt os tragará com sua enorme goela. Cumpre também não esquecer, acrescenta Baal, que Môt é responsável pelas mortes causadas pelo calor tórrido.

Môt torna a enviar mensageiros, intimando Baal a vir ao seu encontro. Pois, explica, Baal matou Yam; agora é sua vez de descer aos Infernos.[23] Isso basta para desconcertar Baal. "Salve, Môt, filho de El – manda comunicar por seus mensageiros –, sou teu escravo, e para sempre teu." Exultante, Môt declara que, uma vez no Inferno, Baal perderá a força e será vencido. Ordena-lhe que leve consigo os filhos e seu cortejo de ventos, nuvens e chuvas – e Baal concorda. Mas, antes de descer aos Infernos, ele se une a uma novilha e concebe um filho. Baal enrola-o em suas roupas e o confia a El. É como se, no momento de supremo perigo, Baal recuperasse sua forma primordial, de touro cósmico; ao mesmo tempo, assegura um sucessor, para a hipótese de não retornar à superfície.

Não sabemos como Baal morreu, se vencido em combate ou simplesmente derrotado pela presença aterradora de Môt. O interesse do mito ugarítico reside no fato de que Baal, jovem deus da tempestade e da fecundidade, e chefe recente do panteão, desce aos Infernos e perece como Tammuz e os outros deuses da vegetação. Nenhum outro "Baal-Hadad" tem destino similar; nem o Adad venerado na Mesopotâmia, nem o hurrita Teshub. (Mas, numa data tardia, também o próprio Marduk "desaparecia" anualmente, "encerrado na montanha".) Adivinha-se nesse *descensus ad infernos* a vontade de cumular Baal de prestígios múltiplos e complementares: paladino triunfante contra o "caos" aquático e, portanto, deus cosmocrata, ou mesmo "cosmogônico"; deus da tempestade e da fertilidade agrária (convém lembrar que ele é o filho de Dagan, "Grão"), mas também deus-soberano, decidido a estender a sua soberania sobre o mundo inteiro (e por conseguinte também sobre o Inferno).

De qualquer modo, depois desta última empresa, as relações entre El e Baal se modificam. Ademais, a estrutura e os ritmos do Universo recebem sua forma atual. Quando o texto recomeça após nova lacuna, dois mensageiros vêm dizer a El que encontraram o corpo de Baal. El senta-se no chão, rasga as vestes, bate contra o peito e lanha o próprio rosto; em suma, proclama o luto ritual tal como era praticado em Ugarit. "Baal está morto! – grita ele. – Que será feito das massas humanas?"[24] Subitamente, El parece libertado de seu ressentimento e desejo de vingança. Comporta-se como um verdadeiro deus cosmocrata; percebe que a vida universal está em perigo com a morte de Baal. El pede a sua esposa que nomeie um dos seus filhos rei, no lugar de Baal.

Asherat designa Athar "o Terrível", mas, quando este sobe ao trono, descobre que não é grande o bastante para ocupá-lo e reconhece que não pode ser rei.

Nesse entretempo, 'Anat parte à procura do corpo. Quando o encontra, suspende-o ao ombro e dirige-se para o norte. Depois de enterrá-lo, ela sacrifica uma considerável quantidade de gado para o banquete funerário. Depois de certo tempo, 'Anat encontra Môt. Agarra-o e, "com uma lâmina, corta-o; com a ciranda, joeira-o; com o fogo, tisna-o; com o moinho, tritura-o; nos campos, ela o semeia, e os pássaros o comem".[25] 'Anat executa uma espécie de assassínio ritual, tratando Môt como um gérmen de grão. Essa morte é geralmente específica aos deuses e aos espíritos da vegetação.* Ficamos em dúvida sobre se não é justamente por causa desse assassínio de tipo agrário que Môt retornará mais tarde à vida.

Seja como for, a execução de Môt não deixa de ter relação com o destino de Baal. El sonha que Baal está vivo e que "chovia gordura do céu e o mel corria nas ravinas" (o que lembra as imagens bíblicas, cf. Ezequiel, 32:14; Jó, 20:17). Ele solta uma gargalhada e declara que vai sentar-se e repousar, pois "o vitorioso Baal está vivo, o Príncipe da Terra existe".[26] Mas, exatamente como Yam retorna à vida, Môt reaparece depois de sete anos e queixa-se do tratamento que sofreu da parte de 'Anat. Queixa-se também de que Baal lhe roubou a soberania, e os dois adversários recomeçam a lutar. Enfrentam-se, ferem-se com a cabeça e os pés como bois selvagens, mordem-se como serpentes, até caírem os dois por terra, com Baal por cima. Mas Shapash, a deusa do Sol, adverte Môt, a mando de El, de que é inútil prosseguir a luta, e Môt se submete, reconhecendo a soberania de Baal. Depois de alguns outros episódios apenas parcialmente compreensíveis, 'Anat é informado de que Baal será para sempre rei, inaugurando uma era de paz, em que "o boi terá a voz da gazela e o falcão a do pardal".[27]

52. Visão religiosa cananeia

Certos autores julgaram reconhecer nesse mito o reflexo da morte e do reaparecimento anual da vegetação. Entretanto, na Síria e na Palestina, o verão não traz consigo a "morte" da vida vegetal; é, ao contrário, a estação das frutas. Não é o calor tórrido que atemoriza o cultivador, mas uma seca prolongada. Parece, portanto, mais plausível que a vitória de Môt se refira ao ciclo de sete

---

* Pretendeu-se ver em Môt um "espírito da colheita", mas seus traços "funerários" são por demais evidentes: habita o mundo subterrâneo ou o deserto, e tudo o que toca redunda em desolação.

As religiões dos hititas e dos cananeus

anos de seca, de que se ouvem ecos no Antigo Testamento (Gênese, 41; II Samuel, 24:12s.).[28]

Mas o interesse do mito ultrapassa suas eventuais relações com o ritmo da vegetação. Na verdade, esses acontecimentos patéticos e às vezes espetaculares, nos revelam um modo específico de existência divina; especialmente uma forma de existir que comporta derrota e "morte", "desaparecimento" por inumação (Baal) ou por desmembramento (Môt), seguido de "reaparecimentos" mais ou menos periódicos. Esse tipo de existência, a um só tempo intermitente e circular, lembra a modalidade dos deuses que regem o ciclo da vegetação. Trata-se, contudo, de uma nova criação religiosa, que visa à integração dos aspectos negativos da Vida num sistema unitário de ritmos antagônicos.

No fim das contas, os combates de Baal, com suas derrotas e vitórias, asseguram-lhe a soberania no Céu e sobre a Terra; mas Yam continua a reinar sobre o "Mar" e Môt permanece senhor do mundo subterrâneo dos mortos. Os mitos ressaltam a primazia de Baal e, portanto, a perenidade da vida e das normas que regem o cosmo e a sociedade humana. Precisamente por esse fato, os "aspectos negativos" representados por Yam e Môt encontram justificativa. O fato de Môt ser filho de El, e principalmente porque Baal não consegue liquidá-lo, proclama a "normalidade" da morte: em última análise, a morte revela-se condição *sine qua non* da vida.*

É provável que o mito que narra o combate entre Baal e Yam fosse recitado durante a festa do ano-novo, e o do conflito Baal-Môt por ocasião das colheitas; mas nenhum texto até hoje conhecido menciona esses fatos. Da mesma forma, podemos imaginar que o rei, a quem, como se sabe, cabia desempenhar papel importante no culto, representava Baal nas encenações mítico-rituais; todavia, o argumento ainda é alvo de controvérsia. Os sacrifícios eram considerados alimentos oferecidos aos deuses. O sistema sacrificatório parece semelhante àquele do Antigo Testamento: compreendia o holocausto, o sacrifício ou oferenda de "paz" ou de "comunhão", e o sacrifício expiatório.

Os sacerdotes, *khnm*, tinham o mesmo nome que no idioma hebraico (*kohen*). Ao lado dos sacerdotes, são igualmente mencionadas as sacerdotisas (*khnt*) e as *qadecim*, pessoas "consagradas". (Na Bíblia, esse termo designa a prostituição sagrada, mas os textos ugaríticos nada indicam de semelhante.) Finalmente, são citados os sacerdotes oraculares ou profetas. Os templos ti-

---

* Apenas na mitologia budista encontra-se outro grande deus da morte, Mara, que deve o seu imenso poder justamente ao cego amor à vida que nutrem os seres humanos. Mas, evidentemente, na perspectiva indiana pós-upanixádica, o ciclo vida-sexualidade-morte-retorno à vida constitui o maior obstáculo no caminho da libertação (ver o volume II da presente obra).

nham altares e estavam guarnecidos com imagens de deuses e símbolos divinos. Além dos sacrifícios cruentos, o culto comportava danças e muitos gestos orgiásticos que mais tarde despertarão a ira dos profetas. Mas não se deve esquecer que as lacunas documentárias nos permitem apenas uma estimativa aproximada da vida religiosa cananeia. Não dispomos de nenhuma oração. Sabe-se que a vida é uma dádiva divina, mas ignoramos o mito da criação do homem.

Tal visão religiosa não era exclusivamente cananeia. Mas sua importância e sua significação foram realçadas pelo fato de que os israelitas, ao penetrarem em Canaã, viram-se diante desse tipo de sacralidade cósmica, que incitava uma atividade cultual complexa e, apesar dos excessos orgiásticos, não desprovida de grandeza. Uma vez que a crença na sacralidade da vida também era compartilhada pelos israelitas, desde o início se apresentava um problema: como conservar uma crença desse gênero sem integrá-la na ideologia religiosa cananeia? Isso implicava, como acabamos de ver, uma teologia específica centralizada na modalidade intermitente e circular do principal deus, Baal, símbolo da vida total. Ora, Javé não compartilhava esse modo de ser. (Aliás, tampouco El, mas este tinha sofrido outras modificações humilhantes.) Além disso, muito embora seu culto comportasse um certo número de sacrifícios, Javé não se deixava sujeitar pelos atos cultuais: ele exigia a transformação interior do fiel através da obediência e da confiança (cf. §114).

Como veremos (cf. §60), muitos elementos religiosos cananeus foram assimilados pelos israelitas.

> Mas esses mesmos empréstimos eram um aspecto do conflito: Baal era combatido com suas próprias armas. Se considerarmos que todos os grupos estrangeiros, mesmo não semitas como os hurritas e mais tarde os filisteus, esqueceram tudo sobre a sua própria religião, muito pouco tempo depois da sua chegada a Canaã, julgaremos humanamente extraordinário que essa luta entre Javé e Baal se tenha prolongado por tanto tempo e que, a despeito dos compromissos e das muitas infidelidades, ela tenha terminado com a vitória do javismo.[29]

NOTAS

1. Maurice Vieyra, "Les religions de l'Anatolie antique", p.258.
2. O.R. Gurney, "Hitite kingship", p.115.
3. Utilizamos as traduções de A. Goetze, Anet, 126-8; Güterbock, *Mythologies of the Ancient World*, p.144s; e Vieyra, *Les Religions du Proche-Orient antique*, p.532s. Cf. também Theodore Gaster, *Thespis*, p.302-9.

As religiões dos hititas e dos cananeus

4. Ritos de apaziguamento análogos são efetuados pelo sacerdote; ver o texto traduzido por Gaster, *Thespis*, p.311-2.
5. Trad. de Goetze, Anet, p.125-6; Vieyra, op.cit., p.526s.
6. Apolodoro, *Biblioteca*, I, 6, 3.
7. Ver Gaster, *Thespis*, p.259-60.
8. Ver o texto (KUB XVII 95, III 9-17) traduzido por Gaster, op.cit., p.267s. Cf. também O.R. Gurney, *The Hittites*, p.155. Outro texto alude à "fixação das sortes" pela assembleia dos deuses; cf. Gurney, op.cit., p.152, id., "Hittite Kingship", p.107s.
9. Cf. os nomes das divindades Anu, Ishtar e talvez Alalu; um deus Alala figura numa lista babilônica como um dos antepassados de Anu; Güterbock, op.cit., p.160.
10. Canaã não é mencionada nos textos antes do meado do segundo milênio: R. de Vaux, *Histoire ancienne d'Israel*, I, p.58.
11. O título *ab*, "pai", é um dos epítetos mais frequentes; cf. também *ab adm*, "Pai da humanidade"; ver M.H. Pope, *El in the Ugaritic Texts*, p.47s.
12. F.A. Schaeffer, *The Cuneiform Texts of Ras Shamra-Ugarit*, pr.XXXI, p.60, 62.
13. Nas inscrições ocidental-semíticas, El é contudo denominado "Criador da Terra"; ver Pope, em *W. d. M.*, I, p.280.
14. Trata-se da tábula VI AB, publicada pela primeira vez por Ch. Virolleaud; cf. a tradução de Oldenburg, p.185-6. O texto foi interpretado por Cassuto, Pope e Oldenburg (p.123) como se referindo ao ataque de Baal e à queda de El do seu trono.
15. Ele dirige-se a Asherat: "Dá-me um dos teus filhos para que eu o faça rei" (Cyrus Gordon, *Ugaritic Manual*, 49-I: 16-18; Oldenburg, op.cit., p.112).
16. G.R. Driver, *Canaanite Myths and Legends*, p.79 (texto III B: 25). Ver também *Les Religions du Proche-Orient antique*, p.386, Cross, op.cit., p.114s.
17. Gordon, *Ugaritic Manual*, §68: 28-31, trad. de Caquot e Sznycer, *Les Religions du Proche-Orient antique*, p.389.
18. Sobre esse motivo, ver Oldenburg, op.cit., p.130s.
19. Na forma em que nos foi transmitido, o mito egípcio já não apresenta o estágio primitivo: ver §26. A aproximação com Durga, em que Marvin Pope insistiu (cf., mais recentemente, *W. d. M.*, p.239), já foi feita por Walter Dostal, "Ein Beitrag...", p.74s.
20. Texto publicado por Virolleaud, "Un Nouvel épisode du mythe ugaritique de Baal", p.182s.; Albright, *Yahweh and the Gods of Canaan*, p.131s.
21. Loren R. Fisher fala em "criação de tipo Baal", que ele distingue da "criação de tipo El"; cf. "Creation at Ugarit", p.320s.
22. Driver, op.cit., p.101.
23. *Ugaritic Manual*, §67: I: 1-8; trad. de Oldenburg, p.133.
24. Driver, op.cit., p.109; Caquot e Sznycer, p.424-5.
25. Driver, p.111; Caquot e Sznycer, p.430.
26. Driver, op.cit., p.113.
27. Ibid., p.119.
28. Cf. Cyrus Gordon, "Canaanite mythology", p.184, 195s.; M. Pope *in W. d. M.*, I, p.262-4.
29. R. de Vaux, *Histoire ancienne d'Israël*, I, p.147-8.

VII. "Quando Israel era menino..."

53. Os dois primeiros capítulos do Gênese

A religião de Israel é acima de tudo a religião do Livro. Esse corpo de escrituras é constituído de textos de idade e orientação diversas, que representam, por certo, tradições orais bastante antigas, mas reinterpretadas, corrigidas e redigidas durante vários séculos e em diferentes meios.* Os autores modernos começam a história da religião de Israel por Abraão. Na verdade, segundo a tradição, ele é o escolhido de Deus para se tornar o ancestral do povo de Israel e tomar posse de Canaã. Mas os 11 primeiros capítulos do Gênese relatam os acontecimentos fabulosos que precederam a eleição de Abraão, desde a Criação até o dilúvio e a Torre de Babel. A redação desses capítulos é, como se sabe, mais recente que muitos outros textos do pentateuco. Por outro lado, alguns autores – e dos mais notáveis – afirmaram que a cosmogonia e os mitos de origem (Criação do homem, origem da morte etc.) desempenharam papel secundário na consciência religiosa de Israel. Em suma, os hebreus interessavam-se mais pela "história santa", isto é, pelas suas relações com Deus, que pela história das origens, que narra os acontecimentos míticos e fabulosos do *primordium*.

Isso pode ser verdadeiro a partir de determinada época e, sobretudo, para certa elite religiosa. Mas não há razão para concluir que os antepassados dos israelitas fossem indiferentes às questões que apaixonavam todas as socieda-

---

* Os problemas suscitados pelas fontes e pela redação do pentateuco, isto é, os cinco primeiros livros da lei (*tôrâh*), são consideráveis. Para o que nos propomos, basta lembrar que as fontes foram designadas pelos termos: *javista*, porque essa fonte, a mais antiga (século X ou IX a.C.), chama a Deus Javé; *eloísta* (ligeiramente mais recente: utiliza o nome Elohim, "Deus"); *sacerdotal* (a mais recente; obra dos sacerdotes, ela insiste sobre o culto e a lei); e *deuteronômica* (fonte que se encontra quase exclusivamente no Deuteronômio). Acrescentemos, contudo, que para a crítica veritestamentária contemporânea a análise textual é mais complexa e matizada. Salvo indicação em contrário, citamos A Bíblia de Jerusalém.

"Quando Israel era menino..."

des arcaicas, principalmente a cosmogonia, a Criação do homem, a origem da morte e alguns outros episódios grandiosos. Ainda em nossos dias, depois de 2.500 anos de "reformas", os acontecimentos referidos nos primeiros capítulos do Gênese continuam a alimentar a imaginação e o pensamento religioso dos herdeiros de Abraão. Seguindo a tradição pré-moderna, começamos nossa exposição pelos primeiros capítulos do Gênese. A data tardia de sua redação não constitui de modo algum dificuldade, pois o conteúdo é arcaico; de fato, ele reflete concepções mais antigas do que a saga de Abraão.

Na abertura do Gênese, temos este passo célebre: "No princípio, Deus (Elohim) criou o Céu e a Terra. Ora, a Terra estava vazia e vaga, as trevas cobriam o abismo, e um vento de Deus pairava sobre as águas" (I:1-2). A imagem do oceano primordial sobre o qual paira um deus criador é muito arcaica.* Entretanto, o tema do deus sobrevoando o abismo aquático não é atestado na cosmogonia mesopotâmica, ainda que o mito relatado no *Enuma elish* fosse provavelmente familiar ao autor do texto bíblico. (De fato, o oceano primordial é designado, em hebraico, *tehôm*, termo etimologicamente solidário do babilônio *tiamat*.) A Criação propriamente dita, ou seja, a organização do "caos" (*tôhû wâ bôhû*), é efetuada pelo poder da palavra de Deus. Ele diz: "Haja luz", e houve luz (I:3). E as etapas sucessivas da Criação são sempre realizadas pela palavra divina. O "caos" aquático não é personificado (cf. Tiamat) e, por conseguinte, não é "vencido" num combate cosmogônico.

Esse relato bíblico apresenta uma estrutura específica: 1) Criação pela palavra;** 2) de um mundo que é "bom"; e 3) da vida (animal e vegetal), que é "boa" e que Deus abençoa (I: 10, 21, 31 etc.); 4) finalmente a obra cosmogônica é coroada pela Criação do homem. No sexto e último dia, Deus diz: "Façamos o homem à nossa imagem, como nossa semelhança, e que ele domine sobre os peixes do mar, as aves do céu, os animais domésticos" etc. (I:26). Nenhuma façanha espetacular (combate do tipo Marduk-Tiamat),*** nenhum elemento "pessimista" na cosmogonia ou na antropogonia (o mundo formado a partir de um ser primordial "demoníaco", Tiamat, o homem modelado com o sangue de um arquidemônio, Kingu). O mundo é "bom" e o homem é uma *imago*

---

* Em numerosas tradições, o Criador é imaginado sob a forma de um pássaro. Mas trata-se de um "endurecimento" do símbolo original: o espírito divino transcende a massa aquática, é livre para mover-se; consequentemente, ele "voa" como um pássaro. Convém lembrar que o "pássaro" é uma das imagens arquetípicas do espírito.

** Acrescentemos que a palavra criadora dos deuses é atestada em outras tradições, não somente na teologia egípcia, mas também entre os polinésios. Cf. Eliade, *Aspects du mythe*, p.44s.

*** Existem, contudo, outros textos que evocam a vitória contra um monstro ofídio denominado dragão (*tannin*), ou Raabe, ou Leviatã, e que lembram as tradições mesopotâmica e cananeia (cf., por exemplo, Salmo 74:13 s.; Jó 26:12s.).

dei; ele habita, tal como seu Criador e modelo, o paraíso. Entretanto, como o Gênese não tarda a salientar, a vida é penosa, apesar de ter sido abençoada por Deus, e os homens já não habitam o paraíso. Mas tudo isso é o resultado de uma série de erros e pecados dos antepassados. Foram eles que modificaram a condição humana. Deus não tem responsabilidade alguma nessa deterioração de sua obra-prima. Assim como para o pensamento indiano pós-upanixádico, o homem, mais exatamente a espécie humana, *é o resultado dos seus próprios atos.*

O outro relato, javista (2:5s.), é mais antigo e difere claramente do texto sacerdotal que acabamos de resumir. Já não se trata da Criação do Céu e da Terra, mas de um deserto que Deus (Javé) tornou fértil por meio de uma onda que subia do solo. Javé modelou o homem (*âdâm*) com a argila do solo e animou-o insuflando "em suas narinas um hálito de vida". Pois Javé "plantou um jardim em Éden", fez brotar todas as espécies de "árvores boas" (2:8s.) e instalou o homem no jardim "para o cultivar e o guardar" (2:15). Em seguida, Javé deu forma aos animais e às aves, sempre com argila, levou-os a Adão e este lhes deu nomes.* Finalmente, depois de tê-lo adormecido, Javé tirou uma de suas costelas e formou uma mulher, que recebeu o nome de Eva (em hebraico *hawwâh*, vocábulo etimologicamente solidário do termo que significa "vida").

Os exegetas observaram que o relato javista, mais simples, não opõe o "caos" aquático ao mundo das "formas", mas deserto e seca à vida e vegetação. Parece portanto plausível que esse mito de origem tenha nascido numa zona desértica. Quanto à formação do primeiro homem com argila, o tema era conhecido, como já vimos (cf. §17), na Suméria. Mitos análogos são atestados quase no mundo inteiro, desde o antigo Egito e a Grécia até as populações "primitivas". A ideia básica parece a mesma: o homem formou-se de uma matéria-prima (terra, madeira, osso) e foi animado pelo hálito do Criador. Em muitos casos, tem a forma de seu autor. Em outras palavras, como já observamos a propósito de um mito sumeriano, mediante sua "forma" e sua "vida", o homem comparte, de algum modo, a condição do Criador. Só o seu corpo é que pertence à "matéria".**

---

* Trata-se de um traço específico às ontologias arcaicas: os animais e as plantas começam a existir realmente a partir do momento em que lhes dão nomes (cf. o exemplo de uma tribo australiana, Eliade, *Mythes, rêves et mystères*, p.255).

** Acrescentemos, que, segundo numerosas tradições, ao morrer, o "espírito" retorna para junto de seu Criador celeste, e o corpo é devolvido à Terra. Mas esse "dualismo" antropológico foi rejeitado pelos autores bíblicos, como aliás pela maioria dos seus contemporâneos do Oriente Próximo. Só muito tardiamente novas concepções antropológicas propuseram uma solução mais audaciosa.

"Quando Israel era menino…" 165

A formação da mulher a partir de uma costela retirada de Adão pode ser interpretada como indicadora da androginia do homem primordial. Concepções similares são atestadas em outras tradições, entre as quais as transmitidas por alguns *midrashim*. O mito do andrógino ilustra uma crença bastante difundida: a perfeição humana, identificada no antepassado mítico, encerra uma *unidade* que é simultaneamente uma *totalidade*. Avaliaremos a importância da androginia quando discutirmos certas especulações gnósticas e herméticas. É de salientar que a androginia humana tem por modelo a bissexualidade divina, concepção compartilhada por muitas culturas.*

54. O paraíso perdido: Caim e Abel

O jardim do Éden, com o seu rio que se dividia em quatro afluentes e levava a vida às quatro regiões da Terra, e as suas árvores que Adão devia guardar e cultivar, lembra o imaginário mesopotâmico. É provável que, também nesse caso, o relato bíblico utilize certa tradição babilônica. Mas o mito de um paraíso original, habitado pelo homem primordial, e o mito de um lugar "paradisíaco" dificilmente acessível aos seres humanos eram conhecidos além do Eufrates e do Mediterrâneo. Como todos os "paraísos", o Éden** encontra-se no centro do mundo, onde emerge o rio de quatro afluentes. No meio do jardim elevavam-se a árvore da vida e a árvore da ciência do bem e do mal (2:9). Javé deu ao homem o seguinte mandamento: "Podes comer de todas as árvores do jardim. Mas da árvore do conhecimento do bem e do mal não comerás, porque no dia em que dela comeres terás de morrer" (2:16-17). Uma ideia, aliás desconhecida, destaca-se dessa proibição: *o valor existencial do conhecimento.* Em outros termos, a *ciência* pode modificar radicalmente a estrutura da *existência* humana.

Entretanto, a serpente conseguiu tentar Eva. "Não, não morrereis! Mas Deus sabe que, no dia em que dele comerdes, vossos olhos se abrirão e vós

---

* A bissexualidade divina é uma das múltiplas fórmulas da "totalidade/unidade" representada pela união dos pares de opostos: feminino/masculino, visível/invisível, Céu/Terra, luz/escuridão, mas também bondade/maldade, criação/destruição etc. A meditação sobre esses pares de opostos levou, em diversas religiões, a conclusões audaciosas referentes tanto à condição paradoxal da divindade quanto à revalorização da condição humana.

** Essa palavra foi relacionada pelos hebreus ao vocábulo *é'dén,* "delícias". O termo paraíso, de origem iraniana *(pairi-daeza),* é mais tardio. Imagens paralelas, familiares sobretudo no Oriente Próximo e no mundo egeu, apresentam uma grande deusa ao lado de uma árvore da vida e de uma fonte vivificante, ou uma árvore da vida guardada por monstros e grifos; cf. Eliade, *Traité,* §104-8.

166   *História das crenças e das ideias religiosas*

sereis como deuses, versados no bem e no mal." (3:4-5). Esse episódio deveras misterioso deu lugar a inúmeras interpretações. O cenário lembra um símbolo mitológico muito conhecido: a deusa nua, a árvore milagrosa e seu guardião, a serpente. Mas, em vez de um herói que triunfa e se apodera do símbolo da vida (fruto milagroso, fonte da juventude, tesouro etc.), o relato bíblico apresenta Adão como vítima ingênua da perfídia da serpente. Temos, em síntese, uma "imortalização" malograda, como a de Gilgamesh (cf. § 23). Pois, uma vez onisciente, tal como os "deuses", Adão podia descobrir a árvore da vida (da qual Javé não lhe havia falado) e tornar-se imortal. O texto é claro e categórico: "Depois disse Javé Deus: 'Se o homem já é como um de nós, versado no bem e no mal, que agora ele não estenda a mão e colha também da árvore da vida, e coma e viva para sempre!'" (3:22) E Deus pôs o casal para fora do paraíso e condenou-o a trabalhar para viver.

Voltando ao enredo evocado há pouco – a deusa nua e a árvore milagrosa guardada por um dragão –, a serpente do Gênese afinal teve sucesso no seu papel de "guardiã" de um símbolo de vida ou de juventude. Mas esse mito arcaico foi radicalmente modificado pelo narrador bíblico. O "fracasso iniciatório" de Adão foi reinterpretado como uma punição amplamente justificada: sua desobediência denunciava seu orgulho luciferino, o desejo de assemelhar-se a Deus. Era o maior pecado que a criatura podia cometer contra seu Criador. Era o "pecado original", noção prenhe de consequências para as teologias hebraica e cristã. Essa visão da "queda" somente se podia impor numa religião centralizada na onipotência e no ciúme de Deus. Da forma como nos foi transmitido, o relato bíblico indica a crescente autoridade do monoteísmo javista.[*]

Segundo os autores dos capítulos 4-7 do Gênese, esse primeiro pecado não só acarretou a perda do paraíso e a transformação da condição humana, mas tornou-se de algum modo a fonte de todas as desventuras que se abateram sobre a humanidade. Eva deu à luz Caim, que "cultivava o solo", e Abel, "pastor de ovelhas". Quando os irmãos ofereceram o sacrifício de gratidão – Caim, produtos do solo, e Abel, as primícias do seu rebanho –, Javé acolheu a oferenda de Abel, mas não a de Caim. Irado, ele "se lançou sobre seu irmão e o matou" (4:8). Agora, sentenciou Javé, "és maldito e expulso do solo fértil. ... Ainda que cultives o solo, ele não te dará mais seu produto: serás um fugitivo errante sobre a Terra" (4:11-2).

---

[*] Acrescentemos, contudo, que o mito da "queda" nem sempre foi entendido de acordo com a interpretação bíblica. Principalmente a partir da época helenística e até os tempos do Iluminismo, inúmeras especulações tentaram elaborar uma mitologia adâmica mais audaciosa e muitas vezes mais original.

Pode-se ver nesse episódio a oposição entre lavradores e pastores, e, implicitamente, a apologia destes últimos. Entretanto, se o nome de Abel quer dizer "pastor", Caim significa "ferreiro". O seu conflito reflete a situação ambivalente do ferreiro em certas sociedades pastoris, onde ele é ora desprezado, ora respeitado, mas sempre temido.[1] Como vimos (cf. §15), o ferreiro é considerado o "senhor do fogo" e dispõe de poderes mágicos temíveis. Em todo caso, a tradição conservada no relato bíblico reflete a idealização da existência "simples e pura" dos pastores-nômades, e a resistência contra a vida sedentária dos agricultores e dos habitantes das cidades. Caim "tornou-se um construtor de cidade" (4:17), e um dos seus descendentes é Tubalcaim, "o pai de todos os laminadores em cobre e ferro" (4:22). O primeiro assassinato é portanto cometido por aquele que, de alguma forma, encarna o símbolo da tecnologia e da civilização urbana. Implicitamente, todas as técnicas são suspeitas de "magia".

55. Antes e depois do dilúvio

Seria inútil resumir a descendência de Caim e de Set, o terceiro filho de Adão. Em conformidade com a tradição atestada na Mesopotâmia, no Egito e na Índia, segundo a qual os primeiros antepassados alcançavam uma idade fabulosa, Adão gerou Set com 130 anos e morreu 800 anos depois (5:3s.). Todos os descendentes de Set e de Caim desfrutaram uma existência de 800 a 900 anos. Um episódio curioso marca essa época antediluviana: a união de certos seres celestes, "filhos de Deus", com as filhas dos homens, que lhes deram filhos, "os heróis dos tempos antigos" (6:1-4). Trata-se, muito provavelmente, de "anjos decaídos". A sua história será amplamente contada num livro tardio (Enoc, VI-XI), o que não implica necessariamente que o mito fosse desconhecido antes. Encontram-se crenças análogas na antiga Grécia e na Índia: era a época dos "heróis", personagens semidivinos cuja atividade se processou pouco antes do início dos tempos atuais ("na aurora da história"), isto é, no momento em que as instituições específicas a cada cultura eram instauradas. Voltando ao relato bíblico, foi depois dessa união entre os anjos decaídos e as filhas dos mortais que Deus decidiu limitar a idade do homem em 120 anos. Seja qual for a origem desses temas míticos (Caim e Abel, os patriarcas de antes do dilúvio, a queda dos "filhos de Deus", o nascimento dos "heróis"), é significativo que os autores os tenham mantido no texto final do Gênese, e isso a despeito de certos traços antropomórficos que imputavam a Javé.

O acontecimento mais digno de nota dessa época foi o dilúvio. "Javé viu que a maldade do homem era grande sobre a Terra, e que era continuamente mau todo desígnio de seu coração" (6:5). Deus arrependeu-se de ter criado o homem, e decidiu acabar com sua espécie. Apenas Noé, sua mulher e seus filhos (Sem, Cã e Jafé), acompanhados das respectivas esposas, seriam salvos. Pois "Noé era um homem justo, ... e andava com Deus" (6:10). Seguindo as instruções precisas de Javé, Noé construiu a arca e encheu-a de representantes de todas as espécies animais. "No ano 600 da vida de Noé, no segundo mês, no décimo sétimo dia do mesmo ano, nesse dia jorraram todas as fontes do grande abismo e abriram-se as comportas do Céu. A chuva caiu sobre a Terra durante 40 dias e 40 noites" (7:11-12). Quando as águas baixaram, a arca encalhou sobre os montes de Arará. Noé saiu e ofereceu um sacrifício. "Javé respirou o agradável odor" e, apaziguado, prometeu nunca mais "amaldiçoar a Terra por causa do homem" (8:21). Estabeleceu uma aliança com Noé e seus descendentes, e o sinal dessa aliança foi o arco-íris (9:13).

O relato bíblico apresenta certo número de elementos comuns com o dilúvio narrado na *Epopeia de Gilgamesh*. É possível que o redator tenha conhecido a versão mesopotâmica, ou, o que parece ainda mais provável, que haja utilizado uma fonte arcaica, conservada desde tempos imemoriais no Oriente Médio. Os mitos do dilúvio são, como já observamos (cf. §18), muito disseminados e compartem essencialmente o mesmo simbolismo: a necessidade de destruir radicalmente um mundo e uma humanidade degenerados, a fim de recriá-los, ou seja, restituir-lhes a integridade inicial. Entretanto, essa cosmologia cíclica já se revela modificada nas versões suméria e acadiana. O redator do relato bíblico retoma e prolonga a reinterpretação da catástrofe diluviana: alça-a à categoria de um episódio da "história sagrada". Javé pune a depravação do homem e não lamenta as vítimas do cataclismo (tal como os deuses na versão babilônica; cf. *Epopeia de Gilgamesh*, tábula XI: 116-37). A importância por ele concedida à pureza moral e à obediência antecipa a "lei" que será revelada a Moisés. Como tantos outros acontecimentos fabulosos, o dilúvio foi mais tarde continuamente reinterpretado e revalorizado sob diferentes perspectivas.

Os filhos de Noé tornam-se os antepassados de uma nova humanidade. Naquele tempo, todos falavam a mesma língua. Mas um dia os homens decidem construir "uma torre cujo ápice penetre nos céus" (11:4). É a última façanha "luciferina". Javé "desce para ver a cidade e a torre", e compreende que, agora, "nenhum desígnio será irrealizável para eles" (11:5-6). Confunde então a linguagem dos homens para que não mais se entendam uns aos outros. Depois, Javé dispersa-os "por toda a face da Terra e eles cessaram de construir a cidade" (11:7-8), que desde então é conhecida pelo nome de Babel.

Também nesse caso temos um velho tema mítico reinterpretado sob a perspectiva do javismo. Trata-se, primeiro, da tradição arcaica segundo a qual

"*Quando Israel era menino...*" 169

certos seres privilegiados (antepassados, heróis, reis lendários, xamãs) subiram ao Céu com o auxílio de uma árvore, uma lança, uma corda ou uma cadeia de flechas. Mas a ascensão ao Céu *in concreto* foi interrompida ao termo da época mítica primordial.* Outros mitos relatam o fracasso das posteriores tentativas de subir ao Céu com a ajuda de diversos andaimes. É impossível saber se o redator bíblico tinha conhecimento dessas crenças imemoriais. Em todo o caso, eram-lhe familiares os zigurates babilônicos, que comportavam um simbolismo similar.

O zigurate, segundo se pensava, tinha sua base no umbigo da Terra, e o cume estava no Céu. Ao galgar os andares de um zigurate, o rei ou o sacerdote chegavam *ritualmente* (isto é, simbolicamente) ao Céu. Ora, para o redator bíblico, essa crença, que ele entendia ao pé da letra, era ao mesmo tempo simplista e sacrílega: ela foi, portanto, radicalmente reinterpretada, ou mais exatamente dessacralizada e demitizada.

É importante frisar que, a despeito de um longo e complexo trabalho de seleção, eliminação e desvalorização dos materiais arcaicos herdados ou tomados de empréstimo, os últimos redatores do Gênese conservaram toda uma mitologia de tipo tradicional: ela começa com a cosmogonia e a formação do homem, evoca a existência "paradisíaca" dos antepassados, relata o drama da "queda", com suas consequências fatais (mortalidade, obrigação de trabalhar para viver etc.), recorda a degenerescência progressiva da primeira humanidade, a qual justifica o dilúvio, e conclui com um último episódio fabuloso: a perda da unidade linguística e a dispersão da segunda humanidade, pós-diluviana, consequência de um novo projeto "luciferino". Tal como nas culturas arcaicas e tradicionais, essa mitologia constitui, em suma, uma "história santa": explica a origem do mundo e, ao mesmo tempo, a atual condição humana. Não há dúvida de que, para os hebreus, essa "história santa" torna-se exemplar depois de Abraão, sobretudo com Moisés; mas isso não invalida a estrutura e a função mitológicas dos 11 primeiros capítulos do Gênese.

Muitos autores têm insistido no fato de que a religião de Israel não "inventou" mito algum. No entanto, se o termo "inventar" é compreendido como indicador de uma criação espiritual, o trabalho de seleção e de crítica das tradições mitológicas imemoriais equivale à emergência de um novo "mito", em outras palavras, de uma nova visão religiosa do mundo suscetível de tornar-se exemplar. Ora, o gênio religioso de Israel transformou as relações de Deus com o povo eleito em uma "história sagrada" de gênero até então

---

* Em nossos dias, os xamãs empreendem essa viagem celeste "em espírito", isto é, num transe extático.

desconhecido. A partir de certo momento, essa "história sagrada", ao que parece exclusivamente "nacional", revela-se um modelo exemplar para toda a humanidade.

56. A religião dos patriarcas

O décimo segundo capítulo do Gênese nos introduz em um mundo religioso novo. Javé* diz a Abraão: "Sai da tua terra, da tua parentela e da casa de teu pai, vai para a terra que te mostrarei. Eu farei de ti um grande povo, eu te abençoarei, engrandecerei teu nome; sê uma bênção! Abençoarei os que te abençoarem, amaldiçoarei os que te amaldiçoarem. Por ti serão benditos todos os clãs da Terra" (12:1-3).

Na sua forma atual, esse texto foi certamente redigido séculos após o acontecimento por ele relatado. Mas a concepção religiosa implícita na "eleição" de Abraão prolonga crenças e costumes familiares no Oriente Próximo do segundo milênio. O que distingue o relato bíblico é a mensagem pessoal de Deus e suas consequências. Sem ser previamente invocado, Deus se revela a um ser humano e faz-lhe uma série de perguntas seguidas de promessas prodigiosas. Segundo a tradição, Abraão obedece-lhe, como lhe obedecerá mais tarde quando Deus lhe pedir o sacrifício de Isaac. Aqui estamos diante de um novo tipo de experiência religiosa: a "fé abraâmica", tal como foi compreendida depois de Moisés, e que se tornará com o tempo a experiência religiosa específica ao judaísmo e ao cristianismo.

Abraão deixou portanto a Ur dos caldeus e chegou a Harã, no noroeste da Mesopotâmia. Mais tarde, viajou para o sul e estabeleceu-se por algum tempo em Siquém; em seguida, conduziu suas caravanas entre a Palestina e o Egito (Gênese, 13:1-3). A história de Abraão e as aventuras de seu filho Isaac, de seu neto Jacó e de José constituem o chamado período dos patriarcas. Por muito tempo, a crítica havia considerado os patriarcas personagens lendários. Mas há um século, graças sobretudo às descobertas arqueológicas, certos autores estão inclinados a aceitar, pelo menos em parte, a historicidade das tradições patriarcais. Isso não implica, decerto, que os capítulos 11-50 do *Genese* constituam "documentos históricos".

Para a nossa finalidade, pouco importa saber se os antepassados dos hebreus, os 'Apiru, eram criadores de asnos e mercadores que acompanha-

---

* Evidentemente, "Javé" é um anacronismo, aqui e em todas as outras passagens já citadas, pois que esse nome só foi revelado mais tarde a Moisés.

"Quando Israel era menino..."

vam as caravanas,[2] ou se eram pastores de ovelhas ou de cabras em via de sedentarização.[3] Basta lembrar que existe certo número de analogias entre os costumes dos patriarcas e as instituições sociais e jurídicas do Oriente Próximo. Admite-se igualmente que diversas tradições mitológicas foram conhecidas e adaptadas pelos patriarcas durante sua permanência na Mesopotâmia. Quanto à religião dos patriarcas, ela é caracterizada pelo culto do "deus do pai".[4] Este é invocado ou se manifesta como "o deus de meu/teu/seu pai"[5] (Gênese, 31:5; etc.). Outras expressões contêm um nome próprio, às vezes precedido da palavra "pai": "o deus de Abraão" (31:53), "o deus de teu pai Abraão" (26:24; etc.), "o deus de Isaac" (32:10; etc.), ou "deus de Abraão, de Isaac e de Jacó" (32:24; etc.). Essas expressões encontram paralelos no Oriente antigo.

O "deus do pai" é primitivamente o deus do antepassado imediato, que os filhos reconhecem. Ao revelar-se ao antepassado, ele atesta uma espécie de parentesco. É um deus dos nômades, que não está ligado a um santuário, e sim a um grupo de homens, a quem acompanha e protege. Ele "se compromete diante dos seus fiéis por meio de promessas".[6] Outros nomes, talvez ainda mais antigos, são *pahad yishâk,* que se traduzia por "terror de Isaac", mas que significa antes de tudo "parente de Isaac", e *'abhêr ya' aqobh,* "valoroso (ou defensor) de Jacó" (Gênese, 42-53).

Ao penetrarem em Canaã, os patriarcas são confrontados com o culto do deus El, e o "deus do pai" acaba por lhe ser identificado.[7] Essa assimilação leva à suposição de que existia certa semelhança estrutural entre os dois tipos de divindade. Seja como for, uma vez identificado a El, o "deus do pai" obtém a dimensão cósmica que não podia ter como divindade de famílias e de clãs. É o primeiro exemplo, historicamente atestado, de uma síntese que enriquece a herança patriarcal. Mas ele não será o único.

Muitas passagens descrevem, de forma aliás bastante concisa, as práticas religiosas dos patriarcas. Algumas dessas passagens refletem, contudo, uma situação posterior. Portanto, é oportuno comparar o dossiê bíblico com as práticas específicas às culturas pastorais arcaicas, em primeiro lugar aquelas dos árabes pré-islâmicos. Segundo o Gênese, os patriarcas ofereciam sacrifícios, erguiam altares e levantavam pedras, untando-as com óleo. Mas é provável que se praticasse unicamente o sacrifício cruento (*zebah*) de tipo pascal, sem sacerdotes e, segundo alguns, sem altar: "Cada ofertante imolava pessoalmente sua vítima, tomada ao rebanho; ela não era queimada, mas comida em comum pelo autor do sacrifício e sua família."[8]

É difícil precisar o sentido original das pedras levantadas (*massebah*), pois seu contexto religioso difere. Uma pedra pode testemunhar a conclusão de um acordo (Gênese, 31:45, 51-52) ou assinalar uma teofania, como no episódio de Jacó. Este adormeceu com a cabeça em cima de uma pedra e viu uma escada cuja extremidade superior alcançava o Céu, e "Javé, que se lhe mantinha diante" e lhe prometeu essa terra. Ao acordar, Jacó levantou a pedra sobre a qual havia dormido e chamou ao lugar *bêth-el*, a "casa de Deus" (Gênese, 28:10-22). As pedras levantadas têm uma função no culto cananeu; é por esse motivo que mais tarde foram condenadas pelo javismo. O costume, porém, existia entre os árabes pré-islâmicos (cf. nota 19), sendo provável que fosse compartilhado igualmente pelos antepassados dos israelitas.[9]

57. Abraão, "pai da fé"

Os dois rituais que desempenharam um papel considerável na história religiosa de Israel, contudo, são o sacrifício de aliança e o sacrifício de Isaac. O primeiro (Gênese, 15:9s.) foi prescrito diretamente por Deus a Abraão. Compreende a partilha de uma vitela, de uma cabra e de um carneiro, rito que tem analogias em outros lugares (por exemplo, entre os hititas; cf. §43). Mas o elemento decisivo é constituído por uma teofania noturna: "Quando o Sol se pôs, ... eis que uma fogueira fumegante e uma tocha de fogo passaram entre os animais divididos" (15:17). "Naquele dia", Deus "estabeleceu uma aliança com Abraão" (15:18). Não se trata de um "contrato", pois Deus não impõe qualquer obrigação a Abraão: o compromisso só a Ele afeta. Esse ritual, de que não se encontra outro exemplo no Antigo Testamento, foi praticado até a época de Jeremias. Muitos autores contestam que ele fosse conhecido no tempo dos patriarcas. Sem dúvida, o sacrifício é apresentado num contexto javista, mas a reinterpretação teológica não conseguiu anular seu caráter primitivo.

No Gênese, apenas um sacrifício – o de Isaac (22:1-19) – é minuciosamente descrito. Deus pedira a Abraão que lhe oferecesse o filho em holocausto (*'olah*), e ele preparava-se para sacrificá-lo, quando Isaac foi substituído por um carneiro. Esse episódio deu lugar a inúmeras controvérsias. Observou-se, entre outras coisas, que o termo "holocausto" é repetido seis vezes. Ora, esse gênero de sacrifício parece ter sido tomado de empréstimo aos cananeus depois da instalação definitiva das tribos.[10] Tem-se falado ainda de uma "idealização do passado". No entanto, cumpre não esquecer que o Gênese contém muitas histórias sórdidas, "que mostram que os redatores estavam mais preocupados com *a transmissão fiel das tradições do que com sua idealização*"[11] (grifos nossos).

"Quando Israel era menino..." 173

Qualquer que seja sua origem, o episódio ilustra, com um vigor não igualado no Antigo Testamento, o sentido profundo da fé "abraâmica". Abraão não se preparava para sacrificar o filho tendo em vista um resultado preciso, tal como o fez Mesha, o rei dos moabitas, ao sacrificar seu primogênito para forçar a vitória (II Reis, 3:27); ou Jefté, que se comprometeu com Javé a ofertar-lhe em holocausto a primeira pessoa que, depois da vitória, lhe viesse ao encontro, sem imaginar que seria sua única filha (Juízes, 11:30s.). Não se trata de um sacrifício do primogênito, ritual que, aliás, só foi conhecido mais tarde e que nunca se tornou comum entre os israelitas. Abraão sentia-se ligado a seu Deus pela "fé". Não "compreendia" o sentido do ato que Deus acabava de lhe solicitar, enquanto aqueles que ofereciam seu primogênito a uma divindade percebiam perfeitamente o significado e a força mágico-religiosa do ritual. Por outro lado, Abraão de modo algum duvidava da santidade, da perfeição e da onipotência de seu Deus. Por conseguinte, se o ato prescrito tinha todas as aparências de um infanticídio, era pela impotência da compreensão humana. Só Deus conhecia o sentido e o valor de um gesto que, para todos os outros, em nada se distinguia de um crime.

Temos aqui um caso especial da dialética do sagrado: não somente o "profano" é transmudado em "sagrado", embora conservando sua estrutura primitiva (uma pedra *sagrada* não deixa de ser uma *pedra*), como a "sacralização" não pode mesmo ser apreendida pela inteligência: o infanticídio não é transformado em um ritual que visa a um efeito específico (como acontecia entre aqueles que sacrificavam seus primogênitos). Abraão não realiza um ritual (já que não perseguia objetivo algum e não compreendia o sentido de seu ato); por outro lado, sua "fé" garantia-lhe que ele não cometia um crime. Pode-se dizer que Abraão não duvidava da "sacralidade" do seu gesto, mas ela era "irrecognoscível", portanto, não conhecível.

A meditação sobre essa impossibilidade de reconhecer o "sagrado" (uma vez que o "sagrado" é completamente identificado com o "profano") terá importantes consequências. Como veremos, a "fé abraâmica" permitirá ao povo judeu, depois da segunda destruição do templo e do desaparecimento do Estado, suportar todas as provas de sua trágica história. E, da mesma forma, foi meditando sobre o exemplo de Abraão que, tão tardiamente, nos séculos XIX e XX, alguns pensadores cristãos apreenderam o caráter paradoxal e em última instância "irreconhecível" de sua fé. Kierkegaard renunciava à sua noiva, na esperança de que, de um modo impossível de imaginar, ela lhe fosse restituída. E quando Léon Chestov afirmava que a verdadeira fé implica uma única certeza, "para Deus tudo é possível", ele apenas traduzia, simplificando-a, a experiência de Abraão.

174 *História das crenças e das ideias religiosas*

58. Moisés e a saída do Egito

O começo da religião de Israel é relatado nos capítulos 46-50 do Gênese, no Êxodo e no livro dos Números. Trata-se de uma série de acontecimentos, em sua maioria provocados diretamente por Deus. Recordemos os mais importantes: a instalação de Jacó e seus filhos no Egito; a perseguição desencadeada, alguns séculos mais tarde, por um faraó que ordenou o extermínio dos primogênitos dos israelitas; as peripécias de Moisés (salvo miraculosamente da matança e educado na corte do faraó) depois de haver matado um soldado egípcio que moía de pancadas um de seus irmãos, especialmente sua fuga no deserto de Madiã, a aparição da "sarça de fogo" (seu primeiro encontro com Javé), a missão, que lhe foi dada por Deus, de tirar seu povo do Egito e a revelação do nome divino; as dez pragas provocadas por Javé para forçar o consentimento do faraó; a partida dos israelitas e sua passagem do mar dos Caniços, cujas águas submergiram os carros e os soldados egípcios que os haviam perseguido; a teofania sobre o monte Sinai, a aliança estabelecida por Javé com seu povo, acompanhada de instruções relativas ao conteúdo da revelação e ao culto; finalmente, os 40 anos de marcha sobre o deserto, a morte de Moisés e a conquista de Canaã sob o comando de Josué.

Há mais de um século, a crítica tem-se esforçado por separar os elementos "verossímeis" – e por conseguinte "históricos" – dessas narrativas bíblicas da massa de excrescências e sedimentações "mitológicas" e "folclóricas".* Têm sido também utilizados os documentos filológicos e arqueológicos referentes à história política, cultural e religiosa dos egípcios, dos cananeus e de outros povos do Oriente Próximo. Com o auxílio de tais documentos, esperava-se esclarecer e precisar, ou talvez até reconstituir, a história dos diferentes grupos de hebreus, desde a instalação de Jacó no Egito (séculos XVIII-XVII a.C.) até os acontecimentos de que se encontram ressonâncias nas tradições do Êxodo e da penetração em Canaã, acontecimentos esses que muitos autores situam no século XII a.C.[12] Os documentos extrabíblicos têm certamente contribuído para inserir, pelo menos em parte, o Êxodo e a conquista de Canaã em um contexto histórico. Propuseram-se, por exemplo, datas bastante precisas

---

* O trabalho de "demitização" era relativamente simples (na verdade, "milagres" como as dez pragas ou a travessia do mar dos Caniços não podiam ser considerados acontecimentos "históricos"). Em contrapartida, a interpretação da eventual historicidade dos textos bíblicos mostrou-se extremamente delicada. A análise tinha distinguido várias redações, executadas em épocas e perspectivas teológicas diferentes. Além disso, identificara-se a marca de diversos gêneros literários. A aparente historicidade de um episódio tornava-se sujeita a caução quando se descobria que o redator utilizava os clichês de determinado gênero literário (saga, *novella*, provérbios etc.).

para a saída do Egito, com base nas informações relativas à situação militar e política de alguns faraós pertencentes à XIX dinastia; identificaram-se as etapas da penetração em Canaã, levando-se em conta os resultados de algumas escavações, em primeiro lugar a data da destruição de certas cidades cananeias. Mas muitas dessas correlações e concordâncias cronológicas são ainda controvertidas.

Não nos cabe tomar partido em um debate no qual poucos especialistas se puseram de acordo. Basta lembrar que não se conseguiu, como se esperava, recuperar a historicidade de certos acontecimentos de primordial importância para a religião de Israel. O que, aliás, de forma alguma prova sua não historicidade. Mas os acontecimentos e personagens históricos foram a tal ponto modelados segundo categorias paradigmáticas que na maior parte dos casos não é mais possível apreender-lhes a "realidade" original. Não há razão para duvidar da "realidade" da personagem conhecida pelo nome de Moisés, mas sua biografia e os traços específicos de sua personalidade nos escapam. Pelo simples fato de que ele se tornou uma figura carismática e fabulosa, sua vida, a começar de seu milagroso salvamento numa cesta de papiro depositada entre os juncos do Nilo, segue o modelo de tantos outros "heróis" (Teseu, Perseu, Sargão de Akkad, Rômulo, Ciro etc.).

O nome de Moisés, como aliás os de outros membros de sua família, é egípcio. Contém o elementos *msy*, "nascido, filho", comparável a Amósis ou Ramsés (Ra-messés, "filho de Rá"). O nome de um dos filhos de Levi, Merari, é o egípcio Mrry, "bem-amado"; Pinhas, neto de Aarão, é P'-nhsy, "o negro". Não está excluída a hipótese de o jovem Moisés ter tido conhecimento da "reforma" de Akhenaton (c. 1.375-1.350), que substituíra o culto de Amon pelo "monoteísmo" solar de Aton. Já se salientou[13] a analogia entre as duas religiões: também Aton é proclamado o "único deus"; tal como Javé, ele é o deus "que cria tudo o que existe"; finalmente, a importância concedida pela "reforma" de Akhenaton à "instrução" é comparável ao papel da torá no javismo. Por outro lado, a sociedade raméssida, na qual foi educado Moisés, duas gerações depois da repressão da "reforma" de Amenófis, não podia atraí-lo. O cosmopolitismo, o sincretismo religioso (principalmente entre cultos egípcios e cananeus), certas práticas orgiásticas (a prostituição de ambos os sexos), o "culto" dos animais constituíam outras tantas abominações para alguém educado na "religião dos pais".

Quanto à saída do Egito, parece certo que ela reflete um acontecimento histórico. Entretanto, não se trata do êxodo do povo inteiro, mas apenas de um grupo, e exatamente do grupo conduzido por Moisés. Outros grupos já tinham iniciado a penetração mais ou menos pacífica em Canaã. Posteriormente, o êxodo foi reivindicado pelo conjunto das tribos israelitas como um episódio de sua história santa. O que interessa ao nosso objetivo é que a saída do Egito foi relacionada com a celebração da Páscoa. Em outras palavras, um sacrifício arcaico, específico aos pastores nômades e praticado havia milênios pelos antepassados dos israelitas, foi revalorizado e integrado na "história santa" do javismo. Um ritual solidário da religiosidade cósmica (festa pastoral de primavera) foi interpretado como a comemoração de um evento histórico. *A transformação das estruturas religiosas de tipo cósmico em acontecimentos da história santa* é característica do monoteísmo javista e será retomada e continuada pelo cristianismo.

59. "Eu sou aquele que é"

Enquanto apascentava os carneiros de Jetro – seu sogro, sacerdote de Madiã –, Moisés chegou, pelo deserto, ao "monte de Deus", o Horebe. Foi ali que ele viu "uma chama de fogo que saía do meio de uma sarça" e ouviu alguém chamá-lo pelo nome. Alguns instantes mais tarde, Deus se deu a conhecer como "o Deus de teu pai, o Deus de Abraão, o Deus de Isaac e o Deus de Jacó" (Êxodo, 3:6). Moisés, porém, pressentiu que estava diante de um aspecto desconhecido da divindade, ou até de um novo deus. Acata a ordem de ir ao encontro dos filhos de Israel e dizer-lhes: "'O Deus de vossos pais me enviou até vós.' Mas se eles perguntassem qual é o seu nome, que lhes havia de responder?" (3:13). Então Deus disse-lhe: "Eu sou aquele que é (*'ehyèh 'àsèr 'ehyèh*)." E ensinou-o a dirigir-se aos filhos de Israel nesses termos: "'Eu sou' me enviou até vós." (13:14).

Muitas têm sido as discussões em torno desse nome.[14] A resposta de Deus é bastante misteriosa: ele alude ao seu modo de ser, mas sem revelar sua pessoa. Tudo o que se pode dizer é que o nome divino sugere, para usarmos uma expressão moderna, a totalidade do ser e do existente. Entretanto, Javé declara que ele é o deus de Abraão e dos outros patriarcas, e essa identidade é aceita ainda hoje por todos aqueles que reivindicam a herança abraâmica. De fato, pode-se descobrir certa continuidade entre o deus do pai e o deus que se revela a Moisés. Como se observou, "há inicialmente o fato de que o javismo nasce num meio de pastores e de que ele se desenvolve no deserto. O retorno ao javismo puro será apresentado como um retorno à situação do deserto: será o 'ideal nômade' dos Profetas".[15] Tal como o deus do pai, Javé não está ligado a um sítio específico; de mais a mais, existe uma relação particular com Moisés na qualidade de chefe de um grupo.

"*Quando Israel era menino...*"   177

As diferenças, porém, são significativas. Enquanto o deus do pai era anônimo, Javé era um nome próprio que punha em evidência seu mistério e sua transcendência. As relações entre a divindade e seus fiéis são alteradas: já não se fala do "*deus* do pai", mas do "*povo* de Javé". A ideia da eleição divina, presente nas promessas feitas a Abraão (Gênese, 12:1-3), tornava-se precisa: Javé chama aos descendentes dos patriarcas "meu povo"; eles são, segundo a expressão de R. de Vaux, sua "propriedade pessoal". Ao prosseguir o processo de assimilação do deus do pai a El, Javé também foi identificado com ele. Tomou emprestada a El a estrutura cósmica e adquiriu seu título de rei. "Da religião de El, o javismo tirou também a ideia da corte divina, formada pelos *benê 'élohim*".[16] Por outro lado, o caráter guerreiro de Javé prolongava o papel do deus do pai, antes de mais nada protetor dos seus fiéis.

O essencial da revelação está concentrado no decálogo (Êxodo, 20:3-17; cf. Êxodo, 34:10-27). Em sua forma atual, o texto não pode datar da época de Moisés, mas os mais importantes mandamentos refletem com toda certeza o espírito do javismo primitivo. O primeiro artigo do decálogo, "Não terás outros deuses diante de mim!", demonstra que não se trata de monoteísmo no sentido estrito do termo. A existência de outros deuses não é negada. No canto de vitória entoado depois da passagem do mar, Moisés exclama: "Quem é igual a ti, ó Javé, entre os deuses?" (15:11). Pede-se, porém, a fidelidade absoluta, pois Javé é um "Deus cioso" (20:5). A luta contra os falsos deuses começa imediatamente depois da saída do deserto, em Baal Peor. Foi ali que as filhas dos moabitas convidaram os israelitas a participar dos sacrifícios aos seus deuses. "O povo comeu e prostrou-se diante de seus deuses" (Números, 25:2s.), provocando a ira de Javé. Para Israel, essa luta, iniciada em Baal Peor, perdura.

O sentido do segundo mandamento, "Não farás para ti imagem", não é de fácil compreensão. Não se trata de uma proibição ao culto dos ídolos. Sabia-se que as imagens, familiares aos cultos dos pagãos, não passavam de um receptáculo da divindade. Provavelmente, a ideia subjacente nesse mandamento implicava a proibição de representar Javé por um objeto cultual. Assim como não tinha "nome", Javé não devia ter "imagem". Deus consentia em ser visto, diretamente, por alguns privilegiados; pelos outros homens, por seus atos. Ao contrário das outras divindades do Oriente Próximo, que se manifestavam ao mesmo tempo sob forma humana e animal ou cósmica, Javé é concebido como exclusivamente antropomorfo. Mas ele recorre também às epifanias cósmicas, pois o mundo inteiro é sua Criação.

O antropomorfismo de Javé possui um duplo aspecto. Por um lado, apresenta qualidades e defeitos especificamente humanos: compaixão, ódio, alegria, pesar, perdão e vingança. (Entretanto, não demonstra as fraquezas e os defeitos dos deuses homéricos, e não aceita ser ridicularizado, como certos deuses do Olimpo.[17]) Por outro lado, Javé não reflete, como a maioria das divindades, a situação humana: não tem uma família, mas tão somente uma corte celeste. Javé é só e único. Devemos ver outro traço antropomorfo no fato de ele solicitar aos fiéis uma obediência absoluta, como um déspota oriental? Trata-se mais de um desejo inumano de perfeição e de pureza absolutas. A intolerância e o fanatismo, característicos dos profetas e dos missionários dos três monoteísmos, têm seu modelo e justificativa no exemplo de Javé.

Da mesma forma, a violência de Javé provoca um rompimento nos quadros antropomórficos. Sua "raiva" revela-se às vezes de tal maneira irracional que se pôde falar do "demonismo" de Javé. Sem dúvida alguns desses traços negativos serão endurecidos mais tarde, após a ocupação de Canaã. Mas os "traços negativos" pertencem à estrutura original de Javé. De fato, trata-se de uma nova expressão, e a mais impressionante, da deidade como absolutamente distinta de sua Criação, como o "outro por excelência" (o *ganz andere* de Rudolph Otto). A coexistência dos "atributos" contraditórios e a irracionalidade de alguns de seus atos distinguem Javé de todo "ideal de perfeição" na escala humana. Desse ponto de vista, Javé assemelha-se a certas divindades do hinduísmo, a Xiva, por exemplo, ou a Kali-Durga. Mas com uma diferença, que é considerável: essas divindades indianas situam-se para além da moral, e como o seu modo de ser constitui um modelo exemplar, seus fiéis não hesitam em imitá-las. Em contraposição, Javé dedica a maior importância aos princípios éticos e à moral prática: pelo menos cinco mandamentos do decálogo referem-se a esses temas.

De acordo com o relato da Bíblia, três meses depois da saída do Egito, no deserto do Sinai, teve lugar a teofania. "Toda a montanha do Sinai fumegava, porque Javé descera sobre ela no fogo; sua fumaça subiu como a fumaça de uma fornalha, e toda a montanha tremia violentamente. O som da trombeta aumentava pouco a pouco; Moisés falava e Deus lhe respondia no trovão" (Êxodo, 19:18-19). Javé apareceu então aos israelitas que permaneceram no sopé da montanha e com eles firmou uma aliança, ditando o Código da Aliança, que abre com o decálogo e compreende muitas prescrições relativas ao culto (Êxodo, 20:22-26; 24-26).[18] Mais tarde, Moisés teve uma nova entrevista com Javé e recebeu "as duas tábuas do Testemunho, tábuas de pedra escritas pelo dedo de Deus" (31:18; cf. outra versão, 34:1, 28). Mendenhall observou[19] que a forma estilística do Código da Aliança lembra os tratados dos soberanos hititas do segundo milênio com seus vassalos da Ásia Menor. Mas as analogias entre os dois formulários, ainda que reais, não parecem decisivas.

"Quando Israel era menino..." 179

Nada de preciso se sabe sobre o culto celebrado pelos israelitas durante os 40 anos passados no deserto. O Êxodo (26; 38:8-38) descreve minuciosamente o santuário do deserto, a "Tenda do Encontro", que abriga a arca do Testemunho, ou a arca da Aliança, um cofre de madeira que contém – segundo uma tradição tardia – as tábuas das leis (Deuteronômio, 10:1-5; etc.). Muito provavelmente, essa tradição reflete uma situação real. Tendas ou palanquins cultuais, nos quais eram carregados os ídolos de pedra, são atestados entre os árabes antes do islã. Os textos não mencionam a arca e a tenda juntos, mas é provável que, tal como entre os árabes, a tenda recobrisse a arca. Como o deus do pai outrora, Javé conduzia seu povo. A arca simbolizava essa presença invisível; é impossível, porém, saber o que ela continha.

Segundo a tradição, Moisés morreu nas estepes de Moabe, diante de Jericó. Javé mostrou-lhe a terra de Canaã: "Eu a mostrei aos teus olhos; tu, porém, não atravessarás para lá" (Deuteronômio, 34:4; cf. Números, 27:12-14). Essa morte também corresponde à personalidade lendária e paradigmática de Moisés. Tudo o que se pode dizer sobre a personagem conhecida por esse nome é que foi marcada pelos reencontros dramáticos e repetidos com Javé. A revelação de que Moisés foi intermediário fez dele ao mesmo tempo um profeta extático e oracular e um "mágico"; o modelo dos sacerdotes levíticos e o chefe carismático por excelência, que conseguiu transformar um grupo de clãs em um núcleo de nação, o povo de Israel.

60. A religião sob os juízes: a primeira fase do sincretismo

Denomina-se época dos juízes o período que se estende desde ~ 1200, quando o grupo de Moisés penetrou em Canaã guiado por Josué, até ~ 1020, quando Saul foi proclamado rei. Os juízes eram chefes militares, conselheiros e magistrados. Durante esse período outras tribos aceitaram o javismo, sobretudo depois de certas vitórias retumbantes, pois Javé interveio diretamente na batalha. Ele certificou a Josué: "Não os temas: eu os entreguei nas tuas mãos!" (Josué, 10:8). Com efeito, Javé lançou do Céu "enormes saraivadas" que liquidaram aos milhares os inimigos (Josué, 10:11). Depois da vitória contra Jabin, rei de Canaã, Débora e Barac cantaram o furor divino: "Javé! Quando saíste de Seir, ... a Terra tremeu, troaram os Céus, as nuvens desfizeram-se em água" (Juízes, 5:4s.). Em resumo, Javé mostrava-se mais forte que os deuses dos cananeus. A guerra realizada em seu nome era uma guerra santa:[20] os homens eram consagrados (*qiddes*, "santificar") e deviam respeitar a pureza ritual. Quanto ao saque, era "proibido", ou seja, era inteiramente destruído, oferecido em holocausto a Javé.

Mas, ao adaptar-se a um novo estilo de existência, o javismo evoluiu e modificou-se. Observa-se primeiro uma reação contra os valores exaltados por toda sociedade de pastores. A lei da hospitalidade, sacrossanta entre os nômades, era traiçoeiramente violada por Jael: ela convidou à sua tenda o chefe cananeu, Sisel, que fugiu depois da derrota, e matou-o enquanto dormia (Juízes, 4:17s.). O santuário portátil do tempo de Moisés caiu em desuso. Agora o culto era praticado nos santuários e sítios sagrados.

Entretanto, como era de se esperar, foi sobretudo o confronto com a religião cananeia que teve consequências consideráveis. Aliás, esse confronto prolongou-se até o século VII a.C. Após a associação Javé-El, os santuários pré-javistas pertencentes ao culto de El, assim como bom número de santuários cananeus, foram dedicados a Javé.[21] Mais surpreendente era a confusão que se fazia, na época dos juízes, entre Javé e Baal. Encontravam-se nomes compostos com *baal* mesmo em famílias de renomada fé javista. O famoso Gedeão chamava-se também Jerobaal, "Baal combate" (Juízes, 6:32). O que pressupõe que o vocábulo *baal*, "senhor", era entendido como um epíteto de Javé, ou então que Baal era venerado ao lado de Javé.[22] No começo, Baal teve de ser aceito como "deus da terra", o verdadeiro especialista da fecundidade. Só mais tarde seu culto foi execrado e tornou-se a prova irretocável da apostasia.

O sistema sacrificatório cananeu foi em grande parte adotado. A forma mais simples de sacrifício consistia na oferenda, em um plano consagrado, de diferentes dádivas, ou em libações de óleo ou água. As oferendas eram consideradas um alimento para a divindade (Juízes, 6:19). Foi nesse momento que os israelitas começaram a praticar o holocausto (*'olah*), por eles interpretado como uma oblação oferecida a Javé. Eles tomaram emprestadas, além do mais, muitas práticas cananeias relacionadas com a agricultura, e até certos ritos orgiásticos.[23] O processo de assimilação intensificou-se posteriormente, sob a monarquia, quando se ouvia falar em prostituição sagrada de ambos os sexos.

Os santuários eram construídos de acordo com os modelos cananeus. Abrigavam um altar, *massebah* (pedras erguidas), *asherah* (postes de madeira que simbolizavam a deusa cananeia de igual nome), vasos para as libações. Entre os objetos rituais, citemos os mais importantes: os terafim (imagens ou máscaras) e os éfodes (originariamente uma veste colocada sobre a imagem). Em torno dos santuários por cuja guarda era responsável, organizava-se o pessoal de culto. Tratava-se, em primeiro lugar, de sacerdotes e de levitas: eles ofereciam sacrifícios e sondavam a vontade de Javé por meio de sortes e do éfode. Ao lado dos sacerdotes e dos levitas, encontravam-se adivinhos ou videntes (*ro'êh*), mas estamos mal informados sobre suas atribuições. Os viden-

"Quando Israel era menino..." 181

tes não estavam ligados a santuários, como os profetas (*nâbiim*). O exemplo mais ilustre é Balaão (Números, 22-24): ele viu Javé em sonho ou em estado de vigília; ele devia *ver* os israelitas para poder amaldiçoá-los. Esse tipo de indivíduo tomado por um êxtase é atestado em outras sociedades nômades (por exemplo, o *kahin* entre os árabes).[24]

Muito mais importante era a função do "profeta" (*nâbi*); voltaremos a examiná-la no segundo volume desta obra (cf. §116). Por enquanto, acrescentemos que o profetismo extático israelita mergulha suas raízes na religião cananeia.[25] Com efeito, o culto de Baal comportava *nâbiim* (cf. I Reis, 18:19s.; II Reis, 10:19). Trata-se, porém, de um tipo de experiência extática bastante comum no antigo Oriente Próximo, com exceção do Egito. Os sumerianos conheciam o "homem que penetra no Céu", designação que indica uma viagem extática comparável à dos xamãs. Em Mari, alguns textos do século XVIII falam dos *apilum* ("aquele que responde") ou dos *muhhûm* e *muhhûtum*, homens ou mulheres que recebiam os oráculos dos deuses em sonho ou em suas visões. Esses *apilum* e *muhhûm* correspondiam aos *nâbiim*. Tal como os profetas de Israel, eles utilizavam frases oraculares preferencialmente curtas e enviavam suas mensagens aos reis, mesmo quando se tratava de más notícias ou de críticas contra determinadas ações do soberano.[26]

Já nos primeiros séculos da conquista e da colonização, observa-se uma influência cananeia, ao mesmo tempo profunda e multiforme. Efetivamente, tomaram-se de empréstimo aos cananeus o sistema ritual, os sítios sagrados e os santuários; a classe sacerdotal organizava-se segundo os modelos cananeus; finalmente, os profetas, que não demorariam a reagir contra a supremacia dos sacerdotes e contra o sincretismo com os cultos de fertilidade, eram, também eles, produto de uma influência cananeia. E, no entanto, os profetas intitulavam-se representantes do mais puro javismo. De certo ponto de vista, eles tinham razão; mas o javismo que proclamavam já havia assimilado os elementos mais criativos da religião e da cultura cananeias, tão ferozmente execrados pelos profetas.

NOTAS

1. Cf. Eliade, *Forgerons et alchimistes*, p.89s.
2. Como sustenta Albright em vários trabalhos; ver ainda *Yahveh and the Gods of Canaan*, 62-4, e passim.
3. É a tese, entre outros, de R. de Vaux, *Histoire ancienne d'Israël*, I, p.220-2.
4. É mérito de Albrecht Alt ter sido o primeiro a chamar a atenção para esse traço específico; ver *Der Gott der Väter* (1929).

5. No século XIX a.C. os assírios da Capadócia tomavam por testemunhas "o deus de meu pai" (ou de teu/seu pai). Ver as fontes citadas por Ringgren, *La Religion d'Israël*, p.32; Fohrer, *History of Israelite Religion*, p.37; R. de Vaux, *Histoire ancienne d'Israël*, I, p.257-8. Para uma interpretação mais minuciosa, cf. Cross, *Canaanite Myth and Hebrew Epic*, p.12s.

6. De Vaux, p.261. "O tema da promessa reaparece com frequência no Gênese. Apresenta-se sob diferentes formas: promessa de uma posteridade, ou de uma terra, ou de ambos ao mesmo tempo" (ibid.).

7. Os relatos patriarcais citam nomes compostos do elemento 'el seguido de um substantivo: El Roi, "El da visão" (Gênese, 16:13); El Shaddai, "Aquele da Montanha" (18:1; etc.); El 'Olam, "El da Eternidade" (21:33); El Bethel (31:13; etc.). Cf. de Vaux, p.262s.; Ringgren, p.33s.; Cross, p.44s.

8. R. de Vaux, op.cit., p.271. "Na Arábia central, a vítima era imolada diante de uma pedra ereta, símbolo da presença divina, e o sangue era derramado sobre a pedra ou vertido numa fossa cavada ao pé dessa mesma pedra. Tais sacrifícios eram oferecidos particularmente nas festas que os árabes nômades celebravam no primeiro mês da primavera para assegurar a fertilidade e a prosperidade do rebanho. É provável que os antepassados de Israel, pastores seminômades, já celebrassem uma festa análoga" (ibid.).

9. Os relatos patriarcais falam em determinadas árvores sagradas: por exemplo, o Carvalho de Mora (12:6) e o Carvalho de Mambra (13:18; etc.). Essas árvores dos Patriarcas, cuja veneração se tornava incômoda, foram proscritas mais tarde, quando se condenaram os lugares de culto cananeus, estabelecidos "sobre as colinas, debaixo de toda árvore verdejante" (Deuteronômio, 12:2).

10. R. de Vaux, p.270: "As primeiras menções nos textos de antiguidade assegurada datam da época dos juízes."

11. H.H. Rowley, *Worship in Ancient Israel*, p.27. Na verdade, o texto nos ensina muito poucas coisas sobre o culto praticado por certos filhos de Jacó, mas somos informados de várias histórias que os desabonam, como, por exemplo, a história de Simeão e Levi em Siquém (Gênese, 34) ou a de Judá e Tamar (Gênese, 38).

12. Apud Êxodo, 12:40, os israelitas permaneceram no Egito 430 anos.

13. Ver, por exemplo, Albright, *From the Stone Age to Christianity*, p.218s., 269s.; id., *The Biblical Period from Abraham to Ezra*, p.15s. Mas para outros autores as analogias não parecem convincentes; cf. Ringgren, op.cit., p.51, Fohrer, op.cit., p.79.

14. Ver as bibliografias recentes levantadas por Ringgren, p.43s., Fohrer, op.cit., p.75s., R. de Vaux, *Histoire*, p.321s., Cross, op.cit., p.60s.

15. R. de Vaux, op.cit., p.424. Na exposição que se segue, utilizamos suas análises, p.424-31.

16. De Vaux, p.428. "Mas não parece exato dizer que El legou sua doçura e compaixão a Javé, que teria sido primitivamente um deus feroz e violento." No texto, provavelmente antigo, de Êxodo, 34: 6, Javé se define a si mesmo como "deus de compaixão e de piedade", ibid., p.429.

17. Cf. Fohrer, op.cit., p.78s.

18. É inútil observar que todos esses textos foram redigidos, ou editados, mais tarde.

19. C.E. Mendenhall, *Law and Covenant in Israel and the Ancient East* (1955). A hipótese foi aceita, entre outros, por Albright, *Yahveh and the Gods of Israel*, p.107s.

20. G. von Rad, *Der heilige Krieg im alten Israel* (1951), resumido por Ringgren, op.cit., p.66-7. O termo "proibido", *hérèm*, deriva de uma raiz que significa "sagrado". O fenômeno é considerado por Ringgren como tipicamente israelita; no entanto, A. Lods e Albright citam outros exemplos, e não apenas entre os semitas; cf. Rowley, *Worship in Ancient Israel*, p.56 e nota 7.

21. Ver a lista desses santuários em Fohrer, op.cit., p.111-3. Sobre o sincretismo dos cultos, ver G.W. Ahlström, *Aspects of Syncretism in Israelite Religion*, p.11s.; Rowley, op.cit., p.58s.

22. Cf. Ringgren, op.cit., p.56; Fohrer, p.105.

23. Fohrer, p.106; Ahlström, p.14s.

24. J. Pedersen, "The role played by inspired persons among the Israelites and the Arabs"; J. Lindblom, *Prophecy in Ancient Israel*, p.86s.

25. Cf. A. Haldar, *Association of Cult Prophets among the Ancient Semites*, p.91s., com bibliografia.

26. Cf. Lindblom, p.29s., 85s., e Fohrer, p.225s., que citam outros exemplos de Babilônia e da Assíria.

VIII. A RELIGIÃO DOS INDO-EUROPEUS E OS DEUSES VÉDICOS

61. Proto-história dos indo-europeus

A irrupção dos indo-europeus na história é marcada por terríveis destruições. Entre ~ 2.300 e ~ 1.900, na Grécia, Ásia Menor e Mesopotâmia, numerosas cidades foram saqueadas e incendiadas; assim Troia em aproximadamente ~ 2.300, Beyce-Sultan, Tarso e cerca de 300 cidades e aldeias da Anatólia. Os documentos mencionam grupos étnicos denominados hititas, luvianos, mitanianos, mas elementos ariófonos são igualmente atestados em outras levas de invasores. A dispersão dos povos indo-europeus tinha começado alguns séculos antes e prolongou-se durante dois milênios. Por volta de ~ 1.200, os arianos haviam penetrado na planície indo-gangética, os iranianos achavam-se solidamente instalados na Pérsia, e a Grécia e as ilhas estavam indo-europeizadas. Alguns séculos mais tarde, a indo-europeização da Índia, da península itálica, da península balcânica e das regiões cárpato-danubianas, da Europa central, setentrional e ocidental – desde o Vístula até o mar Báltico e o Atlântico –, estava ou concluída, ou consideravelmente adiantada. Esse processo característico – migração, conquista de novos territórios, submissão, seguida de assimilação dos habitantes – só cessou no século XIX da nossa era. Não se conhece outro exemplo semelhante de expansão linguística e cultural.

Há mais de um século, os cientistas têm-se esforçado por identificar a pátria de origem dos indo-europeus, por decifrar-lhes a proto-história e esclarecer as fases de suas migrações. Tem-se procurado a pátria originária no norte e no centro da Europa, nas estepes da Rússia, Ásia central, Anatólia etc. Concorda-se hoje em localizar o centro de irradiação dos indo-europeus nas regiões ao norte do mar Negro, entre os Cárpatos e o Cáucaso.* Ao norte

---

* O vocabulário comum para certos animais (lobo, urso, ganso, salmão fluvial, vespa, abelha) e árvores (bétula, faia, carvalho e salgueiro) indica uma zona temperada.

A religião dos indo-europeus e os deuses védicos　　　　185

do mar Negro desenvolveu-se, entre o quinto e o terceiro milênios, a cultura denominada dos *tumuli* (*kurgan*). Por volta de ~ 4.000-3.500, nota-se sua expansão ocidental, até Tisza. Durante o milênio seguinte, os representantes da cultura *kurgan* penetraram na Europa central, na península balcânica, na Transcaucásia e na Anatólia e no norte do Irã (cerca de ~ 3.500-3.000); no terceiro milênio, atingiram o Norte da Europa, a zona do Egeu (Grécia e litoral da Anatólia) e o Mediterrâneo oriental. Segundo Marija Gimbutas, os povos que articularam e veicularam a cultura dos *tumuli* só podem ter sido os protoindo-europeus e, nas últimas fases da dispersão, os indo-europeus.

Seja como for, é certo que as origens da cultura indo-europeia mergulham no neolítico, talvez até no mesolítico. Por outro lado, é igualmente certo que, durante seu período de formação, essa cultura foi influenciada pelas civilizações superiores do Oriente Próximo. O uso do carro e do metal* foi transmitido por uma cultura da Anatólia (a cultura dita Kuro-Araxas). No quarto milênio, apareceram, tomadas de empréstimo aos povos da zona balcânico-mediterrânea, estátuas representando uma deusa sentada, confeccionadas em argila, mármore ou alabastro.

O vocabulário comum mostra que os indo-europeus praticavam a agricultura, criavam bovinos (mas também porcos e provavelmente carneiros) e conheciam o cavalo selvagem ou domesticado. Embora jamais tenham podido renunciar aos produtos agrícolas, os povos indo-europeus desenvolveram de preferência uma economia pastoril. O nomadismo pastoril, a estrutura patriarcal da família, o gosto pelas razias e a organização militar voltada para as conquistas são traços característicos das sociedades indo-europeias. Uma diferenciação social bastante radical é indicada pelo contraste entre os *tumuli* (tumbas construídas em forma de casa e ricamente ornamentadas) e as sepulturas muito mais pobres. Provavelmente, os *tumuli* (*kurgan*) eram reservados aos despojos dos chefes.

Para o que nos propomos, importa precisar em que medida esse modo de existência – nomadismo pastoril, fortemente reorganizado para as guerras e as conquistas – encorajou e facilitou a emergência de valores religiosos específicos. É óbvio que as criações das sociedades agrícolas não correspondem inteiramente às aspirações religiosas de uma sociedade pastoril. Por outro lado, não há de fato sociedade pastoril completamente independente da economia e da religião dos cultivadores. Além disso, nas suas migrações e conquistas, os indo-europeus, de forma contínua, submeteram e assimilaram populações

---

* Os termos para "cobre" e "machado" são sumérios: foram empréstimos anteriores à separação dos grupos linguísticos europeus (germânico, itálico e celta, ilírio e trácio, grego e eslavo).

sedentárias agrícolas. Em outras palavras, bem cedo em sua história, os indo-europeus tiveram de conhecer as tensões espirituais provocadas pela simbiose de orientações religiosas heterogêneas ou até antitéticas.

62. O primeiro panteão e o vocabulário religioso comum

É possível reconstituir certas estruturas da religião indo-europeia comum. Há, inicialmente, indicações sumárias mas preciosas trazidas pelo vocabulário religioso. Desde o começo dos estudos, reconheceu-se o radical indo-europeu *deiwos*, "céu", nos termos que designam o "deus" (lat. *deus*; sânsc. *devas*, iran. *div*, lituano *diewas*, germ. antigo *tivar*) e nos nomes dos principais deuses: Dyaus, Zeus, Júpiter. A ideia de deus revela-se solidária da sacralidade celeste, isto é, de luz e "transcendência" (altura), e, por extensão, da ideia de soberania e criatividade, no seu sentido imediato: cosmogonia e paternidade. O (deus do) Céu é acima de tudo o pai: cf. o indiano *Dyauspitar*, o grego Ζεύς πατήφ, o ilírio *Daipatures*, o latim *Jupiter*, o cita *Zeus-Papaios*, o traco-frígio *Zeus-Pappos*.*

Já que as hierofanias celestes e atmosféricas desempenhavam um papel capital, não admira que certo número de deuses fossem designados pelo nome do trovão: germânico *Donar*, *Thôrr*, celta *Taranis* (*Tanaros*), báltico *Perkûnas*, protoeslavo *Perun* etc. É provável que na época indo-europeia já o deus do Céu – deus supremo porque criador do mundo e cosmocrata – cedesse terreno diante dos deuses da tempestade: o fenômeno é bastante frequente na história das religiões. Da mesma forma, o fogo, provocado pelo relâmpago, era considerado de origem celeste. O culto do fogo é um elemento característico das religiões indo-europeias; o nome do importante deus védico Agni encontra-se no latim *ignis*, lituano *ugnis*, velho-eslavo *ogni*.** Pode-se supor também que o deus solar detivesse um lugar preponderante desde a proto-história (cf. o védico *Surya*, grego *Hêlios*, germânico antigo *sauil*, velho-eslavo *solnce*, todos designando o Sol). Mas os deuses solares tiveram uma história bastante instável entre os diferentes povos indo-europeus, sobretudo após o contato com

---

* O vocábulo grego *theós* não se inscreve na mesma série. Deriva de um radical que designa "alma", o "espírito do morto"; cf. lituano *dwesiu*, "respirar", velho-eslavo *duch*, "respiração", *dusa*, "alma". Pode-se, portanto, supor que *theós*, "deus", tenha se desenvolvido a partir da ideia dos mortos divinizados.
** No Irã, o nome da divindade do fogo é Atar; mas há indicações de que, numa terminologia mais antiga do culto, o fogo se denominava *agni* e não *atar*: v. Stig Wikander, *Der arische Männerbund*, p.77s.

A religião dos indo-europeus e os deuses védicos

as religiões do Oriente Próximo.* Quanto à Terra (*GH'EM), era considerada uma energia vital oposta ao Céu; entretanto, a ideia religiosa da terra-mãe é mais recente entre os indo-europeus e encontra-se numa zona limitada.[1] Há outro elemento cósmico, o vento, divinizado no lituano *Wejopatis*, "senhor do vento", e no iraniano *Vayu* e indiano *Vayu*. Todavia, no caso destes dois últimos, trata-se mais do que de epifanias cósmicas: eles apresentam, sobretudo o iraniano *Vayu*, os traços característicos dos deuses soberanos.

Os indo-europeus tinham elaborado uma teologia e uma mitologia específicas. Praticavam sacrifícios e conheciam o valor mágico-religioso da palavra e do canto (*KAN). Possuíam concepções e rituais que lhes permitiam consagrar o espaço e "cosmizar" os territórios em que se instalavam (essa encenação mítico-ritual é atestada na Índia antiga, em Roma e entre os celtas), e, de mais a mais, renovar periodicamente o mundo (pelo combate ritual entre dois grupos de celebrantes, rito de que subsistem traços na Índia e no Irã). Julgava-se que os deuses estavam presentes às festividades, ao lado dos homens, e que suas oferendas eram queimadas. Os indo-europeus não erguiam santuários: muito provavelmente, o culto era celebrado num recinto consagrado, ao ar livre. Outro sinal característico: a transmissão oral da tradição e, por ocasião do encontro com as civilizações do Oriente Próximo, a proibição de utilizar a escrita.

Mas, como era de se esperar, tendo em vista os numerosos séculos que separam as primeiras migrações indo-europeias (hititas, indo-iranianos, gregos, itálicos) das últimas (germanos, balto-eslavos), a herança comum nem sempre é identificável no vocabulário, nem nas teologias e mitologias da época histórica. Devem-se levar em conta, por um lado, os diferentes contatos culturais realizados durante as migrações; cumpre não esquecer, por outro lado, que nenhuma tradição religiosa se prolonga indefinidamente sem modificações, produzidas seja por novas criações espirituais, seja por empréstimo, simbiose ou eliminação.

O vocabulário reflete esse processo de diferenciação e inovação, iniciado provavelmente desde a proto-história. O exemplo mais significativo é a ausência de um termo específico, no indo-europeu comum, para designar o "sagrado". Por outro lado, em iraniano, latim e grego, dispõe-se de dois termos: avéstico *spenta/yaozdata* (cf. também gótico *hails/weih*); lat. *sacer/sanctus*;

---

* Ademais, a sacralidade representada pelo Sol permitiu, nos tempos do sincretismo greco-oriental, uma audaciosa reelaboração teológica e filosófica, de sorte que se poderia dizer que o deus solar foi a última teofania cósmica a desaparecer diante da expansão do monoteísmo judaico-cristão.

grego *hieròs/hágios*. "O estudo de cada um dos pares atestados... faz com que se estabeleça, na pré-história, uma noção de duplo aspecto: positivo, 'o que é carregado de presença divina', e negativo, 'o que é proibido ao contato dos homens'."[2] Da mesma forma, segundo Benveniste, não havia um termo comum para designar o "sacrifício". Mas essa ausência

> tem por contrapartida, nas diversas línguas e frequentemente no interior de cada uma delas, uma grande diversidade de designações correspondentes às diversas formas da ação sacrificatória: libação (sânscrito *juhoti*, grego *spéndô*), compromisso verbal solene (latim *voveo*, grego *eúkhomai*), banquete faustoso (latim *daps*), fumigação (grego *thuô*), rito da luz (latim *lustro*).[3]

Quanto à "oração", a terminologia constituiu-se a partir de duas raízes distintas.* Em suma, desde a proto-história comum, os diferentes povos indo-europeus apresentavam a tendência de reinterpretar continuamente suas tradições religiosas. Esse processo intensificou-se no decurso das migrações.

63. A ideologia tripartida indo-europeia

Os fragmentos das diversas mitologias indo-europeias constituem uma fonte importante. É certo que esses fragmentos pertencem a diferentes épocas e nos foram transmitidos por documentos heterogêneos e de desigual valor: hinos, textos rituais, poesia épica, comentários teológicos, lendas populares, historiografias, tradições tardias registradas por autores cristãos após a conversão dos povos da Europa central e setentrional. Entretanto, todos esses documentos são preciosos, pois conservam ou refletem (mesmo deformadas) muitas concepções religiosas originais. Os exageros e erros da "mitologia comparada", tal como a entendiam Max Müller e seus epígonos, não nos devem impedir de utilizar esses materiais. Basta que não nos enganemos sobre seu valor documental. Um mito atestado no Rig Veda não pode ser posterior ao segundo milênio a.C., ao passo que as tradições conservadas por Tito Lívio, pela epopeia irlandesa ou por Snorri Sturluson, são, do ponto de vista cronológico, consideravelmente mais jovens. No entanto, se tais tradições concordam em

---

* O grupamento dialetal original hitita-eslavo-báltico-armênio (-germânico?) atesta formas aparentadas ao hitita *maltai-*, "orar", ao passo que o iraniano, o celta e o grego apresentam termos derivados da raiz **ghwedh*, "orar, desejar"; Benveniste, *Le Vocabulaire des institutions indo-européennes*, p.245.

A religião dos indo-europeus e os deuses védicos

todos os pontos com o mito védico, é difícil duvidar do seu caráter comum indo-europeu, sobretudo se tal confronto não aparece isolado, mas deixa-se articular em um sistema.

Foi o que demonstrou Georges Dumézil numa série de obras que renovaram radicalmente o estudo comparado das mitologias e das religiões indo-europeias. Não há necessidade de resumi-las aqui. Basta-nos dizer que as pesquisas do estudioso francês destacaram uma estrutura fundamental da sociedade e da ideologia indo-europeias. À divisão da sociedade em três classes – sacerdotes, guerreiros, criadores-agricultores – correspondia uma ideologia religiosa trifuncional: a função da soberania mágica e jurídica, a função dos deuses da força guerreira e, finalmente, a das divindades da fecundidade e da prosperidade econômica. É entre os indo-iranianos que melhor se compreende essa divisão tripartida dos deuses e da sociedade. De fato, na Índia antiga, às classes sociais dos *brahmanas* (brâmanes: sacerdotes, sacrificadores), *ksatriya* (xátrias: militares, protetores da comunidade) e *vaisya* (vaixiás: produtores), correspondem os deuses Varuna e Mitra, Indra e os gêmeos Nasatya (ou os Asvins). Os mesmos deuses encontram-se, citados nessa ordem no tratado concluído por um rei hitita, por volta de 1.380, com um chefe dos paraindianos (mitanianos) na Ásia Menor: Mitra-(V)aruna [variante Uruvana], Indara, os dois Nasatya. Da mesma forma, o Avesta distingue os sacerdotes (*athra.van*), os guerreiros (que combatem nos carros, *rathae-star*), os criadores-agricultores (*vastryo.fsuyant*); com a diferença de que, no Irã, essa divisão social não se solidificou num sistema de castas. Segundo Heródoto (IV, 5-6), também os citas iranianos conheciam a divisão em três classes, e a tradição se manteve até o século XIX entre os ossetas do Cáucaso, descendentes diretos dos citas.

Os celtas repartiam a sociedade em druidas (sacerdotes, juristas), aristocracia militar (*flaith*, literalmente "poder", equivalente do sânscrito *ksatra*) e *bó airig*, homens livres (*airig*) possuidores de vacas (*bó*). Segundo Dumézil, pode-se discernir uma divisão social similar nas tradições míticas, mas fortemente historicizadas, da fundação de Roma: o rei Rômulo, protegido por Júpiter; o etrusco Lucumão, técnico da guerra; Tácio e os sabinos, que traziam as mulheres e as riquezas. A tríade capitolina – Júpiter, Marte, Quirino – constituía de alguma forma o modelo divino, celeste, da sociedade romana. Finalmente, uma tríade análoga dominava a religião e a mitologia escandinava: o deus soberano Othin, Thorr, o paladino, e Freyr, patrono da fecundidade.

A divisão da primeira função em duas partes ou tendências complementares – soberania mágica e soberania jurídica – está claramente ilustrada pelo casal Varuna e Mitra. Para os antigos indianos, Mitra é o deus soberano "sob seu aspecto meditativo, claro, organizado, calmo, benévolo, sacerdotal;

e Varuna, o soberano sob o aspecto agressivo, sombrio, inspirado, violento, terrível, guerreiro".[4] Ora, o mesmo díptico reencontra-se particularmente em Roma com as mesmas oposições e as mesmas alternâncias: é, de um lado, a oposição entre os lupercos – jovens que corriam nus pela cidade e batiam nas mulheres que passavam com uma correia de pele de cabra, a fim de fecundá-las – e os sacerdotes por excelência, os flâmines; e, do outro lado, são as estruturas e os comportamentos diferentes dos dois primeiros reis de Roma: Rômulo, que introduziu os dois cultos do Júpiter terrível, e Numa, que fundou um santuário da *Fides Publica* e professou uma devoção particular a essa deusa que garantia a boa-fé e registrava os juramentos. A oposição Rômulo-Numa corresponde em seu princípio à oposição lupercos-flâmines e, por outro lado, também corresponde, em todos os pontos, à polaridade Varuna-Mitra.

Ao analisar os dois aspectos da soberania divina entre indianos e romanos, Georges Dumézil sublinhou com pertinência as diferenças. Tanto na Índia védica como em Roma, reconhece-se a mesma estrutura indo-europeia, mas os dois "campos ideológicos" não são homogêneos. "Os romanos pensam *historicamente*, enquanto os indianos pensam *mitologicamente*. Os romanos pensam *nacionalmente* e os indianos *cosmicamente*." Ao pensamento empírico, relativista, político e jurídico dos romanos, opõe-se o pensamento filosófico, absoluto, dogmático, moral e místico dos indianos.[5] Distinguem-se diferenças análogas dos "campos ideológicos" em outros povos indo-europeus. Como já dissemos, os documentos de que dispomos constituem as expressões específicas aos diferentes povos ariófonos no decorrer da história. Em suma, tudo que podemos apreender é a *estrutura geral* da ideologia indo-europeia, e não o pensamento e as práticas religiosas da comunidade original. Entretanto, essa estrutura nos informa sobre o tipo de experiência e de especulação religiosas peculiar aos indo-europeus. Ela permite-nos, além disso, apreciar a criatividade específica de cada um dos povos ariófonos.

Como se podia prever, a maior diversificação morfológica é atestada no plano da terceira função, pois as expressões religiosas relacionadas com abundância, paz e fecundidade têm necessariamente vínculos com geografia, economia e situação histórica de cada grupo. Quanto à segunda função, a força física, principalmente o uso da força nos combates, Georges Dumézil salientou certo número de correspondências entre a Índia (já entre os indo-europeus), Roma e o mundo germânico. Dessa maneira, a prova iniciatória por excelência consistia no combate do jovem guerreiro contra três adversários ou contra um monstro tricéfalo (representado por uma imagem?).

Uma encenação desse gênero é facilmente decifrável na história do combate vitorioso do herói irlandês Cuchulainn contra três irmãos, e no combate

A religião dos indo-europeus e os deuses védicos   191

de Horácio contra os três curiácios; o mesmo ocorre nos mitos de Indra e do herói iraniano Thraetaona, que matam, cada qual, um monstro de três cabeças. A vitória provoca em Cuchulainn e em Horácio um "furor" (*furor*, celta *ferg*) perigoso para a sociedade e que exige um exorcismo ritual. Além disso, o tema mítico dos "três pecados" de Indra encontra homólogos, na Escandinávia, no gesto do herói Starcatherus, e, na Grécia, na mitologia de Héracles.* Muito provavelmente, esses temas mítico-rituais não esgotavam a mitologia e as técnicas do guerreiro na época comum indo-europeia. Mas é importante constatar que eles foram conservados nos dois extremos da dispersão, a Índia e a Irlanda.

Até onde se pode avaliar, a ideologia tripartida constituía um sistema coerente mas flexível, diversamente completado por uma grande quantidade de formas divinas, ideias e práticas religiosas. Teremos oportunidade de apreciar seu número e importância ao estudarmos separadamente as diferentes religiões indo-europeias. Há razões para crer que a ideologia tripartida, embora elaborada na época comum, tinha afastado ou reinterpretado radicalmente algumas concepções igualmente veneráveis, como, por exemplo, a do deus do Céu, Criador, soberano e pai. O afastamento de Dyauspitar em proveito de Varuna, de que se encontram vestígios no Rig Veda, parece refletir, ou prolongar, um processo muito mais antigo.

64. Os árias na Índia

No seu período comum, as tribos indo-iranianas designavam-se por meio de um termo que significava "(homem) nobre", *airya* em avéstico, *ârya* em sânscrito. Os árias tinham iniciado sua penetração no nordeste da Índia no começo do segundo milênio; quatro ou cinco séculos mais tarde, ocupavam a região dos "Sete Rios", *sapta sindhavah*,** isto é, a bacia do alto Indo, o Penjabe. Como observamos no §39, é possível que os invasores tenham atacado e destruído cidades harapianas. Os textos védicos evocam os combates contra os *dâsa* ou *dasya*, nos quais se podem reconhecer os continuadores ou os sobreviventes da civilização do Indo. São descritos com a pele negra, "sem nariz", falando língua bárbara e professando o culto do falo (*sisna deva*). Eram ricos

---

* Esses três pecados são cometidos com referência às três funções, situando-se, efetivamente, nos domínios da ordem religiosa, do ideal guerreiro, da fertilidade – o que confirma a hipótese trifuncional. Acrescentemos que a identificação de um motivo indo-europeu comum na mitologia de Héracles é significativa, pois na Grécia a ideologia tripartida foi desde cedo desarticulada como resultado da simbiose com a cultura egeia.

** O nome é igualmente conhecido no Avesta: *Haptahindu.*

em rebanhos e habitavam aglomerações fortificadas (*pur*). Eram esses "fortes" que Indra – cognominado *purandara*, "destruidor de fortificações" – atacava e destruía às centenas. Os combates ocorreram antes da composição dos hinos, pois sua lembrança está fortemente mitologizada.

O Rig Veda menciona ainda outra população inimiga, os *Pani*, que roubavam as vacas e rejeitavam o culto védico. É provável que Hariyûpîyâ, nas margens do rio Ravi, seja idêntica a Harapa. Além disso, os textos védicos aludem às ruínas (*arma*, *armaka*) habitadas por "feiticeiras"; isso mostra que os árias associavam as cidades arruinadas aos antigos habitantes da região.[6]

Entretanto, a simbiose com os aborígines tem início bem cedo. Se nos livros tardios do Rig Veda o vocábulo *dâsa* significa "escravo", indicando a sorte dos Dâsa vencidos, outros membros da população submetida pareciam convenientemente integrados na sociedade ariana; por exemplo, o chefe Dâsa louvado por proteger os brâmanes (Rig V., VIII, 46, 32). O casamento com os autóctones deixa traços na língua. O sânscrito védico possui uma série de fonemas, especialmente as consoantes cerebrais, que não se encontram em qualquer outro idioma indo-europeu, nem mesmo no iraniano. É muito provável que essas consoantes reflitam a pronúncia dos aborígines que se esforçavam por aprender a língua de seus senhores. Da mesma forma, o vocabulário védico conserva uma grande quantidade de palavras não arianas. De mais a mais, certos mitos são de origem autóctone.[7] Esse processo de simbiose racial, cultural e religiosa, atestado desde a época mais recuada, se ampliaria à medida que os árias avançaram para a planície gangética.

Os indianos védicos praticavam a agricultura, mas sua economia era sobretudo pastoril. O gado desempenhava a função de moeda. Consumiam-se o leite e seus produtos, bem como a carne bovina. O cavalo era altamente apreciado, mas estava reservado exclusivamente à guerra, às razias e ao ritual real (cf. §73). Os árias não tinham cidades e desconheciam a escrita. Apesar da simplicidade de sua cultura material, os carpinteiros e os ferreiros que trabalhavam o bronze gozavam de grande prestígio.[8] O ferro só começou a ser utilizado por volta de ~ 1.050.

As tribos eram dirigidas por chefes militares, os *râjâ*. O poder desses régulos era mitigado por conselhos populares (*sabhâ* e *samiti*). No fim da época védica, aproximadamente, a organização da sociedade em quatro classes está concluída. O termo *varna*, que designa as classes sociais, significa "cor": indicação da multiplicidade étnica que esteve na origem da sociedade indiana.

Os hinos revelam apenas certos aspectos da vida na época védica. A representação é antes de tudo sumária: os árias apreciam a música e a dança: tocam flauta, alaúde e harpa. Apreciam as bebidas embriagantes, *soma* e *surâ*, esta

A religião dos indo-europeus e os deuses védicos

última sem significação religiosa. O jogo de dados era bastante popular; um hino inteiro do Rig Veda (X, 34) lhe é dedicado. Muitos são os hinos que aludem aos conflitos entre diferentes tribos arianas. A mais célebre, a tribo dos Bharata, havia triunfado, ao tempo de seu rei Sudas, sobre dez príncipes confederados.

Mas os dados históricos do Rig Veda são bastante pobres. Certos nomes das tribos védicas – o dos Bharata, por exemplo – reaparecem na literatura posterior. O *Mahâbhârata*, composto pelo menos cinco ou seis séculos depois da época védica, narra a grande guerra entre os kuru e seus primos, os pândava. Segundo a tradição conservada pelos purânas, essa guerra teria ocorrido por volta de ~1.400, no Madhyadeśa, no centro da península, o que indica a penetração dos árias além do Ganges. No tempo em que foi redigido o grande tratado teológico *Satapatha Brâhmana*, entre ~1.000 e ~800, as províncias de Kosala e Videha estavam arianizadas. Por seu turno, o *Râmâyâna* mostra que a influência dos árias se estendia em direção ao sul.

Assim como os adversários dos árias foram mitologizados, metamorfoseados em "demônios" e "feiticeiros", também as batalhas iniciadas durante a conquista do território foram transfiguradas, ou, mais precisamente, assimiladas aos combates de Indra contra Vrtra e outros Seres "demoníacos". Discutiremos mais adiante as implicações cosmológicas de tais combates exemplares (cf. §68). Por enquanto, afiancemos que a ocupação de um novo território se tornava legítima com a edificação de um altar (*gârhapatya*) dedicado a Agni.[9] "Afirma-se que está instalado (*avasyati*) quando se construiu um *gârhapatya*, e todos aqueles que constroem o altar do fogo estão estabelecidos (*Satapatha Br.*, VIII, I, I, 1-4)." Mas a construção de um altar dedicado a Agni não é diferente da imitação ritual da Criação. Em outras palavras, o território ocupado é previamente transformado de "caos" em "cosmo"; em razão do rito, ele recebe uma "forma" e torna-se *real*.

Como veremos oportunamente, o panteão védico é dominado pelos deuses. As poucas deusas cujos nomes se conhecem desempenham de preferência um papel apagado: a enigmática Aditi, a mãe dos deuses, Usas, a deusa da aurora; Râtri, a noite, à qual se consagrou um belo hino (Rig V., X, 127). Ainda mais significativa é, pois, a posição dominante da grande deusa no hinduísmo: ela ilustra, certamente, o triunfo da religiosidade extrabramânica e também o poder criador do espírito indiano. Evidentemente, deve-se levar em conta o fato de que os textos védicos representam o sistema religioso de uma elite sacerdotal que servia uma aristocracia militar; o resto da sociedade – isto é, a maioria, os *vaisya* e os *sûdra* – compartilhava provavelmente ideias e crenças análogas às que vamos encontrar, dois mil anos mais tarde, no hinduísmo.[10] Os hinos não refletem a religião védica no seu conjunto; foram compostos para um público preocupado antes de tudo com os bens terrenos: saúde, longevidade, filhos numerosos, abundância de gado, riqueza.[11] É, portanto, plausível pensar que certas concepções religiosas que se tornarão populares mais tarde já estavam articuladas na época védica.

O poder criador do espírito indiano que antes evocamos aparece sobretudo no processo de simbiose, assimilação e revaloração que conduz à arianização da Índia, e, mais tarde, à sua hinduização. Pois esse processo, várias vezes milenar, efetua-se em diálogo com o sistema religioso elaborado pelos brâmanes, com base na "revelação" védica (*sruti*). Afinal, a unidade religiosa e cultural da Índia foi resultado de uma longa série de sínteses, realizadas sob o signo dos poetas-filósofos e dos ritualistas da época védica.

65. Varuna, divindade primordial: devas e asuras

Os hinos não apresentam a mais antiga forma da religião védica. Dyaus, o deus indo-europeu do Céu, já desapareceu do culto. Seu nome designa agora o "Céu" ou o "dia": o vocábulo que indica a personificação da *sacralidade* uraniana acaba por designar um *fenômeno* natural. Trata-se de um processo bastante frequente na história dos deuses celestes: eles se eclipsam diante de outras divindades e tornam-se *dii otiosi*. É tão somente na medida em que é venerado como deus soberano que um deus celeste consegue conservar seu prestígio inicial.[12] Todavia os poetas védicos ainda se lembram do "Céu que tudo sabe" (Atharva Veda, I, 32, 4), e invocam o "Céu pai"; Dyauspitar (VI, 4, 3); Dyaus, sobretudo, está presente no casal primordial, Dyâvâprithivi, "o Céu e a Terra" (Rig V., I, 160).

Muito cedo, o lugar de Dyaus foi ocupado por Varuna, o deus soberano por excelência. Conhecem-se mal as etapas que antecederam sua promoção à categoria de rei universal, *samraj* (Rig V., VII, 82, 2). Varuna é designado sobretudo pelo título *asura*, que aliás se aplica a outros deuses, como, por exemplo, Agni (por exemplo, Athar. V., I, 10, 1; etc.). Ora, os asuras constituíam a família divina mais antiga (VI, 100, 3). Os textos védicos aludem ao conflito que opôs os deuses (devas) aos asuras. Esse conflito será amplamente relatado e comentado, na época pós-védica, nos *Brahmâna*, tratados consagrados ao mistério do sacrifício. A vitória dos deuses foi decidida quando Agni, a convite de Indra, abandonou os asuras, que não possuíam o sacrifício (Rig V., X, 124; V, 5); pouco tempo depois, os devas furtaram a palavra sacrifical (*Vâc*) aos asuras. Foi então que Indra convidou Varuna para visitar seu reino (Rig V., V, 5). A vitória dos devas sobre os asuras foi assimilada ao triunfo de

A religião dos indo-europeus e os deuses védicos

Indra sobre os Dasyus, que foram igualmente precipitados nas trevas mais profundas (Athar. V., IX, 2, 17; cf. R. V., VII, 99, 4; etc.).

Esse conflito mítico reflete o combate dos "jovens deuses", dirigidos por Indra, contra um grupo de divindades primordiais. O fato de os asuras terem a reputação de "mágicos" por excelência (Athar. V., III, 9, 4; VI, 72, 1) e haverem sido assimilados aos *sûdras* não significa necessariamente que eles representem os deuses das populações autóctones pré-arianas. Nos Vedas, o título *asura* é empregado como epíteto para qualquer deus, até para Dyaus e Indra (este último é denominado "soberano dos asuras", Athar. V., VI, 83, 3). Em outras palavras, o termo *asura* refere-se às forças sagradas específicas de uma situação primordial, especialmente aquela que existia antes da atual organização do mundo. Os "jovens deuses", os devas, não deixaram de se apropriar dessas forças sagradas; é por esse motivo que se lhes aplica o epíteto *asura*.

É importante frisar que o "tempo dos asuras" antecede a época atual, regida pelos devas. Na Índia, como em muitas religiões arcaicas e tradicionais, a passagem de uma época primordial à época atual é explicada em termos cosmogônicos: passagem de um "estado" caótico a um mundo organizado, um "cosmo". Vamos encontrar esse cenário cosmogônico no combate mítico de Indra contra o dragão primordial, Vrtra (cf. §68). Ora, Varuna, na qualidade de divindade primordial, o *asura* no mais alto grau, foi identificado com Vrtra. Essa identificação possibilitou uma série completa de especulações esotéricas sobre o mistério da biunidade divina.

66. Varuna: rei universal e "mágico"; *rta* e *maya*

Os textos védicos apresentam Varuna como deus soberano: ele reina sobre o mundo, os deuses (*devas*) e os homens. Ele "esticou a Terra como um açougueiro a uma pele, para que ela seja qual tapete ao Sol". Pôs "o leite nas vacas, a inteligência nos corações, o fogo nas águas, o Sol no céu, o *soma* sobre a montanha" (Rig V., 85, 1-2). Cosmocrata, possui certos atributos dos deuses celestes: é *visvadarsata*, "visível por toda a parte" (Rig V., VIII, 41, 3), onisciente (Athar. V., IV, 16, 2-7) e infalível (Rig V., IV, 16, 2-7). Ele tem "mil olhos" (Rig V., VII, 34, 10), denominação mítica das estrelas. Como tudo "vê" e nenhum pecado lhe escapa, por mais escondido que esteja, os homens sentem-se "como escravos" em sua presença (Rig V., I, 25, 1). "Soberano terrível", verdadeiro "senhor dos laços", ele tem o poder mágico de laçar à distância suas vítimas e também o de libertá-las. Numerosos hinos e rituais têm por objetivo proteger ou libertar o homem dos "pequenos laços de Varuna".[13] É representado com uma corda na mão e, nas cerimônias, tudo aquilo que é por ele ligado, a começar dos nós, é denominado "varuniano".

A despeito desses notáveis prestígios, Varuna já se acha em declínio na época védica. Está longe de gozar da popularidade de Indra, por exemplo. Mas está ligado a duas noções religiosas que terão um futuro excepcional: *rta* e *maya*. O vocábulo *rta*, particípio passado do verbo "adaptar-se", designa a ordem do mundo; ordem ao mesmo tempo cósmica, litúrgica e moral.[14] Não existe hino dedicado a *rta*, mas o termo é citado com frequência (mais de 300 vezes no Rig Veda). Proclama-se que a Criação foi efetuada em conformidade com o *rta*, repete-se que os deuses agem segundo o *rta*, que o *rta* governa tanto os ritmos cósmicos quanto a conduta moral. O mesmo princípio rege também o culto. "A sede do *rta*" está no mais alto Céu ou no altar do fogo.

Ora, Varuṇa foi educado na "casa" do *rta* e afirma-se que ele ama o *ṛta* e testemunha em favor do *rta*. É chamado de "rei do *rta*", e diz-se que essa norma universal, identificada com a verdade, está "baseada" nele. Aquele que infringe a lei é responsável perante Varuna, e é sempre Varuna, e só ele, que restabelece a ordem comprometida por pecado, erro ou ignorância. O culpado espera a absolvição por meio dos sacrifícios (que são, aliás, prescritos pelo próprio Varuna). Tudo isso salienta sua estrutura de deus-cosmocrata. Com o tempo, Varuna se tornará um *deus otiosus*, que sobrevive principalmente na erudição dos ritualistas e no folclore religioso. Entretanto, suas relações com a ideia da ordem universal são suficientes para assegurar-lhe um lugar importante na história da espiritualidade indiana.[15]

À primeira vista, parece paradoxal que o guardião do *rta* esteja ao mesmo tempo ligado intimamente a *maya*. A associação é, porém, compreensível, se levarmos em conta o fato de que a criatividade cósmica de Varuna possui também um aspecto "mágico". Sabe-se que o termo *maya* deriva da raiz *may*, "mudar". No Rig Veda, *maya* designa "a mudança destruidora ou negadora dos bons mecanismos, a transformação demoníaca e ilusória, e também a alteração da alteração".[16] Em outros termos, existem *maya* boas e más. Neste último caso, trata-se de "ardis" e de "magias", principalmente magias de transformação de tipo demoníaco, como as da serpente Vrtra, que é o *mayin*, ou seja, o mágico, o *trickster* por excelência. Tal *maya* altera a ordem cósmica, entrava, por exemplo, o curso do Sol ou retém as águas cativas etc. Quanto às boas *maya*, são de duas espécies: 1) as *maya* de combate, as "contra-*maya*" utilizadas por Indra quando este luta contra os seres demoníacos;[17] 2) a *maya* criadora das formas e dos seres, privilégio dos deuses soberanos, em primeiro lugar de Varuna. Essa *maya* cosmológica pode ser considerada equivalente ao *rta*. De fato, muitas passagens apresentam a alternância do dia e da noite, o curso do Sol, a queda da chuva e outros fenômenos, que implicam o *rta*, como resultado da *maya* criadora.

É portanto no Rig Veda, cerca de 1.500 anos antes do Vedânta clássico, que se apreende o sentido primeiro da *maya*: "mudança desejada", isto é, alteração – criação ou destruição – e "alteração da alteração". Observemos desde já que a origem do conceito filosófico de *maya* – ilusão cósmica, irrealidade, não ser – encontra-se simultaneamente na ideia de "mudança", de alteração da norma cósmica, e portanto de *transformação mágica ou demoníaca*, e na ideia do *poder criador* de Varuna, o qual, por intermédio da sua *maya*, restabelece a ordem do Universo. Compreende-se então por que *maya* chegou a significar a *ilusão cósmica*; é porque desde o início se trata de uma noção ambígua, ou até ambivalente: não só alteração demoníaca da ordem cósmica, mas também criatividade divina. Mais tarde, o próprio cosmo se tornará, para o Vedânta, uma "transformação" ilusória, ou seja, um sistema de mudanças desprovido de realidade.

Voltando a Varuna, observemos que seu modo de ser – soberano terrível, mágico e senhor dos pequenos laços – permite uma aproximação surpreendente com o dragão Vrtra. O que quer que se pense sobre o parentesco etimológico dos seus nomes,[18] convém destacar que ambos se encontram relacionados com as águas, e em primeiro lugar com as "águas represadas" ("o grande Varuna escondeu o mar", Rig V., IX, 73, 3). A noite (o não manifestado),* as águas (o virtual, os germes), a "transcendência" e o "não agir" (características dos deuses soberanos) têm uma solidariedade simultaneamente mítica e metafísica, de um lado, com os "laços" de todas as espécies, e, de outro lado, com o dragão Vrtra, que, como veremos, tinha "represado", "parado" ou "acorrentado" as águas.

Além disso, Varuna é assimilado à serpente Ahi e a Vrtra.[19] No Atharva Veda (XII, 3, 57), ele é qualificado de "víbora". Mas é sobretudo no Mahâbhârata que Varuna é identificado com as serpentes. É chamado de "senhor do mar" e "rei dos *nâgas*"; ora, o oceano é a "morada dos *nâgas*".[20]

67. Serpentes e deuses: Mitra, Aryaman, Aditi

Essa ambiguidade e ambivalência de Varuna é importante sob vários aspectos. Mas é principalmente o caráter exemplar da *união dos contrários* que deve

---

* Certas passagens do Rig Veda (por exemplo, I, 164, 38) viam em Varuna o não manifestado, o virtual e o eterno.

reter nossa atenção. Ela constitui na verdade uma das características do pensamento religioso indiano, muito tempo antes de tornar-se objeto da filosofia sistemática. A ambivalência e a união dos contrários não são próprias apenas a Varuna. O *Rig Veda* (I, 79, 1) já dava a Agni a qualificação de "serpente furiosa". O *Aitareya Brâhmana* (III, 36) afirma que a serpente Ahi Budhnya é de maneira invisível (*paroksena*) o que Agni é de maneira visível (*pratyaksa*). Em outros termos, a serpente é uma virtualidade do fogo, ao passo que as trevas são a luz não manifestada. No *Vâjasaneyi Samhitâ* (V, 33), Ahi Budhnya e o Sol (Aja Ekapad) estão identificados. Ao levantar-se na aurora, o Sol "liberta-se da noite... tal como Ahi se livra da sua pele" (*Sat. Br.*, II, 3; I, 3 e 6). Da mesma forma, o deus Soma, "tal como Ahi, arrasta-se para fora da sua velha pele" (*Rig V.*, IX, 86, 44). O *Satapatha Brâhmana* identifica-o com Vrtra (III, 4, 3, 13; etc.). Afirma-se que os adityas eram originariamente serpentes. Tendo-se despojado de suas velhas peles – o que significa que adquiriram a imortalidade ("eles venceram a morte") –, tornaram-se deuses, devas (*Pancavimsa Br.*, XXV, 15, 4). Finalmente, o *Satapatha Br.* (XIII, 4, 3, 9) declara que "a ciência das serpentes (*sarpa-vidyâ*) é o Veda".[21] Em outros termos, a doutrina divina está paradoxalmente identificada com uma "ciência" que, pelo menos no início, tinha um caráter "demoníaco".

É certo que a assimilação dos deuses às serpentes de certa forma prolonga a ideia, atestada no *Brhadâranyaka Upanisad* (I, 3, 1), de que os devas e os asuras são os filhos de Prajapati, e de que os asuras são os primogênitos. A descendência comum das figuras antagônicas constitui um dos temas favoritos para ilustrar a unidade-totalidade primordial. Vamos encontrar um exemplo surpreendente disso quando estudarmos as interpretações teológicas do famoso combate mítico entre Indra e Vrtra.

Quanto a Mitra, seu papel é secundário quando ele está separado de Varuna. No Veda, um único hino (*Rig V.*, III, 59) lhe é consagrado. Mas ele compartilha com Varuna os atributos da soberania, ao encarnar os aspectos pacífico, benevolente, jurídico e sacerdotal. Como seu nome indica, ele é o "contrato" personificado, tal como o Mitra avéstico. Ele facilita os tratados entre os homens e faz com que cumpram seus compromissos. O Sol é o seu olho (*Taitt. Brâh.*, II, 1, 5, 1); onividente, nada lhe escapa. Sua importância na atividade e no pensamento religiosos manifesta-se sobretudo quando é invocado com Varuna, de quem é simultaneamente a antítese e o complemento. O binômio Mitra-Varuna, que, já na época mais recuada, desempenhava um papel considerável como legítima expressão da soberania divina, foi utilizado mais tarde como fórmula exemplar para todas as espécies de pares antagônicos e de oposições complementares.

A religião dos indo-europeus e os deuses védicos　　　　199

A Mitra estão associados Aryaman e Bhaga. O primeiro protege a sociedade dos árias; rege sobretudo as prestações que estabelecem a hospitalidade e interessa-se pelos casamentos. Bhaga, cujo nome significa "parte", assegura a distribuição das riquezas. Juntos com Mitra e Varuna (e às vezes com outros deuses), Aryaman e Bhaga formam o grupo dos adityas ou filhos da deusa Aditi, a "não ligada", isto é, a livre. Desde Max Müller, muito se tem discutido a estrutura dessa deusa. Os textos identificam-na com a Terra ou mesmo com o Universo; ela representa a extensão, a amplidão, a liberdade.[22] Muito provavelmente, Aditi era uma grande deusa-mãe que, sem ser de todo esquecida, havia transmitido suas qualidades e funções a seus filhos, os adityas.

68. Indra, paladino e demiurgo

No Rig Veda, Indra é o mais popular dos deuses. Cerca de 250 hinos lhe são consagrados, em comparação com 10 endereçados a Varuna e 35 simultaneamente a Mitra, a Varuna e aos adityas. Indra é o herói por excelência, modelo exemplar dos guerreiros, temível adversário dos dasyus ou dasas. Seus acólitos, os maruts, refletem, em plano mitológico, as sociedades indo-iranianas de jovens guerreiros (*marya*). Mas Indra é também demiurgo e fecundador, personificação da exuberância da vida, da energia cósmica e biológica. Infatigável consumidor de *soma*, arquétipo das forças genesíacas, ele desencadeia os furacões, derrama as chuvas e comanda todas as umidades.[23]

O mito central de Indra, que é aliás o mais importante mito do Rig Veda, narra seu combate vitorioso contra Vrtra, o dragão gigantesco que retinha as águas no "oco da montanha". Fortificado pelo *soma*, Indra abate a serpente com seu *vajra* ("raio"), a arma forjada por *Tvastr*, parte-lhe a cabeça e liberta as águas, que se espalham em direção ao mar "qual mugidoras vacas" (Rig V., I, 32).

O combate de um deus contra um monstro ofídio ou marinho constitui, como se sabe, um tema mítico bastante difundido. Basta lembrarmos a luta entre Ré e Apófis, entre o deus sumeriano Ninurta e Asag, Marduk e Tiamat, o deus hitita da tempestade e a serpente Illuyankas Zeus e Tífon, o herói iraniano Thraêtaona e Azhi-dahâka, o dragão de três cabeças. Em certos casos (Marduk-Tiamat, por exemplo), a vitória do deus constitui condição prévia da cosmogonia. Em outros casos, o móvel é a inauguração de uma nova era ou o estabelecimento de uma nova soberania (cf. Zeus-Tífon, Baal-Yam). Em suma, é por meio da execução de um monstro ofídio – símbolo do virtual, do "caos", mas também do "autóctone" – que uma nova "situação", cósmica ou institucional, vem a existir. Um traço característico, e comum a todos esses mitos é o medo ou uma primeira derrota do paladino. Marduk e Ré hesitam antes do combate; num primeiro momento, a serpente Illuyankas consegue mutilar o deus; Tífon logra cortar e roubar os tendões de Zeus. Segundo o *Satapatha Brâhmana* (I, 6, 3-17), Indra, ao perceber Vrtra, foge para o mais longe possível, e o *Mârkandeya Purana* descreve-o como "doente de medo" e anelante de paz.*

Seria inútil nos determos nas interpretações naturistas desse mito: viu-se na vitória contra Vrtra ora a chuva desencadeada pela tempestade, ora a libertação das águas da montanha (Oldenberg), ora o triunfo do Sol contra o frio que havia "aprisionado" as águas ao congelá-las (Hillebrandt). Elementos naturistas estão por certo presentes, uma vez que o mito é multivalente; a vitória de Indra equivale, entre outras coisas, ao triunfo da vida contra a esterilidade e a morte, consequência da "imobilização" das águas por Vrtra. No entanto, a estrutura do mito é cosmogônica. No Rig Veda, I, 33, 4, diz-se que, com sua vitória, o deus criou o Sol, o Céu e a aurora. Segundo outro hino (Rig V., X, 113, 4-6), Indra, desde o seu nascimento, separou o Céu e a Terra, fixou a abóbada celeste e, ao atirar o *vajra*, estraçalhou Vrtra, que mantinha as águas nas trevas. Ora, o Céu e a Terra são os pais dos deuses (I, 185, 6): Indra é o mais jovem (III, 38, 1) e também o último deus a nascer, porque põe cobro à hierogamia Céu e Terra. "Utilizando sua força, ele estendeu esses dois mundos, o Céu e a Terra, e fez com que o Sol brilhasse" (VIII, 3, 6). Depois desse feito demiúrgico, Indra designa Varuna como cosmocrata e guardião do *rta* (que permanecera oculto no mundo inferior; Rig V., I, 62, 1).

Como veremos (cf. §75), existem outros tipos de cosmogonias indianas que explicam a Criação do mundo a partir de uma *matéria-prima*. Isso não acontece com o mito que acabamos de resumir, pois aqui já existia um certo tipo de "mundo". Efetivamente, o Céu e a Terra estavam formados e tinham gerado os deuses. Indra nada mais fez do que separar os pais cósmicos e, fulminando Vrtra com um raio, pôs fim à imobilidade e até à "virtualidade" simbolizada pelo modo de ser do dragão.** De acordo com certas tradições, o "formador" dos deuses, Tvastr, cujo papel não está claro no Rig Veda, construíra para si

---

* Com efeito, ele enviou-lhe mensageiros, que estabeleceram entre os dois "amizade" e "compromisso". Indra, entretanto, violou o contrato ao matar traiçoeiramente Vrtra, e esse foi o seu grande "pecado"; cf. Dumézil, *Heur et malheur du guerrier*, p.71s. Outro traço específico ao mito indiano: depois do assassínio, Indra é tomado de pavor, voa para os confins da Terra e esconde-se num lótus, "procurando a mais diminuta das formas" (*Mahâbhârata*, V, 9, 2s.; já Rig V., I, 32, 14).
** Indra encontra Vrtra "não dividido, não acordado, dormindo, mergulhado no mais profundo sono, estendido" (Rig V., IV, 19, 3).

A religião dos indo-europeus e os deuses védicos

uma casa e criou Vrtra como uma espécie de telhado, mas também de paredes para essa habitação. No interior da casa, cercada por Vrtra, existiam o Céu, a Terra e as águas.[24] Indra fez com que se rompesse essa mônada primordial, quebrando a "resistência" e a inércia de Vrtra. Em outras palavras, o mundo e a vida só puderam nascer com a execução de um ser primordial amorfo. Muitas são as variantes em que esse mito se acha difundido, e, na própria Índia, vamos encontrá-lo no desmembramento de Purusa pelos deuses e no autossacrifício de Prajapati. No entanto, Indra não realiza um sacrifício, mas, na qualidade de guerreiro, mata o adversário exemplar, o dragão primordial, encarnação da "resistência" e da inércia.

O mito é multivalente; ao lado do seu significado cosmogônico, há valências "naturistas" e "históricas". O combate de Indra servia de modelo às batalhas que os árias tiveram de travar contra os dasyus (aliás denominados *vrtâni*). "Aquele que triunfa numa batalha mata realmente Vrtra" (*Maitrâyani-Samhitâ*, II, 1, 3). É provável que, na época antiga, o combate entre Indra e Vrtra constituísse a encenação mítico-ritual das festas do ano-novo, que garantia a regeneração do mundo.[25] Se esse deus é a um só tempo paladino infatigável, demiurgo e epifania das forças orgiásticas e da fertilidade universal, é porque a violência provoca o aparecimento da vida, aumenta-a e regenera-a. Mas, muito cedo, a especulação indiana utilizará esse mito como ilustração da biunidade divina e, por conseguinte, como exemplo de uma hermenêutica que visa à revelação da realidade última.

69. Agni, o capelão dos deuses: fogo sacrifical, luz, inteligência

O papel cultual do fogo doméstico já era importante na época indo-europeia. Trata-se, por certo de um costume pré-histórico, amplamente atestado aliás em muitas sociedades primitivas. No Veda, o deus Agni representa a sacralidade do fogo no seu mais alto grau, mas ele não se deixa delimitar por essas hierofanias cósmicas e rituais. É filho de Dyaus (Rig V., I, 26, 10), tal como o seu homólogo iraniano, Atar, é filho de Aúra-Masda (*Yasna*, 2, 12; etc.). Ele "nasce" no Céu, de onde desce sob a forma de relâmpago, mas encontra-se também na água, na mata, nas plantas. É, além disso, identificado ao Sol.

Agni é descrito ao mesmo tempo por suas epifanias ígneas e por atributos divinos que lhe são específicos. Evocam-se os seus "cabelos de chama", a sua "maxila de ouro", o barulho e o terror que ele produz. "Quando te lanças sobre as árvores como um touro voraz, o teu rastro é negro" (Rig V., I, 58, 4). Ele é o "mensageiro" entre o Céu e a Terra, e é por seu intermédio que as oferendas chegam aos deuses. Mas Agni é principalmente o arquétipo do sacerdote; chamam-lhe sacrificador ou "capelão" (*purohita*). Eis por que os hinos que lhe são consagrados estão colocados no começo do Rig Veda. O primeiro hino começa com a seguinte estrofe: "Eu canto Agni, o capelão, o deus do sacrifício, o sacerdote, o fazedor de oblações que nos cumula de dádivas" (traduzido para o francês por Jean Varenne). Ele é eternamente jovem ("o Deus que não envelhece", Rig V., I, 52, 2), pois renasce a cada novo fogo. Como "senhor da casa" (*grihaspati*), Agni expulsa as trevas, afasta os demônios, protege contra as doenças e a feitiçaria. É por essa razão que as relações dos homens com Agni são mais íntimas do que com os outros deuses. É ele quem "dispensa, legando a quem os merece, os bens desejáveis" (I, 58, 3). Invocam-no com confiança: "Conduze-nos, ó Agni, à riqueza pelo bom caminho, … poupa-nos a falta que desorienta, … poupa-nos as doenças. Protege-nos sempre, Agni, com teus guardas infatigáveis. … Não nos abandones ao mau, ao destruidor, ao mentiroso e ao infortúnio" (I, 187, 1-5; tradução francesa de Varenne).[*]

Embora onipresente na vida religiosa – pois o fogo sacrifical desempenha um papel considerável –, Agni não dispõe de uma mitologia apreciável. Entre os raros mitos que lhe dizem respeito diretamente, o mais célebre é o de Mâtarisvan, que trouxera o fogo do Céu.[**] No plano cosmológico, seu papel é aparentemente confuso, mas importante. Por um lado, ele é chamado o "Embrião das Águas" (*âpam garbhah*; III, I, 12-13) e é evocado projetando-se da matriz das águas, as mães (X, 91, 6). Por outro lado, julga-se que ele penetrou nas águas primordiais e as fecundou. Trata-se certamente de uma concepção cosmológica arcaica: a criação pela união de um elemento ígneo (fogo, calor, luz, *semen virile*) e do princípio aquático (águas, virtualidades; *soma*). Certos atributos de Agni (calor, cor dourada – pois lhe atribuem um corpo de ouro, Rig V., IV, 3, 1; X, 20, 9 –, forças espermáticas e criadoras) são reencontrados nas especulações cosmológicas elaboradas em torno de Hiranyagarbha (o "Embrião de Ouro") e Prajapati (cf. §75).

Os hinos enfatizam as faculdades espirituais de Agni: ele é um *rishi* dotado de grande inteligência e clarividência. Para que possamos apreciar na sua justa medida tais especulações, temos de levar em conta as inumeráveis imagens e símbolos revelados pela "imaginação criadora" e pelas meditações a respeito do fogo, das chamas, do calor. Tudo isso constituía, aliás, uma he-

---

[*] Por causa de seu papel na cremação dos cadáveres, ele é denominado "devorador de carne" e comparado às vezes ao cão e ao chacal. Esse é o seu único aspecto sinistro.

[**] Mas, em outros textos, Agni é, em pessoa, o mensageiro de Mâtarisvan; cf. J. Gonda, *Les Rel. de l'Inde*, I, p.89.

A religião dos indo-europeus e os deuses védicos 203

rança que era transmitida desde a pré-história. O gênio indiano nada mais fez que elaborar, articular e sistematizar essas descobertas imemoriais. Reencontraremos nas especulações filosóficas posteriores algumas dessas imagens primordiais relacionadas com o fogo, como, por exemplo, o conceito do jogo divino criador (*lîlâ*), explicado a partir do "jogo" das chamas. Quanto à assimilação fogo (luz)-inteligência, é universalmente difundida.*

Eis como melhor se avalia a importância de Agni na religião e na espiritualidade indianas: ele provocou inumeráveis meditações e especulações cosmobiológicas, facilitou sínteses que visam à redução de múltiplos e diferentes planos a um princípio fundamental único. É certo que Agni não foi o único deus indiano a nutrir tais sonhos e reflexões, embora se situe na primeira fila. Já na época védica, era identificado com *tejas*, "energia ígnea, esplendor, eficácia, majestade, poder sobrenatural" etc. Imploram-lhe nos hinos que gratifique esse poder (Athar. V., VII, 89, 4).[26] Mas a série de identificações, assimilações e solidarizações – processo específico ao pensamento indiano – é muito mais vasta. Agni, ou um dos seus homólogos, o Sol, está implicado nos *philosophoúmena* que visam a identificar a luz ao *atman* e ao *semen virile*. Graças aos ritos e às asceses que dão continuidade ao aumento do "calor interior", Agni é também solidário, se bem que às vezes indiretamente, da valorização religiosa do "calor ascético" (*tapas*) e das práticas da ioga.

70. O deus Soma e a bebida da "não morte"

Com os 120 hinos que lhe são consagrados, Soma aparece como o terceiro no panteão védico. Um livro inteiro do Rig Veda, o IX, é dedicado ao Soma *pavamâna*, o *soma* "que está sendo clarificado". Ainda mais do que no caso de Agni, é difícil separar a realidade ritual – a planta e a bebida – do deus que tem o mesmo nome. Os mitos são desprezíveis. O mais importante relata a origem celeste do *soma*: uma águia, "voando até o Céu", precipitou-se "com a rapidez do pensamento e forçou a fortaleza de bronze" (Rig V., VIII, 100, 8). A ave apoderou-se da planta e a trouxe de volta à Terra. Mas julga-se que o *soma* cresce nas montanhas;[27] o que não constitui, a não ser aparentemente, uma contradição, pois os cimos pertencem ao mundo transcendental, já estando assimilados ao Céu. Por outro lado, outros textos precisam que o *soma* cresce "no umbigo da Terra, sobre as montanhas" (Rig V., X, 82, 3), ou seja, no

---

* A meditação religiosa sobre o fogo sacrifical desempenha importante papel no zoroastrismo (cf. §104).

centro do mundo, no local onde a passagem entre a Terra e o Céu se tornou possível.[28]

Soma só dispõe dos atributos usuais, que se conferem aos deuses em geral: é clarividente, inteligente, sábio, vitorioso, generoso etc. É proclamado amigo e protetor dos demais deuses; em primeiro lugar, ele é o amigo de Indra. Chamam-lhe também o rei Soma, sem dúvida pela sua importância ritual. Sua identificação com a Lua, desconhecida no Avesta, só é claramente atestada na época pós-védica.

Muitos detalhes relacionados com a prensagem da planta são simultaneamente descritos em termos cósmicos e biológicos: o barulho surdo produzido pela mó inferior é assimilado ao trovão, a lã do filtro representa as nuvens, o suco é a chuva que faz crescer a vegetação etc. A prensagem é ainda identificada com a união sexual. Mas todos esses símbolos da fertilidade biocósmica dependem, em última instância, do valor "místico" de Soma.

Os textos insistem nas cerimônias que precedem e acompanham a aquisição da planta, e sobretudo na preparação da bebida. Desde o Rig Veda, o sacrifício de *soma* era o mais popular, "a alma e o centro do sacrifício" (Gonda). Qualquer que tenha sido a planta utilizada nos primeiros séculos pelos indo-arianos, é certo que mais tarde ela foi substituída por outras espécies botânicas. O *soma/haoma* é a fórmula indo-iraniana da bebida da "não morte" (*amrta*); provavelmente ele substituiu a bebida indo-europeia *madhu*, o "hidromel".

Todas as virtudes do *soma* são solidárias da experiência extática ocasionada pela sua absorção. "Bebemos o *soma*", lê-se num hino célebre (VIII, 48), "e nos tornamos imortais; tendo chegado à luz, encontramos os deuses. O que nos pode agora fazer a impiedade ou a malícia do mortal, ó imortal?" (estrofe 3). Implora-se ao *soma* que prolongue "o nosso tempo de vida"; pois ele é "o guardião do nosso corpo" e "as debilidades, as doenças empreenderam a fuga" (tradução francesa de L. Renou). O *soma* estimula o pensamento, reanima a coragem do guerreiro, aumenta o vigor sexual, cura as enfermidades. Bebido em comum pelos sacerdotes e pelos deuses, ele aproxima a Terra do Céu, reforça e prolonga a vida, garante a fecundidade. Na verdade, a experiência extática revela ao mesmo tempo a plenitude vital, o sentido de uma liberdade sem limites, a posse de forças físicas e espirituais apenas suspeitadas. Daí o sentimento de comunidade com os deuses, ou até é pertencimento ao mundo divino, a certeza da "não morte", isto é, em primeiro lugar, de uma vida plena indefinidamente prolongada. Quem fala no célebre hino X, 119, o deus ou o indivíduo em êxtase que acabava de sorver a bebida sagrada? "As cinco tribos (humanas) não me pareceram sequer dignas de um olhar – pois

A religião dos indo-europeus e os deuses védicos

não bebi eu o *soma*?" A personagem enumera suas façanhas: "Dominei o Céu com o meu tamanho, dominei a vasta Terra. ... Vou golpear fortemente esta Terra. ... Tracei no Céu uma das minhas asas; a outra, tracei-a aqui embaixo. ... Sou grande, grande, eu me arremessei até as nuvens – pois não bebi eu o *soma*?" (tradução francesa de L. Renou).[29]

Não nos deteremos nos sucedâneos e nas substituições da planta original no culto. Importa o papel desempenhado por essas experiências sômicas no pensamento indiano. Muito provavelmente tais experiências estavam limitadas aos sacerdotes e a determinado número de sacrificadores. Mas tiveram uma ressonância considerável graças aos hinos que as exaltavam e graças sobretudo às interpretações que elas suscitaram. A revelação de uma existência plena e beatífica, em comunhão com os deuses, continuou a obsedar a espiritualidade indiana muito tempo depois do desaparecimento da bebida original. Procurou-se, pois, alcançar tal existência com o auxílio de outros meios: a ascese ou os excessos orgíacos, a meditação, as técnicas da ioga, a devoção mística. Como veremos no §79, a Índia arcaica conheceu vários tipos de extáticos. De mais a mais, a busca da liberdade absoluta deu lugar a toda uma série de métodos e *philosóphêma* que redundaram em novas perspectivas, insuspeitadas na época védica. Em todos esses desenvolvimentos posteriores, o *deus* Soma desempenhou um papel antes de tudo apagado; foi o *princípio* cosmológico e sacrifical que ele significava que acabou por prender a atenção de teólogos e metafísicos.

71. Dois grandes deuses na época védica: Rudra-Xiva e Vishnu

Os textos védicos invocam além disso certo número de divindades. A maior parte perderá gradualmente sua importância e acabará por ser esquecida, ao passo que algumas chegarão posteriormente a uma posição inigualada. Entre as primeiras, lembremos a deusa da aurora, Usas, filha do Céu (Dyaus); Vâyu, deus do vento e de seus homólogos, a "respiração" e a "alma cósmica"; Parjanya, o deus da tempestade e da estação chuvosa; Sûrya e Savitri, divindades solares; Pûsan, antigo deus pastoral em desaparecimento (ele quase não tem culto), guardião das estradas e guia dos mortos, que foi comparado a Hermes; os gêmeos Açvins (ou Nâsatya), filhos de Dyaus, heróis de numerosos mitos e lendas que lhes asseguram um lugar preponderante na literatura posterior; os maruts, filhos de Rudra, grupo de "rapazes" (*marya*) que Stig Wikander interpretou como o modelo mítico de uma "sociedade de homens" de tipo indo-europeu.

A segunda categoria é representada por Rudra-Xiva e Vishnu. Ocupam um lugar modesto nos textos védicos, mas na época clássica se tornarão grandes deuses. No Rig Veda, Vishnu aparece como uma divindade benévola em relação aos homens (I, 186, 10), amigo e aliado de Indra, a quem ajuda em seu combate contra Vrtra, estendendo mais tarde o espaço entre o Céu e a Terra (VI, 69, 5). Ele atravessou o espaço em três passadas, atingindo, na terceira, a morada dos deuses (I, 155, 6). Esse mito inspira e justifica um rito nos Bramanas: Vishnu é identificado ao sacrifício (*Sat. Br.*, XIV, I, 1, 6) e o sacrificador, imitando ritualmente suas três passadas, é assimilado ao deus e atinge o Céu (I, 9, 3, 9s.). Vishnu parece simbolizar ao mesmo tempo a extensão espacial ilimitada (que torna possível a organização do cosmo), a energia benéfica e onipotente que exalta a vida, e o eixo cósmico que escora o mundo. O Rig Veda (VII, 99, 2) afirma que ele sustenta a parte superior do Universo.[30] Os Bramanas insistem em suas relações com Prajapati, atestadas desde a época védica. Mas só mais tarde, nos Upanixades da segunda categoria (contemporâneos da *Bhagavad-Gîtâ*, e portanto mais ou menos no século IV a.C.), é que Vishnu é exaltado como um deus supremo de estrutura monoteísta. Mais adiante insistiremos nesse processo, específico aliás à criação religiosa indiana.

Morfologicamente, Rudra representa uma divindade de gênero oposto. Não possui amigos entre os deuses e não ama os homens, a quem amedronta com seu furor demoníaco e dizima com doenças e desastres. Rudra usa os cabelos trançados (Rig V., II, 114, 1, 5) e é de cor marrom-escura (II, 33, 5); tem o ventre negro e as costas vermelhas, arma-se de um arco e de flechas, veste-se com peles de animais e habita as montanhas, sua morada preferida. É associado a numerosos seres demoníacos.

A literatura pós-védica acentua ainda mais o caráter maléfico do deus. Rudra mora nas florestas e nos jângales, é chamado de "senhor dos animais selvagens" (*Sat. Br.*, XII, 7, 3, 20) e protege aqueles que se mantêm afastados da sociedade ariana. Enquanto os deuses residem no Oriente, Rudra habita o norte (isto é, o Himalaia). Está excluído do sacrifício do *soma* e recebe apenas as oferendas de alimentos que se jogam ao chão (*bali*) ou os restos das oblações e das oferendas sacrificais estragadas (*Sat. Br.*, I, 7, 4, 9). Os epítetos acumulam-se: chamam-lhe Xiva, "o gracioso", Hara, "o destruidor", Shamkara, "o salutar", Mahâdeva, "o grande deus".

Segundo os textos védicos e os Bramanas, Rudra-Xiva parece uma epifania das potências demoníacas (ou pelo menos ambivalentes) que povoam os lugares selvagens e desabitados; simboliza tudo o que é caótico, perigoso, imprevisível; inspira o terror, mas sua magia misteriosa também pode ser dirigida para objetivos benéficos (ele é o "médico dos médicos"). Muito se

A religião dos indo-europeus e os deuses védicos

discutiu sobre a origem e a estrutura primordial de Rudra-Xiva, considerado por alguns não só o deus da morte, mas também da fertilidade (Arbman), cheio de elementos não arianos (Lommel), divindade da classe misteriosa dos ascetas *vrâtya* (Hauer). As etapas da transformação do Rudra-Xiva védico em deus supremo, tal como ele emerge na *Svetâsvatara-Upanishad*, nos escapam. Parece certo que, com o passar do tempo, Rudra-Xiva assimilou – tal como a maioria dos outros deuses – muitos elementos da religiosidade "popular", ariana ou não ariana.

Mas, por outro lado, seria temerário acreditar que os textos védicos nos transmitiram a "estrutura primordial" de Rudra-Xiva. É preciso ter sempre em mente que os hinos védicos e os tratados bramânicos foram compostos para uma elite, a aristocracia e os sacerdotes, e que uma parte ponderável da vida religiosa da sociedade ariana era rigorosamente ignorada. Entretanto, a promoção de Xiva à categoria de Deus Supremo do hinduísmo não pode ser explicada pela sua "origem", mesmo que tenha sido não ariana ou popular. Trata-se de uma criação cuja originalidade avaliaremos, quando analisarmos a dialética religiosa indiana, tal como aparece na reintegração e revalorização contínuas dos mitos, ritos e formas divinas.

NOTAS

1. Acrescentemos que, mais tarde, o homem, como ser terrestre (GHᵉMON), opôs-se, no Ocidente, aos seres celestes, ao passo que no Oriente se encontra a concepção homem, criatura racional (MᵉNU), oposta aos animais; cf. Devoto, *Origini indoeuropee*, p.264s.
2. E. Benveniste, *Le Vocabulaire des institutions indo-européennes*, II, p.179. Quanto à religião, "por não concebrem essa realidade onipresente como uma instituição à parte, os indo-europeus não tinham termo para designá-la", ibid., p.265. Georges Dumézil analisou em diversas oportunidades o vocabulário indo-europeu do sagrado; ver, por último, *La Religion romaine archaïque* (2ª ed., 1974), p.131-46.
3. Ibid., p.223. Eric Hamp acaba, contudo, de reconstituir o termo comum para "sacrifício"; cf. Jies, I, 1973, p.320-2.
4. G. Dumézil, *Mitra-Varuna* (2ª ed., 1948), p.85.
5. *Servius et la Fortune*, p.190-2.
6. B. e R. Alchin, *The Birth of Indian Civilization*, p.155. A transformação dos inimigos terrestres em "demônios", "fantasmas" ou "magos" é um fenômeno muito frequente; ver M. Eliade, *Le Mythe de l'éternel retour*, p.51s.
7. Ver M. Eliade, *Le Yoga*, p.348s., 409s.
8. Evidentemente, deve-se completar essa descrição da cultura material com o "mundo paralelo" dos valores mágico-religiosos das ferramentas e de suas respectivas mitologias (§9).

9. Cf. A.K. Coomaraswamy, *The Rigveda as Land-náma-bok*, p.16; M. Eliade, *Le Mythe de l'éternel retour*, p.22.

10. Cf. Louis Renou, *Religions of Ancient India*, p.6.

11. O que lembra a situação da religião grega na época homérica: os poemas endereçavam-se a uma elite militar, pouco ou nada envolvida com os mistérios da fertilidade cósmica e da pós-existência da alma, mistérios que, no entanto, regiam a atividade religiosa das suas esposas e súditos.

12. Cf. *Traité d'histoire des religions*, p.68s.

13. *Images et symboles*, p.124s. H. Petersson explicou o seu nome a partir da raiz indo-europeia *uer*, "ligar".

14. "A julgar pelo lugar de destaque ocupado por essa mesma noção, quase com o mesmo vocábulo, tanto entre os paraindianos da Mesopotâmia e da Síria quanto entre os iranianos de qualquer credo, tem-se a certeza de que ela já constituía o fundamento das reflexões e explicações dos indo-iranianos indianos" (G. Dumézil, "Ordre, fantaisie, changement", p.140).

15. Na língua clássica, o termo *rta* será substituído pelo vocábulo *dharma*, cujo grandioso destino veremos adiante. No Rig Veda, *dhâman* e *dhârman* são citados, respectivamente, 96 e 54 vezes.

16. Cf. Dumézil, art.cit., p.142s., com bibliografia.

17. "Ele triunfou sobre os *mâyin* por meio das *mâyâ*"; tal é o *Leitmotiv* de numerosos textos (Bergaigne, III, p.82). Entre as "magias" de Indra alinha-se em primeiro lugar seu poder de transformação; cf. *Images et symboles*, p.131s.; G. Dumézil, op.cit., p.143-4.

18. Cf. *Images et symboles*, p.128s.

19. Ver as referências reunidas por Coomaraswamy, "Angel and Titan", p.391, nota.

20. Mahâbhârata, I, 21, 6 e 25, 4. Em outras passagens do Mahâbhârata, o rei Varuna é considerado entre os mais ilustres *nâgas*, e é citado ao lado das serpentes míticas, já atestadas nas fontes védicas; cf. G. Johnsen, "Varuna and Dhrtarâstra", p.260s.

21. Sobre esse tema, cf. M. Eliade, *Méphistophélès et l'Androgyne*, p.108s.

22. J. Gonda, *Gods and Powers*, p.75s.

23. Chamam-lhe *sahasramuska*, "de mil testículos" (R.V., VI, 46, 3); ele é "o senhor dos campos" (R.V., VIII, 21, 3) e "o senhor da Terra" (Atharva Veda, XII, 1, 6), o fecundador dos campos, dos animais e das mulheres; cf. *Traité d'histoire des religions*, p.82.

24. Foi sobretudo Norman W. Brown quem tentou reconstituir essa concepção cosmogônica.

25. Kuiper, "The ancient aryan verbal contest", p.269. Os certames oratórios na Índia védica reiteravam igualmente a luta primordial contra as forças de resistência (*vrtâni*). O poeta compara-se a Indra: "Eu sou o assassino dos meus rivais, sem ferimentos, são e salvo como Indra" (R.V., X, 166, 2; cf. Kuiper, p.251s.).

26. Cf. Gonda, *Gods and Powers*, p.58s.

27. O seu epíteto, Maujavata, indica o monte Mujavat como o domínio do *soma* (R.V., X, 34, 1). A tradição iraniana localiza igualmente a planta *haoma* nas montanhas (*Yasna*, 10, 4; *Yasht*, 9, 17; etc.).

28. Nos textos do Yajurveda, alude-se frequentemente ao sacrifício de Soma pelos deuses; só Mitra se recusou a participar dele, mas finalmente também se deixou convencer. Poderíamos identificar nesse episódio os traços de um mito de origem: a criação da bebida "imortalizante" pelo sacrifício de um ser primordial. Esse primeiro

A religião dos indo-europeus e os deuses védicos   209

assassinato, levado a efeito pelos deuses, é indefinidamente repetido na prensagem ritual da planta *soma*.

29. "O hino, ao que parece, deve ser atribuído ao deus Agni, que, durante um sacrifício, teria sido convidado pelo poeta a exprimir os efeitos experimentados por ter bebido o licor divino" (L. Renou, *Hymnes spéculatifs du Véda*, p.252).

30. Ver J. Gonda, *Visnuism and Sivaism*, p.10s. O pilar sacrifical, *yûpa*, lhe pertence; ora, *yûpa* é uma réplica do *axis mundi*. Cf. também Gonda, *Aspects of Early Visnuism*, p.81s.

IX. A Índia antes de Gautama Buda: do sacrifício cósmico à suprema identidade *ATMAN*-Brahman

72. Morfologia dos rituais védicos

O culto védico não conhecia santuário; os ritos realizavam-se na casa do sacrificante, ou num terreno limítrofe atapetado de relva, sobre o qual se instalavam os três fogos. As oferendas eram leite, manteiga, cereais e bolos. Sacrificavam-se também a cabra, a vaca, o touro, o carneiro e o cavalo. Mas, desde a época do Rig Veda, o *soma* era considerado o sacrifício mais importante.

Os ritos podem ser classificados em duas categorias: domésticos (*grhya*) e solenes (*srauta*). Os primeiros, efetuados pelo dono da casa (*grhapati*), são justificados pela tradição (*smrti*, a "memória"). Por outro lado, os ritos solenes em geral são cumpridos pelos oficiantes.* Sua autoridade funda-se na revelação direta ("auditiva", *sruti*) da verdade eterna. Entre os rituais privados, independentemente da conservação do fogo doméstico e das festas agrícolas, os mais importantes são os "sacramentos" ou "consagrações" (*samskara*) relacionados com a concepção e o nascimento das crianças, a introdução (*upanayama*) do jovem rapaz junto ao seu preceptor brâmane, o casamento e os funerais. Trata-se de cerimônias bastante simples: oblações e oferendas vegetais[1] e, para os "sacramentos", gestos rituais acompanhados de fórmulas murmuradas pelo dono da casa.

De todos os "sacramentos", o *upanayama* sem dúvida é o mais importante. Esse rito constitui o homólogo das iniciações de puberdade específicas das sociedades arcaicas. O Atharva Veda XI, 5, 3, onde o *upanayama* é atestado

---

* Seu número varia. O mais importante é o *hotr* ou "vertedor da oblação" (cf. avéstico *zaôtar*, "sacerdote"); ele torna-se mais tarde o recitador por excelência. O *adhvaryu* tem a responsabilidade do sacrifício: ele se desloca, ativa os fogos, manipula os utensílios etc. O *brahman*, representante do poder sagrado designado pelo seu nome (o *brahman* neutro), é o vigilante silencioso do culto. Sentado no centro da área, verdadeiro "médico do sacrifício", só intervém quando um erro é cometido, realizando então a expiação necessária. O *brahman* recebe a metade dos honorários, o que confirma a sua importância.

A *Índia antes de Gautama Buda*

pela primeira vez, afirma que o preceptor transforma o rapaz num embrião e guarda-o três noites em seu ventre. O *Satapatha Brâhmana* (XI, 5, 4, 12-13) acrescenta as seguintes observações: o preceptor concebe no momento em que coloca a mão sobre o ombro do menino e, no terceiro dia, este renasce na condição de brâmane. O Atharva Veda (XIX, 17) qualifica aquele que efetuou o *upanayama* de "duas vezes nascido" (*dvi-ja*), e é aqui que aparece pela primeira vez esse termo, fadado a uma aceitação excepcional.

O segundo nascimento é evidentemente de ordem espiritual, e os textos ulteriores insistem nesse ponto capital. Segundo as leis de Manu (II, 144), aquele que comunica ao neófito a palavra do Veda (isto é, o Brahman) deve ser considerado como mãe e pai: entre o gerador e o instrutor do Brahman, o instrutor é o pai verdadeiro (II, 146); o *verdadeiro* nascimento,[2] em outras palavras, o nascimento para a imortalidade, é dado pela fórmula *sâvitrî* (II, 148). Durante todo o período de estudos junto ao preceptor, o aluno (o *brahmacârin*) é obrigado a seguir certas regras: mendigar o alimento para seu senhor e para si próprio, observar a castidade etc.

Os ritos solenes constituem sistemas litúrgicos de uma grande e todavia monótona complexidade. A descrição minuciosa de um único sistema exigiria várias centenas de páginas. Seria inútil tentar resumir todos os sacrifícios *srauta*. O mais simples, o *agnihotra* ("a oblação ao fogo"), realiza-se à aurora e ao crepúsculo, e consiste numa oferenda de leite a Agni. Existem além disso ritos relacionados com os ritmos cósmicos: os sacrifícios "da chuva e da Lua nova", cerimônias sazonais (*caturmasya*) e ritos de primícias (*agrayana*).

Mas os sacrifícios essenciais, específicos ao culto védico, são os do *soma*. O *agnistoma* ("o elogio de Agni") é efetuado uma vez por ano, na primavera, e consiste, independentemente das operações preliminares, em três dias de "homenagem" (*upasad*). Entre as operações preliminares, a mais importante é a *diksa*, que santifica o sacrificante, fazendo-o nascer de novo. Analisaremos mais adiante o sentido desse ritual iniciatório. O *soma* é prensado pela manhã, ao meio-dia e ao anoitecer. Durante a prensagem do meio-dia, são distribuídos honorários (*daksina*): 7, 21, 60 ou 1.000 vacas, eventualmente todos os bens do sacrificante. Todos os deuses são convidados e participam da festa, primeiro isoladamente e depois juntos.[3]

Conhecem-se outros sacrifícios do *soma*: alguns não ultrapassam um dia, outros duram pelo menos 12 dias, muitas vezes um ano e teoricamente 12 anos. Além disso, há sistemas rituais que foram associados aos ofícios do *soma*; por exemplo, o *mahavrata* ("grande observância"), que compreende música, danças, gestos dramáticos, cenas e diálogos obscenos (um dos sacerdotes se movimenta sobre um balanço, ocorre uma união sexual etc.). O *vaja-*

peya ("beberagem de vitória") dura de 17 dias a um ano e constitui toda uma encenação mítico-ritual: corrida de cavalos atrelados a 17 carros, a "ascensão ao Sol" efetuada pelo sacrificante e sua esposa, que escalam cerimonialmente o pilar sagrado etc.

A consagração real (*rajasuya*) foi igualmente incorporada ao sistema sacrifical sômico. Nesse caso também se encontram episódios movimentados (simulacro de razia empreendida pelo rei contra uma manada de vacas; o rei joga dados com um sacerdote e ganha etc., mas, essencialmente, o ritual visa ao renascimento místico do soberano (§74). Outro sistema cerimonial foi associado, se bem que facultativamente, ao sacrifício do *soma*: é o *agnicayana*, "empilhamento (de tijolos para o altar) do fogo". Os textos esclarecem que, "outrora", se imolavam cinco vítimas, entre elas um homem. Suas cabeças eram a seguir emparedadas na primeira fiada de tijolos. As preliminares duravam um ano. O altar, construído com 10.800 tijolos empilhados em cinco fiadas, apresentava às vezes a forma de um pássaro, símbolo da ascensão mística do sacrificante ao Céu. O *agnicayana* deu lugar a especulações cosmogônicas que foram decisivas para o pensamento indiano. A imolação de um homem repetia o autossacrifício de Prajapati, e a construção do altar simbolizava a criação do Universo (§75).

73. Os sacrifícios supremos: *asvamedha* e *purusamedha*

O mais importante e mais célebre ritual védico é "o sacrifício do cavalo", o *asvamedha*. Ele só podia ser realizado por um rei vitorioso, que adquiria assim a dignidade de "soberano universal". Mas os resultados do sacrifício se irradiavam por todo o reino; com efeito, o *asvamedha* goza da reputação de purificar as máculas e de assegurar a fecundidade e a prosperidade em todo o país. As cerimônias preliminares se distribuem por um ano inteiro, durante o qual o corcel é deixado em liberdade com 100 outros cavalos. Quatrocentos jovens cuidam para que ele não se aproxime das éguas. O ritual propriamente dito dura três dias. No segundo dia, após certas cerimônias específicas (mostram-se éguas ao cavalo, atrelam-no a um carro e o príncipe o conduz a um tanque etc.), numerosos animais domésticos são imolados. Finalmente, o corcel, que doravante encarna o deus Prajapati pronto para sacrificar-se a si mesmo, é sufocado. As quatro rainhas, cada uma acompanhada de cem aias, passam em volta do cadáver, e a esposa principal deita-se ao lado dele; coberta por uma manta, ela simula a união sexual. Durante esse tempo, os sacerdotes e as mulheres trocam gracejos obscenos. Logo que a rainha se põe de pé, o

A Índia antes de Gautama Buda 213

cavalo e as outras vítimas são esquartejados. O terceiro dia encerra outros rituais, e finalmente se distribuem os honorários (*daksina*) aos sacerdotes; estes recebem, além disso, as quatro rainhas ou suas aias.

O sacrifício do cavalo é certamente de origem indo-europeia. Traços dele são encontrados entre os germanos, iranianos, gregos, latinos, armênios, massagetas, dálmatas. Mas foi só na Índia que essa encenação mítico-ritual assumiu lugar tão apreciável na vida religiosa e na especulação teológica. É provável que o *asvamedha* tenha sido, na origem, uma festa primaveril, mais exatamente um rito celebrado por ocasião do ano-novo. A sua estrutura comporta elementos cosmogônicos: por um lado, o cavalo é identificado ao cosmo (= Prajapati), e o seu sacrifício simboliza (isto é, *reproduz*) o ato da Criação. Por outro lado, os textos rigvédicos e bramânicos salientam as relações entre o cavalo e as águas. Ora, na Índia, as águas representam a substância cosmogônica por excelência. Mas esse rito complexo constitui também um "mistério" de tipo esotérico. "Na verdade, o *asvamedha* é tudo, e aquele que, sendo brâmane, nada sabe sobre o *asvamedha,* tudo desconhece, não é um brâmane e merece ser saqueado" (*Sat. Br.*, XIII, 4, 2, 17).

O sacrifício está destinado a regenerar o cosmo por completo, e ao mesmo tempo restabelecer todas as classes sociais e todas as vocações em sua excelência exemplar.[4] O cavalo, representante da força real (*ksatra*), identificado ainda a Yama, Aditya (o Sol) e Soma (isto é, a deuses-soberanos), é de certa maneira um substituto do rei. É necessário levar em conta tais processos de assimilação e substituição quando se analisa uma encenação paralela, o *purusamedha*; de fato, o "sacrifício do homem" acompanha de perto o *asvamedha*. Além das vítimas animais, sacrificava-se um brâmane ou um xátria, comprado ao preço de 1.000 vacas e 100 cavalos. Ele também era deixado em liberdade durante um ano, e, depois de morto, a rainha deitava-se junto ao seu cadáver. O *purusamedha* tinha a fama de obter tudo aquilo que não se podia alcançar por meio do *asvamedha*.

Tem-se perguntado se um sacrifício desse gênero chegou a ser praticado. O *purusamedha* é descrito em diversos *srautasutras*, mas só o *Sankhayana* e o *Vaitana* prescrevem a execução da vítima. Nos demais tratados litúrgicos, o homem é solto no último instante e, em seu lugar, imola-se um animal. É significativo que, durante o *purusamedha*, se recite o famoso hino cosmogônico *Purusasûkta* (Rig Veda, X, 90). A identificação da vítima com Purusa-Prajapati leva à identificação do sacrificante com Prajapati. Foi possível mostrar que a encenação mítico-ritual do *purusamedha* possui um surpreendente paralelo na tradição germânica:[5] ferido por uma lança e pendurado na árvore do mundo durante nove noites, Othin sacrifica-se "a si próprio" a fim de obter

214   *História das crenças e das ideias religiosas*

a sabedoria e dominar a magia (*Hávamál*, 138). Segundo Adam de Brème, que escreveu no século XI, esse sacrifício era renovado em Uppsala a cada nove anos por meio do enforcamento de nove homens e outras vítimas animais. Esse paralelo indo-europeu torna plausível a hipótese de que o *purusamedha* fosse de fato praticado. Mas, na Índia, onde a prática e a teoria do sacrifício têm sido continuamente reinterpretadas, a imolação de vítimas humanas acabou por ilustrar uma metafísica de tipo soteriológico.

74. Estrutura iniciatória dos rituais: a consagração (*diksa*), a sagração do rei (*rajasuya*)

Para melhor compreensão desse processo, convém esclarecer as pressuposições iniciatórias dos rituais *srauta*. Uma iniciação implica a "morte" e o "renascimento" do neófito, isto é, seu nascimento numa forma de existência superior. Alcança-se a "morte" ritual pela "imolação" ou um *regressus ad uterum*, simbólicos. A equivalência desses dois métodos implica a assimilação da "morte sacrifical" a uma "procriação". Como é proclamado pelo *Satapatha Brâhmana* (XI, 2, 1, 1), "o homem nasce três vezes: a primeira, de seus pais; a segunda, quando realiza um sacrifício; ... a terceira, quando morre e é colocado sobre o fogo, e em cima desse fogo ele volta a existir". Na realidade, trata-se de uma multidão de "mortes", pois todo "duas vezes nascido" pratica, no decorrer de sua vida, certo número de sacrifícios *srauta*.

A consagração, *diksa*, constitui a preliminar indispensável a todo sacrifício sômico, mas é também praticada em outras ocasiões.[6] Lembremos que o sacrificante que está recebendo a *diksa* já é "duas vezes nascido" graças ao seu *upanayama*, ao sofrer o *regressus ad uterum* iniciatório. Ora, o mesmo recurso à condição embrionária ocorre durante a *diksa*.

> Os sacerdotes transformam em embrião aquele a quem dão a *diksa*. Eles o aspergem com água; a água é a semente viril. Fazem-no entrar num galpão especial, a matriz de quem faz a *diksa*. Cobrem-no com uma veste que representa o âmnio. ... Ele conserva os punhos fechados; o embrião mantém os punhos fechados quando está no útero etc. (*Aitareya Brâhmana*, I, 3)

Os textos paralelos salientam o caráter embriológico e obstétrico do rito. "O *diksita* (isto é, aquele que pratica a *diksa*) é semente" (*Maitrayani-Samhita*, III, 6, 1). "O *diksita* é um embrião, sua roupa é o córion" etc. (*Taittirya-Sam.*, I, 3, 2). A razão desse *regressus ad uterum* é continuamente lembrada: "O ho-

A Índia antes de Gautama Buda

mem é na verdade não nascido. É pelo sacrifício que ele nasce" (*Mait.-Sam.*, III, 6, 7).*

Esse novo nascimento de ordem mística, que se repete em cada sacrifício, torna possível a assimilação do sacrificante aos deuses. "O sacrificante é destinado a nascer realmente no mundo celeste" (*Sat. Br.*, VII, 3, 1, 12). "Aquele que é consagrado aproxima-se dos deuses e torna-se um deus" (III, 1, 1, 8). O mesmo tratado afirma que o sacrificante que está nascendo de novo deve elevar-se nas quatro direções do espaço,isto é, dominar o Universo (VI, 7, 2, 11s.). Mas a *diksa* é igualmente identificada com a morte. "Ao se consagrar, ele (o sacrificante) morre pela segunda vez" (*Jaim. Upanisad Brah.*, III, 11, 3).[7] Segundo outras fontes, o *"diksita* é a oblação" (*Taitt.-Samhita*, VI, 1, 45), pois "a vítima é realmente o próprio sacrificante" (*Ait. Brah.*, II, 11). Em suma, "o iniciado é a oblação oferecida aos deuses" (*Sat. Br.*, III, 6, 3, 19).** O exemplo foi dado pelos deuses: "Ó Agni, sacrifica teu próprio corpo!" (Rig Veda, VI, 11, 2): "Sacrifica-te a ti mesmo aumentando teu corpo!" (X, 81, 5). Pois é "através do sacrifício que os deuses ofereceram o sacrifício" (X, 90, 16).

A morte ritual é portanto condição prévia para se aproximar dos deuses e, ao mesmo tempo, obter uma existência plenamente realizada neste mundo. Na época védica, a "divinização", aliás passageira, alcançada pelo sacrifício não implicava qualquer desvalorização da vida e da existência humana. Ao contrário, era por meio de tais ascensões rituais ao Céu, para junto dos deuses, que o sacrificante, assim como toda a sociedade e a natureza, eram abençoados e regenerados. Viu-se que resultados eram obtidos depois de um sacrifício *asvamedha* (cf. nota 5 deste Capítulo). É provável que a regeneração cósmica e o fortalecimento do poder real fossem também a meta dos sacrifícios humanos praticados na Uppsala pagã. Mas tudo isso era conseguido por meio de ritos que, visando a uma repetição da Criação, comportavam ao mesmo tempo a "morte", a "gestação embrionária" e o renascimento do sacrificante.

A sagração do rei indiano, o *rajasuya*, encerrava uma encenação análoga. As cerimônias centrais realizavam-se ao redor do ano-novo. A unção era precedida de um ano de *diksa* e geralmente seguida de outro ano de cerimônias de clausura. O *rajasuya* é provavelmente o resumo de uma série de cerimônias

---

* Todos esses ritos iniciatórios têm naturalmente um modelo mítico: foi Indra quem, para evitar o nascimento de um monstro assustador, depois da união entre a palavra (*Vac*) e o sacrifício (*Yajña*), se transformou em embrião e penetrou o útero de *Vac* (*Sat. Br.*, III, 2, 1, 18s.).

** O sacrificante "lança-se a si mesmo sob a forma de semente" (representada por grãos de areia) no fogo doméstico a fim de assegurar seu renascimento aqui embaixo, na Terra, e projeta-se no altar dos sacrifícios com vistas a um renascimento no Céu; cf. os textos citados por A. Coomaraswamy, "Atmayajña: Self-Sacrifice", p.360.

anuais destinadas a restaurar o Universo. O rei exercia um papel central, pois, tal como o sacrificante *srauta*, ele de alguma forma incorporava o cosmo. As diferentes fases do rito efetuavam sucessivamente a regressão do futuro soberano ao estado embrionário, a sua gestação de um ano e o seu renascimento místico na qualidade de cosmocrata, identificado ao mesmo tempo a Prajapati e ao cosmo. O "período embrionário" do futuro soberano correspondia ao processo de maturação do Universo e, muito provavelmente, estava na origem relacionado ao amadurecimento das colheitas. A segunda fase do ritual concluía a formação do novo corpo do soberano: um corpo simbólico, que se obtinha quer depois do casamento místico do rei com a casta dos brâmanes ou com o povo (casamento que lhe permitia nascer do seu útero), quer depois da união das águas masculinas com as femininas, ou da união do ouro – significando o fogo – e da água.

A terceira fase era constituída de uma série de ritos graças aos quais o rei alcançava a soberania sobre os três mundos; em outras palavras, ele encarnava o cosmo, e simultaneamente se estabelecia como cosmocrata. Quando o soberano ergue o braço, esse gesto tem um significado cosmogônico: simboliza a elevação do *axis mundi*. Ao receber a unção, o rei permanece de pé sobre o trono, com os braços levantados: ele encarna o eixo cósmico fixado no umbigo da Terra – isto é, o trono, o *centro* do mundo – e toca o Céu. A aspersão está ligada às águas que descem do Céu ao longo do *axis mundi* – representado pelo rei – a fim de fertilizar a Terra. Em seguida, o rei dá um passo em direção aos quatro pontos cardeais e sobe simbolicamente ao zênite. Em consequência desses ritos, o rei adquire a soberania sobre as quatro direções do espaço e sobre as estações; em outros termos, domina o conjunto do Universo espaço-temporal.[8]

Já se observou a ligação íntima entre morte e renascimento rituais, por um lado, e, por outro, entre cosmogonia e regeneração do mundo. Todas essas ideias são solidárias dos mitos cosmogônicos que examinaremos a seguir. Serão elaboradas e articuladas pelos autores dos Bramanas, na perspectiva que lhes era peculiar, especialmente a exaltação desmedida do sacrifício.

75. Cosmogonias e metafísica

Os hinos védicos apresentam, diretamente ou apenas por meio de alusões, diversas cosmogonias. Trata-se de mitos muito difundidos, atestados em diferentes níveis de cultura. Seria ocioso procurar a "origem" de cada uma dessas cosmogonias. Mesmo aquelas que – podemos presumir – foram trazidas pelos árias têm paralelos em culturas mais antigas, ou mais "primitivas". As cosmo-

A *Índia antes de Gautama Buda* 217

logias, como tantas outras ideias e crenças religiosas, representam, em todo o mundo antigo, um legado transmitido desde a pré-história. O que nos interessa aqui são as interpretações e as revalorizações indianas de certos mitos cosmogônicos. Lembremos que a antiguidade de uma cosmogonia não deve ser julgada pelos primeiros documentos que a apresentam. Um dos mitos mais arcaicos e mais difundidos, o "mergulho cosmogônico", só se torna popular na Índia bem tarde, principalmente na Epopeia e nos Puranas.

Essencialmente, quatro tipos de cosmogonia parecem ter apaixonado os poetas e os teólogos védicos. Podemos designá-los da seguinte forma: 1) Criação pela fecundação das águas originais; 2) Criação pelo despedaçamento de um gigante primordial, Purusa; 3) Criação a partir de uma unidade-totalidade, simultaneamente ser e não ser; 4) Criação pela separação do Céu e da Terra.

No célebre hino do Rig Veda, X, 121, o deus imaginado como Hiranyagarbha (o "Embrião de Ouro") plana sobre as águas; ao penetrá-las, fecunda as águas que dão à luz o deus do fogo, Agni (estrofe 7). O Atharva Veda (X, 7, 28) identifica o "Embrião de Ouro" ao pilar cósmico, *skambha*. O Rig Veda, X, 82, 5 relaciona o primeiro germe recebido pelas águas com o "artesão universal", Visvakarman, mas a imagem do embrião não se harmoniza com essa personagem divina, politécnica por excelência. Nesses exemplos, estamos diante de variantes de um mito original, que apresentava o "Embrião de Ouro" como a semente do deus criador sobrevoando as águas primitivas.[9]

O segundo tema cosmogônico, radicalmente reinterpretado numa perspectiva ritualista, encontra-se num hino igualmente famoso, o *Purusasukta* (R.V., X, 90). O gigante primordial Purusa (o "homem") é representado ao mesmo tempo como totalidade cósmica (estrofes 1-4) e ser andrógino. Com efeito (estrofe 5), Purusa gera a Energia criadora feminina, Virâj, e depois é dado à luz por ela.* A Criação propriamente dita é o resultado de um sacrifício cósmico. Os deuses sacrificam o "homem": do seu corpo despedaçado emanam os animais, os elementos litúrgicos, as classes sociais, a Terra, o Céu, os deuses: "Sua boca transforma-se no brâmane, de seus braços surge o guerreiro, de suas coxas o artesão, de seus pés nasce o servo" (estrofe 12, tradução francesa de Renou). O Céu emanou de sua cabeça, de seus pés a Terra, de sua consciência a Lua, de seu olhar o Sol; de sua boca provieram Indra e Agni, de seu hálito originou-se o vento etc. (estrofes 13-14).

A função exemplar desse sacrifício é salientada na última estrofe (16): "Os deuses sacrificaram o sacrifício pelo sacrifício"; em outras palavras, Purusa

---

* *Virâj* é uma espécie de Sakti. Na *Brhâdaranyaka-Up.*, IV, 2, 3, ele desposa Purusa.

era ao mesmo tempo vítima sacrifical e divindade do sacrifício. O hino enuncia claramente que Purusa precede e ultrapassa a criação, ainda que o cosmo, a vida e os homens procedam de seu próprio corpo. Em outros termos, Purusa é, a um só tempo, transcendente e imanente, modo de ser paradoxal mas próprio dos deuses cosmogônicos indianos (cf. Prajapati). O mito, de que se encontram paralelos na China (P'an-ku), entre os antigos germanos (Ymir) e na Mesopotâmia (Tiamat), ilustra uma cosmogonia de tipo arcaico: a Criação pelo sacrifício de um ser divino antropomorfo. O *Purusasukta* suscitou inúmeras especulações. Mas, da mesma forma como, nas sociedades arcaicas, o mito serve de modelo exemplar a toda espécie de Criação, assim esse hino é recitado num dos ritos que acompanham o nascimento de um filho, nas cerimônias de fundação do templo (construído aliás à semelhança de Purusa) e nos ritos purificatórios de renovação.[10]

No mais famoso hino do Rig Veda (X, 129), a cosmogonia é apresentada como uma metafísica. O poeta pergunta de si para si como o ser pôde sair do não ser, já que, no começo, não "existia o não ser, nem o ser" (estrofe 1, 1). "Nesse tempo não havia morto, nem não morto" (isto é, nem homens nem deuses). Só havia o princípio indiferenciado conhecido como "Um" (neutro). "O Um respirava por impulso próprio, sem que houvesse inspiração ou expiração." Afora "isso, nada mais existia" (estrofe 2). "No início, as trevas estavam escondidas pelas trevas", mas o calor (provocado pela ascese, *tapas*) deu origem ao "Um", "potencial" (*âbhû*) – isto é, "embrião" –, "recoberto de vacuidade" (interpretação possível: cercado das águas primitivas). Desse germe ("potencial") desenvolveu-se o desejo (*kâma*), e esse mesmo desejo "foi a semente primeira (*retas*) da consciência (*manas*)", afirmativa surpreendente, que antecipa uma das principais teses do pensamento filosófico indiano.

Os poetas, pela reflexão, "souberam descobrir o lugar do ser no não ser" (estrofe 4). A "semente primeira" dividiu-se a seguir em "alto" e em "baixo", num princípio masculino e num princípio feminino (cf. Rig V., X, 72, 4). Mas persiste o enigma da "Criação secundária", vale dizer, da Criação fenomenal. Os deuses nasceram *depois* (estrofe 6), não sendo, portanto, autores da Criação do mundo. O poeta conclui com um ponto de interrogação: "Será que aquele que zela por este (mundo) no lugar mais alto do firmamento é o único a saber (isto é, conhece a origem da "Criação secundária") – a menos que não o saiba?"

O hino representa o ponto mais alto alcançado pela especulação védica. O axioma de um ser supremo incognoscível – o "Um",* "Isso" – transcen-

---

* No Rig Veda já se observa uma tendência a reduzir a pluralidade dos deuses a um único princípio divino: "àquilo que não é Um, os poetas inspirados chamam múltiplo" (I, 164, 46).

A Índia antes de Gautama Buda	219

dente tanto aos deuses quanto à Criação, será desenvolvido nos Upanixades e em certos sistemas filosóficos. Tal como o Purusa do Rig Veda, X, 90, o Um precede o Universo, e cria o mundo por emanação de seu próprio ser, sem no entanto perder com isso sua transcendência. Guardemos essa ideia, capital para a especulação indiana posterior: tanto a *consciência* quanto o *Universo* são o produto do *desejo* procriador (*kâma*). Reconhece-se aqui um dos germes da filosofia Sâmkhya-Ioga e do budismo.

Quanto ao quarto tema cosmogônico – a separação do Céu e da Terra, ou a dissecação de Vrtra por Indra –, esse mito se aparenta com o *Purusasukta*: trata-se da divisão violenta de uma "totalidade", tendo em vista a Criação (ou a renovação) do mundo. O tema é arcaico e suscetível de surpreendentes reinterpretações e aplicações. Como vimos no §68, o ato demiúrgico de Indra, que fulmina e despedaça o dragão primordial, serve de modelo a ações tão diferentes quanto a construção de uma casa ou uma disputa oratória.

Citemos finalmente a Criação por um ser divino, o "artesão universal", Visvakarman (Rig V., X, 81), que modela o mundo como um escultor, um ferreiro ou um carpinteiro. Mas esse motivo mítico, famoso em outras religiões, é associado pelos poetas védicos ao tema, celebrizado pelo *Purusasukta*, da Criação-sacrifício.

A pluralidade das cosmogonias está em consonância com a multiplicidade das tradições relativas à teogonia e à origem do homem. Segundo o Rig Veda, os deuses foram gerados pelo casal primordial Céu e Terra, ou emergiram da massa aquática originária ou do não ser. Em todo o caso, eles passaram a existir *depois* da Criação do mundo. Um hino tardio (Rig V., X, 63, 2) conta que os deuses nasceram da deusa Aditi, das águas e da Terra. Mas nem todos eram imortais. O Rig Veda esclarece que eles receberam esse dom de Savitri (IV, 54, 2) ou de Agni (VI, 7, 4) ou bebendo o *soma* (IX, 106, 8). Indra obteve a imortalidade pela ascese, *tapas* (X, 167, 1), e o Atharva Veda declara que todos os outros deuses a alcançaram da mesma forma (XI, 5, 19; IV, 11, 6). Segundo os Bramanas, foi efetuando certos sacrifícios que os deuses se tornaram imortais.

Os homens também descendem do casal primordial Céu-Terra. Seu ancestral mítico é Manu, filho do deus Vivasvat, o primeiro sacrificante e o primeiro homem (Rig V., X, 63, 7). Outra versão identifica os pais míticos nos filhos de Vivasvat, Yama e sua irmã Yamî (X, 10). Finalmente, como acabamos de ver, o *Purusasukta* (X, 90, 12) explica a origem dos homens (isto é, as quatro classes sociais) a partir dos órgãos do gigante primordial sacrificado. No início, também os homens podiam tornar-se imortais pelo sacrifício; mas os deuses decidiram que essa imortalidade seria puramente espiritual, ou seja, acessível aos seres humanos somente depois da morte (*Satapatha Br.*, X, 4, 3, 9). Existem outras explicações mitológicas da origem da morte. No *Mahabharata*, a morte é introduzida por Brahman a fim de aliviar a Terra, sobrecarregada por uma massa humana que ameaçava fazê-la submergir no oceano (VI, 52-4; XII, 256-8).

Alguns desses mitos referentes ao nascimento dos deuses e dos homens, à perda ou à conquista da imortalidade, encontram-se em outros povos indo-europeus. Por outro lado, mitos análogos são atestados em várias culturas tradicionais. No entanto, apenas na Índia esses mitos deram origem a técnicas sacrificais, métodos contemplativos e especulações tão decisivas para o despertar de uma nova consciência religiosa.

76. A doutrina do sacrifício nos Bramanas

O *Purusasukta* é o ponto de partida e a justificativa doutrinária da teoria do sacrifício elaborada nos Bramanas (cerca de 1.000-800 a.C.). Exatamente como Purusa, que se deu aos deuses e se deixou imolar a fim de criar o Universo, Prajapati conhecerá o "esgotamento" letal após a obra cosmogônica. Tal como é apresentado pelos Bramanas, Prajapati parece ser uma criação da especulação erudita, mas a sua estrutura é arcaica. Esse "senhor das criaturas" aproxima-se dos grandes deuses cósmicos. Ele se assemelha de certa forma ao "Um" do Rig Veda, X, 129, e a Visvakarman, mas, sobretudo, é um prolongamento de Purusa. Por outro lado, a identidade Purusa-Prajapati é atestada pelos textos: "Purusa é Prajapati; Purusa é o ano" (*Jaim. Br.*, II, 56; cf. *Sat. Br.*, VI, 1, 1, 5). No início, Prajapati era a unidade-totalidade não manifestada, presença puramente espiritual. Mas o desejo (*kâma*) incitou-o a multiplicar-se, a reproduzir-se (*Sat. Br.*, VI, 1, 1). Ele se "aqueceu" a um grau extremo pela ascese (*tapas,* literalmente "calor, ardor") e criou por emanação;[11] pode-se compreender por sudação, como em certas cosmogonias primitivas, ou por emissão seminal. Ele criou primeiro o *brahman*, isto é, a tríplice ciência (os três Vedas), em seguida criou as águas a partir da palavra. Desejando reproduzir-se através das águas, ele as penetrou; um ovo começou a se desenvolver e sua casca se transformou na Terra. A seguir foram criados os deuses, para povoar os Céus, e os asuras, com a finalidade de povoar a Terra etc. (XI, 1, 6, 1s.).[12]

Prajapati pensou: "Na verdade, criei uma réplica de mim mesmo: o ano." É por isso que se diz: "Prajapati é o ano" (XI, 1, 6, 13). Ao dar aos deuses seu próprio eu (*atman*), ele criou uma outra réplica de si mesmo, a saber, o sacrifício, e é por esse motivo que as pessoas dizem: "O sacrifício é Prajapati." Frisa-se além disso que as articulações (*parvam*) do corpo cósmico de Prajapati são as cinco estações do ano e as cinco camadas do altar do fogo (*Sat. Br.*, VI, 1, 2).

Essa tríplice identificação de Prajapati com o *Universo*, o *tempo cíclico* (o ano) e o *altar do fogo* constitui a grande novidade da teoria bramânica do sacrifício. Ela marca o declínio da concepção que informava o ritual védico, e prepara as descobertas realizadas pelos autores dos Upanixades. A ideia fundamental é que, ao criar por "aquecimento" e por "emissões" renovadas, Prajapati se consome e acaba por esgotar-se. Os dois termos-chave – *tapas* (ardor ascético) e *visrj* (emissão dispersada) – podem ter conotações sexuais indiretas ou subentendidas, pois a ascese e a sexualidade estão intimamente ligadas no pensamento religioso indiano. O mito e suas imagens traduzem a cosmogonia em termos biológicos; seu próprio modo de ser faz com que o mundo e a vida se esgotem por sua própria duração.*

O esgotamento de Prajapati é expresso em imagens impressivas: "Depois de Prajapati ter produzido os seres vivos, suas juntas foram desarticuladas. Ora, Prajapati é sem dúvida o ano e suas articulações são os dois pontos de junção do dia e da noite (isto é, a aurora e o crepúsculo), a Lua cheia e a Lua nova, e os começos das estações. Ele era incapaz de se levantar com as articulações relaxadas; e os deuses o curaram por meio do (ritual do) *agnihotra*, fortalecendo-lhe as articulações" (*Sat. Br.*, I, 6, 3, 35-36).

Em outros termos, a reconstituição e a rearticulação do corpo cósmico de Prajapati são efetuadas pelo sacrifício, isto é, construindo um altar sacrifical para celebrar o *agnicayana* (§72). A mesma obra (X, 4, 2, 2) esclarece que "Esse Prajapati, o ano, é constituído de 720 dias e noites; eis por que o altar comporta 360 pedras de construção e 360 tijolos". "Esse Prajapati que fica desarticulado é (agora) o próprio altar do fogo construído anteriormente." Os sacerdotes restauram Prajapati, "dão-lhe forma" (*samskri*) dispondo as camadas de tijolos que constituem o altar. Em suma, *cada sacrifício repete o ato primordial da Criação, e garante a continuidade do mundo no ano seguinte.*

Tal é o sentido original do sacrifício nos Bramanas: recriar o cosmo "desarticulado", "esgotado" pelo Tempo cíclico (o ano). Pelo sacrifício – isto é, pela atividade constante dos sacerdotes – o mundo manteve-se vivo, perfeitamente integrado e fértil. É uma nova aplicação da ideia arcaica que exige a repetição anual (ou periódica) da cosmogonia. É também a justificação do orgulho dos brâmanes, convencidos da importância decisiva dos ritos. Pois

---

* Sabe-se que concepções similares caracterizam as culturas arcaicas, em primeiro lugar as dos paleocultivadores.

"o Sol não nasceria se o sacerdote, na aurora, não oferecesse a oblação do fogo" (*Sat. Br.*, II, 3, 1, 5). Nos Bramanas, os deuses védicos são ignorados ou subordinados às forças mágicas e criadoras do sacrifício. Anuncia-se que, de início, os deuses eram mortais (*Taitt. Sam.*, VIII, 4, 2, 1; etc.); eles se tornaram divinos e imortais pelo sacrifício (VI, 3, 4, 7; VI, 3, 10, 2; etc.).

A partir de então, tudo se concentra na força misteriosa do rito: a origem e a essência dos deuses, o poder sagrado, a ciência, o bem-estar neste mundo e a "não morte" no outro. Mas o sacrifício deve ser efetuado corretamente e com fé; a menor dúvida sobre sua eficácia pode ter consequências desastrosas. A fim de ilustrar essa doutrina ritual, que é ao mesmo tempo uma cosmogonia, uma teogonia e uma soteriologia, os autores dos Bramanas multiplicam os mitos ou os fragmentos dos mitos, reinterpretando-os de acordo com a nova perspectiva ou fabricando novos mitos a partir de uma etimologia fantasiosa, de uma alusão erudita, de um enigma.

77. Escatologia: identificação a Prajapati pelo sacrifício

E contudo, muito cedo, uma nova ideia se apresenta: o sacrifício não só restaura Prajapati e assegura a perpetuação do mundo, mas é suscetível de criar um ser espiritual e indestrutível, a "pessoa", o *atman*. O sacrifício não possui apenas uma intenção cosmogônica e uma função escatológica: torna também possível a obtenção de um novo modo de ser. Ao construir o altar do fogo (*agnicayana*), o sacrificante identifica-se com Prajapati; mais exatamente, Prajapati e o sacrificante são identificados na própria ação ritual: o altar é Prajapati e, ao mesmo tempo, o sacrificante *torna-se* esse altar. Pela força mágica do rito, o sacrificante constrói para si um novo corpo, eleva-se ao Céu, onde nasce uma segunda vez (*Sat. Br.*, VII, 3, 1, 12) e obtém a "imortalidade" (X, 2, 6, 8). Isso significa que, depois da morte, ele retornará à vida, à "não morte", modalidade de existência que ultrapassa o tempo. O importante – e é este o objetivo do rito – é ser "completo" (*sarva*), "integral", e conservar essa condição depois da morte.[13]

Ao "reconstituir" (*samdhâ, samskri*) Prajapati, o sacrificante efetua a mesma operação de integração e unificação sobre sua própria pessoa; em outras palavras, ele se torna "completo". Assim como, pelo sacrifício, o deus recupera sua pessoa (*atman*), o sacrificante constrói para si seu próprio eu, seu *atman* (*Kausitakî Brâhmana*, III, 8). A "fabricação" do *atman* assemelha-se, de alguma forma, à reunificação de Prajapati, dispersado e esgotado pela obra cosmogônica. A totalidade dos atos rituais (*karman*), quando concluída e bem

A *Índia antes de Gautama Buda*

integrada, constitui a "pessoa", o *atman*. Isso significa que, através da atividade ritual, as funções psicofisiológicas do sacrificante são reunidas e unificadas; sua soma constitui o *atman* (*Aitareya Br.*, II, 40, 1-7); e é graças ao seu *atman* que o sacrificante se torna "imortal".

Também os deuses alcançaram a imortalidade mediante o sacrifício, ao obter *brahman* (*Sat. Br.*, XI, 2, 3, 6). Por conseguinte, *brahman* e *atman* estão implicitamente identificados, já na época dos Bramanas.[14] Esse fato é confirmado por meio de uma outra série de identificações: Prajapati, e também o altar do fogo, são assimilados ao Rig Veda: as sílabas do Rig Veda são identificadas com os tijolos do altar. Mas, já que o *brahman* – também ele – é assimilado às 432.000 sílabas do Rig, ele é igualmente identificado com Prajapati e, em ultima análise, com o sacrificante, isto é, com o seu *atman*.[15]

Se Prajapati (Brahman) e *atman* são idênticos, é por serem o resultado de uma mesma atividade: "reconstrução", unificação; se bem que os materiais sejam diferentes: os tijolos do altar para Prajapati-Brahman, as funções orgânicas e psicomentais para o *atman*.[16] Mas é importante frisar que é *um mito cosmogônico que, afinal, constitui o modelo exemplar da "construção" do atman*. As diferentes técnicas iogas aplicam o mesmo princípio: "concentração" e "unificação" das posições corporais, dos sopros, da atividade psicomental.

A descoberta da identidade entre o Eu (*atman*) e *brahman* será incansavelmente explorada e diversamente valorizada nos Upanixades (§80). Acrescentemos por enquanto que, nos Bramanas, *brahman* designa o processo do sacrifício cósmico e, por extensão, o poder misterioso que mantém o Universo. Já nos Vedas, *brahman* foi pensado, e expressamente denominado, como o imperecível, o imutável, o fundamento, o princípio de toda existência. É significativo que, em diversos hinos do Atharva Veda (X, 7, 8 etc.), *brahman* se identifica com o *skambha* (literalmente escora, suporte, pilar); em outros termos, *brahman* é o *Grund* que sustenta o Mundo, simultaneamente eixo cósmico e fundamento ontológico. "No *skambha* é tudo aquilo que é possuído pelo espírito (*atmanvat*), tudo aquilo que respira" (Ath. V., VII, 8, 2). "Aquele que conhece o *brahman* no homem conhece o ser supremo (*paramesthin*, o senhor) e aquele que conhece o ser supremo conhece o *skambha*" (Ath. V., X, 8, 43).

Aproveita-se o esforço para isolar a realidade última: *brahman* é reconhecido como o pilar do Universo, o suporte, a base, e o termo *pratistha*, que exprime todas essas noções, já é amplamente utilizado nos textos védicos. O brâmane é identificado ao *brahman* porque conhece a estrutura e a origem do Universo, porque conhece a palavra que exprime tudo isso; pois *Vâc*, o *Lógos*, pode transformar qualquer pessoa em brâmane (já no Rig V., X, 125, 5). "O nascimento do brâmane é uma encarnação eterna do *dharma*" (Manu, I, 98).[17]

Uma categoria particular de obras, os *Aranyaka* (literalmente, "florestal"), permite-nos acompanhar a transição do sistema sacrifical (*karma-kanda*) dos Bramanas para a primazia do conhecimento metafísico (*jnâna-kanda*) proclamado pelos Upanixades. Os *Aranyaka* eram ensinados em segredo, longe das aldeias, na floresta. Suas doutrinas dão ênfase ao Eu, sujeito do sacrifício, e não mais à realidade concreta dos ritos. Segundo os *Aranyaka*, os deuses estão escondidos no homem; em outras palavras, a correlação macrocosmo-microcosmo, base da especulação védica, revela agora a homologia entre as divindades cósmicas e aquelas presentes no corpo humano (cf. *Aitareya Aranyaka*, I, 3, 8; II, 1, 2; III, 1, 1 etc. *Sankhayana Aranyaka*, VII, 2s.; VI, 2s.; etc). Por conseguinte, a "interiorização do sacrifício" (cf. §78) permite endereçar as oferendas simultaneamente aos deuses "interiores" e aos deuses "exteriores". A finalidade última é a união (*samhita*) entre os diferentes níveis teocósmicos e os órgãos e as funções psicofisiológicas do homem. Depois de muitas homologações e identificações, chega-se à conclusão de que "a consciência do Eu (*prajñatman*) é uma só e mesma coisa que o Sol" (*Ait. Ar.*, III, 2, 3; *Sankh. Ar.* VIII, 3-7). Equação audaciosa, que será elaborada e articulada pelos autores dos Upanixades.

78. *Tapas*: técnica e dialética das austeridades

Diversas vezes aludimos à ascese, *tapas*, pois não se pode dissertar sobre os deuses, mitos ou ritos indianos mais importantes sem mencionar esse "aquecimento" ritual, esse "calor" ou "ardor" obtido pela austeridade. O termo *tapas*, da raiz *tap*, "aquecer", "estar fervendo", é claramente atestado no Rig Veda (cf., por exemplo, VIII, 59, 6; X, 136, 2; 154, 2, 4; 167, 1; 109, 4 etc.). Trata-se de uma tradição indo-europeia, pois, num contexto paralelo, o "calor extremo" ou a "cólera" (*ménos, furor, ferg, wut*) desempenha um papel nos rituais de tipo heroico.[18] Acrescentemos que o "aquecimento", por diversas técnicas psicofisiológicas ou até por uma alimentação extremamente apimentada, é atestado entre os homens-medicina e os mágicos das culturas primitivas.[19] A obtenção do "poder" mágico-religioso é acompanhada de forte calor interno; esse próprio "poder" exprime-se por meio de termos que significam "calor", "queimadura", "muito quente" etc.

Lembramos esses fatos para destacar o arcaísmo e a considerável difusão das austeridades de tipo *tapas*. Isso não implica uma origem não ariana da ascese indiana. Os indo-europeus, e sobretudo os indianos védicos, haviam herdado técnicas pré-históricas que valorizaram de maneira diversa. Observemos desde

A Índia antes de Gautama Buda

já que em nenhum outro lugar o "aquecimento" ritual alcançou o grau que o *tapas* iria conhecer na Índia, desde os tempos mais remotos até nossos dias.

O "aquecimento" ascético encontra seu modelo, ou seu homólogo, nas imagens, símbolos e mitos relacionados ao calor que "coze" as colheitas e choca os ovos, assegurando sua eclosão, à excitação sexual, em especial o ardor do orgasmo, e ao fogo ateado pela fricção de duas varinhas de madeira. O *tapas* é "criador" em diversos planos: cosmogônico, religioso, metafísico. Prajapati, como vimos, cria o mundo "aquecendo-se" com *tapas*, e o esgotamento que se segue é assimilável à fadiga sexual (§76). No plano do rito, o *tapas* torna possível o "renascimento", isto é, a passagem deste mundo para o mundo dos deuses, da esfera do "profano" para a do "sagrado". Além disso, a ascese ajuda o contemplativo a "incubar" os mistérios do conhecimento esotérico e lhe revela as verdades profundas. (Agni fornece ao *tapasvim* "o calor da cabeça", tornando-o clarividente.)

A ascese modifica radicalmente o modo de ser do praticante, outorga-lhe um "poder" sobre-humano que se pode tornar temível e em certos casos "demoníaco".[20] As preliminares dos sacrifícios mais importantes, a cerimônia de iniciação, a aprendizagem do *brahmacarin*, comportavam o *tapas*. Essencialmente, o *tapas* é efetuado através do jejum, da vigília ao pé do fogo ou da exposição ao sol, e, mais raramente, pela absorção de substâncias embriagantes. Mas o "aquecimento" também se obtém pela retenção da respiração, o que abre caminho a uma audaciosa homologação do ritual védico com as práticas da ioga. Essa homologação tornou-se possível sobretudo com as especulações dos Bramanas em torno do sacrifício.

O sacrifício foi cedo assimilado ao *tapas*. Proclama-se que os deuses alcançaram a imortalidade não só pelo sacrifício (§76), mas também pela ascese. Se, no culto védico, se ofertam aos deuses o *soma*, manteiga derretida e o fogo sagrado, na prática ascética lhes é oferecido um "sacrifício interior", no qual as funções fisiológicas substituem as libações e os objetos rituais. A respiração é frequentemente identificada a "libação ininterrupta".[21] Fala-se do *prânâgnihotra*, isto é, da "oblação ao fogo [realizada] pela respiração" (*Vaikhanasasmarta sutra*, II, 18). A concepção desse "sacrifício interior" é uma inovação rica em consequências; ela permitirá aos ascetas e aos místicos, mesmo os mais excêntricos, se manterem no interior do bramanismo e mais tarde do hinduísmo. Por outro lado, o mesmo "sacrifício interior" será praticado pelos brâmanes "habitantes da floresta", isto é, por aqueles que vivem como ascetas (*sannyasi*), sem com isso abandonarem sua identidade social de "chefes de família".[22]

Em suma, o *tapas* é integrado numa série de homologações efetuadas sobre planos diferentes. De um lado – e em conformidade com a tendência específica do espírito indiano –, as estruturas e os fenômenos cósmicos são assimilados aos órgãos e às funções do corpo humano, e, além disso, aos elementos do sacrifício (altar, fogo, oblações, instrumentos rituais, expressões litúrgicas etc.). De outro lado, a ascese – que envolvia (já nos tempos pré-históricos) todo um sistema de correspondências micromacrocósmicas (as respirações assimiladas aos ventos etc.) – é homologada no sacrifício. Certas formas de ascese, como por exemplo a retenção da respiração, são tidas até como superiores ao sacrifício; seus resultados são declarados mais preciosos que os "frutos" do sacrifício. Mas todas essas homologações e assimilações são válidas, isto é, tornam-se *reais* e religiosamente *eficazes*, desde que se compreenda a dialética que as colocou em evidência.

No final, estamos lidando com sistemas que são, por um lado, homologados, e, por outro, classificados numa série hierárquica variável. O *sacrifício* é assimilado à *ascese*, mas, a partir de certo momento, o mais importante é a *inteligência* do princípio que justifica semelhantes assimilações. Bem cedo, com os Upanixades, a compreensão, o conhecimento (*jñana*), será elevada a uma categoria eminente, e o sistema sacrifical, com a teologia mitológica que ele implica, perderá a primazia religiosa. Mas esse sistema baseado na superioridade da "compreensão" não conseguirá manter sua supremacia, pelo menos no que se refere a certas frações da sociedade. Os iogues, por exemplo, atribuirão uma importância decisiva à ascese e à experimentação dos estados "místicos"; certos "extáticos" ou partidários da devoção de tipo teísta (*bhakti*) rejeitarão totalmente ou em parte o ritualismo bramânico e a especulação metafísica dos Upanixades, e também a ascese (*tapas*) e a técnica da ioga.

Essa dialética suscetível de descobrir inúmeras homologias, assimilações e correspondências nos diferentes planos da experiência humana (fisiologia, psicologia, atividade ritual, simbolização, "experimentação mística" etc.), estava atuante desde a época védica, ou desde a proto-história indo-europeia. Mas ela será convocada a desempenhar um papel considerável nas épocas posteriores. Como veremos, a dialética da homologação revela suas possibilidades "criadoras" sobretudo nos momentos de crise religiosa e metafísica, isto é, quando um sistema tradicional acaba por perder sua validade e quando seu mundo de valores se esfacela.

79. Ascetas e extáticos: *muni, vratya*

Se as austeridades rituais são parte integrante do culto védico, cumpre não perder de vista a presença das outras espécies de ascetas e extáticos, apenas

A Índia antes de Gautama Buda

assinalados nos textos antigos. Alguns desses ascetas e extáticos viviam à margem da sociedade ariana, sem no entanto serem considerados "heréticos". Mas havia outros que podiam ser tidos como "estrangeiros", embora seja praticamente impossível decidir se eles pertenciam às camadas aborígines ou se apenas refletiam as concepções religiosas de certas tribos arianas que evoluíam à margem da tradição védica.

Assim, um hino do Rig Veda (X, 136) fala de um asceta (*muni*) de longos cabelos (*kesin*), vestido "de cascão pardo", "cingido de vento" (isto é, nu) e no qual "entram os deuses". Ele exclama: "Na embriaguez do êxtase nós nos colocamos sobre os ventos. Vocês, mortais, podem perceber o nosso corpo" (estrofe 3). O *muni* voa pelos ares, é o cavalo do vento-elemento (*Vata*) e o amigo de Vayu (o deus do vento). Mora nos dois oceanos, o do levante e o do poente (estrofe 5; cf. Ath. V., XI, 5, 6; etc.). "Ele segue os rastos dos apsaras, dos gandharvas e dos animais selvagens, e lhes compreende os pensamentos" (estrofe 6). Ele "bebe com Rudra da taça de veneno" (estrofe 7). Trata-se de um exemplo típico de êxtase: o espírito do *muni* abandona o corpo, torna-se o pensamento dos seres semidivinos e dos animais selvagens, habita os "dois oceanos". As alusões ao cavalo do vento e aos deuses que ele incorpora indicam uma técnica xamanizante.

Os Vedas evocam igualmente outras experiências supranormais, relacionadas com personagens míticas (Ekavratya, Brahmacarin, Vena etc.) que representam provavelmente os modelos divinizados de certos ascetas e mágicos. Pois o "homem-deus" continua a ser um motivo dominante na história espiritual da Índia. Ekavratya é provavelmente o arquétipo desse grupo misterioso, os *vratya*, nos quais se quis ver ascetas xivaítas, "místicos", precursores dos iogues ou representantes de uma população não ariana. Um livro inteiro do Atharva Veda (XV) lhes é consagrado, mas o texto é obscuro. Ele deixa transparecer, todavia, que os *vratya* praticam a ascese (permanecem de pé um ano etc.), conhecem uma disciplina da respiração (assimilada às diversas regiões cósmicas: Ath. V., XV, 14, 1s.), homologam seu corpo no macrocosmo (18, 1s.). Essa confraria era contudo importante, pois um sacrifício especial, o *vratyastoma*, tinha sido instituído para reintegrar seus membros na sociedade bramânica.[23] Durante o *vratyastoma*, outras personagens estavam presentes, sendo as principais um *magadha*, que se desincumbia do papel de chantre, e uma prostituta (Ath. V., XV, 2). Por ocasião de um rito de solstício (*mahavrata*), ela se acasalava ritualmente com o *magadha* ou com um *brahmacarin*.[24]

O Brahmacarin, também ele, é concebido como uma personagem na escala cósmica. Iniciado, vestido de pele de antílope negro, com uma longa barba, Brahmacarin viaja do oceano oriental ao oceano setentrional e "cria os mundos"; é exaltado como "um embrião no seio da imortalidade"; vestido de cor vermelha, ele pratica o *tapas* (Ath. V., XI, 5, 6-7). Mas, como frequentemente acontece na Índia, seu "representante" terrestre, o *brahmacarin* (cujo principal voto é a castidade), une-se ritualmente a uma prostituta.

A união sexual exercia um papel em certos rituais védicos (cf. o *asvamedha*). É importante distinguir entre a união conjugal tida como uma hierogamia* e a união sexual de tipo orgiástico que tem por objetivo a fecundidade universal ou a criação de uma "defesa mágica".[25] Em ambos os casos, no entanto, trata-se de ritos, pode-se até dizer de "sacramentos", efetuados em vista de uma ressacralização do ente humano ou da vida. Mais tarde, o tantrismo elaborará toda uma técnica que visa à transmutação sacramental da sexualidade.

Quanto às diversas classes de ascetas, mágicos e extáticos que viviam à margem da sociedade ariana, mas cuja maioria acabou por se integrar no hinduísmo, estamos apenas medianamente informados. As fontes mais ricas são tardias, o que, aliás, não lhes diminui de forma alguma o interesse, pois refletem seguramente uma situação mais antiga. Assim, o *Vaikhanasasmartasutra* apresenta uma longa lista de ascetas e eremitas; alguns se distinguem pelos longos cabelos e as vestes esfarrapadas ou feitas de casca de árvore; outros vivem nus, alimentam-se de urina e bosta de vaca, habitam nos cemitérios etc.; outros, ainda, praticam a ioga ou uma forma de prototantrismo.[26]

Para sermos concisos, desde os tempos mais antigos são atestadas diferentes formas de ascetismo, de experiências extáticas e de técnicas mágico-religiosas. Podem-se reconhecer as austeridades de tipo "clássico" e certos motivos xamanizantes, ao lado de experiências extáticas próprias a muitas outras culturas e de algumas práticas rudimentares de ioga. A heterogeneidade e a complexidade dos comportamentos, das técnicas e das soteriologias defendidas por aqueles que haviam abandonado o mundo não cessarão de aumentar nas épocas posteriores. Pode-se dizer, sumariamente, que os métodos extáticos destacam e prolongam a experiência exaltadora da absorção do *soma* ou de outras substâncias embriagantes, antecipando ao mesmo tempo certas formas de devoção mística, enquanto as austeridades e as disciplinas ascéticas preparam a elaboração das técnicas da ioga.

Deve-se acrescentar que, a partir da época dos Upanixades, propaga-se o costume de abandonar a vida social e de se estabelecer na "floresta", a fim de

---

* "Eu sou o Céu, tu és a Terra!", diz o esposo à esposa (*Brhad. Up.*, VI, 4, 20). A concepção é operada em nome dos deuses: "Que Vishnu prepare o útero; que Tvastr modele as formas" etc. (Ath. V., VI, 4, 21).

A *Índia antes de Gautama Buda*

consagrar-se inteiramente à meditação. Esse hábito tornou-se há muito tempo exemplar e ainda é seguido na Índia moderna. Mas é provável que o retiro, na "floresta", de pessoas que não eram "extáticos", nem ascetas ou iogues por vocação, houvesse constituído, no início, uma novidade bastante surpreendente. Na verdade, o abandono da vida social revelava uma crise de profundidade na religião tradicional. Muito provavelmente, essa crise se decandeara em consequência das especulações bramânicas em torno do sacrifício.

80. Os Upanixades e a coleta dos *rishis*: como se livrar dos "frutos" dos seus próprios atos?

Nos Bramanas, os deuses védicos foram radicalmente desvalorizados em benefício de Prajapati. Os autores dos Upanixades prolongam e encerram esse processo. Vão, porém, mais longe: não hesitam em desvalorizar o todo-poderoso sacrifício. Certos textos upanixádicos afirmam que, sem uma *meditação* sobre o *atman*, o sacrifício não está completo (*Maitri Up.*, I, 1). A *Chândogya Up.* (VIII, 1, 6) assevera que, exatamente como "perece o mundo conquistado pelos atos (*karman*)", assim perecerá o mundo obtido pelo sacrifício. Segundo a *Maitri Up.* (I, 2, 9-10), aqueles que nutrem ilusões sobre a importância do sacrifício são dignos de lástima; porque, depois de terem desfrutado no Céu o lugar de destaque conquistado com suas boas ações, voltarão à Terra ou descerão a um mundo inferior. Nem os deuses nem os ritos contam mais para um verdadeiro *rishi*. Seu ideal está admiravelmente formulado na prece transmitida pelo mais antigo Upanixade, o *Brhadaranyaka* (I, 3, 28): "Do não ser (*asat*) conduze-me ao ser (*sat*), da escuridão conduze-me à luz, da morte conduze-me à imortalidade!"

A crise espiritual que explode nos Upanixades parece ter sido provocada pela meditação sobre os "poderes" do sacrifício. Vimos que, assim como Prajapati era reconstituído e recuperava a sua "pessoa" (*atman*) pela virtude do sacrifício, da mesma forma o sacrificante, por meio dos atos rituais (*karman*), "unificava" suas funções psicofisiológicas e construía seu "Eu" (§77). Nos Bramanas, o termo *karman* denota a atividade ritual e suas consequências benéficas (já que, depois da morte, o sacrificante alcançava o mundo dos deuses).

Mas, refletindo sobre o processo *ritual* de "causa e efeito", era inevitável que se descobrisse que toda *ação*, pelo simples fato de obter um *resultado*, integrava-se numa série ilimitada de causas e efeitos. Uma vez reconhecida a lei da causalidade universal no *karman*, desfazia-se a certeza fundamentada nos efeitos salutares do sacrifício. Porque a pós-existência da "alma" no Céu era a meta da atividade ritual do sacrificante; mas onde se "realizavam" os produtos de *todos os seus outros atos*, efetuados durante sua vida inteira? A pós-existência beatífica, recompensa de uma atividade ritual correta, devia portanto ter um fim. Mas, então, o que acontecia com a "alma" (*atman*) desencarnada? Em hipótese alguma ela podia desaparecer definitivamente. Restava um número ilimitado de *atos* efetuados durante a vida, e estes constituíam outras tantas "causas" que *deviam* ter "efeitos"; em outras palavras, deviam "realizar-se" numa nova existência, aqui na Terra, ou num outro mundo. A conclusão impunha-se por si mesma: depois de haver desfrutado uma pós-existência beatífica ou infeliz num mundo extraterrestre, a alma era obrigada a reencarnar-se. Foi a lei da transmigração, *samsara*, que, uma vez descoberta, dominou o pensamento religioso e filosófico indiano, não só "ortodoxo" como também heterodoxo (o budismo e o jainismo).

O termo *samsara* aparece somente nos Upanixades. Quanto à doutrina, ignora-se a sua "origem". Tentou-se inutilmente explicar a crença na transmigração da alma pela influência de elementos não arianos. Seja como for, essa descoberta impôs uma visão pessimista da existência. O ideal do homem védico – viver 100 anos etc. – mostra-se ultrapassado. Em si mesma, a vida não representa necessariamente o "mal", desde que a utilize como meio de livrar-se dos laços do *karman*. O único objetivo digno de um sábio é a obtenção da libertação, *moksha* – outro termo que, com os seus equivalentes (*mukti* etc.), se alinha entre as palavras-chave do pensamento indiano.

Uma vez que todo ato (*karman*), religioso ou profano, revigora e perpetua a transmigração (*samsara*), a libertação não pode ser alcançada pelo sacrifício nem por meio de íntimos relacionamentos com os deuses, nem através da ascese ou da caridade. Em seus ermitérios, os *rishis* procuravam outros meios para se libertar. Uma descoberta importante foi realizada ao se meditar sobre o valor soteriológico do *conhecimento*, já exaltado nos Vedas e nos Bramanas. Evidentemente, os autores dos Bramanas referiam-se ao conhecimento (esotérico) das homologias implícitas na operação ritual. Era a *ignorância* dos mistérios sacrificais que, segundo os Bramanas, condenava os homens a uma "segunda morte". Mas os *rishis* foram mais longe; dissociaram o "conhecimento esotérico" do seu contexto ritual e teológico; a gnose é agora tida como capaz de apreender a verdade absoluta, revelando as estruturas profundas do real. Tal "ciência" acaba por eliminar literalmente a "ignorância" (*avidya*), que parece ser o quinhão dos seres humanos (os "não iniciados" dos Bramanas). Trata-se, certamente, de uma "ignorância" de ordem metafísica, pois ela se refere à realidade última, e não às realidades empíricas da experiência cotidiana.

A Índia antes de Gautama Buda 231

É nesse sentido de "ignorância de ordem metafísica" que o termo *avidya* se impôs no vocabulário filosófico indiano. A *avidya* dissimulava a realidade última; a "sabedoria" (gnose) revelava a verdade e portanto o real. Sob certo ponto de vista, essa "nesciência" era "criadora": criava as estruturas e o dinamismo da existência humana. Graças à *avidya*, os homens viviam uma existência irresponsável, ignorando as consequências dos seus atos (*karman*). Depois de apaixonantes pesquisas e de hesitações, por vezes desfeitas por repentinas iluminações, os *rishis* identificaram na *avidya* a "causa primeira" do *karman*, e por conseguinte a origem e o dinamismo da transmigração. O círculo estava agora completo: a ignorância (*avidya*) "criava" ou reforçava a lei de "causa e efeito" (*karman*) que, por sua vez, infligia a série ininterrupta das reencarnações (*samsara*). Felizmente, a libertação (*moksha*) desse círculo infernal era possível sobretudo graças à gnose (*jñana, vidya*).

Como veremos, outros grupos ou escolas proclamavam além do mais as virtudes libertadoras das técnicas da ioga ou da devoção mística. O pensamento indiano cedo se dedicou a ratificar os diferentes "caminhos" (*marga*) que conduzem à libertação. O esforço resultou, alguns séculos mais tarde, na famosa síntese proclamada na *Bhagavad-Gita* (século IV a.C.). Mas é importante assinalar desde já que a descoberta da sequência fatal *avidya-karman-samsara*, e do seu remédio, a libertação (*moksha*) por meio da "gnose", do conhecimento de ordem metafísica (*jñana, vidya*), descoberta efetuada, ainda que imperfeitamente sistematizada, nos tempos dos Upanixades, constitui o essencial da filosofia indiana posterior. Os desenvolvimentos mais importantes referem-se aos meios de libertação e, paradoxalmente, à "pessoa" (ou ao "agente") que se julga gozar dessa libertação.

81. A identidade *atman*-Brahman e a experiência da "luz interior"

A simplificação foi proposital, a fim de apreender antes de mais nada a intenção e a originalidade dos *rishis*. Nos mais antigos Upanixades,* distinguem-se vários métodos. Entretanto, é necessário não se apoiar demasiado sobre essas diferenças, pois o sistema de assimilações e homologias predominante nos Bramanas, continua igualmente válido nos Upanixades. O problema central está, explícita ou implicitamente, presente em cada um dos textos. Trata-se de apreender e compreender o ser primeiro, o um/todo, que é o único em

---

* Isto é, os Upanixades em prosa, a *Brhadaraṇyaka*, a *Chandogya*, a *Aitareya*, a *Kausitaki* a *Taittiriya*. Foram redigidas, provavelmente, entre 800 e 500 a.C.

condições de explicar o mundo, a vida e o destino do homem. Desde o Rig Veda, tinha-se identificado no *tad ekam* – "o Um" neutro – do célebre hino X, 129. Os Bramanas chamam-lhe Prajapati ou Brahman. Mas, nesses tratados escolásticos, o ser primeiro estava relacionado ao sacrifício cósmico e à sacralidade ritual. Os *rishis* esforçaram-se para apreendê-lo por meio de uma meditação guiada pela gnose.*

O ser primeiro é, evidentemente, impensável, ilimitado, eterno; ele é, ao mesmo tempo, o Um e o todo, "Criador" e "senhor" do mundo; alguns o identificam até com o Universo; outros o procuravam na "pessoa" (*purusa*) presente no Sol, na Lua, na fala etc.; outros ainda no "ilimitado" que sustém o mundo, a vida e a consciência. Entre os nomes do ser primeiro, aquele que desde o início se impôs foi Brahman. Num trecho célebre da *Chandogya Up.* (III, 14, 2-4), Brahman é descrito como "o mundo inteiro", e, apesar disso, de natureza espiritual; "a vida é o seu corpo, sua forma é luz, sua alma é o espaço"; ele encerra em si todos os atos, desejos, odores e paladares etc. Mas é ao mesmo tempo "o meu *atman* no coração, menor que um grão de cevada, menor que um grão de mostarda", e todavia "maior que a Terra, maior que a atmosfera, maior que esses mundos". "Abrangendo todos os atos, todos os desejos, ... abrangendo todo este mundo, ... isso é meu *atman* no coração; isso é Brahman. Ao morrer, eu entrarei nele."** Yajnavalkya também fala "daquele que habita na Terra, mas a quem a Terra não conhece, cujo corpo é a Terra e controla a Terra do interior", e o identifica com o "*atman*, o controlador interior, o imortal" (*Brhadaranyaka Up.*, III, 7, 3).

Tal como o Purusa do Rig Veda, X, 90, Brahman revela-se, ao mesmo tempos imanente ("este mundo") e transcendente; distinto do cosmo e contudo onipresente nas realidades cósmicas. Além disso, como *atman*, ele habita o coração do homem, o que implica a identidade entre o verdadeiro "Eu" e o ser universal. Com efeito, por ocasião da morte, o *atman* "daquele que sabe" se une ao Brahman; as almas dos outros, dos não iluminados, seguirão a lei da transmigração (*samsara*). Há várias teorias distintas sobre a pós-existência sem retorno à Terra. Segundo algumas, aqueles que compreenderam o simbo-

---

* Entretanto, não se deve esquecer que os *rishis* dos Upanixades são os sucessores dos "videntes" e dos poetas-filósofos da época védica. Sob certo prisma, pode-se dizer que as intuições centrais dos Upanixades já se encontram, de uma forma não sistemática, nos Vedas. Assim, por exemplo, a equação "espírito" = "deus" = "real" = "luz". Cf. Gonda, *The Vision of the Vedic Poets*, p.40s., 272s.

** Em outra passagem do mesmo Upanixade (VI, 1-15), um senhor explica ao seu filho, Svetaketu, a criação do Universo e do homem pelo ser primordial: depois da Criação, o ser impregna as regiões cósmicas e o corpo humano, onde ele se apresenta como um grão de sal dissolvido na água. O *atman* representa a essência divina no homem. E o ensino termina com a célebre frase: "Tu és isso (*tat tvam asi*), Svetaketu!"

lismo esotérico dos "cinco fogos"* atravessam as diferentes regiões cósmicas até o "mundo do relâmpago". É lá que eles encontram uma "pessoa espiritual" (*purusa manasah,* isto é, "nascida do espírito"), e esta os conduz até os mundos de Brahman, onde viverão durante muito tempo e não retornarão mais. Modificada, essa teoria será retomada pelas diferentes escolas devocionais. Mas, segundo outras interpretações, a união, depois da morte, do *atman* com o ser universal (Brahman) constitui de alguma forma uma "imortalidade impessoal": o "Eu" confunde-se em sua fonte original, Brahman.

É importante precisar que as meditações sobre a identidade *atman*-Brahman constituem um "exercício espiritual", e não uma cadeia de "raciocínios". A apreensão do seu próprio Eu é acompanhada de uma experiência de "luz interior" (*antahjyotih*), e a luz é a imagem por excelência tanto do *atman* quanto do Brahman. Trata-se, sem dúvida, de uma tradição antiga, uma vez que, desde os tempos védicos, o Sol ou a luz são considerados epifanias do ser, do espírito, da imortalidade e da procriação. Segundo o Rig Veda (I, 115, 1), o Sol é a vida ou o *atman* – o Eu – de toda coisa.[27] Aqueles que beberam o *soma* tornam-se imortais, chegam à luz e encontram os deuses (Rig V., VIII, 48, 3). Ora, diz a *Chandogya Up.* (III, 13, 7), "a luz que brilha além desse Céu, além de tudo, nos mais altos mundos além dos quais não há coisas mais altas, é na verdade a mesma luz que brilha no interior do homem (*antah purusa*)".[28] A *Brhadaranyaka Up.* (IV, 3, 7) também identifica o *atman* com a pessoa que se encontra no coração do homem, sob a forma de uma "luz no coração". "Esse ser sereno, que se eleva do seu corpo e atinge a mais alta luz, aparece sob sua própria forma. Ele é o *atman*. É o imortal, o sem medo. É Brahman" (*Chandogya Up.*, VIII, 3, 4).[29]

82. As duas modalidades do Brahman e o mistério do *atman* "cativo" na matéria

A identidade *atman*-Brahman, percebida experimentalmente na "luz interior", ajuda o *rishi* a decifrar o mistério da Criação e, ao mesmo tempo, o do seu próprio modo de ser. Como sabe que o homem é cativo do *karman* e, no entanto, possuidor de um "Eu" imortal, ele descobre em Brahman uma situação comparável. Em outras palavras, reconhece em Brahman dois modos de ser aparentemente incompatíveis: "absoluto" e "relativo", "espiritual" e "material", "pessoal" e "impessoal" etc.

---

* Trata-se da homologação dos fogos sacrificais com as estruturas do outro mundo, de Parjanya, deste mundo, do homem e da mulher (cf. *Brahad. Up.*, VI, 2, 9-15; *Chând. Up.*, V, 4, 1-10, 2).

Na *Brhadaranyaka Up.* (II, 3, 3), Brahman é apreendido sob duas formas: corporal (e mortal) e imortal. Os Upanixades médios* desenvolvem, de maneira mais sistemática, essa tendência – já atestada no Rig Veda – para reduzir a totalidade cósmica e a consciência a um único princípio. A *Katha Up.* (especialmente III, 11s.) apresenta uma ontologia cosmológica bastante original: o espírito universal (*purusa*) está situado no cume; embaixo, o "não manifestado" (*avyakta*), que parece participar tanto do "espiritual" quanto do "material"; ainda mais embaixo, o grande Eu (*mahan atman*), o espírito manifestado na matéria, seguido, em planos progressivamente descendentes, por outras formas de consciência, pelos órgãos dos sentidos etc. Segundo a *Svetasvatara Up.* (V, 1), no imperecível e infinito Brahman encontram-se, escondidos, o conhecimento (que assegura a imortalidade) e a ignorância, assimilada à mortalidade.

Esse novo sistema de homologias implica uma reinterpretação da antiga analogia entre macrocosmo e microcosmo. Trata-se, dessa vez, para o *rishi*, de compreender sua "situação existencial", meditando sobre a estrutura paradoxal do Brahman. A reflexão prossegue em dois planos paralelos. De um lado, descobre-se que não somente as sensações e as percepções, mas também a atividade psicomental fazem parte da categoria dos fenômenos "naturais". (Essa descoberta, esboçada na *Maitri Upanishad*, será elaborada sobretudo pelas "filosofias" Samkhya e Ioga.) De outro lado, delineia-se a tendência (já atestada no Rig V., X, 90, 3) de ver no espírito e na natureza (*prakrti*) duas modalidades do ser primordial, o todo/um.[30] Por conseguinte, o cosmo e a vida representam a atividade conjugada dessas duas modalidades do ser primordial.

Essencialmente, a libertação consiste na compreensão desse "mistério"; uma vez desvendada a paradoxal manifestação do todo/um, alcança-se êxito em libertar-se das engrenagens do processo cósmico. Segundo diferentes perspectivas, esse processo cósmico pode ser considerado um "jogo" (*lila*) divino, uma "ilusão" (*mayá*) pela nesciência, ou uma "prova" que visa a forçar o homem a buscar a liberdade absoluta (*moksha*).** O que importa antes de mais nada é que a coexistência paradoxal de duas modalidades contraditórias no ser primordial permita que se confira um sentido à existência humana (não menos paradoxal, visto que regida pela lei do *karman*, muito embora "encerrando" um *atman*) e, além disso, torna possível a libertação. Com efeito, compreendendo-se a analogia entre Brahman e sua manifestação, a criação

---

* Os mais importantes são: *Katha, Prasna, Maitri, Mandukya, Svetasvatara* e *Mundaka*. A época em que foram escritos é difícil de determinar: provavelmente, entre 500 e 200 a.C.
** Mais tarde, todas essas interpretações se tornarão populares.

A Índia antes de Gautama Buda

material, e o *atman* apanhado na rede da transmigração, *descobre-se o caráter fortuito e não permanente da terrível sequência: avidya, karman, samsara.*

Sem dúvida, os Upanixades médios exploram de maneira diversa essas novas descobertas. As duas modalidades do Brahman são às vezes interpretadas como representando um deus pessoal, superior à matéria (seu modo de ser impessoal); é nesse sentido que se pode compreender a *Katha Up.* (I, 3, 11), que coloca o princípio pessoal, *purusa*, acima dessas modalidades "impessoais" (*avyakta*, literalmente "não manifestado").* A *Svetasvatara* é ainda mais significativa, já que associa as especulações acerca do ser absoluto (Brahman) à devoção a um deus pessoal, Rudra-Xiva. O "tríplice Brahman" (I, 12), deus imanente em toda a natureza e em todas as formas de vida (II, 16-17), é identificado com Rudra, Criador mas também destruidor dos mundos (III, 2). Quanto à natureza (*prakrti*), ela é a *mayá* do Senhor (Rudra-Xiva), "magia" criadora que acorrenta todos os seres individuais (IV, 9-10). Consequentemente, a criação cósmica pode ser compreendida quer como uma emanação divina, quer como um "jogo" (*lila*) no qual, cegos pela ignorância, os humanos se deixam apanhar. A libertação é obtida através do Samkhya e da Ioga, isto é; mediante a compreensão filosófica e as técnicas psicofisiológicas da meditação (VI, 13).[31]

É importante salientar a promoção das práticas ioga à categoria de via de libertação, ao lado da gnose, método preponderante nos Upanixades antigos. A *Katha Up.*, também ela, apresenta a prática ioga ao lado da meditação de tipo gnóstico (III, 13). Certas técnicas da ioga são expostas de um modo mais preciso na *Svetasvatara,* na *Mandukya* e sobretudo na *Maitri Upanishad.*

Vemos assim como se desenvolveram as pesquisas e as descobertas registradas nos primeiros Upanixades. Têm-se aplicado esforços, por um lado, para separar o princípio espiritual (*atman*) da vida orgânica e psicomental, dinamismos que "se desvalorizaram" progressivamente quando foram englobados nas pulsões da Natureza (*prakrti*). Apenas o Eu purificado das experiências psicomentais é que era identificado com Brahman e, por conseguinte, podia ser considerado imortal. Por outro lado, houve esforços no sentido de decifrar e analisar as relações entre o Ser total (Brahman) e a Natureza. As técnicas ascéticas e os métodos de meditação, que visavam a dissociar o Eu da experiência psicomental, serão elaborados e articulados nos primeiros tratados de Ioga. A análise rigorosa do modo de ser do Eu (*atman, purusa*) e das estruturas e dinamismos da Natureza (*prakrti*) constituem o objetivo da filosofia Samkhya.

---

* Também na *Mundaka*, II, 1, 2, o *purusa* mantém-se acima do *akṣara*, o "imutável", isto é, da *prakrti*; cf. Glasenapp, p.123.

NOTAS

1. Uma parte das oferendas, lançada ao fogo, era transmitida por Agni aos deuses. O resto era consumido pelos oficiantes, que participavam assim de um alimento divino.

2. Trata-se de uma concepção pan-indiana, que é retomada pelo budismo. Ao abandonar seu nome de família, o neófito tornava-se um "filho de Buda" (*sakyaputto*). Cf. exemplos em Eliade, *Naissances mystiques*, p.114s.; Gonda, *Change and Continuity*, p.447s.

3. Outro rito, *pravargya*, foi desde cedo integrado no *agnistoma*, mas constituía provavelmente uma cerimônia autônoma, que tinha por objetivo a fortificação do Sol depois da estação das chuvas. O interesse do *pravargya* reside sobretudo no seu caráter de "mistério" e também no fato de que representa o mais antigo exemplo da *puja*, isto é, da adoração de uma divindade simbolizada num ícone. Cf. J.A. van Buitenen, *The Pravargya*, p.25s., 38, e passim.

4. Durante o sacrifício, um sacerdote recita: "Oxalá o brâmane nasça em santidade! ... Oxalá o príncipe nasça com majestade real, herói, arqueiro, guerreiro de tiro vigoroso, de carros invencíveis. Nasça com muito leite a vaca, robusto o touro de tiro, rápido o cavalo, fecunda a mulher, vitorioso o soldado, eloquente o jovem! Que este sacrificante tenha por filho um herói! Que Parjanya nos dê sempre a chuva desejada! Que o trigo nos amadureça em abundância! etc." (*Vaasaneyi Samhita*, XXII, 22).

5. Cf. James L. Sauvé, "The divine victim", que cita todas as passagens pertinentes das fontes germânicas e sânscritas relativas aos sacrifícios humanos.

6. Cf. *Naissances mystiques*, p.115s.; Gonda, *Change and Continuity*, p.315s. O Rig Veda parece ignorar a *diksa*, mas não se deve esquecer que esses textos litúrgicos não representam a religião védica em sua totalidade; cf. Gonda, p. 349. A cerimônia é atestada no Atharva Veda (VI, 5, 6; o *brahmacarin* é chamado de *diksita*, o que pratica a *diksa*.

7. Cf. também os textos citados por Gonda, op.cit., p.385.

8. Cf. J.C. Heesterman, *The Ancient Indian Royal Consecration*, p.17s., 52s., 101s.

9. A imagem do "Embrião de Ouro" se tornará, na Índia clássica, o ovo cósmico gerado pelas águas (já nos Upanixades: *Katha Up.*, IV, 6; *Svetâsvatara*, III, 4, 12).

10. Ver as referências aos textos em J. Gonda, *Visnuism and Sivaism*, p.27.

11. O termo utilizado é *visrj*, da raiz *srj*, "projetar"; *vi-* indica a dispersão em todas as direções.

12. Outros textos esclarecem que o Céu saiu de sua cabeça, a Atmosfera de seu peito, e dos seus pés a Terra (cf. Gonda, *Les Religions de l'Inde*, I, p.226). Influência, sem dúvida, do sacrifício do Purusa – mas que confirma a analogia estrutural desses dois deuses.

13. Cf. Gonda, *Les Religions de l'Inde*, I, p.236s.

14. Cf. Lilian Silburn, *Instant et cause*, p.74s.

15. Outro texto do *Satapatha Brâhmana* (X, 6, 3, 2) descreve o "Purusa de Ouro" no coração do homem como um grão de arroz ou de milhã – acrescentando, contudo, que ele é maior que o Céu, maior que o éter, a Terra e todas as coisas: "Esse eu do espírito é o meu eu; ao falecer, obterei esse eu." O texto é importante, uma vez que, de um lado, Purusa é identificado a *brahman* (neutro) e, de outro, a equação *atman-brahman* já está assegurada.

A Índia antes de Gautama Buda

16. Cf. L. Silburn, op.cit., p.104s.

17. Ver Eliade, *Le Yoga*, p.125s. Cf. outros textos em J. Gonda, *Notes on Brahman*, p.52.

18. Cf. Eliade, *Le Yoga*, p.114, nota 1.

19. Ver alguns exemplos em Eliade, *Le Chamanisme* (2ª ed.), p.369s.

20. O termo *santi*, que designa em sânscrito a tranquilidade, a paz de espírito, a ausência de paixão, o alívio dos sofrimentos, deriva da raiz *sam*, que possuía originariamente o sentido de extinguir o "fogo, a cólera, a febre", em suma, o "calor" provocado pelos *poderes* demoníacos; cf. D.J. Hoens, *Santi*, especialmente p.177s.

21. Efetivamente, "enquanto fala, o homem não pode respirar, por conseguinte oferece sua respiração à palavra; enquanto respira, ele não pode falar, e portanto oferece sua palavra à respiração. Eis aí as duas oblações contínuas e imortais; na vigília e no sono, o homem as oferece sem interrupção. Todas as outras oblações têm uma finalidade e participam da natureza do ato (*karman*). Os antigos, conhecendo esse verdadeiro sacrifício, não ofereciam o *agnihotra*" (*Kausitaki-Brahmana-Upanishad*, II, 5). Segundo a *Chandogya-Up.*, V, 19-24, o verdadeiro sacrifício consiste nas oblações aos atos de respiração: "aquele que oferece o *agnihotra* sem o saber é como aquele que ... faria a oferenda na cinza" (V, 24, 1).

22. Sua posição religiosa é refletida (aliás de forma bastante obscura) nos tratados *Aranyaka*.

23. Os *vratya* usavam um turbante, vestiam-se de negro e jogavam sobre os ombros duas peles de carneiro, uma delas preta e a outra branca; como insígnia, tinham um bastão de ponta afilada, um ornamento em volta do pescoço e um arco distendido. Um carro puxado por um cavalo e um jumento servia-lhes de lugar de sacrifício.

24. Ver as referências aos textos e à bibliografia em *Le Yoga*, p.111s.

25. Cf. *Le Yoga*, p.254s. Trata-se, nesse último caso, de costumes universalmente difundidos nas sociedades agrícolas.

26. Cf. *Le Yoga*, p.143s.

27. "A luz é procriação" (*jyotir prajanaman*), diz o *Satapatha Br.* (VIII, 7, 2, 16-17). Ela "é o poder procriador" (*Taitt. Sam.*, VII, 1, 1, 1). Cf. Eliade, *Méphistophélès et l'Androgyne*, p.27; id., "Spirit, light and seed", p.3s.

28. A *Chandogya Up.* (III, 17, 7) cita dois versos rigvédicos, nos quais se fala da contemplação da "luz que brilha mais alto do que o Céu", e acrescenta: "Ao contemplar (essa) mui-alta luz além das trevas, alcançamos o Sol, deus entre os deuses." A tomada de consciência da identidade entre a luz interior e a luz transcósmica é acompanhada de dois fenômenos perfeitamente conhecidos de "fisiologia sutil": o aquecimento do corpo e a audição mística de sons (ibid., III, 13, 8).

29. Da mesma forma, na *Mundaka Up.* (II, 2, 10), o Brahman é "puro, luz das luzes". Ver outros exemplos em nosso estudo "Spirit, light and seed", p.4s., e J. Gonda, *The Vision of the Vedic Poets*, p.270s.

30. Isso foi ressaltado por N. von Glasenapp, *La Philosophie indienne*, p.131.

31. O caráter distintivo da *Svetasvatara Up.* é, no entanto, a devoção a Xiva; cf. *Le Yoga*, p.127-8.

X. Zeus e a religião grega

83. Teogonia e lutas entre gerações divinas

O próprio nome de Zeus anuncia sua natureza: ele é por excelência um deus celeste indo-europeu (cf. §62). Teócrito (IV, 43) ainda podia escrever que Zeus ora estava sereno, ora descia sob a forma de chuva. Segundo Homero, "a porção recebida por Zeus é o vasto Céu, com sua claridade e suas nuvens" (*Ilíada*, XV, 192). Muitos dos seus títulos salientam-lhe a estrutura de deus da atmosfera: *Ómbrios* e *Huétios* (Chuvoso), *Oúrios* (o que envia ventos favoráveis), *Astrápios* ou *Astrapaîos* (o que lança raios), *Brontaîos* (o que troveja) etc. Mas Zeus é muito mais que uma personificação do Céu como fenômeno cósmico. Seu caráter uraniano é confirmado por sua soberania e suas incontáveis hierogamias com diferentes deusas ctonianas.

Entretanto, deixando de lado o nome e a soberania (conquistada, aliás, em duros combates), Zeus não se assemelha aos antigos deuses indo-europeus do Céu, como, por exemplo, o védico Dyaus. Não somente ele não é o Criador do Universo, como sequer pertence ao grupo de divindades gregas primordiais.

Efetivamente, segundo Hesíodo, no começo só existia o Caos (Abismo), de onde surgiram Geia (Terra) "de largas costas" e Eros. Em seguida, Geia "deu à luz um ser igual a ela própria, capaz de cobri-la por inteiro, Urano (Céu) estrelado" (*Teogonia*, 118s., tradução francesa de P. Mazon). Hesíodo descreve Urano "inteiramente ávido de amor e trazendo consigo a noite, aproximando-se e envolvendo a Terra" (*Teogonia*, 176s.). Dessa hierogamia cósmica* veio ao mundo uma segunda geração divina, a dos urânidas: os seis titãs (o primeiro, Oceano; o último, Cronos) e as seis titânidas (entre as quais Reia, Têmis e Mnemósine), os três ciclopes de um só olho e os três monstros de Cem Braços (os hecatonquiros).

---

* Mas antes Geia gerara, sozinha, as montanhas, as ninfas e o mar infecundo (Ponto); *Teogonia*, 129s.

Fecundidade desmedida e às vezes monstruosa, específica das épocas primordiais. Mas Urano, que odiava seus filhos "desde o primeiro dia", escondeu-os no corpo de Geia. Irritada, a deusa fabricou uma enorme foice e dirigiu-se aos filhos: "Filhos nascidos de mim e de um furibundo, ... castigaremos o criminoso ultraje de um pai, ainda que seja o vosso, pois que foi ele o primeiro a conceber obras infames." Mas, aterrorizados, "nenhum deles proferiu palavra", exceto Cronos, que se encarregou da tarefa. E, quando Urano se aproximou, "embriagado pelo desejo de penetrar o corpo da Terra" (Ésquilo, Nauck, frag. 44), Cronos castrou-o com sua foice. Do sangue que se derramou sobre Geia vieram ao mundo as três erínias, deusas da vingança, os gigantes e as ninfas dos freixos. Dos órgãos sexuais de Urano lançados sobre o mar e envolvidos por uma espuma branca, nasceu Afrodite (*Teogonia*, 188s.).

O episódio representa uma versão particularmente violenta do mito arcaico da separação entre o Céu e a Terra. Como já observamos no §47, trata-se de um mito amplamente difundido e atestado em diferentes níveis de cultura. A castração de Urano põe fim a uma procriação ininterrupta,* e, em última instância, inútil, já que o pai "escondia" os recém-nascidos na Terra. A mutilação de um deus cosmocrata pelo filho, que se torna assim seu sucessor, constitui o tema dominante das teogonias hurrita, hitita e cananeia (§46s.). Provavelmente, Hesíodo conhecia essas tradições orientais,[1] pois sua *Teogonia* está centralizada em torno do conflito entre as gerações divinas e a luta pela soberania universal. Depois de ter reduzido o pai à impotência, Cronos instalou-se no lugar que ele ocupava. Casou-se com sua irmã Reia e teve cinco filhos: Hestia, Deméter, Hera, Hades e Posídon. Mas por saber, graças a Geia e a Urano, que estava destinado a "sucumbir um dia sob os golpes do próprio filho" (*Teogonia*, 463s.), Cronos devorava seus rebentos mal vinham ao mundo. Frustrada, Reia seguiu então o conselho de Geia: no dia em que ia dar à luz o seu filho Zeus, refugiou-se em Creta e escondeu o recém-nascido numa gruta inacessível. Em seguida, envolveu em panos uma grande pedra e entregou-a a Cronos, que a engoliu (478s.).

Já adulto, Zeus forçou Cronos a devolver seus irmãos e irmãs, por ele devorados. Libertou depois os irmãos de seu pai, que tinham sido acorrentados por Urano. Em sinal de reconhecimento, estes ofereceram-lhe o trovão e o relâmpago. Munido de tais armas, Zeus pôde, doravante, comandar "simultaneamente mortais e imortais" (*Teogonia*, 493-506). Mas era necessário

---

* A *otiositas* de Urano depois da sua castração ilustra, ainda que de maneira brutal, a tendência dos deuses criadores a se retirarem para o Céu e se tornarem *dii otiosi* após terem concluído sua obra cosmogônica; ver Eliade, *Traité*, §14s.

primeiro subjugar Cronos e os titãs. A guerra continuava indecisa havia dez anos, quando Zeus e os jovens deuses, aconselhados por Geia, foram à procura dos três hecatonquiros, que Urano confinara nas profundezas subterrâneas. Pouco tempo depois, os Titãs foram dominados e enterrados no Tártaro, sob a guarda dos monstros de Cem Braços (*Teogonia*, 617-720).

A descrição da *Titanomaquia* (especialmente 700s.) dá a impressão de um retorno ao estágio pré-cosmogônico. O triunfo de Zeus contra os titãs – encarnação da força desmedida e da violência – equivale portanto a uma nova organização do Universo. Em certo sentido, Zeus torna a criar o mundo (cf. Indra, §68). Essa Criação, entretanto, ainda correu sério perigo em duas oportunidades. Numa passagem que por muito tempo foi considerada uma interpolação (do verso 820 ao 880), mas que teve sua autenticidade comprovada pelo último editor da *Teogonia*,[2] um ser monstruoso, Tifoeu, filho de Geia e de Tártaro, insurgiu-se contra Zeus. "Das suas espáduas saíam 100 cabeças de serpentes, de temíveis dragões, dardejando línguas negrejantes; e dos olhos ... desprendiam-se clarões de fogo" etc. (*Teogonia*, 824s.). Zeus atingiu-o com seus raios e precipitou-o no Tártaro.[3] Finalmente, segundo a *Gigantomaquia*, episódio desconhecido por Homero e Hesíodo, e mencionado pela primeira vez por Píndaro (*Nemeias*, I, 67), os gigantes nascidos de Geia, fecundada pelo sangue de Urano, revoltaram-se contra Zeus e seus irmãos. Apolodoro explica que foi para vingar os titãs que Geia pariu os gigantes, e que só depois da derrota dos titãs é que ela gerou Tifoeu (*Biblioteca*, I, 6, 1-3).

As maquinações de Geia contra a supremacia de Zeus denunciam a resistência de uma divindade primordial à obra cosmogônica ou à instauração de uma nova ordem (cf. a teomaquia mesopotâmica, §21).[4] E, no entanto, foi graças a Geia e a Urano que Zeus conseguiu conservar sua soberania, terminando assim, de maneira definitiva, com a violenta sucessão das dinastias divinas.

84. Triunfo e soberania de Zeus

Efetivamente, após ter matado Tifoeu, Zeus procede a um sorteio para determinar a quem caberá o domínio sobre as três zonas cósmicas. O oceano é entregue a Posídon, o mundo subterrâneo a Hades, e o Céu a Zeus; a Terra e o Olimpo pertenciam aos três em conjunto (*Ilíada*, XV, 197s.). Zeus realiza a seguir uma série de casamentos. Sua primeira esposa foi Métis (Prudência), mas, quando esta ficou grávida de Atena, Zeus a engoliu. Havia ouvido o conselho de Geia e Urano, que lhe predisseram o posterior nascimento de um

Zeus e a religião grega

"filho de coração violento, que seria o rei dos homens e dos deuses" (*Teogonia*, 886s.). Foi portanto graças à advertência do casal primordial que a soberania de Zeus viu-se definitivamente assegurada. Além disso, incorporou a si mesmo, para sempre, a Prudência.* Quanto a Atena, uma machadada a fez sair da testa do pai (*Teogonia*, 924).

Zeus esposou em seguida a titânida Têmis (Equidade), Eurínome, Mnemósine (que lhe deu as nove musas) e finalmente Hera (*Teogonia*, 901s.). Entretanto, antes de casar-se com Hera, ele amou Deméter, que gerou Perséfone, e Leto, mãe dos gêmeos divinos Apolo e Ártemis (910s.). Teve, além disso, numerosas ligações com outras deusas, a maioria de estrutura ctoniana (Dia, Europa, Sêmele etc.). Essas uniões refletem as hierogamias do deus da tempestade com as divindades da Terra. A significação desses múltiplos casamentos e aventuras eróticas é, ao mesmo tempo, religiosa e política. Ao apoderar-se das deusas locais pré-helênicas, veneradas desde tempos imemoriais, Zeus as substitui e, ao fazê-lo, inicia o processo de simbiose e unificação que conferirá à religião grega seu caráter específico.

O triunfo de Zeus e dos olímpicos não se traduziu pelo desaparecimento das divindades e cultos arcaicos, alguns de origem pré-helênica. Ao contrário, uma parte da herança imemorial acaba sendo integrada no sistema religioso olímpico. Assinalamos há pouco o papel do casal primordial no destino de Zeus. Ainda acrescentaremos outros exemplos. Lembremos, por enquanto, o episódio do nascimento de Zeus e dos acontecimentos da sua infância em Creta.[5] Trata-se por certo de uma encenação mítico-ritual egeia, centralizada na criança divina, filho e amante de uma grande deusa. Segundo a tradição grega, os vagidos do recém-nascido foram abafados pelo barulho produzido pelos curetes ao entrechocarem seus escudos. (Projeção mitológica dos grupos iniciatórios de rapazes celebrando sua dança armada.) O hino de Palecastro (séculos IV-III a.C.) exalta os saltos de Zeus, "o maior dos curetes".[6] (Trata-se, provavelmente, de um ritual arcaico de fertilidade.) Além disso, o culto de Zeus Ideu, celebrado numa caverna do monte Ida, tinha a estrutura de uma iniciação aos mistérios.[7] Ainda em Creta se localizará mais tarde o túmulo de Zeus; o grande deus olímpico era, portanto, assimilado a um dos deuses dos mistérios, que morrem e ressuscitam.

As influências egeias persistem até mesmo na época clássica; são observáveis, por exemplo, nas estátuas que representam um Zeus jovem e imberbe. Trata-se, porém, de sobrevivências toleradas, se não encorajadas, pelo vasto e

---

* No plano mitológico, esse episódio explica a transformação posterior de Zeus, a fonte da sua "sabedoria".

inesgotável processo de sincretismo.* De fato, já em Homero, Zeus recupera os prestígios de um verdadeiro deus soberano indo-europeu. Ele é mais que o deus do "Céu imenso", é "o pai dos deuses e dos homens" (*Ilíada*, I, 544). E, num dos fragmentos de suas *Helíades* (frag. 70, Nauck), Ésquilo proclama: "Zeus é o éter, Zeus é a Terra, Zeus é o Céu. Sim, Zeus é tudo aquilo que está acima de tudo." Senhor dos fenômenos atmosféricos, governa a fertilidade do solo e é invocado como Zeus *Khthónios* quando se iniciam os trabalhos agrícolas (Hesíodo, *Os trabalhos e os dias*, 465). Sob o nome de *Ktêsios*, ele é o protetor da casa e símbolo de abundância. Cuida também dos deveres e dos direitos de família, assegura o respeito às leis e, como *Polieús*, defende a cidade. Numa época mais antiga, era o deus da purificação, Zeus *Kathársios*, e também deus da mântica, especialmente em Dodona, no Epiro, onde a divinação se efetuava através da "folhagem divina do grande carvalho de Zeus" (*Odisseia*, XIV, 327s.; XIX, 296s.).

Assim, apesar de não ser o Criador do mundo, nem da vida, nem do homem, Zeus revela-se o chefe incontestável dos deuses e o senhor absoluto do Universo. A multiplicidade dos santuários consagrados a Zeus prova seu caráter pan-helênico.** A consciência de sua onipotência está admiravelmente ilustrada na famosa cena da *Ilíada* (VIII, 17s.), na qual Zeus lança o seguinte desafio aos olímpicos:

> Suspendei ao Céu uma corrente de ouro; depois, todos vós, deuses e deusas, pendurai-vos à outra extremidade: não conseguireis arrastar do Céu à Terra Zeus, o senhor supremo, por muito que forcejeis. Mas, por minha vez, se eu quisesse puxar ao mesmo tempo a Terra inteira e o mar, eu os traria e a vós, para junto de mim. Depois, prenderia a corrente a um pico do Olimpo, e tudo ficaria flutuando nos ares. E veríeis como sou mais forte que os deuses e os homens.

O tema mítico da "corrente de ouro" deu lugar a inúmeras interpretações, desde Platão, passando pelo Pseudo-Dionísio o Areopagita, até o século XVIII.[8] Mas o que nos interessa é que, segundo um poema órfico, a *Teogonia rapsódica*, Zeus pergunta à deusa primordial *Núx* (a noite) como estabelecer o seu "altivo império sobre os imortais" e, principalmente, como organizar o cosmo a fim de que "se tenha um só todo com partes distintas"? A noite ensi-

---

* No Mediterrâneo oriental, esse processo permitirá a incorporação do legado romano, helenístico e iraniano à estrutura do Império Bizantino e, mais tarde, a conservação das instituições bizantinas pelos otomanos. Ver o terceiro volume da presente obra.

** Ele é adorado por toda a Grécia, sobretudo nos cumes mais elevados, e muito especialmente na Olímpia do Peloponeso, em Atenas, bem como em Creta, na Ásia Menor e no Ocidente.

Zeus e a religião grega

na-lhe os fundamentos da cosmologia e fala-lhe também sobre a corrente de ouro que ele deve prender ao éter.[9] Trata-se, sem dúvida, de um texto tardio, mas que transmite uma tradição antiga. A *Ilíada* (XIV, 258s.) apresenta a noite como uma deusa de enorme poder: o próprio Zeus evita irritá-la. É significativo que a mais célebre proclamação da onipotência de Zeus esteja ligada à entrevista solicitada pelo senhor supremo a uma divindade primordial. As diretrizes cosmológicas da noite repetem de certa maneira a revelação de Geia e de Urano, que põe termo às lutas pela soberania.

Como já observamos, algumas divindades primordiais haviam sobrevivido ao triunfo dos olímpicos. Em primeiro lugar, a noite, cuja força e prestígio acabamos de lembrar. Em seguida, Ponto (o mar infecundo); Estige, que participou do combate contra os titãs; Hécate, honrada por Zeus e pelos outros olímpicos; Oceano, o primogênito entre os filhos de Geia e Urano. Cada um deles ainda desempenhava um papel – modesto, obscuro, marginal – na economia do Universo. Logo que Zeus sentiu definitivamente consolidada sua autoridade, libertou seu pai, Cronos, da prisão subterrânea em que se encontrava e o fez rei de um país fabuloso – as ilhas dos Bem-Aventurados, nos confins do Ocidente.

85. O mito das primeiras raças. Prometeu. Pandora

Nunca saberemos a "história" de Cronos, seguramente um deus arcaico, quase sem culto. Seu único mito importante constitui um episódio da teomaquia. Entretanto, Cronos é evocado em relação à primeira raça humana, a "raça de ouro". Essa indicação é importante: ela nos revela os princípios e a primeira fase das relações entre os homens e os deuses. Segundo Hesíodo, "deuses e mortais têm a mesma origem" (*Os trabalhos e os dias*, 108). Pois os homens nasceram da Terra (*gêgeneîs*), assim como os primeiros deuses foram gerados por Geia. Em resumo, o mundo e os deuses foram formados por uma cisão inicial, a que se seguiu um processo de procriação. E, exatamente como existiram várias gerações divinas, houve cinco raças de homens: as raças de ouro, de prata e de bronze, a raça dos heróis e a raça de ferro (*Os trabalhos e os dias*, 109s.).

Ora, a primeira raça vivia sob o reinado de Cronos (*Teogonia*, 111), ou seja, antes de Zeus. Essa humanidade da idade de ouro, exclusivamente masculina, permanecia perto dos deuses, "seus irmãos poderosos". Os homens "viviam como deuses, com o coração isento de cuidados, a salvo de dores e misérias" (*Teogonia*, 112s.). Não trabalhavam, pois o solo lhes oferecia tudo aquilo de que necessitavam. A vida transcorria-lhes em meio a danças, festas e divertimentos variados. Não conheciam a doença nem a velhice, e, ao morrerem, era como se tivessem adormecido (*Os trabalhos e os dias*, 113s.). Mas essa época paradisíaca – da qual encontramos paralelos em numerosas tradições – terminou com a queda de Cronos.[*]

Hesíodo conta depois que os homens da raça de ouro "foram cobertos pela terra", e os deuses produziram uma raça menos nobre, os homens da idade de prata. Em razão de seus pecados, e também porque não queriam sacrificar aos deuses, Zeus resolveu eliminá-los. Fabricou então a terceira raça, a de bronze: homens violentos e belicosos, que acabaram matando-se uns aos outros até não restar nenhum. Zeus criou uma nova geração, a dos heróis, que se tornaram ilustres graças aos grandiosos combates às portas de Tebas e em Troia. Muitos conheceram a morte, mas os outros foram instalados por Zeus nos confins da Terra, nas ilhas dos Bem-Aventurados, e Cronos reinou sobre eles (*Os trabalhos e os dias*, 140-69). Hesíodo não fala da quinta e última raça, a de ferro. Mas lamenta ter nascido nessa época (*Os trabalhos e os dias*, 176s.).

As tradições referidas por Hesíodo levantam muitos problemas, mas nem todos nos interessam diretamente aqui. O mito da "perfeição dos primeiros tempos" e da felicidade primordial, perdidos em consequência de um acidente ou de um "pecado", é bastante difundido. A variante em que Hesíodo se baseia afirma que a decadência se instala progressivamente, em quatro etapas, o que lembra a doutrina indiana dos quatro *yugas*. Todavia, embora se fale das suas cores – branco, vermelho, amarelo e preto –, os *yugas* não são associados aos metais. Em compensação, encontramos os metais como sinais específicos das épocas históricas no sonho de Nabucodonosor (Daniel, 2:32-3) e em alguns textos iranianos tardios. Mas, no primeiro caso, trata-se de dinastias; e, no segundo, a sucessão dos impérios é projetada no futuro.

Hesíodo teve de inserir a idade dos heróis entre a raça de bronze e a de ferro, pois a lembrança mitificada da lendária época heroica era demasiado poderosa, e ele não podia ignorá-la. A idade dos heróis interrompe, de maneira aliás inexplicável, o processo de degradação progressiva desencadeado

---

[*] Pode parecer paradoxal que o deus "selvagem" – segundo a *Teogonia*, aquele que devorava os filhos logo depois de nascerem – reinasse, sempre conforme Hesíodo (*Os trabalhos e os dias*, 111), na época edênica da humanidade. Mas não se deve esquecer que o Cronos da *Teogonia* é um reflexo de fortes influências orientais. É também surpreendente que os deuses sejam apresentados como os "irmãos poderosos" dos homens. Tal afirmativa contradiz a opinião geral, que salienta a diferença radical, de ordem ontológica, entre deuses e homens. Precisemos contudo que a distinção fundamental já existia na época da raça de ouro: os homens gozavam da felicidade e da amizade dos deuses, mas não da *imortalidade*. Por outro lado, os deuses pertenciam à segunda geração divina, a dos titãs; em outras palavras, as estruturas do mundo e as modalidades de existência ainda não estavam rigorosamente definidas.

Zeus e a religião grega 245

com o aparecimento da raça de prata. No entanto, o destino privilegiado dos heróis mal dissimula uma escatologia: eles não morrem, mas desfrutam uma existência beatífica nas ilhas dos Bem-Aventurados, no Elísio agora governado por Cronos. Em outros termos, os heróis recuperam, numa certa medida, a existência dos homens da idade de ouro sob o reinado de Cronos. Essa escatologia será amplamente elaborada mais tarde, sobretudo sob a influência do orfismo. O Elísio não será mais privilégio exclusivo dos heróis, mas se tornará acessível às almas dos piedosos e aos "iniciados". Trata-se de um processo bastante frequente na história das religiões (cf. Egito, §30, Índia etc.).

Convém acrescentar que o mito das idades sucessivas não representa a opinião unânime referente à origem dos homens. De fato, o problema da antropogonia não parece ter preocupado os gregos, que estavam mais interessados na origem de determinado grupo étnico, de uma cidade e de uma dinastia. Muitas famílias consideravam-se descendentes dos heróis, que, por sua vez, eram oriundos da união entre uma divindade e um mortal. Certo povo, os mirmidões, descendia das formigas, enquanto outro provinha dos freixos. Depois do dilúvio, Deucalião repovoou a Terra com "os ossos de sua mãe", isto é, com pedras. Finalmente, segundo uma tradição tardia (século IV), Prometeu teria modelado os homens com barro.

Por razões ignoradas, os deuses e os homens decidiram separar-se amigavelmente em Mecone (*Teogonia*, 535). Os homens ofereceram o primeiro sacrifício, a fim de fixar de maneira definitiva suas relações com os deuses. E foi nessa oportunidade que Prometeu interveio pela primeira vez.* Sacrificou um boi e dividiu-o em duas partes. Mas, como queria proteger os homens e ao mesmo tempo iludir Zeus, revestiu os ossos com uma camada de gordura, cobrindo com o estômago a carne e as vísceras. Atraído pela gordura, Zeus escolheu para os deuses a porção mais pobre, deixando para os homens a carne e as vísceras. É por isso, explica Hesíodo, que desde então os homens queimam os ossos em oferenda aos deuses imortais (*Teogonia*, 556).

Essa partilha singular teve consequências consideráveis para a humanidade. Era, por um lado, a instituição do regime carnívoro como um ato religioso exemplar, suprema homenagem prestada aos deuses; mas, em última instância, isso implicava o abandono da alimentação vegetariana praticada durante a idade de ouro. Por outro lado, a trapaça de Prometeu fez com que Zeus se irritasse contra os seres humanos, e lhes retirasse o uso do fogo.** Mas

---

* O nome de Prometeu não aparece em Homero.
** O que anulava os benefícios da partilha; de fato, obrigados a devorar a carne crua, e na impossibilidade de sacrificar aos deuses, os homens voltavam à condição de animais selvagens.

o astuto Prometeu trouxe o fogo do céu, ocultando-o no oco de uma férula (*Teogonia*, 567; *Os trabalhos e os dias*, 52). Enervado, Zeus decidiu punir de uma só vez os homens e seu protetor. Prometeu foi acorrentado, e uma águia passou a devorar-lhe, todos os dias, o "fígado imortal", que se recompunha durante a noite (*Teogonia*, 521s.; *Os trabalhos e os dias*, 56). Um dia ele será libertado por Héracles, filho de Zeus, a fim de que a glória do herói aumente ainda mais.

Quanto aos seres humanos, Zeus enviou-lhes a mulher, essa "bela calamidade" (*Teogonia*, 585), sob a forma de Pandora (o "presente de todos os deuses", *Os Trabalhos e os dias*, 81s.). "Armadilha profunda e sem saída destinada aos homens", tal como a denuncia Hesíodo; "pois foi dela que proveio a raça, a corja perniciosa das mulheres, terrível flagelo instalado entre os homens mortais" (*Teogonia*, 592s.).*

86. As consequências do sacrifício primordial

Em suma, longe de ser um benfeitor da humanidade, Prometeu é o responsável pela sua atual decadência. Em Mecone ele provocou a separação definitiva entre deuses e homens. Mais tarde, ao furtar o fogo, irritou Zeus, suscitando assim a intervenção de Pandora, isto é, o aparecimento da mulher e, por conseguinte, a propagação de todas as espécies de tormentos, atribulações e infortúnios. Para Hesíodo, o mito de Prometeu explica a irrupção do "mal" no mundo; em última análise, o "mal" representa a vingança de Zeus.**

Mas essa visão pessimista da história humana condenada pela "artimanha" de um titã não se impôs de modo definitivo. Para Ésquilo, que substitui o mito da idade de ouro primordial pelo tema do progresso, Prometeu é o maior herói-civilizador. Os primeiros homens, afirma Prometeu, viviam "debaixo da terra, nas obscuras cavidades das cavernas"; não conheciam sequer a sequência das estações, nem a domesticação, nem a agricultura; foi Prometeu quem lhes ensinou todos os ofícios e todas as ciências (*Prometeu acorrentado*, 442s.).

---

* Inutilmente Prometeu instruíra seu irmão para que nada aceitasse de Zeus. O tolo Epimeteu acolheu Pandora e desposou-a. Pouco tempo depois, ela abriu a misteriosa urna de onde escaparam todos os males que se difundiram pelo mundo. Quando Pandora recolocou a tampa, só a Esperança ainda se encontrava no fundo da urna. Como observam Séchan e Lévêque, "era justamente o que o irado Zeus pretendia, sujeitar eternamente o homem ao 'duro trabalho' (*Os trabalhos e os dias*, 91), e foi por isso que ele introduziu na urna a Esperança, 'que alimenta os vãos esforços dos mortais' (Simônides de Amorgos, I, 6)": *Les Grandes divinités de la Grèce*, p.54.
** Hesíodo é categórico: a partir do dia em que se viu "enganado por Prometeu de dissimulados pensamentos, desse dia em diante ele prepara tristes tormentos" (*Teogonia*, 47s.).

Zeus e a religião grega 247

Foi ele quem lhes entregou o fogo,* e libertou-os do temor da morte (ibid., 248). Cioso de não ter sido o autor dessa humanidade, Zeus queria eliminá-la para poder criar outra (ibid., 233). Só Prometeu ousou opor-se ao plano do senhor do mundo.

Para explicar a cólera de Zeus e a intransigência de Prometeu, Ésquilo colheu em Píndaro (ou na sua fonte) um detalhe dramático: Prometeu dispõe de uma arma terrível, o segredo que lhe fora comunicado por sua mãe, Têmis. Esse segredo referia-se à queda inevitável de Zeus,[10] num futuro mais ou menos longínquo (522, 764s.). O titã declara, com ênfase, que Zeus só tem uma possibilidade de evitar essa catástrofe: libertá-lo de suas correntes (769-70). Como as outras duas partes da trilogia – a *Prometeida* – não chegaram até nós, ignoramos de que modo o antagonismo entre as duas figuras divinas terminou com a reconciliação de ambos. Todavia, na Atenas do século V, Prometeu já tinha sua festa anual; estava, além disso, associado a Hefesto e a Atena. Por outro lado, talvez sob a influência de certos movimentos espirituais que apaixonavam as elites intelectuais e também as massas (cf. volume II), insistia-se há algum tempo na sabedoria e na benevolência de Zeus. Não só o senhor supremo se mostrara arrependido de ter tornado Cronos rei, no Elísio, como havia perdoado os titãs. Píndaro proclama que "Zeus, o imortal, libertara os titãs" (*IV Ode Pítia*, 291), e, no *Prometeu libertado*, o coro é formado pelos titãs soltos de suas correntes.[11]

A partilha da primeira vítima sacrifical em Mecone traduziu-se, por um lado, na ruptura entre os deuses e os homens, e, por outro lado, na condenação de Prometeu. No entanto, a indignação de Zeus parece excessiva; pois, conforme demonstrou Karl Meuli,[12] essa partilha ritual corresponde aos sacrifícios oferecidos aos deuses celestes pelos caçadores primitivos da Sibéria e pelos povos pastores da Ásia central. Com efeito, estes últimos apresentam aos seres supremos uranianos os ossos e a cabeça do animal. Em outros termos, aquilo que, num estágio arcaico da cultura, era considerado a mais alta homenagem a um deus celeste, tornara-se, no gesto de Prometeu, um crime de lesa-majestade contra Zeus, o deus supremo. Ignoramos em que momento se produziu esse desvio do sentido ritual originário.

Parece, contudo, que a raiva de Zeus foi provocada não pela partilha em si mesma, mas por ter sido realizada por Prometeu; em outras palavras, por um titã, membro da "velha geração" divina, que, além disso, tomara o par-

---

* Prometeu não lhes dá o fogo, como em Hesíodo, trazendo-o do céu. "Ésquilo deixou de lado o episódio de Mecone, que não convinha ao tom da tragédia e que poderia diminuir o prestígio do seu herói"; L. Séchan, *Le Mythe de Prométhée*, p.102, nota 62.

tido dos homens contra os olímpicos. O exemplo de Prometeu poderia ter consequências desagradáveis; encorajados por esse sucesso inicial, os homens poderiam ter ido ainda mais longe que o titã. Mas Zeus não toleraria uma humanidade poderosa e altiva. Os homens nunca se deveriam esquecer do seu regime existencial, precário e efêmero. Deveriam, por conseguinte, manter-se à distância.

Com efeito, mais tarde, Deucalião, filho de Prometeu e único sobrevivente do dilúvio provocado por Zeus, oferece-lhe um sacrifício semelhante ao de Mecone, o qual é aceito. "Zeus acolhe com boa vontade o sacrifício de Deucalião, mas o mito indica que sua anuência reside precisamente no fato de que a distância é mantida."[13] Desde então, o mais comum dos sacrifícios, a *thusía*, repete esse modelo mítico: uma porção da vítima, compreendendo a gordura, é queimada sobre o altar, enquanto a outra parte é consumida por aqueles que oferecem o sacrifício em conjunto com seus companheiros.[14] Mas os deuses estão também presentes: eles se alimentam dos sacrifícios (*Ilíada*, I, 423-4; VIII, 548-52 etc.) ou do fumo provocado pela gordura (*Ilíada*, I, 66-7; etc.).

A ruptura produzida em Mecone é de certa forma reajustada, graças, precisamente, a Deucalião. O filho de Prometeu recoloca os deuses nas condições que convinham a Zeus. (Por outro lado, a humanidade contemporânea à partilha fatídica havia perecido no dilúvio.) É significativo que, depois de Ésquilo, Prometeu desempenhe um papel antes de tudo modesto, ou até apagado. É possível que o próprio sucesso da *Prometeida* tenha contribuído para essa situação. Pois, se Ésquilo, por um lado, exaltara a grandeza ímpar desse herói-civilizador, protetor dos homens, por outro lado também ilustrara a benevolência de Zeus e o valor espiritual da reconciliação final, elevado a modelo exemplar da sabedoria humana. Prometeu só recuperará sua estatura sublime – vítima eterna da tirania – com o Romantismo europeu.

Na Índia, as especulações acerca do sacrifício articulam uma cosmogonia específica e abrem caminho para a metafísica e as técnicas da ioga (§76). Entre os hebreus, os sacrifícios cruentos não deixarão de ser reinterpretados e revalorizados, mesmo depois da crítica dos profetas. Quanto ao cristianismo, ele se constituiu a partir da imolação voluntária de Cristo. O orfismo e o pitagorismo, insistindo nas virtudes do regime vegetariano, reconheciam implicitamente o "pecado" cometido pelos homens ao aceitarem a partilha de Mecone (cf. volume II). Entretanto, a punição de Prometeu desempenhou apenas um papel secundário nas reflexões sobre a "justiça" de Zeus. Ora, o problema da "justiça" divina, com o seu corolário, o "destino" humano, era uma paixão do pensamento grego desde Homero.

Zeus e a religião grega

87. O homem e o destino. Sentido da "alegria de viver"

Julgada na perspectiva judaico-cristã, a religião grega parece constituir-se sob o signo do pessimismo: a existência humana é, por definição, efêmera e sobrecarregada de preocupações. Homero compara o homem com as "folhas que o vento lança por terra" (*Ilíada*, VI, 146s.). A comparação é retomada pelo poeta Mimnermo de Cólofon (século VII) em sua longa enumeração dos males: pobreza, doenças, mortes, velhice etc. "Não existe um único homem a quem Zeus não envie mil males." Para seu contemporâneo Simônides, os homens são "criaturas de um dia", que vivem como o gado, "sem saberem por que caminho Deus conduzirá cada um de nós ao seu destino".* Certa mãe rogou a Apolo que recompensasse sua devoção dando a seus dois filhos o maior presente que estivesse ao seu alcance; o deus concordou, e as crianças deixaram imediatamente de existir, sem sofrimentos (Heródoto, I, 31, 1s.). Teógnis, Píndaro e Sófocles proclamam que a maior ventura para os homens seria não nascer, ou, tendo nascido, morrer o mais cedo possível.[15]

A morte, porém, nada resolve, já que não traz a extinção total e definitiva. Para os contemporâneos de Homero, a morte era uma pós-existência diminuída e humilhante nas trevas subterrâneas do Hades, povoado de sombras pálidas, desprovidas de força e de memória. (Aquiles, cujo fantasma Ulisses conseguiu evocar, disse que preferiria ser, na Terra, o escravo de um homem sem grandes recursos "a reinar sobre todos os que já morreram".[16]) Por outro lado, o bem realizado na Terra não era recompensado, e o mal não sofria punição. Os únicos condenados às torturas eternas eram Íxion, Tântalo e Sísifo, porque tinham ofendido Zeus em pessoa. E se Menelau não desceu ao Hades, sendo transportado para o Elísio, foi porque, ao desposar Helena, tornou-se cunhado de Zeus. Segundo a tradição transmitida por Hesíodo (cf. §85), outros heróis gozam da mesma sorte. Trata-se, porém, de seres privilegiados.

Essa concepção pessimista impôs-se irremediavelmente quando o grego tomou consciência da precariedade da condição humana. Por um lado, o homem não é, *stricto sensu*, a "criatura" de uma divindade (ideia partilhada por muitas religiões arcaicas e pelos três monoteísmos); por conseguinte, ele não tem a ousadia de esperar que suas preces possam estabelecer certa "intimidade" com os deuses. Por outro lado, sabe que sua vida já está decidida pelo destino, a *moîra* ou a *aîsa*, a "sorte" ou o "quinhão" que lhe foi atribuído – isto

---

* Os poetas jônios parecem aterrorizados pela miséria, pelas doenças e pela velhice. Únicas consolações possíveis: a guerra e a glória, ou os prazeres proporcionados pelas riquezas.

é, o tempo concedido até sua morte.* A morte, portanto, era decidida no instante do nascimento; a duração da vida era simbolizada pelo fio tecido pela divindade.** No entanto, certas expressões, como "*moîra dos deuses*" (*Odisseia*, III, 261) ou "*aîsa de Zeus*" (*Ilíada*, XVII, 322; *Odisseia*, IX, 52), deixam transparecer que é o próprio Zeus quem determina as sortes. Em princípio, ele pode modificar o destino, tal como se preparava para fazer, no caso do seu filho Sarpédon (*Ilíada*, XVI, 433s.), no momento em que a vida deste acabava de chegar a termo. Mas Hera observa que um gesto desse tipo terá como consequência a anulação das leis do Universo – ou seja, da justiça (*díkê*) – e Zeus lhe dá razão.

Esse exemplo mostra que o próprio Zeus reconhece a supremacia da justiça; aliás, *díkê* nada mais é que a manifestação concreta, na sociedade humana, da ordem universal, ou seja, da lei divina (*thémis*). Hesíodo afirma que Zeus recompensou os homens com a "justiça" para que eles não se comportassem como animais selvagens. O primeiro dever do homem é ser justo e demonstrar "honra, consideração" (*timê*) com relação aos deuses, especialmente oferecendo-lhes sacrifícios. É certo que o significado do termo *díkê* evoluiu no decorrer dos séculos que separam Homero de Eurípides. Este último não hesita em escrever: "Se os deuses têm atitudes feias (ou vis), é porque não são deuses!" (*Belerofonte*, frag. 292). Antes de Eurípides, Ésquilo declarava que Zeus não pune os inocentes (*Agamêmnon*, 750s.). Mas na *Ilíada* já se pode reconhecer em Zeus o protetor da *díkê*, uma vez que é ele quem garante os juramentos e protege os estrangeiros, os hóspedes e os suplicantes.[17]

Em suma, os deuses não ferem os homens sem motivo, enquanto os mortais não transgredirem os limites prescritos pelo seu próprio modo de existência. Porém, é difícil não transgredir os limites impostos, pois o ideal do homem é a *aretê*, a "excelência". Ora, uma excelência excessiva corre o risco de suscitar o orgulho desmedido e a insolência (*húbris*). Foi o que sucedeu a Ajax, que se vangloriou de ter escapado à morte apesar da vontade dos deuses, e foi

---

* O significado dos termos *moîra* e *aîsa* variou desde Homero. Essas forças quase demoníacas, que impeliam os homens à loucura, foram mais tarde personificadas e passaram a ser representadas por três deusas. As três *Moîrai* aparecem pela primeira vez em Hesíodo (*Teogonia*, 900s.): são filhas de Zeus e de Têmis.

** Inicialmente, a "fiação" era efetuada quer pelos "deuses" (*Odisseia*, XX, 186; etc.) ou pelo "*daímôn*" (*Od.*, XVI, 64), quer pela *moîra* (*Ilíada*, XXIV, 209) ou pela *aîsa* (*Il.*, XX, 128). Mas finalmente, como em outras tradições indo-europeias (mas também orientais), a "fiação" dos destinos torna-se atributo das Fiandeiras (*Klôthes*) ou das *Moîrai*. Cf. *Völuspá*, estr. 20; Eliade, *Traité*, §58. "Fiar, tecer" a sorte de alguém equivale a "atá-lo", ou seja, a imobilizá-lo numa "situação" impossível de modificar.

Zeus e a religião grega

abatido por Posídon (*Odisseia*, IV, 499-511). A *húbris* provoca uma loucura temporária (*átê*), que "cega" a vítima e a leva ao desastre.* Isso significa que a *húbris* e o seu resultado, a *átê*, são os meios pelos quais se realiza, em certos casos (heróis, reis, aventureiros etc.), a *moîra*, a porção de vida atribuída por ocasião do nascimento desses mortais ambiciosos demais ou simplesmente iludidos pelo ideal da "excelência".

Afinal, o homem dispõe apenas das suas próprias limitações: aquelas que lhe são atribuídas pela sua condição humana e, em particular, pela sua *moîra*. A sabedoria começa com a consciência da finitude e da precariedade de qualquer vida humana. Trata-se, pois, de aproveitar tudo aquilo que o *presente* pode oferecer: juventude, saúde, alegrias físicas ou oportunidades de exercer as virtudes. É a lição de Homero: viver totalmente, mas com nobreza, *no presente*. Por certo esse "'ideal" surgido do desespero conhecerá modificações; teremos ocasião de examinar no segundo volume desta obra as mais importantes. Mas a consciência dos limites predestinados e da fragilidade da existência nunca se apagou.

Em vez de inibir as forças criativas do gênio religioso grego, essa visão trágica conduziu a uma revalorização paradoxal da condição humana. Forçado que foi pelos deuses a não ultrapassar seus limites, o homem acabou por realizar a *perfeição* e, portanto, a *sacralidade da condição humana*. Em outros termos, redescobriu, dando-lhe forma definitiva, o sentido religioso da "alegria de viver", o valor sacramental da experiência erótica e da beleza do corpo humano, a função religiosa de todo júbilo coletivo organizado – procissões, jogos, danças, cantos, competições esportivas, espetáculos, banquetes etc. O sentido religioso da *perfeição do corpo humano* – a beleza física, a harmonia dos movimentos, a calma, a serenidade – inspirou o cânone artístico. O antropomorfismo dos deuses gregos, tal como se deixa apreender nos mitos, e que vai ser, mais tarde, ferozmente criticado pelos filósofos, reencontra seu sentido religioso na estatuária divina. Paradoxalmente, uma religião que proclama a distância irredutível entre o mundo divino e o dos mortais faz da perfeição do corpo humano a representação mais adequada dos deuses.

Mas é sobretudo a valorização religiosa do *presente* que importa destacar. O simples fato de *existir*, de *viver no tempo*, pode encerrar uma dimensão religiosa. Ela nem sempre é evidente, já que a sacralidade está de certa forma "camuflada" no imediato, no "natural" e no quotidiano. A "alegria de viver"

---

* Quando Heródoto (1, 32) cita Sólon: "Sei que a divindade está sujeita à inveja e à instabilidade", critica sobretudo a inteligência dos que se esquecem da sua condição humana, e deixam-se enganar pela *húbris*.

descoberta pelos gregos não é um gozo de tipo profano: ela revela a *satisfação* de existir, de participar – mesmo de maneira fugidia – da espontaneidade da vida e da majestade do mundo. Como tantos outros antes e depois deles, os gregos aprenderam que o meio mais seguro de escapar do tempo é explorar as riquezas, à primeira vista insuspeitáveis, do instante vivido.

A sacralização da finitude humana e da "vulgaridade" de uma existência "comum" constitui um fenômeno relativamente frequente na história das religiões. Mas foi sobretudo na China e no Japão do primeiro milênio da nossa era que a sacralização dos "limites" e das "circunstâncias" – qualquer que tenha sido sua natureza – alcançou a excelência e influenciou profundamente as culturas respectivas. Tal como na Grécia Antiga, essa transmutação do "dado natural" também se traduziu pela emergência de uma estética particular.[*]

NOTAS

1. Ver também M.L. West, *Hesiod's Theogony*, p.18s.; P. Walcot, *Hesiod and the Near East*, p.27s.
2. West, op cit., p.379s.
3. Apolodoro, *Biblioteca*, I, 6, 3, conta que, antes de ser dominado, Tifoeu conseguiu roubar os tendões de Zeus, motivo que recorda um episódio do mito hitita: o combate do deus da tempestade contra o dragão Illuyankaś; cf. §45, vol.1. Ver, no entanto, West; op.cit., p.392.
4. Mas pode-se ainda interpretar a cólera de Geia como uma reação contra a violência e a crueldade de Zeus.
5. Sobre Zeus Cretágeno, ver Charles Picard, *Les Religions pré-helléniques*, p.117s.
6. Cf. H. Jeanmaire, *Couroï et Courètes*, p.427s.
7. Eurípides, fragmento de uma tragédia perdida, *Os cretenses* (frag. 472, Nauck).
8. Sobre esse tema, ver nosso estudo "Cordes et marionnettes" (*Méphistophélès et l'Androgyne*, p.200-37), particularmente p.225s.
9. Ver a tradução e o comentário em P. Lévêque, *Aurea Catena Homeri*, p.4s.
10. Sobre a origem e o desenvolvimento desse motivo, ver Séchan; op.cit., p.23s., 42s., e J.-P. Vernant, "Métis et les mythes de souveraineté".
11. Cf. Séchan, p.44s.
12. K. Meuli, "Griechische Opferbräuche" (1946). Ver também W. Burkert, *Homo necans*, p.20s.
13. J. Rudhardt, "Les Mythes grecs relatifs à l'instauration du sacrifice", p.14. Por outro lado, Zeus não responde de pronto a Deucalião; envia Hermes para saber o que ele deseja; Apolodoro, *Biblioteca*, I, 7, 2.
14. A analogia mais próxima é o *zèbah* dos hebreus (cf. vol.1, §57).
15. Teógonis, 425-8; Píndaro, frag. 157; Sófocles, *Édipo em Colono*, 1.219s.

---

[*] Ver o terceiro volume desta obra.

Zeus e a religião grega

16. *Odisseia*, XI, 489-91. Palavras que se tornaram célebres, mas que irão atrair a crítica impiedosa de Sócrates; cf. Platão, *República*, III, 386 a-387 b; 387 d-388 b.

17. H. Lloyd-Jones, *The Justice of Zeus*, p.6 (contra a interpretação de Dodds, *The Greeks and the Irrational*, p.52, nota 18). Zeus é, ademais, o modelo do rei: responsável pelo bem-estar dos seus súditos, o *basileús* é obrigatoriamente o protetor dos direitos e dos costumes tradicionais, as *thémistes*; em outras palavras, é obrigado a respeitar uma certa *díkê*.

XI. OS OLÍMPICOS E OS HERÓIS

88. O grande deus decaído e o ferreiro-mágico: Posídon e Hefesto

Posídon é um antigo grande deus que, por múltiplas razões, perdeu sua soberania universal primitiva.* Encontram-se por toda parte os traços da sua majestade anterior, a começar por seu nome, que Wilamowitz explicara corretamente como significando "esposo da Terra" (*Pósis Dâs*). Na *Ilíada* (XV, 204), Zeus é seu irmão mais velho, mas Hesíodo reflete sem dúvida uma tradição mais antiga ao apresentar Zeus como o mais jovem (*Teogonia*, 456). Em todo o caso, só Posídon ousa protestar contra o abuso de poder da parte de Zeus, lembrando-lhe que seu domínio próprio se limita ao Céu.[1] Podemos detectar nesse detalhe a lembrança da resistência de um antigo deus soberano contra a ascensão de um deus mais jovem e mais afortunado. Ao receber, por ocasião da partilha do Universo, a soberania dos mares, Posídon torna-se um verdadeiro deus homérico; tendo em vista a importância do mar para os helenos, ele teria assegurado sua atualidade religiosa. Entretanto, sua estrutura primitiva foi radicalmente modificada, e a herança mítico-religiosa setentrional que ele trouxera para a Grécia foi quase totalmente dispersada ou reinterpretada.

Com efeito, o povo indo-europeu que adorava Posídon não conhecia o mar antes de chegar à Grécia meridional. Muitos traços específicos a Posídon nada têm a ver com o mar. Ele é o deus dos cavalos, *Híppios*, e em vários locais, particularmente na Arcádia, era adorado sob uma forma equídea. Foi na Arcádia que Posídon encontrou Deméter, que vagava à procura de Perséfone. Para escapar-lhe, a deusa transformou-se em égua, mas Posídon, na forma de garanhão, logrou possuí-la. Dessa união, nasceram uma filha e o corcel Aríon (Antímaco, in Pausânias, VIII, 25, 9). O grande número de suas aventuras amorosas aproxima Posídon de Zeus, colocando em evidência sua estrutura

---

* Em Pilos, na época dos aqueus, Posídon desfrutava uma posição religiosa nitidamente superior à de Zeus.

Os olímpicos e os heróis

original de "esposo da Terra" e de "abalador do solo". Segundo Hesíodo, ele casou-se com Medusa, que também era uma antiga deusa ctoniana. Outra tradição relata que Anteu é fruto de sua união com Geia.

As suas ligações com o cavalo indicam a importância desse animal para os invasores indo-europeus. Posídon é apresentado como criador, pai ou distribuidor de cavalos. Ora, o cavalo está relacionado com o mundo infernal, o que novamente evidencia o caráter de "senhor da Terra" do deus. Sua força primordial está igualmente indicada pelas formas gigantescas ou monstruosas de seus filhos: Oríon, Polifemo, Tritão, Anteu, as harpias etc. Como *Pósis Dâs*, o espírito masculino da fertilidade que mora na terra, tal como o concebia Wilamowitz, o deus trazido pelos indo-europeus poderia ser comparado aos deuses soberanos e fecundadores, "senhores da Terra", das religiões mediterrâneas e orientais.[2] Tornando-se exclusivamente deus marinho, Posídon só pôde conservar dos seus atributos originais aqueles que dependiam do mar: a força caprichosa e o domínio sobre o destino dos navegantes.

Hefesto goza de uma situação única na religião e na mitologia gregas. Teve um nascimento singular: segundo Hesíodo, Hera gerou-o "sem união amorosa, por cólera e como desafio ao seu esposo".[3] Além disso, Hefesto distingue-se de todos os outros olímpicos pela feiúra e pela deformidade. É coxo dos dois pés, torto ou cambaio, e necessita de um apoio para andar. Essa deformidade foi consequência de sua queda sobre a ilha de Lemnos: Zeus precipitara-o do alto do Olimpo por haver tomado o partido de sua mãe, Hera (*Ilíada*, I, 590s.). De acordo com outra versão, Hera o teria lançado ao mar, quando de seu nascimento, envergonhada da deformidade do filho (*Ilíada*, XVIII, 394s.). Duas nereidas, Tétis e Eurínome, recolheram-no numa gruta profunda no meio do oceano. Foi ali que, durante nove anos, Hefesto fez sua aprendizagem de ferreiro e artesão.

Têm-se notado as analogias com os temas da "criança perseguida" e do "recém-nascido maléfico": em ambos os casos, a criança sai da prova vitoriosa. Trata-se, certamente, de uma prova iniciatória,[4] comparável à precipitação nas ondas, de Dioniso ou de Teseu.* Mas é a iniciação de tipo mágico e xamânico que explica a mutilação de Hefesto. Marie Delcourt aproximou os tendões cortados ou os pés retorcidos de Hefesto das torturas iniciatórias do futuro xamã.** À semelhança de outros deuses mágicos, Hefesto pagou sua ciência de ferreiro e artesão com a mutilação física.

---

* Com efeito, ao mergulhar no mar, Teseu obtém o anel e a coroa mágica – obra de Hefesto –, o que lhe permitirá penetrar no labirinto e dele sair; cf. M. Delcourt, p.119.
** Outro elemento específico às tradições xamânicas e às dos ferreiros-mágicos: Hefesto aprende sua arte na gruta de Eurínome (a Morte) ou na forja subterrânea de Cedálion.

Os seus trabalhos são, ao mesmo tempo, obras-primas da arte e dos prodígios mágicos. Ao lado dos colares, fivelas, colchetes, brincos (*Ilíada*, XVIII, 400-1), ele fabrica o famoso escudo de Aquiles (*Ilíada*, 369s.), os cães de ouro e prata que flanqueiam a porta do palácio de Alcínoo (*Odisseia*, VII, 92), as resplandecentes moradas dos deuses, os autômatos, dos quais os mais célebres são as trípodes de ouro que se movem por si mesmas, e as duas "servas de ouro" (*Ilíada*, XVIII, 417s.) semelhantes a moças e que o amparam em sua caminhada. A rogo de Zeus, ele fabrica Pandora com argila e a anima.

Mas Hefesto é sobretudo um mestre-atador. Graças a seus trabalhos – tronos, correntes, redes –, mete a ferros deuses e deusas e também o titã Prometeu. Ele apresenta a Hera um trono de ouro, cujos laços invisíveis a prendem tão logo a deusa nele toma assento. Como nenhum deus fosse capaz de soltá-la, enviou-se Dioniso, que, logrando embriagar Hefesto, reconduziu-o ao Olimpo, onde finalmente libertou sua mãe (Pausânias, I, 20, 2). O feito mais célebre de Hefesto foi também o mais burlesco: ele prendeu Ares e Afrodite, sua própria esposa, numa rede invisível, e convidou os olímpicos para contemplar-lhes a união vergonhosa (*Odisseia*, VIII, 266s.). Os deuses caíram na gargalhada, mas ficaram ao mesmo tempo intimidados diante dessa obra cujo autor mais que um grande artesão, se revelou um perigoso mágico.

Na qualidade de deus mágico, Hefesto é simultaneamente atador e desatador, e, portanto, um deus parteiro (é ele quem assiste Zeus no nascimento de Atena). Em parte alguma, aliás, a equivalência da magia e da perfeição tecnológica é mais bem valorizada que na mitologia de Hefesto. Certos deuses soberanos (Varuna, Zeus) são senhores dos laços. Mas o poder de atar e desatar é compartilhado por outras figuras divinas ou demoníacas (por exemplo, na Índia, Vrtra, Yama, Nirrti). Os nós, as redes, os cordões, as cordas e os barbantes alinham-se entre as expressões metafóricas da força mágico-religiosa indispensável para comandar, governar, punir, paralisar, ferir mortalmente; em suma, expressões "sutis", paradoxalmente delicadas, de um poder terrível, desmedido, sobrenatural.[5] A mitologia de Hefesto associa a fonte de uma força mágica semelhante aos "segredos de ofício" dos metalúrgicos, dos ferreiros e dos artesãos, em suma, à perfeição tecnológica e artesanal. Mas todas as técnicas têm sua base e origem no "domínio do fogo", prestígio compartilhado por xamãs e por mágicos, antes de tornar-se "segredo" de oleiros, metalúrgicos e ferreiros.

Ignoram-se as "origens" de Hefesto. Não se conseguiu explicá-las nem pela herança pré-helênica, nem pelas tradições indo-europeias. Sua estrutura arcaica é evidente. Mais que um deus do fogo, ele deve ter sido um deus padroeiro dos trabalhos que envolvem o "domínio do fogo", ou, em outras palavras, uma forma específica, e mais rara, de magia.

Os olímpicos e os heróis

89. Apolo: as contradições reconciliadas

Pode parecer paradoxal que o deus tido como a mais perfeita encarnação do gênio helênico não tenha uma etimologia grega. Também é paradoxal o fato de que seus mais célebres feitos míticos não testemunham virtudes que acabaram por ser chamadas de "apolíneas": a serenidade, o respeito à lei e à ordem, a divina harmonia. Muitas vezes, o deus se deixa dominar pela vingança, pela inveja ou até pelo rancor. Mas essas fraquezas perderão rapidamente seu caráter antropomorfo e terminarão revelando uma das múltiplas dimensões da divindade, tal como era compreendida pelos gregos.

Àquele que, depois de Zeus, ilustra mais radicalmente a distância infinita que separa o homem dos deuses coube a sorte do último entre os mortais: teve recusado até o direito de nascer. Engravidada por Zeus, a titânida Leto procurou em vão um lugar onde pudesse dar à luz. Nenhuma região ousava recebê-la, por temor a Hera, que, de mais a mais, havia incitado Píton, o dragão de Delfos, a ir-lhe no encalço. Finalmente, a ilha de Delos a acolheu, e a titânida pôs no mundo os deuses Ártemis e Apolo. Um dos primeiros gestos da criança foi punir Píton. Segundo outra versão, mais antiga, Apolo dirigiu-se a Delfos, sua futura morada. Como o caminho estivesse impedido por um dragão fêmea, Píton, o deus matou-o a flechadas.[6] Façanha que se pode justificar, tal como encontramos justificativa para a execução do gigante Títio, que tentara violar a própria mãe. Mas Apolo chacinou, também a flechadas, os sete filhos de Níobe (enquanto Ártemis liquidava as sete filhas), pois a orgulhosa mãe havia humilhado Leto, gabando-se de sua numerosa prole. Ele matou a sua bem-amada Corônis, que o havia enganado com um mortal.* Também matou, mas por descuido, seu amigo predileto, Jacinto.

Essa mitologia agressiva, que, durante vários séculos, inspirou a literatura e as artes plásticas, tem paralelo na história da penetração de Apolo na Grécia. Em síntese, é a história de como ele substituiu, de modo mais ou menos brutal, as divindades locais pré-helênicas, processo que caracteriza, aliás, a religião grega em seu conjunto. Em terras da Beócia, o deus foi associado a Ptoos, como Apolo Ptoos; mas, por volta do século IV, Ptoos torna-se seu

---

* Ele salvou a criança que ela ia dar à luz, Asclépio. Este último torna-se um famoso médico, a tal ponto que, instado por Ártemis, ressuscita Hipólito. Esse milagre contrariava as leis fixadas por Zeus, e o rei dos deuses fulminou Asclépio. Apolo vingou-se massacrando os ciclopes que tinham forjado o raio. Culpado de crime para com o seu próprio clã (os ciclopes eram titãs, como Leto), Apolo foi condenado a passar um ano entre os mortais; ele trabalhou como escravo para Admeto.

filho ou neto. Em Tebas, ele substituiu Ismênio. Entretanto, o exemplo mais famoso é sua instalação em Delfos, depois de ter matado o antigo senhor do lugar santo, Píton. Esse feito mítico tem uma importância considerável, e não apenas para Apolo. A vitória de um deus-paladino contra o dragão, símbolo, ao mesmo tempo, da "autoctonia" e da soberania primordial das potências telúricas, é um dos mitos mais difundidos (§45). Específico a Apolo é, por um lado, o fato de que teve de expiar esse assassínio tornando-se assim o deus por excelência das purificações; e, por outro lado, sua instalação em Delfos. Ora, foi na qualidade de Apolo Pítio que ele alcançou seu prestígio pan-helênico. O processo já estava terminado no século VIII.[7]

Quanto à sua "origem", tem sido procurada nas regiões setentrionais da Eurásia, ou na Ásia Menor. A primeira hipótese baseia-se sobretudo nas relações do deus com os hiperbóreos, que os gregos consideravam habitantes de uma terra "para além de Bóreas", ou seja, para além do vento do Norte. Segundo o mito délfico,* Zeus tinha decidido que Apolo residiria em Delfos e levaria as leis aos helenos. Mas o jovem deus fez-se aos ares, sobre um carro puxado por cisnes, até a terra dos hiperbóreos, onde permaneceu por todo um ano. No entanto, como os habitantes de Delfos não parassem de invocá-lo com cantos e danças, o deus retornou. Desde então, ele passava os três meses do inverno entre os hiperbóreos e regressava no começo do verão. Durante sua ausência, Dioniso reinava em Delfos como senhor do oráculo.

Segundo Píndaro, "ninguém poderia descobrir, nem por terra nem por mar, a estrada maravilhosa que conduz aos jogos dos hiperbóreos" (*Píticas*, X, 29s.). Em outras palavras, o país e seus habitantes pertencem à geografia mítica. Trata-se de uma raça santa, imune às doenças e à velhice. É ainda Píndaro (frag. 272, ed. Bowra) que afirma que os hiperbóreos podem viver mil anos; eles não conhecem trabalho nem combates, e passam o tempo dançando e tocando lira e flauta. Baquílides (III, 58) narra que, para recompensar "a devoção deles", Apolo transportou Cresso e suas filhas para junto dos hiperbóreos. Trata-se, portanto, de um lugar paradisíaco, comparável às ilhas dos Bem-Aventurados, para onde se dirigem as almas dos heróis.

Heródoto (IV, 32-35) relata as informações dadas pelos délios, no que se refere às oferendas que Apolo recebia dos hiperbóreos: certos objetos envolvidos em palha de trigo eram enviados aos habitantes da região vizinha, que, por sua vez, os transportavam à região mais próxima, e assim sucessivamente, até Delos. Seria inútil procurar uma eventual lembrança histórica nessa tradição

---

* A mais antiga referência encontra-se num poema de Alceu (cerca de 600 a.C.), resumido por um retor tardio, Himério (século IV a.C.).

Os olímpicos e os heróis 259

que, entre outras coisas, localizava na terra dos híperbóreos a oliveira, árvore mediterrânea por excelência.

E, no entanto, as regiões setentrionais – desde a Trácia até a região dos citas e dos issedones – tinham um lugar importante nas tradições fabulosas ligadas a Apolo. Alguns desses discípulos lendários (Ábaris, Arísteas) eram "hiperbóreos", e Orfeu estava sempre relacionado à Trácia. Mas trata-se de um setentrião que, mesmo sendo gradualmente descoberto e explorado, conservava uma aura mitológica. Foi principalmente esse setentrião imaginário que incitou e nutriu a criatividade mitológica.

Em favor da origem asiática de Apolo, alega-se o fato de que os seus maiores locais de culto se encontram na Ásia: Patara, na Lícia; Dídimo, na Cária; Claros, na Jônia etc. Como tantos outros deuses olímpicos, ele parece um recém-chegado em seus lugares santos na Grécia continental. Além disso, sobre uma inscrição hitita descoberta perto de uma aldeia da Anatólia, pôde-se ler o nome *Apulunas*, "deus das portas", exatamente como, recorda Nilsson, era o Apolo da Grécia clássica.[8]

Mas a "gênese" de um deus só é interessante na medida em que nos ajuda a melhor apreender o gênio religioso de seus fiéis. Como o próprio povo grego, seus deuses são produto de uma grandiosa síntese. Foi graças a esse longo processo de confrontação, simbiose, coalescência e síntese que as formas divinas gregas conseguiram revelar todas as suas potencialidades.

90. Oráculos e purificação

Mal acabara de nascer, Apolo gritou: "Deem-me a lira e o meu arco curvo; anunciarei aos homens a inflexível vontade de Zeus" (*Hino homérico*, 132). Nas *Eumênides* de Ésquilo, ele assegura às Fúrias "que nunca proferiu um oráculo sobre homem, mulher ou cidade, que não fosse ordem de Zeus" (v.616-9). Essa veneração pelo "pai dos olímpicos" explica os vínculos de Apolo com as ideias de lei e de ordem. Na época clássica, ele representa, em seu mais alto grau, o aspecto legal da religião. Platão chama-lhe o "exegeta nacional" (*pátrios exêgêtês*; *República*, IV, 427 b). Ele comunica seus conselhos através de seus oráculos em Delfos, e, em Atenas e Esparta, por meio dos seus *exêgêtaí*; estes transmitem e explicam as medidas adotadas pelo deus no que se refere às liturgias dos templos e, sobretudo, às purificações que se tornam necessárias em virtude de homicídios. Pois se Apolo se tornou o deus que afasta o mal (*apotrópaios*) e o purificador por excelência (*kathársios*), foi porque ele próprio teve de ser purificado depois do assassinato do Píton. Todo crime de homicídio produzia uma nódoa maléfica, força de natureza quase física, o *míasma*, flagelo temível que ameaçava coletividades inteiras. Apolo contribuiu consideravelmente para tornar mais humanos os costumes arcaicos relativos aos homicídios.* Foi ele que conseguiu, para Orestes, a absolvição do crime de matricídio (cf. Ésquilo, *As Eumênides*).

Delfos tinha uma pré-história como local oracular muito antes de Apolo. Seja qual for a sua etimologia, os gregos ligavam-lhe o nome a *delphús*, "útero".** A cavidade misteriosa era uma boca, um *stómios*, termo que designa também a vagina. O *omphalós* de Delfos era igualmente atestado desde a época pré-helênica. Por ser símbolo do umbigo, estava carregado de sentido genital;[9] mas era sobretudo um "centro do mundo". Segundo a lenda, duas águias soltas por Zeus nas duas extremidades do mundo encontraram-se sobre o *omphalós*. Esse venerável sítio oracular, onde se manifestavam, desde tempos antigos, a sacralidade e os poderes da terra-mãe, recebeu uma nova orientação religiosa sob o reinado de Apolo.

O oráculo era efetuado pela pítia e pelo profeta que assistia à consulta. A princípio, as consultas se realizavam uma vez por ano (no aniversário do deus), em seguida uma vez por mês e, finalmente, diversas vezes, com exceção dos meses de inverno, quando Apolo estava ausente. A operação compreendia o sacrifício prévio de uma cabra. Em geral, os consulentes formulavam as perguntas de um modo alternativo: ou seja, se era preferível fazer isto ou aquilo. A pítia dava a resposta sorteando favas brancas ou negras.[10]

Nos casos mais graves, a pítia, inspirada por Apolo, profetizava na cripta do templo. Tem-se falado do "delírio pítico", mas nada indica os transes histéricos ou as "possessões" de tipo dionisíaco. Platão comparava o "delírio" (*maneîsa*) da pítia à inspiração poética das musas e ao arrebatamento amoroso de Afrodite. Segundo Plutarco: "O Deus contenta-se em colocar na pítia as visões e a luz que ilumina o futuro; é nisso que consiste o entusiasmo."[11] Sobre os monumentos representados, a pítia está calma, serena, concentrada – como o deus que a inspira.

Por que meios ela obtinha esse "estado segundo"? Isso continua a ser um mistério. A pítia, escolhida entre as camponesas de Delfos, profetizava num dia determinado. As folhas de loureiro que ela mascava, as fumigações com esse vegetal, a água da fonte Cassótis que ela bebia, não tinham qualquer propriedade

---

* O costume exigia que o autor, mesmo involuntário, de um assassinato fosse eliminado pela família; era a única maneira possível de aplacar a alma da vítima e retirar a nódoa (*míasma*) produzida pelo crime. O código de Draco introduz a autoridade do Estado no lugar das vendetas: é o tribunal da cidade que julga o crime e remete depois o culpado à família da vítima.

** A serpente fêmea *Delphúnê*, nascida da terra, cede o lugar a Píton, serpente do sexo masculino.

Os olímpicos e os heróis   261

embriagante e não explicavam o transe. Segundo a tradição, sua trípode oracular estava situada à beira de um abismo (*khásma*), de onde emanavam vapores com virtudes sobrenaturais. Entretanto, as escavações não revelaram qualquer fenda no solo, nem o antro para dentro do qual descia a pítia (mas pode-se admitir que eles tenham desaparecido em consequência de abalos sísmicos).

Chegou-se à conclusão, um pouco apressada, de que todo o conjunto – *khásma* com vapores, descida da pítia para dentro da passagem (o *áduton*) – seria uma imagem mítica muito recente.[12] No entanto, o *áduton* existia, e, como mostra Marie Delcourt (p.227s.), a antiguidade e a estrutura telúrica de Delfos implicavam uma "descida" ritual às regiões subterrâneas. Como não se encontrou qualquer "causa natural" que pudesse provocar o transe, apresentou-se a hipótese da autossugestão da pítia ou da sugestão à distância pelo profeta. A verdade é que nada sabemos sobre isso.

91. Da "visão" ao conhecimento

O "êxtase" apolíneo, embora provocado às vezes pela "inspiração" (isto é, a posse) pelo deus, não implicava contudo a comunhão efetuada no *enthousiasmós* dionisíaco (cf. §124). Os extáticos inspirados ou possuídos por Apolo eram conhecidos sobretudo por seus poderes catárticos e oraculares. (Em compensação, os iniciados nos mistérios de Dioniso, os *bakkheia*, jamais davam prova de poder profético.) Observou-se o caráter "xamânico" de certas personagens semimíticas, tidas como adoradoras por excelência de Apolo. O hiperbóreo Ábaris, sacerdote de Apolo, era dotado de poderes oraculares e mágicos (por exemplo, a bilocação). Heródoto (IV, 36) escreve que ele "passeou por toda a Terra a sua famosa flecha sem tomar nenhum alimento", mas, desde Heráclito (frag. 51 c) afirmava-se que Ábaris voava sobre uma flecha. Ora, a flecha, que desempenha determinado papel na mitologia e na religião dos citas, está presente nas cerimônias xamânicas siberianas;[13] ela é igualmente a verdadeira arma de Apolo. Lendas similares – que comportam transes extáticos suscetíveis de serem confundidos com a morte, bilocação, metamorfoses, descidas aos Infernos etc. – circulavam em relação com outras personagens fabulosas: Arísteas de Proconeso, Hermotimo de Clazômenas, Epimênides de Creta, Pitágoras. Quanto a Orfeu, o ilustre "profeta" de Apolo, a sua mitologia estava cheia de feitos xamânicos (cf. volume II).

Tal como era conhecido pelos gregos desde Homero, Apolo era, sem dúvida, muito mais que um deus-padroeiro dos extáticos. Pode-se contudo discernir uma continuidade bastante significativa entre as duas vocações: "xamãnica" e apolínea. Os xamãs gozam da reputação de descobrir o que está oculto e de conhecer o futuro; as visões, dádivas por excelência de Apolo, recompensam os fiéis do deus com os mesmos prestígios. Assim como em determinadas tradições xamânicas siberianas, as "visões" concedidas por Apolo incitam a inteligência e inclinam à meditação: no final das contas, elas conduzem à "sabedoria". Walter Otto observava que a obtenção dos conhecimentos ocultos "está sempre associada a uma exaltação do espírito",[14] e isso é verdadeiro mormente para o êxtase xamânico, o que explica a importância capital da música e da poesia em ambas as tradições. Os xamãs preparam seu transe cantando e tocando tambor; a mais antiga poesia épica centro-asiática e polinésia teve por modelo as aventuras dos xamãs em suas viagens extáticas. O principal atributo de Apolo é a lira; ao tocá-la, ele encanta os deuses, os animais selvagens e até as pedras (Eurípides, *Alceste*, 579s.; Apolônio de Rodes, I, 740).

O arco, o segundo atributo de Apolo, também faz parte da parafernália xamânica, mas seu uso ritual ultrapassa a esfera do xamanismo; quanto ao simbolismo do arco, ele é universalmente difundido. Apolo é "aquele que dardeja de longe": contudo o mesmo epíteto aplica-se a Rama, Buda e outros heróis e personagens fabulosos. O gênio grego, no entanto, revalorizou brilhantemente esse tema arcaico, assim como transfigurou as técnicas e a simbólica xamânicas. Graças a Apolo, o simbolismo do arco e da arcaria revela outras situações espirituais: o domínio da distância, e portanto o desapego do "imediato", da viscosidade do concreto; a calma e a serenidade envolvidas em todo e qualquer esforço de concentração intelectual. Em suma, Apolo representa uma nova teofania, a expressão de um conhecimento religioso do mundo e da existência humana especificamente grego e irrepetível.

Heráclito afirmava que "a harmonia é o resultado de uma tensão entre contrários, como a do arco e da lira" (frag. 51). Em Apolo, os contrários são assumidos e integrados numa configuração nova, mais ampla e mais complexa. Sua reconciliação com Dioniso faz parte do mesmo processo de integração que o promovera a padroeiro das purificações depois do assassinato de Píton. Apolo revela aos seres humanos a trilha que conduz da "visão" divinatória ao pensamento. O elemento demoníaco, implicado em todo conhecimento do oculto, é exorcizado. A lição apolínea por excelência está expressa na famosa frase de Delfos: "Conhece-te a ti mesmo!" A inteligência, a ciência e a sabedoria são consideradas modelos divinos concedidos pelos deuses, em primeiro lugar por Apolo. A serenidade apolínea torna-se, para o homem grego, o emblema da perfeição espiritual e, portanto, do espírito. Mas é significativo que a descoberta do espírito conclua uma longa série de conflitos seguidos de reconciliações, e o domínio das técnicas extáticas e oraculares.

92. Hermes, "o companheiro do homem"

Filho de Zeus e da ninfa Maia, Hermes é o menos olímpico dos deuses. Ele ainda conserva certos atributos específicos às divindades pré-homéricas: é também representado sob um aspecto itifálico; possui um "bastão mágico", o caduceu, e o barrete que o torna invisível; para imunizá-lo contra o feitiço de Circe, ele apresenta a Ulisses a erva mágica, *môlu* (*Odisseia*, X, 302-6). E, além disso, Hermes gosta de misturar-se aos homens. Como afirma Zeus, a sua "mais grata tarefa é ser o companheiro do homem" (*Ilíada*, XXIV, 334s.). Mas, em seus contatos com os seres humanos, comporta-se ao mesmo tempo como deus, *trickster** e mestre-artesão. Hermes é, por excelência, o fornecedor de bens (*Odisseia*, VIII, 335): diz-se de toda oportunidade que ela é uma dádiva de Hermes. Mas, por outro lado, é a encarnação de tudo aquilo que implica ardil e trapaça. Mal nascera, esse deus rouba os rebanhos do irmão Apolo; eis por que se tornou o companheiro e protetor dos ladrões. Eurípides chama-lhe "senhor dos que realizam os seus negócios durante a noite" (*Reso*, 216s.).

Mas se Hermes é o padroeiro dos roubos e das galantes aventuras noturnas, nem por isso deixa de ser o protetor dos rebanhos e dos viajantes que se retardam nas estradas. "Não há outro deus que mostre tal solicitude com os rebanhos e o seu crescimento", escreve Pausânias (II, 3, 4). Ele é o deus das estradas; seu nome originou-se de um dos montes de pedras (*hérmaion*) que se encontram à margem dos caminhos: cada transeunte lançava uma pedra sobre a pilha.** É provável que, na origem, Hermes fosse um deus protetor dos pastores nômades e talvez até um senhor dos animais. Os gregos, no entanto, interpretaram num sentido mais profundo os atributos e os prestígios arcaicos de Hermes. Ele rege as estradas porque anda rapidamente (tem "sandálias de ouro") e não se perde na noite porque conhece o caminho. Por essa razão é ao mesmo tempo guia e protetor dos rebanhos, e padroeiro dos ladrões. Foi também por isso que se tornou o mensageiro dos deuses.

É provável que os mesmos atributos tenham feito de Hermes um psicopompo: ele guia os mortos para o outro mundo porque conhece o caminho e sabe orientar-se nas trevas. Mas não é um deus dos mortos, muito embora os moribundos digam que são agarrados por Hermes. Ele se permite circular livremente nos três níveis cósmicos. Se, por um lado, acompanha as almas nos Infernos, por outro, é ainda quem as traz de volta à Terra, como sucedeu com

---

* Trapaceiro, velhaco em inglês, no original. (N.T.)
** O costume é ainda atestado em muitos povos e está sempre relacionado à viagem.

Perséfone, Eurídice ou, em *Os persas* (629) de Ésquilo, com a alma do grande rei. As relações de Hermes com as almas dos mortos explicam-se ainda pelas suas faculdades "espirituais". Pois sua astúcia e inteligência prática, sua inventividade (a descoberta do fogo lhe é atribuída), o poder de tornar-se invisível e viajar por toda a parte em um piscar de olhos, já anunciam os prestígios da sabedoria, principalmente o domínio das ciências ocultas, que se tornarão mais tarde, na época helenística, as qualidades específicas desse deus. Aquele que se orienta nas trevas, guia as almas dos mortos e circula com a rapidez de um relâmpago, tão visível quanto invisível reflete em última análise uma modalidade do espírito: não só a inteligência e o ardil, mas também a gnose e a magia.

Depois de haver analisado brilhantemente os prestígios de Hermes, W. Otto reconhece que "seu mundo não é um mundo heroico", e conclui que, se "o seu mundo não é nobre, ... está longe de ser vulgar e repugnante".[15] O que é exato, mas insuficiente, pois o que caracteriza a figura de Hermes, já na época clássica, são suas relações com o mundo dos homens, um mundo por definição "aberto", que está em permanente construção, isto é, sendo melhorado e superado. Seus atributos primordiais – astúcia e inventividade, domínio sobre as trevas, interesse pela atividade dos homens, psicopompia – serão continuamente reinterpretados e acabarão por fazer de Hermes uma figura cada vez mais complexa, ao mesmo tempo Hermes civilizador, patrono da ciência e imagem exemplar das gnoses ocultas.

Hermes é um dos raros deuses olímpicos que não perderão a qualidade religiosa depois da crise da religião "clássica" e não desaparecerão quando sobrevier o triunfo do cristianismo. Assimilado a Tot e a Mercúrio, ele conhecerá uma nova voga na época helenística e, como Hermes Trismegisto, sobreviverá, pela alquimia e pelo hermetismo, até o século XVII. Já os filósofos gregos verão em Hermes o *lógios*, a personificação do pensamento. Ele será considerado o detentor de todos os conhecimentos e, em primeiro lugar, da gnose secreta; o que o tornará "o chefe de todos os mágicos", vitorioso contra os poderes das trevas, pois "tudo conhece e tudo pode fazer".[16] O episódio da *Odisseia* com a erva maravilhosa, *to-môlu*, será continuamente alegorizado tanto pelos gregos quanto pelos autores cristãos. Vê-se nessa planta que salva Ulisses da sorte de seus companheiros, metamorfoseados por Circe em porcos, o espírito que se opõe ao instinto, ou a educação que purifica a alma. E Hermes, identificado pelos filósofos com o *Lógos*, será comparado, pelos padres da Igreja, a Cristo, enquanto se aguardam as inumeráveis homologias e identificações efetuadas pelos alquimistas do Renascimento (ver volume III).

Os olímpicos e os heróis 265

93. As deusas I: Hera, Ártemis

A posição privilegiada de Hera muito deve a Homero, que havia destacado o fato de que ela era a esposa de Zeus. Originalmente, era a deusa de Argos; foi dessa cidade que seu culto se espalhou por toda a Grécia. Wilamowitz explica seu nome como a forma feminina de *hérôs*, e com o sentido de *déspoina*, "nossa senhora".[17] É difícil decidir se os aqueus levaram consigo a deusa ou apenas o seu nome. Muito provavelmente ficaram impressionados com o poder e a majestade da dama de Argos, e elevaram-na à condição de esposa do seu principal deus.[18] Talvez seja esse o motivo pelo qual Hera se tornou o símbolo e a padroeira da instituição do casamento. As inúmeras infidelidades de Zeus despertaram seu ciúme e provocaram disputas que foram minuciosamente contadas por poetas e mitógrafos. Zeus tem com relação a Hera um comportamento que jamais um chefe aqueu ousaria assumir com sua esposa: ele a mói de pancadas e, certa feita, chega até a pendurá-la com um grande peso atado aos pés, tortura que mais tarde foi aplicada aos escravos.[*]

Segundo Hesíodo (*Teogonia*, 923-4), Hera deu a Zeus três filhos: Hebe, Ares e Ilitíia, e, sozinha, gerou Hefesto (ibid., 926). A partenogênese, a faculdade de autofecundar-se, salienta que mesmo a mais olímpica das deusas ainda conserva um caráter específico do Mediterrâneo e da Ásia Menor. É difícil precisar o sentido original da tradição segundo a qual Hera recuperava anualmente a virgindade, banhando-se na fonte *Kánathos*.[19] Será que se trata de um símbolo solidário da concepção patriarcal do casamento (pois, como se sabe, a virgindade era muito valorizada nas sociedades de tipo patriarcal)? Seja como for, os gregos transformaram radicalmente a deusa de Argos. Podemos, porém, decifrar ainda alguns desses traços originais.

Como a maioria das deusas do Egeu e da Ásia Menor, a filha de Cronos era uma divindade da fecundidade universal, e não apenas do casamento. Muito embora a hipótese de uma Hera-terra-mãe tenha sido rejeitada por certos especialistas, é difícil explicar de outra maneira o fato de que se falava de um *hieròs gámos* com Zeus (mítico ou reatualizado em rituais) em vários lugares (Plateias, Eubeia, Atenas, Samos etc.) É a imagem típica da união entre um deus fecundador da tempestade e a terra-mãe. Além do mais, Hera, em Argos, era adorada como "deusa da canga" e "rica em bois". (Na *Ilíada*, Ho-

---

[*] *Ilíada*, I, 567, 587; XV, 18s. Cf. Plauto, *Asinaria*, 303-4; Rose, *Handbook*, 106 e nota 15. Na medida em que podemos ver em tais cenas a lembrança de realidades históricas, trata-se sem dúvida de uma época bastante antiga, anterior à chegada dos aqueus à península. Significativo é o fato de que Homero e seus ouvintes podiam divertir-se com tais refregas.

mero descreve-a como a "de olhos de boi".) Finalmente, era considerada a mãe de monstros aterradores como a Hidra de Lerna. Ora, o parto de monstros é uma característica das deusas telúricas. Na verdade, como vimos no §83, para Hesíodo, a mãe de Tifoeu era Geia (a Terra). Mas todos esses atributos e prestígios ctonianos foram progressivamente esquecidos, e, desde Homero, Hera revelou-se o que continuaria a ser até o fim: a deusa por excelência do casamento.

O nome de Ártemis, atestado sob a forma *Ártimis* numa inscrição da Lídia, indica sua origem oriental. O caráter arcaico da deusa é evidente: ela é, antes de mais nada, e essencialmente, a senhora das feras (*pótnia therôn*, como é qualificada na *Ilíada*, XXI, 479s.); ou seja, ao mesmo tempo apaixonada da caça e protetora dos animais selvagens. Homero chama-lhe também Agrotera, "a das feras", e Ésquilo (frag. 342), "a dama das montanhas selvagens". Apraz-lhe sobretudo caçar durante a noite. O leão e o urso são seus animais favoritos e heráldicos, o que lembra os protótipos da Ásia Menor. Homero (*Ilíada*, V, 519) narra como Ártemis ensinou a Escamândrio a arte de caçar toda espécie de animal. Mas ela se revoltou quando duas águias estraçalham e devoram uma lebre prenhe (Ésquilo, *Agamêmnon*, 133s.).

Ártemis é sobretudo a deusa virgem, o que, originalmente, podia ser compreendido como uma libertação do jugo matrimonial. Mas os gregos viram na sua virgindade perpétua uma indiferença em relação ao amor. O *Hino homérico a Afrodite* (I, 17) reconhece a frigidez da deusa. No *Hipólito* (1.301) de Eurípides, a própria Ártemis proclama francamente seu ódio a Afrodite.

E, no entanto, ela apresenta numerosos elementos de uma deusa-mãe. Na Arcádia, no seu mais antigo local de culto, estava associada a Deméter e a Perséfone. Heródoto (II, 156) assevera que Ésquilo considerava Ártemis a filha de Deméter, isto é, identificava-a com Perséfone. Alguns autores gregos afirmavam que, em Creta, ela era chamada de *Britómartis*,[20] o que indica suas relações com a deusa minoica. É provável que, entre os seus nomes em outras línguas, se devam incluir *Kubélê*, na Frígia, e *Má*, na Capadócia. Ignora-se quando e em que região ela começou a ser conhecida como Ártemis. Em Éfeso, a função maternal era representada plasticamente e de uma forma tão grotesca que se hesita em reconhecer nela uma divindade grega. Ártemis era venerada pelas mulheres como *Lokheía*, a deusa do parto. Ela era ainda *kurotróphos*, "criada" e instrutora dos jovens. Pode-se discernir em alguns dos seus rituais, atestados na época histórica, a herança de cerimônias iniciatórias femininas das sociedades egeias do segundo milênio. A dança em honra de Ártemis, realizada às margens do rio Alfeu – bem como, aliás, as danças da deusa que ocorriam em todo o Peloponeso – tinha um caráter orgiástico. Um

Os olímpicos e os heróis 267

provérbio dizia: "Onde Ártemis não dançou?" Em outros termos: onde não se dança em honra de Ártemis?[21]

Sob seus aspectos múltiplos, e às vezes contraditórios, adivinha-se a pluralidade das formas divinas arcaicas, revalorizadas e integradas numa vasta estrutura pelo gênio religioso grego. A antiga dama das montanhas e senhora das feras da pré-história mediterrânea assimilou desde cedo os atributos e os prestígios das deusas-mães, mas sem com isso perder suas características mais arcaicas e mais específicas: a um só tempo padroeira dos caçadores, dos animais ferozes e das donzelas. A partir de Homero, seu perfil começa a ganhar contornos definitivos: Ártemis governa a sacralidade da vida selvagem, que conhece a fertilidade e a maternidade, mas não o amor e o casamento. Ela sempre conservou um caráter paradoxal, ilustrado principalmente pela coexistência de temas contraditórios (por exemplo, virgindade-maternidade). A imaginação criativa dos poetas, mitógrafos e teólogos gregos intuiu que tal coexistência de contrários pode sugerir um dos mistérios da divindade.

94. As deusas II: Atena, Afrodite

Atena é sem dúvida a mais importante deusa grega depois de Hera. Seu nome não encontrou explicação através do grego. Quanto à sua origem, a hipótese de Nilsson, admitida pela maioria dos cientistas, parece bastante convincente: Atena teria sido uma dama do palácio, protetora dos palácios fortificados dos príncipes micênicos; ainda que deusa doméstica, relacionada com os ofícios masculinos ou femininos, a sua presença na cidadela durante um período de guerras e de pilhagens conferiu-lhe os atributos e os prestígios de uma deusa belicosa. Ela sai da cabeça de Zeus vestida com sua armadura, brandindo a lança e soltando seu grito de guerra. Muitos de seus títulos proclamam esse caráter marcial: *Prómakhos* (a Defensora), *Steniás* (a Poderosa), *Areía* (a Belicosa) etc.

Contudo, como é apresentado por tantos episódios da *Ilíada*, Atena é a inimiga implacável de Ares, a quem lança por terra, aliás, na famosa batalha dos deuses do canto XXI (390s.).* Ao contrário, ela admira Héracles, o verdadeiro modelo do herói. Auxilia-o em suas provas sobre-humanas e termina por conduzi-lo ao Céu (Pausânias, III, 18, 11 etc.). Atena também admirava

---

* É verdade que Ares é detestado por todos os deuses, que lhe chamam "louco" por não saber "o que é justo" (*Ilíada*, V, 761). O próprio Zeus reconhece que "nenhum olímpico é tão odiado", pois "ele só pensa em guerras e batalhas" (V, 890).

Tideu e queria até conceder-lhe a imortalidade; mas, ao ver o herói, gravemente ferido, partir o crânio a seu inimigo e engolir-lhe o cérebro, a deusa afastou-se, enojada.[22] É ainda ela que, fazendo-se presente, segura Aquiles, já de mão à espada, pronto para responder com o aço aos insultos de Agamêmnon (*Ilíada*, I, 194s.).

Mesmo numa epopeia composta para um auditório que exaltava os feitos bélicos, Atena mostra-se diferente de uma deusa marcial. É justamente por ser a guerra uma atividade masculina por excelência que Atena dela participa. Pois, em suas próprias palavras: "Em todas as coisas meu coração inclina-se para o varonil: a exceção é o casamento" (Ésquilo, *As Eumênides*, 736). O *Hino homérico a Afrodite* (I, 9) reconhece que a deusa do amor não tem poder sobre Atena. Homero e Hesíodo chamam-na de Palas, "a Moça", e em Atenas é "a Virgem" (*Parthénos*). Mas ela pertence a um tipo de deusa virgem diferente do de Ártemis: não evita os homens, não os mantém à distância. Atena torna-se amiga de Ulisses e o protege; ela o admira em virtude de sua forte personalidade e sabedoria: Ulisses é o homem "de conselhos vários, muito sábio" (*polúmêtis*), o único a quem se ousa comparar a Zeus (*Ilíada*, II, 169, 407, 636). Na *Teogonia* (896), Hesíodo julga-o "igual a seu pai em força e em prudente sabedoria". Atena é a única entre os olímpicos que não tem mãe. O *Hino homérico* (I, 9s.) faz breve alusão ao fato de que Zeus a gerou de sua própria cabeça, mas é Hesíodo quem narra todo o mito: Zeus engoliu Métis, a deusa da inteligência, quando esta se encontrava grávida, e Atena veio ao mundo saindo do crânio de seu pai (*Teogonia*, 886s.; cf. §84). Viu-se nesse episódio um acréscimo tardio; o mito original teria simplesmente evocado a aparição de Atena no cume do monte Olimpo. Mas Otto destaca, com razão, o caráter arcaico, "selvagem", do tema do devoramento.[23]

Seja qual for sua origem, o mito do nascimento miraculoso de Atena ilustra e confirma as suas relações muito íntimas com Zeus. "Estou totalmente do lado do pai", confessa ela em *As Eumênides* (736). Na *Odisseia* (XIII, 299), Atena confia a Ulisses: "Entre todos os deuses, orgulho-me da minha inteligência (*mêtis*) e habilidade." Na verdade, a *mêtis,* a inteligência prática, é seu atributo mais característico. Atena não é apenas a padroeira dos ofícios femininos por excelência, como o fiar e o tecer. Ela é sobretudo a "politécnica", a inspiradora e instrutora de todos os gêneros de operários especialistas. É com ela que o ferreiro aprende a fabricar a relha do arado, e os oleiros a invocam: "Vem até nós, Atena, coloca a tua mão em cima do nosso forno!"[24] É ela, a domadora de cavalos, que inventa o freio dos equinos e ensina o uso dos carros. Quando o assunto é navegação, domínio governado de direito por Posídon, Atena revela a complexidade e ao mesmo tempo a unidade da sua

Os olímpicos e os heróis

mêtis. A princípio, ela intervém nas múltiplas operações técnicas próprias da construção de um navio, mas auxilia também o piloto a "levar a bom termo" seu barco.[25]

Raramente se encontra um exemplo daquilo que se poderia denominar a sacralidade da invenção técnica e a mitologia da inteligência. Outras divindades ilustram as incontáveis formas da sacralidade da vida, da fertilidade, da morte, das instituições sociais etc. Atena revela o caráter "sagrado", ou a origem "divina", de determinados ofícios e vocações que implicam inteligência, habilidade técnica, invenção prática, além de autocontrole, serenidade nas provas, confiança na coerência, e portanto na inteligibilidade, do mundo. Compreende-se como a padroeira da *mêtis* se tornará, na época dos filósofos, o símbolo da ciência divina e da sabedoria dos homens.

Afrodite representa uma criação não menos notável do gênio grego, ainda que ela se situe em um plano completamente diverso. A deusa é sem dúvida de origem oriental, como a tradição insiste em indicar (Heródoto, I, 105; Pausânias, I, 14, 7). Na *Ilíada*, Afrodite protege os troianos. Além disso, ela apresenta analogias com as divindades de tipo Ishtar. Entretanto, é em Chipre, centro milenar do sincretismo do Egeu e da Ásia Menor, que a sua figura específica começa a adquirir contornos definidos (*Odisseia*, VIII, 362s.). O processo de helenização está bastante adiantado na *Ilíada* (V, 365), onde Homero a proclama filha de Zeus e Dione, e esposa de Hefesto.[26] Mas em Hesíodo aparece uma versão mais arcaica de seu nascimento: a deusa proveio da semente escumosa (*aphrós*) que saiu das partes sexuais de Urano lançadas ao mar. Ora, o tema da castração de um grande deus é, como vimos (§46), de origem oriental.

Em seu culto, distinguem-se certos elementos asiáticos (os hierodulos, por exemplo) ao lado de elementos mediterrâneos (a pomba). Por outro lado, o *Hino homérico a Afrodite* (I, 69s.) apresenta-a como uma verdadeira senhora das feras: "Atrás dela, movendo as caudas, seguiam lobos cinzentos, leões de pelo fulvo, ursos e velozes panteras que não se cansam de comer a carne dos cervídeos." Mas um traço novo, específico a Afrodite, é acrescentado: a deusa "infundiu em seus peitos o desejo; e foram todos ao mesmo tempo acasalar-se na sombra dos pequenos vales" (traduzido para o francês por Jean Humbert).

Afrodite "infunde o desejo" tanto nas feras quanto nos homens e nos deuses. Ela "faz até Zeus perder a razão"; é ela que "o faz unir-se facilmente às mulheres mortais, à revelia de Hera" (ibid., 36, 40). Desse modo, o *Hino homérico* identifica no ímpeto sexual o elemento de unidade das três formas de existência: animal, humana e divina. Por outro lado, ao destacar o caráter irredutível e irracional da concupiscência, o *Hino homérico* justifica as aventuras amorosas de Zeus (que serão, aliás, indefinidamente reiteradas pelos deuses, pelos heróis e pelos homens). Trata-se, em suma, de uma justificação *religiosa* da sexualidade; pois, como são provocados por Afrodite, até os excessos e os ultrajes sexuais devem ser reconhecidos como de origem divina.

Já que reina sobre os três níveis cósmicos, Afrodite é ao mesmo tempo celeste (*Astería, Ouranía*), marítima (*Anaduoménê*, "saída do mar"*) e terrestre: sob seus passos os caminhos se cobrem de flores, e é ela "a causa primeira" da fertilidade vegetal (Ésquilo, *Danaides*, frag. 44). Mas Afrodite nunca se tornará a deusa por excelência da fertilidade. O que ela inspira, exalta e protege é o amor físico, a união carnal. Nesse sentido, pode-se dizer que, graças a Afrodite, os gregos reencontravam o caráter sagrado do ímpeto sexual primitivo. Os vastos recursos espirituais do amor serão regidos por outras figuras divinas, em primeiro lugar Eros. Ora, é justamente essa sexualidade irracional e irredutível que será explorada pelos escritores e artistas plásticos; a tal ponto que, na época helenística, os "Encantos de Afrodite" se tornarão clichês literários. Somos quase tentados a ver nesse desabrochar artístico sob o signo de Afrodite a dessacralização radical do amor físico. Na verdade, trata-se de uma camuflagem, inimitável e rica de significados, tal como encontramos em tantas outras criações do gênio grego. Sob a aparência de uma divindade frívola, dissimula-se uma das mais profundas fontes da experiência religiosa: a revelação da sexualidade como transcendência e mistério. Iremos encontrar outras formas desse tipo de camuflagem quando analisarmos o processo de dessacralização do mundo moderno. (Ver volume III.)

95. Os heróis

Píndaro distinguia três categorias de seres: deuses, heróis e homens (*Olímpicas*, II, 1). Para o historiador das religiões, a categoria dos heróis suscita problemas de grande importância: qual é a origem e a estrutura ontológica dos heróis gregos, e em que medida são eles comparáveis a outros tipos de intermediários entre os deuses e os seres humanos? Seguindo a crença dos antigos, E. Rohde cuidava que os heróis "são estreitamente aparentados, por um lado, aos deuses ctonianos, e, por outro, aos homens falecidos. De fato, nada mais são que os espíritos de homens falecidos, que habitam no interior da terra, ali vivem eternamente como os deuses, e destes se aproximam pelo

---

* A concha, símbolo ao mesmo tempo aquático e sexual, faz parte dos seus *hierá*.

Os olímpicos e os heróis   271

poder".[27] Tal como os deuses, os heróis eram honrados com sacrifícios, mas os nomes e os procedimentos dessas duas categorias de ritos eram distintos. Em contraposição, em sua obra *Götternamen* (1896), publicada três anos depois de *Psyché*, H. Usener defendia a origem divina dos heróis: exatamente como os demônios, os heróis provinham de divindades "momentâneas" ou "particulares" (*Sondergötter*), isto é, de seres divinos especializados em funções específicas.

Em 1921, L.R. Farnell propôs uma teoria de compromisso que ainda goza de certo prestígio. Segundo esse autor, nem todos os heróis têm a mesma origem; aponta-lhes sete categorias: heróis de origem divina ou ritual, personagens que realmente viveram (guerreiros ou sacerdotes), heróis inventados por poetas ou eruditos etc. Finalmente, num livro rico e profundo, *Gli eroi greci* (1958), A. Brelich assim descreve a "estrutura morfológica" dos heróis: são personagens cuja morte apresenta um destaque particular e que têm estreitas relações com o combate, a agonística, a divinação e a medicina, a iniciação de puberdade e os mistérios; eles fundam cidades e seu culto tem um caráter cívico; são os ancestrais dos grupos consanguíneos e os "representantes protótipicos" de certas atividades humanas fundamentais. Os heróis são, além disso, caracterizados por traços singulares, ou até monstruosos, e por um comportamento excêntrico, que denota sua natureza sobre-humana.[28]

De maneira sucinta, poderíamos dizer que os heróis gregos compartilham uma modalidade existencial *sui generis* (sobre-humana, mas não divina) e atuam numa época primordial, precisamente aquela que acompanha a cosmogonia e o triunfo de Zeus (cf. §§ 83-84). Sua atividade se desenrola depois do aparecimento dos homens, mas num período dos "começos", quando as estruturas não estavam definitivamente fixadas e as normas ainda não tinham sido suficientemente estabelecidas. O seu próprio modo de ser revela o caráter inacabado e contraditório do tempo das "origens".

O nascimento e os primeiros anos de vida dos heróis distinguem-se do habitual. Eles descendem dos deuses, mas às vezes lhes é atribuída uma "dupla paternidade" (dessa forma, Héracles é filho de Zeus e de Anfitrião; Teseu, de Posídon e de Egeu), ou têm um nascimento irregular (Egisto, fruto do incesto de Tiestes com sua própria filha). São abandonados pouco tempo depois do nascimento (Édipo, Perseu, Reso etc.) e são amamentados por animais;* passam a juventude viajando por terras longínquas, singularizam-se por inú-

---

* Páris é alimentado por uma ursa, Egisto por uma cabra, Hipótoo por uma égua etc.; esse motivo iniciatório é, aliás, extremamente difundido, cf. §105.

meras aventuras (sobretudo feitos esportivos e guerreiros), e celebram bodas divinas (entre as mais ilustres estão as de Peleu e Tétis, Níobe e Anfíon, Jasão e Medeia).

Os heróis caracterizam-se por uma forma específica de criatividade, comparável à dos heróis-civilizadores das sociedades arcaicas. Tal como os ancestrais míticos australianos, eles modificam a paisagem, são tidos como "autóctones" (isto é, os primeiros habitantes de determinadas regiões) e avós das raças, dos povos ou das famílias (os argivos descendem de Argos, os árcades de Arcos etc.). Inventam – isto é, "fundam", "revelam" – muitas instituições humanas: as leis da cidade e as regras da vida urbana, a monogamia, a metalurgia, o canto, a escrita, a tática etc., e são os primeiros a praticar certos ofícios. São por excelência fundadores de cidades, e as personagens históricas que estabelecem colônias tornam-se, depois da morte, heróis.[29] Além disso, os heróis instituem os jogos esportivos e uma das formas características do seu culto é o concurso agonístico. De acordo com uma tradição, os quatro grandes jogos pan-helênicos eram consagrados aos heróis antes de pertencerem a Zeus. (O culto agonístico de Olímpia, por exemplo, era celebrado em honra de Pélope.) Isso explica a heroicização dos atletas vitoriosos e célebres.*

Certos heróis (Aquiles, Teseu etc.) são associados aos ritos de iniciação dos adolescentes, e o culto heroico é frequentemente efetuado pelos efebos. Muitos episódios da saga de Teseu são, na verdade, provas iniciatórias: seu mergulho ritual no mar, prova equivalente a uma viagem ao outro mundo, e precisamente no palácio submarino das nereidas, fadas *kourotróphoi* por excelência; a penetração de Teseu no labirinto e seu combate com o monstro (o Minotauro), tema exemplar das iniciações heroicas; e, finalmente, o rapto de Ariadne, uma das múltiplas epifanias de Afrodite, no qual Teseu conclui a sua iniciação por meio de uma hierogamia.

Segundo H. Jeanmaire, as cerimônias que constituíam as *Thésia* ou *Theseîa* seriam provenientes dos rituais arcaicos que, numa época anterior, marcavam o retorno dos adolescentes à cidade, depois da sua permanência iniciatória na savana.[30] Da mesma forma, certos momentos da lenda de Aquiles podem ser interpretados como provas iniciatórias: ele foi criado pelos centauros, isto é, foi iniciado na savana por mestres mascarados ou que se manifestavam sob aspectos animalescos; suportou a passagem pelo fogo e pela água, provas clássicas de iniciação, e chegou até a viver entre as moças, vestido como uma delas, seguindo um costume específico de certas iniciações arcaicas de puberdade.[31]

---

* Como Cleomedes nos Jogos Olímpicos de 496 (Pausânias, VI, 9, 6).

Os olímpicos e os heróis 273

Os heróis são igualmente associados aos mistérios: Triptólemo tem um santuário, e Eumolpo o seu túmulo em Elêusis (Pausânias, I, 38, 6; I, 38, 2). Além disso, o culto dos heróis é solidário dos oráculos, principalmente dos ritos de incubação que visam à cura (Calcas, Anfiarau, Mopso etc.); alguns heróis estão portanto relacionados com a medicina (em primeiro lugar Asclépio).[32]

Um traço característico dos heróis é sua *morte*. Excepcionalmente, certos heróis são transportados às ilhas dos Bem-Aventurados (como Menelau), à ilha mítica de Leuce (Aquiles), ao Olimpo (Ganimedes) ou desaparecem sob a terra (Trofônio, Anfiarau). Mas a enorme maioria sofre morte violenta na guerra (como os heróis de que fala Hesíodo, caídos diante de Tebas e Troia), em combates singulares ou vítimas de traição (Agamêmnon morto por Clitemnestra, Laio por Édipo etc.). Muitas vezes têm morte singularmente dramática: Orfeu e Penteu são despedaçados, Actéon é estraçalhado por cães, Glauco, Diomedes e Hipólito, por cavalos; ou são devorados ou fulminados por Zeus (Asclépio, Salmoneu, Licáon etc.) ou mordidos por uma serpente (Orestes, Mopso etc.).[33]

E, no entanto, é sua morte que lhes confirma e proclama a condição sobre-humana. Se, por um lado, não são imortais como os deuses, por outro, os heróis se distinguem dos seres humanos pelo fato de continuarem a agir depois da morte. Os despojos dos heróis são carregados de temíveis poderes mágico-religiosos. Os seus túmulos, relíquias, cenotáfios atuam sobre os vivos séculos e séculos a fio. Em certo sentido, poderíamos dizer que os heróis se aproximam da condição divina graças à sua morte: gozam de uma pós-existência ilimitada, que nem é larvária nem puramente espiritual, mas consiste numa sobrevivência *sui generis*, uma vez que depende dos restos, traços ou símbolos de seus corpos.

Contrariamente ao costume geral, os despojos dos heróis são enterrados no interior da cidade; são até admitidos nos santuários (Pélope no templo de Zeus em Olímpia, Neoptólemo no de Apolo, em Delfos). Seus túmulos e cenotáfios constituem o centro do culto heroico: sacrifícios acompanhados de lamentações rituais, ritos de luto, "coros trágicos". (Os sacrifícios prestados aos heróis eram semelhantes aos efetuados para os deuses ctonianos, e distinguem-se dos sacrifícios oferecidos aos olímpicos. As vítimas eram abatidas com a garganta voltada para o céu no caso dos olímpicos, e virada para a terra, no caso dos deuses ctonianos e dos heróis; quando se destinava aos olímpicos, a vítima devia ser branca; se aos heróis e deuses ctonianos, negra, e a vítima sacrificada era completamente queimada, não sendo permitido a nenhum homem vivo comer-lhe um pedaço; o tipo dos altares olímpicos era o templo clássico, acima da terra e às vezes numa elevação; para os heróis e deuses ctonianos, uma fogueira baixa, um antro subterrâneo ou um *áduton*, que representava talvez um túmulo; os sacrifícios destinados aos olímpicos eram efetuados nas manhãs ensolaradas, ao contrário dos prestados aos heróis e deuses ctonianos, que se realizavam à tardinha ou no meio da noite.)[34]

Todos esses fatos salientam o valor religioso da "morte" heroica e dos despojos do herói. Ao falecer, o herói torna-se um gênio tutelar que protege a cidade contra as invasões, as epidemias e todas as espécies de flagelos. Em Maratona, viu-se Teseu combater à frente dos atenienses (Plutarco, *Teseu*, 35, 5; ver outros exemplos em Brelich, p.91s.). Mas o herói goza também de uma "imortalidade" de ordem espiritual, e precisamente da *glória*, a perenidade do seu nome. Ele torna-se dessa maneira um modelo exemplar para todos aqueles que se esforçam por superar a condição efêmera do mortal, por salvar seus nomes do esquecimento definitivo e por sobreviver na memória dos homens. A heroicização das personagens reais – os reis de Esparta, os combatentes mortos em Maratona ou em Plateias, os tiranóctones (os assassinos de um tirano) – explica-se pelos seus feitos excepcionais, que os separam do resto dos mortais e os "projetam" na categoria dos heróis.[35]

A Grécia clássica e sobretudo a época helenística transmitiram-nos uma visão "sublime" dos heróis. Na realidade, sua natureza é excepcional e ambivalente, até aberrante. Os heróis revelam-se ao mesmo tempo "bons" e "maus", e acumulam atributos contraditórios. São invulneráveis (por exemplo, Aquiles) e, apesar disso, acabam mortos; distinguem-se por sua força e beleza, mas ainda por traços monstruosos (porte gigantesco – Héracles, Aquiles, Orestes, Pélope – mas também muito inferior à média),[36] são teriomorfos (por exemplo, Licáon, o "lobo") ou suscetíveis de se metamorfosear em animais. São andróginos (Cécrope), ou mudam de sexo (Tirésias), ou se vestem de mulher (Héracles).

Além disso, os heróis são caracterizados por numerosas anomalias (acefalia ou policefalia; Héracles é dotado de três fileiras de dentes); são principalmente coxos, caolhos ou cegos. Muitas vezes, os heróis são vitimados pela loucura (Orestes, Belerofonte e até o excepcional Héracles, ao massacrar os filhos que tivera com Mégara). Quanto a seu comportamento sexual, é excessivo ou aberrante: Héracles fecunda numa só noite as 50 filhas de Téspio; Teseu é famoso pelos numerosos estupros (Helena, Ariadne etc.), Aquiles rapta Estratonice. Os heróis cometem incesto com suas filhas ou mães, e massacram por inveja, por cólera ou muitas vezes sem motivo algum; eles eliminam até seus pais e mães, ou seus parentes.

Todos esses traços ambivalentes e monstruosos, esses comportamentos aberrantes, evocam a fluidez do tempo das "origens", quando o "mundo dos ho-

Os olímpicos e os heróis

mens" ainda não havia sido criado. Nessa época primordial, as irregularidades e os abusos de toda a espécie (isto é, tudo aquilo que será denunciado mais tarde como monstruosidade, pecado ou crime) suscitam, direta ou indiretamente, a obra criadora. No entanto, é em consequência das suas criações – instituições, leis, técnicas, artes – que surge o "mundo dos homens", em que as infrações e os excessos serão proibidos. Depois dos heróis, no "mundo dos homens", o tempo criador, o *illud tempus* dos mitos, está definitivamente encerrado.

O excesso dos heróis não conhece limites. Eles ousam violentar até as deusas (Órion e Actéon investem contra Ártemis, Ixíon ataca Hera etc.) e não hesitam diante do sacrilégio (Ajax agride Cassandra perto do altar de Atena, Aquiles mata Troilo no interior do templo de Apolo). Essas ofensas e sacrilégios denotam uma *húbris* desmedida, traço específico à natureza heroica (cf. §87). Os heróis enfrentam os deuses como se fossem iguais a eles, mas sua *húbris* é sempre cruelmente punida pelos olímpicos. Apenas Héracles manifesta impunemente sua *húbris* (quando ameaça com suas armas os deuses Hélio e Oceano). Mas Héracles é o herói perfeito, o "herói-deus", como o denomina Píndaro (*Nemeias*, III, 22). Na verdade, é o único de quem não se conhecem túmulo ou relíquias; ele conquista a imortalidade pelo suicídio-apoteose sobre a fogueira, é adotado por Hera e torna-se um deus, instalando-se no Olimpo entre as outras divindades. Seria possível dizer que Héracles obteve sua condição divina depois de uma série de provas iniciatórias de que saiu vitorioso; contrariamente a Gilgamesh (cf., §23), e a certos heróis gregos, que, apesar da sua *húbris* ilimitada, fracassaram em seus esforços de "imortalização".

Figuras comparáveis aos heróis gregos são também encontradas em outras religiões. Mas apenas na Grécia a estrutura religiosa do herói conheceu uma expressão tão perfeita; apenas na Grécia os heróis desfrutaram um prestígio religioso considerável, alimentaram a imaginação e a reflexão, além de suscitarem a criatividade literária e artística.*

NOTAS

1. *Ilíada*, XV, 195. No primeiro canto (v. 400s.) é mencionado que uma vez, junto com outros deuses, Posídon tramara acorrentar o irmão.
2. Cf. Leonard Palmer, *Mycenaeans and Minoans*, p.127s.
3. *Teogonia*, v.927; cf. Apolodoro, *Biblioteca*, I, 3, 5-6. Entretanto, na *Ilíada* (I, 578), Hefesto afirma a paternidade de Zeus.

---

* As posteriores metamorfoses do "herói", desde a Idade Média até o Romantismo, serão analisadas no terceiro volume da presente obra.

4. Ver Marie Delcourt, *Héphaistos ou la légende du magicien*, p.42s.
5. Ver nosso estudo, "Le 'dieu lieur' et le symbolisme des nœuds", em *Images et symboles*, p.120-63.
6. Cf. o *Hino homérico a Apolo*, 300s.; Apolodoro, *Biblioteca*, I, 4, 1s.
7. Cf. Wilamowitz, *Glaube d. Hellenen*, II, 34; Marie Delcourt, *L'Oracle de Delphes*, p.215s.
8. Cf. Martin Nilsson, *Greek Folk Religion*, p.79; Guthrie, *The Greeks and their Gods*, p.86, nota 1.
9. Discutido por Delcourt, op.cit., p.145s.
10. A quiromancia antiga, aparentemente tão simples, tinha um modelo venerável: Zeus escolhia um dos destinos colocados sobre os seus joelhos e distribuía-o como lhe aprouvesse.
11. Plutarco, *Pítia*, VII, 397 c; cf. *Oráculos*, XL, 432 D; Delcourt, p. 227.
12. Os primeiros testemunhos referentes ao abismo datam do século I a.C.
13. Ver as referências em nosso *De Zalmoxis à Gengis-Khan*, p.41, notas 42 e 43.
14. W. Otto, *The Homeric Gods*, p.72.
15. Ibid., p.122s.
16. Ver as fontes citadas por Hugo Rahner, *Greek Myths and Christian Mystery*, p.191-2.
17. Wilamowitz, *Glaube*, I, 237.
18. Rose, *Handbook*, p.52; Guthrie, p.72.
19. Pausânias, II, 36, 2, que menciona também os cultos secretos de Hera em Argos, o que parece excepcional a Rose, p.128, nota 11. Ver, porém, Jeanmaire, *Dionysos*, p.208s.
20. Cf. as referências em Rose, *Handbook*, p.131, nota 59.
21. H. Jeanmaire, *Dionysos*, p.212s.
22. Baquílides, frag. 41; Apolodoro, *Biblioteca*, III, 6, 8, 3.
23. Cf. *Homeric Gods*, p.51. Homero não alude a esse mito (tal como, aliás, não se refere à história de Cronos), mas chama a Atena "a filha do pai poderoso" (*obrimopátrê*).
24. Cf. o epigrama homérico (14-2) citado por Otto, p.58.
25. Cf. M. Detienne, "Le Navire d'Athéna".
26. Só mais tarde Ares, deus da guerra, se torna seu esposo; na *Odisseia* (VIII, 266-366), ele é o seu amante.
27. Erwin Rohde, *Psyché* (trad. francesa), p.134.
28. *Gli eroi greci*, p.313. As páginas que se seguem muito devem às análises de Brelich.
29. Brelich, op.cit., p.129-85.
30. H. Jeanmaire, *Couroï et Courètes*, p.323s., 338s. e passim; Eliade, *Naissances mystiques*, p.228; cf. também Brelich, op.cit., p.124s.
31. Cf. *Naissances mystiques*, p.229.
32. Ver a documentação em Brelich, op.cit., p.106s.
33. As fontes são citadas por Brelich, p.89.
34. Rohde, *Psyché*, p.123-4; cf. também Guthrie, *The Greeks and their Gods*, p.221-2 (*Les Grecs et leurs dieux*, p.246-7).
35. Ver também Eliade, *Le Mythe de l'éternel retour*, cap.1
36. Até Héracles; ver as fontes em Brelich, p.235s.

XII. Os mistérios de Elêusis

96. O mito: Perséfone nos Infernos

"Ditoso aquele que, na terra, viu esses mistérios!", exclama o autor do *Hino a Deméter*. "No entanto, aquele que não foi iniciado e aquele que não tomou parte nos ritos não gozarão, depois da morte, das venturas do iniciado, nas sombrias e hórridas moradas" (v. 480-2).

O *Hino homérico a Deméter* relata, ao mesmo tempo, o mito central das duas deusas e a instituição dos mistérios de Elêusis. Quando colhia flores na planície de Nisa, Core (Perséfone), a filha de Deméter, foi raptada por Plutão (Hades), deus dos Infernos. Por nove dias Deméter a procurou, e durante esse tempo seus lábios não sentiram o gosto da ambrosia. Finalmente, Hélio cientificou-a da verdade: fora Zeus quem decidira casá-la com o irmão Plutão. Mortificada e cheia de cólera contra o rei dos deuses, Deméter decidiu não mais retornar ao Olimpo.

Na figura de uma velha, dirigiu-se a Elêusis e sentou-se perto do Poço das Virgens. Interrogada pelas filhas do rei, Céleo, a deusa declarou que se chamava Doso e que acabara de escapar das mãos dos piratas que a levaram à força de Creta. Ela aceitou o convite para cuidar do filho recém-nascido da rainha Metanira. Mas, ao entrar no palácio, a deusa sentou-se num banquinho e, durante muito tempo, permaneceu em silêncio, com o rosto coberto por um véu. Finalmente, uma criada, Iambe, logrou fazê-la rir com gracejos obscenos. Deméter não aceitou a taça de vinho tinto oferecida por Metanira, e pediu que lhe preparassem uma bebida feita com sêmola de cevada, água e poejo, chamada *kukeôn*.

Deméter não deu leite a Demofonte, mas esfregou-o com ambrosia, e, durante a noite, escondeu-o, "como a um tição", no fogo. Cada vez mais o menino se tornava parecido com um deus: de fato, Deméter tinha a intenção de torná-lo imortal e eternamente jovem. Mas, uma noite, Metanira descobriu seu filho em meio às brasas e deu início a uma série de lamentos. "Homens ignaros, insensatos, incapazes de discernir o que de bom ou mau o destino lhes reserva!" (v. 256, tradução francesa J. Hubert), exclama Deméter. A partir daquele momento Demofonte já não poderá escapar à morte. Então, a deusa apresenta-se em todo o seu esplendor, com uma luz resplandecente a emanar-lhe do corpo. Solicita que lhe seja erguido "um grande templo e, sob ele, um altar", onde, em pessoa, ensinará seus ritos aos seres humanos (v. 271s.). Em seguida ela deixa o palácio.

Depois de construído o santuário, Deméter recolhe-se ao interior do prédio, consumida pelo desejo de ver a filha. Então, provocada por ela, uma terrível seca se abate sobre os campos (v. 304s.). Em vão, Zeus despediu mensageiros instando a Deméter que voltasse para o convívio dos deuses. Ela respondeu que não poria o pé no Olimpo e não permitiria que a vegetação crescesse enquanto não voltasse a ver a filha. Zeus viu-se forçado a pedir a Plutão que devolvesse Perséfone, e o soberano dos Infernos curvou-se à vontade do olímpico. Conseguiu, no entanto, introduzir na boca de Perséfone uma semente de romã e obrigou-a a engoli-la; isso determinou o retorno anual de Perséfone, durante quatro meses, para junto de seu esposo.* Após ter reencontrado a filha, Deméter aquiesceu em voltar à morada dos deuses, e a terra, milagrosamente, atapetou-se de verde. Mas, antes de regressar ao Olimpo, a deusa revelou seus ritos e ensinou todos os seus mistérios a Triptólemo, Díocles, Eumolpo e Céleo, "os ritos augustos que é impossível transgredir, penetrar ou divulgar: o respeito às deusas é tão forte que corta a voz" (v. 418s.).

O hino homérico cita dois tipos de iniciação; mais exatamente, o texto explica a instituição dos mistérios de Elêusis ao mesmo tempo pela reunião das duas deusas e como uma consequência do fracasso da imortalização de Demofonte. Pode-se comparar a história de Demofonte aos velhos mitos que relatam o trágico erro que, em certo momento da história primordial, anulou a possibilidade de imortalização do homem. Mas, nesse caso, não se trata do erro ou do "pecado" de um antepassado mítico que perde, para si e para seus descendentes a condição primeira de imortal. Demofonte não era uma personagem primordial; era o filho caçula de um rei. E pode-se interpretar a decisão de Deméter de imortalizá-lo como o desejo de "adotar" um filho (que a consolaria da perda de Perséfone), e, ao mesmo tempo, como uma vingança contra Zeus e os olímpicos. Deméter estava transformando um homem em deus. As deusas possuíam esse poder de outorgar a imortalidade aos seres humanos, e o fogo, ou a cocção do neófito, figurava entre os meios mais

---

* Trata-se de um tema mítico de larga difusão: aquele que prova um alimento do mundo dos mortos não pode mais voltar para entre os vivos.

Os mistérios de Elêusis

reputados. Surpreendida por Metanira, Deméter não escondeu sua decepção diante da estupidez dos homens. Mas o hino não faz qualquer referência à eventual generalização dessa técnica de imortalização, isto é, à fundação de uma iniciação suscetível de transformar os homens em deuses por intermédio do fogo.

Foi depois do fracasso da imortalização de Demofonte que Deméter revelou sua identidade e exigiu que lhe erigissem um santuário. E só após ter reencontrado a filha é que ensinou seus ritos secretos. A iniciação relativa aos mistérios distinguia-se claramente daquela que fora interrompida por Metanira. O iniciado nos mistérios de Elêusis não alcançava a imortalidade. Um grande fogo iluminava, em determinado momento, o santuário de Elêusis. Entretanto, ainda que se conheçam alguns exemplos de cremação, é pouco provável que o fogo desempenhasse um papel direto nas iniciações.

O pouco que sabemos sobre as cerimônias secretas indica que o mistério central envolvia a presença das duas deusas. Através da iniciação, a condição humana era modificada, mas num sentido diferente do da transmutação malograda de Demofonte. Os raros textos antigos que se referem diretamente aos mistérios insistem na beatitude *post mortem* dos iniciados. A expressão: "Ditoso aquele que, na Terra", do *Hino a Deméter*, reaparece como um *Leitmotiv*. "Ditoso aquele que assistiu a esse espetáculo antes de baixar à sepultura!", exclamava Píndaro. "Ele conhece o fim da vida! Conhece também o começo!" (*Thrênoi*, frag. 10). "Ó, três vezes felizes os mortais que, depois de terem contemplado esses mistérios, partirão para o Hades; só eles ali poderão viver; para os demais, tudo será sofrimento" (Sófocles, frag. 719 Dindorf, 348 Didot). Em outros termos, em decorrência das coisas *vistas* em Elêusis, a alma do iniciado desfrutará após a morte uma existência bem-aventurada. Ela não se transformará, de forma alguma, na sombra triste e decaída, sem memória e vigor, tão temida pelos deuses homéricos.

O *Hino a Deméter* alude apenas uma vez à agricultura, esclarecendo que Triptólemo foi o primeiro iniciado nos mistérios. Ora, segundo a tradição, Deméter enviou Triptólemo a fim de que este ensinasse aos gregos a agricultura. Certos autores explicaram a terrível seca como uma consequência da descida aos Infernos de Perséfone, deusa da vegetação. Mas o *Hino* registra que a seca foi provocada por Deméter muito mais tarde, e no exato momento em que se retirou para dentro do santuário que em sua honra fora edificado em Elêusis.

Pode-se supor, com Walter Otto, que o mito original falasse no desaparecimento da vegetação, mas não do trigo, visto que, antes do rapto de Perséfone, este cereal ainda não era conhecido. Numerosos textos e monumentos

280   *História das crenças e das ideias religiosas*

figurativos atestam que o trigo foi oferecido por Deméter *após* o drama de Perséfone. Pode-se, portanto, identificar aqui o mito arcaico que explica a criação dos grãos pela "morte" de uma divindade (§11). Mas, por compartilhar a condição dos imortais olímpicos, Perséfone já não podia "morrer", como as divindades de tipo *dema* ou como os deuses da vegetação. A velha encenação mítico-ritual, prolongada e desenvolvida pelos mistérios de Elêusis, proclamava a solidariedade de ordem mística entre o *hieròs gámos*, a morte violenta, a agricultura e a esperança de uma existência bem-aventurada no além-túmulo.*

O rapto – isto é, a "morte" simbólica – de Perséfone teve, para os homens, consequências consideráveis. A partir de então, uma deusa olímpica e benévola passava a habitar temporariamente o reino dos mortos. Ela eliminara a distância intransponível entre o Hades e o Olimpo. Como mediadora entre os dois mundos divinos, podia doravante intervir no destino dos mortais. Recorrendo-se a uma expressão favorita da teologia cristã, pode-se dizer: *felix culpa!* Exatamente como a imortalização fracassada de Demofonte provocou a epifania resplandecente de Deméter e a instituição dos mistérios.

97. As iniciações: cerimônias públicas e rituais secretos

Segundo a tradição, os primeiros habitantes de Elêusis eram trácios. As mais recentes escavações arqueológicas permitiram reconstituir em grande parte a história do santuário. Elêusis parece ter sido colonizada por volta de 1.580-1.500 a.C., mas o primeiro santuário (uma câmara com duas colunas internas sustentando o telhado) foi construído no século XV a.C.; e foi ainda no século XV a.C. que se inauguraram os mistérios (Mylonas, *Eleusis*, p.41).

Os mistérios foram celebrados em Elêusis durante cerca de dois mil anos, e é muito provável que certas cerimônias tenham se modificado com o passar do tempo. As construções e as reconstruções efetuadas desde a época de Pisístrato indicam o rápido desenvolvimento e o prestígio crescente do culto. A vizinhança e a proteção de Atenas contribuíram sem dúvida para situar os mistérios de Elêusis no próprio centro da vida religiosa pan-helênica. Os testemunhos literários e da arte figurativa referem-se sobretudo às primeiras

---

* Quando, no século IV a.C., Isócrates quis louvar os méritos dos atenienses, lembrou que foi em Atenas que Deméter ofereceu suas dádivas mais significativas: a agricultura, pela qual "o homem se eleva acima dos animais", e a iniciação, que traz a esperança em relação "ao fim da vida e a toda a eternidade" (*Panegírico*, 28).

Os mistérios de Elêusis 281

etapas da iniciação, que não exigiam segredo. Dessa maneira, os artistas podiam representar cenas eleusinas nos vasos e baixos-relevos, e Aristófanes (*As rãs*, 324s.)* tomou a liberdade de aludir a certos aspectos da iniciação. Esta comportava diversos graus. Distinguem-se os pequenos mistérios, os ritos dos grandes mistérios (as *teletaí*) e a experiência final, a *epopteía*. Os verdadeiros segredos das *teletaí* e da *epopteía* jamais foram divulgados.

Os pequenos mistérios eram celebrados habitualmente uma vez por ano, na primavera, durante o mês de *Anthesteriôn*** (antestérion). As cerimônias realizavam-se em Agra, um subúrbio de Atenas, e compreendiam uma série de ritos (jejuns, purificações e sacrifícios), executados sob a direção de um mistagogo. É provável que certos episódios do mito das duas deusas fossem reatualizados pelos pretendentes à iniciação. Também uma vez por ano, no mês de *Boêdromiôn* (terceiro mês do calendário ateniense, setembro-outubro), eram celebrados os grandes mistérios. As cerimônias desenrolavam-se durante oito dias, e "todos aqueles que tinham as mãos puras" e falavam grego, mulheres e escravos incluídos, tinham o direito de nela participar, evidentemente se houvessem cumprido os ritos preliminares, em Agra, durante a primavera.

No primeiro dia, a festa tinha lugar no Eleusínion de Atenas, para onde, na véspera, os objetos sagrados (*hierá*) haviam sido solenemente trazidos de Elêusis. No segundo dia, a procissão dirigia-se para o mar. Cada aspirante, acompanhado de seu tutor, carregava um leitão, que lavava nas ondas e, de volta a Atenas, sacrificava. No dia seguinte, na presença dos representantes do povo ateniense e das outras cidades, o arconte basileu e sua esposa realizavam o grande sacrifício. O quinto dia assinalava o ponto culminante das cerimônias públicas. Uma enorme procissão partia de Atenas ao alvorecer. Os neófitos, seus tutores e numerosos atenienses acompanhavam as sacerdotisas que conduziam os *hierá*. Cerca do final da tarde, a procissão atravessava uma ponte sobre o rio Cefiso, onde homens mascarados lançavam insultos contra os cidadãos mais importantes.*** Ao cair da noite, munidos de archotes, os peregrinos penetravam no pátio externo do santuário. Uma parte da noite era dedicada às danças e às canções em honra das deusas. No dia seguinte, os aspirantes jejuavam e ofereciam sacrifícios, mas, no que se refere aos ritos

---

* Mas Aristóteles (*Ética a Nicômaco*, III, 1, 17) lembra que Ésquilo correu o risco de perder a vida porque os atenienses pensavam que ele havia revelado certos segredos em suas tragédias (citavam-se os *Arqueiros*, as *Sacerdotisas, Ifigênia* e *Sísifo*).
** Para os atenienses, era o oitavo mês do ano, com 29 dias, correspondendo ao fim de fevereiro e ao começo de março. (N.T.)
*** A significação desses *gephurismoí* (zombarias injuriosas) é controvertida. Os eruditos insistiram sobretudo na função apotropaica das expressões obscenas.

secretos (as *teletaí*), estamos reduzidos a hipóteses. As cerimônias que se processavam na frente e no interior do *telestêrion* relacionavam-se provavelmente ao mito das duas deusas.[1] Sabe-se que os mistas (*mústai*), archotes em punho, imitavam a peregrinação de Deméter à procura de Core, com tochas acesas.[2]

Lembraremos adiante os esforços feitos para desvendar o segredo das *teletaí*. Convém acrescentar que certas cerimônias comportavam *legómena*, breves fórmulas litúrgicas e invocações sobre as quais não dispomos de informação, mas cuja importância era apreciável; por esse motivo a iniciação era vedada aos não falantes de grego. Quase nada sabemos a respeito dos ritos efetuados durante o segundo dia passado em Elêusis. É provável que, durante a noite, tivesse curso o ato culminante da iniciação, a visão suprema, a *epopteía*, acessível somente àqueles já iniciados há um ano. O dia seguinte era consagrado sobretudo aos ritos e às libações aos mortos, e, no dia imediato – o nono e último dia da cerimônia –, os mistas retornavam a Atenas.

98. Podemos conhecer os mistérios?

Em seus esforços no sentido de desvendar o segredo das *teletaí* e da *epopteía*, os estudiosos utilizaram não só as referências dos autores antigos, mas também as poucas informações transmitidas pelos apologistas cristãos. As informações destes últimos devem ser examinadas com prudência; a despeito dessa ressalva, não podemos ignorá-las.

Desde Foucart, os estudiosos têm frequentemente lembrado uma passagem de Temístio, citada por Plutarco e conservada por Estobeu, na qual as experiências da alma, imediatamente depois da morte, são comparadas às provas do iniciado nos grandes mistérios: no início, este erra nas trevas e sofre todas as espécies de terrores; depois, subitamente, é atingido por uma luz maravilhosa e descobre sítios puros e campinas, ouve vozes e percebe danças. O mista, com uma coroa sobre a cabeça, junta-se aos "homens puros e santos"; ele contempla os não iniciados, amontoados no lodo e na bruma, permanecendo em suas misérias pelo temor da morte e por sua desconfiança em relação à felicidade do além (Estobeu, IV, p.107, Meineke).

Foucart julgava que os rituais (*drômena*) comportavam, de modo semelhante, uma caminhada nas trevas, diversas aparições aterradoras e a súbita penetração do mista numa campina iluminada. Mas o testemunho de Temístio é tardio e reflete antes de tudo concepções órficas.[3] As escavações do santuário de Deméter e do *telestêrion* mostraram que não havia câmaras subterrâneas nas quais os mistas pudessem descer ritualmente aos Infernos.[4]

Os mistérios de Elêusis

Tentou-se também reconstituir o ritual iniciatório a partir da fórmula secreta, o *súnthêma* ou palavra de ordem dos mistas, transmitida por Clemente de Alexandria (*Protréptico*, II, 21, 2): "Eu fiz jejum; bebi o *kukeôn*; tomei do cesto e, depois de tê-lo manuseado, coloquei-o dentro da corbelha; em seguida, tornando a pegar a corbelha, recoloquei-a no cesto." Cuidam alguns autores que só as duas primeiras proposições pertencem à fórmula eleusina. Elas se referem, de fato, a episódios perfeitamente conhecidos: o jejum de Deméter e a absorção do *kukeôn*. O restante do *súnthêma* é enigmático. Diversos estudiosos acreditam poder identificar o conteúdo do cesto e da corbelha: seria a réplica de uma vulva (*kteís*), de um falo ou uma serpente, ou bolos com a forma de órgãos genitais. Nenhuma dessas hipóteses é convincente. Pode ser que os recipientes contivessem objetos-relíquias dos tempos arcaicos, solidários de um simbolismo sexual característico das culturas agrícolas.

Mas, em Elêusis, Deméter revelava uma dimensão religiosa diferente daquelas manifestadas em seu culto público. Por outro lado, é difícil admitir que um ritual desse tipo fosse executado também pelas crianças que estavam fazendo sua iniciação. Aliás, se interpretarmos o ritual a que alude o *súnthêma* como simbolismo de um nascimento ou renascimento místico, a iniciação teria de ser concluída nesse momento. Nesse caso, compreende-se mal o sentido e a necessidade da experiência final, a *epopteía*. De qualquer forma, os testemunhos relativos aos *hierá* ocultos nos recipientes são indícios da sua apresentação *solene*, e não da sua *manipulação*. É provável, por conseguinte, como sustentam G.H. Primgsheim, Nilsson e Mylonas, que o *súnthêma* se refira a cerimônias atestadas muito mais tarde, na época helenística, em honra de Deméter.[5]

Em geral supõe-se que os mistas participavam de uma refeição sacramental, o que é plausível. Nesse caso, a refeição se realizava no começo, depois da absorção do *kukeôn*, isto é, antes da *teletê* propriamente dita. Outro ritual foi deduzido a partir de uma indicação de Proclo (*ad Timaeus,* 293 C): os mistas olhavam para o Céu e gritavam "Chova!", olhavam para a terra e exclamavam "Conceba!" Hipólito (*Philosophoúmena*, V, 7, 34) assegura que essas duas palavras constituíam o grande segredo dos mistérios. Trata-se, decerto, de uma fórmula ritual que se relaciona com o *hieròs gámos* específico aos cultos da vegetação; mas, sendo pronunciada em Elêusis, não era secreta, pois as mesmas palavras figuravam na inscrição de um poço perto da porta Dípilo, em Atenas.

Uma informação bastante surpreendente nos foi transmitida pelo bispo Astério. Ele viveu por volta de 440, quando o cristianismo já se tornara a religião oficial do Império. Isso equivale a dizer que o bispo já não temia os desmentidos dos autores pagãos. Astério fala de uma passagem subterrânea mergulhada na escuridão, onde se verificava o encontro solene entre o hierofante e a sacerdotisa, tochas que se apagavam e a "enorme multidão que acreditava que sua salvação dependia daquilo que os dois faziam nas trevas".[6] Mas não se descobriu qualquer câmara subterrânea (*katabásion*) no *telestêrion*, se bem que as escavações tenham, em todos os pontos, chegado à rocha. É mais provável que Astério se referisse aos mistérios realizados, na época helenística, no *Elêusion* de Alexandria. De qualquer modo, se o *hieròs gámos* realmente existiu, é difícil imaginar por que Clemente – depois de haver falado de Elêusis – designou Cristo como "o verdadeiro hierofante".

No século III, Hipólito acrescentou ao dossiê duas outras informações (*Philosophoúmena*, V, 38-41). Ele afirma que se apresentava aos epoptas (*epóptai*), "em solene silêncio", uma espiga de trigo. Hipólito acrescenta que, "durante a noite, em meio a um fogo deslumbrante que celebra os grandes e inexprimíveis mistérios, o hierofante grita: 'A santa Brimo gerou um santo filho, Brimos!', isto é: a Poderosa deu à luz o Poderoso". A apresentação solene de uma espiga de trigo parece duvidosa, uma vez que os mistas, segundo se pensava, traziam consigo espigas de trigo. Tanto mais que imagens de espigas se acham gravadas em numerosos monumentos na própria Elêusis. É certo que Deméter era a deusa do trigo e que Triptólemo se fazia presente à encenação mítico-ritual de Elêusis. Mas é difícil acreditar que a revelação de uma espiga fresca constituísse um dos grandes segredos da *epopteía*, a não ser que se aceite a interpretação de Walter Otto, que fala em um "milagre" específico aos mistérios de Elêusis: "A espiga de trigo que cresce e amadurece com uma rapidez sobrenatural faz parte dos mistérios de Deméter, assim como a videira que cresce em algumas horas faz parte das festas de Dioniso".[7] Hipólito afirma todavia que a espiga cortada é considerada pelos frígios como um mistério que os atenienses, mais tarde, tomaram emprestado. É portanto possível que o autor cristão tenha transposto para Elêusis o que sabia sobre os mistérios de Átis (deus que, segundo Hipólito, era chamado pelos frígios de "a espiga de trigo fresca").

Quanto aos vocábulos Brimo e Brimos, são provavelmente de origem trácia. Brimo designa sobretudo a rainha dos mortos; consequentemente, o seu nome pode aplicar-se tanto a Core e a Hécate quanto a Deméter. Segundo Kerényi, o hierofante proclamava que a deusa da morte tinha gerado um filho no fogo.[8] Sabe-se, em todo o caso, que a visão final, a *epopteía*, se efetuava em meio a ofuscante luminosidade. Vários autores antigos falam do fogo que ardia no pequeno prédio, o *Anáktoron*, e cujas chamas e fumaça, elevando-se através da abertura do telhado, podiam ser vistas de longe. Num papiro da

Os mistérios de Elêusis 285

época de Adriano, Héracles dirige-se ao hierofante: "Fui iniciado há muito tempo (ou alhures)... [Vi] o fogo... e vi Core."[9] Segundo Apolodoro de Atenas, o hierofante, ao evocar Core, fazia vibrar um gongo de bronze, e o contexto dá a entender que o reino dos mortos brilhava.[10]

99. "Segredos" e "mistérios"

Pode-se admitir que a epifania de Perséfone e a reunião com sua mãe constituíam o episódio central da *epopteía* e que a experiência religiosa decisiva era suscitada justamente pela *presença das deusas*. Não sabemos como essa reunião era realizada, nem o que acontecia a seguir. Ignoramos também por que se julgava que tal visão transformava radicalmente a situação *post mortem* dos iniciados. Mas não se pode duvidar de que o epopta percebia um "segredo divino", que o tornava "familiar" às deusas; ele era, de algum modo, "adotado" pelas divindades eleusinas.[11] A iniciação revelava, ao mesmo tempo, a proximidade com o mundo divino e a continuidade entre a vida e a morte. Ideias sem dúvida compartilhadas por todas as religiões arcaicas de tipo agrícola, mas repelidas pela religião olímpica. A "revelação" da misteriosa continuidade entre a vida e a morte reconciliava o epopta com a inevitabilidade de sua própria morte.

Os iniciados nos mistérios de Elêusis não formavam uma "Igreja" nem uma associação secreta comparável aos mistérios da época helenística. Ao retornarem a seus lares, os mistas e os epoptas continuavam a participar dos cultos públicos. De fato, só após a morte os iniciados passavam de novo a constituir um grupo à parte, separados da massa dos não iniciados. Segundo esse ponto de vista, podemos considerar os mistérios eleusinos, após Pisístrato, um sistema religioso que completava a religião olímpica e os cultos públicos, sem com isso se opor às instituições religiosas tradicionais da cidade. A principal contribuição de Elêusis era de ordem soteriológica, e é por essa razão que os mistérios foram aceitos e não tardaram a ser patrocinados por Atenas.

Deméter era a mais popular entre as deusas veneradas em todas as regiões e nas colônias gregas. Era também a deusa mais antiga; morfologicamente, ela era um prolongamento das grandes deusas do neolítico. A Antiguidade conheceu, além disso, outros mistérios de Deméter, sendo os mais célebres os de Andânia e Licosura. Acrescentemos que Samotrácia, centro iniciatório para as regiões setentrionais – Trácia, Macedônia, Epiro –, era afamada pelos mistérios dos cabiros, e que, desde o século V, celebravam-se em Atenas os mistérios do deus traco-frígio Sabázio, o primeiro dos cultos orientais a penetrar no Ocidente. Em outras palavras, os mistérios de Elêusis, apesar de seu prestígio inigualado, não constituíam uma criação única do gênio religioso grego: inseriam-se num sistema mais amplo sobre o qual, infelizmente, estamos muito mal informados. Com efeito, esses mistérios, como aliás os da época helenística, pressupunham iniciações que tinham de permanecer secretas.

O valor religioso e, de um modo geral, o valor cultural do "segredo" ainda não foram suficientemente estudados. Todas as grandes descobertas e invenções – agricultura, metalurgia, técnicas diversas, artes etc. – implicavam inicialmente o segredo: julgava-se que só os "iniciados" nos segredos do ofício eram capazes de garantir o sucesso da operação. Com o tempo, a iniciação aos arcanos de certas técnicas arcaicas tornou-se acessível a toda a comunidade. No entanto, as respectivas técnicas não se viam completamente despojadas de seu caráter sagrado. O exemplo da agricultura é particularmente instrutivo: alguns milênios depois de sua difusão na Europa, a agricultura ainda conservava uma estrutura ritual, mas os "segredos de ofício", ou seja, as cerimônias destinadas a assegurar a abundância da colheita, eram agora universalmente acessíveis mediante uma "iniciação" elementar.

Pode-se admitir que os mistérios de Elêusis eram solidários de uma mística agrícola, e é provável que a *sacralidade* da atividade sexual, da fertilidade vegetal e do alimento tenha modelado pelo menos em parte o desenrolar do cerimonial iniciatório. Nesse caso, é necessário supor que se tratava de *sacramentos* meio esquecidos, que haviam perdido sua significação inicial. Se a iniciação eleusina tornava possíveis tais experiências "primordiais", que revelavam o mistério e a sacralidade do alimento, da atividade sexual, da procriação, da morte ritual, Elêusis merecia, com toda a justiça, sua fama de "lugar santo" e de fonte dos "milagres". É, no entanto, difícil acreditar que a iniciação suprema se limitasse a uma anamnese dos sacramentos arcaicos. Elêusis havia certamente descoberto uma nova dimensão religiosa. Os mistérios deviam sua celebridade sobretudo a certas "revelações" referentes às duas deusas.

Ora, tais "revelações" exigiam o "segredo" como uma condição *sine qua non*. Outro não era o procedimento por ocasião das diversas iniciações atestadas nas sociedades arcaicas. O que singulariza o "segredo" eleusino era o fato de ele se ter tornado um modelo exemplar para os cultos dos mistérios. O valor religioso do "segredo" será exaltado na época helenística. A mitologização dos segredos iniciatórios e a sua hermenêutica irão mais tarde encorajar inúmeras especulações, que acabarão por modelar o estilo de uma época inteira. "O segredo por si só aumenta o valor daquilo que se aprende", escreveu

Os mistérios de Elêusis

Plutarco (*Sobre a vida e a poesia de Homero*, 92). Tanto a medicina quanto a filosofia gozam da fama de possuir "segredos iniciatórios" que diferentes autores comparam aos aspectos de Elêusis.[12] Na época dos neopitagóricos e dos neoplatônicos, um dos lugares-comuns a que mais vezes se recorria era justamente a escrita enigmática dos grandes filósofos, a ideia de que os mestres só revelavam a sua verdadeira doutrina aos iniciados.

Essa corrente de ideias encontrava seu melhor apoio no "segredo" de Elêusis. A maior parte dos críticos modernos não confere demasiada importância às interpretações alegóricas ou herméticas propostas por muitos autores da Antiguidade tardia. No entanto, apesar de seu anacronismo, tais interpretações não deixam de apresentar interesse filosófico e religioso; elas prolongam, de fato, os esforços dos autores mais antigos no sentido de interpretar os mistérios de Elêusis, sem com isso traírem seu "segredo".

Finalmente, ao lado do papel central que os mistérios de Elêusis desempenharam na história da religiosidade grega, eles ofereceram, indiretamente, uma contribuição significativa à história da cultura europeia e sobretudo às interpretações do segredo iniciatório. Seu prestígio ímpar acabou por fazer de Elêusis um símbolo da religiosidade pagã. O incêndio do santuário e a supressão dos mistérios assinalam o fim "oficial" do paganismo.[13] O que, aliás, absolutamente não traz como consequência o desaparecimento do paganismo, mas apenas sua ocultação. Quanto ao "segredo" de Elêusis, ele continua a desafiar a imaginação dos pesquisadores.

NOTAS

1. Mylonas, op.cit., p.262s.
2. Sêneca, *Herc. fur.*, 364-6; *Hippol.*, 105-7; cf. também Minúcio Félix, *Octavius*, 22, 2 etc.
3. Foucart, *Mystères*, p.392s. No *Fédon* (69 C), Platão sustenta que as punições dos pecadores no Hades e a imagem da campina dos justos foram introduzidas por Orfeu, que se inspirara nos costumes funerários egípcios.
4. Isso não exclui a presença do simbolismo infernal, pois havia uma gruta (*Ploutônion*) que assinalava a entrada para o outro mundo, e é provável que ali houvesse um *omphalós*; cf. Kerényi, op.cit., p.80.
5. Mylonas, op cit., p.300s., e nota 39.
6. *Engomion pour les saints martyrs*, *Patrologia graeca*, vol.40, col. 321-4.
7. Otto, op.cit., p.25.
8. Conhecem-se outros casos análogos; por exemplo, Dioniso ou Asclépio, nascido na pira funerária de Corônis, e extraído do cadáver de sua mãe por Apolo; cf. Kerényi, op.cit., p.92s.

9. Ibid., p.83-4.

10. Otto, op.cit., p.27.

11. Guthrie (*The Greeks and their Gods*, p.292-3) lembra um episódio do *Axíoco*, diálogo indevidamente atribuído a Platão: Sócrates garante a Axíoco que ele não deve temer a morte; ao contrário, por ter sido iniciado nos mistérios de Elêusis, tornou-se parente (*gennêtês*) dos deuses. Guthrie considera esse texto uma prova da adoção divina. Mas o termo *gennêtês* indica, antes, a fidelidade: "Tu, que és um dos fiéis das deusas." O que, aliás, não elimina a ideia do parentesco espiritual.

12. Cf., por exemplo, Galieno, *De usu partium*, VII, 14; Plotino, *Enéades*, VI, 9, 11 etc.

13. Ver o volume II.

XIII. Zaratustra e a religião iraniana

100. Os enigmas

O estudo da religião iraniana reserva-nos muitas surpresas e decepções. Aproximamo-nos do assunto com o mais vivo dos interesses, pois já sabemos da contribuição iraniana para a formação religiosa do Ocidente. Se a concepção do tempo linear, substituindo a noção do tempo cíclico, já era familiar aos hebreus, muitas outras ideias religiosas foram descobertas, revalorizadas ou sistematizadas no Irã. Lembremos apenas as mais significativas: a articulação de vários sistemas dualistas (dualismos cosmológico, ético e religioso); o mito do salvador; a elaboração de uma escatologia "otimista", que proclama o triunfo definitivo do bem e a salvação universal; a doutrina da ressurreição dos corpos; muito provavelmente, certos mitos gnósticos, e, finalmente, a mitologia do *Magus*, reelaborada durante o Renascimento, tanto pelos neoplatônicos italianos quanto por Paracelso ou por John Dee.

Todavia, logo que o leitor não especialista se aproxima das fontes, decepciona-se e fica contrariado. Três quartos do Avesta antigo estão perdidos. Entre os textos conservados, apenas os *gathas*, provavelmente redigidas por Zaratustra, são suscetíveis de fascinar o não especialista. Mas a compreensão desses poemas enigmáticos ainda não está assegurada. O resto do Avesta atual, e sobretudo os livros pálavis redigidos entre o século III e o século IX de nossa era, caracterizam-se por sua secura, por sua desoladora monotonia e vulgaridade. Os leitores dos Vedas, dos Upanixades e até os leitores dos Bramanas não deixarão de manifestar certo desapontamento.

E, no entanto, *as ideias* que se consegue às vezes decifrar nos *gathas*, que se descobrem, elaboradas e sistematizadas, nos escritos ulteriores, são apaixonantes. Mas elas se acham baralhadas numa mixórdia de textos e comentários rituais. Com exceção dos *gathas* – cuja leitura, não obstante suas obscuridades, constitui sempre uma recompensa –, raramente nos deslumbramos com a força do verbo, a originalidade das imagens e a revelação de um significado profundo e inesperado.

No que tange à contribuição pessoal de Zaratustra na invenção ou na re-valorização dessas concepções religiosas, as opiniões dos iranizantes divergem e tendem a excluir-se mutuamente. Trata-se, essencialmente, de duas perspectivas historiográficas: na primeira, Zaratustra é tido como uma personagem histórica, um reformador da religião étnica tradicional, isto é, aquela compartilhada pelos indo-iranianos no segundo milênio a.C.; na segunda perspectiva, a religião de Zaratustra representa unicamente um aspecto da religião iraniana, isto é, o masdeísmo, que tem no centro a adoração de Aúra-Masda; segundo os autores que partilham essa posição metodológica, não só não houve uma "reforma" efetuada pelo "profeta" Zaratustra, como até a historicidade dessa personagem é alvo de contestação.

Como não tardaremos a ver, o problema da historicidade de Zaratustra não deveria constituir um obstáculo. Era normal que a personagem histórica de Zaratustra fosse transformada em modelo exemplar dos fiéis que constituem a "religião masdeísta". Depois de algumas gerações, a memória coletiva já não consegue conservar a biografia autêntica de uma personagem eminente; esta acaba por se tornar um arquétipo, no sentido de exprimir unicamente as virtudes de sua vocação, ilustrada por acontecimentos paradigmáticos específicos ao modelo que ela encarna. Isso é verdadeiro não só para Gautama Buda ou Jesus Cristo, mas também para personagens de menor envergadura, como Marko Kraljevic ou Deusdedit de Gozo. Mas acontece que os *gathas*, considerados pela maioria dos eruditos como obra de Zaratustra, contêm alguns detalhes autobiográficos que confirmam a historicidade de seu autor. Aliás, eles são as únicas referências de que dispomos sobre a vida de Zaratustra; sobreviveram ao processo de mitificação, ativo em toda a tradição masdeísta, graças à sua inserção nos hinos compostos por Zaratustra.

Convém utilizar esses poucos detalhes biográficos para um primeiro esboço da vida e da atividade religiosa de Zaratustra. Forneceremos mais tarde as correções e os complementos que parecem se impor como resultado das pesquisas recentes.

Pretendeu-se situar a atividade de Zaratustra entre ~ 1.000-600 a.C. Caso se aceite a tradição masdeísta, que fala de "258 anos antes de Alexandre", pode-se fixar a vida de Zaratustra entre 628 e 551 a.C.[1] As datas mais antigas foram propostas em atenção ao caráter arcaico da língua dos *gathas*, especialmente às suas analogias com os Vedas. A análise linguística permite concluir que o profeta viveu no leste do Irã, provavelmente em Corasmia ou na Bactriana.[2]

Zaratustra e a religião iraniana

Segundo a tradição, ele era *zaotar* (*Yasht*, 33:16), ou seja, sacerdote sacrificador e chantre (cf. sânscrito *hotar*), e seus *gathas* inscrevem-se numa velha tradição indo-europeia de poesia sagrada. Pertencia ao clã spitama ("de ataque brilhante"), de criadores de cavalos; seu pai chamava-se Pouruśaspa ("ao cavalo sarapintado"). Zaratustra era casado e conhecem-se os nomes de seus dois filhos, sendo a filha, Pourucista, a caçula (*Yasna*, 53:3). Era extremamente pobre. Quando, num *gatha* célebre, ele implora a ajuda e a proteção de Aúra-Masda, exclama: "Eu sei, ó sábio, por que não tenho poder: é porque poucos são os meus rebanhos e poucos os homens de que disponho" (*Yasna*, 46:2).

A comunidade a que ele dirigiu sua mensagem era constituída de pastores sedentários que tinham chefes, denominados *kavi*, e sacerdotes *karapan*, "murmurador", e *usig*, "sacrificante". Foi a esses sacerdotes, guardiões da religião tradicional ariana, que Zaratustra não hesitou em atacar em nome de Aúra-Masda. A reação não demorou, e o profeta foi obrigado a fugir. "Para que terra poderei fugir?", exclama. "Para onde fugir, aonde ir? Afastaram-me de minha família e de minha tribo; nem a aldeia, nem os malvados chefes da região me são favoráveis." (*Yasna*, 46:1). Refugiou-se junto a Vishtaspa, chefe da tribo Fryana, a quem logrou converter e que se tornou seu amigo e protetor (*Yasna*, 46:14; 15:16). Todavia a resistência não se enfraqueceu, e Zaratustra denunciou publicamente nos *gathas* alguns dos seus inimigos pessoais: Bandva, que "é sempre o principal espetáculo" (*Yasna*, 49:1-2), e "o principezinho Vaepya", que, "na ponte do inverno ofendeu Zaratustra Spitama, ao recusar-lhe pousada, a ele e a seus animais de carga que tiritavam de frio ao chegar a sua casa" (*Yasna*, 51:12).

É possível identificar nos *gathas* algumas indicações relativas à atividade missionária de Zaratustra. O profeta está cercado por um grupo de amigos e discípulos cognominados os "pobres" (*drigu*), os "amigos" (*frya*), os "sabedores" (*vidva*), os "confederados" (*urvatha*).* Ele incita seus companheiros a "rechaçar pelas armas" os inimigos, "o mau" (*Yasna*, 31:18). A esse círculo zaratustriano opõem-se as "sociedades de homens" que têm por divisa *aêsma*, "furor". Foi possível mostrar a equivalência entre essas sociedades secretas iranianas e os grupos de jovens guerreiros indianos, os *Maruts*, cujo chefe, Indra, é chamado de *adhrigu*, isto é, não *dhrigu* ("aquele que *não é* pobre").[3] Zaratustra ataca violentamente as pessoas que sacrificam bovinos (*Yasna*, 32:12, 14; 44:20; 48:10); ora, tais rituais cruentos caracterizavam o culto das sociedades humanas.

---

* Depois de haver evocado os equivalentes indianos desses termos, Widengren mostra que se trata de uma instituição tão antiga quanto a comunidade indo-iraniana.

101. A vida de Zaratustra: história e mito

Essas indicações, pouco numerosas e alusivas, estão longe de constituir os elementos de uma biografia. Maryan Molé tentou mostrar que mesmo as raras referências a personagens e acontecimentos aparentemente reais não refletem por força realidades históricas: Vishtaspa, por exemplo, representa o modelo do iniciado. No entanto, a historicidade de Zaratustra resulta não só das alusões às personagens e aos acontecimentos concretos (o principezinho Vaepya, que, "na ponte do inverno", lhe recusou pousada etc.), mas também do caráter autêntico e apaixonado dos *gathas*. Além disso, causam espanto a urgência e a tensão existencial com que Zaratustra interroga seu Senhor: roga-lhe que o informe dos segredos cosmogônicos e que lhe revele seu futuro, bem como a sorte de certos perseguidores e de todos os maus.

Cada estrofe do célebre *Yasna* é introduzida com as mesmas palavras: "Eis o que te pergunto, Senhor – queira responder-me!" Zaratustra deseja saber "quem determinou o curso do Sol e das estrelas" (3), "quem fixou a Terra embaixo, e o Céu das nuvens, de sorte que não caia?" (4), e suas perguntas relativas à Criação sucedem-se num ritmo cada vez mais intenso. Mas quer também saber de que maneira sua alma, "tendo alcançado o Bem, será arrebatada?" (8) e "como nos desembaraçaremos do mal?" (13), "como livrarei o mal das mãos da justiça?" (14). Insta que "indícios visíveis" lhe sejam dados (16), e sobretudo que ele se una a Aúra-Masda, e que o seu "verbo seja eficaz" (17). Mas acrescenta: "Será que obterei, a título de salário, por Justiça (*Arta*), dez éguas acompanhadas de um garanhão, e um camelo, os quais me foram prometidos, ó sábio?" (18). Ele não se esquece de interrogar o Senhor sobre a punição imediata de "quem não dá o salário a quem o mereceu", pois já tem conhecimento da punição "que, no fim, o espera" (19).

O castigo dos maus e a recompensa dos virtuosos são, para Zaratustra, obsessões. Em outro hino, indaga "que punição está reservada a quem entrega o império (*khshathra*, 'poder, potência') ao mau e malévolo" (*Yasna*, 31:15). Em outro passo, ele exclama: "Quando saberei se vós, ó sábio (Masda) com a justiça (Arta), tendes poder sobre cada um daqueles que me ameaçam de destruição?" (*Yasna*, 48:9). Mostra-se impaciente diante da impunidade dos membros das "sociedades de homens" que continuam a sacrificar os bovinos e a consumir o *haoma*: "Quando te voltarás contra essa maldita bebida?" (48:10). Ele tem esperança de renovar "*essa* existência" (*Yasna*, 30:9) e pergunta a Aúra-Masda se o justo vencerá o mau *a partir de agora* (*Yasna*, 48:2; ver adiante). Às vezes, cuidam-no hesitante, perturbado, humilde, desejoso de conhecer de

Zaratustra e a religião iraniana   293

modo mais concreto a vontade do Senhor: "Quais são suas ordens? Que queres como louvor, como culto?" (*Yasna*, 34:12).

Seria difícil justificar a presença, na parte mais venerável do Avesta, de tantos detalhes concretos se não traduzissem reminiscências de uma personagem histórica. É verdade que os elementos mitológicos são abundantes nas legendárias biografias posteriores do profeta, mas, como acabamos de lembrar, trata-se de um processo conhecido: a transformação de uma personagem histórica importante em modelo exemplar. Um hino (*Yasht*, 13) exalta a natividade do profeta em termos messiânicos: "Por ocasião do seu nascimento e durante o seu crescimento, a água e as plantas se alegraram, por ocasião do seu nascimento e durante o seu crescimento, a água e as plantas cresceram" (13:93s.). E anuncia-se: "De agora em diante, a boa religião masdeísta vai espalhar-se pelos sete continentes" (13:95).[4]

Os textos tardios insistem insistentemente na preexistência celeste de Zaratustra. Ele nasce no "meio da história" e no "centro do mundo". Ao receber o *xvarenah* de Zaratustra, sua mãe foi envolvida por uma grande luz. "Durante três noites, as partes laterais da casa pareciam ígneas."[5] Quanto à substância do seu corpo, criada no Céu, caiu com a chuva e provocou o desenvolvimento das plantas, que são comidas pelas duas novilhas pertencentes aos pais do profeta: a substância passou para o leite que, misturado com o *haoma*, foi bebido por seus pais: estes se uniram pela primeira vez, e Zaratustra foi concebido.[6] Antes do seu nascimento, Ahraman e os *dev* esforçaram-se inutilmente para fazê-lo morrer. Três dias antes de sua vinda ao mundo, a aldeia brilhou com tal fulgor que os spitamidas, crendo em um incêndio, a abandonaram. Quando voltaram, encontraram uma criança resplandecente de luz. Segundo a tradição, Zaratustra veio ao mundo rindo. Mal nascera, foi atacado pelos *dev* (= *daeva*), mas afugentou-os pronunciando as palavras sagradas do masdeísmo. Saiu vitorioso das quatro provas, cujo caráter iniciatório é evidente (foi jogado sobre uma fogueira, num covil de lobos etc.).[7]

Seria inútil prosseguir. As provas, as vitórias e os milagres de Zaratustra seguem o enredo exemplar do salvador que está sendo divinizado. Convém guardar a insistente reiteração de dois motivos característicos do masdeísmo: a luz sobrenatural e o combate contra os demônios. A experiência da luz mística e a "visão" extática são atestadas também na Índia antiga, onde terão um grande futuro. Já o combate contra os demônios, isto é, contra as forças do mal, constitui, como veremos, o dever essencial de todo masdeísta.

102. Êxtase xamânico?

Voltando à mensagem original de Zaratustra, impõe-se desde o início uma questão: cumpre procurá-la unicamente nos *gathas*, ou é permitido utilizar os escritos avésticos posteriores? Não há como provar que os *gathas* nos transmitiram toda a doutrina de Zaratustra. De mais a mais, muitos textos ulteriores, mesmo bastante tardios, referem-se diretamente – ao mesmo tempo que as desenvolve – a concepções próprias dos *gathas*. E, como se sabe, a elaboração de uma ideia religiosa, atestada pela primeira vez em textos tardios, não implica necessariamente que se trate de uma concepção nova.

O essencial é elucidar a experiência religiosa específica a Zaratustra. Nyberg acreditou poder aproximá-la do êxtase característico dos xamãs centro-asiáticos. A hipótese foi rejeitada pela maioria dos cientistas, mas recentemente Widengren apresentou-a em termos mais moderados, e mais convincentes.[8] Ele recorda as tradições segundo as quais Vishtaspa utilizava o cânhamo (*bhang*) para alcançar o estado extático: enquanto seu corpo permanecia adormecido, a alma viajava no paraíso. Além disso, na tradição avéstica o próprio Zaratustra gozava da fama "de entregar-se ao êxtase". Em transe é que ele teria tido suas visões e teria ouvido a palavra de Aúra-Masda.[9]

Por outro lado, é provável que o canto desempenhasse um papel importante no culto, desde que se compreenda a denominação do paraíso, *garô demânâ*, como "casa do canto". Sabe-se que certos xamãs atingem o êxtase cantando prolongadamente; acrescentemos, porém, que não se deve considerar "xamânico" qualquer sistema de culto que tire partido dos cantos. Além disso, puderam-se mostrar os elementos paraxamanistas do enredo elaborado em torno da ponte Cinvat (ver adiante, §111), e da mesma forma a estrutura xamânica da viagem de Arda Virâf ao Céu e aos Infernos.[10] Entretanto, as raras alusões a uma iniciação especificamente xamânica – que compreende o desmembramento do corpo e a renovação das vísceras – encontram-se unicamente em textos tardios e que podem refletir influências estrangeiras (centroasiáticas ou derivadas do sincretismo helenístico, especialmente das religiões dos mistérios).[11]

Pode-se admitir que Zaratustra esteve familiarizado com as técnicas xamânicas indo-iranianas (conhecidas, aliás, pelos citas e pelos indianos da época védica), e não há motivo para se suspeitar da tradição que explica o êxtase de Vishtaspa pela ação do cânhamo. Mas os êxtases e as visões atestados nos *gathas* e em outros passos do Avesta não apresentam uma estrutura xamânica. O *páthos* visionário de Zaratustra aproxima-o de outros tipos religiosos. Ademais, as relações do profeta com seu Senhor e a mensagem que

Zaratustra e a religião iraniana 295

ele não cessa de proclamar, não denunciam um estilo "xamânico". Qualquer que tenha sido o meio religioso em que cresceu Zaratustra, e seja qual for o papel do êxtase em sua conversão e na de seus primeiros discípulos, o êxtase xamânico não desempenha um papel central no masdeísmo. Como não tardaremos a ver, a "experiência mística" masdeísta é o resultado de uma prática ritual iluminada pela esperança escatológica.

103. A revelação de Aúra-Masda: o homem é livre para escolher entre o bem e o mal

Zaratustra recebe a revelação da nova religião diretamente de Aúra-Masda. Ao aceitá-la, ele imita o ato primordial do Senhor – a escolha do bem (cf. *Yasna*, 32:2) – e não é outra coisa o que ele pede a seus fiéis. O essencial da reforma zoroastriana consiste numa *imitatio dei*. O homem é intimado a seguir o exemplo de Aúra-Masda, mas goza de liberdade em sua escolha. Ele não se sente como escravo ou servo de Deus (como se reconhecem, por exemplo, os fiéis de Varuna, Javé e Alá).

Nos *gathas*, Aúra-Masda ocupa o primeiro lugar. Ele é bom e santo (*spenta*). Criou o mundo por meio do pensamento (*Yasna*, 31:7, 11), o que equivale a uma *creatio ex nihilo*. Zaratustra declara haver "reconhecido" Aúra-Masda "pelo pensamento", "como o primeiro e o último" (*Yasna*, 31:8), isto é, enquanto começo e fim, o Senhor é acompanhado por uma escolta de seres divinos (os Amesha Spenta): Asha (Justiça), Vohu Manah (Bom Pensamento). Armaiti (Devoção), Xshathra (Reino, poder), Haurvatat e Ameretat (Integridade [saúde] e Imortalidade).* Zaratustra invoca e exalta essas entidades junto com Aúra-Masda, como neste *gatha*: "Ó Senhor, o mais poderoso dos sábios, devoção, justiça que faz os vivos progredirem, bom pensamento, reino, ouvi-me: tende piedade de mim na hora da retribuição de cada qual" (*Yasna*, 33:11; ver também as estrofes subsequentes).

Aúra-Masda é o pai de várias entidades (Asha, Vohu Manah, Armaiti) e de um dos dois espíritos gêmeos, Spenta Mainyu (o espírito benfazejo). Mas isso implica que ele gerou igualmente o outro gêmeo, Angra Mainyu (o espírito destruidor). Originalmente, aparece escrito num *gatha* célebre (*Yasna*, 30), um desses dois espíritos escolheu o bem e a vida, preferindo o outro o mal e a morte. Spenta Mainyu declara ao espírito destruidor, no "começo da exis-

---

* Essas entidades – ou "arcanjos", como foram também chamadas – estão relacionadas a certos elementos cósmicos (fogo, metal, terra etc.).

tência": "Nem nossos pensamentos, nem nossas doutrinas, nem nossas forças mentais; nem nossas escolhas, nem nossas palavras, nem nossos atos; nem nossas consciências, nem nossas almas estão de acordo" (*Yasna*, 45:2). O que mostra que os dois espíritos são diferentes – um é santo; o outro, mau – mais por *opção* do que por *natureza*.

A teologia de Zaratustra não é "dualista" no sentido estrito do termo, uma vez que Aúra-Masda não é confrontado com um "antideus"; a oposição declara-se, na origem, entre os dois espíritos. Por outro lado, a unidade entre Aúra-Masda e o espírito santo está muitas vezes subentendida (cf. *Yasna*, 43:3 etc.). Em suma, o bem e o mal, o santo e o demônio destruidor procedem de Aúra-Masda, mas como Angra Mainyu escolheu livremente o seu modo de ser e a sua vocação maléfica, o Senhor sábio não pode ser considerado responsável pelo aparecimento do mal. Por outro lado, Aúra-Masda, em sua onisciência, sabia desde o início qual seria a escolha do espírito destruidor, e, no entanto, não a impediu; isso pode significar que Deus transcende toda a espécie de contradição, ou que a existência do mal constitui a condição prévia da liberdade humana.

Sabemos onde procurar a pré-história de uma teologia desse gênero: nos diferentes sistemas mítico-rituais de bipartições e polaridades, de alternâncias e dualidades, de díades antitéticas e de *coincidentia oppositorum*, sistemas que explicavam, ao mesmo tempo, os ritmos cósmicos e os aspectos negativos da realidade, em primeiro lugar a existência do mal. Mas Zaratustra confere um novo sentido religioso e moral a esse problema imemorial. É em alguns versos dos *gathas* que se encontram os germes das inumeráveis elaborações posteriores que deram à espiritualidade iraniana os seus traços específicos.

A separação primordial entre o bem e o mal é consequência de uma opção, inaugurada por Aúra-Masda e repetida pelos dois espíritos gêmeos, que escolheram respectivamente Asha (a justiça) e Drug (o engano, o logro). Uma vez que os *daevas*, os deuses da religião tradicional iraniana, escolheram o logro, Zaratustra solicita a seus fiéis que já não lhes dediquem culto, antes de mais nada que já não sacrifiquem, em honra deles, os bovídeos. O respeito ao boi desempenha um papel considerável na religião masdeísta. Viu-se nesse fato o reflexo do conflito entre os cultivadores sedentários e os nômades. Mas a antinomia proclamada por Zaratustra ultrapassa o plano social, ao mesmo tempo que o engloba. Trata-se de uma parte da tradição religiosa nacional, ária, que é rejeitada. Zaratustra coloca entre os pecadores Yima, o filho de Vivahvant, "que, para lisonjear nosso povo, fê-lo comer pedaços de carne de boi" (*Yasna*, 32:8). Além disso, como acabamos de ver, o profeta pergunta a Aúra-Masda quando destruirá ele aqueles que praticam o sacrifício do *haoma* (48:10).

Zaratustra e a religião iraniana   297

Entretanto, pesquisas recentes mostraram que o ritual do *haoma*, assim como o culto de Mithra, não foram completamente condenados pelo masdeísmo, nem mesmo nos *gathas*.[12] Além disso, os sacrifícios de animais foram praticados ininterruptamente, pelo menos em benefício dos leigos.[13] Parece, portanto, que Zaratustra se insurgiu sobretudo contra os excessos dos ritos orgiásticos, que compreendiam um sem-número de sacrifícios cruentos e a absorção imoderada de *haoma*. Quanto ao qualificativo "boiadeiro" aplicado a Zaratustra, não se relaciona, como se sustentou, ao dever de todo masdeísta de defender e cuidar bem do gado. As expressões metafóricas "pastores" e "rebanhos", atestadas em todas as partes do antigo Oriente Próximo e na Índia antiga, referem-se aos chefes e a seus súditos. O "gado", do qual Zaratustra é o "boiadeiro", designa o homem que compartilha a boa religião.[14]

Essas correções e retificações possibilitam uma melhor compreensão do masdeísmo na história religiosa do Irã. De fato, não se ignorava que, a despeito de sua "reforma", Zaratustra havia aceitado muitas crenças e ideias religiosas tradicionais, ainda que lhes fornecesse novos valores. Dessa maneira, ele retoma a tradição indo-iraniana da viagem dos mortos, insistindo na importância do julgamento. Cada um será julgado de acordo com a escolha que efetuou na Terra. Os justos serão admitidos no paraíso, na "casa do canto"; quanto aos pecadores, permanecerão "para sempre hóspedes da casa do mal" (*Yasna*, 46:11). O caminho para o além-mundo passa pela ponte Cinvat, e é nela que se realiza a separação entre os justos e os maus. O próprio Zaratustra anuncia a travessia fatídica em que conduzirá aqueles que adoraram Aúra-Masda: "Em companhia de todos eles, eu atravessarei a ponte do Julgador!" (*Yasna*, 46:10).

104. A "transfiguração" do mundo

O profeta não tem dúvida de que os *daevas* serão aniquilados e os justos triunfarão sobre os maus. Mas quando ocorrerá essa vitória do bem que renovará radicalmente o mundo? Ele suplica a Aúra-Masda: "Senhor, ensina-me o que sabes: será que antes mesmo do advento dos castigos que concebeste, ó sábio, o justo derrotará o mau? Pois é nisso que consistia, como se sabe, a reforma da existência" (*Yasna*, 48:2). É a transfiguração da existência esperada por Zaratustra: "Dai-me este sinal: a total transformação desta existência. A fim de que, adorando-vos e louvando-vos, eu chegue a uma maior alegria" (*Yasna*, 34:6). "Dai a conhecer o padroeiro que tornará sadia a existência!", exclama (*Yasna*, 44:16). Ele insiste: "Que retribuição destinas aos dois partidos, ó sábio, através do teu fogo brilhante e do metal fundido, dê um sinal dela às almas, para causar dano ao mau e recompensar o justo" (*Yasna*, 51:9).

É provável que Zaratustra tivesse esperado a iminente "transfiguração" (*fraso-kereti*) do mundo. "Quem nos dera sermos aqueles que renovarão esta existência!", exclama ele (*Yasna*, 30:9).[15] Diversas vezes ele designa a si mesmo como Saoshyant, o "salvador" (*Yasna*, 48:8; 46:3; 53:2; etc.), noção que suscitará mais tarde uma mitologia fabulosa. O ordálio escatológico mediante o fogo e o metal fundido que ele anuncia (ver também *Yasna*, 30:7; 32:7) tinha por objetivo tanto a punição dos maus quanto a regeneração da existência. Como muitas vezes se verificou na história, a espera do julgamento e da renovação do mundo é progressivamente projetada num futuro escatológico suscetível de ser calculado de forma diferente.

Mas é importante sublinhar a interpretação nova, dada por Zaratustra à ideia de renovação. Como vimos (cf. §21), e como será explicado no §106, diferentes encenações mítico-rituais para a renovação do mundo eram conhecidas no Oriente Próximo pelos indo-iranianos e por outros povos. O ritual, que reiterava a cosmogonia, era celebrado por ocasião do ano-novo. Mas Zaratustra recusa essa encenação arcaica que visava à regeneração anual do mundo e anuncia uma "transfiguração" radical e definitiva, efetuada de uma vez por todas. Além disso, a renovação não será mais obtida pela realização de um ritual cosmogônico, mas pela vontade de Aúra-Masda. Essa renovação compreende o julgamento de cada ser e implica a punição dos maus e a recompensa dos justos (cf. §112).

Se os *gathas* são obra de Zaratustra – e essa é a opinião unânime dos estudiosos –, é possível concluir que o profeta se esforçou por abolir a ideologia arcaica do ciclo cósmico periodicamente regenerado e proclamou o *éskhaton* iminente e irrevogável, decidido e efetuado por Aúra-Masda.

Em resumo, o ponto de partida da predicação de Zaratustra é a revelação da onipotência, da santidade e da bondade de Aúra-Masda. O profeta recebe-a diretamente do Senhor, mas essa revelação não cria um monoteísmo. O que Zaratustra proclama, oferecendo-a como modelo aos seus adeptos, é a escolha de Deus e das outras entidades divinas. Ao escolher Aúra-Masda, o masdeísta escolhe o bem contra o mal, a *verdadeira* religião contra aquela dos *daevas*. Por conseguinte, todo masdeísta deve lutar contra o mal. Nenhuma tolerância com relação às forças demoníacas encarnadas nos *daevas*. Essa tensão não tardará a solidificar-se em dualismo. O mundo será dividido em bons e maus, e acabará por assemelhar-se a uma projeção, em todos os níveis cósmicos e antropológicos, da oposição entre as virtudes e os seus contrários. Uma outra oposição é apenas indicada, mas terá um grande futuro na especulação iraniana: aquela entre o espiritual e o material, entre o pensamento e o "mundo ósseo" (cf. *Yasna*, 28:2).

Causa-nos admiração o caráter espiritual, de certa forma "filosófico", da religião de Zaratustra.* A transmutação das mais importantes divindades árias em Amesha Spenta (os santos bem-aventurados), constituindo o séquito de Aúra-Masda, e o fato de que cada uma dessas entidades encerra um valor abstrato (a ordem, o poder, a devoção etc.), ao mesmo tempo que governa um elemento cósmico (o fogo, o metal, a terra etc.) – denotam, simultaneamente, imaginação criativa e capacidade de reflexão rigorosa. Associando-lhe os Amesha Spenta, Zaratustra consegue determinar a maneira pela qual Aúra-Masda intervém no mundo – e esclarece igualmente como o Senhor, por intermédio de seus "arcanjos", pode ajudar e proteger os fiéis.

O fato de que o profeta chama ao seu Deus "sábio", o fato de exaltar a importância da "verdade", de evocar continuadamente o "bom pensamento" – tudo isso denota a novidade de sua mensagem: ele põe em relevo a função e o valor religioso da "sabedoria", isto é, da "ciência", do conhecimento rigoroso e útil. Não se trata, certamente, de uma ciência abstrata no sentido moderno da expressão, mas do pensamento "criador", que descobre e, ao mesmo tempo, constroi as estruturas do mundo e o universo dos valores que é seu correlato. Desse ponto de vista, pode-se comparar o esforço especulativo de Zaratustra com as meditações e as descobertas dos sábios evocadas nos Upanixades, que transformaram radicalmente as concepções védicas do mundo e da existência humana (cf. §80).

Mas a aproximação com os *rishis* dos Upanixades torna-se ainda mais convincente quando se observa o caráter iniciatório e escatológico da "sabedoria" masdeísta. Certamente, sendo uma religião privada (como o vedismo e o bramanismo), o masdeísmo permitia o desenvolvimento de uma dimensão esotérica, que, sem ser interditada, não era contudo acessível a todos os fiéis. O *Yasna*, 48:3 menciona "doutrinas secretas". O caráter iniciatório e escatológico é evidente no culto que Zaratustra propõe em substituição aos ritos cruentos e frenéticos tradicionais. O culto é a tal ponto espiritual que o próprio termo "sacrifício" (*yasna*) equivale, nos *gathas*, ao termo "pensamento".[16] Quando Aúra-Masda se aproximou "na qualidade de bom pensamento" e lhe perguntou, "A quem queres dirigir teu culto?", Zaratustra respondeu: "Ao teu fogo!" E acrescentou: "Fazendo-lhe a oferenda de veneração, quero pensar, o mais que puder, na justiça!" (*Yasna*, 43:9). O sacrifício é a ocasião, mais exatamente o

---

* Isso corresponde, aliás, à imagem que a Antiguidade grega formou de Zaratustra: filósofo (segundo Aristóxeno, Pitágoras foi discípulo dele), mago, senhor da iniciação, autor de tratados ocultistas e alquímicos.

"suporte" de uma meditação teológica. E, sejam quais forem as interpretações dadas mais tarde pelos sacerdotes, é significativo que o altar do fogo se tenha tornado e permanecido o centro religioso do masdeísmo. No que se refere ao fogo escatológico tal como o concebia Zaratustra, apesar de sua função relativa à justiça, ele purifica e "espiritualiza" o mundo.

Mas a função do culto é mais considerável. Segundo uma interpretação recente,[17] o oficiante adquire, por intermédio do rito (*yasna*), a condição de *maga*; isto é, desfruta uma experiência extática que proporciona a "iluminação" (*cisti*). Durante essa iluminação, o sacerdote-sacrificador logra separar sua essência espiritual (*menok*) da sua natureza corpórea (*getik*); em outras palavras, ele recupera a condição de pureza e de inocência que antecedia a "mistura" das duas essências. Ora, essa "mistura" verificou-se após o ataque de Arimã. Por conseguinte, o sacrificador contribui para a restauração da situação primordial, para a "transfiguração" (*fraso-kereti*) do mundo, obra redentora inaugurada pelo sacerdote exemplar Zaratustra. Pode-se até dizer que o sacrificador já participa do mundo transfigurado.[18]

O estado de *maga* é alcançado sobretudo pelo sacrifício do *haoma*, "bebida da imortalidade" que o sacerdote absorve no decorrer da cerimônia.[19] Ora, o *haoma* é rico em *xvarenah*, fluido sagrado, ao mesmo tempo ígneo, luminoso, vivificante e espermático. Aúra-Masda é, por excelência, o possuidor do *xvarenah*; mas essa "flama" divina jorra igualmente da testa de Mithra (*Yasht*, X, 127) e, como uma luz solar, emana da cabeça dos soberanos.[20] Entretanto, todo ser humano possui seu *xvarenah*, e, no dia da transfiguração, isto é, da renovação final, "a grande luz que parece desprender-se do corpo brilhará todo o tempo nesta Terra".[21] Absorvendo ritualmente o *haoma*, o sacrificador transcende sua condição humana, aproxima-se de Aúra-Masda e antecipa *in concreto* a renovação universal.

É difícil determinar se essa concepção escatológica do culto já estava inteiramente formulada na época de Zaratustra. Mas decerto estava implícita na função do sacrifício entre os indo-iranianos. Na perspectiva que lhes era própria, os autores dos Bramanas compartilhavam uma concepção similar: o mundo era periodicamente restaurado, isto é, "recriado" pela força ilimitada do sacrifício. Mas a função escatológica do culto no masdeísmo reúne, por assim dizer, a suprema promoção do sacrifício, realizada pelos Bramanas, com a gnose iniciatória e a "iluminação" visionária dos Upanixades. Tanto no Irã como na Índia bramânica, a técnica sacrificatória e a gnose escatológica eram cultivadas por uma elite religiosa e constituíam uma tradição esotérica. Na medida em que os poucos episódios relativos ao emprego do cânhamo pelos fiéis de Zaratustra correspondem a uma situação real,[22] podemos aproximá-los da situação da

Zaratustra e a religião iraniana

Índia antiga: lá também encontramos muitos extáticos que utilizam certos estupefacientes, ao lado de ascetas, visionários, iogues e contemplativos (cf. §78s.). Mas os transes e os êxtases provocados pelos estupefacientes desempenharam um papel bastante modesto nas religiões indianas. De modo similar, o mais antigo zoroastrismo, refletido de maneira tão imperfeita pelos *gathas*, parece conceder primazia à "sabedoria", à "iluminação" interior junto ao fogo sacrifical.

Segundo a tradição, Zaratustra foi morto, aos 77 anos, pelo turaniano Bratvarxsh e alguns companheiros num templo do fogo. Certa fonte tardia afirma que os assassinos tinham se disfarçado em lobos.[23] A lenda exprime admiravelmente a significação do destino de Zaratustra; pois os "lobos" eram os membros das "sociedades de homens" arianas, tão corajosamente estigmatizadas pelo profeta.

Mas o processo da mitificação prolongou-se pelo menos por 15 séculos. Lembramos anteriormente alguns exemplos da apoteose de Zaratustra na tradição masdeísta (cf. §101). No mundo helenístico, Zoroastro é exaltado como o mago exemplar, e é sempre na qualidade de *Magus* que os filósofos do Renascimento italiano o evocam. Finalmente, voltamos a encontrar os reflexos de seu mais belo mito no *Fausto* de Goethe.

105. A religião dos aquemênidas

A oposição entre Aúra-Masda e os *daevas* já se definia na época indo-iraniana, uma vez que a Índia védica contrapunha os devas aos asuras. Com a diferença de que, na Índia, os valores religiosos desses dois grupos evoluíram num sentido contrário ao do Irã: os devas tornaram-se os verdadeiros deuses, ao triunfarem sobre a classe das divindades mais arcaicas, os asuras, que, nos textos védicos, são consideradas figuras "demoníacas" (cf. §65). Processo similar, ainda que inversamente orientado, ocorreu no Irã: os antigos deuses, os *daevas*, foram demonizados. Pode-se determinar em que sentido se efetuou essa transmutação: foram sobretudo os deuses de função guerreira – Indra, Saurva, Vayu – que se tornaram *daevas*. Nenhum dos deuses asura foi "demonizado". Aquele que, no Irã, correspondia ao grande asura protoindiano, Varuna, tornou-se Aúra-Masda.

Provavelmente Zaratustra desempenhou um papel nesse processo. Mas a promoção de Aúra-Masda a uma posição de destaque não foi obra dele. Considerado deus supremo, ou simplesmente um grande deus entre outros, Aúra-Masda era venerado em terras iranianas antes de Zaratustra. Já o encontramos com esse nome nas inscrições dos reis aquemênidas.

Há anos uma controvérsia acalorada opõe os estudiosos a respeito do zoroastrismo de Dario e seus sucessores. Contra o zoroastrismo dos grandes reis, alinham-se, entre outros, os seguintes argumentos: Zaratustra não é mencionado em nenhuma inscrição; termos e nomes tão importantes como *spenta*, Angra Mainyu e os Amesha Spenta (exceto Arta) estão ausentes; por outro lado, a religião dos persas no tempo dos aquemênidas, tal como descrita por Heródoto, nada tem de zoroastriana. Em favor do zoroastrismo dos aquemênidas, cita-se o nome do grande deus Aúra-Masda, glorificado nas inscrições, e também o fato de que quando, no tempo de Artaxerxes I (465-425), se introduziu o novo calendário, com as entidades zoroastrianas, a reforma não suscitou qualquer reação.[24]

Seja como for, se os aquemênidas não eram zoroastrianos, sua teologia era do mesmo nível da dos *gathas*: está cheia de expressões abstratas, comparáveis àquelas dos *gathas*, e "toda ela é fértil de preocupações morais".[25] Além disso, como lembra Marjan Molé, cumpre não esperar de um rei os atos e as fórmulas de um sacerdote; ele não realiza uma liturgia, mas atos concretos; ora, isso é *frasa*, termo que exprime tudo "aquilo que é bom", tudo aquilo que constitui a felicidade do homem, tudo o que permite ao rei exercer suas faculdades".[26] Na primeira das inscrições que Dario mandou gravar em Naqs-i-Rustam, perto de Persépolis, Aúra-Masda é exaltado como "um grande deus que criou esta Terra, que criou o Céu, o homem, a felicidade do ser humano; que fez Dario rei, esse homem singular, rei excelso, esse homem singular, senhor de muitos súditos".[27] A inscrição insiste na criatividade de Aúra-Masda e, dir-se-ia quase que como uma consequência, na responsabilidade religiosa do soberano. Foi para manter a criação de Aúra-Masda e assegurar "a felicidade do homem" que se fez, de Dario, rei.

Essa situação religiosa privilegiada justifica-se pelo mito da fundação da dinastia dos aquemênidas. Segundo Heródoto (I, 107-117), em consequência de dois sonhos, que os magos interpretaram como maus presságios para seu trono, Astíages, rei dos medas, deu sua filha em casamento a um persa (um homem, portanto, de classe inferior) chamado Cambises, e, quando ela deu à luz um menino, de nome Ciro, Astíages ordenou que ele fosse executado. Mas a criança foi salva e criada pela mulher de um boiadeiro chamado Mitradate.* Ciro viveu até a adolescência entre jovens pastores, mas seu comportamento,

---

* Segundo Justino (I, 4), o pastor encontrou a criança abandonada, sendo amamentada por uma cadela (traço característico dos mitos dos heróis soberanos). Ora, Heródoto relata que a mulher de Mitradate se chamava Spako, isto é, em língua médica, "cadela"; cf. Widengren, "La Légende royale", p.226.

Zaratustra e a religião iraniana 303

próprio de um príncipe, acabou traindo-o, e sua identidade foi descoberta. Finalmente, depois de muitas aventuras, ele venceu os medas, destronou o avô e fundou o império dos aquemênidas.

O tema mítico do herói abandonado num lugar deserto e perseguido encontra-se em numerosos povos. Interessa-nos aqui guardar os seguintes motivos: a) as provas a que Ciro foi submetido, a começar por seu abandono, equivalem a uma iniciação de tipo guerreiro; b) simbolicamente, o futuro rei é – ou torna-se – filho do deus Mithra (seu pai adotivo chama-se "presente de Mithra"); c) após sua vitória contra o rei dos medas, Ciro funda um império e uma nova dinastia; d) o que significa que ele criou um novo mundo e inaugurou uma nova era; em outros termos, ele realizou uma microcosmogonia; e) como a cosmogonia era ritualmente repetida por ocasião do ano-novo, podemos supor que a encenação mítico-ritual da fundação da dinastia estava integrada nas cerimônias do *Nawroz*.

106. O rei iraniano e a festa do ano-novo

Dario projetou e construiu Persépolis como uma capital sagrada, reservada à celebração da festa do ano-novo, o *Nawroz*.[28] Efetivamente, Persépolis não era uma capital política, não tinha importância estratégica e, ao contrário de Pasárgada, Ecbátanos, Susa e Babilônia, não aparece citada em qualquer fonte ocidental ou oriental.* O *Nawroz,* como toda encenação ritual do ano-novo, renovava o mundo por meio da repetição simbólica da cosmogonia. A concepção era familiar aos indo-iranianos; entretanto, é provável que, sob o reinado dos aquemênidas, a encenação tivesse igualmente sofrido influências mesopotâmicas.[29] De qualquer modo, a festa do ano-novo desenrolava-se sob a égide de Aúra-Masda, hieraticamente representado sobre diversas portas em Persépolis.

Numa zona geográfica de considerável extensão e a partir de certo momento histórico, a cosmogonia (assim como, aliás, todas as outras formas de "criação" e de "fundação") compreendia o combate vitorioso de um deus ou de um herói mítico contra um monstro marinho ou um dragão (cf., por exemplo, Indra-Vrtra, Baal-Yam, Zeus-Tifoeu etc.). Foi possível mostrar que uma

---

* Nem mesmo Ktesias, que vivera durante 24 anos na corte do grande rei, menciona Persépolis, o que indica o valor esotérico dessa cidade sagrada; cf. K. Erdmann, "Persepolis", p.46-7. Efetivamente, o mundo ocidental soube da existência de Persépolis quando ela foi destruída por Alexandre Magno.

encenação análoga existia entre os indianos védicos e no Irã antigo,[30] ainda que neste último caso as fontes sejam tardias e apresentem o mito fortemente historicizado.

O combate do herói Thraetona contra o dragão Azi Dahâka a que alude o Avesta (*Yashts*, 9:145; 5:34; 19:92s.) é relatado por Firdusi como a luta do rei Farîdûn (< Frêtôn < Thraetona) contra um usurpador estrangeiro, o dragão Azdâhâk, que havia capturado e desposado as duas irmãs do soberano legítimo, Jamsed (< Yima Xsaêta), Farîdûn – como Thraetona – sai vitorioso, mata o dragão e liberta (e desposa no devido tempo) as duas princesas cativas. Ora, as tradições tardias esclarecem que foi no dia de ano-novo que o Rei teria vencido Azdâhâk.[31] Os heróis e os reis iranianos gozam da fama de terem morto dragões (cf., por exemplo, a lenda de Ardashir), motivo, aliás, muito difundido e ao qual vamos voltar. Acrescentemos que, no Irã como em outras terras, o processo de historicização dos temas e das personagens míticas é contrabalançado por um processo contrário: os adversários reais da nação ou do império são imaginados como monstros, e particularmente como dragões.[32]

O que importa memorizar por enquanto é o fato de que o rei iraniano era responsável pela conservação e pela regeneração do mundo; em outras palavras, no plano que lhe era próprio, ele combatia as forças do mal e da morte, e contribuía para o triunfo da vida, da fecundidade e do bem. Zaratustra aguardava a renovação universal por meio da boa religião. Afinal, todo sacerdote zoroastriano acreditava antecipar, mediante seus sacrifícios, a transfiguração escatológica. O que os reis realizavam *no começo* e anualmente, os sacerdotes tinham esperança de levar a termo todos os anos – e o Saoshyant o executará de um modo definitivo na renovação final. Ignoramos se havia, na época dos aquemênidas, um conflito ou uma tensão secreta entre as duas ideologias religiosas: a real e a sacerdotal. A amizade do rei Vishtaspa com o profeta podia constituir um modelo exemplar. Mas a confrontação se definirá mais tarde, no governo dos sassânidas. O fenômeno também se verificou em outros lugares: o príncipe Sidarta transforma-se em Buda, e sua soteriologia substitui a dos brâmanes.

107. O problema dos magos. Os citas

Ao propagar-se em direção ao Ocidente, o zoroastrismo chocou-se com outros tipos de religião e sofreu suas influências. Da mesma forma, o masdeísmo dos aquemênidas tampouco deixou de sofrer modificações. Xerxes, o filho de Dario, proibiu, em toda a extensão do seu império o culto dos *daevas* – fato

Zaratustra e a religião iraniana

que ainda mais o aproximou da religião de Zaratustra. Mais tarde, porém, e precisamente a partir das inscrições de Artaxerxes II (405-359), Mithra e Anahita aparecem ao lado de Aúra-Masda. Ora, como veremos, sincretismo análogo manifesta-se no Avesta recente, onde os mesmos nomes de deuses são citados ao lado de Aúra-Masda e dos Amesha Spenta.*

O problema dos magos e de suas relações com o zoroastrismo também continua a ser objeto de controvérsia. Eles foram considerados, por exemplo, como uma tribo aborígine de feiticeiros e de necromantes, responsáveis pela degradação do zoroastrismo ou, ao contrário, como os verdadeiros discípulos de Zaratustra e seus missionários no Irã ocidental. Parecem ter sido, na época do Império Meda (século VII), uma casta hereditária de sacerdotes medas, comparáveis aos levitas e aos brâmanes.[33] Sob os aquemênidas, eles representam a classe sacerdotal por excelência. Conforme as informações de Heródoto, praticavam a interpretação dos sonhos (I, 107s.), faziam profecias sacrificando cavalos de cor branca (VII, 113) e, durante os sacrifícios, salmodiavam uma "genealogia dos deuses" (I, 132), o que indica que eram os guardiães de uma tradição de poesia religiosa.[34] De qualquer modo, os magos haviam retomado diversos ritos e costumes zoroastrianos e acabaram considerados discípulos de Zaratustra; efetivamente, este foi considerado mago por certos autores gregos.

Foi ainda Heródoto o responsável pela transmissão das mais preciosas informações referentes aos iranianos do norte, em primeiro lugar os citas. Encontram-se entre eles o deus do Céu (Papaios), Mithra (Hélio-Apolo), "Ares", o deus da guerra, a deusa da Terra e Afrodite Urânia (IV, 59). Heródoto narra uma lenda nacional sobre a origem das tribos citas e do poder real (IV, 5s.). O mito explica-se pela ideologia tripartida dos indo-europeus, e sobrevive na epopeia popular dos ossetas do Cáucaso, descendentes dos citas e dos alanos.

O historiador grego afirma (IV, 59) que os citas não possuíam templos, altares ou estátuas. No entanto, sacrificavam anualmente a "Ares" cavalos e carneiros, e 1% dos prisioneiros de guerra; o deus era representado por um gládio de ferro instalado sobre um montículo artificial. Sacrifícios humanos (uma de suas concubinas, muitos criados) e de cavalos acompanhavam o sepultamento dos reis (IV, 71s.). Finalmente, é importante observar o caráter "xamânico" de determinado rito: os citas lançavam sementes de cânhamo sobre pedras incandescentes, e Heródoto, que não havia compreendido que se tratava de um

---

* Widengren julga, entretanto, que Mithra era alvo, na Pérsia, de um culto que não se pode desprezar, já durante o reinado de Dario I (*Religions*, p.148).

ato religioso, acrescenta que a fumaça os tornava "tão felizes que urravam de prazer" (IV, 73). É muito provável que se tratasse de uma experiência extática de que há paralelos na tradição zoroastriana (cf. §102).

108. Aspectos novos do masdeísmo: o culto do Haoma

O *Yasna-de-sete-capítulos*, escrito em prosa e constituindo os *gathas* 35-42, reflete o início de um processo bastante complexo de adaptação e integração. No vocabulário, antes de tudo, observam-se algumas inovações significativas: os Amesha Spenta são mencionados pela primeira vez em grupo, e encontra-se o termo *yazata* ("deuses") que se tornará importante no masdeísmo posterior. Distingue-se certa tendência à ressacralização das realidades cósmicas. O fogo é identificado com o espírito santo, Spenta Mainyu (*Yasna*, 36:3); juntamente com o Sol, o fogo é associado a Aúra-Masda.* O Sol é a forma visível do Senhor, "o mais elevado do elevado" (*Yasna*, 36:6). Asha, a verdade, é também associado com a luz. Por outro lado, já se observou a preeminência de Asha no *Yasna-de-sete-capítulos*: é invocado com Aúra-Masda e proclama-se a união do Senhor com a verdade "para sempre" (*Yasna*, 40:2; 41:6). Asha agora significa mais do que verdade, justiça e ordem; é uma personificação de estrutura ao mesmo tempo cósmica e espiritual;[35] chamam-lhe "o mais propício, benfazejo, imortal, feito de luz" (*Yasna*, 37:4). Vohu Manah, que inspirava Zaratustra nos *gathas*, é relegado a um lugar de subordinação.

Mais surpreendente ainda: fala-se das "boas esposas" de Aúra (as Ahuranis), que são as águas: "Veneramos as Ahuranis, as águas" (*Yasna*, 38:3).** E Haoma ganha um lugar importante no culto: "Adoramos o glorioso Haoma de ouro, adoramos o brilhante Haoma que faz prosperar a vida, veneramos o Haoma, do qual a morte foge" (*Yasna*, 42:5). Muitos autores interpretavam essa exaltação do Haoma como prova do sincretismo, posterior à morte de Zaratustra, entre a mensagem do profeta e a religião tradicional. No entanto, se é verdade que Zaratustra aceitava realmente o culto do Haoma, estigmatizando apenas os seus excessos, não se trata de sincretismo, mas de uma promoção solene dos valores da velha "religião cósmica" indo-iraniana.

---

* Nos *Yasna* posteriores – 1:11; 3:13; 7:13 –, o Sol será chamado de o olho de Aúra-Masda, o que indica a reatualização de uma ideia indo-iraniana arcaica, pois já no Rig Yeda (I, 50, 6) o Sol é o olho de Varuna.

** Como observa Zaehner (*Dawn*, p.65), nos textos posteriores as Águas são esquecidas; a esposa de Aúra-Masda será Ârmaiti, o bom pensamento dos *gathas*, mais tarde identificado com a Terra. Trata-se, sem dúvida, de uma relíquia da religião tradicional iraniana.

Zaratustra e a religião iraniana

Os *gathas* de Zaratustra e o *Gatha-dos-sete-capítulos* fazem parte da liturgia sacramental, a *yasna*, em que grande porção consiste em invocações monótonas dos seres divinos. Os *Yashts* são hinos que se dirigem, em separado, às diferentes divindades. Trata-se de determinados deuses que Zaratustra ignorara, como, por exemplo, Mithra, mas também de personagens divinas ou personificações das realidades religiosas, como o Haoma. O *Hôm-yasht* (*Yasht*, 20) justifica o culto do Haoma por meio de um audacioso mito de origem: enquanto Zaratustra santificava o fogo e recitava os *gathas*, o Haoma aproximou-se dele e convidou-o a colhê-lo e a espremê-lo. Interrogando-o, o profeta soube que Vivahvant foi a primeira pessoa a espremer o *haoma*, alcançando como recompensa o nascimento de um filho, o rei Yima, "o mais religioso dos humanos" (*Yasht*, 20:45).

Voltaremos a tratar da significação e da pré-história dessa encenação mítico-ritual: a progenitura obtida em decorrência, e por força, de um sacrifício (volume II). Frisemos que Yima e o rito do *haoma* são exaltados no masdeísmo juntamente com os sacrifícios cruentos (*Yasht*, 11:4-7). Tal promoção da herança indo-iraniana suscitou evidentemente fortes resistências: com efeito, os sacrifícios cruentos foram mais tarde definitivamente suprimidos, e o *haoma* desapareceu como bebida embriagante, sendo substituído por uma mistura de suco de ervas, de água e de leite.[36]

109. A exaltação do deus Mithra

Ainda mais surpreendente, e mais importante para a história do masdeísmo, é o *Mihr Yasht* (*Yasht*, 10), o extenso hino em honra de Mithra. "Quando criei Mithra nas amplas pastagens, declara Aúra-Masda, eu o fiz tão digno de veneração e de reverência quanto eu mesmo" (*Yasht*, 10:1). Em outras palavras, toda a grandeza, potência e criatividade de Mithra são obra do Senhor sábio. Reconhece-se nesse prólogo o esforço da teoria masdeísta no sentido de tornar a confirmar a onipotência de um só deus supremo. De fato, o *Mihr Yasht* relata e justifica a promoção de Mithra à eminência que era sua antes da reforma de Zaratustra. Quando, no final do hino, os dois deuses são reunidos, o autor utiliza a fórmula *Mithra-Aúra* (*Yasht*, 10:145), réplica do conhecido binômio védico Mithra-Varuna.[37]

Entretanto, o deus exaltado no *Mihr Yasht* não foi reintegrado no masdeísmo sem certas transformações. Podem-se identificar no hino até mesmo os diferentes momentos de uma discreta teogonia: uma série de atos e de gestos de Aúra-Masda visam justamente à glorificação e à promoção de Mithra. Salientemos

308   *História das crenças e das ideias religiosas*

antes de tudo a sua multivalência: Mithra é, certamente, o deus dos contratos, e, ao prometer adorá-lo (*Yasht*, 10:4-6), o fiel assume o compromisso de não romper os contratos. Mas ele é também o deus da guerra e mostra-se violento e cruel (massacra furiosamente os *daevas* e os ímpios com sua clava, *vazra*, traço que o aproxima de Indra); ele é igualmente deus solar, associado à luz (10:142), tem mil orelhas e dez mil olhos (10:141), ou seja, é onivindente e onisciente, como todo deus soberano, mas é, além disso, o provedor universal que assegura a fertilidade dos campos e dos rebanhos (10:61s.). O fenômeno é comum na história das religiões: uma divindade é cumulada de prestígios múltiplos, e às vezes contraditórios, com o propósito de obter uma "totalidade" necessária à sua promoção, momentânea ou permanente, à categoria dos grandes deuses.

Aúra-Masda e os Amesha Spenta constroem-lhe uma casa sobre o monte Hara, isto é, no mundo espiritual que se localiza para além da abóbada celeste (10:49-52).* Apesar disso, Mithra queixa-se ao Senhor de que, mesmo sendo o protetor de todas as criaturas, não é adorado com orações, à semelhança dos outros deuses (10:54). Provavelmente, ele recebe o culto que exige, pois a sequência do hino mostra Mithra sobre um carro puxado por cavalos brancos (62s.) ou, acompanhado por Sraosha e Rashnu, percorrendo a Terra durante a noite e exterminando os *daevas* (93-101), ou perseguindo aqueles que não respeitam os contratos (104-111). Ainda mais significativas são as etapas da elevação de Mithra à categoria de deus supremo. Inicialmente Aúra-Masda consagra Haoma como sacerdote de Mithra e Haoma o adora (88), isto é, oferece-lhe sacrifícios.

Em seguida, Aúra-Masda prescreve o rito adequado ao culto de Mithra (119-122) e ele próprio o efetua no paraíso, na "casa do canto" (124). Depois dessa apoteose, Mithra volta novamente à Terra para combater os *daevas*, enquanto Aúra-Masda permanece na "casa do canto". A reunião de Aúra-Masda e de Mithra sela a sorte dos *daevas*. Mithra é adorado como a luz que ilumina o mundo inteiro (142-4). E o hino termina com as seguintes palavras: "através da planta *barsom* adoramos Mithra e Aúra, os gloriosos [senhores] da verdade, livres para sempre da corrupção: [adoramos] as estrelas, a Lua e o Sol. Adoramos Mithra, o Senhor de todas as terras" (145).

Mithra foi promovido no masdeísmo principalmente na qualidade de deus-paladino na luta contra os *daevas* e os ímpios. O fato de Aúra-Masda

---

* Conhece-se o sentido desse motivo mítico: a construção de um templo, no Céu, pelos membros do panteão, exalta a vitória (muitas vezes de tipo cosmogônico; cf. Marduk) de um deus e consagra a sua promoção a uma categoria suprema (cf. Baal). Evidentemente, esse episódio mitológico traduz-se, ao nível da humanidade, pela ereção de um santuário em honra do deus (cf. §50).

Zaratustra e a religião iraniana 309

abandonar-lhe inteiramente essa função indica uma certa tendência à *otiositas* neste último: mas, como o combate contra as forças do mal é a principal obrigação do masdeísmo, podemos interpretar o hino como uma "conversão" de Mithra, e portanto como uma vitória do Senhor.

110. Aúra-Masda e o sacrifício escatológico

O processo de sincretismo entre a velha religião étnica e a mensagem de Zaratustra pode ser percebido em outros hinos. Assim, por exemplo, no *Yasht*, VIII, dedicado ao *yazata* Tistrya (personificação da estrela Sírio), Tistrya lamenta-se por não ter conseguido vencer o demônio Apaosa – que mantinha presas as águas e ameaçava arruinar toda a Criação – porque os homens o ignoraram em seus ritos. Então Aúra-Masda venera Tistrya, oferecendo-lhe um sacrifício (*yasna*); como resultado, este sai vitorioso do combate contra o *daeva* e assegura a fertilidade da terra. Aúra-Masda sacrifica igualmente a Anahita e roga-lhe "que lhe conceda este favor: que eu induza o piedoso Zaratustra a pensar, a falar e a agir em conformidade com a boa religião" (*Yasht*, 5:17-19). Além disso, o Senhor sábio faz um sacrifício a Vayu e implora-lhe "que lhe conceda o seguinte favor", que ele possa executar as criaturas de Angra Mainyu (*Yasht*, 15:3). Tão inesperada é a declaração de Aúra-Masda que, sem o auxílio prestado pelas *fravashis* – que são as almas preexistentes dos homens –, a humanidade e os animais teriam desaparecido e o mundo material estaria sob o império da mentira (*Yasht*, 13:12).

Zaehner[38] vê nesses textos uma contradição da doutrina de Zaratustra: a auto-humilhação de Aúra-Masda, que não só venera os seres subordinados como lhes solicita auxílio. Na verdade, a importância decisiva atribuída ao auxílio das *fravashis* lembra certo tipo de *deus otiosus*, quando o Criador parece sofrer de uma "fadiga mental" que o obriga a apelar a determinados animais e até a seu adversário.[39] Mas o fato de que Aúra-Masda venera (*yaz-*) este ou aquele deus consagrando-lhe sacrifícios (*yasna*) não implica necessariamente que ele se coloque numa situação subordinada. Os *Yashts* enfatizam o poder criador dos ritos e da liturgia, e apresentam Aúra-Masda em sua função sacerdotal.[40] Oferecendo-lhe um sacrifício, Aúra-Masda decuplica a força mágico-religiosa do destinatário. O que ressalta dos hinos é sobretudo a importância excepcional do sacrifício, concepção sem dúvida iraniana, mas que se desenvolve principalmente nos Bramanas e se tornará cada vez mais central no masdeísmo.

Como entre os outros povos indo-europeus, o fogo ritual desempenha o papel mais importante. *Yasna* "é essencialmente um sacrifício de *haoma* realizado diante do fogo" (Duchesne-Guillemin, p.71). A conservação, a purificação e a fundação dos fogos sagrados assumiram, no masdeísmo, proporções desconhecidas em outras religiões. Para todo rei masdeísta, o ato religioso por excelência consistia em fundar um fogo, isto é, em erguer um templo, dotá-lo de rendimentos e nomear sacerdotes para ele.[41] Embora Zaratustra tenha condenado alguns sacrifícios cruentos, não é certo que os rejeite a todos. De qualquer forma, os sacrifícios de animais são conhecidos no Avesta (*Yasna*, 11:4; *Yasha*, 8:58). De mais a mais, eles são profusamente atestados no governo dos aquemênidas, na época parta e sob os sassânidas.[42]

No §104, vimos em que sentido Zaratustra – que dá a si mesmo o nome de Saoshyant e exclama: "Pudéssemos nós ser aqueles que renovarão esta existência" (*Yasna*, 30:9) – revalorizou a antiga encenação mítico-ritual que assegurava a renovação do mundo pela repetição ritual da cosmogonia. No zoroastrismo, a intenção escatológica do sacrifício é continuamente reforçada, sem que, entretanto, o valor *cósmico* seja apagado. Pode-se discernir processo análogo na "historicização" dos ritmos e dos fenômenos cósmicos no javismo (cf. §57). O combate contra os monstros e outros temas heroicos tradicionais são interpretados como momentos do drama escatológico masdeísta, a saber, a luta contra os *daevas*, a espera e a preparação da Renovação universal (*frasokereti*). Uma vez que o mundo era simbolicamente recriado e uma vez que o tempo era renovado pelo rito do ano-novo, a renovação escatológica acabou situada nos limites da mesma encenação. O sacrifício realizado pelo sacerdote zoroastriano antecipa o sacrifício final, por meio do qual Saoshyant efetuará a renovação. O oficiante, por conseguinte, identifica-se com Saoshyant e, implicitamente, com Zaratustra.[43]

Mais tarde, as duas intenções do sacrifício – escatológica e cosmogônica – são de novo fundidas. As tradições conservadas nos textos pálavis mencionam uma série de sacrifícios por meio dos quais Aúra-Masda criou o cosmo, o homem primordial e Zaratustra.[44] A renovação escatológica ocorrerá durante a festa de ano-novo, e nesse momento os mortos ressuscitarão, serão julgados e por fim "imortalizados". Convém fixar na memória que a renovação universal, assim como a Criação original, serão resultado de um sacrifício. Os textos pálavis evocam com abundância de detalhes o sacrifício final que será executado por Saoshyant e seus assistentes, e de que participarão Ohrmazd e os Amesha Spenta, e depois do qual os homens ressuscitarão e se tornarão imortais, e o Universo, em sua totalidade, será radicalmente regenerado.[45]

Vê-se em que sentido o zoroastrismo utilizou os valores arcaicos do sacrifício: Zaratustra fizera a proclamação de uma "guerra santa" contra as forças do Mal; cada fiel, ao escolher a boa religião, era chamado a combater os *daevas*, a "purgar" o mundo dos demônios; em outros termos, ele colaborava na obra de saneamento universal de Aúra-Masda e de seus arcanjos. A função redentora da boa religião foi gradualmente reforçada pela glorificação do poder criador do rito. Uma vez que a finalidade última era a regeneração universal, valorizou-se a função fundamental, cosmogônica, do sacrifício: com efeito, a renovação escatológica não só "salva" a humanidade, mas ainda a recria, efetuando a ressurreição dos corpos. Isso implica uma nova Criação, indestrutível, incorruptível. Tal como é anunciado pelo *Yasht*, 19:90: "O mundo material não se extinguirá mais, … a mentira perecerá."

111. A viagem da alma depois da morte

Os ritos funerários, as mitologias da morte, as concepções relacionadas com a pós-existência da alma transformam-se lentamente, apesar das reformas e das conversões. Isso equivale a dizer que muitas informações fornecidas por textos avésticos e pálavis são igualmente válidas para a época pré-zaratustriana. O rito atestado no Irã ocidental, especialmente a incineração dos corpos e o sepultamento das cinzas numa urna, difundiu-se, com o zoroastrismo, por outras regiões. Ainda mais arcaico era um costume específico às estepes da Ásia central: a exposição dos corpos num sítio determinado, onde serviam de pasto a abutres e cães.[46] Os iranianos do Oriente praticavam as lamentações rituais e supliciavam-se com pancadas, chegando mesmo ao suicídio. Mas o zoroastrismo proíbe drasticamente "os choros e as lamentações", afirmando que eram invenção de Angra Mainyu.[47]

Quanto às experiências da alma depois da morte, reencontramos alguns motivos familiares: a travessia de uma ponte, a ascensão celeste, o julgamento, mas também o tema do encontro com o seu próprio Eu. Um poema que fazia parte do *Hâdôxt Nask* (*Yasht*, XXI-XXII) relata que a alma (*urvan*) do justo permanece ao lado de seu corpo durante três dias. Por volta do término da terceira noite, um vento perfumado eleva-se do Sul, e a *daena* do morto aparece "sob a forma de uma formosa jovem, radiosa, de braços brancos, cheia de vigor, de bela aparência, reta de corpo, grande, de seios empinados… com 15 anos" (*Hâdôxt Nask*, 9). Ao lhe revelar sua identidade, a *daena* acrescenta: "Gentil que eu era, tu me tornaste ainda mais gentil por teus bons pensamentos, por tuas boas palavras, por tuas boas ações, por tua boa religião; bela, tu me tornaste ainda mais bela; desejável, ainda mais desejável me fizeste." (ibid., 14).

312   *História das crenças e das ideias religiosas*

Depois, com quatro passos, a alma atravessa as três esferas celestes[*] e atinge "as luzes sem começo" (ibid., 15), ou seja, o paraíso. Certo morto indaga a maneira como passou da "existência corporal para a espiritual, da existência cheia de perigos para a existência sem perigo" (ibid., 16), mas Aúra-Masda atalha: "Não o interrogues, pois que lhe recordas o caminho horrendo, perigoso, ligado à separação, pelo qual passou, e que consiste numa separação do corpo e da consciência" (ibid., 17) – alusão às provas dramáticas da viagem.[48] Aúra-Masda ordena que se lhe ofereça "manteiga da primavera",[49] que é, para o justo, "o alimento depois da morte" (ibid., 18). A alma do mau, ao contrário, encontra no vento do norte uma pavorosa megera e penetra na região das trevas sem começo, onde Angra Mainyu exige que lhe deem veneno (ibid., 20-35).

Guardemos os traços característicos: 1) a alma encontra sua *daena*, isto é, seu próprio Eu,[50] que lhe é preexistente ("gentil que eu era…"), mas que é ao mesmo tempo o resultado de sua atividade religiosa na Terra ("tu me fizeste mais gentil…"); 2) a *daena* apresenta-se sob uma forma feminina arquetipizada, mantendo ao mesmo tempo uma aparência concreta; 3) trata-se, sem dúvida, de uma concepção indo-iraniana, visto que se encontra na *Kaushitaki-Upanishad*, I, 3-6: a alma daquele que toma o "caminho dos deuses" (*devayana*) é acolhida, entre outras divindades, por Manasi (a "inteligente") e Cakshushi (a "clarividente"); em seguida, atravessa um lago e um riacho, penetra numa cidade e chega diante de Brahman, que lhe pergunta: "Quem és tu?"[51]

Não há qualquer referência à ponte Cinvat no *Hâdôxt Nask*. Entretanto, Zaratustra dela fala repetidas vezes (cf. §103). Trata-se de uma concepção indo-iraniana, conhecida por outros povos indo-europeus, e atestada aqui e ali na história das religiões. A descrição clássica[52] narra como a *daena* chega, acompanhada de seus cães, e guia a alma do justo sobre a ponte Cinvat, por cima do Hara Berezaiti, a montanha cósmica (de fato, a ponte – que se acha no "centro do mundo" – restabelece a ligação entre a Terra e o Céu). Recebidas por Vohu Manah, as almas passam diante de Aúra-Masda e dos Amesha Spenta. A separação entre bons e maus faz-se quer antes da ponte, quer à sua entrada. Quanto ao julgamento da alma, de que falam os textos pálavis e cujos juízes são Mithra assistido por Sraosha e Rashnu (munido de uma balança), os *gathas* o desconhecem. Ele é, aliás, supérfluo na encenação: a travessia da ponte, comparável a uma prova iniciatória, constitui em si mesma o julga-

---

[*] São as esferas das estrelas, da Lua e do Sol, designadas no texto por "Bem pensado", "Bem dito" e "Bem feito"; cf. Widengren, p.125, citando Bousset, "Die Himmelsreise der Seele", p.25s.

Zaratustra e a religião iraniana   313

mento, pois, segundo uma ideia muito difundida, a ponte se alarga sob os pés do justo e assume a forma de uma lâmina de barbear quando um ímpio tenta cruzá-la.

112. A ressurreição do corpo

Ainda mais superficialmente zoroastrizados são as crenças e os mitos escatológicos cristalizados em torno de Yima. Enquanto, na Índia, Yama inspirava sobretudo a mitologia do primeiro morto, no Irã, Yima torna-se o primeiro rei e o modelo do soberano perfeito. Para o que se propõe este capítulo, basta lembrar que a tradição iraniana associa o paraíso original com o reinado de Yima: pelo espaço de um milênio, não havia nem morte nem sofrimento e os homens não perdiam a sua juventude.[53] Entretanto, quando Yima começou a pronunciar mentiras, seu *xvarenah* o abandonou e, por fim, também ele perdeu a imortalidade.[54]

Um outro mito escatológico, ainda que, na origem, independente, foi incorporado pela teologia zoroastriana à mitologia de Yima: Aúra-Masda adverte a Yima que um inverno de três anos de duração acabará com toda a vida sobre a Terra, e pede-lhe que construa um recinto (*vara*), dentro do qual ele colocará, a fim de salvá-los, os melhores dentre os homens e os germes de todas as espécies de animais. O *vara* foi imaginado como uma morada subterrânea, pois nem o Sol, nem a Lua, nem as estrelas brilham.[55] Trata-se de uma escatologia arcaica, talvez indo-europeia (cf. o inverno Fimbul na tradição germânica), mas que não corresponde, de forma alguma, à visão zaratustriana. Compreende-se, contudo, o porquê da introdução de Yima nesse enredo mitológico do fim do mundo: ele era o rei fabuloso da idade de ouro, e no *vara* estavam conservados, ou, mais exatamente, "salvos", os germes de uma humanidade futura, pronta a conhecer, depois da catástrofe escatológica, a existência paradisíaca dos "primeiros tempos".

Uma outra ideia escatológica vem acrescentar-se: a da ressurreição dos corpos. A crença parece muito antiga, mas está expressamente proclamada no *Yasht*, 19, 11 e 89 (cf. também *Yasht*, 13, 129), que fala na "ressurreição dos mortos" relacionada com a chegada "daquele que vive", ou seja, do Saoshyant anunciado por Zaratustra. A ressurreição enquadra-se, portanto, na renovação final, que implica por outro lado o julgamento universal. Várias ideias, algumas das quais bastante antigas, articulam-se agora numa visão escatológica grandiosa: o mundo renovado de um modo radical e completo representa, efetivamente, uma nova Criação, que já não será tornada impura pela ação dos demônios; a ressurreição dos mortos, na verdade a recriação dos corpos, equivale a uma cosmogonia, em virtude do paralelismo microcosmo-macrocosmo, concepção arcaica comum aos diversos povos indo-europeus, mas que teve um desenvolvimento considerável na Índia e no Irã.

Como vimos no §104, a renovação final, já prefigurada na liturgia celebrada por Zaratustra, é antecipada nos rituais do ano-novo (*Nawroz*). A tradição acaba por situar nas proximidades do início do ano os três acontecimentos decisivos do drama cósmico e humano: a Criação, a revelação da "religião" e a renovação escatológica.[56] Mas, como o ano representa a totalidade do tempo cósmico, os dez últimos dias de cada ano antecipam de certa maneira o drama escatológico. É o intervalo fabuloso em que as almas retornam à Terra: um *Yasht* (13:49-52) invoca as *fravashis*,* que circulam livremente durante os dez últimos dias do ano. A crença é universalmente difundida, mas os zoroastrianos, como outros teólogos antes e depois deles, enquadram-na num sistema mais amplo: segundo a tradição pálavi, Ohrmazd terminou a criação do homem durante esses dez últimos dias do ano; consequentemente, as *fravashis* chegam à Terra no momento da criação do homem, e retornam no final do tempo, quando da ressurreição dos corpos.[57]

Os textos tardios desenvolvem o paralelismo entre as festas do ano-novo e a Renovação escatológica, quando se verificará a ressurreição. Por ocasião de cada ano-novo, recebem-se roupas novas e, no fim do tempo, Ohrmazd dará aos ressuscitados vestes gloriosas.[58] Como vimos no §104, é depois do sacrifício realizado por Saoshyant, com ou sem a assistência de Aúra-Masda, que se produzirá a renovação universal e a ressurreição dos corpos. Esse sacrifício escatológico repete de certa forma o sacrifício cosmogônico: é por essa razão que ele é similarmente "Criador". A ressurreição, e seu corolário, a indestrutibilidade dos corpos, representa uma evolução audaciosa do pensamento escatológico de Zaratustra; trata-se, em suma, de uma nova concepção da imortalidade.[59]

---

* As *fravashis* são as almas dos justos e, ao mesmo tempo, os seus arquétipos celestes. Na qualidade de "anjos da guarda" dos fiéis, as *fravashis* lutam contra as encarnações do mal; as fontes tardias descrevem-nas como cavaleiros armados que protegem o Céu; cf. Widengren, *Rel. de l'Iran*, p.39. A figura complexa das *fravashis* é, ao que parece, o resultado de um longo processo de sincretismo religioso.

Zaratustra e a religião iraniana   315

NOTAS

1. É muito provável que a fórmula "258 anos antes de Alexandre" se refira à conquista de Persépolis (330 a.C.), que pôs fim ao império dos aquemênidas. O primeiro êxito de Zaratustra, a conversão do rei Vishtaspa, ocorreu quando o profeta contava 40 anos. A cronologia tradicional ("258 anos antes de Alexandre"), aceita pela maioria dos pesquisadores (cf. W.B. Henning, *Zoroaster, Politician or Witch-Doctor*, p.33s.; J. Duchesne-Guillemin, *La Religion de l'Iran ancien*, p.136s.), foi rejeitada por M. Molé (*Culte, mythe et cosmologie dans l'Iran ancien*, p.531) e G. Gnoli ("Politica religiosa e concezione delle regalità", p.9s.).

2. Cf. J. Duchesne-Guillemin, op.cit., p.138-40; G. Widengren, *Les Religions de l'Iran*, p.79-80. As citações dos *gathas* correspondem à tradução francesa de J. Duchesne-Guillemin, *Zoroastre* (1948).

3. Stig Wikander, *Der arische Männerbund*, p.50s.

4. Cf. Widengren, op.cit., p.120s.; J. Duchesne-Guillemin, op.cit., p.338s.

5. *Zātspram* 5, traduzido por Molé, *Culte, mythe et cosmogonie*, p.284. Sobre o *xvarenah*, ver nota 23.

6. *Denkart*, 7.2. 48s., trad. franc. de Molé, op.cit., p. 285-6.

7. Textos citados por Molé, op.cit., p. 298s., 301s. Ver também Widengren, op.cit., p.122s.

8. Widengren, op.cit., p.88s.

9. Ver as fontes citadas por Widengren, p.91. O transe provocado pelos narcóticos era também conhecido na Índia antiga; cf. Rig Veda, X, 136, 7, e o comentário em Eliade, *Le Chamanisme* (2ª ed.), p.319s.

10. Cf. as referências aos trabalhos de Nyberg e Widengren em *Le Chamanisme*, p.312s.

11. Assim, por exemplo, no *Zatspram* trata-se da iniciação de Zaratustra pelos Amahrspand (avéstico Amesha Spenta): entre outras provas, "metal fundido foi derramado sobre seu peito e nele esfriou", e "cortaram-lhe o corpo com facas, o interior do seu ventre ficou visível, o sangue escorreu; mas, a seguir, ele passou a mão sobre a ferida e ficou bom" (*Zatspram*, 22:12-13, trad. franc. de Molé, op.cit., p.334). Temos aqui proezas especificamente xamânicas.

12. Cf. os trabalhos de Molé, Zaehner, M. Boyce ("Haoma, priest of the Ssacrifice" etc.), Gnoli (*inter alia*: "Licht-symbolik in Alt-Iran").

13. Cf. M. Boyce, "*Atas-zohr* and *Ab-zohr*"; Gnoli, "Questioni sull'interpretazione della dottrina gathica", p.350.

14. Ver G.G. Cameron, "Zoroaster, the Herdsman", passim; Gnoli, "Questioni", p.351s.

15. Marjan Molé e Gheraldo Gnoli deram destaque oportunamente à reforma imediata do mundo em consequência dos sacrifícios (*yasna*) efetuados pelos sacerdotes.

16. Meillet, *Trois conférences sur les Gatha*, p.56; Duchesne-Guillemin, *Zoroastre*, p.151.

17. Ver os trabalhos de Gnoli, principalmente "Lo stato di 'maga'" e "La gnosi iranica", p.287s.

18. Cf. Gnoli, "Questioni sull'interpretazione", p.349s. Vamos analisar no volume II a significação de *menok* e de *getik*.

19. Cf. M. Boyce, "Haoma, priest of the sacrifice"; Gnoli, "Lo stato di 'maga'", p.114-5; id., "Questioni", p.366.

20. Ver Duchesne-Guillemin, "Le *xvarenah*" e as referências bibliográficas citadas em nosso estudo "Spirit, light and seed", p.13s. Lembremos a concepção mesopotâmica do "esplendor flamejante", *melammu*; cf. §20 (Estado das questões).

21. *Zatspram*, traduzido por Molé, op.cit., p.98; ver também p.475. Cf. outros exemplos em Gnoli, "Questioni", p.367-8.

22. Cf. Widengren, p.88s.

23. A *Rivayat* pálavi, 47:23, citada por Menasce, *Anthropos*, 35-6, p.452 (cf. Duchesne-Guillemin, *La Religion de l'Iran ancien*, p.341, nota 3).

24. Cf. Duchesne-Guillemin, op.cit., p.167; mas, recentemente (em *Historia religionum*, I, p.326), o autor lembra que, depois da publicação de um artigo de Bickerman, deve-se abandonar o argumento do "calendário zoroastriano".

25. G. Dumézil, *Naissances d'Archanges*, p.62s. Ver também Zachner, *Dawn and Twilight*, p.157s.

26. Molé, *Culte, mythe et cosmologie*, p.35. G. Gnoli ("Considerazioni sulla religione degli Achemenidi", p.246s.) observa que, nas inscrições, *frasa* significa "excelente" e não possui valor religioso; entretanto, o valor religioso está implícito na "excelência" de todo ato emanado do rei.

27. R.G. Kent, *Old Persian*, p.138 (tradução); cf. Widengren, *Rel. de l'Iran*, p.140, nota 1. A fórmula pode ser de origem meda (Nyberg, *Die Religionen des alten Irans*, p.349) e Widengren crê que ela foi influenciada pelas concepções semíticas sobre o Deus Criador (op.cit., p.140).

28. R. Girshman, "À propos de Persépolis", p.265, 277; ver também A.U. Pope, "Persepolis, a ritual city".

29. Cf. Gnoli, "Politica religiosa e concezione della regalità sotto i Sassanidi", p.23s.

30. Ver Wikander, *Vayu*, p.128s.; G. Widengren, *Stand u. Aufgabe*, p.51s.; id., *Les Religions de l'Iran*, p.58s.

31. Cf. Widengren, *Rel. de l'Iran*, p.66.

32. Cf. Eliade, *Le Mythe de l'eternel retour* (nova edição, 1969), p.51s.

33. Cf. Zaehner, *Dawn*, p.163.

34. Widengren, op.cit., p.139; cf. também p.135s.

35. Zaehner, *Dawn*, p.64.

36. Widengren, op.cit., p.131; cf. Duchesne-Guillemin, op.cit., p.96s.

37. G. Dumézil mostrou que o lugar de Mithra foi tomado, nos *gathas*, por Vohu Manah; cf. também Widengren, op.cit., p.31.

38. *Dawn and Twilight*, p.81.

39. Trata-se, nesse caso, de um motivo cosmogônico "dualista", bastante conhecido no folclore da Europa oriental, da Ásia central e da Sibéria, mas atestado também no zurvanismo; cf. Eliade, "Le Diable et le bon Dieu" (*De Zalmoxis à Gengis Khan*, p.84s.).

40. Cf. G. Gnoli, "Note sur Yasht VIII", p.95s.

41. Duchesne-Guillemin, *La Religion*, p.84, nota i (bibliografia).

42. Ibid., p.100s. Ver §103, acima.

43. Molé, *Culte et cosmologie*, p.134. O Saoshyant é o Salvador final, identificado com Zaratustra e, de acordo com certas tradições tardias, descendente da semente do Profeta miraculosamente conservada no lago Kasaoya.

44. A *Rivayat* pálavi, 16 B, fragmento traduzido para o francês por Molé, op.cit., p.126s.

45. Ver os textos traduzidos para o francês por Molé, p.87s., 90, 126s. etc.

46. Nyberg, *Die Religionen d. alten Irans*, p.310; Widengren, *Les Religions de l'Iran*, p.53.

47. Nyberg, op.cit., p.316s.

48. As melhores informações de que dispomos sobre essas provas são as fornecidas pelos textos tardios, entre eles, *Menok i Xrat*, II, 115-7 e 53; cf. também Söderblom, *La Vie future d'après le mazdéisme*, p.91s.; Pavry, *Doctrine*, p.19, 62s.

49. Sobre a significação religiosa da "manteiga da primavera", cf. Widengren, p.126.

50. Sobre a *daena*, ver Gnoli, "Questioni sull'interpretazione...", p.361s.

51. Cf. Wikander, *Vayu*, p.47s. Widengren (op.cit., p.57-67) lembra que o *Datistan i Denik*, XXIV, 5, designa a jovem com a expressão "tesoureira das boas ações", tal como, segundo o texto budista *Dhammapada*, 219s., os virtuosos "são recebidos por suas boas ações como se fossem seus caros parentes". A viagem celeste do morto é, em todos os aspectos, semelhante à ascensão extática da alma através das esferas estelar, lunar e solar, antes de chegar ao paraíso (*garôdmân*), ascensão que é relatada na obra tardia *Ardai Viraz Namtak*.

52. *Vidrevdat*, 19:28-32; Söderblom, op.cit., p.89-90. Segundo o *Videvdat*, 13:19, os cães guardam a ponte; cf. os cães de Yama.

53. *Yasna*, 9:4s.; ver outras referências em Söderblom, op.cit., p.175s. e A. Christensen, *Les Types du premier homme...* II, p.16s.

54. Ver Christensen, op.cit., passim, e G. Dumézil, *Mythe et epopée*, II, p.288s.

55. *Viïdevdat*, II, 20-32; cf. Söderblom, op.cit., p.172s. Ver também *Bundahisn*, XXXIX, 14: *Menok i Xrat*, LXII, 15; Dumézil, op.cit., II, p.247s.

56. Cf. Molé, *Culte, mythe et cosmologie*, p.120.

57. Ver os textos citados por Molé, op.cit., p.109.

58. *Saddar Bundehes*, 32-37, traduzido para o francês por Molé, p.111.

59. As duas criações – "espiritual" (*menok*) e "material" (*getik*) – assim como a mitologia do Homem Primordial (*Gayomart*) serão discutidas no segundo volume desta obra.

XIV. A RELIGIÃO DE ISRAEL NA ÉPOCA DOS REIS E DOS PROFETAS

113. A realeza: o apogeu do sincretismo

"Samuel, quando envelheceu, constituiu seus filhos juízes em Israel." Estes, porém, não seguiram o seu exemplo, e então os anciãos vieram ter com ele e lhe disseram: "Constitui sobre nós um rei, o qual exerça a justiça entre nós, como acontece em todas as nações" (I Samuel, 8, 1-5). A realeza era, portanto, uma instituição estrangeira. Alguns adversários não lhe pouparam críticas, pois a seus olhos Javé era o único rei de Israel. Contudo, desde o início a realeza foi considerada agradável a Javé. Depois de ter sido ungido por Samuel, Saul recebeu o "espírito de Javé" (10, 6). Pois o rei era o "ungido" (*mâsiah*) de Deus (24, 7, 11; 26, 9, 11, 16, 23 etc.); ele era adotado por Javé, e tornava-se de certa forma seu filho: "Eu serei para ele um pai e ele será para mim um filho" (II Samuel, 7, 14). Mas o rei não é gerado por Javé; é apenas reconhecido, "legitimado" por uma declaração especial.[1] Javé concede-lhe o domínio universal (Salmo 72:8) e o rei senta-se ao seu trono ao lado de Deus (Salmo 110: 1 e 5; I Crônicas, 28:5; 29:23 etc.). O soberano é o representante de Javé; por conseguinte, pertence à esfera divina. Mas a posição excepcional de Javé torna impossível a "divinização" do rei:* este é, por excelência, o "servo" de Javé (a palavra é aplicada 60 vezes a Davi).

A cerimônia da coroação compreende, ao lado de outros ritos, a unção, a proclamação da realeza e a entronização.[2] Na qualidade de representante de Javé, o rei de Israel, à semelhança dos soberanos do Oriente antigo, deve manter a ordem cósmica (Salmo 2:10-12), impor a justiça, defender os fracos (Salmo 72:1s.), assegurar a fertilidade do país: "Ele descerá como a chuva sobre a relva. ... Profusão de trigo sobre a terra, até o cimo das montanhas!" (Salmo 72:16, 6). Reconhecem-se as imagens tradicionais de um reino "paradisíaco",

---

* Mesmo em textos tão intimamente ligados à realeza como os Salmos, é Javé, e não o rei, que detém o papel central (Fohrer, *History of Israelite Religion*, p. 150).

318

A religião de Israel na época dos reis e dos profetas

imagens que as profecias messiânicas tornarão a utilizar com brilhantismo. (Por outro lado, a espera do rei ideal, o *Messias*, é solidária da ideologia real.) A realeza foi interpretada como uma nova aliança entre Javé e a dinastia de Davi, prolongamento da Aliança do Sinai. É nessa *valorização de uma instituição estrangeira como novo ato da história sagrada* que se pode apreciar a originalidade da ideologia real israelita.[3]

Salomão construiu o templo em Jerusalém próximo ao palácio real; ele associa assim o culto do santuário à monarquia hereditária. O templo passa a ser a residência de Javé entre os israelitas. A Arca da Aliança, que até então acompanhava os exércitos, está instalada na escuridão do "Santo dos Santos" (*debir*). Mas, do seu santuário, a santidade de Javé se irradia sobre a cidade e na direção da Terra inteira (Salmo 15:1; 24:3; 46:5; Isaías, 31:4; 48:2 etc.). O monte Sião, sobre o qual foi erguido o templo, é um "centro do mundo".[4] O templo de Jerusalém torna-se o santuário nacional, e o culto real identifica-se com a religião do Estado. O ofício consiste em rituais propiciatórios e de expiação para a coletividade, mas compreende ainda preces públicas em favor do rei, de sua glória, e pelo exercício de sua justiça que assegura "a paz do povo" e a prosperidade universal (Salmos 20 e 72). Afinal, *a obra litúrgica renova as estruturas do mundo*.

À semelhança do templo, que foi construído de acordo com um modelo estrangeiro, também o culto pediu emprestadas as formas cananeias. O sincretismo alcança proporções até então desconhecidas, pois a monarquia encorajava a fusão das idéias e práticas religiosas compartilhadas pelas duas camadas da população, os israelitas e os cananeus. Além disso, Salomão aceitou os cultos de suas esposas estrangeiras e permitiu a construção de santuários em honra de seus deuses (I Reis, 11:6-7). Os reis consideravam-se chefes da religião do Estado, mas são poucas as informações de que dispomos sobre sua função sacerdotal. Quando a Arca foi transportada a Jerusalém, Davi comportou-se como um sacerdote: dançou diante dela, ofereceu "holocaustos em presença de Javé, ... e abençoou o povo em nome de Javé Sabaoth" (I Samuel, 6:16-18). Da mesma forma, Salomão abençoou a assembleia quando da consagração do templo (I Reis, 8:14). E o *Salmo* 110:4 proclama o rei "sacerdote eterno segundo a ordem de Melquisedeque". Mas, em outras ocasiões, os reis foram criticados por terem realizado ritos que estavam reservados aos sacerdotes. É muito provável que o rei desempenhasse um papel nas cerimônias de expiação do ano-novo. Por outro lado, certos salmos parecem relacionar-se com um ritual de morte e de ressurreição simbólica do rei. Pode-se portanto supor uma relação entre a festa do ano-novo – compreendendo uma reatualização simbólica da Criação – e o ritual de "morte e ressurreição" do rei.[5]

Com a morte de Salomão, o reino dividiu-se em dois: o do norte ou de Israel, e o do sul ou de Judá. Como a Arca ficara em Jerusalém, e as tribos do norte não tinham acesso ao santuário comum, Jeroboão, o primeiro rei de Israel, instalou dois santuários, em Betel e em Dã, onde Javé era adorado na forma de dois bezerros de ouro (I Reis, 12:28-29). É possível que as estátuas tauromorfas tenham servido de morada ao Deus invisível. Trata-se, no entanto, de uma influência cananeia que violava a proibição das imagens, e essa inovação, tendo quase o caráter de apostasia, agravou o desentendimento entre os dois reinos.*

114. Javé e a criatura

Um grupo inteiro de salmos, os "salmos da entronização", exalta Javé como rei. Ele é "um rei grande sobre todos os deuses" (95:3); "Javé é rei, os povos estremecem! ... O rei que ama a justiça és tu; tu estabeleceste as normas da probidade, da justiça e do direito" (99:1 e 5). Mas a ideia da realeza divina não depende da instituição da monarquia. A concepção é arcaica: Deus é senhor do mundo porque foi seu Criador. Javé venceu o monstro primordial (Raabe, Leviatã, Tanin o dragão), símbolo do caos. Na condição de cosmocrátor, Deus reside no Céu e manifesta sua presença ou sua vontade nos fenômenos meteorológicos – relâmpagos, trovão, chuva. Já lembramos seus atributos contraditórios (cf. §59), expressão bem conhecida da "totalidade". Javé dispensa o bem e o mal, tira e dá a vida, abate e eleva (I Samuel, 2:6s.). Sua "cólera" é temível, mas ele é também compassivo. Javé é, por excelência, "santo" (*qâdos*), o que significa que é ao mesmo tempo inacessível e perigoso, e que traz a salvação.[6]

Criador e rei do mundo, Javé é também o juiz da sua Criação, "No momento que eu tiver decidido, eu próprio vou julgar com retidão." (Salmo 75:3). Ele julga com equidade (Salmo 96:10). Sua "justiça", a um só tempo moral, cósmica e social, constitui a norma fundamental do Universo.[7]

Javé é o "Deus Vivo"; em outras palavras, ele se distingue tanto dos ídolos que "não falam" e que "devem ser carregados, porque não podem caminhar" (Jeremias, 10:5), quanto dos homens, "semelhantes à erva que cresce" (Salmo 10:5). O homem é, também ele, um ser vivo (*nèfès*), uma vez que Deus lhe insuflou o "sopro" ou "espírito" (*rûah*); mas a sua existência é de curta duração.

---

* É importante lembrar que, enquanto a monarquia hereditária da dinastia davídica se manteve no sul, a realeza foi, no norte, mais ou menos carismática; cf. Ringgren, p.76s.

A religião de Israel na época dos reis e dos profetas   321

Ademais, enquanto Deus é espírito, o homem é carne (*basar*). Essa oposição não implica a depreciação religiosa do corpo; frisa a precariedade e o caráter efêmero da existência humana, que contrasta com a onipotência e a eternidade de Deus. A incomensurável distância entre esses dois modos de ser explica-se pelo fato de que o homem é uma criatura de Deus. Ele se distingue porém das outras criações, pois *foi formado à imagem de Deus* e reina sobre a natureza.

A mortalidade do homem é consequência do pecado original, ou seja, do desejo de Adão de tornar-se semelhante a Deus (cf. §59). Os textos bíblicos insistem na futilidade da condição humana. O homem foi tirado do pó e ao pó retornará (Gênese, 3:19). Uma vida longa é o seu maior bem. Como em tantas outras culturas tradicionais, a morte é degradante: ela reduz o homem a uma pós-existência larvar no túmulo ou no *sheol*, região escura e aterradora nas profundezas da Terra. Já que a morte é, por excelência, a negação da sua obra, Javé não reina sobre o *sheol*. Por conseguinte, o morto está privado de relacionar-se com Deus, o que constitui, para o fiel, a mais terrível das provações. No entanto, Javé é mais poderoso que a morte: se o desejasse, poderia arrancar o homem de sua sepultura. Alguns salmos aludem a esse prodígio: "Do *sheol* tiraste a minha alma; tu me reavivaste dentre os que baixam à cova" (30:4); "Jamais morrerei, eu vou viver; ... Javé me castigou e castigou, mas não me entregou à morte" (118:17). São essas as únicas referências à ressurreição dos mortos antes do cativeiro na Babilônia (587-538), quando uma parte da população será submetida à influência da escatologia iraniana (cf. volume II).[8]

"Escravo" ou "servo" de Javé, o homem deve viver no temor de seu Deus. A obediência é o ato religioso perfeito. Em contrapartida, o pecado é a desobediência, uma ofensa aos mandamentos. Todavia, a consciência da precariedade não exclui a confiança em Javé nem a alegria produzida pela bênção divina. Mas as relações Deus-homem não ultrapassam esse estádio; a *unio mystica* da alma com o seu Criador é impensável para a teologia do Antigo Testamento. Ao reconhecê-lo como Criador e soberano absoluto, o homem chega a conhecer pelo menos certos predicados de Deus. Uma vez que a lei (*torah*) proclama com precisão a vontade divina, o essencial é seguir os mandamentos, isto é, comportar-se de acordo com o direito ou a justiça (*sedhek*). O ideal religioso do homem é ser "justo", conhecer e respeitar a lei, a ordem divina. Como lembra o profeta Miqueias (6:8): "Foi-te anunciado, ó homem, o que é bom, e o que Javé exige de ti: nada mais do que praticar o direito, gostar do amor e caminhar humildemente com o teu Deus." O pecado leva à perda da bênção (*berâkhâh*). Mas, como o pecado faz parte da condição humana, e porque Javé, apesar de duro, é misericordioso, a punição nunca é definitiva.

115. Jó, o justo posto à prova

Um exegeta acreditava que "o encontro do poder e da bondade resume a forma pela qual o Antigo Testamento concebe Deus".[9] Pode-se duvidar de que todos os leitores do livro de Jó subscrevem a esse juízo. A história é de uma simplicidade trágica:* trata-se da aflição de um justo, de quem Javé muito se orgulhava. "Reparaste no meu servo Jó?", indaga Deus a Satanás, o "acusador" celeste. "Na Terra não há outro igual: é um homem íntegro e reto, que teme a Deus e se afasta do mal" (I:8). Mas Satanás replica que a devoção de Jó se explica por sua prosperidade, ou seja, pela bênção divina, e então Javé consente que o "acusador" ponha à prova seu mais fiel servidor. Jó perde seus filhos e sua riqueza, e, atacado por uma "chaga maligna, desde a planta dos pés até o cume da cabeça", senta-se no meio da cinza. Lamenta-se, amaldiçoando o dia do seu nascimento, mas não se revolta contra Deus. Três amigos dele se aproximam e, com longos discursos, tentam convencê-lo de que o simples fato de que ele *sofre* – portanto, porque é *punido* – prova a sua culpabilidade. Consequentemente, deve reconhecer e confessar os seus "pecados".

Mas Jó rejeita a explicação da sua desventura pela doutrina da retribuição. Ele sabe que o homem "não pode ter razão contra Deus" (9:2), que Javé "extermina o íntegro e o ímpio" (9:22); entretanto, dirigindo-se a Deus, ousa dizer-lhe: "Bem sabes que não sou culpado e que ninguém me pode livrar de tuas mãos!" (10:7). Ele não compreende por que Deus persegue sem tréguas sua própria criatura (10:8-22), pois Jó não duvida do caráter insignificante de toda existência humana; "Queres, então, assustar uma folha levada pelo vento e perseguir a palha seca?" (13:25). Mas não consegue identificar a natureza do seu crime: "Quantos são os meus pecados e minhas culpas? Prova meus delitos e pecados." (13:23)**

Um amigo condena sua linguagem, pois, por definição, a criatura é culpada; "Como pode o homem ser puro ou inocente o nascido de mulher? Até em seus santos Deus não confia, e os Céus não são puros aos seus olhos" (15:14-15). Mas Jó repete que se trata, no seu caso, de uma decisão pessoal de

---

* A data da redação é incerta. Muito embora o texto, tal como o conhecimento, pareça pós-exílico, o conteúdo é antigo.

** A impossibilidade de compreender sua própria culpa constitui o tema central das lamentações de Jó. "Levantei por acaso a mão contra o pobre, que na penúria clamava por justiça? Não chorei com o oprimido, não tive compaixão com o indigente?" (30:24-25). "Caminhei com a mentira, acertei passo com a falsidade?" (31:5). "Se fui insensível às necessidades dos fracos, se deixei tristes os olhos da viúva, mas enquanto comi meu bocado sozinho, sem reparti-lo com o órfão." (31:16-17); cf. 31:19-34.

A religião de Israel na época dos reis e dos profetas

Javé, cujo desígnio lhe escapa (19:6-7). Quando outro amigo lhe fala da punição dos pecadores, Jó lembra-lhe que os maus, que não servem a Deus, "continuam a viver" e prosperam (21:7-16). Se conhecesse um modo de chegar até ele, exporia a sua causa diante de Javé, informá-lo-ia dos crimes que permanecem impunes – mas o Senhor está distante, ausente, invisível (23, 24). É precisamente porque não abandona sua fé e confiança em Deus que Jó declara que "até o último alento manterei minha inocência, fico firme em minha justiça, e não a deixo; a consciência não me envergonha por meus dias" (27:5-6). No entanto, Jó grita e Deus não responde: "Clamo por Ti, e não me ouves; insisto e não te importas comigo. Tu te tornaste meu verdugo..." (30:20-21).

Um quarto amigo, Eliú, "muito moço ainda", intervém com violência. Enche-se de cólera por haver Jó dito: "Sou puro, não tenho delito; sou inocente, não tenho culpa" (33:9). Porque, proclama Eliú, "Na verdade, Deus não pratica o mal, não perverte o direito" (34:12); ele não rejeita o homem de coração puro (36:5). Terminando o longo discurso de Eliú,* a resposta de Javé decepciona por seu caráter impessoal. Deus fala "do seio da tempestade" (38:1), numa verdadeira teofania, mas ignora as perguntas de Jó. Javé contenta-se em lembrar-lhe sua onipotência, sua obra cósmica, a complexidade do Universo, a variedade infinita das manifestações da vida. Depois de ter evocado as grandes estruturas cósmicas e as leis que regem os Céus e a Terra, Javé diz-lhe dos leões, das camurças e de outras criaturas, cuja vida e proliferação ele assegura, após havê-los moldado, cada qual com sua forma particular, cada qual com seu comportamento específico. E conclui, apostrofando-o: "O censor de Deus irá responder?" (40:2). Debalde Jó tenta refugiar-se no silêncio: "Eis que falei levianamente: que poderei responder-te? Porei minha mão sobre a boca" (49:4).

Num segundo discurso, Javé faz-lhe uma longa descrição do animal Beemot e do monstro Leviatã. Respondendo-lhe, Jó mostra que compreendeu o sentido secreto da lição de Javé: a própria existência do Universo é um milagre, o modo de ser do Criador desafia a compreensão, a intenção dos seus atos permanece impenetrável. "Reconheço que tudo podes. ... Sou aquele que denegriu teus desígnios, com palavras sem sentido. Falei de coisas que não entendia, de maravilhas que me ultrapassam. ... Conhecia-te só de ouvido, mas agora viram-te meus olhos: por isso, retrato-me e faço penitências no pó e na cinza" (42:1-6). No fim, Jó se reconhece culpado diante de Deus. Imediatamente, Deus lhe reconstituiu a situação perdida e lhe tornou em dobro tudo quanto possuía, e Jó viveu até à idade de 140 anos (42:7-17).

---

* Esse discurso, ao que parece, é uma interpolação.

Passados três milênios, esse livro fervoroso, enigmático e inquietante continua a despertar paixões. O fato de Deus se ter deixado tentar por Satanás ainda perturba muitas almas ingenuamente religiosas. No entanto, Jó compreendeu-o bem: se *tudo* depende de Deus, e se Deus é impenetrável, é impossível julgar-lhe os atos; portanto não há como julgar sua atitude em relação a Satanás. A lição secreta de Javé ultrapassa "o caso Jó". Ela dirige-se a todos aqueles que não alcançam compreender a presença – e o triunfo – do mal no mundo. Em poucas palavras, para o crente, o livro de Jó *é* uma "explicação" do mal e da injustiça, da imperfeição e do terror. Uma vez que tudo é querido e regido por Deus, tudo o que sucede ao crente está carregado de significação religiosa. Seria, porém, inútil – e ao mesmo tempo ímpio – acreditar que, sem o auxílio de Deus, o homem é capaz de compreender o "mistério da iniquidade".

116. O tempo dos profetas

"Antigamente, em Israel, em vez de 'profeta' (*nabi*), como hoje se diz, dizia-se 'vidente'" (I Samuel, 9:9). De fato, a instituição do "vidente" (*ro'êh*) do período nômade foi modificada, após a conquista, sob a influência dos *nabîim*, que os israelitas haviam encontrado na Palestina. Por volta de ~1.000, os "videntes" javistas (como Natã) e os *nabîim* ainda coexistiam (I Samuel, 10:5). As duas instituições fundiram-se pouco a pouco, e o resultado final foi o profetismo clássico veterotestamentário. Exatamente como os *nabîim*, os profetas estavam associados aos santuários e ao culto, e participavam das experiências extáticas.

Elias e Eliseu ilustram o período de transição, mas suas vocações e atividades religiosas já anunciam o profetismo clássico. Elias faz seu aparecimento no reino do norte, sob os reis Acabe e Ocozias (874-850). Insurge-se contra a política de Acabe, que queria integrar os israelitas e os cananeus, concedendo-lhes direitos iguais e encorajando o sincretismo religioso com o culto de Baal ou Malkart, culto protegido pela rainha Jezabel, originária de Tiro. Elias proclama Javé o único soberano de Israel. É Javé, e não Baal, que dispensa a chuva e garante a fertilidade do país. No famoso episódio do monte Carmelo, quando concerta o duelo com os profetas de Baal para pôr cobro a uma seca de três anos, Elias demonstra a impotência do deus cananeu para acender o altar de sacrifícios e, portanto, para trazer a chuva.* Elias explode em amea-

---

* O duelo faz parte de uma guerra religiosa; assim como Jezabel dera ordem de massacrar os profetas de Javé, Elias, após sua vitória, manda que o povo agarre os 450 profetas de Baal. "Fê-los descer para perto da torrente de Quison e lá os degolou" (I Reis, 18:40)

A religião de Israel na época dos reis e dos profetas 325

ças contra o rei Acabe, que matou um de seus súditos para apossar-se da sua vinha, e prediz-lhe uma morte violenta (I Reis, 21). A reputação póstuma de Elias aproxima-o de Moisés. Refere a lenda que ele foi arrebatado por Javé ao Céu num carro de fogo (II Reis, 2:2s.). A biografia de Eliseu, discípulo e sucessor de Elias, está repleta de episódios maravilhosos (cf. II Reis, 2:19s.; 4:1s. etc.). Ao contrário de Elias, Eliseu reuniu em torno de si um grupo de profetas. Mas, tal como Elias, participou ativamente da vida política, comunicou oráculos ao rei e acompanhou-o até mesmo à guerra (II Reis, 3:11).

À parte os adivinhos e os visionários ambulantes, distinguem-se duas categorias de profetas. O primeiro grupo é constituído pelos profetas cultuais: eles residem perto dos templos e participam dos ritos com os sacerdotes.[10] São profetas áulicos, associados aos santuários reais. Muitas vezes predizem ao rei a vitória desejada (cf., por exemplo, I Reis, 22). Essa categoria de profetas profissionais, de proporções consideráveis, compreende também aqueles que são tidos, no Antigo Testamento, como falsos profetas.

Mais importante na história religiosa de Israel é o segundo grupo, formado pelos grandes profetas das escrituras, de Amós ao "Segundo Isaías". Estes últimos não proclamam sua mensagem na qualidade de membros de uma profissão, mas valendo-se de uma vocação especial. Não representam certos clãs ou determinados santuários, nem os reis, mas declaram-se mensageiros de Deus.[11] A vocação é decidida por um chamado direto de Javé. Segundo o relato de Jeremias: "A palavra de Javé me foi dirigida nos seguintes termos: 'Antes mesmo de te formar no ventre materno, eu te conheci; antes que saísses do seio, eu te consagrei. Eu te constituí profeta para as nações'" (Jeremias, 1:4s.). Por seu turno, Isaías viu, um dia, no templo, "o Senhor Javé sentado sobre um trono alto e elevado", cercado de Serafins, e ouviu sua voz, que dizia: "Quem hei de enviar? Quem irá por nós?" Isaías respondeu: "Eis-me aqui, envia-me a mim." E Deus instruiu-o sobre o que devia dizer ao povo (Isaías, 6:1-10). O chamado é ouvido apesar da oposição dos ouvintes (cf. Oseias, 9:7; Ezequiel, 12:21s.), mas acontece a pregação ser interrompida pela força (Amós, 7:10s.) ou pelo próprio profeta quando julga que fracassou em sua missão (*Isaías*, 8:16-18).

Todos os grandes profetas são sincera e apaixonadamente convictos da autenticidade de sua vocação e da urgência de sua mensagem. Eles não têm a menor dúvida de que proclamam a própria Palavra de Deus, pois sentiram que sobre eles pousava a mão de Javé ou o seu espírito (*rûah*).[12] A possessão divina manifesta-se às vezes por meio do êxtase, ainda que a exaltação ou o transe extático não pareça indispensável.[13] Certos profetas foram até acusados de "loucura" [como Oseias (9:7): "o profeta é um tolo, o inspirado é um louco!"], mas não se pode falar de uma verdadeira afecção psicopatológica.

326 *História das crenças e das ideias religiosas*

Trata-se de tremores afetivos provocados pela presença aterradora de Deus e pela gravidade da missão que o profeta acaba de assumir. O fenômeno é conhecido desde as "doenças iniciatórias" dos xamãs até às "loucuras" dos grandes místicos de todas as religiões. Além do mais, tal como os "especialistas do sagrado" das sociedades arcaicas e tradicionais, os profetas são dotados de faculdades divinatórias* e apoiam-se em poderes maravilhosos de natureza mágica: ressuscitam os mortos, alimentam multidões com uma quantidade mínima de comida, fazem certas pessoas adoecerem etc.[14] Muitas ações efetuadas pelos profetas possuem um valor simbólico: Elias lança seu casaco sobre Eliseu (I Reis, 19:19-21); ao ouvir a ordem de Javé, Jeremias quebra uma botija de barro para ilustrar a ruína próxima de Israel (Jeremias, 19:10s.); coloca um jugo ao pescoço para convencer o povo a submeter-se ao rei de Babilônia (27).[15]

Mas seja qual for a fonte da sua inspiração (sonho, visão, audição, conhecimento milagroso etc.), o que os profetas recebiam era sempre a palavra de Javé. Essas revelações diretas, pessoais, eram evidentemente interpretadas à luz da sua fé profunda e transmitidas segundo certos modelos tradicionais. Os profetas pré-exílicos têm em comum o fato de anunciarem sobretudo o julgamento de Deus contra Israel: Javé enviará conquistadores impiedosos para eliminá-los: o Senhor utilizará os grandes Impérios militares como instrumentos de punição contra o seu próprio povo, que o havia traído. Será que se pode igualmente vislumbrar uma promessa de esperança nesse julgamento terrível? Acreditou-se reconhecer no profetismo veteritestamentário uma variante da alternância, muito conhecida no Oriente Próximo, entre "era de infelicidade" e "era de felicidade", mas esse esquema, ao que parece, não se aplica em todos os exemplos invocados.[16] Como veremos no §118, a única esperança reside no "resto" do povo eleito que sobreviverá à catástrofe. É com esse "resto" que Javé concluirá uma nova aliança.

117. Amós, o pastor; Oseias, o mal-amado

Amós exerceu sua pregação no reinado de Jeroboão II (~ 780/82-753/46). Não era um *nabi* profissional: "Eu sou um vaqueiro e um cultivador de sicômoros. Mas Javé tirou-me de junto do rebanho e Javé me disse: 'Vai, profetiza a meu povo, Israel!'" (7:14-15). Ele anuncia que Deus vai julgar os povos vizinhos -

---

* Elias prevê a morte iminente do rei Ocozias (II Reis, 1:2s); Eliseu sabe onde encontrar água no deserto (II Reis, 3:16-17) e tem conhecimento de que os reis ordenaram que o matassem (II Reis, 6:32); ele sabe que palavras foram pronunciadas pelo rei de Damasco em sua alcova (II Reis, 6:32).

A *religião de Israel na época dos reis e dos profetas*

Damasco, Gaza e a Filisteia, Tiro e a Fenícia – que pecaram contra a moral. Isso implica que todas as nações se acham sob a jurisdição de Javé. No entanto, Amós investe sobretudo contra Israel, o Reino do Norte, contra as suas injustiças sociais e a sua infidelidade religiosa. Os ricos "vendem o justo por prata... e esmagam a cabeça dos pobres e humildes" (2:6-7). Mas as suas riquezas serão destruídas (4:7-11). Debalde, esses pecadores saciados multiplicam os sacrifícios. Amós ouve e repete as palavras de Javé: "Eu odeio, eu desprezo as vossas festas e não gosto de vossas reuniões. Porque, se me ofereceis holocaustos, não me agradam as vossas oferendas e não olho para o sacrifício de vossos animais cevados" (5:21s.). O que Deus espera de seus fiéis é o direito e a justiça (5:24-25).

Por outro lado, o culto foi alterado pela introdução de elementos orgiásticos cananeus (5:26; 8:14). A veneração, toda ela exterior, dos lugares santos é inútil: "Entrai em Betel e pecai! Em Guilgal, e multiplicai os pecados!" (4:4). Só um retorno à fé é que pode salvar: "Procurai o bem e não o mal para que possais viver, e, deste modo, Javé, Deus dos Exércitos, estará convosco! Talvez Javé, Deus dos Exércitos, tenha compaixão dos restos de José" (5:14-15).*

À semelhança de Amós, Oseias, seu contemporâneo mais moço, prega no Reino do Norte. Sua vocação e o sentido de sua mensagem profética parecem ligados às vicissitudes do seu casamento. Mas a interpretação das poucas alusões que se encontram no texto dos seus discursos é muito controvertida. De acordo com o seu primeiro relato (1:2-9), Javé ordenou-lhe que recebesse por esposa "uma mulher que se entregue à prostituição", que gerou filhos aos quais ele deu nomes simbólicos – "A Não Amada" e "O Não-Meu-Povo" – a fim de proclamar publicamente que Javé deixou de amar Israel e que este não é mais seu povo. De acordo com o segundo relato (3:1-5), Javé lhe diz que contrate outro casamento, desta vez com uma "mulher que ama um outro e que comete adultério, como Javé ama os filhos de Israel, embora estes se voltem para os deuses estrangeiros". É provável que a primeira esposa fosse uma mulher que havia participado nos ritos cananeus de fertilidade. Quanto à segunda, escolhida não obstante o seu passado detestável, devia indicar a atitude benevolente de Javé, pronto a perdoar a Israel.

De qualquer modo, a proclamação de Oseias é dominada pela amargura de Deus diante da traição do seu povo. Israel foi a esposa de Javé, mas ela lhe

---

* Os oráculos de restauração e de fecundidade paradisíaca que arrematam a obra (9:11-15) contrastam tão radicalmente com a condenação muitas vezes repetida, que se pode duvidar da sua autenticidade: cf. Ringgren, p.280: no entanto, para Von Rad, eles são autênticos, *Old Testament Theology*, II, p. 138.

foi infiel, e se "prostituiu", em outras palavras, entregou-se aos deuses cananeus da fertilidade. Israel ignora que a fertilidade é uma dádiva de Javé. "Ela disse: 'Quero correr atrás de meus amantes, daqueles que me dão o meu pão e a minha água, a minha lã e o meu linho, o meu óleo e a minha bebida'. ... Mas ela não reconheceu que era eu quem lhe dava o trigo, o mosto e o óleo, quem lhe multiplicava a prata e o ouro que eles usavam para Baal!" (2:7-10). Encontra-se de novo, exacerbado, o irredutível conflito entre Baal e Javé, entre uma religião de estrutura cósmica e a fidelidade a um Deus único, criador do mundo e senhor da história.

Oseias ataca, sem trégua, o sincretismo Baal-Javé. "Por que um espírito de prostituição os seduziu, eles se prostituíram, afastando-se de seu Deus. No cimo das montanhas oferecem sacrifícios, e sobre as colinas queimam incenso, debaixo do carvalho, do choupo e do terebintos, pois a sua sombra é boa" (4:12-13). Israel esqueceu-se de sua história: "Quando Israel era menino, eu o amei e do Egito chamei meu filho. Mas quanto mais eu os chamava, tanto mais eles se afastavam de mim" (11:1-2). A ira provocada pela incorrigível ingratidão explode. O castigo será terrível: "E eu me tornei para eles como um leão, como uma pantera no caminho eu estava à espreita. Eu os ataco como uma ursa despojada de seus filhotes, rasgo-lhes o peito e aí os devoro como uma leoa, os animais do campo os despedaçarão" (13:7-9).

O culto puramente exterior de nada serve, "porque é amor que eu quero e não sacrifício, conhecimento de Deus mais do que holocaustos" (6:6). Os lugares altos, onde são celebradas as cerimônias sincretistas, serão destruídos (10:8). A única salvação é um retorno sincero a Javé. "Volta, Israel, a Javé, teu Deus, pois tropeçaste em tua falta. Tomai convosco palavras e voltai a Javé; dizei-lhe: 'Perdoa toda culpa, aceita o que é bom'..." (14:2-3). Oseias está consciente do fato de que a decadência dos pecadores não lhes permite "voltar para o seu Deus" (5:4). No entanto, o amor de Javé é mais forte que a sua ira. "Não executarei o ardor de minha ira... porque eu sou um Deus e não um homem, eu sou Santo no meio de ti, não retornarei com furor" (11:9). Ele quer conduzir Israel "ao deserto e falar ao seu coração... Lá ela responderá como nos dias de sua juventude, como na época em que saiu da terra do Egito. E, naquele dia, ela me chamará 'Meu marido'... Eu te desposarei a mim para sempre, eu te desposarei a mim na justiça e no direito, no amor e na ternura" (2:16-21). Será um retorno aos primeiros tempos do casamento místico de Javé e Israel. Esse amor conjugal já anuncia a crença na redenção: a graça de Deus não espera a conversão do homem, mas a antecede.[17] Convém acrescentar que o simbolismo conjugal será utilizado por todos os grandes profetas posteriores a Oseias.

A religião de Israel na época dos reis e dos profetas 329

118. Isaías: "um resto de Israel" retornará

Apesar da semelhança da sua vocação, cada um dos grandes profetas das escrituras distingue-se pelo seu estilo de vida, pela maneira como assume o seu destino. Isaías teve a visão de Deus e o ouviu no Templo de Jerusalém, em 746 ou 740. Sua mulher também era profetisa e teve discípulos tal como os *nabîim* profissionais.* Seu último discurso foi pronunciado em 701. De início, Isaías critica sobretudo a situação social e moral dos reinos de Judá e de Israel. Ele não hesita em atacar até o rei e os altos dignitários (cf. 3:12-15). Anuncia que o juízo de Deus a ninguém poupará (2:12-17; 1-9). Assim como seus predecessores, Isaías declara que o culto não é suficiente: "'Que me importam os vossos inúmeros sacrifícios?, diz Javé. Estou farto de holocaustos de carneiros e da gordura de bezerros cevados; no sangue de touros, de cordeiros e de bodes não tenho prazer" (1:11). A oração é inútil, pois que "as vossas mãos estão cheias de sangue" (1:15). A única devoção verdadeira consiste em praticar a justiça e em fazer o bem: "Aprendei a fazer o bem! Buscai o direito, socorrei o oprimido, fazei justiça ao órfão, defendei a causa da viúva" (1:17).

O ataque assírio contra a Síria e a Palestina introduz um novo elemento na pregação de Isaías. O profeta vê, nesses graves acontecimentos militares e políticos, a intervenção de Javé na história: a Assíria não passa de um instrumento seu. Para Isaías, trata-se da vingança divina; Javé está punindo a infidelidade religiosa prodigalizada pela injustiça social e pela derrocada dos valores morais. É por essa razão que se opõe à política externa do rei. As coalizões e as manobras políticas são quimeras. Só existe uma esperança: a fé e a confiança em Javé. "Se não crerdes em mim, não vos mantereis firmes!" (7:9b). É a fé em Javé e não o Egito que pode ajudar (31:1-3). A fim de encorajar o rei, Isaías anuncia um "sinal do Senhor": "Eis que a jovem concebeu e dará à luz um filho e pôr-lhe-á o nome de Emanuel" (7:14). Antes que o menino "saiba rejeitar o mal e escolher o bem", Javé produzirá muitos prodígios (7:16s.). Esse oráculo suscitou inúmeras interpretações.[18] A especulação teológica cristã viu no nome do menino, "Emanuel" ("Deus conosco"), o anúncio do nascimento de Cristo. De qualquer modo, o sentido messiânico é evidente: Javé fará nascer na estirpe de Davi um Rei justo que será vitorioso e cujos descendentes reinarão para sempre.

---

* É importante observar que só os 39 primeiros capítulos do livro que leva o seu nome lhe pertencem. O resto é constituído de diversos oráculos que não são anteriores ao século VI; os mais importantes são o "Dêutero-Isaías" (capítulos 40-55) e o "Trio-Isaías" (capítulos 56-66). Um certo número de fragmentos foi introduzido ainda mais tarde no livro de Isaías (por exemplo, o apocalipse dos capítulos 24-27).

Isaías declara que, ao invadir a Palestina, o rei de Assur deixou de ser o instrumento de Javé, transformando-se num simples tirano insaciável de poder (10:5-15). Consequentemente, também ele será exterminado (14:24-25). O profeta não se cansa de voltar ao tema do poder e da soberania de Deus, e anuncia o "dia de Javé", quando o Senhor julgará o mundo (2:12-17). É por esse motivo que ele condena não só a arrogância do rei de Assur, como também os pecados sociais e políticos de Judá – a opressão dos pobres (3:12-15), o luxo (3:16-24) e a devassidão (5:11-13), a injustiça (5:1-7, 23), o roubo dos campos (5:8-10) –, pecados que, para ele, são outros tantos atos de revolta contra Javé (1:2-3). Condena igualmente os maus governantes (28:14-22) e os sacerdotes e os profetas cultuais que escarnecem dele (28:7-13).

Isaías crê na invulnerabilidade de Sião: a montanha santa foi e será protegida por Javé contra os assaltos de todos os inimigos (14:24-32; 17:2-14; 29:1-8 etc.). Ele conserva também a esperança de "um resto de Israel" que "se converterá ao Deus forte" (10:20-21).* Mas a essência da sua mensagem não foi seguida, e o profeta não oculta a sua decepção. O seu último discurso prediz a ruína "dos campos ridentes, das vinhas carregadas de frutos"; "sobre todas as casas alegres da cidade delirante" hão de crescer sarças e espinhos, "pois o palácio está abandonado, e está deserta a turbulenta cidade..." (32:9-14).

119. A promessa feita a Jeremias

Oriundo de uma família sacerdotal, Jeremias assumiu a sua vocação em 626 e exerceu-a, com interrupções, durante quatro decênios. Num trecho célebre, ele relata as circunstâncias da sua eleição (1:1s.). Hesitando diante da tarefa que lhe caberia, invocou sua pouca idade: "Eis que eu não sei falar, porque sou ainda uma criança" (1:6). Mas o Senhor tocou-o na boca e fortificou-o (1:9s.). Os primeiros discursos de Jeremias são dominados por um tema particularmente dramático: a catástrofe iminente, causada por "um povo vindo do Norte": "Eles manejam o arco e o dardo, são bárbaros e sem piedade..." (6:22-23). Seria inútil procurar o modelo histórico desses cavaleiros selvagens. "O povo vindo do Norte" instala-se entre as imagens mitológicas da destruição total. Porque a invasão arruinará definitivamente o país. "Eu olhei a terra: eis que era vazia, um caos; os céus: mas sua luz não existia" (4:23). A redução ao caos será o castigo divino para a infidelidade religiosa; ele prepara entretanto uma nova criação, a Nova Aliança que Jeremias proclamará mais tarde.

---

* Isaías dá ao seu primeiro filho o nome de Shear-Yashoub, "um resto retornará"

A religião de Israel na época dos reis e dos profetas

Pois Javé é misericordioso e o profeta transmite o seu apelo: "Voltai, filhos rebeldes, eu vos curarei de vossas rebeliões!" (3:22; cf. também 4:1s.).

Em 609, tendo falecido Josias, seu filho Joaquim sucedeu-lhe no trono. Ele revelou-se um déspota odioso e Jeremias não hesitou em atacá-lo. No adro do Templo, investe contra todos aqueles – sacerdotes, profetas, povo – que se deixam enganar pela segurança ilusória da sua atividade religiosa (7:1-15; 26:1s.). "Não vos fieis em palavras mentirosas, que dizem: 'Este é o Templo de Javé!'" (7:5). Em vão acorrem ao Templo os que furtaram, mataram, cometeram adultério, juraram falso, queimaram incenso a Baal, dizendo-se uns aos outros: "Estamos salvos!", e prontos para "continuar cometendo estas abominações." Porque Javé não é cego (7:9-11). O Senhor lembra-lhes o destino do santuário de Silo, destruído pelos filisteus: "'Outrora fiz habitar o meu Nome' e vede o que lhe fiz por causa da maldade do meu povo, Israel" (7:12-13). Jeremias foi detido e provavelmente, sem a proteção de certos altos dignitários, teria sido condenado à morte (26:10s.). Por longa temporada, o profeta não teve mais a possibilidade de falar em público.*

A derradeira etapa da pregação de Jeremias começou em 595, quando Nabucodonosor conquistou Jerusalém e depo. tou parte da elite judaica. Enquanto o novo rei Sedecias urdia uma revolta com o auxílio do Egito, Jeremias esforçava-se por tranquilizar o povo. Detido e preso como traidor, foi mais tarde libertado pelos babilônios. Pouco tempo depois, partiu para o Egito com um grupo de compatriotas que se expatriavam (caps. 37-39). Endereçou o seu último discurso a "todos os judeus residentes na terra do Egito" (44:1). Por intermédio do seu profeta, o Senhor lembrou todas as catástrofes recentes: "Vós vistes toda a desgraça que fiz vir sobre Jerusalém e sobre todas as cidades de Judá: ei-las hoje em ruínas e sem habitantes" (44:2). Debalde Deus envia seus "servos, os profetas"; o povo perseverava em suas más ações (44:4s.). Como fecho, Javé anuncia mais uma destruição: o "resto de Judá", que se estabeleceu no Egito, será, também ele, aniquilado (44:12s.).

Uma das características da mensagem de Jeremias é o grande número de confissões e de alusões aos seus sentimentos pessoais.[19] Ele ousa dizer a Deus: "Ah! Por que és para mim como um rio enganoso em cujas águas não se pode confiar?" (15:18). Como Jó, ele indaga: "Por que prospera o caminho dos ímpios? Por que os apóstatas estão em paz?" (12:1). Ele quer compreender os caminhos do Senhor.[20] Contudo, não obstante as catástrofes que predisse,

---

* Por ordem expressa de Javé, ele registrou as suas profecias de desgraça em um livro. Um dia, o seu servo Baruque quis ler determinados fragmentos no Templo, mas foi detido e conduzido ao rei, que queimou o rolo. Contudo, Jeremias ditou um novo livro (cap. 36).

e que se confirmam, Jeremias não perde a confiança na redenção, ou até em uma nova Criação. Qual um oleiro, Javé pode destruir a sua obra, mas é capaz de transformá-la em outra, melhor (18:6s.). Na verdade, por intermédio do seu profeta, Deus anuncia uma Nova Aliança: "Eis que dias virão em que selarei com a casa de Israel (e com a casa de Judá) uma aliança nova... Eu porei minha Lei no seu seio e a escreverei em seu coração. Então eu serei seu Deus e eles serão meu povo" (31:31, 33).

Amós aguardava a redenção de um novo ato de amor da parte de Deus, que possibilitaria o retorno de Israel "aos dias da sua juventude". Jeremias ousa esperar uma regeneração radical do homem. Pois: "Tu sabes, Javé, que o caminho dos homens não lhes pertence..." (10:23). É por essa razão que o Senhor promete a regeneração próxima do seu povo. "Eu lhes darei um coração único e um caminho único para que me temam, todos os dias, para o seu bem e o de seus filhos, depois deles. Selarei com eles uma aliança eterna, pela qual eu não deixarei de segui-los para fazer-lhes o bem..." (32:39-40). Isso equivale a uma nova criação do homem, ideia que terá consequências ponderáveis (entre outras, a concepção cristã de uma Nova Aliança revelada no Novo Testamento).*

120. A queda de Jerusalém: a missão de Ezequiel

"Não criam, os reis da Terra e todos os habitantes do mundo, que entrassem o opressor e o inimigo pelas portas de Jerusalém" (Lamentações, 4:12). Assim grita o autor anônimo das Lamentações, testemunha da queda de Jerusalém em 587. "Vê, Javé, e considera: a quem trataste assim? Irão as mulheres comer o seu fruto, os filhinhos que animam? Acaso se matará no santuário do Senhor sacerdote e profeta?" (2:20). A catástrofe teve consequências decisivas para a história de Israel e para o desenvolvimento do javismo. A queda da capital religiosa e política significava o desaparecimento do Estado e o fim da monarquia davídica. O Templo foi incendiado e destruído, o que acarretou a suspensão dos sacrifícios. Uma grande parte da população foi deportada. Ora, Babilônia era uma terra impura, onde não se podia efetuar o culto. O sítio onde se localizava o Templo foi tomado pela escola religiosa, que se tornará, com o passar do tempo, a sinagoga. A comunidade reunia-se periodicamente para preces, hinos e homílias. Mas a destruição do Templo evocava o desaparecimento da nação.

---

* A espera de um Rei ideal faz parte da mesma esperança de uma Nova Aliança: "Eu o farei aproximar-se e ele se chegará a mim" (30:21).

A religião de Israel na época dos reis e dos profetas

É por esse motivo que a prece para a restauração da independência nacional era inseparável da prece para a reconstrução do Templo.*

Muitos foram aqueles que, em Jerusalém ou no exílio, duvidaram do poder de Javé e adotaram os deuses dos vencedores. Alguns chegaram mesmo a duvidar da existência de Javé. Para outros, porém, a catástrofe era a prova suprema da ira do Senhor, incansavelmente predita pelos profetas. Houve uma reação indignada contra os "profetas otimistas". Em compensação, os grandes profetas das escrituras alcançaram a estima e a admiração de que tinham sido privados no decorrer de suas vidas. No entanto, a elite deportada para Babilônia procurará encontrar na tradição religiosa o apoio suscetível de salvaguardar Israel (cf. volume II).

Foi em Babilônia, aonde chegou com um primeiro grupo de deportados, em 597, que exerceu o seu ministério, até o ano de 571, o último dos grandes profetas – Ezequiel. Era sacerdote, o que explica a importância que atribui à "pureza" ritual. Para Ezequiel, os "pecados", em primeiro lugar a idolatria, haviam tornado Israel "impuro". Javé realizará a redenção do seu povo, "purificando-o" com "uma água pura" (36:25).[21] A princípio, Ezequiel via na sua tarefa um trabalho ingrato mas indispensável de desmistificação: era necessário acabar com as esperanças dos primeiros deportados judeus na invulnerabilidade de Jerusalém e, mais tarde, reconfortá-los, depois da destruição da cidade santa.[22] Nesse período inicial de sua pregação, Ezequiel anunciava o fim próximo de Jerusalém, consequência inevitável da infidelidade de Israel. Uma história alegórica (cap.23) compara Israel e Samaria (Judá) a duas irmãs que, embora amadas por Javé, "prostituíram-se no Egito desde jovens", e deram prosseguimento às suas infidelidades com os assírios e com os babilônios.

Ezequiel volta continuamente a tratar do tema da mulher infiel, a qual entretanto Javé demorava a abandonar em consideração ao seu nome (cf., por exemplo, o cap. 20). A situação privilegiada de Israel nada deve ao seu próprio mérito; foi a escolha de Javé que o tornou singular entre os outros povos. Todavia, mais significativa do que a interpretação da catástrofe histórica como uma crise na união conjugal de Deus e de Israel, é a ideia da onipresença de Javé. A presença de Deus não está confinada a um certo espaço privilegiado. Por conseguinte, pouco importa se o fiel adora a Javé em sua pátria ou em terra estranha. O que importa é a sua vida interior e a sua conduta em relação aos semelhantes. Mais do que qualquer outro profeta, Ezequiel dirige-se ao indivíduo.[23]

---

* O Salmo 51 suplica a Deus que purifique e liberte o seu povo, e ao mesmo tempo que "reconstrua as muralhas de Jerusalém". "Então te agradarás dos sacrifícios de justiça" (20-21).

Depois da queda de Jerusalém, tem início um novo período na pregação de Ezequiel, caracterizado pela esperança na redenção de Israel. Para Deus, nada é impossível. Ezequiel vê, em êxtase, um "vale cheio de ossos"; tocados pelo espírito, os esqueletos "viveram, e se levantaram sobre seus pés". Assim fará o Senhor com a casa de Israel (37:1-14). Em outras palavras, ainda que morto, Israel poderia ser ressuscitado por prodígio divino. Em outro oráculo (cap.36), Javé promete o retorno dos deportados, a reconstrução e a proliferação do povo. Mas, sobretudo, anuncia a redenção de Israel: "Borrifarei água sobre vós e ficarei purificados... Dar-vos-ei um coração novo, e porei no vosso íntimo um espírito novo... E farei com que andeis de acordo com os meus estatutos e guardeis as minhas normas e as pratiqueis. Então habitareis na terra que dei a vossos pais: sereis o meu povo e eu serei o vosso Deus" (36:25-28). Assim como para Jeremias, trata-se de uma Nova Aliança que comporta, de fato, uma nova criação. Mas, já que a dispersão de Israel comprometia a onipotência e a honra do Senhor. Ezequiel explica essa nova criação pelo desejo de Javé de santificar o seu "santo nome que a casa de Israel profanou entre as nações" (36:21). Davi, príncipe e pastor, "servo" exemplar de Deus, reinará sobre o novo Israel (37:25s.; 34:23s.). E, nos últimos capítulos (40-48), Ezequiel faz minuciosa descrição do futuro Templo* (cuja imagem ele vê em êxtase) e do culto tal como deverá ser celebrado no novo Israel.

121. Valorização religiosa do "terror da história"

Os profetas não desaparecem nos últimos anos do Exílio e na época pós-exílica (cf. volume II). Mas a sua mensagem desenvolve aquilo a que se poderia chamar a "teologia da salvação" esboçada por Jeremias. É permitido, pois, julgar desde já o papel do profetismo na história religiosa de Israel.

Aquilo que, antes de mais nada, surpreende nos profetas é a crítica que fazem ao culto e a ferocidade com que atacam o sincretismo, ou seja, as influências cananeias, a que dão o nome de "prostituição". Mas essa "prostituição", contra a qual investem sem descontinuar, representa uma das mais difundidas formas da religiosidade cósmica. Específica aos agricultores, a religiosidade cósmica prolongava a mais elementar dialética do sagrado, especialmente a crença em que o divino se encarna, ou se manifesta, nos objetos e nos ritmos cósmicos. Ora, tal crença foi denunciada pelos fiéis de Javé como a

---

* A visão extática de Ezequiel constitui o ponto de partida da "teologia do templo", que conhecerá um magnífico desenvolvimento no judaísmo e no cristianismo.

A religião de Israel na época dos reis e dos profetas

idolatria por excelência, e isso desde a penetração na Palestina. Mas nunca a religiosidade cósmica foi tão selvagemente atacada. Os profetas acabaram conseguindo esvaziar a Natureza de toda a presença divina. Setores inteiros do mundo animal – os "lugares altos", as pedras, as fontes, as árvores, certas colheitas, determinadas flores – serão denunciados como "impuros", visto que conspurcados pelo culto das divindades cananeias da fertilidade.* A região "pura" e santa por excelência é apenas o deserto, pois foi lá que Israel permaneceu fiel ao seu Deus. A dimensão sagrada da vegetação e, em geral, das epifanias exuberantes da Natureza, será redescoberta bem tarde, no judaísmo medieval.

O culto, em primeiro lugar os sacrifícios cruentos, era igualmente criticado; não só ele era adulterado por elementos cananeus, como os sacerdotes e o povo consideravam a atividade ritual a forma perfeita de adoração. Ora, proclamam os profetas, inutilmente se procurava a Javé em seus santuários; Deus desdenha os sacrifícios, as festas e as cerimônias (cf., *inter alia*, Amós, 5:4-6, 14-15, 21-23); ele exige o direito e a justiça (5:24). Os profetas pré-exílicos jamais definiram qual devia ser a atividade cultual do fiel. O problema não tinha maior importância enquanto o povo não retornasse a Javé. Os profetas não tinham por objetivo a melhoria do culto, mas a transformação dos homens.[24] Só depois da queda de Jerusalém é que Ezequiel propõe um ofício divino reformado.

A dessacralização da Natureza, a desvalorização da atividade cultual, em síntese, a rejeição violenta e total da religiosidade cósmica, e sobretudo a importância decisiva atribuída à regeneração espiritual do indivíduo pelo retorno definitivo a Javé, eram a resposta dos profetas às crises históricas que ameaçavam a própria existência dos dois reinos judeus. O perigo era considerável e imediato. A "alegria de viver", solidária de toda religião cósmica, era não apenas uma apostasia, era também ilusória, condenada a desaparecer na iminente catástrofe nacional. As formas tradicionais da religião cósmica, isto é, o mistério da fertilidade, a solidariedade dialética entre a vida e a morte, passavam a oferecer uma falsa segurança. Com efeito, a religião cósmica encorajava a ilusão de que a vida não se interrompe, e portanto de que a nação e o Estado podem sobreviver, por muito graves que sejam as crises históricas. Em outros termos, o povo e os altos dignitários, mas também os sacerdotes e os profetas otimistas estavam inclinados a assimilar as adversidades de ordem histórica às catástrofes naturais (seca, inundação, epidemias, abalos

---

* Pela mesma razão, os missionários cristãos na Índia só aceitavam nas igrejas as flores que não eram utilizadas nas cerimônias hindus, isto é, as menos belas.

sísmicos etc). Ora, tais catástrofes nunca são totais ou definitivas. Contudo, os profetas pré-exílicos anunciavam não só a ruína do país e o desaparecimento do Estado; proclamavam ainda o risco do aniquilamento total da nação.

Os profetas reagiam contra o otimismo político oficial e atacavam a monarquia davídica por haver esta encorajado o sincretismo em vez de estabelecer o javismo como religião de Estado. O "futuro" que eles anunciavam era de fato iminente. Os profetas não cessavam de predizê-lo, a fim de poderem modificar o presente, transformando interiormente os fiéis. O apaixonado interesse que demonstravam pela política contemporânea era de ordem religiosa. Efetivamente, a marcha dos acontecimentos era suscetível de forçar a conversão sincera da nação e, portanto, a sua "salvação", única possibilidade da sobrevivência de Israel na história. A realização das predições pronunciadas pelos profetas confirmava-lhes a mensagem, e, de maneira precisa, que os acontecimentos históricos eram obra de Javé. Em outras palavras, os acontecimentos históricos adquiriam uma significação religiosa, transformavam-se em "teofanias negativas", em "ira" de Javé. Dessa maneira, eles revelavam a sua coerência interna, manifestando-se como a expressão concreta de uma só, *única*, vontade divina.

Assim, pela primeira vez, os profetas *valorizam a história*. Os acontecimentos históricos possuem, desse momento em diante, um valor em *si mesmos*, na medida em que são determinados pela vontade de Deus. Os fatos históricos tornam-se, assim, "situações" do homem em face de Deus, e como tais adquirem um valor religioso que nada, até então, podia assegurar-lhes. Por isso, "há verdade em afirmar que os hebreus foram os primeiros a descobrir a significação da história como epifania de Deus, e essa concepção, como era de esperar, foi retomada e ampliada pelo cristianismo".[25] Observemos, contudo, que a descoberta da história enquanto teofania não será imediata e totalmente aceita pelo povo judeu, e que as antigas concepções persistirão ainda por muito tempo.

NOTAS

1. Cf. Fohrer, *History of Israelite Religion*, p.147. O povo de Israel era igualmente "filho" de Javé (Fohrer, op.cit., p.185s.).
2. Ver os textos citados e discutidos por Ringgren, *La Religion d'Israël*, p.236s.; Fohrer, op.cit., p.142s.
3. Von Rad, *Old Testament Theology*, I, p.319s.; Ringgren, p.252.
4. Sobre a importância desse simbolismo para a especulação posterior, ver Eliade, *Le Mythe de l'eternel retour*, cap. I.

A religião de Israel na época dos reis e dos profetas

5. Cf. G. Allström, *Psalm 89. Eine Liturgie aus dem Rituel des leidenden Königs*, p.143s.; Widengren, *Sakrales Königtum*, p.15s.; Ringgren, op.cit., p.249s.; Fohrer, p.142s.

6. Ringgren, p.86.

7. A "justiça" aproxima-se do *mâsaru* babilônico e da *ma'at* egípcia: cf. Ringgren, *Word and Wisdom*, p.49s., 58.

8. Mas a ideia da ressurreição já estava preparada pela teologia (a onipotência de Javé) e por certas crenças e ritos cananeus; cf. H. Riesenfeld, *The Resurrection in Ez. XXXVII*, p.5s.; Widengren, *Sakrales Königtum*, p.46; Ringgren, *La Religion d'Israël*, p.261.

9. A. Weiser, *Die Psalmen* (1950), p. 308, citado por Ringgren, p.137.

10. Amostras de seus discursos encontram-se em alguns salmos (*Salmos* 2, 21; 81; 110; 132) e nos livros dos profetas Naum e Habacuque.

11. Cf. G. Fohrer, *History of Israelite Religion*, p.237s., e as bibliografias registradas nas p.235 e 238, nota 2.

12. Cf. S. Mowinckel, "The 'spirit' and the 'word' in the Preexilic Reforming Prophets"; A. Haldar, *Associations of Cult Prophets in the Ancient Near East*, p.115s.

13. Cf. as bibliografias compiladas por Ringgren, *La Religion d'Israël*; p.268, nota 1 e Fohrer, op.cit., p.234, nota 17. O êxtase era mais frequente entre os *nabîim* (Fohrer, p.234).

14. Ver os exemplos citados por Fohrer, p.233.

15. Cf. G. Fohrer, *Die symbolische Handlungen der Propheten*.

16. Cf. Ringgren, op.cit., p.271.

17. Cf. Fohrer, op.cit., p.250 e nota 17 (bibliografia). Paradoxalmente, a imagística marital utilizada por Oseias é tributária dos cultos cananeus de fertilidade, que ele combate; cf. Ringgren, p.283. Ver, porém, André Neher, *L'Essence du prophétisme*, p.247s., sobre o sentido "existencial" do simbolismo conjugal no pensamento religioso hebraico. A tradução da experiência mística em termos de união conjugal será retomada nas interpretações judaicas e cristãs do *Cântico dos Cânticos* e, principalmente, na teologia mística da Contra-Reforma. Em compensação, na mística vaishnava, a união mística entre a alma e Deus é ilustrada pelo amor adúltero entre Radha e Krishna.

18. Ver a bibliografia essencial em Ringgren, p.286, nota 1. Acrescentar A. Neher, op.cit., p.228s.

19. Ver principalmente 11:18-23; 12:1-6; 15:10-12, 15-21; 17:12-8; 18:18-23; 20:7-18. Cf. Ringgren, p.295 e as bibliografias citadas, notas 2 e 3.

20. Cf. Van Rad, *Old Testament Theol.*, II, p.203s.

21. Von Rad, *Old Test. Theol.*, II, p.224s.; Ringgren, p.300.

22. Cf. Fohrer, *Die Hauptprobleme des Buches Ezequiel*, passim; id., *History of Israelite Religion*, p.317s.

23. Cf. Fohrer, *History*, p.319 e a bibliografia registrada, ibid., nota 4.

24. Cf. Fohrer, p.278.

25. Cf. Eliade, *Le Mythe de l'eternel retour*, p.122s. Sobre a "salvação" do tempo, sua "valorização" no âmbito da história santa israelita, ver ibid., p.124s.

XV. Dioniso ou o reencontro das beatitudes

122. Epifanias e ocultações de um deus "nascido duas vezes"

Decorrido mais de um século de pesquisas, Dioniso ainda permanece um enigma. Pela sua origem, pelo seu próprio modo de ser, pelo tipo de experiência religiosa que inaugura, ele se afasta dos grandes deuses gregos. Segundo o mito, Dioniso é filho de Zeus e de uma princesa, Sêmele, filha de Cadmo, rei de Tebas. Tomada de ciúme, Hera prepara-lhe uma armadilha – e Sêmele roga a Zeus que se mostre a ela em sua verdadeira forma de deus celeste. A imprudente é fulminada por um raio, dando à luz antes do termo. Zeus, entretanto, cose a criança em sua coxa e, passados alguns meses, Dioniso vem ao mundo. Ele é, na verdade, "duas vezes nascido". Numerosos mitos de origem apontam os fundadores das famílias reais como oriundos da união entre deuses e mulheres mortais. Mas Dioniso, em seu segundo nascimento, proveio de Zeus. Por esse motivo, ele é o único a ser um deus.[1]

P. Kretschmer procurou explicar o nome Sêmele pelo termo traco-frígio Semelô, que designa a deusa Terra, e esta etimologia foi aceita por especialistas do prestígio de um Nilsson e de um Wilamowitz. Correta ou não, a etimologia não contribui em nada para a compreensão do mito. Antes de tudo, não se concebe um *hieròs gámos* entre o deus celeste e a terra-mãe que termine com a combustão desta. Por outro lado, e isto é essencial, as mais antigas tradições mitológicas insistem no seguinte fato: *mortal,*[*] Sêmele gerou um *deus*. Era essa dualidade paradoxal de Dioniso que interessava aos gregos, pois só ela podia explicar o paradoxo de seu próprio modo de ser.

Nascido de uma mortal, Dioniso não pertencia de direito ao panteão dos olímpicos; contudo, logrou tornar-se aceito e por fim obteve também o ingresso de Sêmele, sua mãe. Homero o conhecia, como o demonstram mui-

---

[*] Homero (*Ilíada*, XIV, 323) chama-lhe "uma mulher de Tebas", e Hesíodo (*Teogonia,* 940s.) uma "mulher mortal".

Dioniso ou o reencontro das beatitudes

tas referências, mas nem o rapsodo nem seus ouvintes se interessavam por esse deus "estrangeiro", tão diferente dos olímpicos. Foi, no entanto, Homero quem nos transmitiu o mais antigo testemunho sobre Dioniso. Na *Ilíada* (VI, 128-40), menciona-se um episódio célebre: o herói trácio Licurgo perseguia as nutrizes de Dioniso, "e todas, com um mesmo gesto, lançaram por terra os instrumentos do seu culto", ao passo que o deus, "tomado de pavor, saltou nas ondas do mar, e Tétis o recebeu em seu arfante seio: um calafrio terrível apoderara-se dele quando se ouviu o brado do guerreiro". Mas Licurgo "atraiu para si a cólera dos deuses", e Zeus "o cegou", e ele não teve vida longa "porque se tornara inimigo de todos os deuses imortais".

Pode-se ver nesse episódio, onde se alude a uma perseguição por um "homem-lobo" e um mergulho no mar, a lembrança de um antigo argumento iniciatório.[2] Entretanto, na época em que é evocado por Homero, o sentido e a intenção do mito são outros. Ele nos revela um dos traços específicos do destino de Dioniso: sua "perseguição" por personagens antagônicas. Mas o mito testemunha, além do mais, que Dioniso é reconhecido como membro da família divina, pois não só Zeus, seu pai, como todos os outros deuses, se sentiram lesados pelo ato de Licurgo.

A "perseguição" exprime de maneira dramática a resistência contra o modo de ser e a mensagem religiosa do deus. Perseu insurgiu-se, com o seu exército, contra Dioniso e as "mulheres do mar" que o acompanhavam; segundo certa tradição, ele precipitou o deus no fundo do lago de Lerna (Plutarco, *De Iside*, 35). Reencontraremos o tema da perseguição quando analisarmos *As bacantes* de Eurípides. Tentou-se interpretar tais episódios como recordações mitificadas da oposição encontrada pelo culto dionisíaco. A teoria subjacente pressupõe que a chegada de Dioniso à Grécia deu-se bem tarde, e que, implicitamente, ele é um deus "estrangeiro". Desde Erwin Ronde, a maioria dos estudiosos vê em Dioniso um deus trácio introduzido na Grécia diretamente da Trácia ou da Frígia. Walter Otto, contudo, insistiu no caráter arcaico e pan-helênico desse deus, e o fato de que seu nome – *di-wo-nu-so-jo* – se encontra numa inscrição micênica[3] parece confirmar sua opinião. Por outro lado, não é menos verdadeiro que Heródoto (II, 49) considerava Dioniso "introduzido tardiamente", e, em *As bacantes*, Penteu falava "nesse deus que chegou tardiamente, seja ele qual for".

Qualquer que seja a história da entrada do culto dionisíaco na Grécia, os mitos e fragmentos mitológicos que aludem à oposição encontrada têm uma significação mais profunda: eles nos informam ao mesmo tempo da experiência religiosa dionisíaca e da estrutura específica do deus. Dioniso devia provocar resistência e perseguição, pois a experiência religiosa que suscitava punha em risco todo um estilo de vida e um universo de valores. Tratava-se, sem dúvida, da supremacia ameaçada da religião olímpica e suas instituições. Mas a oposição denunciava ainda um drama mais íntimo, e que aliás está abundantemente atestado na história das religiões: a resistência contra toda experiência religiosa *absoluta*, que só pode efetuar-se negando o *resto* (seja qual for o nome que lhe dermos: equilíbrio, personalidade, consciência, razão etc.).

Walter Otto compreendeu perfeitamente a solidariedade entre o tema da "perseguição" de Dioniso e a tipologia de suas múltiplas epifanias. Dioniso é um deus que aparece de supetão, para desaparecer em seguida de maneira misteriosa. Nas agriônias de Queroneia, as mulheres procuravam-no debalde e voltavam com a notícia de que o deus fora para junto das musas, que o haviam ocultado (Otto, *Dionysos*, p.79). Ele desaparece mergulhando no fundo do lago de Lerna, ou no mar, e reaparece – como nas antestérias – numa embarcação sobre as ondas. As alusões ao "despertar" de Dioniso em seu berço (ibid., p.82s.) indicam o mesmo tema mítico. Essas epifanias e ocultações periódicas colocam Dioniso entre os deuses da vegetação.* Efetivamente, ele apresenta certa solidariedade com a vida das plantas; a hera e o pinheiro tornaram-se quase atributos seus, e suas festas mais populares inscrevem-se no calendário agrícola.

Mas Dioniso está relacionado com a totalidade da vida, como o demonstram suas relações com a água, os germes, o sangue ou o esperma, e os excessos de vitalidade ilustrados por suas epifanias animais (touro, leão, bode).[4] Suas manifestações e desaparecimentos inesperados refletem de certa forma o aparecimento e a ocultação da vida, isto é, a alternância da vida e da morte, e, por fim, sua unidade. Mas não se trata em absoluto de uma observação "objetiva" desse fenômeno cósmico, cuja trivialidade não podia suscitar qualquer ideia religiosa, nem produzir mito algum. Por meio de suas epifanias e ocultações, Dioniso revela o mistério – e a sacralidade – da conjugação entre a vida e a morte. Revelação de natureza religiosa, porquanto é efetuada pela própria presença do deus. Pois esses aparecimentos e desaparecimentos nem sempre estão relacionados às estações – Dioniso mostra-se durante o inverno e desaparece no mesmo festival de primavera onde realiza sua mais triunfal epifania.

"Desaparecimento" e "ocultação" são expressões mitológicas da descida aos Infernos, e portanto da "morte". Com efeito, indicava-se o túmulo de Dioniso em Delfos; falava-se igualmente de sua morte em Argos. Por outro lado,

---

* Tentou-se ver em Dioniso um deus da árvore, do "grão" ou da videira, e interpretou-se o mito de seu desmembramento como ilustrativo da "paixão" dos cereais ou da preparação do vinho; isso já ocorria com os mitógrafos citados por Diodoro, III, 62.

Dioniso ou o reencontro das beatitudes 341

quando, no ritual da Argólida, Dioniso é invocado do fundo do mar (Plutarco, *De Iside*, 35), é da região dos mortos que ele reascende. Segundo um hino órfico (n. LIII), quando Dioniso está ausente, considera-se que ele se encontra junto de Perséfone. Finalmente, o mito de Zagreu-Dioniso – em que nos deteremos mais adiante – relata a morte violenta do deus, morto, desmembrado e devorado pelos titãs.

Esses aspectos múltiplos mas complementares de Dioniso são ainda perceptíveis em seus rituais públicos, apesar das suas inevitáveis "purificações" e reinterpretações.

123. O arcaísmo de algumas festas públicas

A partir de Pisístrato, passaram a ser celebradas em Atenas quatro festas em honra de Dioniso.[5] As "dionisíacas campestres", realizadas em dezembro, eram festas de aldeia. Um cortejo conduzia em procissão um enorme falo, com acompanhamento de canções. Cerimônia arcaica por excelência, e amplamente difundida pelo mundo, a falofória precedeu sem dúvida o culto de Dioniso. Outros divertimentos rituais compreendiam concursos e contestações, e sobretudo desfiles de máscaras ou personagens fantasiadas de animais. Também aqui os ritos precederam Dioniso, mas compreende-se como o deus do vinho chegou a liderar o cortejo das máscaras.

São muito mais escassas as informações que temos sobre as leneias, festejadas no meado do inverno. Uma citação de Heráclito afirma que o vocábulo *lênai* e o verbo "fazer as *lênai*" eram empregados como equivalentes de "bacantes" e "fazer o papel de bacante". O deus era invocado com o concurso do *daidoûkhos*. Segundo uma glosa de um verso de Aristófanes, o sacerdote eleusino, "trazendo na mão uma tocha, exclama: 'Chamai o deus!', e os ouvintes gritam: 'Ó Íaco,* Filho de Sêmele, fornecedor de riquezas!'"

As antestérias eram celebradas em fevereiro-março aproximadamente, e as "grandes dionisíacas", de instituição mais recente, em março-abril. Tucídides (II, 15, 4) considerava as antestérias a mais antiga festa de Dioniso. Ela era também a mais importante. O primeiro dia chamava-se *Pithoigía*, abertura dos tonéis de argila (*píthoi*) nos quais se conservava o vinho desde a colheita de outono. Transportavam-se os tonéis ao santuário de "Dioniso no pântano" para fazer libações ao deus e em seguida saboreava-se o novo

---

* É o gênio das procissões dos mistérios eleusinos que foi assimilado a Dioniso; as fontes são discutidas por W. Otto, op.cit., p.80; cf. Jeanmaire, op.cit., p.47.

vinho. No segundo dia (*Khóes*, os "cântaros") realizava-se um concurso de beberrões: cada qual estava munido de um cântaro que se enchia com vinho, e, a um sinal, tragavam o mais rápido possível o conteúdo. Tal como certos concursos das "dionisíacas rurais" (por exemplo, o *askôliasmós*, em que os jovens faziam o possível para manter-se equilibrados, por todo tempo que pudessem, sobre um odre previamente azeitado), essa competição também está ligada ao conhecido argumento de concursos e justas de todo gênero (esportivos, oratórios etc.), que dão seguimento à renovação da vida.* Mas a euforia e a embriaguez antecipam de alguma forma a vida num além que não se assemelha já ao triste mundo dos mortos homérico.

No mesmo dia da realização das *Khóes*, formava-se um cortejo que representava a chegada do deus à cidade. Como se julgava que ele surgia do mar, integrava o cortejo uma embarcação que deslizava sobre quatro rodas de carroça; nela se via Dioniso segurando uma videira e dois sátiros nus tocando flauta. A procissão, em que se alinhavam diversos figurantes, provavelmente fantasiados, e um touro sacrifical precedido por um flautista e por pessoas que traziam guirlandas, dirigia-se para o único santuário aberto naquele dia, o velho *Limnaîon*. Lá se realizavam cerimônias variadas, das quais participavam a *basílinna*, "a rainha", ou seja, a mulher do arconte-rei, e quatro damas de honra. A partir desse momento, a *basílinna*, herdeira das antigas rainhas da cidade, era considerada a esposa de Dioniso. Ela subia para junto dele no carro, e um novo cortejo, de tipo nupcial, avançava em direção ao *Boukólion*, a velha residência real. Aristóteles esclarece que era no *Boukólion* (literalmente: "estábulo de bois") que se consumava a hierogamia entre o deus e a rainha (*A constituição de Atenas*, 3, 5). A escolha do *Boukólion* indica que a epifania taurina de Dioniso ainda era familiar.

Procurou-se interpretar essa união num sentido simbólico, ou supondo que o deus era personificado pelo arconte. Walter Otto, porém, salienta com toda a razão a importância do testemunho de Aristóteles.** A *basílinna* recebe o deus na casa de seu esposo, o herdeiro dos reis – e Dioniso aparece na qualidade de rei. É provável que essa união simbolize o casamento do deus com toda a cidade, com as faustas consequências que se podem imaginar. Mas é

---

* Lembremos que se trata de um argumento muito arcaico e universalmente difundido, uma das mais importantes heranças da pré-história, a qual ainda ocupa um lugar privilegiado em todas as formas de sociedade.

** Trata-se de uma união completamente diversa daquela, por exemplo, de Bel em Babilônia (a companhia de uma hierodula quando o deus se encontrava no templo), ou da sacerdotisa que devia dormir no templo de Apolo, em Pátaros, a fim de receber diretamente do deus a sabedoria que ela devia revelar através do oráculo; cf. Otto, p.84.

Dioniso ou o reencontro das beatitudes

um ato característico de Dioniso, divindade com epifanias brutais, que quer ver publicamente proclamada sua supremacia. Não se tem notícia de qualquer outro culto grego onde se presuma que um deus se une à rainha.

No entanto, os três dias das antestérias, principalmente o segundo, o do triunfo de Dioniso, são dias nefastos, uma vez que as almas dos mortos retornam, e com elas as *Kêres*, portadoras de influências maléficas do mundo infernal. O último dia das antestérias era-lhes, aliás, consagrado. Orava-se pelos mortos, preparava-se uma *panspermía*, prato composto da mistura de várias espécies de sementes, que se devia consumir antes do anoitecer. E, chegada a noite, gritava-se: "Expulsem as *Kêres*; terminaram as antestérias!" O argumento do rito é perfeitamente conhecido e atestado em quase todas as civilizações agrícolas. Os mortos e as forças do outro mundo governam a fertilidade e as riquezas, e são seus distribuidores. "É dos mortos", lê-se num tratado hipocrático, "que nos vêm os alimentos, os desenvolvimentos e os germes." Em todas as cerimônias que lhe são consagradas, Dioniso revela-se ao mesmo tempo deus da fertilidade e da morte. Heráclito (frag. 15) já dizia que "Hades e Dioniso ... são um único e mesmo deus".

Lembramos anteriormente as relações de Dioniso com as águas, a umidade, a seiva vegetal. É necessário também assinalar os "milagres" que acompanham suas epifanias, ou as anunciam: a água que jorra da rocha, os rios que se enchem de leite e de mel. Em Teos, uma fonte de vinho esguicha aos borbotões no dia de seu festival (Diodoro da Sicília, III, 66, 2). Na Élida, três jarros vazios, deixados durante a noite num quarto lacrado, aparecem no dia seguinte cheios de vinho (Pausânias, VI, 2, 6, 1-2). "Milagres" similares são atestados em outros lugares. O mais famoso era o das "videiras de um dia", que floresciam e produziam uvas em algumas horas; o "milagre" ocorria em diversas partes, a julgar pelos numerosos autores que dele falam.[6]

124. Eurípides e o orgiasmo* dionisíaco

"Milagres" desse tipo são específicos ao culto frenético e extático de Dioniso, que reflete o elemento mais original, e provavelmente mais arcaico, do deus. Temos em *As bacantes* de Eurípides um testemunho inestimável sobre o que teria sido o encontro entre o gênio grego e o orgiasmo dionisíaco. O próprio Dioniso é o protagonista de *As bacantes*, fato sem precedente no antigo teatro grego. Sentindo-se ultrajado por seu culto ser ainda ignorado na Grécia,

---

* Celebração de mistérios (gr. ογιασμός). (N.T.)

Dioniso chega da Ásia acompanhado por um bando de mênades e hospeda-se em Tebas, terra natal de sua mãe. As três filhas do rei Cadmo negavam que sua irmã Sêmele tivesse sido amada por Zeus e que houvesse gerado um deus. Dioniso provoca-lhes um ataque de "loucura", e suas tias, com as outras mulheres de Tebas, correm para as montanhas, onde celebram os ritos orgiásticos. Penteu, que sucedera no trono ao avô Cadmo, proibira o culto, e, apesar dos conselhos que recebera, mantinha-se obstinado em sua intransigência. Com o disfarce de oficiante de seu próprio culto, Dioniso é preso e encarcerado por Penteu. Escapa, porém, milagrosamente e logra até persuadir Penteu a ir espionar as mulheres durante suas cerimônias orgiásticas. Descoberto pelas mênades, Penteu é esquartejado; sua própria mãe, Agave, conduz em triunfo a cabeça do desditado filho, acreditando que se tratava da cabeça de um leão.*

Fosse qual fosse a intenção de Eurípides quando, no fim da vida, escreveu *As bacantes*, essa obra-prima da tragédia grega representa ao mesmo tempo o mais importante documento sobre o culto dionisíaco. O tema "resistência, perseguição e triunfo" encontra aí sua mais brilhante ilustração.** Penteu opõe-se a Dioniso porque este é um "estrangeiro, um pregador, um encantador ... com belos cachos louros e perfumados, róseas maçãs do rosto, tendo nos olhos a graça de Afrodite. A pretexto de ensinar as doces e encantadoras práticas do *evoé*, ele corrompe as donzelas" (233s.). As mulheres são incitadas a abandonar suas casas e a correr durante a noite pelas montanhas, dançando ao som de tímpanos e flautas. E Penteu teme principalmente a influência do vinho, pois "com as mulheres, a partir do momento em que o licor da uva aparece no banquete, tudo é pernicioso nessas devoções" (260-2).

Entretanto, não é o vinho que provoca o êxtase das bacantes. Um criado de Penteu, que, ao alvorecer, as havia surpreendido sobre o Citéron, descreve-as vestidas com peles de enho, coroadas de hera, cingidas por serpentes, trazendo nos braços, e amamentando-os, filhotes de veado e de lobo selvagem (695s.). Os "milagres" especificamente dionisíacos são numerosos: as bacantes golpeiam com seus tirsos os rochedos e eis que deles a água brota ou o vinho mana; esgravatam a terra, e jorros de leite dela se desprendem; e dos tirsos

---

* Conhecem-se outros exemplos de "loucura" provocada por Dioniso no tempo em que ainda não era reconhecido como deus: por exemplo, as mulheres de Argos (Apolodoro, II, 2, 2; III, 5, 2); as filhas de Mínias em Orcômeno, que estraçalharam e devoraram um de seus próprios filhos (Plutarco, *Quaest, gr.*, XXXVIII, 299e).
** No século V, Tebas havia se tornado o centro do culto, pois nessa cidade Dioniso fora gerado, e era nela que se encontrava o túmulo de Sêmele. Entretanto, não se esquecera da resistência dos primeiros tempos, e uma das lições de *As bacantes* era certamente esta: não se deve rejeitar um deus apenas porque é considerado "novo".

Dioniso ou o reencontro das beatitudes

ornados de hera ressumbram gotas de mel (703s.). "Sem dúvida", prossegue o criado, "se tivesses estado lá, tu te terias convertido a esse deus que desprezas e lhe terias endereçado tuas preces, depois de assistir a um espetáculo desses" (712-4).

Surpreendidos por Agave, o criado e seus companheiros por pouco não são estraçalhados. As bacantes precipitam-se então sobre os animais que atravessam a campina e, "sem ter na mão arma de espécie alguma", fazem-nos em pedaços. "Atacados por um milhar de mãos de jovens mulheres", touros ameaçadores são dilacerados num piscar de olhos. As mênades precipitam-se em seguida sobre as planícies.

> Arrancam às casas as crianças ali residentes. Tudo aquilo que elas depositam sobre os ombros, mesmo sem estar amarrado a eles, neles permanece, sem cair na lama, mesmo o bronze e o ferro. Nos cachos dos seus cabelos o fogo se agita, mas não queima. Furiosos em razão do saque que lhes fazem as bacantes, os habitantes tomam das armas. E eis o prodígio a que cumpriria assistir, senhor: os dardos que lhes eram despedidos não provocavam corrimento de sangue, e elas, arremessando seus tirsos, os feriam (754-63).

Não há necessidade de salientar a diferença entre esses ritos noturnos, frenéticos e selvagens, e as festas dionisíacas públicas de que falamos no §123. Eurípides apresenta-nos um culto secreto, específico aos mistérios. "Em tua opinião, o que vêm a ser esses mistérios?", indaga Penteu. E Dioniso responde: "Não é permitido comunicar o seu segredo àqueles que não são *bacantes*." "Que utilidade oferecem aos que os celebram?" "Tu não tens permissão para sabê-lo, mas são coisas que valem a pena conhecer" (470-4).

O mistério era constituído pela participação das bacantes na epifania total de Dioniso. Os ritos são celebrados durante a noite, longe das cidades, sobre as montanhas e nas florestas. Com o sacrifício da vítima por despedaçamento (*sparagmós*) e o consumo da carne crua (*ômophagía*), realiza-se a comunhão com o deus. Porque os animais que se dilaceram e se devoram são epifanias ou encarnações de Dioniso. Todas as outras experiências – a força física excepcional, a invulnerabilidade ao fogo e às armas, os "prodígios" (a água, o vinho, o leite, que jorram do solo), a "familiaridade" com as serpentes e com as crias dos animais ferozes – são possibilitadas pelo entusiasmo, pela identificação com o deus.

O êxtase dionisíaco significa, antes de mais nada, a superação da condição humana, a descoberta da libertação completa, a obtenção de uma liberdade e de uma espontaneidade inacessíveis aos homens. Que entre essas liberdades tenha figurado igualmente a libertação dos interditos, dos regulamentos e das convenções de ordem ética e social, isso parece certo; o que explica em parte a adesão maciça das mulheres.* Mas a experiência dionisíaca alcançava níveis mais profundos. As bacantes que devoravam as carnes cruas reintegravam um comportamento reprimido há dezenas de milhares de anos; tais frenesis revelam uma comunhão com as forças vitais e cósmicas que só se podiam interpretar como uma possessão divina. Que a possessão se tenha confundido com a "loucura", a *manía*, era de esperar. O próprio Dioniso conhecera a "loucura" e o bacante nada mais fazia que participar das provas e da paixão do deus; afinal, era um dos meios mais seguros de estar em comunhão espiritual com ele.

Os gregos conheciam outros casos de *manía* provocada pelos deuses. Na tragédia *Héracles*, de Eurípides, a loucura do herói é causada por Hera; no *Ajax*, de Sófocles, é Atena a responsável pela alucinação. O "coribantismo", comparado, aliás, pelos antigos ao orgiasmo dionisíaco, era uma *manía* provocada pela possessão dos coribantes, e o tratamento resultava numa verdadeira iniciação. O que distingue Dioniso e seu culto não são as crises psicopáticas, *mas o fato de que elas eram valorizadas como experiência religiosa*: seja como punição, seja como um favor do deus.** Afinal, o interesse das comparações com ritos ou movimentos coletivos aparentemente similares – por exemplo, certas danças convulsivas da Idade Média ou a omofagia ritual dos aissaua, confraria mística da África do Norte*** – reside justamente no fato de que elas salientam a originalidade do dionisismo.

Raramente, na época histórica, verificou-se o aparecimento de um deus carregado de uma herança tão arcaica: ritos que comportavam máscaras teriomorfas, falofória, *sparagmós*, omofagia, antropofagia, *manía*, *enthousiasmós*. O mais notável é o fato de que, ao mesmo tempo que conservava essa herança, resíduo da pré-história, o culto de Dioniso, uma vez integrado na

---

* Tirésias, no entanto, defende o deus: "Dioniso não obriga as mulheres a serem castas. A castidade depende do caráter, e aquela que é casta por natureza tomará parte nas orgias sem se corromper" (*As bacantes*, 314s.).

** Convém lembrar que o que distingue um xamã de um psicopata é o fato de que o xamã consegue curar-se e acaba por ter uma personalidade mais forte e criadora que o resto da comunidade.

*** Rohde havia comparado a expansão da religião extática de Dioniso com as epidemias das danças convulsivas na Idade Média. R. Eisler chamara a atenção para os aissaua (Isâwîya), que praticam a omofagia ritual (denominada *frissa*, do verbo *farassa*, "estraçalhar, dilacerar"). Identificados misticamente aos carnívoros, cujos nomes usam (chacais, panteras, leões, gatos, cães), os adeptos dilaceram, estripam e devoram bovinos, lobos, carneiros, ovelhas e cabras. A ingestão de carne crua é seguida por uma dança frenética de júbilo, "a fim de que se possa gozar ferozmente do êxtase e comungar com a divindade" (R. Brunnel).

Dioniso ou o reencontro das beatitudes   347

história espiritual dos gregos, não parou de criar novos valores religiosos. É certo que o frenesi provocado pela possessão divina – a "loucura" – intrigava muitos autores, e muitas vezes encorajava a ironia e o escárnio. Heródoto (IV, 78-80) narra a aventura de um rei cita, *Skylês* (Cilas), que, em Ólbia, à margem do *Borysthénês* (o Dniéper), se fizera "iniciar nos ritos de *Diónisos Bakkheîos*". Durante a cerimônia (*teletê*), possuído pelo deus, representava o papel de "bacante e louco". Tratava-se, ao que tudo indica, de uma procissão na qual os iniciados, "sob o domínio do deus", se deixavam arrebatar por um frenesi, considerado, tanto por assistentes quanto pelos próprios possuídos, uma "loucura" (*manía*).

Heródoto só queria contar uma história, que lhe fora narrada em Ólbia. Demóstenes, numa passagem célebre (*Oração da coroa*, 259), enquanto procura ridicularizar Ésquines, seu adversário, revela-nos, na verdade, certos ritos das pequenas tiases (*bakkheîa*), que eram celebradas em Atenas, no século IV, pelos fiéis de Sabázio, deus trácio homólogo de Dioniso. (Os antigos consideravam-no, aliás, o Dioniso trácio com seu nome indígena.[7]) Demóstenes refere-se aos ritos seguidos da leitura dos "livros" (provavelmente um texto escrito, que continha *hieroì lógoi*); ele fala em "*nebrizar*"* (alusão à pele de enho, a *nebrís*; tratava-se talvez de um sacrifício em que se comia o animal cru), em "*craterizar*"** (o recipiente no qual se misturavam o vinho e a água, a "beberagem mística"), em "purificação" (*katharmós*), que consiste principalmente em untar o iniciado com argila e farelos.

Finalmente, o acólito fazia com que o iniciado, prosternado ou estendido no chão, se erguesse e repetisse as palavras: "Eu fugi do mal e achei o bem." E toda a assembleia explodia em *ololugaí*. No dia seguinte, realizava-se a procissão dos adeptos, coroados de funcho e de ramos de choupo-branco. Ésquines ia à frente, brandindo serpentes domesticadas acima da cabeça e atroando os ares com os gritos de "*Evoé*, mistérios de Sabázio!" e dançando ao ritmo de brados de "*Húês Attês, Attês Húês*". Demóstenes alude também a uma cesta em forma de peneira, o *lîknon*, a "joeira mística", o berço primitivo de Dioniso infante.

Sob uma ou outra forma, encontra-se sempre, no centro do ritual dionisíaco, uma experiência extática de alucinação mais ou menos violenta: a *manía*. Essa "loucura" constituía de certo modo a prova da "divinização" (*éntheos*) do adepto. A experiência era certamente inesquecível, pois participava-se da espontaneidade criadora e da liberdade inebriante, da força sobre-humana

---

* Do grego *nebrízein*, "vestir-se com pele de enho nas festas de Baco". (N.T.)
** Do grego *kratêrízein*, "fazer uma libação com a cratera" (N.T.)

348 — *História das crenças e das ideias religiosas*

e da invulnerabilidade de Dioniso. A comunhão com o deus fazia com que se manifestasse e explodisse, por certo tempo, a condição humana, mas não chegava absolutamente a transmudá-la. Não existe alusão à imortalidade em *As bacantes*, fato que tampouco se verifica numa obra tão tardia quanto as *Dionisíacas* de Nono. Isso é suficiente para diferenciar Dioniso de Zálmoxis, com quem se costuma compará-lo, e às vezes confundi-lo, desde Rohde; pois esse deus dos getas "imortalizava" os iniciados em seus mistérios. Os gregos, porém, não ousavam ainda preencher a distância infinita que, a seus olhos, separava a divindade da condição humana.

125. Quando os gregos redescobrem a presença do deus...

O caráter iniciatório e secreto das tiases privadas parece assegurado (ver, os já citados versos 470-4 de *As bacantes*),* se bem que pelo menos uma parte das cerimônias (as procissões, por exemplo) tenha sido pública. É difícil determinar quando e em que circunstâncias os ritos secretos e iniciatórios dionisíacos assumiram a função específica às religiões dos mistérios. Estudiosos de nomeada (Nilsson, Festugière) contestam a existência de um mistério dionisíaco, por faltarem referências precisas à esperança escatológica. No entanto, sobretudo na época antiga, conhecemos muito mal os ritos secretos, sem falarmos na sua significação esotérica (que deve ter existido, uma vez que as significações esotéricas dos ritos secretos e de iniciação são atestadas no mundo inteiro, em todos os níveis de cultura).

De mais a mais, não é necessário limitar a morfologia da esperança escatológica às expressões tornadas familiares pelo orfismo ou pelos mistérios da época helenística. A ocultação e a epifania de Dioniso, suas descidas aos Infernos (comparáveis a uma morte seguida de ressurreição), e sobretudo o culto de Dioniso-criança,** com ritos que celebravam o seu "despertar" – deixando ao mesmo tempo de lado o tema mítico-ritual de Dioniso-Zagreu, ao qual não tardaremos a voltar – indicam a vontade e a esperança de uma renovação espiritual. A criança divina é, em todo o mundo, carregada de um simbolismo iniciatório que revela o mistério de um "renascimento" de ordem mística. (Para a experiência religiosa, é mais ou menos indiferente que tal

---

* Lembremos que, durante as antestérias, certos ritos eram cumpridos unicamente pelas mulheres, no mais profundo segredo.
** O culto de Dioniso-criança era conhecido na Beócia e em Creta, mas acaba por difundir-se também na Grécia.

Dioniso ou o reencontro das beatitudes

simbolismo seja ou não "compreendido" intelectualmente.) Lembremos que o culto de Sabázio, identificado a Dioniso, já apresentava a estrutura de um mistério ("Eu escapei do mal!"). É certo que *As bacantes* não falam em imortalidade; no entanto, a comunhão mesmo provisória com o deus não estava isenta de consequências para a condição *post mortem* do *bákkhos*. A presença de Dioniso nos mistérios de Elêusis permite que se suspeite da significação escatológica pelo menos de certas experiências orgiásticas.

Mas é principalmente a partir de Dioniso-Zagreu que se define o caráter "de mistério" do culto. O mito do desmembramento da criança Dioniso-Zagreu nos é dado a conhecer sobretudo pelos autores cristãos.[8] Como era de se esperar, eles o apresentam evemerizado, incompleto e com malignidade. Mas justamente porque estavam libertos da proibição de falar de maneira aberta das coisas santas e secretas, os escritores cristãos comunicaram-nos vários pormenores preciosos. Hera envia os titãs, que atraem a criança Dioniso-Zagreu, com certos brinquedos (chocalhos, *crepundia*, um espelho, um jogo de ossinhos, uma bola, um pião, uma carrapeta), trucidam-na e cortam-na em pedaços. Cozinham esses pedaços num caldeirão e, segundo alguns autores, devoram-nos. Uma deusa – Atena, Reia ou Deméter – recebe, ou salva, o coração e guarda-o numa caixinha. Informado do crime, Zeus fulmina os titãs.

Os autores cristãos não aludem à ressurreição de Dioniso, mas esse episódio era conhecido dos antigos. O epicurista Filodemo, contemporâneo de Cícero, fala dos três nascimentos de Dioniso, "o primeiro de sua mãe, o segundo da coxa, e o terceiro quando, depois de ter sido despedaçado pelos titãs, e de Reia lhe haver reunido os membros, retorna à vida".[9] Fírmico Materno conclui acrescentando que, em Creta (ilha em que ele localiza sua história evemerizada), o assassinato era comemorado por meio de ritos anuais, que repetiam aquilo que a "criança fizera e sofrera no momento de sua morte": "no fundo das florestas, através dos estranhos gritos que lançam em coro, eles simulam a loucura de uma alma tomada de furor", fazendo crer que o crime foi cometido por loucura e, "servindo-se dos dentes, estraçalham um touro vivo".

O tema mítico-ritual da paixão e da ressurreição da criança Dioniso-Zagreu deu origem a intermináveis controvérsias, sobretudo em razão de suas interpretações "órficas". Para o que nos propomos, é bastante precisar que as informações transmitidas pelos autores cristãos são corroboradas por documentos mais antigos. O nome Zagreu é mencionado pela primeira vez num poema épico do ciclo tebano, *Alcmeônida* (século VI):[10] ele significa "grande caçador", o que corresponde ao caráter selvagem, orgíaco, de Dioniso.

No que se refere ao crime dos titãs, Pausânias (VIII, 37, 5) transmitiu-nos uma informação que, não obstante o ceticismo de Wilamowitz e de outros eruditos, continua a ser preciosa; Onomácrito, que viveu em Atenas no século VI, na época dos pisistrátidas, havia escrito um poema sobre esse assunto: "Tendo colhido o nome dos titãs em Homero, instituíra *órgia* [cerimônias religiosas com mistérios, orgias] de Dioniso, fazendo dos titãs os autores dos sofrimentos do deus." Segundo o mito, os titãs tinham-se aproximado da criança divina, polvilhados de gesso para não serem reconhecidos. Ora, nos mistérios de Sabázio, celebrados em Atenas, um dos ritos iniciatórios consistia em aspergir os candidatos com pó ou com gesso.* Os dois fatos foram associados desde a Antiguidade (cf. Nono, *Dionisíacas*, XXVII, 228s.). Trata-se de um ritual arcaico de iniciação, muito conhecido nas sociedades "primitivas": os neófitos esfregam as faces com pó ou com cinzas, para ficar parecidos com os fantasmas; em outras palavras, eles sofrem uma morte ritual. Quanto aos "brinquedos místicos", eram conhecidos havia muito tempo; um papiro do século III a.C., encontrado em Fayoum (Gouroub), infelizmente mutilado, cita o pião, a carrapeta, os ossinhos e o espelho (*Orph. Fr.*, 31).

O episódio mais dramático do mito – especialmente o fato de que, depois de haver cortado a criança em pedaços, os titãs despejaram seus membros num caldeirão, onde os ferveram e em seguida assaram – era conhecido, com todas as minúcias, no século IV; além disso, lembravam-se essas minúcias relacionadas com "a celebração dos mistérios".[11] Jeanmaire lembrara oportunamente que o cozimento num caldeirão ou a passagem pelo fogo constituem ritos iniciatórios que conferem a imortalidade (cf. o episódio de Deméter e Demofonte) ou o rejuvenescimento (as filhas de Pélias cortam seu pai em pedaços e cozem-no num caldeirão).[12] Acrescentemos que os dois ritos – desmembramento e cocção ou passagem pelo fogo – caracterizam as iniciações xamânicas.

Pode-se, por conseguinte, reconhecer no "crime dos titãs" um antigo argumento iniciatório cuja significação original se havia esquecido. De fato, os titãs comportam-se como mestres de iniciação, no sentido de que "matam" o neófito a fim de fazê-lo "renascer" numa forma superior de existência (em nosso exemplo, seria possível afirmar que conferem divindade e imortalidade à criança Dioniso). Entretanto, numa religião que proclamava a supremacia absoluta de Zeus, os titãs não podiam exercer um papel demoníaco – e foram fulminados. De acordo com certas variantes, os homens foram criados de suas cinzas – e esse mito desempenhou papel apreciável no orfismo.

---

* Demóstenes, *Oração da coroa*, 259. Os argivos, ao participarem nas festas dionisíacas, cobriam o rosto com gesso. Já houve quem salientasse as relações entre o gesso (*títanos*) e os titãs (*titânes*). Mas esse complexo mítico-ritual foi ocasionado pela confusão entre os dois termos (cf. Farnell, *Cults*, V, p.172).

Dioniso ou o reencontro das beatitudes

O caráter iniciatório dos ritos dionisíacos pode ser percebido também em Delfos, quando as mulheres celebravam o renascimento do deus. Pois a joeira délfica "continha um Dioniso desmembrado e prestes a renascer, um Zagreu", tal como é indicado por Plutarco (*De Iside*, 35), e esse Dioniso, "que renascia como Zagreu, era ao mesmo tempo o Dioniso tebano, filho de Zeus e de Sêmele".*

Diodoro da Sicília refere-se, ao que parece, aos mistérios dionisíacos quando escreve que "Orfeu transmitiu nas cerimônias dos mistérios o despedaçamento de Dioniso" (V, 75, 4). E, em outro trecho, Orfeu é apresentado como um reformador dos mistérios dionisíacos: "É por esse motivo que as iniciações atribuídas a Dioniso são denominadas órficas" (III, 65, 6). A tradição transmitida por Diodoro é preciosa à medida que confirma a existência dos mistérios dionisíacos. Porém, é provável que já no século V esses mistérios tenham tomado emprestados certos elementos "órficos". Com efeito, Orfeu era então proclamado "profeta de Dioniso" e "fundador de todas as iniciações" (ver volume II, cap. XIX).

* * *

Mais que os outros deuses gregos, Dioniso assombra pela multiplicidade e novidade de suas epifanias e pela variedade de suas transformações. Ele está sempre em movimento; penetra em todos os lugares, em todas as terras, em todos os povos, em todos os meios religiosos, pronto para associar-se a divindades diversas e até antagônicas (por exemplo, Deméter, Apolo). Dioniso é certamente o único deus grego que, revelando-se sob diferentes aspectos, deslumbra e atrai tanto os camponeses quanto as elites intelectuais, os políticos e os contemplativos, os ascetas e os que se entregam a orgias. A embriaguez, o erotismo, a fertilidade universal, mas também as experiências inesquecíveis provocadas pela chegada periódica dos mortos, ou pela *manía*, pela imersão no inconsciente animal ou pelo êxtase do *enthousiasmós* – todos esses terrores e revelações surgem de uma única fonte: *a presença do deus*. Seu modo de ser exprime a unidade paradoxal da vida e da morte. É por essa razão que Dioniso constitui um tipo de divindade radicalmente diversa dos olímpicos. Estava mais *próximo* dos seres humanos do que os outros deuses? Em todo o caso, era

---

* Delcourt, p.155, 200. Plutarco, depois de falar no esquartejamento de Osíris e na sua ressurreição, dirige-se à sua amiga Cleia, a presidenta das mênades em Delfos: "Que Osíris é o mesmo que Dioniso, quem o poderia saber melhor do que vós, que dirigis as tíades e que fostes iniciado por vosso pai e por vossa mãe nos mistérios de Osíris?"

possível aproximar-se desse deus, chegava-se mesmo a incorporá-lo, e o êxtase da *manía* demonstrava que a condição humana podia ser superada.

Esses rituais eram suscetíveis de desenvolvimentos inesperados. O ditirambo, a tragédia e o drama satírico são, de um modo mais ou menos direto, criações dionisíacas. É apaixonante seguir a transformação de um rito coletivo, o *dithúrambos*, que implicava o arrebatamento extático, em espetáculo e finalmente em gênero literário.* Se, por um lado, certas liturgias públicas se tornaram espetáculos e fizeram de Dioniso o deus do teatro, outros rituais, secretos e iniciatórios, alcançaram o grau de mistérios. Pelo menos indiretamente, o orfismo deve-se às tradições dionisíacas. Mais do que qualquer outro olímpico, esse *deus jovem* não deixará de satisfazer plenamente seus fiéis por meio de novas epifanias, mensagens imprevistas e esperanças escatológicas.

NOTAS

1. Píndaro, fragmento 85; Heródoto, II, 146; Eurípides, *As bacantes*, 94s.; Apolodoro, *Biblioteca*, III, 4, 3 etc.
2. Cf. H. Jeanmaire, *Dionysos*, p. 76; sobre Licurgo e as iniciações de puberdade, cf. id., *Couroï et Courètes*, p.463s.
3. Trata-se de um fragmento de Pilos (X a O 6) no Linear B.
4. Cf. os textos e as referências discutidos por W. Otto, p.162-4.
5. O fato de duas dessas festas terem os nomes dos meses que lhes correspondem – *Lênaiôn* e *Anthestêriôn* – prova o seu arcaísmo e o seu caráter pan-helênico.
6. Sófocles, *Tiestes* (frag. 234), e as demais fontes citadas por W. Otto, p.98-9.
7. Segundo as glosas antigas, o termo *saboi* (ou *sabaioi*) era o equivalente, em língua frígia, do grego *bákkhos*: cf. Jeanmaire, *Dionysos*, p.95-7.
8. Fírmico Materno, *De errore prof. relig.*, 6; Clemente de Alexandria, *Protrept.*, II, 17, 2; 18, 2; Arnóbio, *Adv. Nat.*, V, 19; os textos figuram em Kern, *Orphica fragmenta*, p.110-1.
9. *De piet.*, 44; Jeanmaire, p.382.
10. Frag. 3, Kinkel, I, p.77: cf. também Eurípides, frag. 472; para Calímaco (frag. 171), Zagreu é um nome especial de Dioniso; ver outros exemplos em Otto, p.191s.
11. Cf. o "problema" atribuído a Aristóteles (Didot, Aristóteles IV, 331, 15), discutido, apud Salomon Reinach, por Moulinier, p.51. No século III, Eufórion conhecia uma tradição análoga; ibid., p.53.
12. Jeanmaire, *Dionysos*, p.387. Ver outros exemplos em Marie Delcourt, *L'Oracle de Delphes*, p.153s.

---

* O ditirambo, "canção destinada, quando do sacrifício de uma vítima, a produzir o êxtase coletivo com o auxílio de movimentos rítmicos e de aclamações e vociferações rituais, surgiu em condições – precisamente na época (séculos VII-VI) – nas quais se desenvolve no mundo grego o grande lirismo coral – de evoluir como gênero literário pela importância acrescida das partes cantadas pelo *éxarkhos*, mediante a intercalação de trechos líricos em temas mais ou menos adaptados à circunstância e à pessoa de Dioniso" (Jeanmaire, p.248-9).

Estado das questões: bibliografia crítica

1. Para uma breve orientação no âmbito da pré-história universal, ver: Grahame Clark, *World Prehistory** (Cambridge, 1962); Grahame Clark e Stuart Piggott, *Prehistoric Societies* (Londres, 1965; esta última obra contém rica bibliografia); H. Breuil e R. Lantier, *Les hommes de la pierre ancienne: paléolithique et mésolithique* (nova edição, Payot, 1959).

Encontra-se documentação mais completa na obra de H. Müller-Karpe, *Handbuch der Vorgeschichte*, vol.I: *Altsteinzeit* (Munique, 1966) e no primeiro volume publicado sob a direção de Karl J. Narr, *Handbuch der Urgeschichte* (Berna-Munique, 1967). Karl J. Narr forneceu um excelente resumo, completado por abundante bibliografia: *Abriss der Vorgeschichte* (Munique, 1957), p.8-41. Ver, do mesmo autor, *Urgeschichte der Kultur* (Stuttgart, 1961); F. Bordes, *Old Stone Age* (Nova York, 1968); *La préhistoire. Problemes et tendances* (Editions du CNRS, Paris, 1968).

A análise das hipóteses recentes sobre as origens da linguagem e da sociedade pode ser estudada em Frank B. Livingstone, "Genetics, ecology and the origins of incest and exogamy", CA, n.10, fev 1969, p.45-61 (p.60-1, bibliografia). Sobre a origem da linguagem seguimos Morris Swadesh, *The Origin and Diversification of Language* (Chicago, 1971).

Em vários dos seus estudos, Karl Narr examinou as hipóteses elaboradas em torno da "hominização" dos primatas e tentou apresentar uma imagem verossímil dos paleantropídeos; ver, *inter alia*, "Approaches to the social life of earliest man", *Anthropos*, n.57, 1962, p.604-20; "Das Individuum im der Urgeschichte. Moeglichkeiten seiner Erfassung", *Saeculum*, n.23, 1973, p.252-65.

Sobre os problemas levantados pela população da América, ver E.F. Greenman, "The upper paleolithic and the New World", CA, n.4, 1963, p.41-91; Allan Bryan, "Early man in America and the late pleistocene chronology of Western Canada and Alaska", ibid., n.10, 1969, Jesse D. Jennings e Edward Norbeck (orgs.), p.339-65; *Prehistoric Man in the New World* (Chicago, 1964); Gordon R. Willey, *An Introduction to American Archaeology*, vol.I (Nova Jersey, 1966), p.2-72 e passim.

Ver também Frederick D. McCarthy, "Recent development and problems in the prehistoric of Australia", *Paideuma*, n.14, 1968, p.1-17; Peter Bellwood, "The prehistory of Oceania", CA, n.16, 1975, p.9-28.

Durante dezenas de milênios a sequência das culturas paleolíticas é a mesma na Europa, na África e na Ásia. A mesma sequência verifica-se na Austrália e na América do Norte e do Sul, embora o horizonte temporal seja muito mais curto. Para o

---

* Publicado no Brasil sob o título *A pré-história*, 2ª ed., Rio de Janeiro, Zahar, 1975. (N.T.)

período ~ 20000 ~ 10000, é impossível afirmar que uma região particular tenha obtido um avanço tecnológico decisivo sobre as outras. Há certamente variações na estrutura das ferramentas, mas essas variações refletem muito provavelmente adaptações locais, e não um progresso tecnológico; cf. Marvin Harris, *Culture, Man and Nature* (Nova York, 1971), p.169. Essa *unidade cultural* dos paleolíticos constitui a fonte comum das tradições herdadas pelas culturas posteriores; ela permite, além disso, a comparação com as sociedades de caçadores contemporâneos. Uma análise admirável das "sobrevivências" paleolíticas em certos ritos e mitos gregos aparece em Walter Burkert, *Homo Necans* (Berlim, 1972). Sobre as culturas dos caçadores, ver Richard B. Lee e Irven Devore (orgs.), *Man the Hunter* (Chicago, 1968).

2. Para compreender a hesitação dos cientistas em admitir a possibilidade de uma religiosidade coerente e complexa entre os paleantropídeos, é preciso estar lembrado de que, na segunda metade do século XIX, o termo "religião" tinha aplicação limitada, reservando-se a tudo os mais diferentes vocábulos pejorativos como "magia", "superstição", "selvageria" etc. Falou-se dos "homens sem religião" porque, em algumas tribos, nada se havia encontrado que pudesse ser comparado aos politeísmos e aos "sistemas fetichistas" familiares. Acusavam-se os partidários da religiosidade de "idealizar" os paleantropídeos, porque se entendia por "religião" um complexo ideológico comparável ao judeu-cristianismo, ao hinduísmo ou aos panteões do antigo Oriente Próximo.

Seria inútil citar todas as obras dedicadas às religiões pré-históricas; a maior parte possui apenas um interesse bibliográfico. Pode-se consultar para a documentação dessas religiões ou para as hipóteses adiantadas: Th. Mainage, *Les religions de la phéhistoire* (Paris, 1921); G.H. Luquet, *L'Art et la religion des hommes fossiles* (Paris, 1926); C. Clemen, *Urgeschichtliche Religion*, 2 vols. (Bonn, 1932-33); E.O. James, *Prehistoric Religion* (Londres-Nova York, 1957).

Encontram-se exposições mais amplas em algumas edições recentes: Johannes Maringer, *The Gods of Prehistoric Man* (Nova York, 1960; uma tradução francesa foi publicada em 1958); Etienne Patte, *Les préhistoriques et la religion* (Paris, 1960); André Leroi-Gourhan, *Les religions de la préhistoire: paléolithique* (Paris, 1964); Karl J. Narr, *Kultur, Umwelt u. Leiblichkeit d. Eiszeitmenschen* (Stuttgart, 1963); id., "Approaches to the religion of early paleolithic man", HR, n.4, 1964, p.1-29; id., "Religion und Magie in der jüngeren Altsteinzeit", *Handbuch der Urgesehichte*, vol.I (1966), p.298-320. Para a bibliografia crítica de algumas obras recentes, é útil o artigo do mesmo autor: "Wege zum Verstaendnis Praehistorischer Religionsformen", *Kairos*, n.3, 1963, p.179-88.

As mitologias suscetíveis de desenvolver-se a *partir* da fabricação das ferramentas ainda não estão suficientemente estudadas. Fizemos uma análise do simbolismo e de alguns temas mitológicos da flecha em "Notes on the symbolism of the arrow" (*Religions in Antiquity. Essays in Memory of E.R. Goodenough*, Leiden, 1968, p.463-75).

3. O essencial sobre as práticas funerárias dos paleolíticos é claramente apresentado por J. Maringer, *The Gods of Prehistoric Man* (Nova York, 1960), p.14-37, 74-89. Ainda útil para a documentação acessível antes de 1940, E.O. James, *Prehistoric Religion. A Study in Prehistoric Archaeology* (Londres, 1957), p.17-34. Ver também Grahame Clark, *The Stone Age Hunters* (Londres, 1957), p.41s. Um relato crítico figura em Leroi-Gourhan, *Les religions de la préhistoire*, p.47-64.

Estado das questões: bibliografia crítica

Para análises mais ousadas, ver H. Breuil, "Pratiques religieuses chez les humanités quaternaires" (*Scienza e civiltà*, 1951, p.45-75); A. Glory e R. Robert, "Les cultes et les crânes humains aux époques préhistoriques" (*Bulletin de la Société d'Anthropologie de Paris*, 1948, p.114-33); H.L. Movius, Jr., "The mousterian cave of Teshik-Tash, Southeastern Uzbekistan, Central Asia" (*American School of Prehistoric Research*, n.17, 1953, p.11-71); P. Wernert, "Cultes des crânes: représentation des esprits des défunts et des ancêtres" (M. Gorce e R. Mortier, *L'Histoire générale des religions*, vol.I, Paris, 1948, p.51-102).

Sobre a significação do crânio exumado no monte Circeu, ver A.C. Blanc, "I paleantropi di Saccopastore e del Circeo" (*Quartär*, 1942, p.1-37).

Raymond A. Dart demonstrou a antiguidade da exploração das minas de ocra na África do Sul e em outros locais; ver "The multimillenial prehistory of Ochre Mining" (Nada, 1967, p.7-13); "The birth of symbology" (*African Studies*, n.27, 1968, p.15-27). Esses dois artigos são ricos em referências bibliográficas.

Sobre a sepultura "em forma de embrião", ver G. van der Leeuw, "Das Sogenannte Hockerbegraebniss und der aegyptische *Tjknw*" (SMSR, n.14, 1938, p.150-67).

4. Emil Bächler apresentou os resultados das escavações em *Das alpine Palaeolithikum der Schweiz* (Basileia, 1940).

Para as demais descobertas, ver K. Hoermann, *Die Petershoehle bei Velden in Mittelfranken: Eine altpalaeolithische Station* (Nuremberg, 1933); K. Ehrenberg, "Dreissig Jahre palaeobiologischer Forschung in oesterreichischen Hoehlen" (*Quartär*, 1951, p.93-108); id., "Die palaeontologische, praehistorische und palaeoethnologische Bedeutung der Salzofenhoehle im Lichte der letzten Forschungen" (*Quartär*, 1964, p.19-58). Ver também Lothar Zotz, "Die altsteinzeitliche Besiedlung der Alpen u. deren geistigen u. wirtschaftliche Hintergruende", *Sitzungsberichte der Physikalischmedizinische Sozietaet zu Erlangen*, vol.78, 1955-57, p.76-101, e principalmente Müller-Karpe, *Altsteinzeit*, 205, p.224-6.

A comparação com as oferendas específicas de certas populações árticas foi feita por Al. Gahs, "Kopf-, Schaedel- und Langk-nochenopfer bei Rentiervoelkern" (*Festschrift für P.W. Schmidt*, Viena, 1928, p.231-68). Por sua vez, Wilhelm Schmidt em várias oportunidades voltou a esse problema; cf., *inter alia*, "Die aelteste Opferstelle des altpalaeolithischen Menschen in den Schweizer Alpen" (*Acta Pontificiae Academiae Scientiarum*, Cidade do Vaticano, n.6, 1942, p.269-72); "Das primitialopfer in der Urkultur" (*Corona Amicorum, Festgabe für Emil Baechler*, St. Gallen, 1948, p.81-92).

Karl Meuli apresentou sua interpretação dos depósitos de ossos em "Griecbische Opferbraeuche" (*Phillobolia für Peter von der Mühll*, Basileia, 1945, p.185-288), especialmente p.283-87.

Sobre o problema dos "sacrifícios" no paleolítico, ver: Oswald Menghin, "Der Nachweis des Opfers im Altpalaeolithikum" (*Wiener Praehistorische Zeitschrift*, vol.XIII, 1926, p.14-9); H.C. Bandi, "Zur Frage eines Baeren- oder Opferkultes im ausgehenden Altpalaeolithikum der alpinen Zone" (*Helvetia Antiqua, Festschrift Emil Vogt*, Zurique, 1966, p.1-8); Brodar, "Zur Frage der Hoehlenbaerenjagd und des Hoehlenbaerenkult in den palaeolithischen Fundstellen Jugoslawien" (*Quartär*, n.9, 1957, p.147-59); W. Wüst, "Die palaeolithisch-ethnographischen Baerenriten u. das Altindogermanische" (*Quartär*, n.7-8, 1956, p.154-65); Mirko Malez, "Das Palaeolithikum der Veternicahoehle und der Baerenkult" (*Quartär*, n.10/11, 1958/59, p.171-88). Ver também 1. Paulson, "Die rituelle Ehrebung des Baerenschaedels bei arktischen u. subarktischen Voelker", *Temenos*, vol.I, 1965, p.150-73.

F.-Ed. Koby colocou em dúvida a existência dos depósitos de crânios e o culto do urso: cf. "L'Ours des cavernes et les paléolithiques" (*L'Anthropologie*, n.55, 1951, p.304-8); "Les paléolithiques ont-ils chassé l'ours des cavernes?" (*Actes de la Société Jurassienne d'Émulation*, n.57, 1953, p.157-204); "Grottes autrichiennes avec culte de l'ours?" (*Bull. de la Soc. Préhist. française*, n.48, 1951, p.8-9). Leroi-Gourhan participa das mesmas opiniões; cf. *Les Rel. de la Préhistoire*, p.31s.

Para uma ampla exposição crítica ver Johannes Maringer, "Die Opfer der palaeolithischen Menschen" (*Anthropica*, St. Augustin bei Bonn, 1968, p.249-71).

W. Koppers sugeriu alguns paralelos etnológicos interessantes; ver "Der Baerenkult in ethnologischer und praehistorischer Beleuchtung" (*Paleobiologica*, 1933, p.47-64); "Künstlicher Zahnschift am Baeren im Altpalaeolithikum und bei den Ainu auf Sachalin" (*Quartär*, 1938, p.97-103). Os rituais são analisados por Alexander Slawik, "Zum Problem des Baerenfestes der Ainu u. Giliaken", *Kultur und Sprache* (Viena, 1952), p.189-203.

As ligações entre o *"bear ceremonial"*, ou festival do urso, e o xamanismo no paleolítico europeu foram estudadas por Karl Narr, "Baerenzeremoniell und Schamanismus in der aelteren Steinzeit Europas". *Saeculum*, n.10, 1959, p.233-72.

Sobre as crenças, específicas aos caçadores, de que o animal pode renascer dos seus próprios ossos, cf. Eliade, *Le chamanisme* (2ª ed., 1968), p.139s. A proibição de partir os ossos da caça ou dos animais domésticos foi analisada à luz de pesquisas recentes por Joseph Henninger, "Neuere Forschungen zum Verbot des Knochenzerbrechens" (*Studia Ethnographica et Folkloristica in honorem Béla Gunda*, Debrecen, 1971, p.673-702). O estudo de I. Paulson, "Die Tierknochen im Jagdritual der nordeurasiatisches Voelker", *Zeit. f. Ethnologie*, n.84, 1959, p.270-92, merece menção especial.

5. Há uma considerável bibliografia sobre as grutas pré-históricas. Destaquemos: H. Breuil, *Quatre cents siècles d'art pariétal* (Montignac, 1952); J. Maringer e H. Bandi, *Art in the Ice Age* (Londres, 1953); Paolo Graziosi, *Palaeolithic Art* (trad. inglesa, Londres, 1960); A. Leroi-Gourhan, *Préhistoire de l'art occidental* (Paris, 1965); A. Laming, *Lascaux. Paintings and Engravings* (Harmondsworth, 1959); id., *La signification de l'art rupestre paléolithique* (Paris, 1962), com rica bibliografia crítica; R.F. Heizer e M.A. Baumhoff, *Prehistoric Rock Art of Nevada and Eastern California* (Berkeley-Los Angeles, 1962); Peter J. Ucko e Andrée Rosenfeld, *Palaeolithic Cave Art* (Nova York, 1967). Ver também *Simposio de arte rupestre, Barcelona*, 1966 (editado em Barcelona, 1968), especialmente os estudos de P.Graziosi, "L'Art paléo-épipaléolithique de la province méditerranéenne et ses nouveaux documents d'Afrique du Nord et du Proche-Orient" (p.265s.), Emmanuel Anati, "El arte rupestre galaico-portugués" (p.195s.), Henri Lhote, "Données récentes sur les gravures et les peintures rupestres du Sahara" (p.273s.). As condições das comparações válidas entre as criações artísticas da pré-história e aquelas dos povos ao nível etnológico foram examinadas por Karl Narr, "Interpretation altsteinzeitlicher Kunstwerke durch voelkerkundliche Parallelen", *Anthropos*, n.50, 1955, p.513-45. Uma interpretação marxista foi apresentada por G. Charrière, *Les significations des représentations érotiques dans les arts sauvages et préhistoriques* (Paris, 1970).

Leroi-Gourhan distingue, estilística e cronologicamente, cinco períodos na arte paleolítica: 1) o musteriano evoluído (cerca de ~ 50000), em que são atestados ossos e "pequenas placas de pedras que contêm incisões regularmente espaçadas", mas não ainda obras figurativas; 2) período primitivo (aurignaciano, por volta de ~ 30000), que legou

Estado das questões: bibliografia crítica

figuras gravadas ou pintadas, em placas de calcário, "imagens muito abstratas e canhestras, representando cabeças ou partes dianteiras de animais em geral não identificáveis, misturadas com representações genitais", e mais tarde (cerca de ~ 25000 ~ 20000) figuras humanas que correspodem a uma estilização muito vizinha: "a parte central do corpo é enorme em relação à cabeça e às extremidades, o que fez surgir a ideia das mulheres paleolíticas particularmente esteatopígias"; 3) período arcaico (solutriano recente, cerca de ~ 30000-25000), compreendendo diversos sítios de importância primordial (Lascaux; La Pasiega). "O domínio técnico é então completo e as pinturas, esculturas ou gravuras são de extraordinária qualidade de execução"; 4) período clássico (magdaleniano, cerca de ~ 15000-11000), quando as cavernas decoradas alcançarão o máximo da sua extensão geográfica; o realismo das formas é muito ousado; 5) período tardio (magdaleniano recente, cerca de ~ 10000): as grutas não são mais decoradas, a arte é essencialmente mobiliária. "As figuras perderam os últimos traços dos estilos antigos, os animais são integrados num realismo onde a exatidão de forma e movimento é impressionante. A arte mobiliária remonta então até a Grã-Bretanha, a Bélgica e a Suíça. Por volta de 9000, um declínio bastante brusco assinala o fim do paleolítico superior, os raros testemunhos do magdaleniano derradeiro dissolvem-se em formas desajeitadas e esquemáticas" (*Les religions de la préhistoire*, p.87-8).

O *Simposio de arte rupestre* contém dois artigos de Henri Lhote que criticam o método de Leroi-Gourhan e de Laming: "La plaquette dite de 'La Femme au Renne', de Laugerie-Basse, et son interprétation zoologique" (p.79-97); "Le bison gravé de Ségriés, Moustiers-Ste. Marie" (p.99-108). Encontra-se uma discussão crítica da interpretação de Leroi-Gourhan em Ucko e Rosenfeld. *Palaeolithic Cave Art*, p.195-221.

Observações sugestivas sobre o simbolismo da arte pré-histórica e suas expressões estilísticas figuram nos estudos de Herbert Kühn, "Das Symbol in der Vorzeit Europas", *Symbolon*, n.2, 1961, p.160-84, e Walther Matthes, "Die Darstellung von Tier u. Mensch in der Plastik des alteren Palaeolithikum", ibid., n.4, 1964, p.244-76. Os trabalhos de H. Bégouen, N. Casteret e J. Charet sobre as grutas de Montespan e do Tuc d'Aubert são discutidos por Ucko e Rosenfeld, op.cit., p.188-98, 177-8.

A placa de ardósia gravada de Lourdes é reproduzida por Maringer, *The Gods of the Prehistoric Man*, fig.27. Foi apresentada a proposta de interpretar a cena gravada num osso, exumado na gruta da Vaca (Ariège), como indicativa de uma cerimônia iniciatória: ver Louis-René Nougier e Romain Robert, "Scène d'initiation de la grotte de la Vache à Alliat (Ariège)", *Bull. dela Soc. de l'Ariège*, t.XXIII, 1968, p.13, 98. Encontra-se uma clara reprodução do desenho em Alexander Marshak, *The Roots of Civilization* (Nova York, 1972), p.275, fig.154.

Horst Kirchner propôs uma interpretação "xamânica" da famosa pintura parietal de Lascaux em seu estudo "Ein archaeologischer Beitrage zur Urgeschichte des Schamanismus", *Anthropos*, n.47, 1952, p.244-86. A interpretação foi aceita por Karl Narr, "Baerenzeremoniell und Schamanismus in der aelteren Steinzeit Europas" (*Saeculum*, n.10, 1959, p.233-72), especialmente p.271. Ver também Eliade, *Le chamanisme* (2ª ed., 1968), p.390s.; Al. Marshak, *The Roots of Civilization*, p.277s.

J. Makkay interpretou no mesmo sentido o "grande mágico" da gruta dos Três Irmãos; cf. "An important proof to the prehistory of shamanism", *Alba Regia*, 2/3 (Székesfehérvár 1963), p.5-10.

Ver também E. Burgstaller, "Schamanistische Motive unter den Felsbildern in den oesterreichischen Alpenlaendern", *Forschungen u. Fortschiritte*, n.41, 1967, p.105-10;

144-58; H. Miyakawa e A. Kollantz "Zur Ur- und Vorgeschichte des Schamanismus", *Zeitschrift für Ethnologie*, n.91, 1960, p.161-93 (útil para a documentação japonesa).

6. Sobre as estatuetas femininas, ver a documentação coligida por E. Saccasyn-Della Santa, *Les figures humaines du paléolithique supérieur eurasiatique* (Anvers, 1947), que deverá ser completada pelas descobertas posteriores, registradas na bibliografia de Karl J. Narr, *Antaios*, vol.11, n.2 [1960], p.155, nota 2. Para a interpretação, cf. F. Ancar, "Zum Problem der Venusstatuetten im eurasischen Jungpalaeolithikum" (*Praehistorische Zeitschrift*, vol.30-1, 1939-40, p.85-156); Karl J. Narr, "Weibliche Symbol-Plastik der aelteren Steinzeit" (*Antaios*, vol.II, 1960, p.131-57); Karl Jettmar, em I. Paulson, A. Hultkrantz, K. Jettmar, *Les religions arctiques et finnoises* (trad. franc., 1965), p.292 (resumindo as escavações de Gerasimov em Mal'ta). Ver também J. Maringer, *The Gods of Prehistoric Man*, p.153s.; A. Leroi-Gourhan, *Les religions de la préhistoire*, p.87s. Julga-se que essa arte das pequenas estatuetas ("Kleinplastik", como a denomina Narr) é resultado de influências oriundas do Mediterrâneo oriental; na região franco-cantábrica domina um estilo mais naturalista, enquanto no leste e no nordeste o esquematismo geométrico se impôs. No entanto, agora se admite que o paleolítico recente da Sibéria foi influenciado pelas culturas da Mongólia e do sudeste da Ásia: cf. Jettmar, *Les religions arctiques et finnoises*, p.292.

A interpretação de Leroi-Gourhan foi criticada por Ucko e Rosenfeld, *Palaeolithic Cave Art*, p.195s., e por Henri Lhote, "La plaquette dite de 'La Femme au Renne'", *Simposio de arte rupestre*, p.80-97 (cf. ibid., p.98-108, uma crítica de Maning).

Sobre o estilo chamado "de raios X" e suas relações com o xamanismo, ver Andreas Lommel, *Shamanism: The Beginnings of Art* (Nova York-Toronto, s.d.), p.129s. O livro foi discutido por diversos autores em *Current Anthropology*, n.11, 1970, p.39-48.

7. Alexander Marshak expôs pela primeira vez a sua descoberta em "Lunar notation on upper paleolithic remains" (*Scientia*, 1964, n.146, p.743-5). A esse pequeno artigo seguiu-se uma série de contribuições mais elaboradas: "New techniques in the analysis and interpretation of mesolithic notations and symbolic art" (*Actes du Symposium International*, ed. Emmanuel Anati, Valcamonica, 1970, p.479-94); *Notations dans les gravures du paléolithique supérieur: nouvelles méthodes d'analyse* (Bordéus: Institut de préhistoire de l'Université de Bordeaux, Mémoire n.8, 1970): "Le bâton de commandement de Montgandier (Charente). Réexamen au microscope et interprétation nouvelle" (*L'Anthropologie*, n.74, 1970, p.321-52); "Cognitive aspects of upper paleolithic engraving" (CA, n.13, 1972, p.445-77); "Upper paleolithic notation and symbol" (*Scientia*, n.178, 1972, p.817-28). Os resultados dessas pesquisas são analisados no seu livro *The Roots of Civilization: The Cognitive Beginnings of Man's First Art, Symbol and Notation* (Nova York, 1972); cf. nosso comunicado: "On prehistoric religions", HR, n.14, 1974, p.140-7, esp.140-3.

O estudo "The meander as a system: the analysis and recognition of iconographic units in upper paleolithic compositions" foi apresentado no Colóquio do Australian Institute of Aboriginal Studies, Canberra, mai 1974. O autor teve a amabilidade de colocar à nossa disposição o original dessa importante contribuição.

Para um estudo comparativo das danças circulares, ver Evel Gasparini, "La danza circolare degli slavi" (*Ricerche Slavistiche*, vol.I, 1952, p.67-92); id., *Il matriarcaio slavo. Antropologia culturale dei protoslavi* (Florença, 1973), p.665s. Cf. nosso comunicado em HR, n.14, 1974, p.73-8.

Estado das questões: bibliografia crítica

O mito secreto dos pastores peúles, comunicado por Amadou Hampaté Bâ (que foi iniciado em pessoa), foi publicado por Germaine Dieterlen, *Koumen* (Cahiers de l'Homme, Paris, 1961); foi graças a esse mito que Henri Lhote pôde interpretar certas pinturas rupestres do Hoggar e do Tassili; cf. "Données récentes sur les gravures et les peintures rupestres du Sahara" (*Simposio de arte rupestre*, p.273-90), p.282s.

H. von Sicard julga que o africano Luwe reflete ainda a crença em um deus supremo dos caçadores euro-africanos, antes de ~ 8000; cf. "*Luwe* und verwandte mythische Gestalten", *Anthropos*, n.63-4, 1968-69, p.665-737, especialmente 720s.

Os mitos do "mergulho cosmogônico" são atestados na Europa oriental, na Ásia central e setentrional, na Índia aborígine (pré-ariana), na Indonésia e na América do Norte; cf. Eliade, *De Zalmoxis à Gengis-Khan* (Paris, 1970), cap.III: "Le Diable et le bon Dieu" (p.81-130).

O estudo de W. Gaerte, "Kosmische Vorstellungen im Bilde praehistorischer Zeit: Erdberg, Himmelsberg, Erdnabel und Weltstroeme" (*Anthropos*, n.9, 1914, p.956-79), envelheceu, mas ainda é útil pela documentação iconográfica.

Benjamin Ray forneceu uma brilhante análise do poder mágico-religioso da palavra entre os dinka e os dogons: "'Pedormative utterances' in african rituals", HR, n.13, 1973, p.16-35. (A expressão "Pedormative utterances" pertence ao filósofo inglês J.L. Austin.)

8. A. Rust publicou várias obras sobre as escavações efetuadas em Meiendorf, Stellmoor e Ahrensburg-Hopfenbach durante 40 anos; as mais importantes são: *Die alt- und mittelsteinzeitlichen Funde von Stellmoor* (Neumünster in Holstein, 1934); *Das altsteinzeitliche Rentierjaegerlager Meisendorf* (ibid., 1937); *Die Jungpalaeolitischen Zeltanlagen von Ahrensburg* (1958); *Vor 20.000 Jahren* (Neumünster, 1962).

Sobre as significações religiosas dessas descobertas, cf. A. Rust, "Neue endglaziale Funde von kultische-religiöser Bedeutung" (*Ur-Schweiz*, n.12, 1948, p.68-71); id., "Eine endpalaeolitische hoelzerne Goetzenfigur aus Ahrensburg" (*Roem. Germ. Kom. d. dtsch. Arch. Inst.*, Berlim, 1958, p.25-6); H. Pohlhausen, "Zum Motiv der Rentierversenkung der Hamburger u. Ahrensburger Stufe des niederdeutschen Flachlandmagdalenien", *Anthropos*, n.48, 1953, p.987-90; H. Müller-Karpe, *Handbuch der Vorgeschichte*, vol.I, p.22.5; vol.II, p.496, nota 347; J. Maringer, "Die Opfer der palaeolitischen Menschen" (*Anthropica*, St. Augustin bei Bonn, 1968, p.249-72), p.266-70.

Sobre o sacrifício por imersão, ver Alois Closs, "Das Versenkungsopfer", in *Wiener Beitraege zur Kulturgeschichte und Linguistik*, n.9, 1952, p.66-107.

Para a questão das significações religiosas da arte rupestre da Espanha oriental, ver H. Obermaier, *Fossil Man in Spain* (New Haven, 1924); J. Maringer, *The Gods of Prehistoric Man*, p.176-86.

9. A melhor e mais completa exposição sobre a pré-história da Palestina é a de J. Perrot, "Préhistoire palestinienne", *Dict. de la Bible*. Suplemento, vol.VIII, 1968, col. 286-446. Ver também R. de Vaux, *Histoire ancienne d'Israël*, vol.I (Paris, 1971), p.41-59. Sobre a cultura natufiana, ver D.A.E. Garrod, "The natufian culture: The life and economy of a mesolithic people in the near east", *Proceedings of the British Academy*, n.43 (1957), p.211-27; E. Anati, *Palestine before the Hebrews* (Nova York, 1963), p.146-78; H. Müller-Karpe, *Handbuch der Vorgeschichte*, II: *Jungsteinzeit* (Munique, 1968), p.73s. Sobre a religião natufiana, ver por último Jacques Cauvin, *Religions néolithiques de Syro-Palestine* (Paris, 1972), p.19-31.

Sobre as significações religiosas dos crânios e o canibalismo ritual, ver Müller-Karpe, op.cit., vol.I, p.239s.; Walter Dostal, "Ein Beitrag zur Frage des religioesen Weltbildes der frühesten Bodenbauer Vorderasiens", *Archiv für Voelkerkunde*, n.12, 1957, p.53-109, especialmente p.75-6 (com bibliografia); R.B. Onian, *The Origin of European Thought* (Cambridge, 1951; 2ª ed., 1954), p.107s., 530s.

10. Sobre a "caça ritual" na África, ver Helmut Straube, *Die Tierverkleidungen der afrikanischen Naturvoelker* (Wiesbaden, 1955), p.83s., 198s. e passim. Sobre as semelhanças das técnicas de guerra e de caça entre os assírios, os iranianos e os turco-mongóis, ver Karl Meuli, "Ein alpersischer Kriegsbrauch" (*Weltoestliche Abhandlungen, Festschrift für Rudolph Tchudi*, Wiesbaden, 1954, p.63-86).

Acrescentemos que a caça deu origem a outros temas mitológicos e folclóricos. Apenas um exemplo: a perseguição de um cervídeo conduz o herói para o outro mundo, ou para um mundo mágico e de irreal beleza, onde, finalmente, o caçador encontra Cristo, ou Boddhisattva etc.; cf. M. Eliade, *De Zalmoxis à Gengiskhan* (1970), p.131-61. Em grande número de mitos e lendas relativos à descoberta e à conquista de um território, à fundação de uma cidade, à travessia de um rio ou de pântanos etc., é o animal que descobre a solução para uma situação aparentemente sem saída; cf. Eliade, ibid., p.135s., 160.

11. Sobre a domesticação das plantas e dos animais, ver Müller-Karpe, op.cit., II, p.240-56; Peter J. Ucko e G.W. Dimbley (orgs.), *The Domestication and Exploitation of Plants and Animals* (Chicago, 1969); Gary A. Wright, "Origins of food production in Southwestern Asia: a survey of ideas" (*Current Anthropology*, n.12, out-dez 1971, p.447-79).

Para um estudo comparativo, ver F. Herrmann, "Die Entwicklung des Pflanzenanbaues als ethnologisches Problem", *Studium Generale*, n.11, 1958, p.352-63; id., "Die religioesgeistige Welt des Bauerntums in ethnologischer Sicht", ibid., p.434-41.

Robert Braidwood distingue quatro fases para a atividade agrícola primitiva: população habitando as aldeias e praticando uma cultura elementar (*primary village farming*); agricultura das aldeias fixas (*settled village farming*), "cultura incipiente" e, finalmente, "aldeia praticando uma agricultura intensiva" (*intensified village farming*); cf. R. Braidwood e L. Braidwood, "Earliest village communities of South West Asia", *Journal of World History*, vol.I, 1953, p.278-310; R. Braidwood, "Near Eastern Prehistory: The swing from food-gathering cultures to village-farming communities is still imperfectly understood", *Science*, vol.127, n.198, p.1.419-30; cf. R. Braidwood, "Prelude to civilization", in Carl H. Kraeling e Robert M. Adams (orgs.) *City Invicible: A Symposium on Urbanization and Cultural Development in the Ancient Near East* (Chicago, 1960), p.297-313; Carl O. Sauer, *Agricultural Origins and Dispersals* (Nova York, 1952); Edgar Anderson, *Plants, Man and Life* (Boston, 1952).

Sobre os mitos do tipo Hainuwele e sua significação religiosa e cultural, ver Ad. E. Jensen, *Das religioese Weltbild einer frühen Kultur* (Stuttgart, 1948), p.35s.; id., *Mythes et cultes chez les peuples primitifs* (trad. fr., Payot, 1954 [ed. alemã, Wiesbaden, 1950]), p.188s.; Carl A. Schmitz, "Die Problematik der Mythologeme 'Hainuwele' und 'Prometeus'", *Anthropos*, 55, 1960, p.215-38; M. Eliade, *Aspects du mythe* (1963), p.132s.; T. Mabuchi, "Tales concerning the origin of grains in the insular areas of Eastern-Southeastern Asia", *Asian Folklore Studies*, n.23, 1964, p.1-92; Atsuhiko Yoshida, "Les excrétions de la déesse et l'origine de l'agriculture", *Annales*, jul-ago 1966, p.717-28.

Estado das questões: bibliografia crítica   361

Recentemente Ileana Chirasi identificou na mitologia grega alguns complexos mítico-rituais de tipo Hainuwele que parecem solidários da fase "pré-cereais"; cf. *Elementi di culture precereali nei miti e riti greci* (Roma, 1968).

Segundo o etnólogo alemão Kunz Dittmer, a cultura das raízes e dos bulbos já teria começado, na Ásia sul-oriental, no paleolítico superior. As mulheres eram responsáveis pela plantação e colheita; trançavam cestas e mais tarde manufaturavam a cerâmica. Por conseguinte, os campos cultivados passaram a ser propriedade das mulheres. O marido vinha morar na casa da esposa e a descendência era matrilinear. Os homens, além da caça e da pesca, encarregavam-se dos trabalhos de arroteamento. Esse tipo de civilização, que Dittmer definiu como uma combinação de caça e vegetocultura ("Jaeger-Pflanzer"), difundiu-se na África tropical, na Melanésia e nas duas Américas.

Ainda no sudeste da Ásia apareceu mais tarde a cultura dos tubérculos e a horticultura; foi durante esse período que se deu a domesticação do porco e das aves. Essa civilização se caracteriza por uma organização de tipo matriarcal, por sociedades secretas masculinas (para atemorizar as mulheres), as classes de idade, a importância econômica e religiosa da mulher, as mitologias lunares, os cultos orgiásticos da fertilidade, a caça de cabeças e o culto dos crânios. A regeneração da vida efetuava-se por meio de sacrifícios humanos. O culto dos antepassados era justificado por seu papel na fertilidade. Outros elementos característicos: o xamanismo e o desenvolvimento da arte (música, drama cultual, máscaras das sociedades secretas, figurações plásticas dos ancestrais). Esse tipo de civilização (ou ciclo cultural) teve sua difusão, durante a época mesolítica, na Ásia sul-oriental (encontramo-lo ainda hoje entre certas populações primitivas da Índia exterior e da Indochina), na África equatorial e nos mares do Sul, com exceção da Polinésia.

Dittmer explica a cerealicultura como um substituto (*Ersatz*) da vegetocultura, que se impôs pela difusão da prática em direção às zonas das estepes. A passagem da vegetocultura para a cerealicultura teve lugar na Índia: foi nela que se cultivou o mais antigo cereal, o milho. Da Índia, essa nova técnica foi levada para a Ásia ocidental, onde se domesticaram as espécies silvestres de diversas gramíneas. Dittmer distingue dois círculos culturais específicos à cultura dos cereais: a) a cultura de tipo "extensivo", nas regiões que gozam de suficiente quantidade de chuvas; b) a cultura "intensiva", isto é, que utiliza os eirados, a irrigação e a jardinagem. A cada um desses ciclos culturais correspondem estruturas sociológicas, econômicas e religiosas específicas (cf. Kunz Dittmer, *Allgemeine Voelkerkunde*, Braunschweig, 1954, p.163-90).

Em contrapartida, H. Baumann julga que a cultura dos tubérculos foi inventada imitando-se e readaptando-se a técnica da cerealicultura; cf. *Das doppelte Geschlecht* (Berlim, 1955), p.289s.

12. Sobre a solidariedade mística mulher-terra cultivada, ver M. Eliade, *Traité d'histoire des religions* (nova ed., 1968), p.208-28, 281-309; id., *Mythes, rêves et mystères* (1957), p.206-53.

Contra as generalizações apressadas de Albert Dieterich (*Mutter Erde*, 3ª ed., Berlim, 1925), ver Olof Pettersson, *Mother Earth: An Analysis of the Mother Earth Concepts according to Albert Dieterich* (Lund, 1967). Cf. também P.J. Ucko, *Anthropomorphic Figurines* (Londres, 1968) e Andrew Fleming, "The myth of the Mother-Goddess" (*World Archaeology*, vol.I, 1969, p.247-61).

Sobre a partenogênese das deusas gregas e mediterrâneas, ver Uberto Pestalozza, *Religione mediterranea. Vechi e nuovi studi* (Milão, 1951), p.191s.

Sobre a renovação periódica do mundo, Eliade, *Le mythe de l'éternel retour* (nova ed., 1969), p.65s.; id., *Aspects du mythe* (1963), p.54s.

Sobre o simbolismo da árvore cósmica, ver os documentos e as bibliografias citados em Eliade, *Le chamanisme* (2ª ed., 1968), p.49s., 145s., 163s., 227s.

Sobre o tempo circular e o ciclo cósmico, cf. *Le mythe de l'éternel retour*, p.65s.

Sobre a valorização religiosa do espaço, ver *Traité*, p.310s.

Sobre o simbolismo das habitações na cultura neolítica do Yang-Chao, ver R.A. Stein, "Architecture et pensée religieuse en Extrême-Orient", *Arts Asiatiques*, n.4, 1957, p.177s.; cf. também Eliade, *Le chamanisme*, p.213s.

Sobre a dicotomia classificatória e ritual, e as diferentes espécies de antagonismos e polaridades, ver Eliade, *La nostalgie des origines* (1971), p.249-336.

13. Sobre os documentos arqueológicos de Jericó e sua interpretação, ver Kathleen Kenyon, *Digging up Jericho* (Londres, 1957); id., *Archaeology in the Holy Land* (Londres, 1960); J. e J.B.E. Gastang, *The Story of Jericho* (Londres, 1948); E. Anati, *Palestine Before the Hebrews*, p.273s.; R. de Vaux, *Histoire ancienne d'Israël*, p.41s.

Sobre as religiões neolíticas da Síria e da Palesrina, ver, depois de todas as outras obras, J. Cauvin, op.cit., p.43s. (escavações de Jericó, Munhata, Beidha, Tell Ramad); p.67s. (Ras Shamra, Biblos etc.); Müller-Karpe, *Handbuch*, II, p.335s., 349s.

Mellaart pensava que a cultura pré-cerâmica de Jericó (fase B, ~ 6500-5500) seria derivada da cultura de Hacilar (~ 7000-6000); cf. "Hacilar: A veolithic village site", *Scientific American*, vol.205, agosto de 1961, p.90. Mas em *Earliest Civilization of the Near East* (Londres-Nova York, 1965), p.45, ele cita as novas datas de Jericó estabelecidas pelo carbono radiativo (fase B; ~ 6968 e 6918); em outras palavras, as duas culturas parecem ser contemporâneas.

Quanto a Çatal Hüyük, representa a maior cidade neolítica do Oriente Próximo. Embora incompletamente escavada (um quarto da superfície, em 1965), Çatal Hüyük revelou um surpreendente grau de civilização: uma agricultura desenvolvida (várias espécies de grãos e de legumes), criação de animais, comércio e numerosos templos, ricamente decorados. Cf. James Mellaart, *Çatal Hüyük: A Neolithic Town of Anatolia* (Nova York, 1967). Ver também Walter Dostau, "Zum Problem der Stadt- und Hochkultur im Vorderen Orient: Ethnologische Marginalien", *Anthropos*, n.63, 1968, p.227-60.

Sobre Tell Halaf, a bibliografia essencial é registrada por Müller-Karpe, vol.II, p.59s., 427-8.

Sobre a cultura de Obeid, ver Müller-Karpe, op.cit., p.61s., 339, 351, 423 (bibliografia das escavações), 425s. (o Templo Branco, o *ziqqurat*). Cf. também M.E.L. Mallowan, *Early Mesopotamia and Iran* (1965), p.36s.

Outro santuário que merece menção imediata: o "Templo dos Olhos", desencavado por Mallowan em Brak, no vale de Habur (1000 km ao norte de Uruk), e datado por ele como de aproximadamente ~ 3000. Encontraram-se alguns milhares de "ídolos" de alabastro branco e negro, caracterizados por um ou vários pares de olhos. Segundo Mallowan, eles representam ex-votos oferecidos a uma divindade onividente, protetora da cidade; cf. *Early Mesopotamia*, p.48s., e figs.38-40. O templo era consagrado à deusa Inanna. Em seu livro *The Eye Goddess* (1957), O.G.S. Crawford estuda a difusão desse gênero de iconografia até a Inglaterra e a Irlanda, mas boa parte dos exemplos por ele citados não é convincente.

Estado das questões: bibliografia crítica   363

O simbolismo religioso das estatuetas e outros objetos da pré-história mesopotâmica foi estudado por B.L. Goff, *Symbols of Prehistoric Mesopotamia* (New Haven e Londres, 1963); ver sobretudo p.10-48 (épocas Tell Halaf e Obeid), e figs.58-234.

14. Sobre a mais antiga civilização europeia, ver Marija Gimbutas, "Old Europe c.7000-3500 B.C.: The earliest european civilization before the infiltration of the indo-european peoples", in *The Journal of Indo-European Studies*, vol.I, 1973, p.1-20.

Sobre o santuário de Cascioarele, ver Vladimir Dumitrescu, "Edifice destiné au culte découvert dans la couche Boian-Spantov de la station-*tell* de Cascioarele", *Dacia*, N.s., n.14, 1970, p.5-24.

Sobre o modelo de templo, ver Hortensia Dumitrescu, "Un modèle de sanctuaire découvert dans la station énéolithique de Cascioarele", *Dacia*, N.s., n.12, 1968, p.381-94.

15. Sobre a descoberta dos metais e o desenvolvimento das técnicas metalúrgicas, ver T.A. Rickard, *Man and Metals. A History of Mining in relation to the Development of Civilization* (Nova York, 1932); R.I. Forbes, *Metallurgy in Antiquity* (Leiden, 1950); Charles Singer, E.Y. Holmyard e A.R. Hall, *A History of Technology*, vol.I (Oxford, 1955). Ver as bibliografias em M. Eliade, *Forgerons et alchimistes* (Paris, 1956), p.186-7; "The forge and the crucible: a postscript" (HR, n.8, 1968, p.74-88), p.77.

Sobre os trabalhadores das minas e os ferreiros, ver *Forgerons et alchimistes*, p.57-88; "A Postscript", p.78-80. Sobre os ferreiros divinos e os heróis civilizadores, cf. *Forgerons et alchimistes*, p.89-112. Sobre as "origens" da alquimia, ver A.M. Leicester, *The Historical Background of Chemestry* (Nova York, 1956); I.R. Partington, *History of Chemestry*, vol.I (Londres, 1961); Allen G. Debus, "The significance of the history of early chemestry" (*Cahiers d'Histoire Mondiale*, n.9, 1965, p.39-58); Robert P.Multhauf, *The Origin of Chemestry* (Londres, 1966).

16. Para uma introdução geral à história, à cultura e à religião sumerianas, ver A. Parrot, *Sumer* (Paris, 1952) e sobretudo as obras des. N. Kramer, *The Sumerians. Their History, Culture and Character* (Chicago, 1963); *From the Tablets of Sumer* (Indian Hills, 1956; reeditado com o título de *History Begins at Sumer*, Nova York, 1959); "Mythology of Sumer and Akkad", in N. Kramer (org.), *Mythologies of the Ancient World* (Nova York, 1961), p.93-137; *Sumerian Mythology* (Filadélfia, 1944; edição corrigida e aumentada, 1961). Todas essas obras contêm numerosas traduções, quase integrais, dos textos sumerianos. Cf. também Adam Falkenstein e W. von Soden, *Sumerische und Akkadische Hymnen u. Gebete* (Zurique, 1953); G.R. Castellino, *Mitologia sumero-accadica* (Turim, 1967). Ainda é útil a monografia de Charles F. Jean, *La Religion sumérienne* (Paris, 1931). Uma síntese notável foi fornecida por Raymond Jestin, "La religion sumérienne", Henri-Charles Puech (org.), *Histoire des religions*, t.I (Paris, 1970), p.154-202. Ver também Thorkild Jacobsen, "Formative tendencies in sumerian religion", Ernest Wright (org.), *The Bible and the Ancient Near East* (Nova York, 1961), p.267-78; id., "Early mesopotamian religion: the central concerns" (*Proc. Am. Philos. Soc.*, vol.107, 1963, p.473-84).

A religião sumeriana é tratada juntamente com a da Acádia em Edouard Dhorme, *Les religions de Babylonie et d'Assyrie* (col. Mana, Paris, 1945, p.1-330; ricas bibliografias críticas). Ver também V. Christian, "Die Herkunft der Sumerer", *Sitzungsberichte der Akademie in Wien*, vol.I, n.236, 1961; A. Falkenstein, "La cité-temple sumérienne", *Cahiers d'Histoire Mondiale*, vol.I, 1954, p.784-814; F.R. Kraus, "Le rôle des temples de-

364   *História das crenças e das ideias religiosas*

puis la troisième dynastie d'Ur jusqu'à la première dynastie de Babylone", ibid., p.518-45; A. Sjöberg e E. Bergmann, *Sumerian Temple Hymns* (1969).

Desde 1944, B. Landsberger havia demonstrado que a terminologia cultural sumeriana (isto é, as palavras relacionadas com a agricultura, a metalurgia, os ofícios) assim como os nomes de rios e de cidades são de origem pré-sumeriana. Cf. Kramer, *The Sumerians*, p.41s.

Antes de se estabelecerem na baixa Mesopotâmia, os sumérios veneravam em comum as mesmas divindades; entre as mais importantes, An, En-lil, En-ki, Inanna. Mais tarde, porém, cada cidade tinha o seu deus-padroeiro: por exemplo, En-lil era o deus de Nippur, En-ki reinava em Eridu, Inanna em Ur etc.

O mito de Dilmun foi traduzido por Kramer, Anet, p.34-41, e *From the Tablets of Summer*, p.169-75, por Maurice Lambert; "La naissance du monde à Sumer", *Naissance du monde, sources Orientales*, vol.I, Paris, 1959, p.103s., e recentemente por Castellino, *Mitologia sumero-accadica*, p.50s.

Sobre An, cf. Dhorme, *Religions*, p.22-6, 45-8, e W.d.M, I [D.O. Edzard, "Die Mythologie der Sumerer u. Akkader", p.19-139], p.40-1.

Sobre En-ki, cf. Dhorme, op.cit., p.31-8, 50-1; J. Botéro, "Les divinités sémitiques en Mésopotamie ancienne", in *Studi Semitici*, I (Roma, 1958), p.17-63, p.36-8.

17. Para uma apresentação comparativa dos mitos sobre a criação do homem, ver Theodore Gaster, *Myth, Legend and Customs in the Old Testament* (Nova York, 1969), p.8s. Os textos mesopotâmicos são traduzidos por Alexander Heidel, *The Babylonian Genesis* (Chicago, 1942), p.62-72.

Segundo uma tradição transmitida por Bérose (século III a.C.), foi Bel [= Marduk] quem ordenou aos deuses que lhe cortassem a cabeça e modelassem o homem com seu sangue misturado à terra (Heidel, op.cit., p.77-8). Se essa tradição é autêntica, o próprio corpo do homem seria constituído de uma substância divina e "demoníaca" (pois a terra se origina de Tiamat).

No mito da "criação da pá", En-lil separa o Céu da Terra para que os homens "possam surgir do solo": trad. Castellino, *Mitologia sumero-accadica*, p.55s.

Sobre as significações do termo *me*, ver B. Landsberger, *Islamica*, n.2, 1926, p.369; Th. Jacobsen, JNES, n.5, 1946, p.139, nota 20; J. van Dick, *La sagesse suméro-akkadienne* (Leiden, 1953), p.19; K. Oberhuber, *Der numinose Begriff ME im Sumerischen* (Innsbruck, 1963).

Sobre o rito do casamento sagrado entre o soberano e Inanna, ver N. Kramer, *The Sacred Marriage Rite: Aspects of Faith, Myth and Ritual in Ancient Sumer* (Indiana Univ. Press, 1969); id., "Le rite du mariage sacré Dumuzi-Inanna", RHR, t.181, 1972, p.121-46.

Sobre a concepção dos modelos celestes das cidades e dos templos, cf. M. Eliade, *Le mythe de l'éternel retour* (1949, 2ª ed., 1969), p.17s.

A importância da "lista dos reis" foi demonstrada por Thorkild Jacobsen, *The Sumerian King List* (Chicago, 1939). Uma nova tradução foi apresentada por Kramer, *The Sumerians*, p.328-31. A tradição da descida dos primeiros reis do Céu – e sua ascensão para a morte – conservou-se no Tibete: os reis utilizavam uma corda maravilhosa; cf. alguns exemplos M. Eliade, *Méphistophélès et l'Androgyne*, p.208-9; acrescentar Erik Haarth, *The Yar-Lum Dynasty* (Copenhague, 1969), p.138s. O mito do Rei-Messias descido do céu desfrutará uma grande popularidade na época helenística.

Estado das questões: bibliografia crítica

18. Encontraremos uma bibliografia essencial sobre os mitos do dilúvio em Th. Gaster, *Mith, Legend and Customs*, p.353, a ser completada por M. Eliade, *Aspects du mythe*, p.71s.

Os fragmentos sumerianos foram traduzidos por Kramer, Anet, p.42-43.

Sobre o mito diluviano na *Epopeia de Gilgamesh*, cf. Alexander Heidel, *The Gilgamesh Epic and the Old Testament Parallels* (Chicago, 1946), p.224s., A. Schott, W. von Soden, *Das Gilgamesh-Epos* (Reclam, 1958), p.86-99; W.G. Lambert, JSS, n.5, 1960, p.113-23; E. Sollberger, *The Babylonian Legend of the Flood* (Londres, 1962); Ruth E. Simoons-Vermeer, "The mesopotamian flood-stories: a comparison and interpretation", *Numen*, n.21, 1974, p.17-34. Para a versão apresentada por Bérose, cf. P.Schnabel, *Berossus und die helenistische Literatur* (1923), p.164s.; Heidel, op.cit., p.116s.

Segundo uma passagem da *Epopeia de Gilgamesh* (quadro XI, 14), "o coração dos grandes deuses incitou-os a provocar um dilúvio". De acordo com as palavras dirigidas por Ea a En-lil (XI, 179s.), pode-se compreender que havia "pecadores", mas sem qualquer outra observação. Um fragmento da obra conhecida pelo nome de *Epopeia de Atrahasts* explica a cólera de En-lil pelo alarido dos homens "que se tornaram prósperos"; cf. Heidel, p.107 e 225s. Segundo textos recém-editados, o dilúvio era considerado uma punição divina: os homens tinham se rebelado contra seu "destino", que era servir aos deuses com o trabalho e o culto; cf. G. Pettinato, "Die Bestrafung der Menschengeschlechts durch die Sintflut", *Orientalia*, N.s., vol.37, 1968, p.156-20; W.G. Lambert, *Atrahasis. The Story of the Flood* (Oxford, 1969).

19. Existe uma copiosa bibliografia sobre Inanna; o essencial está registrado por E.O. Edzard em W.d.M., 1, p.81-9; acrescentar W. W. Hallo-J. van Dijk, *The Exaltation of Inanna* (New Haven-Londres, 1968), Wolfgang Helck, *Betrachtungen zur Grossen Göttin und den ihr verbunenen Gottheiten* (Munique, 1971), p.71-89, e os trabalhos recentes des. N. Kramer, *The Sacred Marriage Rite* (1969), e "Le rite du mariage sacré Durouzi-Inanna", RHR, t.181, 1972, p.121-46.

Sobre Ishtar hermafrodita, cf. J. Bottéro, "Les divinités sémitiques" (*Studi semitici*, I), p.40s. Sobre Ishtar deusa da guerra, cf. M.-Th. Barrelet, "Les déesses armées et ailées: Inanna-Ishtar", *Syria*, n.32, 1955, p.222-60.

Sobre Dumuzi-Tammuz, cf. a bibliografia de W.d.M., I, p.51-3. As mais importantes contribuições recentes são: Louis van den Berghe, "Réflexions critiques sur la nature de Dumuzi-Tammuz", *La Nouvelle Clio*, vol.VI (1954), p.298-321. T. Jacobsen, "Toward the image of Tammuz", HR, 1, 1961, p.189-213; O.R. Gurney, "Tammuz reconsidered, some recents developments", JSS, 7, 1962, p.147-60.

Sobre o papel de Geshtinanna no "retorno" de Dumuzi, cf. A. Falkenstein, in *Biblioteca Orientalis*, n.22, p.281s. As diferenças entre as versões ácade e sumeriana estão analisadas no estudo de A. Falkenstein, "Der summerische und der akkadische Mythos von Inannas Gang zur Unterwelt", em *Festschrift W. Caskel* (1968), p.96s., e por Jean Bottéro, no *Annuaire de l'Ecole des Hautes Etudes*, 4ª seção, 1971-72, p.81-97. Destaquemos as diferenças mais significativas: a versão sumeriana ignora a descrição pormenorizada do Inferno (ela conhece o "grande mundo inferior como antípoda do Céu, o "grande mundo superior"; Bottéro, p.86); na versão ácade, Ishtar ameaça, se não for imediatamente introduzida no Inferno, demolir as portas e libertar os mortos, que "devorarão os vivos" (ibid.); na versão ácade, a "aguardente" encontra-se no próprio Inferno (no "Outro" que continha a bebida dos deuses infernais; ibid., p.89); na versão ácade, parece ser Ereshkigal quem instrui o seu mensageiro para lavar Tammuz com unguento perfumado e para colocar-lhe "uma roupa de gala"; é ela portanto a responsável pela indignação de Ishtar e, finalmente, pela perda de Tammuz (ibid., p.91s.).

Em seu livro *Tammuz: Der Unsterblichkeitsglaube der altorientalischen Bildkunst* (Berlim, 1949), Anton Moortgat propôs uma nova interpretação de Dumuzi-Tammuz, baseada na documentação iconográfica. Mas muito poucas figuras podem ser identificadas com segurança; cf. Berghe, "Réflexions critiques".

20. Uma excelente apresentação da religião babilônica foi fornecida por J. Nougayrol em *Histoire des religions*, vol.I (Paris, 1970), p.203-49. Ver também J. Bottéro, *La religion babylonienne* (Paris, 1952); ibid., "Les divinités sémitiques anciennes en Mésopotamie", ins. Moscati, *Le antiche divinità semitiche* (= *Studi semitici*, I, Roma, 1958), p.17-63. G. Furlani, que publicara uma obra em dois tomos em 1928-29 (*La religione babilonese e assira*), sintetizou suas pesquisas em "La religione dei babilonesi e assiri", in *Le civiltà dell'Oriente*, vol.III, Roma, 1958, p.73-112. Ver também R. Follet, "Les aspects du divin et des dieux dans la Mésopotamie antique", *Recherches des Sciences Religieuses*, n.38, 1952, p.189-209. O ceticismo de A.L. Oppenheim ("Why a 'mesopotamian religion' should not be written", *Ancient Mesopotamia*, p.172s.) não parece ser compartilhado por seus colegas. Ver também M. David, *Les dieux et le destin en babylonie* (Paris, 1949).

Sobre Ereshkigal e Nergal, cf. Dhorme, *Les religions de babylonie et d'assyrie*, p.39-43, 51-2.

Sobre Marduk, ver Dhorme, op.cit., p.139-50, 168-70, W. von Soden, in *Zeitschrift für Assyriologie*, N.F., n.17, 1955, p.130-66. Sobre o deus Assur, cf. G. van Driel, *The Cult of Assur* (Assen, 1969).

Sobre os templos, ver Dhorme, op.cit., p.174-97; H.J. Lenzen, "Mesopotamische Tempelanlagen von der Frühzeit bis zum zweiten Jahrtausend", *Zeitschrift für Assyriologie*, N.F., n.17, 1955, p.1-36; G. Widengren, "Aspetti simbolici dei templi e luoghi di culto del vicino Oriente antico", *Numen*, n.7, 1960, p.1-25; A.L. Oppenheim, *Ancient Mesopotâmia*, p.106s., 129s.

Para os *ritos*, ver G. Furlani, *Il sacrificio nella religione dei semiti di Babilonia e Assiria* (Memorie della Accademia dei Lincei, vol.VI, n.3, 1932, p.105-370); id., *Riti babilonesi e assiri* (Udine, 1940); F. Thureau-Dangin. *Rituels akkadiens* (Paris, 1921); exposição panorâmica, com rica bibliografia, em Dhorme, op.cit., p.220-57; para os deuses intercessores, que servem de intermediários entre o fiel e aquele que é invocado, cf. ibid., p.249-50; para as orações, ver A. Falkenstein e W. von Soden, *Sumerische und akkadische Hymnen und Gebete* (Stuttgart, 1953) e Dhorme, op.cit., p.247s.

Sobre a confissão dos pecados, ver R. Pettazoni, *La confesione dei peccati*, vol.II (Bolonha, 1935), p.69-139.

Sobre a luminosidade dos deuses, ver A.L. Oppenheim, "Akkadian *pul(u)h(t)u and melammu*", JAOS, n.63, 1943, p.31-4; id., "The Golden Garments of the Gods", JNES, n.8, 1949, p.172-93, e sobretudo Elena Cassin, *La splendeur divine* (Paris-Haia, 1968), p.12s. (crítica da hipótese de Oppenheim), 26s. (luz e caos: a soberania divina), 65s. (o *melammu* e a função real). Cf. vol.II (§ 104 da bibliografia), sobre *xvarenah* iraniana.

Sobre a magia, ver Meissner, *Babylonien u. Assyrien*, II, p.198s.; Dhorme, op.cit., p.259s.; G. Contenau, *La magie chez les assyriens et les babyloniens* (Paris, 1947); Erica Reiner, "La magie babylonienne", *Le monde du sorcier* (Sources Orientales, vol.VII, Paris, 1966), p.67-98; J. Nougayrol, "La religion babylonienne", p.231-4. Citemos algumas linhas

Estado das questões: bibliografia crítica 367

da conclusão: "A imaginação babilônica, que se desviara ligeiramente das 'histórias dos deuses' da Suméria, parece comprazer-se assim com as 'histórias de diabos'. Nesses escritos dos mágicos – extremamente numerosos e longos – pode haver uma parte de literatura destinada a seduzir o profano. ... Mas há também neles, inegavelmente, um fundo de angústia sobre o qual a angústia da 'guerra atômica' pode nos dar uma ideia. ... Nenhum povo, mais do que o da Mesopotâmia, em meio aos 'bárbaros' que o cercavam, ameaçava constantemente e invadia periodicamente seu território, parece ter tido em tão boa dose o sentimento de que civilização e 'boa vida' são coisa frágil e que não param de ser questionadas" (p.234).

21. O *Enuma elish* foi profusamente traduzido. Assinalemos as traduções mais recentes: R. Labat, *Le poème babylonien de la création* (Paris, 1935) e *Les religions du Proche-Orient asiatique*, p.36-70; E.A. Speiser, "The creation epic", Anet, p.60-72; A. Heidel, *The Babylonian Genesis* (Chicago, 1942; 2ª ed. rev. e ampliada, 1951); Paul Garelli e Marcel Leibovici, "La naissance du monde selon Akkad", *La naissance du monde* (*Sources Orientales*, vol.I, Paris, 1960), p.132-45.

A obra de Heidel contém ainda a tradução de outros textos cosmogônicos da Babilônia e um estudo comparativo com a gênese no Antigo Testamento. Ver também W. von Soden, *Zeit. f. Assyriologie*, n.47, 1954, p.1s.; F.M. Th. de Liagre; *Opera minora* (Groningen, 1953), p.282s., 504s.; W.G. Lambert e P.Walcot, "A new Babylonian Theogony and Hesiod", *Kadmos*, n.4, 1965, p.64-72 (ver cap. VI, §47 desta obra).

Encontrar-se uma análise do *Enuma elish* como expressão do pensamento mesopotâmico em T. Jacobsen, "The cosmos as a state", in H. Frankfort *et alia*, *Before Philosophy. The Intellectual Adventure of Ancient Man* (Chicago, 1946, Penguin Books, 1949), p.137s., particularmente p.182-99. Em vários estudos, Jacobsen pôs em destaque o caráter "democrático" do governo sumeriano e, por extensão, do panteão babilônico (com efeito, como mostra o *Enuma elish*, Marduk é promovido a deus supremo pela assembleia de todas as divindades); cf. Jacobsen, "Early political development in Mesopotamia", *Zeitschrift f. Assyriologie*, n.52, 1957, p.91-140; id., JNES, n.2, p.159s. Ver também "The Battle between Marduk and Tiamat", Jaos, n.88, 1968, p.104-8.

O caráter sagrado da realeza no Oriente Próximo antigo deu lugar a uma longa controvérsia. Alguns eruditos viram no rei, representante do deus, o centro de um sistema mítico-ritual próprio a todas as religiões do Oriente Próximo antigo. Essa orientação metodológica, conhecida sob o nome de *"Myth and ritual school"* ou *"Patternism"*, inspirou um grande número de obras, entre as quais basta citar os dois volumes organizados por S.H. Hooke, *Myth and Ritual* (1933) e *The Labyrinth* (1935), e os trabalhos de I. Engnell e G. Widengren. O *"Patternism"* foi criticado, principalmente por H. Frankfort, *The Problem of Similarity in Ancient Near Eastern Religions* (Frazer Lecture, Oxford, 1951). Esse eminente erudito sustentou que as diferenças entre as formas consideradas eram mais importantes do que as similitudes. Por exemplo, chamou a atenção para o fato de que o faraó era considerado um deus ou tornava-se um deus. Todavia, é evidente que as diferenças e as similitudes são também importantes, toda vez que lidamos com *culturas historicamente aparentadas*. Ver também. H. Hooke, "Myth and ritual: past and present", in *Myth, Ritual and Kingship*, p.1-21; S.G.F. Brandon, "The myth and ritual position critically considered", ibid., p.261-91 (esse estudo contém uma rica bibliografia crítica até 1955).

22. Sobre a *akîtu*, ver H. Zimmern, *Zum babylonischen Neujahrsfest*, vol.I-II (Leipzig, 1906, 1918); S.A. Pallis, *The Babylonyan* akîtu *festival* (Copenhague, 1926; cf. a crítica de H.S. Nyburg, *Le Monde Oriental*, n.23, 1929, p.204-11); R. Labat, *Le caractère religieux de la royauté assyro-babylonienne* (Paris, 1939), p.95s.; H. Frankfort, *Kingship and the Gods* (Chicago, 1948), p.313s. (= *La royauté et les dieux*, Payot, 1951, p.401s.); W.G. Lambert in JSS, n.13, p.106s. (a vitória de Marduk era reatualizada por ocasião de cada festa do ano-novo). Sobre a festa do ano-novo considerada como a repetição da cosmogonia: A.J. Wensinck, "The semitic new year and the origin of eschatology", *Acta Orientalia*, vol.I, 1923, p.158-99; Eliade, *Le mythe de l'éternel retour*, p.65-90.

Sobre a festa dos destinos, cf. Dhorme, *Les religions de Babylonie*, p.244s., 255s.

Sobre o caráter sagrado da realeza mesopotâmica: R. Labat, *Le caractère religieux de la royauté assyro-babylonienne*; Dhorme, *Les religions de Babylonie*, p.20 (a divinização dos reis); H. Frankfort, *Kingship and the Gods*, p.215s. (= *La royauté*, p.289s.); I. Engnell, *Studies in Divine Kingship in the Ancient Near East* (Uppsala, 1943), p.18s.; G. Widengren, *The King land the Tree of Life in Ancient Near Eastern Religion* (Uppsala, 1951); Sidney Smith, "The practice of kingship in early semitic ringdoms", ins. H. Hooke (org.), *Myth, Ritual and Kingship* (Oxford, 1958), p.22-73; A.L. Oppenheim, *Ancient Mesopotamia*, p.98s.; J. Zandee, "Le Messie. Conceptions de la royauté dans les religions du Proche-Orient ancien", RHR, t.180, 1971, p.3-28.

23. Utilizamos as traduções de G. Contenau, *L'Épopée de Gilgamesh* (Paris, 1939); Alexander Heidel, *The Gilgamesh Epic and Old Testament Parallels* (Chicago, 1946); E.A. Speiser, Anet, p.72-99; A. Schott e W. v. Soden, *Das Gilgamesh Epos* (Stuttgart, 1958). Ver agora Labat, *Rel. du Proche-Orient*, p.149-226.

Conhecem-se até agora, em versão sumeriana, seis episódios da lenda de Gilgamesh: 1) a expedição na floresta dos cedros e a vitória contra Huwawa (trad. de Kramer, *From the Tablets*, p.204-7; *The Sumerians*, p.192-7); 2) Gilgamesh e o touro celeste; 3) o dilúvio e a imortalização de Zisudra; 4) a morte de Gilgamesh (Anet, p.50-52), episódio que falta na versão babilônica; 5) Gilgamesh e Agga (trad. in *Tablets*, p.29-30; *The Sumerians*, p.197-200), um dos textos épicos sumerianos mais curtos (115 linhas), do qual não se encontrou vestígio na Epopeia babilônica (mas alguns autores pensam que o episódio tem base histórica, e por conseguinte não deve ser incluído entre os textos mitológicos); 6) Gilgamesh, Enkidu e o outro mundo (trad. in *Tablets*, p.224-225; *The Sumerians*, 197-205).

Este último episódio constitui a matéria da décima segunda tábula da *Epopeia de Gilgamesh* (ver cap.III). Gilgamesh corta uma árvore gigante e dá a madeira a Inanna-Ishtar para que ela construa para si um trono e uma cama. Das raízes e da parte mais alta, fabrica para si dois objetos mágicos, *pukku* e *mekku*, cuja interpretação é ainda controvertida; trata-se provavelmente de instrumentos de música (tambor e baquetas?). Em decorrência de um erro ritual, esses objetos caem no mundo subterrâneo. Comovido com o desespero do seu senhor, Enkidu se oferece para procurá-los. Mas, uma vez que não levou em consideração as instruções que Gilgamesh lhe dera para não irritar os espíritos, Enkidu não pode mais subir. Aflito, Gilgamesh implora aos deuses, e Nergal, o soberano dos Infernos, permite ao espírito de Enkidu retornar por alguns instantes à Terra. Gilgamesh interroga-o sobre o destino dos mortos. Seu companheiro hesita: "Se eu te disser a lei do mundo subterrâneo que conheço, verei tu te sentares para chorar!" (col. IV, 1-5). Mas Gilgamesh insiste e Enkidu faz-lhe uma breve e deprimente descrição: "Tudo aquilo na poeira está mergulhado...".

Estado das questões: bibliografia crítica

Ver N. Kramer, *Gilgamesh and the Huluppu-Tree* (Assyriological Study, n.8, Oriental Institute of Chicago); idem, "Gilgamesh: Some new sumerian data", P.Garelli (org.), *Gilgamesh et sa légende* (Paris, 1960), p.59-68; id., "The epic of Gilgamesh and its sumerian sources", Jaos, 64, 1944, p.7-22; id., "Sumerian epic literature", *La poesia epica e la sua formazione* (Accad. Naz. dei Lincei, 1970), p.825-37; A. Schaffer, *Sumerian Sources of Tablet XII of the Epic of Gilgamesh* (Dissertation, Dept. of Oriental Studies, Univ. of Pennsylvania, Filadélfia, 1962). Segundo A. Falkenstein, o nome do herói se lia, em sumério, Bilgames; cf. *Reallexikon der Assyriologie* (Berlim-Leipzig, 1932s.), vol.III (1968), p.357s.

Existe uma enorme bibliografia sobre a *Épopée de Gilgamesh* (na qual P.Jensen via a principal fonte da literatura universal; cf. *Das Gilgamesh-Epos in der Weltliteratur*, I, Estrasburgo, 1906). As mais importantes *contribuições* são registradas nas traduções de Contenau, Heidel, Kramer e A. Schott-W. v. Soden. Ver também os estudos reunidos por P.Garelli, *Gilgamesh et sa légende* (p.7-30, bibliografia) e os artigos de A. Falkenstein et alia, *Real. d. Assyr.*, vol.III (1968), p.357-75, W. von Soden in *Zeit. d. Assyr.*, n.53, p.209s., e J. Nougayrol, "L'Épopée babylonienne", *La poesia epica e la sua formazione*, p.839-58. Recentemente, Kurt Jaritz interpretou certo número de episódios (o tambor, os sonhos, a floresta dos cedros etc.) como exemplos de ideias e práticas xamânicas; cf. "Schamanistisches im Gilgames-Epos", *Beiträge zu Kultur und Religion des alten Orients* (Baden-Baden, 1971), p.75-87. Interpretação similar foi proposta por E.A.S. Butterworth, *The Tree at the Navel of the Earth* (Berlim, 1970), p.138s.

O mito de Adapa constitui ainda um exemplo de imortalização fracassada; mas, nesse caso, a responsabilidade disso não compete ao herói. Adapa foi criado por Ea, inteligente mas mortal. Certa vez, porque o vento do sul lhe virara a barca, Adapa quebrou-lhe as asas. Era uma violação de ordem cósmica, e Anu convocou-o para o julgamento. Antes de partir, Ea lhe dá instruções precisas sobre sua conduta no Céu, e o incita sobretudo a recusar "o pão de morte" e "as águas de morte" que lhe oferecerão. Adapa não escondeu que tinha quebrado as asas do vento para vingar-se. Impressionado com sua sinceridade, Anu oferece-lhe "o pão de vida" e "as águas de vida". Mas Adapa os recusa, perdendo assim a oportunidade de tornar-se imortal. Indiretamente, esse episódio mítico parece refletir uma tensão entre Anu e Ea cujas causas ignoramos. Ver a nova tradução comentada de Labat, *Les religions du Proche-Orient asiatique*, p.290-4.

Sobre as concepções relativas à morte e ao além, cf. B. Meissner, *Babylomen u. Assyrien*, vol.II, p.143s.; A. Heidel, *The Gilgamesh Epic*, p.137s.; J.M. Aynard, "Le jugement des morts chez les assyro-babyloniens", *Le jugement des morts (Sources Orientales*, n.4, Paris, 1961), p.81-102.

24. Para a literatura sapiencial, seguimos as traduções de Robert H. Pfeifer, Anet, p.343-440. Outras traduções foram fornecidas por W.G. Lambert, *Babylonian Wisdom Literature* (Oxford, 1960), p.21-62s., por G.R. Castellino, *Sapienza babilonese* (Turim, 1962) e por R. Labat, *Les religions du Proche-Orient*, p.320s. Cf. também J.J.A. van Dijk, *La sagesse suméro-akkadienne* (Leiden, 1953); J. Nougayrol, "Une version ancienne du 'Juste Souffrant'", RB 59, 1952, p.239-50; e a bibliografia recente registrada por O. Eissfeldt, *The Old Testament: An Introduction* (1963), p.83, nota 3.

Para a adivinhação babilônica, ver A.L. Oppenheim, *Ancient Mesopotamia*, p.206-27; *La divination en Mésopotamie et dans les régions voisines* (Trabalhos do Centro de Estudos Superiores, especializado em história das religiões, de Estrasburgo, 1966), de que se

370　　　*História das crenças e das ideias religiosas*

levarão em conta principalmente as contribuições de A. Falkenstein ("'Wahrsagung' in der Sumerischen überlieferung"), A. Finet ("La place du devin dans la société de Mari"), J. Nougayrol ("Trente ans de recherches sur la divination babylonienne, 1935-1963"), A.L. Oppenheim ("Perspectives on mesopotamian divination"); Jean Nougayrol, "La divination babylonienne", André Caquot e Marcel Leibovici (orgs.), *La divination*, vol.I (Paris, 1968), p.25-81. Esses trabalhos são acompanhados de ricas bibliografias.

Sobre a oniromancia babilônica, ver A.L. Oppenheim, *The Interpretation of Dreams in the Ancient Dream Book* (Filadélfia, 1956); Marcel Leibovici, "Les songes et leur interprétation à Babylone", *Les songes et leur interprétation* (*Sources Orientales*, n.2; Paris, 1959), p.65-85.

Sobre os horóscopos, cf. A. Sachs, "Babylonian horoscopes", *Journal of Cuneiform Studies*, n.6, 1952, p.49-75; sobre a astrologia, cf. Nougayrol, "La divination babylonienne", p.45-51 (e a bibliografia, ibid., p.78); A.L. Oppenheim, *Ancient Mesopotamia*, p.308s.

A respeito das descobertas científicas, cf. O. Neugebauer, *The Eact Sciences in Antiquity* (2ª ed.; Providence, 1957); id., "The survival of babylonian methods in the exact science of antiquity and the Middle Ages", *Proceedings of American Philosophical Society*, v.107, 1963, p.528-35); A.L. Oppenheim, *Ancient Mesopotamia*, p.288-310.

Sobre a influência das ideias mesopotâmicas, cf. Oppenheim, op.cit., p.67s. (p.356, nota 26 e bibliografia); sobre as influências atestadas no Antigo Testamento, cf. a bibliografia de W.H. Ph. Römer, *Historia Religionum*, vol.I (Leiden, 1969), p.181-2.

25. Para a história geral do Egito, consultar: E. Drioton e J. Vandier, *L'Egypte* (2ª ed., Paris, 1946); John A. Wilson, *The Culture of Ancient Egypt* (*The Burden of Egypt*, Chicago, 1951; 5ª ed., 1958); William C. Hayes, *The Sceptre of Egipt I. From the Earliest Times to the End of the Middle Kingdom* (Nova York, 1953); Joachim Spiegel, *Das Werden der altaegyptischen Hochkultur* (Heidelberg, 1953); F. Daumas, *La civilisation de l'Egypte pharaonique* (Paris, 1965). Excelentes enfoques na obra publicada sob a organização de J.R. Harris, *The Legacy of Egypt* (Oxford, 1971).

Sobre as culturas pré-históricas do Egito, ver: E.J. Baumgartel, *The Cultures of Prehistoric Egypt* (Londres, 1955); H. Frankfort, *The Birth of Civilization in the Near East* (Londres, 1951), p.41s., 100s.; Wilson, *The Culture...*, p.18s.; W.B. Emery, *Archaic Egypt* (Pelican Books, Harmondswonh, 1963).

Ainda se ignora como a agricultura penetrou no Egito. É provável que ela se tenha difundido a partir da Palestina, pois os vestígios de uma cultura neolítica (por volta de ~ 4.500) foram escavados em Merimdé, próximo ao delta. Os mortos eram enterrados nas habitações, mas sem oferendas de objetos funerários. A cultura do Alto Egito denominada badariana (de Badari, nome do sítio) conhece, além da agricultura e da criação de animais, uma cerâmica com figuras pretas e vermelhas. Inumavam-se os mortos em posição curvada; enterravam-se também animais domésticos enrolados em pedaços de pano. Comparadas com as de Tell Halaf e Warka, essas culturas neolíticas egípcias parecem pobres e marginais.

Com o aparecimento da cultura amratiana (pré-dinástico antigo), assiste-se às primeiras tentativas de explorar a irrigação natural do vale do Nilo. Trabalham-se a pedra e o cobre, mas a cerâmica é mais grosseira que a da época badariana. (Provavelmente porque começavam a ser modelados vasos de pedra; cf. Clarke, *World Prehistory*, p.104.) Nos túmulos, encontraram-se oferendas de alimentos e estatuetas de argila. Foi somente

Estado das questões: bibliografia crítica 371

durante o pré-dinástico tardio (Nakada II) que se introduziu a metalurgia, mil anos após seu desenvolvimento no Oriente Médio. Muitos outros elementos culturais foram importados da Ásia, mas com um apreciável atraso. Os veículos munidos de rodas, conhecidos desde longa data na Mesopotâmia, só foram introduzidos no Egito sob o Novo Império (~ 1570, aproximadamente). A grandeza da civilização egípcia começa com a unificação dos dois países, o Alto e o Baixo Egito. Quanto aos primórdios da civilização urbana, de considerável interesse para todo estudo comparativo, seus traços arqueológicos estão enterrados no lodo do Nilo. Sobre as culturas badariana e amratiana, ver Müller-Karpe, op.cit., vol.II, p.28-55, 339-45, 353-61.

A bibliografia até 1948 está registrada por Jacques Vandier, *La religion égyptienne* (2ª ed., Paris, 1949), p.3-10; ver ibid., p.24-9, a exposição crítica das opiniões de K. Sethe (*Urgeschichte u. aelteste Religion der Aegypter*, Leipzig, 1930) e de H. Kees (*Der Goetterglaube im alten Aegypten*, Leipzig, 1941; 2ª ed., Berlim, 1956) sobre as religiões primitivas do Egito. Cf. R. Weill, "Notes sur l'histoire primitive des grandes religions égyptiennes" (*Bulletin de l'Institut Français d'Archéologie Orientale*, 47, 1948, p.59-150).

Entre os estudos gerais sobre as religiões do Egito, destaquemos: Adolf Erman, *Die Religion der Aegypter* (Berlim e Leipzig, 1934, trad. franc., 1937); Herman Junker, *Pyramidenzeit: Das Werden der altaegyptischen Religion* (Einsiedeln, 1949); J. Garnot Sainte-Fare, *Religions de l'Egypte* (Paris, 1951); S. Donadoni, *La religione dell'Egitto antico* (Milão, 1955); H. Frankfort, *Ancient Egyptian Religion* (Nova York, 1948); id., *La royauté et les dieux* (trad. franc., Payot, 1951; edição original, Chicago, 1948); R.T. Rundle Clark, *Myth and Symbol in Ancient Egypt* (Londres, 1959). O livro de Morenz, *La religion égyptienne* (trad. franc., Payot, 1962) constitui ao mesmo tempo uma abordagem e uma admirável síntese da perspectiva da história geral das religiões. Ver também J.C. Bleeker, "The religion of Ancient Egypt" (*Historia Religionum*, vol.I, Leiden, 1969, p.40-114); id., *Hathor and Thoth: Two Key Figures of the Ancient Egyptian Religion* (Leiden, 1973), p.10s., 158s.; P. Derchain, "La religion égyptienne", H. Ch. Puech (org.), *Histoire des religions*, vol.I (1970), p.63-140.

Indispensável pela riqueza dos documentos e das referências bibliográficas, Hans Bonnet, *Reallexikon der aegyptischen Religionsgeschichte* (Berlim, 1952). Günther Roeder publicou recentemente uma rica coleção de textos, admiravelmente ilustrada: *Die aegyptische Religion in Text und Bild*; I. *Die aegyptische Goetterwelt* II. *Mythen u. Legenden um aegyptische Gottheiten u. Pharaonen*; III. *Kulte, Orakel u. Naturverehrung im alten Ägypten*; IV. *Der Ausklang der aegyptische Religion, mit Reformation, Zauberei u. Jenseitsglaube* (Zurique, 1959-61).

Os documentos históricos são acessíveis na tradução de J.H. Breasted, *Ancient Records of Egypt*, vols. I-V (Chicago, 1906-07). O *Livro das pirâmides* teve diversas traduções (em alemão por Sethe, em francês por Speleers; em inglês por Mercer); seguimos a tradução de R.O. Faulkner, *The Ancient Egyptian Pyramid Texts* (Oxford, 1969), mas utilizamos igualmente os fragmentos traduzidos por Breasted, Weill, Clark, Sauneron e Yoyote.

Sobre o vocabulário religioso, ver C.J. Bleeker, "Einige Bemerkungen zur religioesen Terminologie der alten Aegypten", *Travels in the World of the Old Testament. Studies presented to professor M.A. Beek* (Assen, 1974), p.12-26.

26. Uma exposição sistemática das cosmogonias egípcias, completada pela tradução comentada dos textos, foi fornecida por Sauneron e J. Yoyote, "La naissance du monde selon l'Egypte ancienne", *La naissance du monde*, Paris, 1959, p.19-91. Ver também as traduções de J. Wilson, Anet, p.3-10.

As diferentes doutrinas cosmogônicas são discutidas por Vandier, *La Religion égyptienne*, p.57s. Cf. a análise de Clark, op.cit., p.35s. e principalmente Morenz, *Rel. égyptienne*, p.11s. Sobre a cosmogonia de Hermópolis, ver Morem e J. Schubert, *Der Gott auf der Blume, eine aegyptische Kosmogonie und ihre weltweite Bildwirkung* (Ascona, 1954). Sobre o valor criador do verbo, ver J. Zandee, "Das Schoepferwort im alten Ägypten" (*Verbum, Studia Theologica Rheno-Traiectina*, vol.VI, 1964, p.33s.).

A importância de Tebas a partir do fim do terceiro milênio colocou em primeiro plano seu deus Amon (que foi oportunamente associado a Ré). Mas a cosmogonia efetuada por Amon é tirada dos sistemas de Heliópolis, Hermópolis e Mênfis; ver os textos traduzidos e comentados por Wilson, Anet, p.8-10; Sauneron e Yoyote, p.67s.

Sobre o simbolismo da colina primordial e o espaço sagrado, ver Hellmut Brunner, "Zum Raumbegriff der Ägypter", *Studium Generale*, n.10, 1957, p.610s.; A. Saleh, "The so-called 'Primeval Hill' and other related elevations in Ancient Egyptian mythology", *Mitt. d. Deutschen Arch. Instituts* (Abt. Kairo), n.25, 1969, p.110-20; I.E.S. Edwards, *The Pyramids of Egypt* (Pelican Books, Harmondsworth, 1961); J. Leclant. "Espace et temps. ordre et chaos dans l'Egypte pharaonique", *Revue de Synthèse*, n. 90, 1969; Othmar Keel. *Die Welt der altorientalischen Bildsymbolik und das Alte Testament* (Zurique-Neukirchen, 1972), p.100s. (estudo comparativo admiravelmente ilustrado).

Havia diversos mitos sobre a origem do homem; segundo uma versão, Ptá modelara-lhe o corpo, com argila, sobre a roda; cf. Bonnet, *Reallexikon*, p.617; no Alto Egito o demiurgo era Chnum (Bonnet, ibid., p.137). Não se conhece mito algum sobre a origem da morte; uma alusão rápida (*Livro das pirâmides*, §1.466) evoca o tempo mítico "antes que existisse a morte".

O mito sobre a destruição dos homens é bastante antigo; cf. a bibliografia em Vandier, *Rel. égypt.*, p.53. Ver *O livro da vaca*, traduzido por Alexandre Piankoff, *The Shrines of Tut-Ankh-Amon* (Nova York, 1955), p.27. Quando Ré percebeu que a deusa Hathor estava prestes a eliminar a raça humana, espalhou durante a noite a cerveja cor de sangue; quando, no dia seguinte, Hathor se preparou para recomeçar o morticínio, bebeu tal quantidade que caiu embriagada.

Os homens haviam decidido revoltar-se porque Ré se tornara velho demais. Efetivamente, depois do episódio que acabamos de narrar, Ré decidiu renunciar à soberania do mundo. Ele reconheceu diante dos deuses que seu corpo estava tão fraco quanto na época primordial, e pediu à sua filha Nut que o alçasse até o Céu (*Livro da vaca*, trad. franc. de Piankoff, *Shrines*, p.29). Seu sucessor foi Xu ou Gêb. A "velhice" e a impotência de Ré, e sobretudo seu afastamento no Céu, constituem elementos de um tema mítico profundamente atestado: a transformação de um deus celeste, criador e cosmocrata, em *deus otiosus*. O fato de que, na versão egípcia, é um deus solar que se transforma em *deus otiosus* denuncia a reinterpretação dos teólogos.

27. Sobre a divindade dos reis, ver: A. Moret, *Du caractère religieux de la royauté pharaonique* (Paris, 1902, em grande parte ultrapassado); H. Jacobsonh, *Die dogmatische Stellung des Koenigs in der Theologie der alten Aegypter* (Glückstadt, 1939); H. Frankfort, *La Royauté et les dieux* (trad. franc., Payot, 1951), p.37-88; G. Posener, *De la divinité du pharaon* (Paris, 1960); H. Goedicke, *Die Stellung des Koenigs im Alten Reich* (Wiesbaden, 1960); H. Brunner, *Die Geburt des Gottkoenigs* (Wiesbaden, 1964).

Sobre Menés como criador do Egito unificado, ver Frankfort, p.42s. A realeza aparece ainda no fim da época pré-dinástica, Frankfort destaca a origem ideológica da "dupla realeza" (isto é, a soberania sobre o Alto e o Baixo Egito). Essa fórmula política exprimia a tendência do espírito egípcio "a compreender o mundo em termos dualistas como uma série de contrastes em equilíbrio estável" (*La royauté*, p.44). "As formas dualistas da realeza egípcia não eram resultantes de certos acidentes históricos. Encarnavam esse pensamento expressamente egípcio segundo o qual uma totalidade compreende contrários" (ibid., p.45).

Frankfort lembra alguns paralelos africanos suscetíveis de explicar a origem dessa ideologia "dualista" egípcia (p.38s.). Vamos encontrar outros exemplos de díades e polaridades; ver, por enquanto, *La nostalgie des origines* (Paris, 1971), p.249s. ("Remarques sur le dualisme religieux").

Sobre os sentidos da *ma'at*, ver Bonnet, *Reallexikon*, p.430-4; Frankfort, *Ancient Egypt. Rel.*, p.53s., 62s.; Posener, *Littérature et politique dans l'Egypte de la XIIe dynastie* (Paris, 1956); Morem, *La rel. égypt.*, p.156-74 (com bibliografia).

Sobre a tendência para o impessoal, ver A. de Buck, *Het Typische en het Individueele by de Egyptenaren* (Leiden, 1929); Ludlow Bull, "Ancient Egypt", Robert C. Dentan (org.), *The Idea of History in the Ancient Near East* (Yale University Press, 1955), p.1-34.

Sobre os cultos e as festas, ver Vandier, *La rel. égypt.*, p.115-52 (excelente exame comparativo, com a bibliografia recente). A obra de Moret, *Le rituel du culte divin journalier en Egypte* (Paris, 1902) ainda é utilizável. Ver também: H. Kees, *Das Priestertum im aegyptischen Staat vom NR bis zur Spaetzeit* (Leiden, 1953); J. Gamot Saiote-Fare, *L'Hommage azx dieux dans l'anden Empire égyptien d'après les textes des Pyramides* (Paris, 1954); S. Sauneron, *Les prêtres de l'ancienne Egypte* (Paris, 1967).

Sobre a festa *sed*, o essencial encontra-se em Vandier, p.200-2; excelente análise, com referências às fontes literárias e iconográficas, em Frankfort, *Royauté*, p.122-36.

Sobre a festa de Min, D.H. Gauthier, *Les fêtes du dieu Min* (Cairo, 1931); Vandier, op.cit., p.202-3; Frankfort, *Royauté*, p.259-62.

28. A ascensão do faraó ao Céu de acordo com os *Livros das pirâmides* foi descrita por J.H. Breasted, *Development of Religion and Thought in Ancient Egypt* (Nova York, 1912), p.70-141, e por R. Weill, *Le champ des roseaux et le champ des offrandes dans la religion funéraire et la religion générale* (Paris, 1936).

Não é certo que o epíteto *maâ-kherou* ("de voz justa") "que é aposto ao nome de todo defunto a partir do Médio Império", deva ser traduzido por "bem-aventurado, beatificado". Ele exprime antes "a ideia de que o morto se beneficiou dos ritos osirianos"; J. Yoyote, "Le jugement des morts dans l'Egypte ancienne", p.37 (ver indicações bibliográficas, §33).

29. Existe abundante literatura sobre Osíris. Lembremos apenas a essencial: Bonnet, *Reallexikon*, p.568-76; Vandier, *La rel. égyptienne*, p.58s., 81s., 136s. etc.; Frankforr, *Royauté*, p.251s.; Rundle Clark, *Myth and Symbol*, p.97s.; E. Otto-M. Hirner, *Osiris und Amun* (Munique, 1960). A obra de E.A. Wallis Budge, *Osiris: The Egyptian Religion of Ressurection* (2 vols., Londres, 1911; reedição, Nova York, 1961) é ainda útil para os documentos, a iconografia e os paralelos africanos. Enquanto a interpretação lançada por Frazer esteve em voga, via-se em Osíris exclusivamente um deus agrário; essa interpretação, defendida na França por A. Moret, foi criticada e rejeitada, entre outros, por Emile

Chassinat, em sua obra póstuma, *Le mystère d'Osiris au mois de Khoiac*, vol.I (Cairo, 1966), p.30s. O que parece assegurado é o caráter complexo de Osíris, deus cósmico e ao mesmo tempo funerário, que representa tanto a fertilidade universal quanto a realeza, senhor do julgamento dos mortos e, mais tarde, divindade dos "mistérios".

Os mitos de Osíris no Médio Império e no Novo Império são resumidos por Vandier, op.cit., p.48-51.

Os textos dos sarcófagos foram compilados por A. de Buck, *The Egyptian Coffin Texts*, vols.I-VI (Chicago, 1935-50). Eles estão sendo traduzidos por R.O. Faulkner, *The Ancient Egyptian Coffin Texts*, vol.I (Warminster, 1974).

Sobre o culto de Osíris, ver os dois volumes de Chassinat, *Le mystère d'Osiris au mois de Khoiac*; Rundle Clark, p.132s. (o erguimento da coluna *djed*, símbolo da espinha dorsal do deus), p.157s.; Frankfort, *Royauté*, p.251s.

Sobre Hórus e Seth, ver Bonnet, p.307-18, 702-15, com a bibliografia essencial. Acrescentar H. de Velde, *Seth, God of Confusion* (1967).

30. Sobre o primeiro período intermediário, ver H. Stock, *Die erste Zwischenzeit Aegyptens* (Roma, 1949); Wilson, *The Culture of Ancient Egypt*, p.104-24; Drioton-Vandier, *L'Egypte*, p.213s.

As composições literárias discutidas no texto foram traduzidas por Adolf Erman, *The Literature of the Ancient Egyptians* (versão inglesa por A.M. Blackman, Londres, 1927, reeditada na coleção Harper Torchbooks, Nova York, 1966, sob o título *The Ancient Egyptians*, com importante introdução de W.K. Simpson), p.75s. (*Instruções para o rei Meri-ka-ré*), p.92s. (*Ipu-wer*), 132s. (*O canto do harpista*), 86s. (*A disputa entre um homem cansado...*) Seguimos sobretudo as traduções de Wilson, Anet, p.405s., 441s., 467. R.O. Faulkner deu uma nova tradução de *A disputa entre um homem cansado... no Journal of Egyptian Archaeology*, 42, 1956, p.21-40 ("The man who was tired of life"). R.J. Williams examinou a literatura recente sobre o mesmo texto, ibid., 48, 1962, p.49-56. Vários trabalhos foram publicados sobre *As advertências do profeta Ipu-werj*; ver a bibliografia em W.K. Simpson, "Introdução" à reedição do livro de Erman na coleção Harper Torchbooks, p.XXIX-XXX. Ver ibid., p.XXVIII, a análise dos trabalhos recentes sobre *Instruções para Meri-ka-ré*. Este último é um texto muito longo, nem sempre inteligível.

Sobre a literatura da época intermediária da 12ª dinastia, ver G. Posener, *Littérature et politique dans l'Egypte de la XIIᵉ dynastie* (Paris, 1956).

31. Sobre o Médio Império, ver H.E. Winlock, *The Rise and Fall of the Middle Kingdom in Thebes* (Nova York, 1947); Wilson, *The Culture of Ancient Egypt*, p.124-53; Drioton-Vandier, p.234s. Os faraós empreenderam trabalhos consideráveis (acrescentaram 27 mil acres de terra arável próximo a Fayum etc.). Sem praticar uma política de conquista, o Egito era respeitado e temido no Mediterrâneo, no Egeu e no Oriente Próximo.

Sobre os hicsos, ver Robert M. Engberg, *The Hyksos Reconsidered* (Chicago, 1939); Winlock, op.cit., os dois últimos capítulos; Wilson, p.154-65; T. Säve-Söderbergh, "The Hyksos rule in Egypt", *Journal of Egyptian Archaeology*, n.37, 1951, p.53-72; Theodoro Burton-Brown, *Early Mediterranean Migrations* (Manchester, 1959), p.63s. Quanto à xenofobia dos egípcios, deve-se levar em conta o fato de que, durante muito tempo, eles não reconheceram a "humanidade" dos estrangeiros; é esse o motivo por que os sacrificavam; cf. Wilson, p.139s. Sobre esse problema, ver F. Jesi, "Rapport sur les recherches

Estado das questões: bibliografia crítica

relatives à quelques figurations du sacrifice humain dans l'Egypte pharaonique", JNES, n.17, 1958, p.194-203. Já durante o primeiro período intermediário, os "asiáticos" eram acusados de terem fomentado a anarquia, muito embora, na época, o seu número fosse insignificante (cf. Wilson, p.110s.). Foi apenas depois da conquista dos hicsos que os "asiáticos" se estabeleceram maciçamente na região do delta.

Sobre o papel do sumo sacerdote de Amon, ver G. Lefebvre, *Histoire des grands prêtres d'Amon de Karnak jusqu'à la XXIe dynastie* (Paris, 1929); Vandier, op.cit., p.170s.; Wilson, *Culture*, p.169s.

O grande hino a Amon-Ré foi traduzido diversas vezes: Wilson, Anet, p.367-9.

32. Sobre a "revolução de Amarna", ver J.D.S. Pendlebury, *Tell-et-Amarna* (Londres, 1935); Drioton-Vandier, *l'Egypte*, p.86s., 334s.; Wilson, op.cit., p.212s.; Rudolph Anthes, *Die Maat des Echnaton von Amarna* (Sup. Jaos, n.14, 1952); Cyril Aldred, *New Kingdom Art in Ancient Egypt during the Eigbteenth Dynasty* (Londres, 1951), especialmente p.22s.

O grande hino a Aton foi traduzido por Erman-Blackman, op.cit., p.288-91; Breasted, *The Dawn of Conscience* (Nova York, 1953), p.281-6; Wilson, Anet, p.369-71.

Sobre a continuidade Amon (– Ré)– Atno, ver Alexandre Piankoff, *The Shrines of Tut-Ankh-Amon* (Nova York, 1955), p.4s.

33. Aquilo a que Edouard Naville chamava "a litania do Sol" constitui um dos mais importantes textos do Novo Império. Seguimos a tradução de Piankoff, *The Litany of Re* (Nova York, 1964), p.22-43. Ver também os textos traduzidos pelo mesmo autor em sua obra *The Tomb of Ramesses VI* (Nova York, 1954).

Há várias traduções do *Livro dos mortos*; seguimos a mais recente, a de T.C. Allen, *The Book of the Dead or Going Forth by Day* (Chicago, 1974). Sobre os outros livros funerários (*Le livre de ce qui est dans l'au-delà*; *Le Livre des portes*; *Le Livre de la nuit*), ver Vandier, p.107s., 128-9. Para *Le Livre des deux chemins*, utilizamos a tradução de Piankoff, *The Wandering of the Soul* (Princeton, 1974), p.12-37. Ver também: S. Morenz, *Altaegyptischer Jenseitsführer. Papyrus Berlin*, 3.127 (Frankfurt, 1966).

O mundo subterrâneo dos mortos, *duat*, já é atestado nos *Livros das pirâmides*; ver os exemplos citados por Breasted, *Development*, p.144, nota 2. Sobre as representações dos Infernos, ver Erik Hornung, *Altaegyptische Hoellenvorstellungen* (Berlim, 1968). Descrição e tradução dos textos na obra de E.A. Wallis Budge, *The Egyptian Heaven and Hell*, vols.I-III (reedição em um só volume, Londres, 1925). Os elementos "negativos" da morte, considerada como o inimigo por excelência do homem, são minuciosamente analisados por J. Zandee, *Death as an Enemy According to Ancient Egyptian Conceptions* (Leiden, 1960), p.5-31 (apresentação geral), 45-111 (o vocabulário que denota os diferentes aspectos da morte: destruição total, decomposição, prisão etc.). O livro de H. Kees, *Totenglauben und Jenseitsvorstellungen der alten Aegypter* (1926; 2ª ed., Berlim, 1956), continua sendo o melhor estudo de conjunto, não obstante certas interpretações muito pessoais. Encontrar-se-á o essencial sobre o culto dos mortos (a mumificação, os funerais, os túmulos, o *mastaba*, a pirâmide, o hipogeu) em Vandier, op.cit., p.111-30 (com copiosa bibliografia).

Para os egípcios, como, aliás, para outros povos da Antiguidade (Índia, China, Grécia etc.), a morte não efetuava apenas a separação entre o corpo e a alma; ela revelava ainda a distinção entre os três princípios espirituais: *akh, ba* e *ka*. O primeiro "designa essencialmente a força divina, a força sobrenatural" (Vandier, p.131). O sentido do vocábulo, "brilhante, glorioso", indica a natureza celeste dos mortos. (De fato, quando os mortos são chamados de *akhu*, são considerados seres sobrenaturais, que habitam o Céu; cf. Frankfort, *Royauté*, p.104.) O *ba*, representado, como o *akh*, sob a forma de um pássaro, constitui a "alma" propriamente dita. "O *ba* tinha necessidade do corpo ou pelo menos de uma estátua do defunto, para conservar a sua identidade. Era representado como tornando a juntar-se ao corpo no túmulo depois de haver circulado por campos e bosques..." (Frankfort, *Royauté*, p.103; cf. *Ancient Egyptian Religion*, p.96s.). O *ba* é, sob certo aspecto, o próprio defunto. Em contrapartida, o *ka*, que nunca se desenha, não é individualizado; o termo pode ser traduzido por "força vital". O *ka* pertence ao indivíduo em vida, mas acompanha-o igualmente ao outro mundo (Frankfort, *Royauté*, p.104). Só o *ka* do rei figura sobre os monumentos. "Nascido com o rei como o gêmeo seu, ele o acompanha pela vida fora como um gênio protetor; age como um duplo e um protetor do rei na morte" (ibid., p.110).

É importante lembrar que os textos do Antigo Império só se referem ao *ba* dos faraós. "Em outras palavras, os egípcios da época mais recuada não tinham *ba*" (Morenz, *La religion égyptienne*, p.266). É somente a partir da primeira época intermediária que a posse do *ba* se torna geral. Evidentemente, trata-se de uma *situação literária*; ignoramos a realidade histórica. Mas é significativo que, também nesse caso, o "exemplo" do faraó constitua o modelo progressivamente imitado pelos meios privilegiados. Ver também: L. Greven, *Der Ka in Theologie und Koenigskult der Aegypter des Alten Reiches* (Glückstadt, 1952) e Louis Zabkar, *A Study of the Ba Concept in Ancient Egyptian Texts* (Chicago, 1968).

Sobre o julgamento, ver E. Drioton, *Le jugement des âmes dans l'ancienne Egypte* (Cairo, 1949); Vandier, op.cit., p.134s.; J. Spiegel, *Die Idee vom Totengericht in der aegyptischen Religion* (Glückstadt, 1953); J. Yoyote, "Le jugement des morts dans l'Egypte ancienne", *Le jugement des morts* (*Sources Orientales* 4, Paris, 1961), p.16-80: (traduções de textos, comentários e bibliografia). Ver também M. Guilmot, "L'Espoir em l'immortalité dans l'Egypte ancienne du Moyen Empire à la basse époque" (RHR, n.166, 1964, p.1-20).

Sobre a declaração de inocência, ver: E. Drioton, "Contribution à l'étude du chapitre cxxv du *Livre des morts*. Les confessions négatives" (*Recueil d'études égyptiennes dédiées à la mémoire de J.F. Champolion*, Paris, 1922, p.545-64). Certas ideias e crenças do capítulo 125 são muito antigas: elas "remontam pelo menos à época das pirâmides. Do 'código de moral' negativo e positivo incluído no capítulo 125, há traços desde a V e a VI dinastias" (Yoyote, op.cit., p.63). R. Pettazzoni lembrou alguns paralelos etnográficos à confissão negativa; cf. *La confessione dei peccati*, II (Bolonha, 1935), p.21, 56-57.

A obra funerária *O livro da vaca do Céu* insiste no valor mágico do seu conteúdo. Aquele que conhecer esse texto – está escrito – "não terá de curvar-se no tribunal, ... e todos os roubos que tiver praticado na Terra não serão contados" (trad. de Yoyote, p.66; ver a tradução integral do *Livro da vaca* em Piankoff, *Shrines of Tut-Ankh-Amon*, p.27-34). A exaltação da "ciência" acima da moral constitui um *leitmotiv* do pensamento indiano desde os Bramanas e os Upanixades até o tantrismo.

34. É considerável a bibliografia sobre as culturas megalíticas. Fizemos uma análise das contribuições mais importantes num estudo que será publicado em breve: "Megaliths and history of religions".

Estado das questões: bibliografia crítica 377

Uma excelente introdução foi dada por Glyn Daniel, *The Megalith Builders of Western Europe* (Londres, 1958; a 2ª ed., Pelican Books, 1962, contém um adendo, p.143-6, que apresenta a nova cronologia estabelecida com base nas análises do carbono 14; efetivamente, a nova cronologia nega em grande parte a tese sustentada pelo autor; ver mais adiante, §36). Ver também: Fernand Niel, *La civilisation des mégalithes* (Paris, 1970) e as bibliografias registradas por Glyn Daniel e J.D. Evans, *The Western Mediterranean* (*Cambridge Ancient History*, vol.II, cap.XXXVII, 1967), p.63-72.

Os megálitos da Espanha e de Portugal foram estudados de maneira exaustiva por Georg e Vera Leisner, *Die Megalithgraeber des Iberischen Halbinsel: Der Süden* (Berlim, 1943); *Der Western, I-III* (Berlim, 1956, 1959, 1960). Ver também: L. Pericot (org.), *Corpus de sepulcros megalíticos*, fasc. 1 e 2 (Barcelona, 1961); fasc. 3 (Gerona, 1964); L. Pericot, *Los sepulcros megalíticos catalanes y la cultura pirinaica* (2ª ed., Barcelona, 1951).

Sobre os megálitos da França, ver Z. Le Rouzic, *Carnac* (Rennes, 1909); id., *Les monuments mégalithiques de Carnac et de Locmariaquer* (Carnac, 1907-1953); Glyn Daniel, *The Prehistoric Chamber Tombs of France* (Londres, 1969); id., *The Megalith Builders*, p.95-111; E. Octobon, "Statues-menhirs, stèles gravés, dalles sculptées" (*Revue Anthropologique*, 1931, p.291-579); M. e J. Péquart e Z. Le Rouzic, *Corpus des signes gravés des monuments mégalithiques du Morbihan* (Paris, 1927). Sobre as culturas megalíticas das ilhas britânicas, ver G. Daniel, *The Prehistoric Chamber Tombs of England and Wales* (1950); id., *The Megalith Builders*, p.112-27, e a bibliografia que aparece mais adiante, §35.

Sibylle von Cles-Reden proporcionou uma apresentação popular, ilustrada por uma grande quantidade de admiráveis fotografias, *The Realm of the Great Goddess. The Story of the Megalith Builders* (Londres, 1961; tradução da obra *Die Spur der Zyklopen*, 1960).

Dominik Wölfel dedicou grande parte do seu estudo "Die Religionen des vorindogermanischen Europa" (*Christus und die Religionen der Erde*, vol.I, p.161-537) à religião dos autores dos megálitos (p.163-253 etc.). Deve ser consultado com cautela. Uma apresentação sucinta, mas redigida antes das análises ao carbono 14, em J. Maringer, *The Gods of Prehistoric Man*, p.227-55 (*L'Homme pré-historique et ses dieux*, p.237-261).

Sobre os menires, Horst Kircher publicou uma obra de grande erudição: "Die Menhire in Mitteleuropa und der Menhirgedanke" (*Abh. d. Akademie in Mainz, Geistes-u. Sozialwissenschaftlichen Klasse*, 1955, p.609-816).

35. Da abundante literatura concernente a Stonehenge, vamos destacar alguns trabalhos recentes: R.J.C. Atkinson, *Stonehenge* (Penguin Books, Harmondsworth, 1960); A. Thom, *Megalithic Sites in Britain* (Oxford, 1967); G.S. Hawkins, *Stonehenge Decoded* (Londres, 1966; ver, no entanto, a crítica de R.I.C. Atkinson, *Nature*, n.210, 1966, p.1.320s.).; Collin Renfrew, *Before Civilization* (Londres e Nova York, 1973), p.120s., 214s.

Lembremos que na França meridional identificou-se um grande número (3.000!) de túmulos megalíticos; mais de 600 apenas no departamento do Aveyron, isto é, duas vezes mais que na Inglaterra e no País de Gales; cf. Daniel e Evans, *The Western Mediterranean*, p.38. Os dolmens do departamento de Hérault foram estudados de maneira exaustiva por J. Arnal (*Préhistoire*, vol.XV, 1963). É ainda na França meridional que se encontram as únicas estatuetas-menires até agora conhecidas.

Sobre a pré-história de Malta, ver J.D. Evans, *Malta* (Londres, 1959); id., *Prehistoric Antiquities of the Maltese Islands* (Londres, 1971); Günther Zuntz, *Persephone. Three Essays on Religion and Thought in Magna Graecia* (Oxford, 1971), p.3-58; Collin Renfrew, *Before Civilization*, p.147s.

378   *História das crenças e das ideias religiosas*

Zuntz mostrou a importância do simbolismo da espiral na ornamentação dos templos malteses e identificou as influências danubianas (as estatuetas de Cîrna); cf. op.cit., p.25s.

36. Gordon Childe resumiu os seus pontos de vista sobre a difusão da "religião megalítica" em seu último livro, *The Prehistory of European Society* (Pelican Books, 1958), p.124-34: "Missionaries of the megalithic religion".

Segundo Glyn Daniel, o início da construção de tipo megalítico está diretamente relacionado com a chegada dos minoicos ou dos egeus ao Mediterrâneo central e ocidental (*The Megalith Builders of Western Europe*, p.135). Trata-se de uma investida colonial e comercial, mas a colonização era efetuada por um povo dotado de poderosa crença religiosa, que incluía práticas funerárias bastante complicadas. Daniel pergunta-se por que os monumentos megalíticos contêm tão poucos objetos de metal, muito embora os seus autores explorassem as minas e se ocupassem principalmente do comércio de metais. Ele crê que os imigrados se abstinham intencionalmente de enterrar ferramentas de metal, preferindo utilizar réplicas de pedra (p.137).

O subtítulo do livro de Collin Renfrew, *Before Civilization*, é significativo: *The Radiocarbon Revolution and Prehistoric Europe*. Ver também, do mesmo autor, "Wessex without Mycenae" (*Annual of the British School of Archaeology at Athens*, n.63, 1968, p.277-85); "Malta and the calibrated radiocarbon chronology" (*Antiquity*, n.46, 1972, p.141-5); "New configurations in old world chronology" (*World Archaeology*, n.2, 1970, p.199-211).

37. Vários autores reagiram contra a inibição provocada pelas extravagâncias de G. Eliott Smith e W.J. Perry, e examinaram o conjunto das culturas megalíticas da proto-história; ver, por exemplo, A. Semer. *On "Dyss" Burial and Beliefs about the Dead During the Stone Age with Special Regard to South Scandinavia* (Lund, 1938); H.G. Bandi. "La répartition des tombes mégalithiques" (*Archives Suisses d'Anthropologie Générale*, n.12, 1946, p.39-51); V. Gordon Childe. "Megaliths" (*Ancient India*, n.4, 1947-8, p.4-13). Além de R. Heine-Geldern, só um pesquisador estudou conjuntamente os dois grupos de culturas megalíticas, isto é, as da pré-história e as culturas em estágio etnográfico, limitando entretanto a sua pesquisa aos menires; referimo-nos a Josef Röder, *Pfahl und Menhir. Eine vergleichend vorgeschichtliche, volks- und voelkerkundliche Studie* (= *Studien zur westeuropaeischen Altertumskunde*, vol.I; Neuwied am Rhein, 1949).

Quanto às contribuições de R. Heine-Geldern, as mais importantes são: "Die Megalithen Südostasiens und ihre Bedeutung für die Klaerung der Megalithenfrage in Europa und Polynesien" (*Anthropos*, n.13, 1928, p.276-315); "Prehistoric research ir the netherlands indies", P. Honig e F. Verdoorn (orgs.) *Science and Scientists in the Netherlands Indies* (Cambridge, Mass, 1945), p.129-67; "Zwei alte Weltanschauungen und ihre Kulturgeschichtliche Bedeutung" (*Anzeiger der phil.-hist. Klasse der Oesterreichischen Akademie der Wissenschaften*, vol.94, 1957, p.251-62); "Das Megalithproblem" (*Beitraege Oesterreichs zur Erforschung der Vergangenheit und Kulturgeschichte der Menschheit – Symposion 1958*, publicado em 1959, p.162-82). A bibliografia de Heine-Geldem está registrada e analisada por H.H.E. Loofs, *Elements of the Megalithic Complex in Southeast Asia. An Annotaded Bibliography* (Canberra, 1967), p.3-4, 14-5, 41-2, 48, 94.

A hipótese de Heine-Geldern e as objeções às suas críticas são discutidas em nosso estudo: "Megaliths and history of religions".

Estado das questões: bibliografia crítica 379

38. Para uma bibliografia sumária sobre Harapa e Mohenjo-daro, ver Eliade, *Le Yoga* (última edição, 1975), p.417. A obra essencial ainda é a de sir John Marshall, *Mohenjo-daro and the Indus Culture*, vols.I-III (Londres, 1931); mas deve ser complementada por alguns trabalhos recentes, que apresentam os resultados das escavações levadas a efeito desde 1930; E.J. Mackay, *The Indus Civilization* (Londres, 1935); id., *Further Excavations at Mohenjo-daro* (Deli, 1938); id., *Chanhu-daro Excavations 1935-36* (New Haven, 1943); M.S. Vats, *Excavations at Harapa* (Deli, 1940); S. Piggott, *Prehistoric India* (Pelican Books, Harmondsworth, 1950); J.M. Casal, *La civilisation de l'Indus et ses énigmes* (Paris, 1969; ver as observações de Maurizio Tosi, *East and West*, 21, 1971, p.407s.); Bridget e Raymond Allchin, *The Birth of Indian Civilization* (Pelican Books, 1968, com rica bibliografia crítica); sir Mortimer Wheeler, *The Indus Civilization* (3ª ed., Cambridge, 1968; trata-se de uma edição inteiramente refundida da obra publicada em 1953); Walter A. Fairservis, *The Roots of Ancient India. The Archaeology of Early Indian Civilization* (Nova York, 1971; nesse trabalho de síntese, o autor resume ainda os resultados das suas escavações no Paquistão ocidental, e especialmente no vale de Queta, na região de Zhob e Loralai e na bacia de Seistan).

Em sua importante obra, *The Pivot of the Four Quarters, A Preliminary Enquiry into the Origins and Character of the Ancient Chinese City* (Chicago, 1971), Paul Wheatley estudou igualmente os centros cerimoniais harapianos (p.230s.).

Sobre o simbolismo do "centro do mundo", cf. Eliade, *Le mythe de l'éternel retour* (nova ed., Paris, 1969), p.13s.; id., "Centre du monde, temple, maison", *Le symbolisme cosmique des monuments religieux*, Roma, 1957, p.57-82.

Sobre o simbolismo cosmológico das cidades tradicionais, cf. Werner Müller, *Die heilige Stadt. Roma quadrata, himmlisches Jerusalem und der Mythe vom Weltnabel* (Stuttgart, 1961).

39. Sobre a religião do Indo, ver *Le Yoga*, p.348s.; sir John Marshall, op.cit., vol.I, p.50s.; Piggott, *Prehistoric India*, p.200s.; Wheeler, *The Indus Civilization*, p.108s.; Allchin, *The Birth of Indian Civilization*, p.311s.; Fairservis, p.292s. Todos esses autores reconhecem o caráter "hinduísta" da religião harapiana e sublinham a continuidade de certos objetos cultuais, símbolos e figuras divinas, da proto-história à época moderna. A unanimidade é significativa, pois esses arqueólogos dirigiram escavações na Índia; em outros termos, sua competência científica é completada de maneira feliz por um conhecimento direto do país.

A "continuidade" foi também confirmada pelas pesquisas de Mario Cappieri, "Ist die Induskultur und ihre Bevoelkerung wirklich verschwunden?" (*Anthropos*, n.60, 1965, p.719-62). W. Koppers percebeu analogias definidas entre certos ritos de fertilidade, praticados na Índia central, e a iconografia harapiana; cf. "Zentralindische Fruchtbarkeitsriten und ihre Beziehungen zur Induskultur" (*Geographica Helvetica*, vol.I, 1946, p.165-77). Por sua vez, Josef Haekel estudou em algumas aldeias do Gujerat as cerimônias relacionadas com os "Jardins de Adônis". O cientista austríaco explica a presença desse ritual especificamente mediterrânico, pelo fato de que os autores da civilização do Indo eram cultivadores pré-arianos provenientes do Irã; consequentemente, eles participavam da civilização proto-histórica do Oriente Médio e do Mediterrâneo; cf. "Adonisgaertchen im Zeremonialwesen der Rathwa in Gujuarat (Zentralindien). Vergleich und Problematik" (*Ethnologische Zeitschrijt Zürich*, vol.I, 1972, p.167-75).

A continuidade é contestada, entre outros, por H.P. Sullivan, "A examination of the religion of the indus civilization" (HR, n.4, 1964, p.115-25) e J. Gonda, *Change and Continuity in Indian Religion* (Haia, 1965), p.19-37.

R.L. Raikes insistiu no papel decisivo dos movimentos sísmicos e das inundações na ruína de Mohenjo-daro: cf. "The Mohenjo-daro floods" (*Antiquity*, n.9, 1965, p.196-203); "The end of the ancient cities of the Indus civilization" (*American Anthropologist*, n.65, 1963, p.655-59; ibid., n.66, 1964, p.284-99) e especialmente *Water, Weather and Archaeology* (Londres, 1967). A incontestável degradação do nível econômico e cultural nas fases finais de Mohenjo-daro foi certamente agravada pela desmoralização que se seguiu a repetidos dilúvios. Mas o golpe de misericórdia parece ter sido desferido por invasores vindos do Oriente, provavelmente imigrantes ariófones. As escavações revelaram os vestígios de um morticínio final, em seguida ao qual Mohenjo-daro cessou de existir; cf. Wheeler, op.cit., p.129s. e a bibliografia citada no §64, desta obra.

40. A obra fundamental sobre a pré-história e a proto-história de Creta continua sendo a de sir Arthur Evans, *The Palace of Minos*, vols. I-V, Londres, 1921-1950; ver também A.J. Evans e J.L. Myres, *Scripta Minoa*, vol.II, 1952; P. Demargne, *La Crète dédalique*, Paris, 1947; L. Cottrell, *The Bull of Minos*, 1956; L.R. Palmar, *Mycenians and Minoans*, Londres, 1961; R.W. Hutchinson, *Prehistoric Crete* (Penguin Books, Baltimore-Maryland, 1962), com rica bibliografia: p.355-68; J.W. Graham, *The Palaces of Crete*, Princeton, 1962.

Sobre as religiões cretenses, ver sobretudo Charles Picard, *Les religions préhellé-niques: Crete et Mycènes* (Paris, 1948, excelente bibliografia) e M.P. Nilsson, *The Minoan-Mycenian Religion and its Survival in Greek Religion* (2ª ed., Lund, 1950). Cf. também A.W. Persson, *Religion of Greece in Prehistoric Times* (Berkeley, 1950); M. Ventris e J. Chadwick, *Documents in Mycenian Greek* (Cambridge, 1956); L.A. Stella, "La religione greca nei testi miccenei" (*Numen*, n.5, 1958, p.18-57); S. Luria, "Vorgriechische Kulte" (*Minos*, n.5, 1957, p.41-52); M. Lejeune, "Prêtres et prêtresses dans les documents mycé-niens" (*Hommages à Georges Dumézil*, Bruxelas, 1960, p.129-39); R.F. Willetts, *Cretan Cults and Festivals* (Nova York, 1962); H. van Effenterre, "Politique et religion dans la Crète minoenne" (*Revue historique*, n.229, 1963, p.1-18).

Sobre as grutas sagradas, ver nota 42 e P. Faure, "Spéléologie crétoise et humanisme" (*Bulletin de l'Association Guillaume Budé*, 1958, p.27-50); idem, *Fonction des cavernes crétoises* (Paris, 1964), p.162s. sobre a gruta de Skoteino como local das iniciações.

Sobre o labirinto e sua função iniciatória ver W.A. Mathews, *Mazes and Labyrinths: A General Account of Their History and Development* (Londres, 1922); W.F. Jackson Knight, *Cumaean Gates: A Reference of the Sixth Aeneid to the Initiation Pattern* (Oxford, 1936); K. Kerényi, *Labyrinth-Studien* (Zurique, 1950); Oswald F.A. Menghin, "Labirinthe, Vulvenbilder und Figurenrapporte in der Alten und Neuen Welt. Beiträge zur Interpretation prähistorisches Felsgraphik", *Beitraege zur Alten Geschichte und deren Nachleben: Festschrift Franz Altheim* (Berlim, 1969, vol.I) p.1-13; Philippe Borgeaud, "The open entrance to the closed palace of the king: The greek labyrinth in context" (HR, n.14, 1974, p.1-27).

É importante assinalar a ausência total de construções semelhantes àquilo que mais tarde será o templo clássico. O único exemplo de santuário público é o de Gurnia; mas, também ele, segundo Nilsson, deriva do culto doméstico. Mesmo os rituais de tipo agrário eram celebrados nos pátios dos palácios.

Estado das questões: bibliografia crítica

41. Sobre as deusas despidas, ver Picard, *Rel. préhell.*, p.48s., 111s.; Nilsson, op.cit., p.397s.

Sobre os cultos da vegetação, cf. Persson, p.25s.; Picard, op.cit., p.191s.

A propósito do papel religioso do touro e das touradas sagradas, cf. Persson, p.93s., e a bibliografia crítica em Picard, p.199; acrescentar J.W. Graham, *The Palaces of Crete*, p.73s.

Sobre o túmulo do rei-sacerdote de Cnossos, cf. C.F. Lehman-Haupt, "Das Tempel-Grab des Priesterkoenigs zu Knossos". (*Klio*, n.25, 1932, p.175-6); Picard, op.cit., p.173.

Sobre o sarcófago de Haghia Triada, ver R. Paribeni, "Il sarcofagio dipinto di Haghia Triada", *Monumenti antichi publicati per cura della reale Accademia dei Lincei*, n.19), p.5-86, pr.I-III; e as reproduções em J. Harrisson, *Themis* (Cambridge, 1912, 2ª ed., 1927), figs. 31-8, p.159, 161-77; F. von Duhn, "Der Sarkophage aus H. Triada" (ARW, n.12, 1909, p.161-85); Nilsson, *Minoan-Mycenian Religion*, p.426-43; Picard, op.cit., p.107s., 168s.

42. Sobre a continuidade das estruturas pré-helênicas, ver Charles Picard, op.cit., p.201s., 221s.; Nilsson, op.cit.; Hutchinson, op.cit., p.199s.

"Em geral, assiste-se a um prolongamento mais ou menos conservador ... do panteão minoico, e do mundo de seres sobrenaturais anteriores à época micênica" (Picard, p.252). O eminente arqueólogo esclareceu a derivação das arrumações dos templos "de mistérios" das instalações constatadas na Creta pré-helênica: "Existem ali barreiras, partes de acesso reservado, *abata*, *adyta*; os *kístai** (cestos), ainda enfiados no solo, dos 'temples repositories' de Cnossos, preludiaram os cestos eleusinos: cofres sagrados tornados portáteis, mas sobre os quais as duas deusas se sentavam em determinadas ocasiões. Em Malia um largo *kérnos* circular, com cúpulas para oferendas, acha-se fixado nas lajes de uma sala do palácio, em contato direto com a terra: observou-se com razão a analogia entre esses dispositivos e aqueles da necrópole principesca da própria Malia; temos ali os instrumentos essenciais de um culto simultaneamente agrário e funerário, o nobiliário sagrado de cerimônias aparentemente místicas, em honra de uma terra-mãe que protege ao mesmo tempo os vivos e os mortos" (op.cit., p.142). Cf. §97-9.

P. Faure considera Britomártis a deusa padroeira de Skoteino; dessa maneira, "tomamos conhecimento dos fatos do culto que aí constatamos, inclusive de fatos modernos como a celebração de são Paracévio" ("Spéléologie crétoise et humanisme", p.40). Sobre Britomártis, ver também Willetts, *Cretan Cults and Festivals*, p.179s.

Sobre as influências egípcias (psiquistasia, modificação parcial dos corpos, adoção das máscaras de ouro etc.), ver Picard, p.228s., 279s. As máscaras de ouro tinham por objetivo a transformação do morto em um ser sobrenatural de traços incorruptíveis, semelhante às estátuas dos imortais; ibid., p.262.

43. Sobre a história e a cultura dos hititas, cf. A. Goetze, *Kleinasien* (2ª ed., 1957); O.R. Gumey, *The Hittites* (Harmondsworth, 1952; 2ª ed., 1954; última impressão: 1972).

Sobre os hurritas, cf. E.A. Speiser, "The hurrian participation in the civilization of Mesopotamia, Syria and Palestine" (*Cahiers d'Histoire Mondiale*, vol.I, 1953, p.311-27); Fl.

---

* O *kistê* da antiga Grécia era uma espécie de cesto que se conduzia solenemente nos mistérios de Ceres, Baco, Cíbele e continha diversos objetos destinados ao culto dessas divindades. (N.T.)

Imparati, *I Hurriti* (Florença, 1964); R. de Vaux, "Les hurrites de l'histoire et les horites de la Bible" (*Revue Biblique*, n.74, p.481-503.)

Para os textos cuneiformes hititas e suas traduções publicadas até 1958, ver E. Laroche, "Catalogue des textes hittites", *Revue Hittite et Asianique*, vol.XIV, 1956, p.33-8; 69-116; vol.XV, 1957, p.30-89; vol.XVI, 1958, p.18-64.

Os textos mais importantes foram traduzidos por A. Goetze, Anet, p.120-8, 201-11, 346-64, 393-404, e por H. Güterbock, E. Laroche, H. Otten, M. Vieyra e outros autores, cuja bibliografia está catalogada em Gurney, op.cit., p.224. A tradução francesa mais recente é a de Maurice Vieyra, na obra *Les religions du Proche-Orient* (1970), p.525-66.

Entre as apresentações gerais da religião hitita, destaquemos R. Dussaud, "La religion des hittites et des hourites", E. Dhorme e R. Dussaud, *La religion de Babylonie...*, p.333-53; H. Güterbock, "Hittite religion", V. Ferm (org.), *Forgotten Religions* (Nova York, 1950), p.81-109; id., "Hittite mythology", N. Kramer (org.) *Mythologies of the Ancient World*, (1961), p.141-79; H. Otten, "Die Religionen des Alten Kleinasien", *Handbuch der Orientalistik*, vol.VIII, 1964, p.92-116; Maurice Vieyra, "La religion de l'Anatolie antique", *Histoire des religions*, vol.I, p.258-306. O livro de Giuseppe Furlani, *La religione degli hittiti* (Bolonha, 1936), ainda é útil, embora o autor – segundo o veredicto de Güterbock ("Hitt. Rel.", p.109) – só tenha tido acesso às traduções, pouco numerosas na época, dos textos hititas.

Ver também E. Laroche, *Recherches sur les noms des dieux hittites* (Paris, 1947); id., "Tessub, Hebat et leur cour", *Journal of Cuneiform Studies*, vol.II, 1948, p.113-36; id., "Le panthéon de Yazilikaya", ibid., vol.VI, 1952, p.115-23.

Para uma apresentação sumária dos deuses e mitos hititas, cf. Einar von Schuler, W.d.M., vol.I, p.172-6 (deuses e deusas), 196-201 (divindades solares), 208-13 (deuses da tempestade).

Sobre o papel religioso do rei, ver O.R. Gurney, "Hittite Kingship", H. Hooke (org.), *Myth, Ritual and Kingship* (Oxford, 1958), p.105-21.

Sobre os rituais, ver B. Schwartz, "The hittite and luwian ritual of Zarpiya of Kizzuwatna", Jaos, n.58, 1938, p.334-53; M. Vieyra, "Rites de purification hittites", RHR, n.119, 1939, p.121-53; H. Otten, *Hethitische Totenrituale* (Berlim, 1958). Sobre a festa do ano-novo (*purulli*), ver Volkert Haas, *Der Kult von Nerik: Ein Beitrag zur hethitischen Religionsgechichte* (Roma, 1970), p.43s.

Um ritual de purificação de um exército depois de uma derrota destaca-se por seu arcaísmo; compreende o sacrifício de um homem, um bode, um cãozinho e um cabrito. Essas vítimas são divididas em duas partes, e o exército passa entre as metades assim seccionadas. Cf. O. Masson, "A propos d'un ritual hittite pour la lustration d'une armée", RHR, n.137, 1950, p.5-25; Gurney, *The Hittites*, p.151. Observou-se a analogia com o sacrifício ordenado por Javé ao concluir a aliança com Abraão (Gênese, 15:9-18). A passagem ritual entre as duas metades de vítimas é conhecida por numerosos povos; ver Frazer, *Folk-lore in the Old Testament* (Londres, 1919), vol.I, p.393-425; cf. também Th. Gaster, *Myth, Legend and Custom in the Old Testament* (Nova York, 1969), p.363s., para complementação bibliográfica. J. Henninger, "Was bedeutet die rituelle Teilung eines Tieres in zwei Haelften?", *Bíblica*, n.34, 1953, p.344-53; Ad. E. Jensen, "Beziehungen zwischen dem Alten Testament und der nilotischen Kultur in Afrika", Diamond (org.) *Culture in History* (Nova York, 1960), p.449-66. Sobre a oração, ver O.R. Gurney, *Hittite Prayers* (1940) e as observações feitas por E. Laroche, "La prière hittite: vocabulaire et typologie" (*Annuaire, École Pratique des Hautes Etudes,* Vª seção, t.LXXII, 1964-65, p.3-29).

Estado das questões: bibliografia crítica 383

44. As diferentes versões do mito são analisadas por H. Otten, *Die Ueberlieferungen des Telepinu-Mythus* (*Mitt. d. Vorderasiatischaegyptischen Gesellschaft*, n.46, I, Leipzig, 1943). Comentário comparativo em Th. Gaster, *Thespis* (2ª ed. revista, Nova York, 1961), p.295s. Ver também a análise de Güterbock, "Gedanken über das Werden des Gottes Telipinu", *Festschrift Johannes Friedriích* (Heidelberg, 1959), p.207-11; id., "Hittite mythology", p.144-8.

Segundo a versão cujo protagonista é o deus da tempestade, o grande deus solar convida para o banquete as "mil divindades", mas, embora comam e bebam, elas não chegam a satisfazer a fome nem a sede. Depois do insucesso dos primeiros mensageiros, o pai do deus da tempestade vai procurar seu pai e pergunta-lhe quem pecou para que "a semente perecesse e tudo se ressecasse"? O grande pai responde-lhe: "Ninguém pecou a não ser você!" (Güterbock, "Hittite mythology", p.145-6).

Gaster destacou vários elementos comuns nas encenações mítico-rituais de Telipinu e dos deuses da fertilidade; cf. *Thespis*, p.304s.

45. Sobre Illuyanka, ver A. Goetze, *Kleinasien*, p.139s. e E.V. Schuler, W.d.M., I, p.117-78.

O texto que relata o mito é precedido desta instrução: "Tais são as palavras de Kellas, o ungido (o sacerdote) do deus da tempestade de (da cidade de) Nerik: o que se segue é o recital da festa do *purulli* do deus da tempestade celeste. Quando chegou o momento de pronunciar algumas palavras (isto é, o momento em que a festa deve ser celebrada): 'Que o país se desenvolva e prospere, que o país seja protegido, e se, então, ele se desenvolver e prosperar, celebrar-se-á a festa do *purulli*'" (trad. francesa de M. Vieyra, "Les religions de l'Anatolie", p.288; Goetze, Anet, p.125).

Comentário comparativo em Gaster, *Thespis*, p.256s.

46. Sobre Kumarbi, ver H.G. Güterbock, "The hittite version of the hurrian kumarbi myths: Oriental forerunners of Hesiod", *American Journal of Archaeology*, n.52, 1948, p.123-4; id., "Hittite Mythology", p.155-72; H. Otten, *Mythen vom Gotte Kumarbi* (Berlim, 1950); P. Meriggi, "I miti di Kumarbi, il Kronos Hurrico", *Athenaeum*, n.31 (Pavia, 1953), p.101-15; C. Scott Littleton, "The 'Kingship in heaven theme", Jaan Puhvel (org.), *Myth and Law among the Indo-Europeans* (University of California Press, 1970, p.83-121), p.93-100.

Sobre Ullikummi, ver H.G. Güterbock, *The Song of Ullikummi* (New Haven, 1952).

Em seu livro, rico mas confuso, *Das doppelte Geschlecht* (Berlim, 1955), H. Baumann viu perfeitamente as relações entre as tradições megalíticas, o androginismo e o tema cosmogônico da separação do Céu e da Terra.

Sobre o mito dos homens nascidos da terra, cf. a bibliografia registrada em *Traité d'histoire des religions*, p.205. Esse tema é profundamente atestado sobretudo no Cáucaso; cf. A. von Löwis of Menar, "Nordkaukasische Steingeburtsagen"? ARW, vol.XIII, 1901, p.509-24. Sobre os mitos que narram o nascimento dos seres divinos de uma *petra genitrix* (= grande deusa = *matrix mundi*), cf. R. Eisler, *Weltmantel und Himmelszelt* (Munique, 1910), vol.II, p.411, 727s.; M. Eliade, *Forgerons et alchimistes*, p.44s., 191.

47. Os fragmentos da *História fenícia*, de Fílon de Biblos, relativos à religião foram traduzidos e comentados por Carl Clemen, *Die phoenikische Religion nach Philo von Byblos* (Leipzig, 1939). Um texto cuneiforme publicado e traduzido por W.G. Lambert, descreve a sucessão sangrenta de cinco gerações de deuses; os filhos matam seus pais e casam com suas mães e irmãs, e usurpam sucessivamente a soberania. Notaram-se certas analogias com a *Teogonia* de Hesíodo; cf. W.G. Lambert e P. Walcot, "A new babylonian theogony and Hesiod", *Kadmos*, n.4, 1965, p.64-72; ver também C. Scott Littleton, op.cit., p.112-4.

Stig Wikander revelou um paralelo iraniano com os mitos hitita e grego das gerações divinas. A fonte é recente (trata-se de *Shahnameh*, a epopeia escrita por Firdausi por volta de 976 a.C.), mas os heróis – Jamshid, Zohak, Feridun – representam de certa forma as versões "historicizadas" das personagens mitológicas Yima, Azi, Dahâka, Thraêtaona. Consequentemente, o mito da "soberania divina" pode ser considerado parte integrante da tradição indo-europeia. (Cf. Stig Wikander, "Histoire des ouranides", *Cahiers du Sud*, n.36, 1952, p.8-17.) Mas esse mito não é atestado em outros povos indo-europeus. Scott Littleton está inclinado a ver nas tradições babilônicas (*Enuma elish* e o fragmento traduzido por Lambert) a fonte última de todos os mitos das gerações divinas; cf. "The kingship in heaven' Theme", p.109s.

48. Para a história da Palestina depois da Idade do Bronze antigo, ver P. Garelli, *Le Proche-Orient asiatique des origines aux invasions des peuples de la mer*, Paris, 1969, p.45s.; B. Mazar, "The Midle Bronze Age in Palestine", *Israel Exploration Journal* [Jerusalém], n.18, 1968, p.65-97; R. de Vaux, *Histoire ancienne d'Israël, des origines à l'installation en Canaan*, Paris, 1971, p.61-121 (excelentes indicações bibliográficas).

Sobre os amoritas, ver Moscati, *I predecessori d'Israele. Studi sulle più antiche genti semitiche in Siria e Palestina* (Roma, 1956), I.J. Gelb, "The early history of the west semitic peoples", *Journal of Cuneiform Studies*, n.15, 1961, p.27-47; K.M. Kenyon, *Amorites and Canaanites*, Londres, 1966; R. de Vaux, op.cit., p.64s.

As escavações de Tel Hariri, a antiga Mâri, revelaram milhares de tábulas redigidas no dialeto "antigo babilônico" do acadiano. Elas fornecem os nomes de certo número de deuses, em primeiro lugar 'Anat, Dagan e Addu. Mas, por faltarem textos mitológicos, ignoramos as crenças e as concepções religiosas fundamentais.

Amurru, o deus epônimo dos amoritas, "é um homem que não sabe ajoelhar-se (para cultivar a terra), come carne crua, não possui casa durante a vida e não é sepultado depois da morte"; texto citado por R. de Vaux, p.64. Clichês similares serão utilizados, no decorrer dos três milênios subsequentes, a propósito dos "bárbaros" (germanos, ávaros, hunos, mongóis, tártaros) que colocam em perigo as grandes civilizações urbanas, do Império Romano à China.

Convém esclarecer que esses amoritas nada têm a ver com os amoritas mencionados na Bíblia. "A Bíblia aplicou a uma parte da população pré-israelita da Palestina o nome de Amurru" (R. de Vaux, p.68).

Sobre a civilização e a religião cananeias, ver J. Gray, *The Canaanites*, Londres, 1964; id., *The Legacy of Canaan* (2ª ed., Leyden, 1965); Margarets. Drower, *Ugarit* (*Cambridge Ancient History*, vol. II, cap.XXI, b; 1968; excelentes bibliografias); R. de Vaux, op.cit., p.123s.; Marvin H. Pope e Wolfgang Rölling, "Die Mithologie der Ugariter und Phoenizier", W.d.M., vol.I, p.219-312; O. Eissfeldt, "Kanaanaeisch-ugaritische *Religion*", *Handbuch der Orientalistik*, vol.I, parte VIII, Leiden, 1964, p.76-91; A. Jirku, *Der Mythus der Kanaanäer*, Bonn, 1966; J.C. De Moor, "The semitic Pan-Theon of Ugarit" (*Ugarit-Forschungen*, vol.II, 1970, p.187-228); H. Gese, Maria Höfner, K. Rudolph, *Die Religion Altsyriens, Altarabiens und der Mandäer*, Stuttgart, 1970, p.1-232; F.M. Cross, *Canaanite Myth and Hebrew Epic* (Cambridge, Mass., 1973).

Estado das questões: bibliografia crítica

Os textos ugaríticos editados até 1965 foram publicados em transcrição por C.H. Gordon, *Ugaritic Text-book*, Roma, 1965; cf. id., *Ugaritic Literature. A Comprehensive Translation of the Poems and Prose Texts*, Roma, 1949; id., "Canaanite mythology", N. Kramer (org.) *Mythologies of the Ancient World*, p.183-215. Outras traduções consultadas: H.L. Ginsberg, "Ugaritic myths, epics and legends", Anet, p.129-15.5; G.R. Driver, *Canaanite Myths and Legends*, Edinburgo, 1956; A. Jirku, *Kanaanaeische Mythen und Epen aus Ras Schamra-Ugarit*, Gütersloh, 1962; A. Caquot e M. Sznycer, "Textes ougaritiques", R. Labat (org.) *Les religions du Proche-Orient. Textes et traditions sacrés babyloniens, ougaritiques, hittites* (Paris, 1970) p.350-458.

É considerável a literatura já existente sobre a religião e a mitologia ugaríticas. A bibliografia essencial está registrada por M.H. Pope e W. Roelling, op.cit.; H.H. Rowley, *Workship in Ancient Israel. Its Forms and Meaning*, Londres, 1967, p.11s.; Georg Fohrer, *History of Israelite Religion* (1968, trad. inglesa, Nova York, 1972), p.42-3; R. de Vaux, op.cit., p.136s.

Sobre El e seu papel no panteão, ver: O. Eissfeldt, *El im ugaritischen Pantheon*, Leipzig, 1951; M. Pope, *El in the Ugatritic Texts*, Leiden, 1955; Ulf Oldenburg, *The Conflict between El and Ba'al in Canaanite Religion*, Leiden, 1969, particularmente p.15-45, 101-20, 164-70. Ver agora F.M. Cross, *Catnaanite Myth and Hebrew Epic*, p.20s. (a crítica da tese de Oldenburg, nota 51).

Cf. também Cl. F.A. Schaeffer, *The Cuneiform Texts of Ras-Shamra-Ugarit*, Londres, 1939, p.60s.; id., "Nouveaux témoignages du culte de El et de Baal à Ras Shamra-Ugarit et ailleurs en Syrie-Palestine", *Syria*, n.43, 1966, p.1-19: estatuetas de touros como atributo de El, encontradas nas escavações. Sobre *Il* (El) como nome divino, ver J.J.M. Roberts, *The Earliest Semitic Pantheon* (Baltimore e Londres, 1972), p.31s. "A imagem que os antigos acadianos fazem de Il figuram-no como um deus alto, mas gracioso, cujo interesse é o bem-estar dos homens e que é particularmente ativo no nascimento das crianças. Essa caracterização corresponde, em termos gerais, ao que se conhece como El, no resto do mundo semítico" (op.cit., p.34).

Sobre Dagân, ver Ed. Dhorme, "Les avatars du dieu Dagon", RHR, t.138, 1950, p.129-44; Ulf Oldenburg, *The Conflict...*, p.47-57.

49. Sobre Baal, ver Kapelrud Arvids, *Baal in the Ras Shamra Texts*, Copenhaguem, 1952; Haddad Hassans, *Baal-Hadad: A Study of the Syrian Storm-God* (dissertação inédita, Univ. de Chicago, 1960); U. Cassuto, "Baal and Môt in the ugaritic texts", *Israel Exploration Journal*, n.12, 1962, p.77-86; W. Schmidt, "Baals Tod und Auferstehung", ZRGG, n.15, 1963, p.1-13; Ulf Oldenburg, *The Conflict...*, p.57-100, 122-42, 176-7; M. Pope e W. Rölling em W.d.M, vol.I, p.253-69 (com a bibliografia dos principais textos traduzidos e da sua interpretação, p.268-9); J.C. de Moor, *The Seasonal Pattern in the Ugaritic Myth of Ba'lu* (Alter Orient und Altes Testament, n.16), Neukirchen-Vluyn, 1971; e sobretudo F.M. Cross, *Cannanite Myth and Hebrew Epic*, p.112s. (Baal e 'Anat), p.147s. (teofanias de Baal e de Javé).

A separação do primeiro casal divino, como consequência do rapto de Asherat por Baal, parece provir da seguinte cena: Quando Baal envia Asherat até El para solicitar-lhe um palácio, El "pula de alegria" e pergunta: "Por que a procriadora dos deuses veio até aqui?... Será que vos perturba o amor por El?" Mas Asherat responde-lhe, com desprezo: "Nosso rei é Al'yan Baal, nosso juiz, e não existe ninguém acima dele" (*Ugarit Manual*, n.51; trad. inglesa de Oldenburg, S. 118). Só mais tarde, quando Baal extermina os 77 filhos de Asherat (*Ug. Manual*, n.75: Oldenburg, p.119), é que a deusa se acerca de El e incita-o à vingança.

Yam é idêntico ao dragão ofídio (*tannin*) Lôtan, o Leviatã do Antigo Testamento. Cf. Salmo 74:18: "Tu que quebraste as cabeças de Leviatã". O Apocalipse (12:3s.) evoca "um enorme dragão, vermelho como o fogo, com sete cabeças". Sobre Yam, ver, entre outros, Gray, op.cit., p.26s., 86s.; Oldenburg, p.32-4, 134-7, e o estudo comparativo de Th. Gaster, *Thespis*, p.114s.

Sobre Koshar-wa-Hasis, ver os comentários de Gaster, op.cit., p.161s.

50. Sobre a deusa 'Anat, ver ainda as obras consagradas a Baal, Arvids. Kapelrud, *The Violent Goddess Anat in the Ras Shamra Texts*, Oslo, 1969; M. Pope, W.d.M., vol.I, p.235-41; Wolfgang Helck, *Betrachtungen zur grossen Goettin und den ihr verbundenen Gottheiten* (Munique e Viena, 1971), p.151s.; 200s.

Sobre as analogias entre 'Anat e Durgâ, cf. Walter Dostal, "Ein Beitrag zur Frage des religioesen Weltbildes des frühesten Bodenbauer Vorderasiens" (*Archiv für Voelkerkunde*, vol.XII, 1957, p.54-109), p.74s.

Sobre o "canibalismo" de 'Anat (ela devora o cadáver de Baal), ver Charles Virolleaud, "Un nouvel épisode du mythe ugaritique de Baal" (*Comptes-rendus de l'Académie des Inscriptions et Belles-Lettres*, 1960, p.180-6), e as observações de Michael C. Astour, "Un texte d'Ugarit récemment découvert et ses rapports avec l'origine des cultes bacchiques grecs", RHR, t.154, 1963, p.1-15; id., *Hellenosemitica* (Leiden, 1964; reedição com correções e notas suplementares, 1967), p.170s.; W.F. Albright, *Yabveh and the Gods of Canaan* (Nova York, 1968), p.131s.

Sobre as relações entre 'Anat e Ashtarte, cf. J.J.M. Roberts, *The Earliest Semitic Pantheon*, p.37s.; Wolfgang Helck, *Betrachtungen*, p.155s. A deusa Ashtarte parece ser uma réplica de 'Anat e quase não desempenha papel algum. "Um novo texto mitológico conferiu-lhe sua importância e destaca seu caráter belicoso e seu papel de protetora da justiça e do direito" (R. de Vaux, op.cit., p.145, referindo-se a um texto publicado por Charles Virolleaud, *Le Palais Royal d'Ugarit*, vol.V, e ao comentário de W. Herrmann, "Astart", *Mitt. für Orientforschung*, n.15, 1969, p.6-55).

Sobre o simbolismo cosmológico do palácio-templo, ver M. Eliade, *Le Mythe de l'éternel retour* (nova edição, 1969), p.17s.; id., "Centre du monde, temple, maison", *Le symbolisme cosmique des monuments religieux*, Serie Orientale Roma, XIV, Roma, 1957, p.57-82); Ananda Coomaraswamy, "The symbolism of the Dome", *Indian Historical Quarterly*, n.14, 1938, p.1-56; Loren R. Fisher, "Creation at Ugarit and in the Old Testament", *Vetus Testamentum*, vol.XV, 1965, p.313-24; cf. também U. Cassuto, "Il palazzo di Ba'al nella tavola II AB di Ras Shamra", *Orientalia*, N.S., n.7, 1938, p.265-90; A.S. Kapelrud, "Temple building, a task for gods and kings", *Orientalia*, n.32 (1963), p.56-62.

51. Sobre Môt, ver Oldenburg, op.cit., p.35-39; M. Pope, W.d.M., vol.I, p.300-2; Cross, op.cit., p.116s. Cf. também U. Cassuto, "Baal and Môt in the Ugaritic Texts", *Israel Exploration Journal*, n.12, 1962, p.77-86.

Sobre Athtar, cf. J. Gray, "The Desert God '*Attr* in the Literature and Religion of Canaan", JNES, n.8, 1949, p.72-83; A. Caquot, "Le dieu 'Athtar et les textes de Ras Shamra", *Syria*, n.35, 1958, p.45-60; Oldenburg, op.cit., p.39-45.

Estado das questões: bibliografia crítica 387

52. Sobre o culto de Baal em Ugarit, ver Kapelrud, *Baal in the Ras Shamra Texts*, p.18s.; id., *The Ras Shamra Discoveries and the Old Testament* (Norman, 1963); cf. também J. Gray, "Sacral kingship in Ugarit", *Ugaritica*, vol.VI (Paris, 1969), p.289-302. Os elementos arcaicos específicos aos cultos de fertilidade são abundantes: falos de pedra, imagens da deusa nua, Baal tauromorfo; alguns sacerdotes traziam ao rosto máscaras de animais e chifres (cf. Schaeffer, op.cit., p.64, fig.2).

Sobre o sacrifício público oferecido por homens e mulheres (e o rei e a rainha) em expiação aos pecados que são confessados, ver A. Caquot, "Un sacrifice expiatoire à Ras Shamra", RHPR, n.42, 1962, p.201-11.

Conforme observa R. de Vaux, op.cit., p.146, os sacrifícios cananeus e os sacrifícios israelitas "tinham um ritual comum; por exemplo, o holocausto dos profetas de Baal e o de Elias sobre o monte Carmelo são preparados da mesma forma, I *Reis*, XVIII".

Sobre o culto cananeu, ver por último Fohler, *History of Israelite Religion*, p.57s., com indicações bibliográficas recentes.

Sobre o conflito entre Javé e Baal, ver a bibliografia adiante, §60.

Sobre os poemas épicos de Keret e de Aqhat-Danel e seus paralelos gregos, cf. Cyrus A. Gordon, *The Common Background of Greek and Hebrew Civilizations* (Nova York, 1965), p.128s. (O autor vê no poema de Keret "o mais antigo exemplo conhecido do motivo Helena de Troia", motivo de origem indo-europeia, atestado na Índia e na Grécia, mas desconhecido na Mesopotâmia e no Egito; p.132s.). Sobre esse problema, ver também Michael C. Astour, *Hellenosemitica* (2ª ed., 1967), que explica os empréstimos recíprocos e as analogias entre o mundo sírio-palestino e o mundo grego por suas condições geográficas e idiossincrasias políticas: "Ambos foram fragmentados, seus territórios foram geograficamente desmembrados, perdendo o eixo central. Isso se deu também com os elementos do Estado e a ordem interna. ... Os mundos grego e semítico do Ocidente formaram um círculo comum de Estados pequenos, incapazes de se unificar e centralizar, a não ser quando conquistados de algum império exterior" (p.358-9).

53. Para a história antiga de Israel, utilizamos sobretudo M. Noth, *Geschichte Israels* (Göttingen, 1950, 2ª ed. revista, 1954), J. Bright, *A History of Israel* (Filadélfia, 1959) e R. de Vaux, *Histoire ancienne d'Israel. Des origines à l'installation en Canaan* (Paris, 1971); esta última obra contém admiráveis bibliografias críticas. Ver também: W. F. Albright, *Archaeology and the Religion of Israel* (2ª ed., Baltimore, 1946); id., *The Biblical Period from Abraham to Ezra* (Nova York, 1963); R. de Vaux, *Les institutions de l'Ancien Testament*, vols. I-II (2ª ed., Paris, 1961, 1967); Otto Eissfeldt, *The Old Testament. An Introduction* (Nova York, 1965, traduzido da 3ª ed. alemã, 1964, com bibliografias suplementares, p.722-85); J. Pederson, *Israel. Its Life and Culture*, vols. I-IV (Copenhague, 1926, 1940); G. von Rad, *Old Testament Theology*, vol.I (Nova York, 1962; o original alemão é de 1957); M. Noth, *Die Ursprünge des alten Israel im Lichte neuer Quellen* (Koeln-Opladen, 1961); Ernest Wright (org.) *The Bible and the Ancient Near East. Essays in honor of W.F. Albright* (Nova York, 1968), p.85-139 (sobre a arqueologia da Palestina, por E. Wright), p.265-99 (problemas de cronologia).

Há um número considerável de obras sobre a história religiosa de Israel; os mais úteis dentre os livros publicados nos últimos 10-12 anos são: Y. Kaufmann, *The Religion of Israel* (traduzido do hebraico e resumido por M. Greenberg, Chicago, 1960); H. Ringgren, *La religion d'Israël* (Paris, Payot, 1966; a edição alemã, 1963); W. Eichrodt,

Religionsgeschichte Israel (l969); G. Fohrer, *History of Israelite Religion* (Nashville, 1972; ed. alemã, 1968).

Os textos cosmogônicos foram traduzidos e comentados por Jean Bottéro, "La naissance du monde selon Israël", *Sources Orientales*, vol.I (*La naissance du monde*, Paris, 1959), p.187-234. Sobre a cosmologia bíblica, ver H. Gunkel, *Schoepfung und Chaos in Urzeit und Endzeit* (2ª ed., Goettingen, 1921), especialmente p.29s.; V. Maag, "Jahwaes Begegnung mit der Kanaanaeische Kosmologie", *Asiatische Studien/Etudes Asiatiques*, n.18-19, 1965, p.252-69.

Entre as mais recentes traduções comentadas do Gênese, a mais acessível aos não especialistas é a de E.A. Speiser, *Genesis* (Nova York, 1964).

Para os mitos sobre a Criação do homem, cf. a bibliografia que citamos anteriormente, §17.

54. Sobre o Éden e os mitos paradisíacos, cf. P. Humbert, *Études sur le récit du paradis et de la chute dans la Genèse* (1940); W. Andrae, "Der kultische Garden" (*Die Welt des Orients*, 6, 1952, p.485-94); G. Widengren, *The King and the Tree of Life in Ancient Near Eastern Religion* (1951); A. Dammron, *La mythologie sumérienne et les premiers chapitres de la Genèse* (1959); Theodor H. Gaster, *Myth, Legend and Customs in the Old Testament* (1969), p.24-37, 132-224 (bibliografia); F.F. Hvidberg, "The canaanite background of *Genesis I-II*", *Vetus Testamentum*, n.10, 1960, p.285s.; J. Coppens, *La connaissancc du bien et du mal et le péché du paradis* (Analecta Lovanesis Biblica et Orientalia, 1958).

Sobre a árvore da vida e a árvore da ciência, ver Eliade, *Traité*, p.246s.; Gaster, op.cit., p.337-8.

Sobre Caim e Abel, ver Gaster, p.51-5, 341-2 (bibliografia). Sobre os rituais e os simbolismos metalúrgicos, ver M. Eliade, *Forgerons et alchimistes* (Paris, 1956), p.57s.; sobre o regime social e os prestígios mágicos dos ferreiros, cf. ibid., p.81s.

Sobre o "sinal de Caim" (Gênese, 4; 15), cf. o material comparativo citado por Frazer e Gaster, op.cit., p.55-65, 344-5 (bibliografia).

55. Sobre a união dos "filhos de Deus" com as "filhas do homem", cf. C.E. Closen, *Die Sünde der 'Soehne Gotte'* (*Gen.*, VI, 1-4), Roma, 1939; Gaster, op.cit., p.351-2 (bibliografia); B.S. Childs, *Myth and Reality in the Old Testament* (Naperville, 1960), p.48s.; C.A. Cooke, "The sons of (the) God(s)", *Zeitschrift für die Alttestamentlich Wissenschaft*, 76, 1964, p.22-47.

Sobre o dilúvio, cf. as notas no §18; Gaster, op.cit., p.352 (bibliografia); A. Parrot, *Déluge et arche de Noé* (1952); C. Lambert, "Il n'y aura jamais de déluge (Gênese, IX:11)", *Nouvelle Revue Théologique*, n.77, 1955, p.581-601, 693-724.

Sobre a Torre de Babel, ver Gaster, op.cit., p.360-1 (bibliografia); A. Parrot, *La Tour de Babel* (1953). Sobre o simbolismo do *ziqqurat*, cf. Eliade, *Le mythe de l'éternel retour* (nova edição, 1969), p.25s.; G. Widengren, "Aspetti simbolici dei templi e luoghi di culto deI vicino Oriente antico", *Numen*, vol.VII, 1960, p.1-25. Sobre os mitos de ascensão ao Céu, cf. Eliade, *Religions australiennes* (Payot, 1972), p.40s.; id., "Notes the symbolism of the arrow", p.468s.

A obra de A. Borst, *Der Turmbau von Babel Geschichte der Mainungen über Ursprung und Vielfalt der Sprache und Voelker*, vol.I-VI, Stuttgart, 1957-1963, constitui uma enciclopédia muito erudita das lendas genealógicas da história ocidental.

56. Sobre os semitas nômades do segundo milênio, ver Joseph Henninger, "Zum Früh-semitischen Nomadentum", *Viehwirtschaft und Hirtenkultur. Ethnographische Studien* (Budapeste, 1959, p.33-68), especialmente p.44-30 (os Patriarcas), 50-53 (os nômades nos textos de Mari).

Sobre os habiru e suas relações com os hebreus, ver o estado das questões e a bibliografia recente em R. de Vaux, *Histoire ancienne d'Israël*, p.202-8 ("Habiru-'Apiru era um termo étnico que designava um dos grupos semíticos do Ocidente, 'amoritas' ou 'proto-arameus', aos quais ligamos os patriarcas"; p.208). Ver também Albright, *From the Stone Age...*, p.238s., id., *Yahweh and the Gods of Canaan*, p.75s.; Fohrer, *History of Israelite Religion*, p.30 (notas 8-10, bibliografias).

Sobre a data dos patriarcas, ver R. de Vaux, p.245-53. Sobre o "deus do pai", ver Albright, Alt, *Der Gott der Vaeter*, 1929 (= *Kleine Schriften zur Geschichte des Volkes Israel*, 1, 1953, p.1-78); acessível também em tradução inglesa: *Essays on Old Testament History and Religion*, trad. de R.A. Wilson, Nova York, 1968 (p.1-100). A discussão das suas teses em Fohrer, op.cit., p.36s.; R. de Vaux, p.256s.; Ringgren, p.29s. As relações entre o "deus do pai" e El, e entre El e Javé, foram recentemente analisadas sob nova perspectiva por F.M. Cross, *Canaanite Myth and Hebrew Epic* (Cambridge, Mass., 1973), p.1-76.

A interpretação do nome El Shaddai é ainda controvertida. Propôs-se derivá-lo de um vocábulo aparentado ao acadiano *sadû*, "montanha": seria "(El) o montanhês"; cf. também Ringgren, p.34-5. Mas como seria preferível encontrar-lhe uma etimologia no semítico do Noroeste, propôs-se recentemente o hebraico *saday/sadèh*: seria "El da planície, ou dos campos, ou da estepe" (R. de Vaux, p.264, com bibliografia).

É de notar que os relatos patriarcais, que conhecem El, não mencionam Baal. O que indica que os antepassados dos israelitas, ao penetrarem em Canaã antes da época dos hicsos, não encontraram o culto de Baal; este ganhou importância por volta de meados do segundo milênio, talvez um pouco mais cedo, em Ugarit: cf. R. de Vaux, p.266. Entretanto, como já observamos (cf. cap.VI), é provável que existisse um deus local da tempestade e da fertilidade agrícola, cujo nome foi esquecido depois da introdução de Baal.

Não há qualquer indicação do culto dos "ídolos" entre os patriarcas. Todavia, quando Raquel está prestes a deixar a casa de Labão, seu pai, ela furta-lhe os *teraphim*, os ídolos domésticos (Gênese, 31: 19), a que Labão chama "meus deuses" (31:30). Sobre o significado dos *teraphim*, ver A.R. Johnson, *The Cultic Prophet in Ancient Israel* (2ª ed., 1962), p.32s.; Rowley, *Worship in Ancient Israel*, p.19s. Em todo o caso, o gesto de Raquel não pode constituir uma indicação sobre a religião de Jacó. Ver também Ringgren, p.38-9.

Quanto à circuncisão, é provável que ela fosse praticada na época dos patriarcas. Ignora-se a sua origem; cf. R. de Vaux. *Les institutions de l'Ancien Testament* (Paris, 2ª ed., 1961), p.78-82; E. Isaac, "Circumcision as a Covenant Rite", *Anthropos*, n.59, 1964, p.444-56. Afirmou-se que a circuncisão fora um empréstimo egípcio, mas ela não era universalmente praticada no Egito. Por outro lado, o costume é atestado na Síria setentrional desde o começo do terceiro milênio. Por conseguinte, os antepassados dos israelitas poderiam tê-la conhecido antes da sua chegada a Canaã. "Ela tinha então seu significado primitivo de iniciação ao casamento e à vida comum do clã como ainda o possui, Gênese, 34:14-16; só mais tarde ela se tornou o sinal da aliança entre Deus e seu povo, o que o autor sacerdotal do Gênese, 17, remonta à época de Abraão" (R. de Vaux, *Histoire ancienne d'Israël*, I, 273; a bibliografia recente está registrada nas notas 94 e 96).

Sobre a circuncisão como rito iniciatório nas sociedades arcaicas, cf. Eliade, *Naissances mystiques* (Paris, 1969), p.54s.

57. Sobre os sacrifícios de tipo cruento, ver R. de Vaux, *Les sacrifices de l'Ancien Testament* (Paris, 1964), p.2-27; id., Histoire ancienne d'Israël, p.270s. Sobre os costumes da Arábia central, ver J. Henninger, "La religion bédouine préislamique", F. Gabrieli (org.), *L'Antica società beduina* (Roma, 1959), p.135-6; id. "Lês fêtes de printemps chez les arabes et leurs implications historiques", *Revista do Museu Paulista*, São Paulo, n.4, 1950, p.389-432.

58. A figura de Moisés deu lugar recentemente a algumas interpretações bastante originais; ver E. Auerbach, *Moses* (Amsterdam, 1953); H. Cazelles, *Moïse, l'homme de l'alliance* (1955); H.H. Rowley, *From Joseph to Joshua* (Oxford, 1950); id., "Moses and the Decalogue", BJRL, 34, 1951, p.81-118. Cf. também R. Smend, *Das Mosebild von Heinrich Ewald bis Martin Noth* (1959). Sobre a missão de Moisés, ver R. de Vaux, *Histoire ancienne*, p.305s. Sobre as diversas tradições relacionadas com a saída do Egito e a Páscoa, cf. Fohrer, *Hist. of Isr. Religion*, p.68s.; R. de Vaux, *Institutions*, vol.II, p.383-94 (e bibliografia, p.467-8); id., *Les sacrifices de l'Ancien Testament*, p.7s.

A influência da Páscoa sobre a tradição apresentada pelo Êxodo, 1-15, foi salientada principalmente por J. Pedersen, *Israel. Its Life and Culture*, vols. III-IV (1940), p.384-415, 728-37; a teoria foi criticada e modificada por G. Von Rad es. Mowinkel; cf. Fohrer, p.68s.

Como observamos, a celebração da Páscoa, originariamente festa pastoral de primavera, foi explicada como a comemoração ritual da saída do Egito; em outras palavras, uma cerimônia periódica, expressão da religiosidade cósmica, acaba "historicizada". Por outro lado, os acontecimentos fabulosos do Êxodo, isto é, a passagem do Mar dos Caniços e o aniquilamento do exército egípcio, receberam, com o tempo, duas interpretações diferentes. No testemunho mais antigo (Êxodo, 15:1-10), as tropas do faraó são sepultadas sob as ondas provocadas pelo sopro de Javé. Só mais tarde é que, nos Salmos, se fala da separação do mar: "Ele dividiu o mar e os transportou, levantou as águas como um dique" (Salmo 78:13: cf. Salmo 77:17-20).

Nesse caso o "milagre" do Mar dos Caniços é relacionado com a Criação, ou seja, com a vitória de Javé sobre o monstro marinho Raabe e Leviatã; "Porventura não feriste Raabe, não golpeaste o dragão? Acaso não secaste tu o mar, as águas do grande abismo, para fazeres do fundo do mar um caminho por onde passassem os libertados?" (Isaías, 51:9-10). O êxodo, assim como a conquista de Canaã (e, mais tarde, o retomo dos deportados, anunciado pelo texto do Dêutero-Isaías que acabamos de citar), constituem de alguma forma uma repetição da obra cosmogônica (cf. Cross, *Canaanite Myth and Hebrew Epic*, p.100s.). Mas, no final, as duas perspectivas – "histórica" e "cosmoiógica" – são complementares; a conquista de Canaã, acontecimento "histórico" por excelência, também é obra divina, pois é Javé que assegura a vitória aos israelitas.

59. Em seu livro *Law and Covenant in Israel and the Ancient Near East* (Pittsburgh, 1955), G.E. Mendenhall fez uma aproximação entre o Código da Aliança e os tratados dos reis hititas com os seus vassalos da Ásia Menor. Esse tratado contém, depois de um prefácio (que precisa o nome e os títulos do rei e recorda as relações até agora existentes entre as duas partes), as estipulações impostas ao vassalo, determinações sobre a preservação do documento em um templo e a sua periódica leitura solene, a lista dos deuses-testemunhas e finalmente fórmulas de maldição e de bênção. Albright, que aceita a tese, insiste na necessidade dos tratados e dos contratos para os hebreus primitivos, na sua maioria caravaneiros: cf. *Yahweh and the Gods of Israel*, p.107s., com bibliografia. As críticas de Mendenhall são registradas por R. de Vaux, *Histoire*, p.410, n.141. R. de Vaux se pergunta como o grupo seminômade de Moisés teve conhecimento dos contratos dos reis hititas. Por outro lado, existem diferenças nas estruturas dos dois textos; faltam, por exemplo, no Código da Aliança, as maldições-bênçãos finais. Além disso, enquanto as estipulações são geralmente expressas em forma condicional – "Se acontecer que..." – a Aliança utiliza fórmulas apodícticas. R. de Vaux observa que os tratados dos reis hititas com povoações semibárbaras não seguem o formulário clássico. Há portanto vários tipos de "formulários de aliança" (ibid., p.413).

Sobre o papel do oásis de Kadesh Barnea na constituição das tradições javistas, ver T.J. Meek, *Hebrew Origins* (Nova York. 1936; reimpressão. 1960), p.119s.; R. de Vaux. *Les institutions de l'Ancien Testament*, vol.II, p.228s.; Ringgren, op.cit., p.49s. Os elementos vulcânicos, constitutivos das manifestações de Javé sobre o Sinai, foram analisados por J. Koenig. "Le Sinai, montagne de feu", RHR, n.167, p.129-55; id., "Aux origines des théophanies iahvistes", ibid., 169, 1966, p.1-36. Mas Cross mostrou que a "revelação do Sinai" é uma "teofania através da tempestade", comparável à de Baal; cf. *Canaanite Myth and Hebrew Epic*, p.147s. Ver também G.E. Mendenhall, *The Tenth Generation: The Origins of the Biblical Traditions* (Baltimore, 1973), p.56s. Ver ibid., p.105, sobre o incidente de Baal Peor.

60. Algumas teorias recentes sobre a instalação dos israelitas em Canaã (e especialmente aquelas de Y. Kaufmann, A. Alt, M. Noth, W.F. Albright e G.E. Mendenhall) são analisadas por R. de Vaux, *Histoire ancienne*, p.444-54. Ver também R. Smend, *Jahwekrieg und Staemmehund* (Goettingen, 1963).

Sobre o conflito entre o javismo e a religião cananeia, ver R. Hillmann. *Wasser und Berg: Kosmische Verbindungslinien zwischen dem Kanaanaeischen Wettergott und Jahve* (dissertação, Halle, 1965); J. Maier, "Die Gottesvorstellung Altisraels und die Kanaanaeische Religion", in *Bibel und Zeitgemaesser Glaube*, vol.I 1965, p.135-58; T. Worden, "The literary influence of the ugaritic fertility on the Old Testament", VT, n.3, 1953, p.273-97; Fohrer. op.cit., p.103s.; R. de Vaux, *Histoire*, p.147 (nota 99, bibliografia); sobre o sincretismo, ver G.W. Ahlstroem, *Aspects of Syncretism in Israelite Religion* (Lund, 1963).

A obra de R. Dussaud, *Les origines cananéennes du sacrifice israélite* (1921, 2ª ed., 1941), ainda é muito útil. Ver também Rowley, *Worship in Ancient Israel*, p.61s., e a bibliografia que aparece na p.65, nota 1. O sacrifício humano jamais foi aceito pelos israelitas; os sacrifícios de crianças atestados no século VII traduzem uma influência exterior; cf. R. de Vaux e Eissfeld, resumidos por Rowley, op.cit., p.65, nota 1.

Sobre o profetismo no Oriente Próximo antigo e entre os israelitas, ver A. Haldar, *Association of Cult Prophets among the Ancient Semites* (Uppsala, 1945); J. Lindblom, *Prophecy in Ancient Israel* (Filadélfia, 1965, Oxford, 1962); essas duas obras contêm ricas bibliografias. Ver também J. Pederson, "The role played by inspired persons among the israelites and the arabs" (*Studies in Old Testament Prophecy = Robinson Festschrift*, 1950, p.127-42); A. Lods, "Une tablette inédite de Mari, intéressante pour l'histoire ancienne du prophétisme sémitique", ibid., p.103-10; A. Malamat, "Prophetic revelation in new

392   *História das crenças e das ideias religiosas*

documents from Mari and the Bible", *Vetus Testamentum, Suppl.*, XV, 1966, p.207-27; G. Fohrer, *Studien zur alttestamentlichen Prophetie, 1949-1965* (1967).

61. A história dos estudos e, em primeiro lugar, das hipóteses referentes à pátria originária dos indo-europeus e suas migrações é recordada por P. Bosch-Gimpera, *Les indo-européens* (trad. franc. R. Lantier, Paris, 1961), p.21-96, e por G. Devoto, *Origini indeuropee* (Florença, 1962), p.8-194. Essas duas obras contêm importantes bibliografias. A obra de O. Schrader, *Reallexikon der indogermanische Altertumskunde* (2ª ed., publicada por A. Nehring, Berlim-Leipzig, 1917-32), não foi substituída. Ver também A. Nehring, "Studien zur indogermanischen Kultur u. Urheimat", in W. Koppers et al.: *Die Indogermanen- und Germanenfrage* (Salzburg-Leipzig, 1936), p.7-229.

Os relatórios das mais recentes escavações arqueológicas são encontrados nos trabalhos de Marija Gimbutas, *The Prehistory of Eastern Europe* (1956); *Bronze Age Cultures in Central and Eastern Europe* (Haia, 1965); "Proto-indo-european culture: the kurgan culture during the Fifth, Fourth and Third millenia B.C.", George Cordona (org.), *Indo-European and Indo-Europeans* (Filadélfia, 1970), p.155-97; "The beginning of the Bronze Age in Europe and the indo-europeans: 3.500-2.500 B.C.", Jies, vol.I, 1973, p.163-214: "The destruction of Aegean and East Mediterranean urban civilization around 2.500 B.C.", R. Crossland e A. Birchall orgs.], *Bronze Age Migrations in the Aegean* (1973), p.129-39. Homer L. Thomas, "New evidence for dating the Indo-European dispersal in Europe" (*Indo-European and Indo-Europeans*, p.199-251), propõe recuar as datas da expansão dos indo-europeus (a análise ao carbono radiativo revela sua presença na Holanda em ~ 2.470 ou ~ 2.600). Ward H. Goodenough, "The evolution of pastoralism and indo-european origins" (ibid., p.253-69), localiza o sítio de origem dos indo-europeus nas regiões orientais da Polônia e na Ucrânia ocidental. Ver também Paul Friedrich, "Proto-indo-european trees" (ibid., p.11-34); T. Burrow, "The Proto-Indoaryans", JRAS, 1973, p.123-40; M.M. Winn, "Thoughts on the question of indo-european movements into Anatolia and Iran", Jies, vol.II, 1974, p.117-42 (sobre os grupos indo-europeus que habitavam a Anatólia e o Irã em ~ 3.000 aproximadamente). A bibliografia crítica sobre os indo-europeus na Ásia anterior está em M. Mayrhofer, *Die Indo-Arier im Alten Vorderasien* (Wiesbaden, 1966); cf. Mayrhofer, IIJ, vol.VII, 1964, p.208s.; id., *Die Arier im Vorderem Orient – ein Mythos?* (Viena, 1974). A função religiosa dos *tumuli* (*kurgan*) indica um intenso culto dos antepassados, comparável àquele das civilizações megalíticas (cf. vol.1, §35).

62. Sobre as teorias de Max Müller, ver Richard M. Dorson, "The eclipse of solar mythology" (Thomas A. Sebeok (org.) *Myth: A Symposium*, 1955, p.15-38). A obra de Leopold von Schröder, *Arische Religion* (vols. I-II, Leipzig, 1914, 1916), ainda é utilizável. No primeiro volume, o autor apresenta os seres supremos indo-europeus; no segundo, as divindades cósmicas (a Terra, o Sol, o fogo etc.). Um terceiro volume deveria estudar a noção de alma e o culto dos antepassados. Da imensa literatura direta ou indiretamente inspirada pela ideologia nacional-socialista, pode-se citar, como exemplo, Friedrich Cornelius, *Indogermanische Religionsgeschichte* (Munique, 1942). O primeiro tomo (único publicado) de *Glaubensgeschichte der Indogermanen* (Stuttgart, 1937) de J.W. Bauer é, na verdade, constituído por uma série de estudos independentes. Pode-se encontrar uma crítica da interpretação racista da espiritualidade indo-europeia nas diferentes contribuições reunidas sob o título *Die Indogermanen- und Germanenfrage,*

Estado das questões: bibliografia crítica

e publicadas por W. Koppers (Wiener Beiträge zur Kulturgeschichte und Linguistik, IV, Salzburg-Leipzig, 1936), e no terceiro tomo de *Rassen und Völker in Vorgeschichte u. Geschichte des Abendlandes* (Lucerna, 1946) de Wilhelm Schmidt (esp. p.275-318).

Sobre o vocabulário religioso indo-europeu, ver G. Devoto, *Origini indeuropee*, p.295s., e o segundo tomo de E. Benveniste, *Le vocabulaire des institutions indo-européennes* (Paris, 1969). Para uma análise profunda do termo *theós*, cf. C. Gallavotti, "Morfologia di *theos*", SMSR, n.33, 1962, p.25-43. Sobre a divindade iraniana do fogo, cf. Stig Wikander, *Der arische Männerbund* (Lund, 1938), p.76s., e, adiante, §104.

Eric Hamp (contra Benveniste, op.cit., II, 223s.) acaba de demonstrar a existência de um termo comum indo-europeu para "sacrifício"; cf. "Religion and law from Iguvium" (Jies, vol.I, 1973, p.318-23), p.322.

Um desenvolvimento tardio associa a energia divina com as almas dos mortos; cf. especialmente entre os germanos, em cuja língua a raiz original GHAV, GHUTO, que designava o "evocado", termina por exprimir a ideia de Deus. Também tardio parece ser o aparecimento do termo WELO, "alma", que significa "aquele que se liberta no ar", ou seja, é libertado pela cremação; cf. Devoto, *Origini*, p.295-316.

Convém assinalar uma diferença característica entre os indo-europeus e os semitas: o valor atribuído à escrita. Heródoto (vol.I, p.136) conta que os persas ensinavam aos filhos apenas três coisas: montar a cavalo, atirar com o arco e dizer a verdade. Segundo uma passagem dos *Anais* do rei assírio Assurbanipal V, o soberano semita aprende a cavalgar (e a conduzir o carro), a atirar com o arco e "a sabedoria de Nabu e a arte de escrever seguindo as tradições dos mestres"; cf. G. Widengren, *Numen*, vol.I, 1954, p.63, nota 311; id., *Religionsphänomenologie* (Berlim, 1969), p.570s. Ver também G. Dumézil, "La tradition druidique et l'écriture: le vivant et le mort" (RHR, n.122, 1940, p.125-33). Essa diferença radical entre as religiões indo-europeias, baseadas na tradição oral, e as "religiões do Livro", nas quais os escribas gozavam de grande prestígio, criou dificuldades quando o clero zoroastriano decidiu editar o seu livro santo, o *Avesta*. Pois, mesmo na época dos sassânidas (séculos III-VII), a escrita era tida como uma obra demoníaca; cf. A. Bausani, *Persia religiosa* (Milão, 1959), p.20s. Ver também G. Widengren, "Holy book and holy tradition in Iran. The problem of the Sassanid Avesta", F.F. Bruce e E.G. Rupp (orgs.), *Holy Book and Holy Tradition*, Manchester, 1968, p.36-53.

63. A mais cômoda introdução à obra de Georges Dumézil é *L'Idéologie tripartie des indo-européens* (Bruxelas, 1958). A bibliografia existente até 1960 está registrada em *Hommages à Georges Dumézil* (Bruxelas, 1960), p.XI-XXIII. Uma apresentação cronológica da obra de Dumézil – e uma análise das críticas que lhe foram feitas – aparece em C. Scott-Littleton, *The New Comparative Mythology: An Anthropological Assessment of the Theories of Georges Dumézil* (Berkeley e Los Angeles, 1966). Alguns estudos sobre as concepções dumézilianas foram publicados por Joan Puhvel (org.) nos volumes *Myth and Law among the Indo-Europeans* (Univ. of California Press, 1970), e por G.I. Larson (org.), *Myth in Indo-European Antiquity* (ibid., 1974). Ver também os artigos de J.F. Richards, Alf Hiltebeitel, J. Gonda, C. Scott-Littleton e David M. Knipe, *The Journal of Asian Studies*, n.34, 1974, p.127-68. Richard Bodéus, "Société athénienne, sagesse grecque et idéal indo-européen" (*L'Antiquité Classique*, n.41, 1972, p.453-86), fez um brilhante exame da concepção duméziliana da tripartição à luz dos fatos gregos.

Enquanto se aguarda a nova edição dos três volumes *Jupiter, Mars, Quirinus* (Paris, 1941-45) e de *Mitra-Varuna. Essai sur deux représentations indo-européennes de la souveraineté* (1940; 2ª ed., 1948), leia-se *Heur et malheur du guerrier* (Paris, 1969), versão refundida de *Aspects de la fonction guerrière chez les Indo-Européens* (1956), *L'Héritage indo-européen à Rome* (Paris, 1949), *Servius et la fortune* (Paris, 1943) e *Mythe et epopée*, vols.I-III (Paris, 1968, 1973). No primeiro volume de *Mythe et epopée* (p.31-257), G. Dumézil desenvolve a demonstração de Stig Wikander relativa à existência do esquema tripartido no *Mahabharata*. O artigo de Wikander, "La légende des Pandava et le fond mythique du Mahabharata" (em sueco, *Religion och Bibet*, vol.VI, p.27-39), foi traduzido por Dumézil em *Jupiter, Mars, Quirinus*, vol.IV (1948), p.37-53. Sobre os deuses de Mitani, ver G. Dumézil, "Les 'trois fonctions' dans le Rig Veda et les dieux indiens de Mitani" (Académie Royale de Belgique, *Bulletin de la Classe des Lettres*, 5ª série, t. XLVII, 1961, p.265-98).

Segundo V.M. Apte, desde o tempo em que foram redigidos os nove primeiros livros do Rig Veda, "julgava-se que a sociedade era composta de sacerdotes, guerreiros e criadores de animais, e se, por um lado, esses grupos ainda não eram designados com os nomes de *brahmana ksatriya* e *vaisya*, os substantivos abstratos, nomes de noções, dos quais esses antropônimos são apenas os derivados, já estavam compostos num sistema hierárquico que definia distributivamente os princípios das três atividades: *bráhman* (neutro) 'ciência e utilização das correlações místicas entre as partes do real, visível ou invisível', *ksatra* 'força, potência', *vis*, ao mesmo tempo 'campesinato', 'habitat organizado'; e, no plural, *visah*, 'conjunto do povo em seus grupamentos sociais e locais'" (G. Dumézil, *L'Idéologie tripartie*, p.8, resumindo V.M. Apte, "Were castes formulated in the age of the rig Veda?", *Bull. of the Deccan College, Research Institute*, vol.II, p.34-46). Georges Dumézil reencontra o esquema tripartido na sucessão dos primeiros reis de Roma: 1) Rômulo, soberano temível (tipo Varuna), 2) Numa, o sábio, fundador dos cultos e das leis (tipo Mitra); 3) Túlio Hostílio, exclusivamente guerreiro (Indra; Marte); 4) Anco Márcio, rei pacífico, em cujo reinado se desenvolvem a população de Roma e a riqueza (Quirino); cf. *Heur et malheur du guerrier*, p.15s.

64. Sobre a penetração dos arianos na Índia, ver: K. Jettmar, "Zur Wanderungsgeschichte der Iranier" (*Die Wiener Schule der Völkerkunde, Festschrift zum 25 jährigen Bestand*, Viena, 1956, p.327-49); P. Bosch-Gimpera, "The migration route of the indo-aryans", JIES, vol.I, 1973, p.513-7. Ver também *East and West*, vol.21, n.1-2, 1971, p.14s.

A mais antiga cultura ariana na Índia é examinada na obra publicada em colaboração com R.C. Majumdar, *History and Culture of the Indian People*, vol.I: *The Vedic Age* (Londres, 1951; excelente bibliografia).

O papel dos arianos na destruição final da civilização do Indo é discutido por sir Mortimer Wheeler, *The Indus Civilization* (3ª ed., Cambridge, 1968, p.132s.; R. Heine-Geldern, "The coming of the Aryans and the end of the Harappa culture", *Man*, n.56, 1956, p.136-40; Bridget e Raymond Allchin, *The Birth of Indian Civilization* (Baltimore-Maryland, 1968), p.154s.; Walter A. Fairservis Jr., *The Roots of Ancient India* (Nova York, 1971), p.345s. Cf. também G.D. Kumar, "The Ethnic Components of the Builders of the Indus Valley Civilization and the Advent of the Aryans", JIES, vol.I, 1973, p.66-80.

Para os ritos relacionados com a ocupação dos territórios, cf. Ananda K. Coomaraswamy, *The Rig Veda as Land-náma-Bók* (Londres, 1935).

A cronologia relativa dos hinos, as escolas e as recensões das quatro coleções – Rig Veda, Yajur-Veda, Samaveda, Atharvaveda – são apresentadas de maneira resumida por L. Renou, *L'Inde classique*, vol.I (Paris, 1947), p.270s. As traduções dos diferentes textos védicos estão registradas por Nurvin J. Hein em Charles J. Adams (org.), *A Reader's Guide to the Great Religions* (Nova York e Londres, 1965), p.49-50. As traduções francesas são mencionadas por Jean Varenne, *Le Veda, premier livre sacré de l'Inde* (Paris, 1967), vol.I, p.36-8. As mais importantes são as de Louis Renou, *Hymnes et prières du Veda* (1938); *La poésie religieuse de l'Inde antique* (1942); *Hymnes spéculatifs du Veda* (1956) – e as traduções de Jean Varenne, publicadas em *Le Veda*, vols.I-II. Ver também Victor Henry, *Les livres VII à XII de l'Atharva Veda* (Paris, 1892-96); P.E. Dumont, *L'agnihotra* (Baltimore, 1939).

Indispensável, a tradução de K.F. Geldner, *Der Rig-Veda*, 3 vols. (Cambridge, Mass., 1951).

Para uma história das interpretações da religião védica, ver L. Renou, *Religions of Ancient India* (Londres, 1953), p.7s. A obra de A. Bergaigne, *La religion védique d'après les hymnes du Rgveda*, vols.I-III (Paris, 1878-97), ainda não tem rival. Podem-se consultar com proveito: Maurice Bloomfield, *The Religion of the Veda* (Nova York, 1908); A.A. Macdonell, *Vedic Mythology* (Estrasburgo, 1897); H. Oldenberg, *La religion du Veda* (trad. francesa, 1903); A. Hillebrandt, *Vedische Mythologie* (2ª ed., Breslau, 1929); A.B. Keith, *The Religion and Philosophy of the Veda and Upanishads*, 2 vols. (Cambridge, Mass., 1925).

Louis Renou apresentou uma história resumida do vedismo em *Religions of Ancient India*, p.1-45. Ver também, do mesmo autor, *L'Inde classique*, p.314-72; *Le destin du Veda dans l'Inde* (*Etudes védiques*, vol.VI, 1960).

A obra mais recente, com riquíssima bibliografia, é a de J. Gonda, *Les religions de l'Inde. I: Védisme et hindouisme ancien* (trad. francesa, Payot, 1962). Ver também: J. Gonda, *The Vision of the Vedic Poets* (Haia, 1965); id., *Loka: World and Heaven in the Veda* (Amsterdam, 1966); P. Horsch, *Die vedische Gatha- und Sloka-Literatur* (Berna, 1966).

65. Sobre os devas e asuras na época védica, pode-se ainda consultar o estudo de T. Segerstedt, "Les asuras dans la religion védique" (RHR, n.55, 1908, p.157-203, 293-316); mas a tese geral – a identificação dos asuras com os primitivos habitantes da Índia – é contestável. Ver também P. von Bradke, *Dyaus Asura, Ahura Mazda und die Asuras* (Halle, 1885). Segundo Von Bradke, o vocábulo *asura* aparece 71 vezes no Rig Veda (57 vezes no singular, quatro no dual e dez vezes no plural); das dez vezes em que o vocábulo figura no plural, em oito ele possui um sentido hostil aos devas; em compensação, somente quatro vezes o vocábulo tem, no singular, essa significação hostil (op.cit., p.22). Ver também Herman Güntert, *Der arische Weltkönig und Heiland* (Halle, 1923), p.101s.

O conflito entre devas e asuras pela soberania universal é pela primeira vez abundantemente apresentado nos *Brahmanas*; cf. Sylyain Levi, *La doctrine du sacrifice dans les Brahmanas* (Paris, 1898), p.27-61.

Sobre o sentido cosmogônico do conflito devas-asuras, cf. F.B.J. Kuiper, "Basic concepts of vedic religion", HR, n.15, 1975, p.107-20. Sobre a identificação Varuna-Vrtra, cf. Bergaigne, *Rel. Védique*, vol.III, p.113, 128, 147. Para uma interpretação metafísica do par devas-asuras, ver A.K. Coomaraswamy, "Angel and Titan: An essay in vedic onthology", JAOS, n.55, 1935, p.373-419.

66. Sobre Varuna, ver as bibliografias registradas em *Traité d'histoire des religions* (edição de 1975), p.68s., 108, e *Images et symboles* (1952), p.124-30; acrescentar G. Dumézil,

Mitra-Varuna (2ª ed., 1948), esp. p.83s., 116s.; J. Gonda, *Les religions de l'Inde*, I, p.93-106; H. Lüders, *Varuna* (Göttingen, 1951-59), esp. vol.II: *Varuna und das Rta*. Sobre *rta*, cf. a bibliografia recente em Gonda, op.cit., p.98, nota 3. Ao *rta* opõe-se, no plano ético, *anrta*, "desordem", "mentira", e, no plano cósmico, *nirrti*, "dissolução". Ver também H. de Glasenap, *La philosophie indienne* (trad. francesa, Payot, 1951), p.33.

Sobre a "aposentadoria" de Varuna diante da popularidade de Indra, ver L. Renou, *Religions of Ancient India*, p.20s.

Sobre *maya* na época védica, cf. G. Dumézil, "Ordre, fantaisie, changement dans les pensées archaïques de l'Inde et de Rome" (*Rev. Etudes Latines*, n.32, 1954, p.139-62), esp. p.142-50, com rica documentação. Acrescentar J. Gonda, *Four Studies in the Language of the Veda* (Haia, 1959), p.119-94; id., *Change and Continuity in Indian Religion* (1965), p.164-97. A. Bergaigne, *La religion védique*, vol.III, p.80s., estudou os outros seres divinos que possuem os seus *maya*: Agni, Soma, Tvastri etc.; cf. também *Images et symboles*, p.130s.

Sobre a origem mítica do *dharma*, cf. Paul Horsh, "Vom Schöpfungsmythos zum Weltgesetz", *Asiatische Studien*, n.21, 1967, p.31-61.

Sobre a solidariedade estrutural Varuna-Vrtra e, em geral, a consubstancialidade deuses-serpentes, cf. *Images et symboles*, p.128s.; *Méphistophélès et l'Androgyne*, p.111s.; A. Coamaraswamy, "Angel and Titan: An essay in vedic ontology" (JAOS, n.55, 1935, p.373-419). Kuiper mostrou que no Rig Veda, onde é imaginado como sustentando o Céu e a Terra por meio de um eixo cósmico, Varuna preenche a função de que será encarregada mais tarde a serpente Sesa; cf. IIJ, 8, 1964, p.108, 116, 118. Sobre a assimilação de Varuna às serpentes no Mahabharata, cf. Gösta Johnsen, "Varuna and Dhrtarastra" (IIJ, 9, 1966, p.245-65), esp. p.260-1.

67. A ambivalência de Varuna não é uma exceção; cf. L. Renou, "L'Ambiguïté du vocabulaire du Rgveda", JA, 231, 1939, p.161-235; id., *Religions of Ancient India*, p.20s. Sobre a ambivalência de Soma, cf. Eliade, *Méphistophélès et l'Androgyne* (1962), p.110. Ver adiante o §68, sobre a "fraternidade" Indra-Vrtra.

Sobre Mitra, cf. H. Güntert, *Der arische Weltkönig und Heiland* (Halle, 1923), p.49s., 120s.; G. Dumézil, *Mitra-Varuna*, p.79s., com bibliografia; J. Gonda, *Les religions de l'Inde*, I, 103s., com bibliografia; id., *The Vedic God Mitra* (Leiden, 1972).

Sobre Aryaman, cf. P.Thieme, *Der Fremdling im Rig Veda* (1938); id., *Mitra and Aryaman* (Transactions of the Connecticut Academy of Arts and Sciences, 1957, vol.41, p.1-96); G. Dumézil, *Le troisième souverain, essai sur le dieu indo-iranien Aryaman* (Paris, 1949); id., *Les dieux des indo-européens* (1952), p.40-59; id., *L'Idéologie tripartie des indo-européens* (Bruxelas, 1958), p.68, 108-18.

Sobre Aditi e os adityas, cf. G. Dumézil, *Déesses latines et mythes védiques*, 1956, p.90s.; J. Gonda, *Some Observations in the Relations between "Gods" and "Powers" in the Veda* (Haia, 1957), p.76s.; id., *Les religions de l'Inde*, I, p.104s., com bibliografia.

68. Para uma exposição sucinta sobre Indra, ver J. Gonda, *Les religions de l'Inde*, I, p.70-81 (com bibliografia); H. Lommel, *Der arische Kriegsgott* (Frankfurt-do-Meno, 1939); G. Dumézil, *Heur et malheur du guerrier* (1969), esp. p.63s., 112s.; E. Benveniste-L. Renou, *Vrtra et Vrthragna, étude de mythologie indo-iranienne* (1934).

Sobre o papel cosmogônico de Indra, ver Norman W. Brown, "The creation myth of the Rig Veda" (JAOS, n.62, 1942, p.85-98); M. Eliade, *Le mythe de l'éternel retour,*

Estado das questões: bibliografia crítica

p.40s., Stella Kramrisch, "The triple structure of creation in the Rig Veda" (HR, 2, 1960, p.140-75, 256-85), esp. p.140-8; F.B.J. Kuiper, "Cosmogony and conception: A query" (HR, 10, 1970, p.91-138), esp. p.98-110.

Sobre o combate entre um deus-paladino e o dragão, ver Eliade, *Le mythe de l'éternel retour*, p.68s.; Theodor H. Gaster, *Thespis* (Nova York, 1950), p.141s.; J. Fontenrose, *Python* (Berkeley e Los Angeles, 1959); F.R. Schröder, "Indra, Thor und Herakles", *Zeit. f. deutsche Philologie*, n.76 [1957], p.1-41; V. Ivanov e V. Toporov, "Le mythe indo-européen du dieu de l'orage poursuivant le serpent; reconstruction du schéma" (*Echange et communication. Mélanges C. Lévi-Strauss*, Paris, 1969).

Sobre a função exemplar do combate Indra-Vrtra, cf. F.B.J. Kuiper, "The ancient aryan verbal contest" (IIJ, 4, 1960, p.217-81). Sobre os maruts, ver Stig Wikander, *Der arische Männerbund* (Lund, 1938), p.75s. Sobre o aspecto "fecundador" de Indra, cf. J.J. Meyer, *Trilogie altindischer Mächte und Feste der Vegetation* (Zurique, 1937), esp. vol.III, p.154s. (trata-se sobretudo de desenvolvimentos tardios; J. Gonda, "The Indra Festival according to the Atharvavedins" (JAOS, 87, 1967, p.413-29).

Não discutimos certos mitos paralelos que opõem Indra ao Tricéfalo (filho de Tvastr) ou a Namuci. G. Dumézil encontra a mesma encenação entre os romanos, na Grécia e na Escandinávia; cf. *Heur et malheur du Guerrier*, p.33s., 63s. O combate exemplar entre Indra e Vrtra deu lugar mais tarde a uma audaciosa interpretação, preparada aliás pela concepção védica da ambivalência e da bipolaridade divina. O deus-paladino torna-se "irmão" do Dragão, uma vez que este último foi criado por Tvastr, o pai de Indra. De fato, de acordo com o mito, Tvastr se esquecera de convidar seu filho para um sacrifício de *soma*. Mas Indra, logrando aproximar-se do sacrifício, apoderou-se do *soma* à força. Furioso, seu pai lançou ao fogo o que restava da bebida divina, gritando: "Crê e torna-te o adversário de Indra!" Desse resto de *soma* derramado sobre o fogo nasceu Vrtra (*Taitt. Sam.*, vol.II, n.4, 12 e 5, 1s.; *Kausitaki Br.*, XV, 2-3). Mas este não tardou a engolir os deuses Agni e Soma, e as outras divindades tiveram medo. Alarmado, Tvastr deu a Indra o raio, assegurando-lhe assim a vitória final. O *Satapatha Brâhmana* (I, 6, 3) acrescenta um detalhe altamente significativo: vencido, Vrtra dirigiu-se a Indra nos seguintes termos: "Não me batas, pois és agora o que eu era."

Tais mitos, e sua exegese teológica, "revelam um aspecto menos conhecido, porque menos evidente, da história divina. Quase que se poderia dizer que se trata de uma 'história secreta' da divindade, que só se torna inteligível aos iniciados, isto é, àqueles que conhecem as tradições e compreendem a doutrina. A 'história secreta' védica revela, por um lado, a consanguinidade dos devas e asuras, o fato de que essas duas classes de seres sobre-humanos são oriundas de um único e mesmo princípio; por outro lado, ela revela a *coincidentia oppositorum* na estrutura profunda das divindades, que se mostram pouco a pouco, ou simultaneamente, benevolentes e terríveis, criadoras e deletérias, solares e ofídias (ou seja, manifestas e virtuais) etc. Reconhece-se o esforço do espírito indiano para extrair um princípio único de explicação do mundo, chegar a uma perspectiva na qual os contrários se reabsorvem e as oposições se anulam" (Eliade, *Méphistophélès et l'Androgyne*, p.115). Sobre esse problema, ver também Conrado Pensa, "Considerazioni sul tema della bipolarità nelle religioni indiane" (*Gururajamanjarika. Studi in Onore di Giuseppe Tucci*, Nápoles, 1974, p.379-409).

69. Os hinos endereçados a Agni foram traduzidos e comentados por L. Renou, *Etudes védiques et paniniennes*, vols. XII-XIV (Paris, 1964-65). Sobre Agni, devem-se consultar os capítulos respectivos nas obras de Bergaigne, Oldenberg, Hillebrandt, A.B. Keith, Macdonell (*Vedic Mythology*) e Gonda.

Sobre a sacralidade do fogo doméstico nas concepções indo-europeias, cf. Schrader-Nehring, *Reallexikon*, vol.I, p.495s.; II, 239s., 475s.

Sobre o culto do fogo sagrado entre os indo-iranianos, ver Stig Wikander, *Feuerpriester in Kleinasien und Iran* (Lund, 1946).

Sobre Agni como "fogo erótico", especialmente na época pós-védica, ver Wendy Doniger O'Flaherty, *Asceticism and Eroticism in the Mythology of Siva* (Oxford, 1973), p.90-110.

70. Os hinos consagrados a Soma foram traduzidos e comentados por L. Renou, *Etudes védiques et paniniennes,* vols.VIII e IX (Paris, 1961). Ver também S.S. Bhawe, *The Soma-Hymns of the Rgveda*, vols.I-II (Baroda, 1957-60). Todas as informações referentes à planta *soma*, do Rig Veda até os escritos recentes, encontram-se em Hillebrandt, *Vedische Mythologie* (vol.I, 2ª ed.), p.193-498; cf. também Wendy Doniger O'Flaherty, "The post-vedic history of the Soma Plant", R. Gordon Wasson, *Soma, Divine Mushroom of Immortality* (Nova York, 1968), p.95-147. Em sua obra, R.G. Wasson procura provar que a planta original *soma* era o cogumelo *Amanita muscaria*; cf. o relatório de F.B.J. Kuiper, IIJ, XII, 1970, p.279-85, e a resposta de Wasson, ibid., p.286-98. Ver também a crítica de John Brough, "Soma and Amanita muscaria" (BSOAS, 34, 1971, p.331-62) e Paul Demiéville, *T'oung-Pao*, n.56, 1970, p.298-302 (sobre os dados relativos à difusão do *soma* na China pré-budista).

Sobre o deus Soma, cf. os capítulos respectivos nas obras de Bergaigne, Oldenberg, A.B. Keith e Gonda. Cf. também N.J. Shende, "Soma in the Brahmanas of the Rgveda", in JAS Bombay, n.38, 1963, p.122s.; Gonda, "Soma, amrta and the Moon" (*Change and Continuity in Indian Religion*, Haia, 1965, p.38-70).

Sobre o roubo do *soma,* cf. David M. Knipe, "The heroic theft: Myths from Rig Veda IV and the Ancient Near East" (HR, n.6, 1967, p.328-60), com abundante bibliografia.

Sobre o caráter comum da liturgia indo-iraniana do *soma/haoma*, cf. o estudo de V. Henri, "Esquisse d'une liturgie indo-iranienne" (Caland, *Agnistoma*, 1907, p.469s.); J. Duchesne-Guillemin, *La religion de l'Iran ancien* (1962), p.95s.; id., *Symbols and Values in Zoroastrianism* (Nova York, 1966), p.84s.

Ad. E. Jensen aproximou o assassínio sacrifical do Soma pelos outros deuses da imolação de uma divindade de tipo *Dema* pelos seus companheiros, sacrifício criador por excelência; cf. *Mythes et cultes chez les peuples primitifs* (tradução francesa, 1954), p.197s.

71. Sobre Usas, ver L. Renou, *Etudes védiques et paniniennes*, vol.III: *Les hymmes à l'aurore du Rgveda* (Paris, 1957); A.K. Coomaraswamy, *The Darker Side of Dawn* (Smithsonian Miscellaneous Collections, vol.94, n.I, Washington, 1935), p.4s.; G. Montesi, "Il valore cosmico dell'Aurora nel pensiero mitologico del Rig-Veda" (SMSR, 24-5, 1955, p.111-32).

Sobre Vayu, ver Stig Wikander, *Vayu* (Uppsala-Leipzig, 1941).

Sobre Surya e os Asvins, cf. D.P. Pandey, *Surya* (Tese, Leiden, 1939); Gonda, *Rel. de l'Inde*, I, p.116s.

Sobre Rudra, cf. E. Arbman, *Rudra* (Uppsala, 1922); J.W. Hauer, *Glaubensgeschichte der Indo-Germanen*, I, p.174-298; W. Wüst, *Rudra* (Munique, 1955); Gonda, *Rel. de l'Inde*, I, p.106-12; id., *Visnuism and Sivaism. A Comparison* (Londres, 1920), p.1-17.

Sobre Vishnu na Época védica, ver J. Gonda, *Aspects of Early Visnuism* (Utrecht, 1954); id. *Rel. de l'Inde*, I, p.112s.; F.B.J. Kuiper, "The three strides of Visnu", *Indological Studies in Honor of W. Norman Brown* (New Haven, 1962), p.137-51. Em seu artigo "Visnu et les maruts à travers la réforme zoroastrienne" (JA, vol.241, 1953, 1-25), G. Dumézil salienta as correspondências entre Vishnu e a divindade iraniana Rasnu, por um lado, e entre os maruts e as *Fravashis*, por outro. Sobre Aryaman, ver G. Dumézil, *Le troisième souverain* (Paris, 1949).

72. Uma descrição clara e concisa dos rituais védicos pode ser lida em L. Renou e J. Filliozat, *L'Inde classique*, vol.I (1949), p.345-72. Exposições mais elaboradas em A. Bergaigne, *La Religion*, vol.I, p.121s.; A.B. Keith, *Religion and Philosophy of the Veda*, vol.I (1925), p.252-379; J. Gonda, *Les religions de l'Inde*, I (1962), p.129-209. O livro de Albert Hillebrandt, *Ritualliteratur* (Estrasburgo, 1897), continua a ser indispensável. Ver também K.R. Potdar, *Sacrifice in the Rig-Veda* (Bombaim, 1953), e sobretudo R.N. Dandekar (org.), *Srauttakosa: Encyclopedia of Vedic Sacrificial Ritual* (Poona, 1962). Sobre o sacrifício do *soma*, ver W. Caland e V. Henry, *L'Agnistoma*, 2 vols. (Paris, 1906-07). Sobre o sacrifício dos animais, ver E. Mayrhofer-Passler "Haustieropfer bei den Indo-iraniern und den anderen indogermanischen Völkern", *Ar. Or*, n.21, 1953, p.182-205.

Sobre o *pravargya*, ver J.A.B. van Buitenen, *Pravargya, an Ancient Indian Iconic Ritual* (Poona, 1968).

Sobre a cerimônia *upanayana*, cf. J. Gonda, *Change and Continuity*, p.264s., 459s. (no hinduísmo moderno).

Examinando certo número de analogias entre o ritual *agnicayana* e a cultura indígena caracterizada pela cerâmica preta e vermelha (construção de um altar com 10.800 tijolos, enquanto os árias da época védica não utilizavam os tijolos; técnica de cocção; referências aos "orientais" assimilados aos asuras; etc.), H.S. Converse sugere a origem não ariana dessa espécie de sacrifício; ver "The *agnicayana* rite: Indigenous origin?" (HR, 14, 1974, p.81-95).

Os ritos domésticos (*grhya*) já apresentam a estrutura do culto hinduísta; seu caráter "védico" é bastante superficial (L. Renou, *Religions of Ancient India*, p.39).

Sobre os *daksina,* dádivas sacrificais oferecidas aos sacerdotes, ver J.C. Heesterman, "Reflections on the significance of the *daksina*", IIJ, III, 1959, p.241-58. Cf. p.257: "The *daksina* is the material manifestation of the cyclical course of the universe as it is represented in the ritual". Ver também J. Gonda, "Gifts and giving in the Rig Veda", *Vishvesh Varanand Indological Journal*, n.2, 1964. p.21-30, e para o homólogo iraniano, A. Lommel, "Zarathustra's Priesterlohn", in *Festschrift für Willibald Kirfel* (Bonn, 1955), p.187-96.

73. Sobre o *asvamedha*, ver P.E. Dumont, *L'Asvamedha. Description du sacrifice solennel du cheval dans le culte védique* (Paris, 1927); J. Gonda, *Les rel. de l'Inde*, vol.I, p.203s.; id., *Ancient Indian Kingship from the Religious Point of View* (Leiden, 1966; publicado primeiramente em *Numen*, vols.III-IV, 1956-57), p.110s.; C.D. d'Onofrio, "Le 'nozze sacre' della regina col cavallo" (SMSR, 1953-54, 24-5, p.133-62, esp. p.153s.).

Sobre o sacrifício do cavalo entre os indo-europeus, ver W. Koppers, "Pferdeopfer und Pferdekult der Indo-Germanen" (*Wiener Beiträge zur Kulturgeschichte und Linguistik*, vol.IV, 1936, p.279-409); Jaan Puhvel, "Aspects of equine functionality" (*Myth and Law among the Indo-Europeans*, Berkeley, 1970, p.159-72).

Sobre o *purusamedha*, ver W. Kirfel, "Der Asvamedha und der Purusamedha" (*Festschrift W. Schumbring*, Hamburgo, 1951), p.39-50; James L. Sauvé, "The divine victim: Aspects of human sacrifice in viking Scandinavia and vedic India" (*Myth and Law Among the Indo-Europeans*, p.173-91).

74. Sobre o simbolismo iniciatório da *diksa*, ver M. Eliade, *Naissances mystiques* (1959), p.113s.

Descrição da cerimônia: A. Hillebrandt, *Ritualliteratur*, p.157s.; A.B. Keith, *The Religion and the Philosophy of the Veda and Upanishads*, I, p.300s. J. Gonda analisou pertinentemente a *diksa*, desde a época védica até o hinduísmo moderno, em seu livro *Change and Continuity in Indian Religion* (Haia, 1965), p.315-462.

Sobre o *rajasuya*, ver A. Hillebrandt, op.cit., p.143s.; A.B. Keith, *Rel. and Phil.*, I, p.340s.; P.V. Kane, *History of Dharmasastra*, vol.II (Poona, 1941), p.1.214s.; J. Gonda, *Ancient Indian Kingship from the Religious Point of View*, p.79s. e, sobretudo, J.C. Heesterman, *The Ancient Indian Royal Consecration* (Haia, 1957). Nos tempos proto-históricos, o *rajasuya* era provavelmente anual e celebrava-se para regenerar o cosmo. Sua estrutura aproxima-o da classe das festividades indianas sazonais, *utsava*. É igualmente provável que, nos tempos antigos, o povo nela desempenhasse um papel mais importante.

O estudo de Ananda Coomaraswamy, "Atmayajña: Self-sacrifice" (HJAS, 6, 1942, p.358-98), merece ser consultado pela corajosa e profunda exegese do autor.

75. Na Índia, o mito do mergulho cosmogônico conservou-se numa forma bastante arcaica, já que é um grande deus que desce ao fundo das águas e ergue a Terra. Nos Bramanas, é Prajapati que mergulha, transformado em javali. No *Ramayana*, esse papel é restituído a Brahman; no *Visnu-Purana*, o javali é Brahman-Vishnu, e no *Bhagavata Purana* é um *avatara* de Vishnu (ver as referências em Eliade, *De Zalmoxis à Gengis-Khan*, Paris, 1970, p.117-8). Mas é somente a partir da Epopeia e dos *Puranas* que esse mito cosmogônico se torna popular. É provável aliás que comporte elementos pré-arianos, munda ou proto-munda; cf. ibid., p.119s.

Da abundante literatura sobre as cosmogonias indianas, ressaltemos algumas publicações recentes: Norman W. Brown, "The creation myth of the Rig Veda", JAOS, 62, 1942, p.85-98; Stella Kramrish, "The triple structure of creation in the Rig Veda", HR, 2, 1962-63, p.140-75, 256-91; F.B.J. Kuiper, "Cosmogony and conception: A querry", HR, 10, 1970, p.91-138; Hans Penner, "Cosmogony as myth in the Vishnu Purana", HR, 5, 1966, p.283-99. Ver também a seleção de textos sânscritos, traduzidos e comentados por Anne-Marie Esnoul, em *La naissance du monde* (Paris, 1959), p.331-65.

Sobre o termo *taks-*, "carpinteiro", no plano do pensamento cosmogônico, ver L. Renou, *Etudes sur le vocabulaire du Rgveda. Première série.* (Pondichéry, 1958), p.23s.

Sobre o *Purusasukta*, cf. W. Norman Brown, "The sources and nature of *purusa* in the *Purusasukta*", JAOS, 51, 1931, p.108-18; Ananda K. Coomaraswamy, "Rgveda 10, 90, 1: *aty atisthad dasangulam*", JAOS, 66, 1946, p.145-61; A.W. Macdonald, "A propos de Prajapati" (JA, 240, 1953, p.323-38); Paul Mus, "Où finit Purusa?" (*Mélanges d'indianisme à la mémoire de Louis Renou*, Paris, 1968, p.539-63).

Sobre o *Purusasukta* como modelo exemplar, ver J. Gonda, *Visnuism and Sivaism* (Londres, 1970), p.27.

Sobre os paralelos indo-europeus, ver Güntert, *Der arische Weltkönig und Heiland* (Halle, 1923), p.315-43; F.R. Schröder, "Germanische Schöpfungsmythen" (*Germanisch-*

Romanisch Monatschrift, 19, 1931, p.1-26, 81-99); Bruce Lincoln, "The indo-european myth of creation", HR, 15, 1975, p.121-45.

Sobre o nascimento dos deuses védicos e a conquista da imortalidade, ver A.B. Keith, *Religion and Philosophy*, p.82s. Para um estudo comparativo, ver G. Dumézil, *Le festin d'immortalité* (Paris, 1924).

Sobre a origem do homem e o antepassado mítico, ver Arthur Christensen, *Les types du premier homme et du premier roi dans l'histoire légendaire des iraniens*, vols.I-II (1917, 1934); G. Dumézil, *Mythe et epopée*, II (1971), p.234s.; O. Höfler, "Abstammungstraditionen" (*Reallexikon der germanischen Altertumskunde*, vol.I, p.18-29).

Na Índia, a perda da imortalidade *in corpore*, em proveito de uma "não morte" espiritual, também teve consequências nas relações entre os deuses e os homens: segundo certas tradições, no começo os deuses desciam e encontravam os homens em suas formas corporais (cf. *Taittiriya Samhita*, vol.II, n.5, 2; *Kathaka Sam.*, vol.XXXVII, 17; *Pañcavinça Br.*, vol.XV, n.5, 24). Trata-se de uma concepção arcaica bastante difundida.

76. Segundo uma outra tradição, o próprio Prajapati era produto do *tapas*: no início, o não ser (*asat*) tornou-se "o pensamento" (*manas*); aquecendo-se (*atapyata*), o pensamento deu origem à fumaça, à luz, ao fogo e finalmente a Prajapati (*Taitt. Br.*, vol.II, n.2, 9, 1-10). No *Satapatha Br.* (XI, 1, 6, 1), o não ser é representado pelas águas primordiais.

No Rig Veda, X, 61, 7, fala-se do incesto do pai-Céu com sua filha, a aurora. Nos Bramanas, é Prajapati quem deseja sua filha (*Sat. Br.*, I, 7, 4). Ele se aproximou dela sob a forma de um cervo (*Aitt. Br.*, III, 33, 34); tentou até possuí-la, mas os deuses o impediram, e a semente de Prajapati, derramada na terra, produziu um lago (*Aitt. Br.*, XIII, 1-10). Sobre a importância desse tema mítico, ver Wendy D. O'Flaherty, "Asceticism and Sexuality in the Mythology of Siva", parte II, HR, 9 [1969], p.9s.

O tema do "esgotamento" e da "desarticulação" de Prajapati depois da criação pode ser comparado às lendas folclóricas do sudeste da Europa que salientam o "cansaço" de Deus após sua obra cosmogônica; cf. M. Eliade, *De Zalmoxis à Gengis-Khan*, p.92s.

Sobre Prajapati, ver os textos citados e comentados por Sukumari Bhatracharji, *The Indian Theogony* (Cambridge, 1970), p.322s., e as observações de Gonda, *Les religions de l'Inde*, I, p.227s. Para uma análise comparativa do mito, ver A.W. Macdonald, "A propos de Prajapati", JA, t.240, 1952, p.323-38.

Sobre o sacrifício na época dos Bramanas, o livro de Sylvain Levi, *La doctrine du sacrifice dans les Brahmanas* (1898), continua sendo indispensável. Ver também A.K. Coomaraswamy, *Hinduism and Buddhism* (Nova York, 1943), p.19s.

77. Sobre Brahman, ver L. Renou e L. Silburn, "Sur la notion du bráhman", JA, 237, 1949, p.7-46, e a bibliografia registrada em Eliade, *Le Yoga*, p.376. Acrescentar L. Renou, "Le passage des Brahmana aux Upanishad", JAOS, 73, 1953, p.138-44; Lilian Silburn, *Instant et cause* (Paris, 1955), p.50s.; J. Gonda, *Notes on Brahman* (Utrecht, 1950); id., *Les religions de l'Inde*, I, p.45s.; 237s.; G. Tucci, *Storia della filosofia indiana* (Bari, 1957), p.279s.

Sobre a noção de Brahman na história do pensamento indiano, há que consultar as *Histoires* de Surendranath Dasgupta, S. Radhakrishnan, E. Frauenwalder etc., e Karl H. Potter, *Bibliography of Indian Philosophies* (Delhi-Patna-Varanasi, 1970).

Sobre os *Aranyaka*, cf. A.B. Keith, *Religion and Philosophy*, p.490s.; J.N. Farquahar, *An Outline of the Religious Literature of India* (Oxford, 1920), p.30s.; J. van Buitenen,

"Vedic and upanishadic bases of indian civilization", J.W. Elder (org.), *Chapters in Indian Civilization* (Dubuque, Iowa, 1970), I, p.6s.

78. Sobre o *tapas*, ver Eliade, *Le Yoga*, p.113-8 e a bibliografia que aparece na p.377. Acrescentar Chauncey Y. Blair, *Heat in the Rig Veda and Atharva Veda* (New Haven, 1961); D.J. Hoens, *Santi. A Contribution to Ancient Indian Religious Terminology* ('s-Gravenhage, 1951); M. Eliade, *Le chamanisme* (2ª ed.), p.323; J. Gonda, *Les religions de l'Inde*, vol.I, p.223s., 309s., 338s. (com bibliografia); W.D. O'Flaherty, *Asceticism and Eroticism in the Mythology of Siva* (Londres, 1973), p.40s.

79. Sobre o asceta (*muni*) de longos cabelos (*kesin*), ver Eliade, *Le Yoga*, p.110s.; Gonda, *Religions*, vol.I, p.223s.; W. Wust, *múni* (PHMA, *Mitteilungen zur idg., vornehmlich indo-iranischen Wortkunde*, n.7, Munique, 1961, p.24-65).

Sobre os *vratya*, ver J.W. Hauer, *Der Vratya. Untersuchungen über die nichtbrahmanische Religion altindien* (Stuttgart, 1927); Eliade, *Le Yoga*, p.112-3; W. Wust, *vratá-*, op.cit., p.66-75.

Hauer pensava que os *vratya* representavam uma confraria com ritos iniciatórios secretos, pertencente às vanguardas dos árias. Segundo J.C. Heesterman, os *vratya* praticavam um tipo de sacrifício que antecipava os rituais *srauta*; cf. "Vratya and sacrifice" (IIJ, 6, 1962-63, p.1-37).

Sobre os ascetas na Índia antiga e medieval, cf. David N. Lorenzen, *The Kapalikas and Kalamukhas* (Univ. of California Press, 1972), p.187s.

80. Vários Upanixades foram traduzidos para o francês; ver a lista em Jean Varenne, *Le Véda*, vol.I, p.37-8. Lembremos as traduções de Emile Senart (*Brhadaranyaka*, 1930; *Chandogya*, 1934), de Louis Renou (*Katha, Kena, Isa, Kausitaki*), de J. Maury (*Mundaka*), E. Lesimple (*Mandukya, Taittiriya*). L. Silburn (*Aitareya, Svetasvatara*), J. Bousquet (*Prasna*), A.M. Esnoul (*Maitri*), B. Tubini (*Brahmabindu, Kaivalya* etc.), J. Varenne (*Ganapati, Mahanarayana, Pranagnihotra*). Uma boa seleção em J. Varenne, *Le Veda*, vol.II, p.614-704. O mesmo autor publicou *Les Upanishads du Yoga* (traduzidos do sânscrito e anotados, Paris, 1971). S. Radhakrishnan organizou, traduziu e comentou 13 Upanixades, precedidos de uma longa introdução de 145 páginas, *The Principal Upanishads* (Nova York, 1953).

A bibliografia crítica está registrada em M. Eliade, *Le Yoga*, p.379-80, e J. Gonda, *Les religions de l'Inde*, vol.I, p.232, 239. Destaquemos: R.D. Ranade, *A Constructive Survey of Upanishadic Philosophy* (Poonea, 1926); H. Oldenberg, *Die Lehre der Upanishaden und die Anfänge des Buddhismus* (Göttingen, 1915); S.N. Dasgupta, *Indian Idealism* (Cambridge, 1933), p.20s.; Walter Ruben, *Die Philosophen der Upanishaden* (Berna, 1947); J. Gonda, *Les Religions de l'Inde*, vol.I, p.239s.

Os Upanixades são considerados como anexos aos quatro Vedas; por conseguinte, fazem parte da "revelação" (*sruti*). Sem dúvida, já no Rig Veda, o "conhecimento" possuía um valor mágico-religioso. Nos Bramanas, a "ciência" do sacrifício assegurava a imortalidade: o mundo dos deuses "pertence só àqueles que conhecem" (*Sat. Br.*, X, 5, 4, 16). Mas, nos Upanixades, a "ciência" do sacrifício é substituída pelo *conhecimento de Brahman*. Pois "os sacrifícios são semelhantes às pirogas que vogam em pleno oceano e que podem afundar a qualquer momento" (*Mundaka Up.*, I, 2, 7).

81. As concepções védicas e bramânicas sobre a pós-existência no além são complexas e confusas. Um célebre hino a Soma (R.V., IX, 113) revela-nos o desejo da alma de ser instalada "lá longe onde brilha a luz perpétua, nesse mesmo mundo onde o Sol teve o seu lugar. … Lá longe onde está Yama, … onde se encontra o recinto do Céu, … onde estão as águas eternamente jovens, faze de mim nesse lugar um imortal, ó Soma!" (traduzido para o francês por Jean Varenne). A viagem ao Céu, a ponte que liga a Terra ao Céu, os dois cães que guardam a ponte, o interrogatório da alma – são motivos encontrados tanto na Índia antiga como no Irã: eles remontam provavelmente à época da unidade indo-iraniana (cf. §111). A permanência subterrânea onde – segundo outra tradição que acaba por impor-se – reina Yama, está reservada aos pecadores de todas as espécies. "Esses mundos que se chamam "os sem Sol", cobertos que estão por cegas trevas; para ali se dirigem, depois da morte, aqueles que mataram a sua alma" (*Isa Up.*, I, 3). A partir do *Satapatha Brahmana*, os textos descrevem certo número de suplícios. Com o tempo, as descrições dos 21 Infernos tornam-se cada vez mais dramáticas. Os pecadores são devorados por animais ferozes e por serpentes, são diligentemente assados, cortados em pedaços por meio de serras, torturados pela sede e pela fome, cozidos em óleo ou esmagados por um pilão, moídos em vasos de ferro ou de pedra etc. Mas, depois de terem passado por tais sofrimentos, os supliciados não chegam ao fim dos castigos: vão conhecer as angústias que acompanham a sua migração através dos corpos de animais.

Os Infernos têm sua contrapartida nos paraísos celestes que lhes correspondem. As epopeias – o *Mahabharata* e o *Ramayana* – e os *Purânas* descrevem sobretudo os cinco céus dos cinco grandes deuses. Em ordem ascendente, há o Céu de Indra, povoado de dançarinas e de músicos, o Céu de Xiva, onde reina o deus e sua família, o Céu de Vishnu, todo de ouro e juncado de lagos cobertos de loto, o Céu de Krishna, com suas dançarinas e seus admiradores entusiastas, e finalmente o Céu de Brahman, onde as almas desfrutam as ninfas celestes. Os palácios de ouro e de pedras preciosas, os jardins paradisíacos, a música de instrumentos que acompanham os cantos e as danças de belíssimas moças, são incansavelmente descritos. Alguns desses temas paradisíacos hindus serão retomados pelos autores budistas.

Nos Bramanas, configura-se a ideia de uma "nova morte" (*punarmrtyu*), isto é, a "segunda morte", definitiva, que aguarda as almas daqueles que não efetuaram certos sacrifícios. Entretanto, a noção de *karman* acaba por assimilar a "segunda morte" ao retorno à Terra, sob a forma de uma nova encarnação. Segundo os Upanixades, as almas dos defuntos seguem pelo "caminho dos manes" (*pitryana*), ou a estrada lunar. Uma vez na Lua, as almas são submetidas a um interrogatório do tipo empregado em iniciações; aquelas que não sabem responder tornam a cair sobre a Terra para nela renascer. "Aquelas que sabem" vão para junto dos deuses através do "caminho dos deuses" (*devayana*), também conhecido como a estrada solar. A *Kausitaki Up.* (I, 2-7) dá as seguintes indicações: do mundo dos deuses, as almas ganham o mundo de Brahman, onde têm de enfrentar diversas provas iniciatórias. Brahman interroga o recém-chegado: "Quem és tu?" E este deve responder-lhe: "Eu sou o que tu és." Brahman retruca-lhe: "Quem sou eu, então?" "A Verdade", deve ser sua resposta (I, 6). No fim, Brahman lhe diz: "Aquilo que foi o meu domínio é doravante o teu" (I, 7). Em suma, o primeiro caminho conduz a uma nova reencarnação, ao passo que o segundo permite o acesso ao mundo dos deuses. Para chegar, porém, ao mundo transcendental de Brahman, a alma deve ser submetida a outras provas iniciatórias. Em outras palavras, depois da morte existem três possibilidades: 1) o retorno da alma à Terra, numa nova encarnação; 2) a morada

404 · *História das crenças e das ideias religiosas*

paradisíaca ao lado dos deuses; 3) a identificação da alma com Brahman. Segundo os autores dos Upanixades, o paraíso celeste é provisório e, depois de certo tempo, as almas são obrigadas a retornar à Terra e a se reencarnar. Consequentemente, a única possibilidade real de libertar-se é a identificação *post mortem* com Brahman, tornada possível pela gnose e pela contemplação.

Sobre a "luz interior", ver M. Eliade, *Mephistophélès et l'Androgyne*, p.27s.; id., "Spirit, Light, and Seed" (HR, XI, 1971, p.1-30), especialmente p.3-16; J. Gonda, *The Vision of the Vedic Poets* (1963), p.268s.

82. Sobre as duas modalidades de Brahman, cf. H. de Glasenapp, *La philosophie indienne* (trad. francesa, Payot, 1951), p.131s.

O paradoxo do Brahman "corpóreo" ("mortal") e "incorpóreo" ("imortal") prolonga as especulações sobre a ambivalência de certos deuses védicos e a coincidência dos contrários que define, para o pensamento indiano, a divindade; cf., acima, as notas suplementares ao §68.

Sobre o "jogo" cósmico, ver Ananda K. Coomaraswamy, "Lila", JAOS, 1941, p.98-101.

83. O estudo histórico e a análise hermenêutica da religião grega constituem um capítulo apaixonante da história da cultura europeia. Já que é impossível resumir em algumas linhas as diferentes interpretações, desde as de K.O. Müller ou de F.G. Welcker, em meados do século XIX, até as contribuições mais recentes de Brelich, de Burkert ou de Vernant e Destienne, basta-nos lembrar o essencial da bibliografia. Destaquemos primeiro algumas obras de síntese: Gilbert Murray, *Five Stages of Greek Religion* (1925); M.P. Nilsson, *A History of Greek Religion* (1925, 2ª ed., 1949); L. Gernet e A. Boulanger, *Le génie grec dans la religion* (1932); O. Kern, *Die Religion der Griechen*, vols.I-III (1926-1938); W.K.C. Guthrie, *Les grecs et leurs dieux* (trad. francesa, Payot, 1956 = *The Greeks and Their Gods,* 1950); R. Pettazzoni, *La religion dans la Grèce antique* (trad. francesa, Payot, 1953). Pode-se ler, sempre com proveito, J.E. Harrison, *Prolegomena to the Study of Greek Religion* (Cambridge, 1903, 2ª ed., 1922); H.J. Rose, *A Handbook of Greek Mythology* (Londres, 1928, 4ª ed. 1950). Walter Otto publicou uma admirável – e muito pessoal – interpretação da religião e da mitologia gregas sob o título *Die Götter Griechenlands* (Frankfurt, 1928). O livro de U. von Wilamowitz-Moellendorf, *Der Glaube der Hellenen*, vols.I-II (Berlim, 1931-32), representa o legado do grande filólogo e historiador alemão. Enfim, a enorme obra de M.P. Nilsson, *Geschichte der griechischen Religion*, vols.I-II (Munique, 1940 [3ª ed., 1967]; 1950), constitui uma verdadeira súmula, indispensável pela riqueza da documentação. Os cinco volumes de L.R. Farnell, *The Cults of the Greek States*, vols.I-V (Oxford, 1896-1909), são ainda úteis pelos documentos reunidos e analisados. O livro de E.R. Dodds, *The Greeks and the Irrational* (Berkeley, 1951), goza de surpreendente popularidade; seu sucesso reflete certas tendências do *Zeitgeist* contemporâneo.

Sobre Zeus, A.B. Cook publicou um importante trabalho: *Zeus*, vols.I-III (Cambridge, 1914-1940); trata-se, na realidade, de uma série de monografias sobre os diferentes aspectos do deus e, em geral, da religião grega. É inútil assinalar os capítulos consagrados a Zeus nas diferentes obras gerais. O essencial foi apresentado por Guthrie, op.cit., p.49-81. Ver também M.P. Nilsson, "Vater Zeus", ARW, 35, 1938, p.156-71 (reeditado em: *Opuscula Selecta*, vol.II, Lund, 1952, p.710-31) e, sobretudo, Hugh Lloyd-Jones, *The Justice of Zeus* (Berkeley, 1971).

Estado das questões: bibliografia crítica

Para a *Teogonia*, utilizamos a edição de M.L. West, *Hesiod's Theogony, edited with Prolegomena and Commentary* (Oxford, 1966). Os paralelos com o Oriente-Próximo antigo foram frequentemente discutidos desde 1940; ver Peter Walcot, *Hesiod and the Near East* (Cardiff, 1966).

Foi Geia quem aconselhou Reia a dar à luz em Creta. As duas deusas são as hipóstases da terra-mãe; com efeito, a etimologia de Reia é "a extensa", isto é, a Terra.

Quando foi forçado por Zeus a devolver seus irmãos e irmãs, Cronos primeiro vomitou a pedra; esta foi fixada por Zeus em Delfos, ao pé do Parnaso (Pausânias, X, 24, 6); cf. West, p.303, comentário aos versos 498-500.

84. Sobre Métis, a primeira esposa, e as consequências de ter sido devorada por Zeus, ver J.P. Vernant, "Métis et les mythes de souveraineté", RHR, 1971, n.3, p.29-76.

Sobre o Zeus Cretágeno, os acontecimentos da sua infância em Creta e as relações com o deus masculino cretense, ver Charles Picard, *Les religions préhelléniques* (Paris, 1948), p.115s.; H. Jeanmaire, *Couroï et courètes* (Lille, 1939), p.427s.; Martin P. Nilsson, *The Minoan-Mycenaean Religion and Its Survival in Greek Religion* (2ª ed., Lund, 1950), p.55s. West, *Hesiod's Theogony*, p.297s., mostrou a antiguidade da tradição da infância em Creta (*Teogonia*, 477).

Sobre a "corrente de ouro" com a qual Zeus podia puxar todas as coisas para si, ver Pierre Lévêque, *Aurea Catena Homeri* (Paris, 1959), M. Eliade, *Méphistophélès et l'Androgyne* (Paris, 1962), p.225s.

Acrescentemos algumas indicações sobre as divindades primordiais que sobreviveram ao triunfo dos olímpicos. A noite deu à luz, sozinha, certo número de seres semidivinos, bastante eclipsados, que mais pareciam abstrações personificadas: morte, sono, sarcasmo, aflição, velhice etc. (Hesíodo, *Teogonia*, 211s.). Mas os textos órficos apresentam-na como mãe e soberana universal (cf. Kern, *Orph. Fragm.*, notas 24, 28, 28a, 65 etc.).

Sobre a estrutura mítico-religiosa de *Núx* e a significação de sua progenitura, ver Dario Sabbatucci, *Saggio sul misticismo greco* (Roma, 1965), p.95s.

Ponto (o mar infecundo) teve, da união com Geia, sua mãe, uma descendência bastante numerosa, cf. L. Séchan e P. Lévêque, *Les grandes divinités de la Grèce* (Paris, 1966), p.49 (e as notas bibliográficas, p.64).

Por não ter Estige participado da guerra contra os titãs, Zeus fez dessa divindade "a grande promessa dos deuses" (*Teogonia*, 399s.). Ver também Séchan e Lévêque, *Les grandes divinités de la Grèce*, p.64, nota 68.

Quanto a Hécate, é por excelência uma deusa primordial. Zeus não tocou nos direitos e nos privilégios que ela possuía na qualidade de titânida (*Teogonia*, 423s.). Hécate se tornará mais tarde uma deusa especializada em feitiçaria; cf. Apolodoro, *Biblioteca*, 4, 45.

Oceano, o primeiro titã, "cujo curso, sem jamais dormir, gira ao redor da Terra imensa" (Ésquilo, *Prometeu acorrentado*, 138s.), desposou sua irmã Tétis. Mas existem alguns traços de uma cosmogonia arcaica, ignorada por Hesíodo e por Homero, segundo a qual Oceano e Tétis encarnavam os princípios masculino e feminino nas águas primordiais; eles representam, em suma, o casal original, de onde descendem os deuses e a totalidade do real, ver Séchan e Lévêque, p.50, 51, 65; Sabbatucci, op.cit., p.110-6; e sobretudo o importante estudo de J.P. Vernant, "Thétis et le poème cosmogonique d'Alcman" (*Hommage à Marie Delcourt, Latomus*, vol.114, 1970, p.38-69), com rica bibliografia (cf. p.38, nota 2, p.39, nota 8 etc.).

85. As fontes literárias sobre Cronos aparecem em Farnell, *Cults*, V, cap.3. Alguns eruditos (Kern, Pohlenz) viram em Cronos e nos titãs divindades da população autóctone, vencida pelos invasores ariófonos. Em outras palavras, o conflito entre os olímpicos e os titãs refletiria certos acontecimentos históricos. Mas os paralelos orientais parecem desmentir essa hipótese.

Acerca do mito de Hesíodo sobre as cinco idades, ver as fontes organizadas e comentadas por Arthur O. Lovejoy e Georges Boas, *Primitivism and Related Ideas in Antiquity* (Baltimore, 1935), p.25s. As versões paralelas iranianas (especialmente o *Bundahishn*) são traduzidas e discutidas por N. Söderblom, ERE, vol.1, p.205-19. Ugo Bianchi compara a raça de ouro no Elísio à tradição iraniana sobre o primeiro rei Yima, que se torna soberano do *Vara*, um país subterrâneo mas milagrosamente iluminado; cf. "Razza aurea, mito delle cinque razze ed Elisio" (SMSR, n.34, 1963, p.143-210), esp. p.187-9. Rejeitando a opinião geral dos eruditos (por exemplo, a aventada por H.C. Baldry, "Who invented the Golden Age?", *Classical Quarterly*, N.S. 2, 1952, p.83-92), J. Gwyn Griffiths, "Archaeology and Hesiod's five ages" (*Journal of the History of Ideas*, n.17, 1956, p.109-19), cuida que o mito se refere à descoberta e à utilização progressiva dos metais; cf. a resposta de Baldry, *Journal of the History of Ideas*, n.17, 1956, p.553-4. Entre as melhores exposições sobre esse problema, ver J. Kerschensteiner, *Platon und der Orient* (Stuttgart, 1945), p.161s. ("Der Metallmyyhos"); J.P. Vernant, "Le mythe hésiodique des races. Essai d'analyse structurale", RHR, 1960, p.21-54 (reproduzido no volume *Mythe et pensée chez les grecs*, Paris, 1965, p.13-41); id., "Le mythe hésiodique des races. Sur un essai de mise au point", *Revue de philologie*, 1966, p.247-76 (reproduzido em *Mythe et pensée*, p.42-79).

Sobre Prometeu, ver E. Vandvick, *The Prometheus of Hesiod and Aeschylus* (Oslo, 1943); Louis Séchan, *Le mythe de Prométhée* (Paris, 1951); Karl Kerényi, *Prometheus: Archetypal Image of Human Existence* (Nova York, 1963; a edição alemã é de 1946).

86. Sobre os sacrifícios gregos, ver: R.K. Yerkes, *Sacrifice in Greek and Roman Religions and Early Judaism* (Nova York, 1952), esp. p.88s.; e sobretudo Karl Meuli, "Griechische Opferbräuche" (*Phyllobolia, Festschrift Peter von der Mühll*, Basileia, 1946, p.185-288) e Walter Burkert, *Homo Necans* (Berlim, 1972), p.8-97, e passim (p.9, nota 2, bibliografia).

Como escreveu Meuli, "o sacrifício a um deus olímpico é simplesmente um abate ritual" (op.cit., p.223). Traz-se um recipiente cheio de água e uma cesta com cevada. Os participantes lavam as mãos e borrifam igualmente a vítima. A seguir, tiram a cevada, como se preparassem uma refeição vegetariana – mas no fundo da cesta descobre-se a faca. Seguem-se alguns gestos rituais: um momento de silêncio, uma prece, a seguir o sacerdote sacrificante corta alguns pelos da fronte da vítima, lançando-os ao fogo – e quando ele enfia a faca, todas as mulheres gritam juntas. O sangue é recolhido num recipiente e derramado sobre o altar. A seguir, os fêmures são queimados com a gordura e pequenos pedaços de carne. As vísceras são grelhadas no altar e comidas ali mesmo (cf. Meuli, p.265s.; Burkert, op.cit., p.10s.).

A festa das bufonias (lit. o "morticínio do boi"), celebrada em Atenas, permite-nos reconstituir uma interpretação de tipo arcaico do sacrifício cruento. "Aproveitando-se da desatenção de seu dono, um boi de arado aproxima-se do altar de Zeus *Polieús* e põe-se a comer as oferendas depositadas no altar, os cereais e os bolos reservados ao deus da cidade. Diante desse sacrilégio, o sacerdote de Zeus, tomado de ira, empunha um machado e golpeia o animal, matando-o. Espantado pela ação que acaba de praticar, o 'assassino do boi' foge a toda a pressa, abandonando no local a arma do crime. A segunda parte do ritual processa-se em duas fases. Na primeira, a causa é julgada no Pritaneu, diante do tribunal competente para os crimes de sangue: a culpabilidade do machado é estabelecida, e ele é expulso do território ático. Na segunda, a cidade inteira consome ritualmente a carne da vítima, enquanto o couro do boi, forrado de palha, é recolocado em pé e atrelado a um arado num simulacro de trabalho agrícola" (Marcel Detienne, *Les jardins d'Adonis*, Paris, 1972, p.106; cf. a bibliografia, p.195, nota 2; acrescentar Burkert, *Homo Necans*, p.154-61. O artigo de U. Pestalozza, "Le origini delle Buphonia ateniensi", 1956, foi reproduzido em *Nuovi saggi di religione mediterranea*, Florença, 1964, p.203-23).

A "comédia da inocência" (*Unschuldskomödie*, Meuli, p.224s.) encontra-se nos ritos de caça dos povos siberianos (cf., *inter alia*, Eveline Lot-Falck, *Les rites de chasse*, Paris, 1953, p.170s.). M. Detienne interpreta com propriedade o caráter sacrílego do sacrifício cruento, tal como era considerado pelos gregos. "Oferecer aos deuses uma vítima animal é verter sangue, cometer um verdadeiro morticínio. O sacrifício animal é, aos olhos da cidade, uma nódoa, uma mácula, ainda que inevitável e necessária, pois matar o boi é um ato essencial para estabelecer as relações da cidade com os poderes divinos" (op. cit., p.106-7).

Como tantos outros povos da proto-história, os gregos também praticavam o sacrifício humano, se bem que por razões distintas. A substituição do homem pelo animal (por exemplo, Ifigênia, Isac) encontra paralelo nos sacrifícios de seres humanos ritualmente identificados a vítimas animais. Atamante mata seu filho Learco "como a um cervo" (Apolodoro, *Biblioteca*, III, 4, 3); segundo Luciano (*De dea Syr.*, 58), em Bâmbice, quando se sacrificavam crianças, gritava-se: "Elas são bezerros!"

As eventuais relações entre o sacrifício de bodes e a origem da tragédia foram reexaminadas por W. Burkert, "Greek tragedy and sacrificial ritual" (*Greek, Roman and Byzantine Studies*, vol.7, 1966, p.87-121).

Existe certo número de diferenças entre os sacrifícios executados para os olímpicos e aqueles destinados às divindades ctonianas e aos heróis; cf. §95.

Sobre Prometeu e Deucalião, ver J. Rudhardt, "Les mythes grecs relatifs à l'instauration du sacrifice: les rôles corrélatifs de Prométhée et de son fils Deucalion", *Museum Helveticum*, n.27, 1970, p.1-15.

Sobre a *Prometeida* de Ésquilo, ver Louis Séchan, *Le mythe de Prométhée*, p.4s.; H. Lloyd-Jones, *The Justice of Zeus*, p.95s.

Sobre o mito grego da origem dos homens a partir de um freixo, cf. G. Bonfante, "Microcosmo e macrocosmo nel mito indoeuropeo" (*Die Sprache*, n.5, 1959, p.1-9).

87. Sobre *moîra* e *aîsa*, ver: W.C. Greene, *Moira: Fate, Good and Evil in Greek Thought* (Cambridge, Massachusetts, 1944); Ugo Bianchi, *Dios Aisa. Destino, uomini e divinità nell'epos, nelle teogonie e nel culto dei Greci* (Roma, 1953); B.C. Dietrich, *Death, Fate and the Gods* (Londres, 1967).

Sobre o simbolismo da fiação, cf. *Traité d'histoire des religions*, §58; sobre a equivalência entre "tecer" a sorte de alguém e "ligá-lo", cf. *Images et symboles*, cap.III ("Le 'Dieu lieur' et le symbolisme des noeuds").

A história da ideia de justiça, *díkê*, foi, há poucos anos, brilhantemente apresentada por Hugh Lloyd-Jones, *The Justice of Zeus* (Berkeley, 1971). Desde Nilsson muitas vezes se tem feito uma aproximação entre as estruturas do panteão homérico e a

408   *História das crenças e das ideias religiosas*

realeza feudal micênica. A "justiça" (*díkê*) pode ser comparada à vontade dos deuses. Tal como os reis micênicos, os deuses podem ser caprichosos e cruéis, sem chegarem, porém, a praticar ações indignas. O único crime imperdoável é a deslealdade para com o rei ou a traição. *Díkê* parece significar, em Homero, tanto o "comportamento específico" a uma classe social quanto o "direito" que incumbe aos indivíduos pertencentes a essa classe. A estrutura, a história e a crise da soberania micênica são oportunamente discutidas por J.P. Vernam, *Les origines de la pensée grecque* (Paris, 1962), p.13-39.

A respeito de *thémis* e *thémistes*, ver Lloyd-Jones, p.6s., 167-8 (bibliografia).

Para a história da ideia de *húbris*, da Antiguidade aos tempos modernos, consultar a obra, de cunho muito pessoal, de Robert Payne, *Hubris. A Study of Pride* (Londres, 1951; nova edição revista, Nova York, 1960).

88. Sobre a etimologia de Posídon (*Pósis Dâs*), ver Wilamowitz, *Glaube*, vol.I, p.212s. (já figurava em P.Kretschmer, *Glotta*, vol.I, 1909, p.27s.; cf. também Cook, *Zeus*, vol.II, p.583s.).

Consultar ainda Guthrie, *The Greeks and their Gods*, p.94-9; Louis Séchan e Pierre Lévêque, op.cit., p.99-116. F. Schachermeyr esforça-se por reconstruir a história de Posídon: quando, por volta de ~1.900, os indo-europeus chegaram à Grécia, trazendo consigo o cavalo, encontraram uma terra-mãe, deusa soberana acompanhada de um *páredros* de sexo masculino; os conquistadores identificaram com esse *páredros* o seu deus-cavalo, senhor das águas, da fertilidade e do mundo infernal. Posídon – o "esposo de Dâs", a terra-mãe – seria resultado dessa coalescência; ver *Poseidon und die Enstehung des griechischen Götterglaube* (Berna, 1950). Cf. também Leonard Palmer, *Mycenaeans and Minoans* (Londres, 1961), p.127s.; C. Scott Littleton, "Poseidon as a Reflex of the Indo-European 'Source and Waters' God", JIES, I, 1973, p.423-40.

Ileana Chirassi ressaltou as diferenças entre o Posídon micênico e o deus olímpico (por exemplo, a presença em Pilos de uma deusa, Posideia, que reflete provavelmente a concepção arcaica das divindades primordiais andróginas, de tipo En-ki e Nin-ki, El e Elat etc.; p.956s.); cf. "Poseidaon-Enesidaon nel pantheon miceneo", *Atti e Memorie del I Congresso Internazionale di Micenologia* (Roma, 1968), p.945-91.

Sobre as significações ctonianas do cavalo, ver J.M. Blasquez, "El caballo en las creencias griegas y en las de otros pueblos circum-mediterraneos", *Revue Belge de philologie et d'histoire*, n.43, 1967, p.48-80.

Com referência a Hefesto, consultar: Farnell, *Cults*, vol.V, p.374s.; Nilsson, *Geschichte*, vol.I, p.526s.; L. Malten, "Hephaistos", *Jahrbücher des deutschen archaeologischen Instituts*, n.27, 1912, p.232s.; F. Brommer, "Die Rückführung des Hephaistos", ibid., n.52, 1937, p.198s.; Marie Delcourt, *Héphaistos ou la légende du magicien* (Paris, 1957). Uma tradição tardia procura conciliar os dois mitos do nascimento de Hefesto: "Hera engravida por obra de Zeus, mas antes do seu casamento. Quando Hefesto nasce, ela declara, a fim de salvar as aparências, que o concebeu sem o concurso de um pai" (Delcourt, p.33). O episódio com o trono de ouro enviado por Hefesto a Hera não se encontra em Homero, mas torna-se rapidamente popular. Platão, em tom de censura, menciona-o entre as lendas irresponsáveis que circulam a propósito dos deuses (*República*, II, 378). Ver M. Delcourt, p.78-9, 86-96, que relata e analisa as versões transmitidas por Libânio e Higino.

Sobre as mutilações rituais dos mágicos, ver M. Delcourt, p.110s.

Estado das questões: bibliografia crítica

A respeito dos "senhores do fogo" e dos ferreiros divinos, ver M. Eliade, *Forgerons et alchimistes*, p.80s.*

Sobre as relações entre Hefesto e outras figuras divinas aparentadas, consultar Delcourt, p.154s.

89. Sobre Apolo, as fontes de consulta serão sobretudo Farnell, *Cults of the Greek States*, vol.IV, p.98s.; Rose, *A Handbook of Greek Mythology*, p.135s.; A.B. Cook, *Zeus*, vol.II, p.453-59 (para um juízo crítico das teorias e controvérsias); Nilsson, *Geschichte*, vol.I, 529s.; Guthrie, *The Greeks and Their Gods*, p.73s., 183s. Cf. também K. Kerényi, *Apollon* (Viena, 1937, 2ª ed., 1953).

A respeito da substituição das divindades pré-helênicas por Apolo, cf. Farnell, op.cit., vol.IV, 125s., 263s. A lenda de Jacinto – cuja etimologia prova que era um antigo deus mediterrâneo – é mencionada pela primeira vez por Eurípides, *Helena*, 1.470s. (cf. Apolodoro, *Biblioteca*, III, 10, p.3; Rose, op.cit., p.142, 160-1), As significações mítico-religiosas da metamorfose de Jacinto em flor são analisadas por Ileana Chirassi, *Elementi di culture precereali nei miti e riti greci* (Roma, 1968), p.159s. O festival das Jacíntias na Lacônia era consagrado ao mesmo tempo a Apolo e à sua vítima involuntária. No Ptôion, no Ismênion, e também em Delfos, Apolo está associado a Atena; no Dêlion, em Tegira, na Beócia setentrional, ele aparece ao lado de Latona e Ártemis; cf. Delcourt, *L'Oracle de Delphes* (1955), p.216s. Em outras palavras, como deus de Delfos, Apolo é uma criação da religiosidade grega.

As duas hipóteses sobre a origem de Apolo – setentrional ou anatólia – são discutidas por Guthrie, p.75s.

Sobre a lenda dos hiperbóreos, cf. Cook, *Zeus*, vol.II, p.459-501 (ele identifica o itinerário com a via Láctea). Heródoto fala também das duas "virgens hiperbóreas" que, outrora, vieram trazer em pessoa oferendas a Delos, não mais retornando. O historiador descrevera os seus túmulos de maneira tão correta que foram descobertos pelas escavações francesas no sítio indicado. Mas elas nada possuem de "hiperbóreo": são sepulturas cicládicas da época do bronze. Trata-se, portanto, de um culto arcaico cujo sentido se esquecera, e o caráter sagrado dos túmulos foi associado a heróis imaginários. Cf. C.T. Seltman, citado por Guthrie, p.77. Ver também Charles Picard, *Les religions préhelléniques*, p.271, para outros exemplos de cultos dos heróis ligados aos túmulos micênicos da Grécia heroica.

Marie Delcourt, op.cit., p.163, supõe que os *hierá* que as virgens levaram a Delfos, escondidos num feixe de trigo, eram imagens do falo representado como uma arma perfurante.

90. Nas *Eumênides*, Ésquilo explica o sentido religioso da absolvição de Orestes do crime de matricídio. Orestes reconhece o seu crime, e retorna ao Areópago para ser julgado. É defendido por Apolo e Atena o absolve; além disso, as erínias (que, como símbolos das forças telúricas e maternais, não podiam deixar sem vingança o mais horrível dos crimes possíveis, o matricídio) são "convertidas" por Atena: transformam-se nas benfazejas e são encarregadas de nutrir e sustentar a vida. Quanto à mácula do crime, é lavada pelo sacrifício de um porco (*Eumênides*, 281s.). Embora prescrito por Apolo,

---

* Ed. brasileira: *Ferreiros e alquimistas*, Rio de Janeiro, Zahar, 1978.

410   *História das crenças e das ideias religiosas*

trata-se de um sacrifício específico às forças ctonianas e infernais. Isso prova que, a despeito da sua estrutura olímpica, o deus de Delfos leva em conta realidades religiosas complementares, e mesmo antagônicas.

Sobre Delfos e as tradições oraculares délficas, ver P. Amandry, *La mantique apollonienne à Delphes* (Paris, 1950); J. Defradas, *Les thèmes de la propagande delphique* (1954); Marie Delcourt, *L'Oracle de Delphes* (1955). Os textos oraculares foram editados por H. Parke e D. Wormell, *The Delphic Oracle* (2 vols., Oxford, 1956). Ver ainda K. Latte, "The coming of the Pythia", *Harvard Theol. Review*, n.33, 1940, p.9s.

A propósito de Dioniso em Delfos, ver H. Jeanmaire, *Dyomisos* (Paris, 1951), p.187-98, 492-3 (bibliografia crítica).

91. Sobre o "xamanismo" grego, ver meus livros: *Le chamanisme* (2ª ed.), p.305s.; *De Zalmoxis à Gengis-Khan* (Paris, 1970), p.42s. (com bibliografia). E.R. Dodds, *The Greeks and the Irrational* (Berkeley, 1951), p.141s., explica a difusão das técnicas e mitologias xamânicas pelo contato das colônias gregas do Helesponto e do mar Negro com as populações iranianas (isto é, os citas). Mas Karl Meuli, que foi quem primeiro ressaltou a estrutura xamânica de certos costumes citas e mostrou os seus efeitos nas tradições gregas, identificou, além disso, elementos xamânicos na poesia épica grega; cf. "Scythica" (*Hermes*, n.70, 1935, p.121-76), p.164s. Walter Burkert considera o *góes* como o autêntico xamã grego, uma vez que ele está relacionado com o culto dos mortos (cf. "Goës. Zum griechischen 'Schamanismus'", *Rhein. Museum f. Phil.*, N.S., vol.105, 1962, p.35-55).

Sobre certos traços xamânicos no mito de Orfeu e nas lendas de *Aristeías* (Arísteas) e outras personagens fabulosas, consultar o tomo II da presente obra.

92. Sobre Hermes, ver: Farnell, *Cults*, vol.V, p.1s.; Nilsson, *Geschichte*, vol.I, 501s.; S. Eitrem, *Hermes und die Toten* (Christiania, 1909); P. Raingeard, *Hermès psychagogue* (Paris, 1935); K. Kerényi, *Hermes der Seelenführer* (Zurique, 1944); N.O. Brown, *Hermes the Thief* (Madison, 1974); Walter Otto, *The Homeric Gods*, p.104-24; Jeanine J. Orgogozo, "L'Hermès des Achéens", RHR, 136, 1949, p.10-30, 139-79.

Sobre *môlu*, a planta de Hermes, ver Hugo Rahner, *Greek Myths and Christian Mystery* (Nova York e Londres, 1963), p.181s. Ver também as bibliografias sobre o hermetismo no tomo II.

Sob certo ângulo, Ares, o deus da guerra, constitui um enigma. Homero não esconde que ele era detestado pelos deuses: "Para mim, és tu o mais odioso de todos os imortais que habitam o Olimpo! ... Se fosses filho de outro deus, deletério como és, há muito terias de residir em lugar mais fundo que o dos filhos de Urano!", exclama Hera, sua mãe* (*Ilíada*, V, p.889s.) Os gregos não o celebraram nem no culto, nem nas artes plásticas, nem na literatura, apesar de "terem praticado a guerra tanto ou talvez até mais do que qualquer outro povo da Antiguidade" (Séchan e Lévêque, *Les grandes divinités de la Grèce*, p.248). Comparado ao seu homólogo itálico, Marte, ou aos outros deuses indo-europeus da guerra, Ares parece uma divindade menor.

Segundo Homero, Ares viera da Trácia (*Ilíada*, XIII, p.301). E, ao ser libertado das malhas em que, acompanhado de Afrodite, fora enredado por Hefesto, Ares dirige-se

---

* Há aqui um lapso do autor. A fala a que alude é de Zeus (ο νεφελῃγεσέτα, ou seja, o Ajunta-Nuvens) e não de Hera. (N.T.)

Estado das questões: bibliografia crítica

411

novamente para a Trácia (*Odisseia*, VIII, p.361). Por outro lado, Heródoto (V, 7) afirma que os trácios só adoravam três deuses: Ares, Dioniso e Ártemis. Teria sido em razão da sua origem trácia que esse deus selvagem – "insano que não conhece lei" (*Ilíada*, V, p.757) – jamais conseguiu integrar-se na religiosidade grega?

93. Segundo W.H. Roscher, Hera deve ter sido originalmente uma deusa da Lua (*Lexikon*, vol.I-II [1886-90], p.2.087s.; cf. a crítica dessa hipótese em Farnell, *Cults*, vol.I, p.180s.). Para Rose, ela era sobretudo a deusa das mulheres e da sua fecundidade (mas não da fertilidade vegetal); cf. *Handbook*, p.103. A ideia sustentada por Welcker (*Die griechische Götterlehre*, vol.I-III, p.1.857-63), de que ela era uma *terra mater*, rejeitada por Farnell e Rose, foi retomada de forma mais convincente por Guthrie, op.cit., p.68s.

Sobre as relações de Hera com a vaca, cf. Farnell, *Cults*, vol.I, p.181s.; Cook, *Zeus*, I, p.444s.

Sobre a Hera egeia, cf. Charles Picard, *Les religions préhelléniques*, p.243; U. Pestallozza, "Hera Pelasga" (*Studi Etruschi*, vol.25, série II, 1957, p.115-82), reproduzido em *Nuovi saggi di religione mediterranea* (p.225-56); Louis Séchan e Pierre Lévêque, *Les grandes divinités de la Grèce*, p.184-5. Ileana Chirassi demonstrou a contento a continuidade entre "a deusa do lírio" mediterrânea e Hera; cf. "Riflesi di una primitiva cultura precerealicola nel mondo miceneo", *Annali della Facoltà di Lettere e Filosofia dell'Università di Trieste*, vol.III, 1966-67, p.15-26.

Digamos algumas palavras, ainda que poucas, sobre a deusa Héstia. Ela é quase despercebida de mitos, mas apresenta certa importância ritual uma vez que protege os fogos, domésticos ou públicos. Homero ignora-lhe o nome, mas Hesíodo proclama-a filha mais velha de Cronos e de Reia (*Teogonia*, p.454). Héstia é, por excelência, uma deusa virgem e "sedentária": ela nunca abandona "as altas moradas dos deuses imortais". Etimologicamente solidária da deusa latina Vesta, encarna a sacralidade do fogo, o que provavelmente explica o seu caráter abstrato (cf. §104).

Derivou-se seu nome de uma raiz indo-europeia que significa "queimar". Mas é também possível que o culto de Héstia prolongue um culto pré-helênico do lar (*hestía*): cf. Charles Picard, *Les religions préhelléniques*, p.242s.

Sobre Ártemis será proveitosa a consulta a: Farnell, *Cults*, vol.II, p.425s.; Nilsson, *Geschichte*, vol.I, p.481-500; K. Hoenn, *Artemis, Gestaltwandel einer Göttin* (Zurique, 1946); e à clara exposição de Guthrie, *The Greeks and Their Gods*, p.99-106. Ver também Ileana Chirassi, *Miti e culti arcaici di Artemis nel Peloponese e Grecia centrale* (Trieste, 1964).

A origem ilíria do nome foi proposta por M.S. Ruiperez, *Emerita*, vol.XV, 1947, p.1-60.

Sobre o tipo de Ártemis em Éfeso, ver Charles Picard, *Éphèse et Claros* (Paris, 1922), p.474s.

Sobre a festa de Braurônia, que compreende a transformação ritual das donzelas, seguidoras de Ártemis, em ursinhas (tratava-se provavelmente de uma dança do urso), ver H. Jeanmaire, *Couroï et courètes* (Lille, 1939), p.237s.

A partir do século VII, Ártemis foi identificada com Hécate, deusa lunar, com a deusa trácia Bêndis e com Cíbele.

94. A interpretação de Atena como uma deusa pré-helênica, protetora dos príncipes minoicos ou micênicos, proposta por Nilsson (*Minoan-Mycenaean Religion*, 2ª ed., p.487s.), tem sido geralmente aceita. Para A.B. Cook, Atena era uma deusa pré-grega,

412   *História das crenças e das ideias religiosas*

ou, especificamente, a mãe-montanha localizada no rochedo da Acrópole (*Zeus*, vol.III, p.749; cf. também ibid., p.224s.).

Para estudos minuciosos sobre Atena e seus cultos, ver Farnell, *Cults*, vol.I, p.184s.; Nilsson, *Geschichte d. griech. Rel.*, vol.I, p.433s. O capítulo sobre Atena está entre os melhores do livro de Walter Otto, *The Homeric Gods* (p.43-60). Ver ainda M. Guarducci, "Atena oraculare", *Parola di Passato*, n.6, 1951, p.338-55; C.J. Herrington, *Athena Parthenos and Athena Polias. A Study in the Religion of Periclean Athens* (Manchester, 1955).

Sobre o episódio de Métis engolida por Zeus (*Teogonia*, 886s.), ver o comentário de M.L. West, *Hesiod: Theogony, Edited with Prolegomena and Commentary* (Oxford, 1966), p.401s. Em dois artigos recentes, Marcel Detienne enriqueceu brilhantemente a interpretação de Atena: cf. "Le navire d'Athéna", RHR, 178, 1970, p.133-77; "Athena and the mastery of the horse", HR, 11, 1971, p.161-84. Ver também H. Jeanmaire, "La naissance d'Athéna et la royauté magique de Zeus", *Revue arch.*, n.48, 1956, p.12-39.

Sobre Afrodite, ver E. Simon, *Die Geburt der Aphrodite*, Berlim, 1959; M.P. Nilsson, *Griechische Feste* (1906), p.362-87; id., *Geschichte*, I, p.519s.; Farnell, *Cults*, II, p.618s.; R. Flacelière, *L'amour en Grèce* (Paris, 1960).

Sobre a origem oriental do culto de Afrodite, ver H. Herter, em *Eléments orientaux dans la religion grecque ancienne* (Paris, 1960), p.61s. Os elementos indo-europeus de Afrodite foram destacados, mas de maneira excessiva, por K. Tümpel, in Pauly-Wissowa, *Real-Enclyclopädie*, s.v.; ver também M. Stubbs, "Who was Aphrodite", *Orpheus* (1954), p.170s.

95. Erwin Rohde dedicou aos heróis o quarto capítulo de seu *Psyche* (Tübingen-Leipzig, 1893, 2ª ed., 1897; cf. a tradução francesa: *Psyché. Le culte de l'âme chez les grecs et leur croyance à l'immortalité*, Paris, 1928, p.121-64). Três anos depois, em sua obra *Götternamen. Versuch einer Theorie der religiösen Begriffsbildung* (Bonn, 1896), Hermann Usener desenvolvia, a noção dos *Sondergötter*, criticando especialmente a teoria de H. Spencer sobre a prioridade do culto dos antepassados (p.253s.); uma única referência polêmica a Rohde (p.248). Paul Foucart seguia, em seus principais pontos, a interpretação de Rohde; cf. *Le culte des héros chez les Grecs*, 1918 (Mémoires de l'Institut Français, 1921); da mesma forma S. Eitrem, in Pauly-Wissowa, *Real-Encyclopädie*, vol.VIII, 1, 1912, s.v. "Heros", e F. Pfister, *Der Reliquienkult im Altertum* (Giessen, 1910-12).

A "teoria de compromisso", apresentada por L.R. Farnell, *Greek Hero Cults and Ideas of Immortality* (Oxford, 1921), foi amplamente aceita; cf., *inter alia*, M.P. Nilsson, *The Minoan-Mycenaean Religion* (2ª ed., Lund, 1950), p.585; *Geschichte der Griechische Religion I* (2ª ed., Munique, 1955), p.188.

Encontraremos claras exposições e análises úteis nas obras de C. Robert, *Die Griechische Heldensage*, vols.I-II (Berlim, 1921-26), L. Rademacher, *Mythos und Sage bei den Griechen* (Munique, 1938), Marie Delcourt, *Légendes et cultes des héros en Grèce* (Paris, 1942), H.J. Rose, *Gods and Heroes of the Greeks* (Londres, 1957), K. Kerényi, *Greek Heroes* (Londres, 1959).

Uma contribuição importante, dentro da perspectiva da história geral das religiões, foi trazida por Angelo Brelich, *Gli eroi greci: un problema storico-religioso* (Roma, 1958). Após ter recapitulado as interpretações precedentes, de Rohde a Nilsson, o autor apresenta o papel dos heróis no mito e no culto (o herói e a morte, o herói e a agonística, a divinação, as iniciações etc.), examina as relações com outros seres míticos, para chegar finalmente à estrutura específica do herói grego.

Estado das questões: bibliografia crítica 413

Às três categorias de seres (deuses, heróis, homens) distinguidas por Píndaro, Platão acrescentava uma quarta, a dos demônios; cf. *Crátilo* p.397c e seguintes.

Sobre as iniciações de puberdade na Grécia arcaica, ver H. Jeanmaire, *Couroï et courètes* (Lille, 1939); Eliade, *Naissances mystiques. Essai sur quelques types d'initiation* (Paris, 1959; nova edição, 1975), p.227s.; Brelich, op.cit., 124s.; id., *Paides e Parthenoi*, vol.I (Roma, 1969).

A diferença entre os sacrifícios efetuados, por um lado, em honra dos olímpicos, e, por outro, dos ctonianos e dos heróis, diferença em que Rohde insistia (*Psyché*, trad. francesa, p.123s.), foi igualmente notada por Jane Harrison, Meuli, Charles Picard e Guthrie. Picard lembrava, além disso, a distinção dos gestos rituais: de mão erguida, palma voltada em direção ao céu, para os olímpicos, e de mão abaixada, palma virada para a terra, a fim de invocar as forças do solo (cf. "Le geste de la prière funéraire en Grèce et en Etrurie", RHR, 1936, p.137s.).

A.D. Nock (*Harvard Theological Review*, n.37, 1944, p.141s.) e W. Burkert (*Homo necans*, Berlim, 1972, p.16s. e nota 41) observaram, entretanto, que essa diferença nem sempre é atestada; cf. também Brelich, *Gli eroi greci*, p.16-8.

96. O termo grego, utilizado sobretudo no plural, *tà mustêria*, deriva provavelmente de uma raiz indo-europeia MU, cujo sentido original, "fechar a boca", se refere ao "silêncio ritual". Cf. *mûô* e *muéô*, "iniciar no mistério", *múêsis*, "iniciação" (termo empregado unicamente nas iniciações aos mistérios).

Para as fontes literárias, ver L.R. Farnell, *Cults of the Greek States*, vol.III (Oxford, 1907), p.307-67. Para a exploração arqueológica, consultar F. Noack, *Eleusis: die baugeschichtliche Entwicklung des Heiligtuns* (Berlim-Leipzig, 1927); K. Kuruniotis, "Das eleusinische Heiligtum von den Anfangen bis zur vorperikleische Zeit" (ARW, 33, 1935, p.52-78); G.E. Mylonas, *The Hymn to Demeter and Her Sanctuary at Eleusis* (Washington Studies in Language and Literature, vol.XIII, St.-Louis, 1942); id., *Eleusis and the Eleusinian Mysteries* (Princeton, 1961), p.23-186; E. Simon, "Neue Deutung zweier Eleusinischer Denkmäler des 4. Jh. v. Chr." (*Antike Kunst*, n.9, 1966, p.72-92); H. Metzger, *Les représentations dans la céramique attique du IVe siècle* (Paris, 1951), p.231-65; id., *Recherches sur l'imagerie athénienne* (Paris, 1965), p.1-53.

Sobre o hino homérico, ver a edição de N.J. Richardson, *The Homeric Hymn to Demeter* (Oxford, 1973); cf. também K. Deichgräber, *Eleusinische Frömmigkeit und homerische Vorstellungswelt im Homerischen Demetter-hymnus* (Mogúncia, 1950); Francis R. Walton, "Athens, Eleusis, and the Homeric Hymn to Demeter" (*Harvard Theological Review*, n.45, 1952, p.105-14); Ugo Bianchi, "Saggezza olimpica e mistica eleusina nell'inno omerico a Demeter" (SMSR, 35, 1964, p.161-93); Mary L. Lord, "Withdrawal and Return in the *Homeric Hymn to Demeter* and the Homeric Poems" (*Classical Journal*, n.62, 1967, p.214-48).

Da imensa literatura dedicada aos mistérios de Elêusis, destaquemos: L.R. Farnell, *Cults*, vol.III, p.126-98; Paul Foucart, *Recherches sur l'origine et la nature des mystères d'Eleusis* (Paris, 1895); id., *Les mystères d'Eleusis* (Paris, 1914); Martin P. Nilsson, *Minoan-Mycenaean Religion and Its Survival in Greek Religion* (Lund, 1927; 2ª ed., corrigida e aumentada, 1950), p.468s.; 558s.; id., "Die eleusinischen Gottheiten" (ARW, 32, 1935, p.79-141, reeditado em *Opuscula Selecta*, vol.II, Lund, 1952, p.542-623); id., *Greek Folk Religion* (Nova York, 1940, nova edição 1961), p.42-64; S. Eitrem, "Eleusis: les mystères et l'agriculture" (*Simbolae Osloenses*, n.20, 1940, p.133-51); Victor Magnien, *Les mystères d'Eleusis*.

Leurs origines. Le rituel de leurs initiations (Paris, 1938; útil pelos textos citados e traduzidos); Walter F. Otto, "Der Sinn der eleusinischen Mysterien" (*Eranos-Jahrbuch*, vol. IX, 1939, p.83-112 ; "The meaning of Eleusinian mysteries", *The Mysteries. Papers from the Eranos Yearbooks*, vol.II, Nova York, 1955, p.14-31); Momolina Marconi, "Sul mistero dei misteri Eleusini" (SMSR, 22, 1949-50, p.151-4); C. Kerényi, *Eleusis: Archetypal Image of Mother and Daughter* (Nova York, 1967); Georges Méautis, *Les dieux de la Grèce et les mystères d'Eleusis* (Paris, 1959); P. Boyancé, "Sur les mystères d'Eleusis" (REG, 75, 1962, p.460-82); Walter Burkert, *Homo necans* (Berlim, 1972), p.274-327. Ver também os estudos de A. Körte, O. Kern, A. Dellatte, Charles Picard etc., citados mais adiante.

Na esteira da opinião de Heródoto (II, 49s., 146), Paul Foucart afirmou a origem egípcia dos mistérios de Elêusis. Mas Charles Picard observa que, "em nenhum lugar ainda, apareceu algum objeto egípcio datável da segunda metade do segundo milênio, mesmo isoladamente, no *hierón*" (cf. "Sur la patrie et les pérégrinations de Déméter", REG, 40, 1927, p.321-30, esp. p.325). Axel Persson, "Der Ursprung der eleusinischen Mysterien" (ARW, 21, 1922, p.287-309) e Charles Picard (*Les religions préhelléniques*, Paris, 1948, p.89, 111, 114s.), sugeriram uma origem cretense dos mistérios. As escavações recentes, porém, negaram a hipótese das influências cretenses ou minóicas nas edificações de Elêusis (ver Mylonas, *Eleusis*, p.16s.; cf. ibid., p.49, 68 etc.). M.P. Nilsson procurou estabelecer as origens micênicas do complexo mítico-ritual de Elêusis (cf. *Minoan-Mycenaean Religion*, p.558s.; ver também *Opuscula Selecta*, vol.II, p.585s.). Mylonas lembra que as tradições apontam de preferência para uma origem nórdica do culto (op.cit., p.19s.) – a Tessália ou a Trácia. Segundo Pausânias (I, 38, 2-3), Eumolpo, o primeiro hierofante e fundador da família dos Eumólpidas, era tido como originário da Trácia. Entretanto, o nome Eumolpo é pré-helênico (Nilsson, *Minoan-Mycenaean Religion*, p.520s.). Em todo o caso, qualquer que tenha sido a sua origem, é certo que os mistérios são pré-helênicos e prolongam um culto de estrutura arcaica. De uma segunda família, os *kêrukes*, descendiam os outros oficiantes: *daidoúkhos*, o "portador de archote", *hierokérux*, "o arauto das cerimônias" e o sacerdote que oficiava no altar. Até a destruição de Elêusis por Alarico, em 396, os hierofantes e os outros oficiantes eram todos descendentes dessas duas famílias.

Quanto à "gênese" dos mistérios, a maior parte dos especialistas a procurou numa encenação mítico-ritual solidária da agricultura. Para Nilsson, Deméter é a mãe dos trigos, e Core, a moça do grão: elas simbolizariam a antiga e a nova colheita. Consequentemente, a reunião das duas deusas representaria no final das contas a reunião das duas colheitas (cf. *Greek Folk Religion*, p.51s.). Nilsson afirma que, em Elêusis, "não havia doutrina, mas apenas algumas ideias simples, fundamentais, sobre a vida e a morte – representadas pela nova colheita que surgia da antiga" (ibid., p.63). Explicação similar já foi apresentada por F.M. Cornford, "The *aparchai* and the Eleusinian Mysteries" (*Essays and Studies presented to William Ridgeway*, Cambridge, 1913, p.153-66). Criticamos em outra obra, e precisamente ao discutir *Greek Folk Religion*, a insuficiência dessas pseudoexplicações "genéticas" dos fenômenos religiosos: cf. "Mythologie et histoire des religions", *Diogène*, jan 1955, p.108s. As relações entre os mistérios de Elêusis e a agricultura são igualmente analisadas por R. Pettazzoni, *I misteri* (Bolonha, 1924), p.45s.; id., *La religion dans la Grèce antique* (Paris, 1953), p.73s.

Sobre os mitos e os ritos da romã no mundo mediterrâneo, ver Uberto Pestalozza, "Iside e la Melagrana" (*Religione mediterranea*, Milão, 1951, p.1-70); Ileana Chirassi, *Elementi di culture precereali nei miti e riti greci* (Roma, 1968), p.73-90.

Estado das questões: bibliografia crítica

Sobre a consagração pelo fogo, ver J.G. Frazer, Apollodorus, *The Library*, vol.II, p.311-17 (Apêndice I: "Putting Children on the Fire"), C.M. Edsman, *Ignis Divinis* (Lund, 1949), p.224s. e sobretudo Marie Delcourt, *Pyrrhos et Pyrrha. Recherches sur les valeurs du feu dans les légendes helléniques* (Paris, 1965), p.66s. O que Deméter quis fazer com Demofonte Ísis tentou aplicar ao filho de Arsínoe, e Tétis e Medeia aos seus próprios rebentos. Mas, estupidamente interrompidas por mortais aterrorizados, nenhuma dessas tentativas obteve sucesso. Sobre os "senhores do fogo", cf. Eliade, *Le chamanisme* (2ª ed., p.209s., 342s., 369s.), id., *Forgerons et alchimistes* (Paris, 1956), p.81s.

Sobre o episódio de Baubão, ver Charles Picard, "L'Épisode de Baubô dans les mystères d'Eleusis" (RHR, 95, 1927, p.1-37); V. Magnien, *Les mystères d'Eleusis*, p.86s.

De acordo com aquilo a que se chamou a versão órfica do mito de Deméter (cf. Malten, "Altorphische Demetersagen", ARW, 1909, p.417s.), em Elêusis viviam o pobre camponês Disaules e sua esposa Baubão; eles só dispunham de uma choupana miserável, uma vez que o trigo ainda não tinha sido revelado por Deméter. Segundo a tradição antiga, Triptólemo era o filho de Disaules (Pausânias, I, 14, 3). Outro filho, Euboleu, era porqueiro, e seus porcos foram engolidos ao mesmo tempo que Perséfone. O hino órfico (41, 6) conta que, ao interromper seu jejum em Elêusis, Deméter desceu aos Infernos, seguindo as indicações de Euboleu (cf. também K. Kerényi, *Eleusis*, p.43, 171).

Lembremos que os antigos relacionaram Elêusis com Elísio, o reino dos bem-aventurados (cf. A.B. Cook, *Zeus*, vol.II, p.36s.).

97. Sterling Dow e Robert F. Healey, *A Sacred Calendar of Eleusis* (Cambridge, 1965), reconstituíram o calendário das cerimônias, baseados numa inscrição datada de cerca de 330 a.C.

Sobre os pequenos mistérios, ver P. Roussel, "L'Initiation préalable et le symbole Eleusien" (*Bulletin de correspondance hellénique*, n.54, 1930, p.51-74); Mylonas, op.cit., p.239-43. O sacrifício dos porcos era, em toda a Grécia, específico ao culto de Deméter; cf., finalmente, W. Burkert, *Homo necans*, p.284s. Por outro lado, tais sacrifícios por ocasião das cerimônias iniciatórias são amplamente atestados entre os cultivadores das ilhas polinésias. Burkert (p.286) recorda que o termo grego para "leitão" (*khoíros*) significava vulgarmente o órgão sexual feminino. Simbolicamente, o sacrifício de um leitão representava a execução de uma jovem.

Sobre os *gephurismoí*, cf. E. de Martino, "Gephyrismi" (SWSR, 10, 1934, p.64-79).

Sobre o *kukeôn*, ver A. Delatte, "Le Cycéon, breuvage rituel des mystères d'Eleusis" (*Bull. Classe des Lettres*, Academil Royale de Belgique, 5ª série, t.40, 1954, p.690-752).

Uma grande quantidade de textos, de valor desigual, referente às iniciações é citada e traduzida por V. Magnien, op.cit., p.198s. (consultar com cautela). Sobre os rituais, ver Mylonas, op.cit., p.243-85; Dario Sabbatucci, *Saggio sul misticismo greco* (Roma, 1965), p.127s. Cf. também Charles Picard, "Le prétendu 'baptême d'iniciation' éleusien et le formulaire des mystères des deux-déesses" (RHR, 154, 1959, p.129-45); Ugo Bianchi, ΟΣΥΜΟΑΣ, ΑΙΩΝ (*Ex Orbe Religionum*, vol.I, Leiden, 1972, p.277-86); H. Ludin Jansen, "Die Eleusinische Weihe" (ibid., p.287-98). Os sacrifícios e os rituais relacionados com a iniciação eram realizados no recinto do santuário, fato que singulariza Elêusis no complexo cultural grego. Com efeito, o sacrifício olímpico não se efetuava nos templos, mas sobre altares, e estes últimos podiam ser erguidos em qualquer lugar, tanto nas casas quanto nas ruas e nos campos.

416   *História das crenças e das ideias religiosas*

Sobre a significação cósmica e ritual dos dois vasos (*plêmokhóai*), enchidos de água e derramados pelo iniciado enquanto repetia certas palavras (talvez as famosas palavras de que fala Prado, *Ad Timaeus*, 293C), ver Edward L. Ochsenschlager, "The cosmic significance of the *plemochoe*" (HR, 9, nov 1970, p.316-37).

No que se refere à revelação dos segredos (cf. t.I, vol.1, nota 3), a Antiguidade conhecia alguns outros exemplos. Um exercício retórico que nos foi transmitido sob o nome de *Sôpatros*, apresenta o caso de um jovem que sonhou em ser iniciado: ele contemplou os *drômena*, mas, como não ouviu as palavras pronunciadas pelo hierofante, não pôde ser considerado como iniciado. Ao contrário, Andrócides foi incriminado por ter mostrado os *hierá* a não iniciados e ter repetido as palavras que não deviam ser proferidas (cf. as referências em Mylonas, p.272, notas 194 e 195). Alcibíades parodiou as cerimônias secretas e teve de exilar-se; alguns dos seus cúmplices que foram capturados sofreram a pena de morte (Xenofonte, *Helênicas*, vol.I, 4, p.14 etc.).

98. Foi graças a Sinésio que chegou até nós um curto fragmento de uma obra de juventude de Aristóteles referente à iniciação aos mistérios: "Aristóteles cuida que os indivíduos submetidos a uma iniciação não devem aprender alguma coisa, mas experimentar emoções e serem colocados em certos estados de espírito, evidentemente depois de se terem tornado aptos para recebê-los" (*Dio*, ed. Krabinger, t.I, p.271-2 = Aristóteles, frag. 15 Rose; traduzido para o francês por Jeanne Croissant, *Aristote et les mystères*, Paris, 1932, p.137). Um texto paralelo, citado por Pselo, e publicado por J. Bidez (*Catalogue des manuscrits alchimiques grecs*, t.VI, 1928, p.171), foi exaustivamente analisado por J. Croissant, op.cit., p.145s.

Sobre a passagem de Temístio, ver ainda Mylonas, op.cit., p.264s. É excelente a análise das fontes tardias feita por Farnell, *Cults*, vol.III, p.176s.

Sobre o *súnthêma* transmitido por Clemente de Alexandria, ver U. Pestalozza, *Religione Mediterranea. Vecchi e nuovi studi* (Milão, 1951), p.216-34 ("Ortaggi, frutti e paste nei Misteri Eleusini"); Mylonas, op.cit., p.294-303; W. Burkert, *Homo necans*, p.298s.

A identificação dos objetos escondidos no cesto e na corbelha deu origem a uma longa controvérsia, que ainda persiste. A. Körte julgava que a corbelha continha a réplica de uma vulva (*kteís*); ao tocá-la, o mista acreditava renascer como filho de Deméter (ARW, 1915, p.116s.). O. Kern foi ainda mais longe: o mista unia-se à deusa ao tocar o *kteís* com o seu órgão sexual (*Die griechische Mysterien der classischen Zeit*, 1927, p.10). Em compensação, para A. Dieterich, o que o mista encontrava na corbelha era um falo: ao colocá-lo sobre o peito, ele se unia à deusa e tornava-se seu filho (*Eine Mythrasliturgie*, 1903, p.123; *Mutter Erde*, 3ª ed., 1925, p.110s.). Segundo Charles Picard, a corbelha continha um falo, e o cesto um últero: ao manuseá-los, o mista realizava a união com as deusas ("L'Épisode de Baubô", RHR, 95, 1927, p.237s.). S. Eitrem fala de uma serpente, de uma romã e de bolos em forma de falo e de útero ("Eleusinia", p.140s.). Tais explicações foram rejeitadas por vários estudiosos: Maas, Farnell, P. Roussel, L. Deubner, W. Otto, Kerényi etc. (ver também Mylonas, p.296, nota 22). Mas valeria a pena mencionar esses exercícios da exegese histórico-religiosa: eles contribuem para a compreensão do *Zeitgeist* do Ocidente nas três primeiras décadas do século XX.

Quanto às informações sobre as iniciações aos mistérios, tal como citadas pelos padres da Igreja, é certo que são reveladas com um objetivo preciso: atacar e desacreditar o paganismo. No entanto, eles não ousavam *inventar*, pois corriam o risco de ser desmentidos pelos autores pagãos. Mas deve-se também levar em conta o fato de que

Estado das questões: bibliografia crítica 417

escreviam em pleno sincretismo religioso, e referiam-se essencialmente aos mistérios helenísticos. Na verdade, como diversos autores neoplatônicos e neopitagóricos proclamavam a unidade de todos os mistérios, os autores cristãos tomaram emprestado o seu ponto de vista e consideraram como eleusinos rituais pertencentes a mistérios mais recentes. De mais a mais, os apologetas também compartilhavam a voga helenística da explicação por analogia, o que torna os seus testemunhos ainda mais incertos.

Fogo e cremação em Elêusis. É provável que alguns mistas tenham sido incinerados no platô onde se achava o templo, entre 1.110 e 700 a.C. (cf. Kerényi, p.93). Por outro lado, sabe-se da história de um brâmane, Zarmaros ou Zarmanochegos, que, em 20 a.C., ao tempo em que Augusto fez nova visita a Elêusis, pediu para ser iniciado, e, depois de haver assistido à *epopteía*, entrou no fogo e foi consumido pelas chamas (Díon Cássio, LIV, 9, 10; Estrabão, XV, 1,73; cf. Kerényi, p.100). Será que se pode identificar nessas cremações rituais a lembrança da "divinização" de Demofonte pelo fogo? Ver também Marie Delcourt, *Pyrrhos et Pyrrha* (Paris, 1965), p.68s.

99. Sobre o culto de Deméter, ver Farnell, *Cults*, vol.III, p.38s.; Nilsson, *Geschichte*, vol.I, p.46.1s.

A respeito dos mistérios de Deméter no resto da Grécia, cf. Nilsson, *Geschichte*, vol.I, p.478; R. Stiglitz, *Die grossen Göttinnen Arkadiens* (Viena, 1967), p.30s.; G. Zuntz, *Persephone* (Cambridge, 1971), p.75s.

No século I a.C., Diodoro da Sicília (V, 73, p.3) referia a seguinte tradição: os habitantes de Creta afirmam que os mistérios se difundiram a partir da sua ilha, oferecendo como prova o fato de que os segredos comunicados nas iniciações de Elêusis, nos mistérios de Samotrácia e no culto instituído por Orfeu, eram, em Creta, compartilhados livremente por todos os que desejavam conhecê-los. Desde que autêntica, a informação de Diodoro refere-se provavelmente aos ritos e, sobretudo, ao mitologema que ilustra as relações entre a obra agrícola (o desaparecimento da semente sob a terra, seguido do aparecimento da nova colheita) e o rapto de Perséfone e o seu reencontro com Deméter.

O papel de Dioniso nos mistérios é controvertido. No século IV, Dioniso era identificado com Íaco, personificação do grito emitido (Heródoto, VIII, p.65) ou do hino que se cantava (Escólio de Aristófanes, *As rãs*, p.309) na procissão que se dirigia a *Elêusis*. Segundo Farnell, Sófocles (*Antígona*, p.1.119-21, 1.146-52) ensina que Íaco seria Dioniso em sua hipóstase eleusina (*Cults*, vol.III, p.149). Contudo, Dioniso não parece ter figurado no rol das divindades veneradas nos mistérios (Mylonas, op.cit., p.238). Sua presença em Elêusis é uma consequência do sincretismo, movimento que se acentuará no período helenístico.

100. A história dos estudos sobre as religiões iranianas foi admiravelmente apresentada por J. Duchesne-Guillemin, *The Western Response to Zoroaster* (Oxford, 1958). Ver também G. Widengren, "Stand und Aufgaben der iranischen Religionsgeschichte" (*Numen*, n.I, 1954, p.16-83, n.II, 1955, p.47-134) e Gherardo Gnoli, "Problems and Prospects of the Studies on Persian Religion" (U. Bianchi, C.J. Bleeker, A. Bausani, Leiden [orgs.], *Problems and Methods of the History of Religions*, 1972, p.67-101; o autor refere-se sobretudo às obras publicadas após 1940). Ainda úteis pela rica documentação que contêm: J.H. Moulton, *Early Zoroastrianism* (Londres, 1913); A.V. William Jackson, *Zoroastrian Studies* (Nova York, 1928), especialmente "The iranian religion" (p.3-215) e sobretudo L.H. Gray, *The Foundations of Iranian Religions* (Bombaim, 1929; repertório

418   *História das crenças e das ideias religiosas*

dos fatos). As novas orientações na interpretação das religiões iranianas aparecem com o pequeno livro de E. Benveniste, *The Persian Religion According to the Chief Greek Texts* (Paris, 1929), H. Lommel, *Die Religion Zarathustra's nach dem Awesta dargestellt* (Tübingen, 1930), a monografia muito pessoal de H.S. Nyberg, *Die Reitgionen des alten Iran* (Leipzig, 1938), G. Widengren, *Hochgottglaube im alten Iran* (Uppsala, 1938), G. Dumézil, *Naissances d'archanges* (Paris, 1945; ver também *Tarpeia*, Paris, 1947, p.33-113); J. Duchesne-Guillemin, *Zoroastre* (Paris, 1948); id., *Ormazd et Ahriman. L'Aventure dualiste dans l'Antiquité* (Paris, 1953). Quatro obras de síntese apareceram recentemente: R.C. Zaehner, *The Dawn and Twilight of Zoroastrianism* (Londres, 1961; ver a crítica de Duchesne-Guillemin, IIJ, 7, 1964, p.196-207); J. Duchesne-Guillemin, *La religion de l'Iran ancien* (Paris, 1962); Marjan Molé, *Culte, mythe et cosmologie dans l'Iran ancien* (Paris, 1963); Geo Widengren, *Die Religionen Irans* (Stuttgart, 1965; trad. franc.: *Les religions de l'Iran*, Paris, 1968). Os volumes de Duchesne-Guillemin e de Widengren contêm excelentes bibliografias. A interpretação audaciosa de Molé deu lugar a controvérsias, mas a obra é preciosa pelo grande número de traduções de textos. Figuram mais adiante indicações bibliográficas suplementares, relacionadas com assuntos particulares.

Quanto aos textos, estima-se que três quartos do Avesta estão perdidos. Ver o resumo dos trechos que foram conservados em Duchesne-Guillemin, *La religion de l'Iran ancien*, p.32-40 (cf. ibid., p.40-50, um estudo muito aprofundado da fixação do Avesta). A única tradução completa do texto avéstico é a de J. Darmsteter, *Le Zend-Avesta* (Paris, 3 vols., 1892-93; reimpressão, 1960). Mas "ela é inutilizável para os *gathas*" (Duchesne-Guillemin). Entre as traduções mais recentes dos *gathas* (depois da de Ch. Bartholomae, *Die Gatha's des Awesta*, Estrasburgo, 1905, que continua a ser indispensável), lembremos: Duchesne-Guillemin, *Zoroastre*, p.166-296 (é esta tradução que citamos no texto); H. Humbach, *Die Gathas des Zarathustra*, 2 vols. (Heidelberg, 1959, com paráfrase e notas); cf. também Bernfried Schlerath, "Die Gathas des Zarathustra" (*Orientalistische Litteratur-Zeitung*, vol.LVII, 1962, col. 565-89; revisão crítica das exegeses recentes, reproduzida parcialmente em *Zarathustra*, editada por B. Schlerath, Darmstadt, 1970, p.336-589); Wolfgang Lentz, *Yasna, 28. Kommentierte Uebersetzung und Komposition-Analyse* (Mogúncia, 1955). Sobre os *Yashts* e a literatura pálavi, ver mais adiante.

W.B. Henning, *Zoroaster, Politician or Witch-Doctor?* (Oxford, 1951), criticou vigorosamente a obra do arqueólogo E. Herzfeld, *Zoroaster and His World* (Princeton, 1947), e o livro de H.S. Nyberg. (No prefácio da nova edição de *Rel. d. alten Iran*, Nyberg respondeu às críticas de Henning e precisou sua posição.)

A cronologia tradicional de Zaratustra foi rejeitada por Molé (op.cit., p.530s.) e Gherardo Gnoli (ver, em último lugar, "Política religiosa e concezione della regalità sotto i Sassanidi", in *La Persia nel Medioevo*, Roma, Accademia dei Lincei, 1971, p.1-27, especialmente p.9s.). Uma bibliografia crítica do problema encontra-se no artigo de O. Klima, "The Date of Zoroaster" (*Ar. Or.*, n.27, 1959, p.556-64).

Sobre as "sociedades de homens" arianas, ver Stig Wikander, *Der arische Männerbund* (Lund, 1938) e G. Widengren, *Rel. de l'Iran*, p.39s. (com a bibliografia recente). O livro de Widengren contém um resumo explicativo das ideias e crenças pré-zoroastrianas; cf. p.23-78.

101. Sobre a transformação de uma personagem histórica em arquétipo, ver os exemplos citados e comentados em *Le mythe de l'eternel retour* (2ª ed., 1968), p.52s. A elaboração da lenda de Zaratustra foi apresentada por Duchesne-Guillemin, *La religion*, p.337s.

Em sua obra *Culte, mythe et cosmologie*, Marjan Molé esforça-se por reconstituir a imagem de Zaratustra no Avesta não *gáthico*. "Ele é exaltado sobretudo por ter oferecido sacrifícios corretos, por ter pronunciado certas palavras eficazes, por havê-las transmitido aos homens que doravante sabem como proteger o gado, a água e as plantas, e não por ter ensinado uma doutrina nova. Essa imagem lembra antes a de um Orfeu ou de um Zálmoxis que a de um profeta semítico" (Molé, "Réponse à M. Duchesne-Guillemin", *Numen*, 1961, p.53). Molé reconhece que nada pode dizer sobre a historicidade de Zaratustra (ibid., p.53s., cf. *Culte, mythe et cosmologie,* p.530s.). Em toda a tradição masdeísta, Zaratustra é o protótipo do sacerdote, enquanto Vishtaspa é o protótipo do iniciado. Acrescentemos, porém, que tudo isso não exclui a historicidade da personagem conhecida sob o nome de Zaratustra.

Gherardo Gnoli compartilha uma posição similar: a doutrina transmitida nas *gathas,* sob o nome de Zaratustra, compreende apenas um aspecto do masdeísmo, principalmente seu aspecto esotérico, isto é, a tradição sacerdotal e iniciatória reservada às elites religiosas. Em compensação, o masdeísmo praticado pelos aquemênidas representa o culto público, celebrado em favor do Estado e do soberano. Cf. Gnoli, "Política religiosa", p.17s.; id., "La religione persiana" (*Storia delle Religioni,* 6ª edição, Turim, 1971, p.235-92), esp. p.247s.

Uma análise sugestiva da vocação religiosa de Zaratustra foi dada por K. Rudolph, "Zarathustra-Priester und Prophet" (*Numen*, n.8, 1961, p.81-116).

102. H.S. Nyberg foi o primeiro a insistir no êxtase "xamânico" de Zaratustra; cf. *Die Religionen des alten Irans*, p.177s. G. Widengren retomou a análise dos elementos xamânicos no zoroastrismo; ver *Stand u. Aufgaben*, p.90s.; *Les religions de l'Iran*, p.88s. Ver também M. Eliade, *Le chamanisme* (2ª ed., 1968), p.312-5. Uma excelente análise e uma interpretação ponderada dos elementos extáticos em Zaratustra foi fornecida por Alessandro Bausani, *Persia religiosa* (Milão, 1959), p.38s.

103. Georges Dumézil identificou nos amesha spenta os substitutos sublimados dos deuses funcionais indo-iranianos; cf. *Naissances d'archanges* (Paris, 1945), cap.II-V; *Tarpeia* (1947), p.33-113; *Idéologie tripartie des Indo-Européens* (Bruxelas, 1958), p.40s. Ver também Duchesne-Guillemin, *La rel. de l'Iran ancien*, p.171s., 193s.; G. Widengren, *Les religions de l'Iran*, p.28s. Entre os iranizantes que rejeitam a hipótese de Dumézil, citemos Zaehner e Gnoli.

Sobre Aúra-Masda, ver os capítulos respectivos nas obras de Duchesne-Guillemin, Widengren, Zaehner, Molé etc. F.B.J. Kuiper, "Avestan Mazda" (IIJ, I, 1957 p.86-95), mostrou que o sentido do nome é o "senhor inteligente, instruído" ("aquele que conhece"). Ver também I. Gershevitch, "Zoroaster's Own Contribution" (JNES, 23, 1964, p.12-38).

Sobre a criação, cf. G. Gnoli, "Osservazioni sulla dottrina mazdaica della creazione" (*Annali dell'Istituto Orientale di Napoli*, N.S., n.13, 1963, p.163-93).

Antoine Meillet insistiu sobre o caráter social da reforma zoroastriana (contraste entre o agricultor e o nômade, oposição entre os aristocratas guerreiros e os cultivadores); cf. *Trois conférences sur les Gathas de l'Avesta* (Paris, 1925).

A respeito do célebre "Lamento da alma do boi" (*Yasna*, 29), cf. a dissertação de G. Dumézil no *Bulletin de l'Académie Royale de Belgique* (Classe de Letras), 1965, I, p.23-51. O autor rejeita as interpretações propostas por alguns eruditos (H. Lommel, M. Molé) segundo as quais esse "Lamento" seria solidário de um mito cosmogônico que implicava a imolação de um boi primordial (cf. p.33s.). Com efeito, tratava-se "da condição, dos riscos permanentes dos bovinos em sociedades ainda mal sedentarizadas onde, com seus senhores pastores-agricultores, são expostos às crueldades de outros grupos de homens" (p.36).

Sobre o "crime de Yima" (o alimento de carne), ver Dumézil, *Mythe et epopée*, vol.II (1971), p.312s.

No que concerne ao culto do *haoma*, é provável que o ataque de Zaratustra (*Yasna*, 33:44) vise mais aos excessos orgásticos do que ao sacrifício em si mesmo. Sobre o *haoma* no Avesta *gathico* e pós-*gathico*, ver Zaehner, op.cit., p.85s.; Molé, op.cit., p.229s.; G. Gnoli, "Licht-symbolik in Alt-Iran. Haoma-Ritus und Erlöser-Mythos" (*Antaios*, n.8, 1967, p.528-49); id., "Problems and Prospects", p.74s., com uma bibliografia recente; M. Boyce, "Haoma, priest of the sacrifice" (*W.B. Henning Memorial Volume*, Londres, 1970, p.62-80).

Sobre os sacrifícios de animais praticados em benefício dos leigos, cf. M. Boyce, "*Atas-zohr* and *Ab-zohr*", JRAS, 1966, p.100-18; Gnoli, "Questioni sull'interpretazione della dottrina gathica" (*Annali dell'Istituto Orientale di Napoli*, n.31, 1971, p.341-70), p.350s.

Sobre o qualificativo de "boiadeiro", cf. G.C. Cameron, "Zoroaster the herdsman" (IIJ, 10, 1968, p.261-81) e as considerações de Gnoli, "Questioni sull'interpretazione", p.351s.

Sobre a "ponte Cinvat", cf. mais adiante, § 111.

104. Sobre a "Renovação" (*fraso-kereti*) do mundo, cf. Molé, *Culte, mythe et cosmogonie*, s.v.

Sobre o caráter "filosófico" da mensagem de Zaratustra, ver A. Pagliano, "L'idealismo zarathustriano" (SMSR, 33, 1962, p.3-23).

Sobre os textos que descrevem o ritual do fogo, ver Duchesne-Guillemin, *La religion*, p.79s.; cf. também Stig Wikander, *Feuerpriester in Kleinasien und Iran* (Lund, 1967). Conhece-se a classificação em dois, três ou cinco fogos sagrados; a última distingue o fogo que brilha diante do senhor, os fogos que se encontram no corpo dos homens e dos animais, nas plantas e nas nuvens, enfim o fogo que é utilizado para o trabalho. A *Chândogya-Upanishad* leva também em conta três fogos sacrificais e cinco fogos naturais; cf. Duchesne-Guillemin, "Heraclitus and Iran" (HR, 3, 1963, p.34-49), p.38-9.

Gherardo Gnoli apresentou sua interpretação do sacrifício (*yasna*) em vários trabalhos: "Lo stato di 'maga'" (*Annali del Istituto Orientale di Napoli*, N.S., n.15, 1965, p.105-17); "La gnosi iranica. Per una impostazione nuova del problema" (*Le Origine dello Gnosticismo*, ed. Ugo Bianchi, Leiden, 1967, p.281-90), esp. p.287s.; "Questioni sull'interpretazione della dottrina gathica", p.358s.

Sobre o *xvarenah*, ver Duchesne-Guillemin, "Le *xvarenah*" (*Annali del Istituto Orientale di Napoli*, Sezione Linguistica, 5, 1963, p.19-31); G. Gnoli, "Lichtsymbolik in Alt-Iran", p.99s.; id., "Un particolare aspetto del simbolismo della luce nel mazdeismo e nel manicheismo" (*Annali... di Napoli*, N.S., n.12, 1962, p.95-128); M. Eliade, "Spirit, Light and Seed" (HR, 11, 1971, p.1-30), esp.p.13-16.

105. Sobre a demonização dos *daevas*, ver G. Widengren, op.cit., p.36s., 97, 137s.; Duchesne-Guillemin, *Religion*, p.189s. E. Benveniste demonstrara que a demonização dos *daevas* não era tipicamente zoroastriana; cf. *The Persian Religion According to the Chief*

Estado das questões: bibliografia crítica   421

Greek Texts (Paris, 1929), p.39s. Ver também Gnoli, "Problems and Prospects of the Studies on Persian Religion", p.75s.

Sobre o dualismo religioso iraniano, ver Ugo Bianchi, *Zaman i Ohrmazd* (Turim, 1958). Segundo esse autor, o "dualismo total" não deve ser considerado posterior a Zaratustra (op.cit., p.25).

Sobre as relações entre a religião dos aquemênidas e o zoroastrismo, ver a história da controvérsia em Duchesne-Guillemin, *The Western Response to Zoroaster*, p.52s.; id., *La religion de l'Iran Antique*, p.165s. O zoroastrismo dos aquemênidas é admitido, entre outros, por Kaj Barr, G. Cameron, Ilya Gershevitch. Ver a crítica dessa posição em G. Widengren, *Les religions de l'Iran*, p.166-74. Marjan Molé elimina o problema do zoroastrismo dos aquemênidas, pressupondo a coexistência da totalidade dos estados de religião; ver *Culte, mythe et cosmologie*, esp. p.26-36. Cf. G. Gnoli, "Considerazioni sulla religione degli achemenidi alla luce di una recente teoria" (SMSR, 1964, 35, p.239s.). Para a crítica do "calendário zoroastriano", ver E. Bickerman, "The 'Zoroastrian' Calendar" (*Ar. Or.*, n.35, 1976, p.197-207).

A melhor edição das inscrições aquemênidas, acompanhada de uma tradução, foi dada por R.G. Kent, *Old Persian. Grammar, Texts, Lexicon* (2ª ed., New Haven, 1953).

Uma nova inscrição de Xerxes I, descoberta em 1967 perto de Persépolis, foi traduzida e comentada por Manfred Mayrhofer, "Xerxes König der Könige" (*Almanach der Oesterreichischen Akademie der Wissenschaften*, n.119, 1969, p.158-70). Ver ibid., p.163, nota 14, uma contribuição à bibliografia do zoroastrismo dos aquemênidas. Ver também "Une statue de Darius découverte à Suse" (JA, 1972, p.235-66; estudo redigido por vários autores).

Sobre o problema da realeza iraniana, ver G. Widengren, "The Sacral Kingship in Iran" (*La regalità sacra*, Leiden, 1959, p.242-57); id., "La légende royale de l'Iran antique" (*Hommage à Georges Dumézil*, Bruxelas, 1960, p.225-37); id., *Les religions de l'Iran*, p.73s., 117s., 266s. As influências mesopotâmicas sobre a concepção iraniana da realeza, indicadas por Widengren e outros estudiosos, são também assinaladas por Gnoli (*Ex Orbi Religionum, Studia Geo Widengren oblata*, Leiden, 1972, II, p.94s.).

Ver também J. Wolski, "Les acheménides et les arsacides, contributions à la formation des traditions iraniennes" (*Syria*, n.43, 1966, p.65-89).

Sobre a encenação iniciatória suscetível de ser decifrada na saga de Ciro, ver Gerhard Binder, *Die Aussetzung des Königskindes: Kyros und Romulus* (Beiträge zur klassischen Philologie, Heft 10, Meisenheim am Glan, 1964), esp. p.17-39, 58s., 116s.

106. Sobre a função ritual de Persépolis – cidade sagrada, construída por Dario para a celebração do *Nawroz* – ver R. Ghirshman, "À propos de Persépolis" (*Artibus Asiae*, n.20, 1957, p.265-78); A.U. Pope, "Persepolis, a Ritual City" (*Archaeology*, n.10, 1957, p.123-30); K. Erdmann, "Persepolis: Daten und Deutungen" (*Mitt. d. deutschen Orient-Gesellschaft zu Berlin*, n.92, 1960, p.21-47.

Sobre as relações entre os mitos indo-europeus da "criança abandonada", o combate ritual contra os dragões, a fundação das cidades e a cosmogonia, ver Gerhard Binder, *Die Aussetzung des Königskindes*, p.58s.

Sobre o *Nawroz*, cf. Eliade, *Le mythe de l'eternel retour*, p.80s.; Widengren, *Rel. de l'Iran*, p.58s.

107. Sobre o problema dos magos e suas relações com o zoroastrismo, ver G. Messina, *Die Ursprung der Magier und die zarathustrische Religion* (Roma, 1930); Widengren, op.cit., p.134s., 147s., 156s., 221s.; Zaehner, *Dawn and Twilight*, p.160s., 189s. Segundo a opinião admitida por inúmeros estudiosos, os magos eram originalmente uma casta sacerdotal dos medas. Após sua "conversão" ao masdeísmo, eles emigraram para o ocidente do Império. Segundo Widengren (op.cit., p.136), o tratado *Videvdat* (= *Vendidad*) reflete as ideias, as crenças e as perspectivas rituais dos magos. O mesmo autor cuida que Zurvan (cf. t.II) era uma divindade adorada pelos magos (ibid., p.175s.).

Para uma apresentação nova da proto-história dos citas, ver S. P. Tolstov "Les scythes de l'Aral et le Khorezm", *Iranica Antiqua*, vol.I, 1961, p.42-92.

Sobre a ideologia tripartida entre os citas, ver G. Dumézil, *Mythe et epopée*, vol.I, p.439-575 (síntese dos trabalhos anteriores). Sobre o xamanismo dos citas, cf. Karl Meuli, "Scythica" (*Hermes*, n.70, 1935, p.121-79) e M. Eliade, *Le chamanisme* (2ª ed., 1968), p.310s.

108. Ao contrário dos *gathas* em verso de Zaratustra, o *Yasna-de-sete-capítulos* é escrito em prosa. Sobre esse texto, ver O.G. von Wesendonk, *Die religionsgeschichtliche Bedeutung des Yasna haptanhaiti* (Bonn, 1931); Nyberg, *Die Religionen d. alten Irans*, p.275s., Zaehner, *Dawn and Twilight* p.62s.; Duchesne-Guillemin, op.cit., p.215s.

Os *Yashts* foram traduzidos por H. Lommel, *Die Yästs des Awesta* (Göttingen-Leipzig, 1927). O *Hôm Yasht* foi traduzido por J.M. Unvala, *Neryosangh's Sanskrit Version of the Hom Yast (Yasna IX-XI) with the Original Avesta and its Pahlavi Version* (Viena, 1924). Em seu livro *Vayu*, vol.I (Uppsala, 1941, p.1-95), Stig Wikander fez uma tradução alemã do *Yasht* XV, seguida de um comentário histórico-religioso.

109. O *Yasht* X foi traduzido e abundantemente comentado por I. Gershevitch, *The Avestan Hymn to Mithra* (Cambridge, 1959). Cf. F.B.J. Kuiper, "Remarks on the Avestan Hymn to Mithra", IIJ, 5, 1961, p.36-60; Ugo Bianchi, SMSR, 34, 1963, p.103-19.

Ver também G. Gnoli, "La stella Sirio e l'influenza dell'astrologia caldea nell'Iran antico", SMSR, 34, 1963, p.237s.

110. Sobre o *yazata* Tistrya (personificação da estrela Sírio) e o sacrifício que lhe oferece Aúra-Masda, ver G. Gnoli, "Note sur Yasht VIII, 23-52", SMSR, 34, 1963, p.91-101.

111. As fontes utilizadas nos §§111 e 112 são redigidas, em grande parte, em pálavi. Seria inútil insistir nos problemas cronológicos ainda pendentes. O leitor encontrará uma exposição clara no livro de Duchesne-Guillemin, *La religion de l'Iran ancien*, p.40s. Uma tradução quase integral dos livros pálavis foi feita por E.W. West, *Pahlavi Texts* (Sacred Books of the East, vols.V, XVIII, XXIV, XXXVII, XLVII, Oxford, 1888-1897). A tradução está ultrapassada, mas existem traduções mais recentes do *Bundahisn*, de alguns trechos do *Denkart* e de outros livros pálavis; cf. Zaehner, *Dawn and Twilight*, p.342, e sobretudo Duchesne-Guillemin, *La religion*, p.52-3, que dá o resumo de cada obra e anota as edições e os fragmentos traduzidos. Ver também a bibliografia estabelecida por Colpe, "Altiran.-Einleitung", in *W. d. M.*, 12. Lieferung (1974), p.197s.

As crenças concernentes à pós-existência foram analisadas por Nathan Söderblom, *La vie future d'après le mazdéisme* (Paris, 1901) e J.D.C. Pavry, *The Zoroastrian Doctrine of a Future Life* (Nova York, 1926); ver uma análise recente em Widengren, *Les religions de l'Iran*, p.52s., 124s., 192s. O estudo de W. Bousset, "Die Himmelsreise der Seele" (ARW, 4, 1910, p.136-69, 229-73, reimpressão, 1960), continua indispensável.

O *Hâdôxt Nask* foi traduzido e comentado diversas vezes depois de Söderblom (*La vie future*, p.82-8). Ver, *inter alia*, Karl F. Geldner, *Die Zoroastrische Religion* (= *Religionsgeschichtliches Lesebuch*, vol.I, Tübingen, 1926), p.42-4; Carsten Colpe, *Die religionsgeschichtliche Schule* (Göttingen, 1961), p.126-9; G. Widengren, *Iranische Geisteswelt* (Baden-Baden, 1961), p.171-7. Contra as ressalvas de Carsten Colpe (*Die religionsgeschichtliche Schule*, p.121s.), G. Widengren mostrou que se trata de um texto antigo, cuja língua se aproxima daquela dos *gathas*; cf. OLZ, col.533-48; id., "Les origines du gnosticisme et l'histoire des religions" (*Le origini dello gnosticismo*, ed. Ugo Bianchi, Leiden, 1964, p.28-60), p.49s.; *Les religions de l'Iran*, p.124s. Ver também L.H. Gray, "A suggested restoration of the *Hâdôxt Nask*" (JAOS, 67, 1947, p.14-23).

A interpretação da *daena* deu lugar a controvérsias; cf. Gnoli, "Questioni sull'interpretazione...", p.361s. O termo, que acabou por designar "religião", provavelmente deriva da raiz *day-*, "ver", e deve ser aproximado do védico *dhih*, "visão"; cf. Humbach, *Die Gathas des Zarathustra*, I, p.56-8; J. Gonda, *The Vision of the Vedic Poets* (Haia, 1963), p.259-65. A significação original é solidária das concepções indo-iranianas da visão interior; cf. Gnoli, "Questioni", p.363. Em seu sentido individual, a *daena* é considerada uma faculdade ao mesmo tempo humana e divina (personificada no *páredros* de Aúra-Masda); a significação coletiva indica a soma de todas as *daenas* individuais, isto é, as *daenas* dos fiéis que compartilham as mesmas doutrinas e praticam os mesmos ritos, "um ser coletivo" espiritual, a "religião ou a 'Igreja masdeísta'" enquanto comunidade dos fiéis; cf. Gnoli, p.365.

Sobre o simbolismo iniciatório da ponte Cinvat e a significação da *daena*, ver H. Corbin, *Terre céleste et corps de résurrection* (Paris, 1960), p.68s.; M. Molé, "Daena, le pont Cinvat et l'initiation dans le mazdéisme" (RHR, 158, 1960, p.155-85).

Sobre os paralelos da ponte Cinvat, ver Eliade, *Le chamanisme*, p.375s. (A ponte e a "Travessia difícil"); cf. Duchesne-Guillemin, *Religion*, p.333s. As tradições da Idade Média ocidental são examinadas por Peter Dinzelbacher, *Die Jenseitsbrücke im Mittelalter* (Diss. Univ. Wien, n.104, Viena, 1973).

112. O mito do *vara* de Yima e do inverno catastrófico foi estudado por Söderblom, *La vie future*, p.169-82; A. Christensen, *Les types du premier homme et du premier roi dans l'histoire légendaire des Iraniens*, vol.I-II (Leiden-Uppsala, 1917-1934), vol.II, p.16s., e passim. Ver também G. Dumézil, *Mythe et epopée*, vol.II, 246s., 282s.

Para um estudo comparativo do "fim do mundo", ver A. Olrik, *Ragnarök* (trad. alemã de W. Ranisch, 1922).

Sobre as *fravashis*, ver N. Söderblom, *Les fravashis. Etude sur les traces dans le mazdéisme d'une ancienne conception sur la survivance des morts* (Paris, 1899, extraído da RHR, t.XXXIX). O termo não é atestado nos *gathas* (que falam, em compensação, na *daena*). As *fravashis* retornam à Terra nos últimos dias do ano; cf. *Yasht*, 13:49; al Bîrûnî, *Chronology of Ancient Nations* (Londres, 1879, trad. de H. Sachau), p.210; Widengren, *Religions*, p.38. A crença é arcaica e de difusão universal; cf. Eliade, *Le mythe de l'eternel retour*, p.80s.

No que tange ao aspecto guerreiro das *fravashis*, G. Dumézil ressaltou certas analogias com os Maruts; cf. "Visnu et les marut à travers la réforme zoroastrienne" (JA, 242, 1953, p.1-25), p.21s.

Mas as *fravashis* são também o "duplo" celeste dos homens do passado, do presente e do futuro (*Yasna*, 24:5); segundo algumas fontes (cf. *Yasht*, 13:82-84), os amesha spenta têm

424   *História das crenças e das ideias religiosas*

igualmente suas *fravashis*. Numa passagem do *Videvdat* (XIX, 46-48), Zaratustra ensina a evocar a *fravashi* de Aúra-Masda. Trata-se de uma concepção audaciosa e enigmática; mas, como assinala Bausani (*La Persia religiosa*, p.68), a ideia não foi aprofundada.

113. Sobre a realeza israelita, ver J. Pederson, *Israel: Its Life and Culture*, vols.I-IV (Londres-Copenhague, 1926, 1940), vols.I-II, p.41s.; G. von Rad, *Old Testament Theology*, vol.I (Nova York, 1926), p.306s.; G. Fohrer, *History of Israelite Religion* (Nashville, 1972), p.122s. (com rica bibliografia, p.122-3, 139-40); H. Ringgren, *La religion d'Israël*, p.235s. (apresentação crítica da "Escola de Uppsala"); J. de Fraine, *L'Aspect religieux de la royauté israélite* (Roma, 1954); Geo Widengren, *Sakrales Königtum im Alten Testament u. im Judentum* (Stuttgart, 1955), id., "King and Covenant", JSS, 2, 1957, p.1-32; M. Noth, "Gott, König u. Volk im Alten Testament" (= *Gesammelte Studien*, 1957, p.188-229); G. von Rad, "Das judäische Königsritual" (*Gesammelte Schriften*, 1958, p.205-213); R. de Vaux, "Le roi d'Israël, vassal de Yahvé" (*Mélanges E. Tisserant*, vol.I, 1964, p.119-33); A.R. Johnson, *Sacral Kingship in Ancient Israel* (2ª ed., 1967). Para um estudo comparativo, ver Sidney Smith, "The Practice of Kingship in Early Semitic Kingdoms", S.H. Hooke (org.) *Myth, Ritual and Kingship*, (Oxford, 1958), p.22-73; e sobretudo K.-H. Bernhardt, *Das Problem der altorientalischen Königsideologie im Alten Testament* (Leiden, 1961), e I. Seibert, *Hirt-Herde-König* (Berlim, 1969).

Sobre Davi e Salomão, ver Fohrer, op.cit., p.125s.; R.A. Carlson, *David, the Chosen King* (1965); G.W. Ahlström, "Sölomon, the Chosen One", HR, 8, 1968, p.93-110.

Sobre o simbolismo do templo de Jerusalém e a importância do culto real, ver: N. Poulssen, *König und Tempel im Glaubenszeugnis des Alten Testament* (Stuttgart, 1967); G.W. Ahlström, *Psalm 89. Eine Liturgie aus dem Ritual des leidenden Königs* (Lund, 1959); Th. A. Busink, *Der Tempel von Jerusalem. I: Der Tempel Salomos* (Leiden, 1970). Ver também J. Schreiner, *Sion-Jerusalem. Jahwes Königssitz* (Munique, 1963); F. Stolz, *Strukturen und Figuren im Kult von Jerusalem* (Berlim, 1970); E.L. Ehrlich, *Die Kultsymbolik im Alten Testament u. im nachbiblischen Judentum* (Stuttgart, 1959); H.J. Hermisson, *Sprache u. Ritus im altisraelitischen Kult* (Neukirchen-Vluyn, 1965).

114. Sobre os "Salmos da entronização", ver S. Mowinckel, *Psalmenstudien* II: *Das Thronbesteigungsfest Jahwäs u. der Ursprung der Eschatologie* (Christiania, 1922). Sobre a função cultual dos salmos, ver S. Mowinckel, *The Psalms in Israel's Worship*, S.H. Hooke I-II (Nova York-Oxford, 1962); H. Ringgren, *Faith of the Psalmist* (Filadélfia, 1963); H. Zirker, *Die Kultische Vergegenwärtigung der Vergangenheit in den Psalmen* (Bonn, 1964); C. Westermann, *The Praise of God in the Psalms* (Richmond, 1965). Cf. também O. Keel, *Feinde und Gottesleugner. Studien zum Image des Widersacher in den Individualpsalmen* (Stuttgart, 1969).

Sobre Javé enquanto "Deus vivo", ver G. von Rad, *Old Testament Theology*, S.H. Hooke I, p.306s.; O. Eissfeldt, *The Old Testament*, p.102s.; H. Ringgren, *La religion d'Israël*, p.99s.; G. Fohrer, op.cit., p.164s. Cf. também H. Ringgren, *World and Wisdom: Studies in the Hypostatization of Divine Qualities in the Ancient Near East* (Lund, 1947). Sobre as concepções israelitas do ser vivo e do "sopro-espírito", ver Daniel Lys, *Rûach* (Paris, 1962).

Sobre a ideia da ressurreição, ver: H. Riesenfeld, *The Ressurrection in Ezekiel XXXVII and in the Dura-Europos Paintings* (Uppsala, 1948); Widengren, *Sakrales Königtum*, p.45s.

Estado das questões: bibliografia crítica

115. O livro de Jó é constituído de um prólogo e de um epílogo em prosa, e de uma parte central em verso, que compreende os diálogos de Jó e de seus amigos. Existe certa divergência entre as partes em verso e as partes em prosa.

Da enorme literatura sobre Jó destaquemos: O. Eissfeldt, *The Old Testament*, p.454s., 764s. (bibliografia); G. Fohrer, *Studien zum Buche Hiob* (1963); S. Terrien, *Job* (Neuchâtel, 1963); J. Pedersen, "Scepticisme israélite", RH Ph R, 10, 1930, p.317-70; P.Humbert, "Le modernisme de Job", VT, sup.3, 1955, 150-61; H.H. Rowley, "The Book of Job and Its Meaning (= *From Moses to Qumran*, 1963, p.141-83).

116. Sobre Elias, ver G. von Rad, *Old Testament Theology*, II, p.14-31; G. Fohrer, *History of Israelite Religion*, p.230s. (nota 15, bibliografia); L. Bronner, *The Stories of Elijah and Elisha as Polemics against Baal Worship* (1968) e os dois volumes dos *Etudes Carmélitaines: Elie le Prophète*. I: *Selon les Ecritures et les traditions chrétiennes*; II: *Au Carmel, dans le Judaïsme et l'Islam* (Paris, 1956). Cf. sobretudo P.Marie-Joseph Stiassny, "Le prophète Elie dans le judaïsme", vol.II, p.199-255.

Sobre os profetas cultuais, ver: A. Haldar, *Associations of Cult Prophets among the Ancient Semites* (Uppsala, 1945); H.H. Rowley, *Worship in Ancient Israel*, p.144-75; J. Jeremias, *Kultprophetie u. Gerichtsverkündigung in der späteren Königzeit Israels* (Newkirchen-Vluyn, 1970).

Sobre as relações entre os reis e os profetas cultuais, ver J. Pederson, *Israel*, vols.I-II, p.124s.; F.M. Cross, *Canaanite Myth and Hebrew Epic*, p.217s., 237s.

A literatura recente sobre o profetismo veterotestamentário é analisada nos estudos de H.H. Rowley, "The nature of Old Testament prophecy in the light of recent study" (*Harvard Theological Review*, n.38, 1945, p.1-38) e G. Fohrer, "Neuere Literatur zur Alttestamentlichen Prophetie" (*Theologische Rundschau*, 1951, p.277-346; 1952, p.192-7; 295-361); id., "Zehn Jahre Literatur zur alttestamentlichen Prophetie" (ibid., 1962, p.1-75; 235-97; 301-74). Para uma exposição sucinta, ver G. von Rad, *Theology*, vol.II, p.50s.; Fohrer, *History of Israelite Religion*, p.230s. Cf. também S. Mowinckel, "The 'Spirit' and the 'Word' in the Pre-Exilic Reforming Prophets" (*Journal of Biblical Literature*, n.53, 1934, p.199-227); André Neher, *L'essence du prophétisme* (Paris, 1955), p.85-178 (os limites hebraicos da profecia), 179-350 (a profecia vivida); Claude Tresmontant, *La doctrine morale des prophètes d'Israël* (Paris, 1958).

Sobre a significação simbólica dos atos executados pelos profetas, ver G. Fohrer, *Die symbolischen Handlungen der Propheten* (2ª ed., 1968).

117. Sobre Amós e Oseias, ver G. von Rad, II, p.129-46; Ringgren, *Histoire*, p.278s.; Fohrer, *History of Israelite Religion*, p.243-61; H.S. Nyberg, *Studien zum Hoseabuche* (Uppsala, 1935); A. Caquot, "Osée et la royauté" (RH Ph R, 41, 1961, p.123-46); E. Jacob, "L'Héritage cananéen dans le livre du prophète Osée" (RH Ph R, 43, 1963, p.250-59).

118. Sobre Isaías, ver O. Eissfeldt, *The Old Testament* p.303-46 (p.303-4, bibliografia); G. von Rad, II, p.147-69; Fohrer, *History...*, p.251-7. Cf. também S.H. Blank, *Prophetic Faith in Isaiah* (1958). Miqueias de Morehet, contemporâneo mais jovem de Isaías, pregou provavelmente entre 725 e 711. Seus oito discursos encontram-se nos três primeiros capítulos de seu livro. Alguns fragmentos (1:16; 2:4-5; 10, 12-14), assim como outras seções, são acréscimos pós-exílicos. Miqueias não se interessa pela política internacional, mas ataca as iniquidades sociais e a depravação moral de Judá. A punição não tardará. O país será devastado (5:10; 6:16) e "Sião será arada como um campo, Jerusalém se tornará um lugar de ruínas, e a montanha do templo, um cerco de brenhas" (3:12). Nos acréscimos pós-exílicos encontra-se um trecho messiânico: de Belém "nascerá aquele que deve reinar sobre Israel"; então Assur será vencido e o rei "estenderá seu poder até os confins da Terra. E ele será a paz" (5:1-5). Ver Fohrer, *History*, p.257, nota 20 (bibliografia sobre Miqueias).

No último terço do século VII três "pequenos profetas" exercem sua função: Sofonias, Habacuque e Naum. O primeiro merece atenção pelo vigor com que anuncia a iminência do "dia de Javé": "Está próximo o grande dia de Javé! ... Ele está próximo, iminente! ... Um dia de ira, aquele dia! Dia de angústia e de tribulação, dia de devastação e de destruição" etc. (1:14s.).

119. Sobre Jeremias, ver G. von Rad, II, p.188-99, Eissfeldt, p.346-64, 717-8 (com rica bibliografia); Fohrer, *History...*, p.188-99.

120. Sobre Ezequiel, ver G. von Rad, II, p.220-37; Eissfeldt, p.365-81 (rica bibliografia, p.365-9, 758); G. Fohrer, *Die Hauptprobleme des Buches Ezechiel* (1952); id., *History...*, p.316-21. Ver também J. Steinmann, *Le prophète Ezéchiel et les débuts de l'exil* (1953); T. Chary, *Les prophètes et le culte à partir de l'exil* (1955).

121. Sobre o conceito do "Dia de Javé", ver G. von Rad, "The Origin of the Concept of the Day of Yahweh" (JSS, 4, 1959, p.97-108); id., *Old Testament Theology*, II, p.119-25.

Sobre o rei do futuro, o messias, ver S. Mowinckel, *He That Cometh* (Nova York, 1954), p.96s., 155s.

Sobre a valorização religiosa da história entre os profetas, cf. M. Eliade, *Le mythe de l'eternel retour* (nova edição), p.122s.

122. A história das interpretações de Dioniso constituiu o objeto de uma tese de doutorado ainda inédita: Mark McGinty, *Approaches to Dionysos: A Study of the Methodological Presuppositions in the Various Theories of Greek Religion as Illustrated in the Study of Dionysos* (711 páginas, Universidade de Chicago, dezembro de 1972). O autor discute as interpretações de Friedrick Nietzsche (*Die Geburt der Tragödie*, 1871), Erwin Rohde (*Psyche*, 1894; trad. francesa, Payot, 1928), Jane Harrison (*Prolegomena*, 1901; *Themis*, 1912), Martin P. Nilsson (sobretudo *Geschichte d. griechische Religion*, vol.I, p.571s., *The Mynoan-Mycenian Religion*, 1927; 2ª ed., 1950), Walter Otto (*Dionysos*, 1933; utilizamos a tradução inglesa de R.B. Palmer, Bloomington e Londres, 1965), E. R. Dodds (*The Greeks and the Irrational*, 1951) e W.K. Guthrie. Em francês existe a admirável obra de H. Jeanmaire, *Dionysos: Histoire du culte de Bacchus* (Payot, 1951), com rica bibliografia (p.483-504).

Sobre a etimologia de Sêmele, cf. P.Kretschmer, *Aus der Anomia* (1890), p.17s. Kretschmer ligou o vocábulo traco-frígio Semelô, atestado nas inscrições funerárias frígias da época imperial e que designam a deusa Terra, ao eslavo *zemljia*, "Terra" e Zemyna, o nome lituano da deusa ctoniana. A etimologia foi aceita por Nilsson, *Myn.-Mycenian Rel.*, p.567, e Wilamowitz, Der *Glaube d. Hellenen*, II, p.60, e rejeitada, entre outros, por Otto, *Dionysos*, p.69s.

De um século para cá os estudiosos tentaram explicar a "perseguição" de Dioniso pela história da penetração de seu culto na Grécia; implicitamente, o deus era conside-

Estado das questões: bibliografia crítica

rado como "estrangeiro", vindo da Trácia (por exemplo, Rohde) ou da Frígia (por exemplo, Nilsson). Depois da descoberta de seu nome nas inscrições micênicas, vários autores passaram a defender a origem cretense de Dioniso; ver Karl Kerényi, "Die Herkunft der Dionysosreligion nach dem heutigen Stand der Forschung" (*Arbeitsgemeinschaft für Forschung des Landes Nordrhein Westfalen*, Colônia, 1956), p.6s.; id., *Der Frühe Dionysos* (1960); cf. as notas de Pestalozza, "Motivi matriarcali in Etolia ed Epiro" (*Rendiconti Ist. Lomb. di Scienze e Lettere*, Milão, vol.87, 1957, p.583-622, estudo republicado em *Nuovi saggi di religione mediterranea*, Florença, 1964, p.257-95), p.272-3, nota 3. Ver também T.B.L. Webster, "Some thoughts on the prehistory of Greek drama" (*Bull, of the Inst. of Classical Studies*, Univ. de Londres, n.5, 1958, p.43-8); G. van Hoorn, "Dionysos et Ariadne" (*Mnemosyne*, n.12, 1959, p.193-7) e, sobretudo, J. Puhvel, "Eleuther and Oinoâtis", E.L. Bennett, Jr. (org.), *Mycenian Studies*, (Madison, 1964), p.161-70.

123. As festas em honra de Dioniso são analisadas por Jeanmaire, op.cit., p.25s., 484s. (bibliografia). Ver também (sobre as leneias) M.P. Nilsson, *Griechische Feste* (Leipzig, 1906), p.275s.; L. Deubner, *Attische Feste* (Berlim, 1932), p.125s. Sobre as antestérias, ver Jeanmaire, p.48-56 e 486 (bibliografia).

Sobre a função religiosa dos concursos e dos combates rituais, cf. Eliade, *La nostalgie des origines*, p.315s.

Sobre o tema mítico-ritual do retorno periódico dos mortos, cf. Eliade, *Méphistophélès et l'Androgyne*, p.155s.; V. Lanternari, *La grande festa* (Milão, 1959), p.411s.

124. E.R. Dodds analisou, num ângulo comparativo, alguns traços especificamente dionisíacos descritos em *As bacantes* (a oríbase [ὀσεβασία], isto é, a excursão "à montanha", as danças frenéticas, o menadismo, o ataque das aldeias), mostrando que se trata de ritos e de costumes atestados por toda a Grécia, antes e depois de Eurípides; cf. "Maenadism in the *Bacchae*", *Harvard Theological Review*, n.33, 1940, p.155-76. Jeanmaire continuou a pesquisa fora dos limites da Grécia: cf. *Dionysos*, p.119s. (o *zar* e o *buri*, na África do Norte, Arábia e Abissínia). Na Grécia, conhecem-se exemplos de *manía* provocada por outros deuses; cf. Jeanmaire, op.cit., p.109s. Farnell reuniu as menções de sacrifícios humanos e de canibalismo ritual; cf. *Cults*, vol.V, p.167-71. Sobre o coribantismo, ver Jeanmaire, op.cit., p.123s. e o estudo comparativo de Ernesto de Martino, *La terra del rimorso* (Milão, 1961), p.220s. Para uma interpretação ritual do episódio de Penteu, ver Clara Gallini, "Il travestismo rituale di Penteo", SMSR, 34, 1967, p.211s.

Os ritos do despedaçamento (*sparagmós*) e do consumo de carne crua (*ômophagía*) caracterizam a seita muçulmana dos aissaua (isâwîya); ver R. Eissler, "Nachleben dionysischen Mysterienritus", ARW, 1928, p.172-83, que foi o primeiro a utilizar o livro de René Brunel, *Essai sur la confrérie religieuse des aissäoua au Maroc* (Paris, 1926); cf. também Eissler, *Man into Wolf* (Londes, 1951), p.112s.; Jeanmaire, op.cit., p.259s.

Sobre a sobrevivência do sacrifício do touro na Trácia, ver C.A. Romaios, *Cultes populaires de la Thrace* (Atenas, 1949), p.50s.

125. Examinaremos novamente o mistério dionisíaco no capítulo dedicado às religiões na época helenística (vol.II). Certas significações do mito do desmembramento da criança Dioniso-Zagreu serão discutidas no capítulo sobre o orfismo (vol.II).

Sobre os brinquedos com os quais os titãs atraíram a criança Dioniso-Zagreu, ver Jane Harrison, *Themis*, p.61s.; R. Pettazzoni, *I misteri* (Bolonha, 1924), p.19s.; Jeanmaire,

Dionysos, p.383 (a propósito do papiro de Fayoum). Convém precisar que alguns incidentes desse episódio refletem ideias e crenças arcaicas: um dos brinquedos, principalmente a carrapeta, é utilizado nos ritos de puberdade dos primitivos (cf. Eliade, *Naissances mystiques*, p.56s.; O. Zerries, *Das Schwirrholz*, Stuttgart, 1942, p.84s., 188s.); o uso de cobrir o próprio rosto com gesso (Harrison, *Prolegomena*, p.491s.; Pettazzoni, *La religion dans la Grèce antique*, p.120s.) é atestado em muitas sociedades secretas primitivas.

Walter Otto (*Dionysos*, p.191s.) mostrou que muitas informações contidas em obras relativamente tardias derivam de fontes mais antigas.

Sobre o "problema" atribuído a Aristóteles, ver L. Moulinier, *Orphée et l'orphisme à l'époque classique* (Paris, 1955), p.51s.

Os mistérios de Dioniso deram lugar a uma longa controvérsia. Retornaremos a esse problema no segundo volume desta obra. Ver, por enquanto, P. Boyancé, "L'Antre dans les mystères de Dionysos" (*Rendiconti della Pontificia Accademia di Archeologia*, n.33, 1962, p.107-27); R. Turcan, "Du nouveau sur l'initiation dionysiaque" (*Latomus*, n.24, 1965, p.101-19); P. Boyancé, "Dionysiaca. A propos d'une étude récente sur l'initiation dionysiaque" (*Revue des Etudes Anciennes*, n.68, 1966, p.33-60).

Índice remissivo

Abel, 166

Abraão, "pai da fé", §57, 173

acadiana, religião, 76

acheuliano, 34

âdâm, 164

Adão, 165

Aditi, a "não ligada", 199

Adityas, 109

adivinhação, 77; babilônica, 88, 369-70 n24

Afrodite, 269-70, 412

Agni, §69

agnicayana, 212

agnihotra, 211s.

agnistoma, 211

agricultura, descoberta da, 41, 48; a mulher e a, 50-1

agriônias, 340

Ahuranis, as "boas esposas" de Aúra, 306

aîsa, 249-50, 407 n87

Akhenaton, §32

Akitu, 70, 81-3, 368 n32

Alalu, 147s.

"aldeia" paleolítica, em Mal'ta, 32-3

além-mundo (outro mundo), no Egito, 99-100

alma, sobrevivência da, 45-6; em Creta, 138

Amarna, revolução de, §32, 375 n32

Amesha Spenta, 299, 302, 305s., 310, 312, 419 n103

Amon, solarização de, 109-110

Amós, 326-7, 425 n117

An, 66-7, 71

Angra Mainyu, 295s., 311s.

ano-novo, encenação mítico-ritual do, 51-2; a festa do, 69, 71-2, 81-2 (Mesopotâmia), 99 (Egito), 144-6 (hititas), §106 (Irã), 159 (Ugarit); *ver também Nawroz*

antepassados, sua "transmutação" em pedra, 122

antestérias, festas de Dioniso, 341s.

antropomorfismo de Javé, 177-8

Anu, 77-9, 147-8, 154

Anúbis, 114

'Apiru, 170-1

Apófis, 98

Apolo, §42, §89-91, 241, 409 n89

Apsu, §21

aquemênidas, religião dos, §105

Aranyaka, 224

Arará (monte), 168

arca da Aliança, 179

Ares, 410-11

Aretê, 250-1

arianos *ver* árias

árias, penetração na Índia, §64, 394-5; simbiose com os aborígines, 192s.

armas, valores mágico-religiosos das, 20

arte paleolítica, 29-33

arte rupestre, da Espanha oriental, 42-4, 356 n5

Ártemis, §93, 241, 257, 411

árvore da vida, 165

árvore do mundo, símbolo do Universo, 52

Aryaman, 199

ascensão, do faraó, §28; dos xamãs, 37

ascese védica, §79

ascetas (na Índia antiga), 402 n79

asherah, 180
Asherat, 152s.
askôliasmós, 342
Assur, 76
astrologia, 77-8, 79, 88
asuras, §65
asvamedha, §73, 399 n73
Atena, §42, §94, 241, 411 n94, 412
atman, 232s.; a totalidade dos atos rituais constitui o, 222-3; identificado com Brahman, §82, 222-3, 232s.
Aton, 110-2
Atum, 95s., 100s., 113
Aúra-Masda, §102, 301s., 307s., 312s.; e o sacrifício escatológico, §110
australianos, antepassados míticos dos, 44
Avesta, §100
avidya, 230s.
axis mundi, 58, 136

Baal, na mitologia ugarítica, §49-51; associado a Javé, 179-80s., 425-7
Babel, 168-9
Babilônia, deportação dos judeus para, 332s.
bacantes, As, §124, 427 n124
Bakkheía, pequenas tiases dionisíacas, 347s.
basar (carne), 321
bebida da "não morte" (*soma*), §70
bêth-el, 172
Bhaga, 199
Brahman, 211s., 222s., 401 n77; identificado com o *skambha*, 223; as duas modalidades de, 403-4; *ver também atman*
Bramanas, doutrina do sacrifício nos, §76
Bufonias, 406-7

cabeça, sede da alma, 45
cabiros, 285-6
Cabrerets, grutas de, 29
caça, solidariedade mística com a, 18-9
caçadores paleolíticos, a herança dos, 46-7
caçadores, comportamento religioso dos, 21-2
Caim e Abel, §54

"Campos das Oferendas", 100-1
"Campos dos Caniços", 101
Canaã, instalação dos israelitas em, 391-2
cananeus, religião dos, §48-52
Canto do harpista, 106s.
caos, as ameaças do, 69-70
carnívoros, os homínidas tornam-se, 18
casal divino, egípcio, 95
Cascioarele, o templo de 58,
Çatal Hüyük, 55
celtas, distribuem a sociedade em três classes, 189-90
centro do mundo, simbolismo do, 37, 52s., 88, 94-5, 123
centros cerimoniais, §35
Céu, sacralidade do, 37
Chapelle-aux-Saints, 23
Chu-ku-tien, 18, 22, 23, 27
ciclo cósmico, 52-3
cidades babilônicas, seus modelos celestes, 70
Cinvat, 297, 312, 423
Ciro, sua iniciação, 302-3
citas, religião dos, 305-6, 422
Civa, *ver* Xiva
civilização arcaica europeia ("Old European Civilization"), 58
Código da Aliança, 178, 390 n59
combate, do herói contra o dragão (Irã), 303-4
"confissão negativa" (Egito), 115
conflitos entre gerações divinas, §47
conhecimento, valor do (nos Upanixades), 230
continuidade dos rituais agrários, 60
corrente de ouro, o mito da, 242-3, 405
cosmogonias: mesopotâmica, §21, 367; egípcia, §26; sumeriana, 67-8; indiana, §75, 400; no Gênese; 163s.; do Rig Veda, 218s.; no hino X, 280
crânios, conservação dos, 22-3; culto dos, 55
Creta, religiões pré-helênicas de, §40-2, 380-1
Criação do homem (Suméria), 364
Cronos, 238s., 243s., 406 n85
culto, celebrado pelo faraó, 98-9
curetes, §40, 241

Índice remissivo 431

dáctilos, 133
daena, 311s., 423
daevas, 310-11; demonização dos, 301, 420-1
daksina, 211, 213, 399
deiwos, "Céu", "deus", 186
Delfos, §42, 259s., 409-10
Deméter, origens em Creta, 138; e os mistérios de Elêusis, §96, 417 n99
Demofonte, 277s.
"democratização" da vida *post mortem* (Egito), 105s.
depósitos de ossadas, controvérsia em torno dos, 26s., 356
descida aos Infernos, da deusa sumeriana Inanna, 72-4
destino, concepção mesopotâmica do, 86-9; na Grécia antiga, §87
Deucalião, 248s.
Deus (visto por Moisés), §59
deus da tempestade, hitita; seu combate com o dragão, §45
deusas, na Anatólia pré-histórica, 55s.; na Creta minoica, 135s.; e megálitos, 123s.
"deus do pai", 171
deuses gregos em Creta, 137-8
devas, §65; e asuras, 395 n65
díkê, 250, 407-8
diksa, §74, 400 n74
Dilmun, 68, 71
dilúvio, mitos mesopotâmicos do, §18, 365; bíblico 167-8s., 388
"dionisíacas campestres", 341
Dioniso, §122s.; desaparecimento e ocultação, 339s. mistérios de, 427-8; Dioniso-Zagreu, 348s.
dithúrambos, 352
divindade do faraó, 371
"documentos-testemunhos" dos Paleantropídeos, 19s.
dólmen, 119s.
domesticação: dos animais, 44; das plantas alimentares, 47s., 360
domínio do tempo, 61-3
Drachenloch, 26, 27
dragão, Yam o, §49

"dualismo", da teologia zoroastriana, 295s.
"duas vezes nascido", 214s.
Dumuzi-Tammuz, 70, 72-5, 365
Dyaus, 186, 194s.

Ea, §21, 77
Éden e os mitos paradisíacos, 388 n54
éfodes, 180
El, chefe do panteão ugarítico, 152s.; associado a Javé, 180s.
Elêusis, §42
Elêusis, mistérios de, §96-7; 413-4
Elias, 324s., 425 n116
Eliseu, 324s.
emergência da Terra, 94s.
En-ki, 67-9, 76
Enkidu, §23
En-lil, 67-8, 71, 76-7
enthousiasmós, 346s., 351
Enuma elish, 14, §21, 150, 163, 367, 384
Epopeia de Gilgamesh, 168s.
epopteía, §98
Ereshkigal, 72-6
erínias, 409
espaço, organizado em volta do corpo humano, 17; valorização religiosa do, 52-4
estatuetas humanas, na Mesopotâmia, 57; femininas, 358
Eu (*atman*), 222s.
Eurípides, e *As bacantes*, §124
"Eu sou aquele que sou...", §59
Eva, tentação de, 165-6
existência *post mortem* (Egito), 99s.
Êxodo, a saída do Egito, §58
experiência extática, ocasionada pela absorção do *soma*, 192s.
exstispicium, 88
êxtase, apolíneo, 260s; xamânico (Zaratustra), §102
extáticos, no Veda, §79
Ezequiel, 28, 74, §120

faraó, deus-encarnado, §27-8, 373
ferramentas, para fazer ferramentas, 17-8
ferreiros, 62; divinos, 62, 154

432 *História das crenças e das ideias religiosas*

Ferro, mitologia da Idade do, 60-2
fertilidade, solidária da fecundidade
 feminina, 50-1
"festival do urso", entre os gilyaks e os
 ainos, 28
flechas, corrente das, 20
fogo, domesticação do, 18, 20; domínio
 do, 20; na Índia védica, 201s.
frasa, 302
fravashis, 309, 314, 433-4
função ritual, dos sinais e das figuras
 paleolíticas, 35s.
furor, 191

Gaia, §47
gathas, 289s.
Geia, 238s.
gephurismoí, 281 n, 415
Geshtinanna, 73
Gilgamesh, e a busca da imortalidade,
 §23, 368-9
grande deusa, nas religiões da Índia
 pré-ariana, 130s.
"grande mágico", da gruta dos Três
 Irmãos, 30
grutas sagradas, em Creta, §40
grutas, depósitos de ossadas nas, 26s.;
 consideradas como santuários, 29s.
Gudea, 70

habitação, simbolismo religioso da, 52s.
Hacilar, 55s.
Hâdôxt Nask, 311s., 423
Haghia Triada, sarcófago de, 136
Hainuwele, mito de, 49-50
Hamurabi, 76
haoma, 296, 420; é rico em *xvarenah*,
 300; o culto do, §108
Haoma, 308
Harapa, cultura e religião de, §38-9, 379
Hathor, 96
Hefesto, 255s., 265, 408
Hepat, 143
Hera, §12, §42, §93, 241s., 411
Hermes, §45, §92, 410 n92
heróis gregos, §95, 412; associados às
 iniciações e aos mistérios, 272-3;

despojos enterrados no interior da
 cidade, 273
Héstia, 411
hicsos, 92, 108
hiperbóreos, 409
Hiranyagarbha, o "Embrião de Ouro", 217
história, valorização da, pelos profetas, 336
hititas, religião dos, §43-7, 381-2
homem, "escravo" ou "servo" de Javé, 321s.
homens, Criação dos, 68-9, 79-80, 95-6;
 colocados em substituição às vítimas
 animais, 18-9 n; destruição dos (Índia
 antiga), 219-20
homologação, sacrifício, ascese,
 inteligência, 225-6
homologia, macrocosmo-microcosmo
 (Mesopotâmia), 88
Horus, §29
húbris, dos heróis gregos, 275, 408
Huwawa, 84

Iásion, 138
idades, mito hesiódico das cinco, 244s.,
 406
identidade *atman*-Brahman, §81
ideologia tripartida indo-europeia, §63
"ídolo", mesolítico, 42
ignorância, nos Upanixades, 230s.
Illuyanka, o dragão, §45, 383
Ilitíia, 133
"iluminação" interior, no masdeísmo,
 299s.
imago mundi, 59, 70, 88; a habitação
 considerada como uma, 53
Inanna, 70, 72-5, 365
Indara, 189
Índia proto-histórica, religião da, §38-9
indianos védicos, 192s.
Indo, civilização pré-histórica do, §38-9,
 379-80
indo-europeus, proto-história dos, §61;
 ideologia tripartite dos, §63, 393 n63;
 mitologia dos, 86s., 393; história dos
 estudos, 392 n61; vocabulário religioso
 comum dos, §60
Indra, §68, 194-5, 396-7; mito central de,
 199s.

Índice remissivo 433

Infernos *ver* Descida aos Infernos
iniciação, malograda de Gilgamesh, §23;
na Índia védica, 214s.; nos mistérios de
Elêusis, §97
inumação, 23s.
inutilidade da existência (Mesopotâmia),
87-8
Ipu-wer, 105
Isaac, sacrifício de, 172s.
Isaías, §118, 425 n118
Ishtar, 74, 76, 84; *ver também* Inanna
Ísis, §29
Israel, esperança na redenção de, 334s.,
história antiga de, 387 n53

Javé, 167s.; e Baal, 160; exaltado como rei,
320s.; e juiz, 320; suas intervenções na
história, 329s.
Jeremias, §119, 426 n119
Jericó, cultura de, 54-5, 362 n13
Jerusalém, a queda de, 331s.
Jó, §115, 425 n115
juízes, religião sob os, §60
julgamento da alma (Egito), 114-6
Júpiter Doliqueno, 142

karman, 222-3, 229s.
katharmós, 347
Kêres, 343
khnm, sacerdotes (em Ugarit), 159
Kingu, 78-80
kogi, simbolismo religioso dos, 25
kukeôn, 415
Kumarbi, e a teogonia hurrita-hitita, §46,
383 n46

labirinto, 133s.
lábrus, 133
Lamga, os dois deuses, 69
Lascaux, os afrescos de, 30-1
lecanomancia, 88
leneias, festa de Dioniso, 341
Leto, 241, 257
lîlâ, o "jogo" divino, 203
linguagem, valorização mágico-religiosa
da, 37-8
Litania de Ré, 113-4

literatura sapiencial, 87 (babilônica), 369
n24
Livro dos mortos (egípcio), 113-6, 375 n33,
376
Livros das pirâmides, 100s.; *dos
sarcófagos*, 104s., 114
luz interior, §81, 404

Ma'at, 97s., 106, 108, 111, 115-6
machado de dois gumes, simbolismo do,
136
maga, o estado de, 300
"mágicos", Varuna, 194s.
magos, os, 304-5, 421 n107
mahavrata, 211
Mal'ta, 32
Malta, religião pré-histórica de, 123s.
manía, 346s., 351-2
Männerbünde, pré-históricos, 36, 47
Marduk, §21-2, 76, 77, 87-8, 150
masculino/feminino *ver* polaridade
Mas-d'Azil, 23
massebah, 171-2, 180
maya, 196s., 234-5
Me, os "decretos" que asseguram a ordem
cósmica, 69
Mecone, 246s.
megalíticas, culturas, §37; religiões, 124s.
megálitos, §34-7; constituem centros
cerimoniais, 35; origem dos, 124s.,
416-8
mênades, 344s., 427
Menés, 92-3, 99
menires, "substitutos dos corpos", 121-2
Meri-ka-ré, 105s.
mesolítico, práticas religiosas do, 41-6
Messias, 426
metais, descoberta dos, 363 n15
metalurgia, contexto religioso da, §15
mêtis (atributo de Atena), 268
Métis, 240, 405 n84
Mihr Yasht, 307s.
Min, festa de, 99
Minos, 133
mistérios: do nascimento, da morte e do
renascimento, 51; gregos, §98, 413-7; *ver
também* Elêusis

Mithra, 149; exaltação de, §109
mitos cosmogônicos, 37; modelo
  exemplar da "construção" do *atman*,
  222-3; *ver também* cosmogonias
mitos de origem, da agricultura, 49-50
Mitra, §74
Mitra-Varuna, 189s.
modelos exemplares (Egito), 97s.
Mohenjo-daro, cultura e religião de,
  §38-9
moîra, 249s., 407 n87
Moisés, §58, 390s.
moksha, 230s.
monte Carmelo, 23
monte Circeu, 22
morte: e retorno à vida de Baal, §51;
  valorização egípcia da, 103s.; ritual, na
  Índia antiga, 215s.; dos heróis gregos,
  272s.
mortos, culto dos (megalitismo), 119s.
Môt, §51, 153, 386 n51
mulher: e a agricultura, 50; sacralidade
  da, 51
muni, 227s., 402 n79

nâbi, *nâbîim*, 181
Nammu, 67, 69
nam-tar, 69
Nasatya, 189
nascimento, de ordem mística, na Índia
  antiga, 213-4
natufianos, os, 44-5
natureza, dessacralização da, pelos
  profetas, 335
Nawroz, 303
neolíticas, religiões, do Oriente Próximo,
  54-7
Nergal, 76
Nin-gur-sag, 68
Noé, 168s.
notação do tempo, entre os paleolíticos,
  33s.
Nut, 104 n

Obeid, a cultura de, 56-7
ocra vermelha, 20, 23, 24
'olah, 180

Olímpia, §42
ômophagía, 345s., 427
opacidade semântica dos documentos
  pré-históricos, 27s.
oráculos, §90
ordem (direito, justiça), concepção
  egípcia de, 97s.
Orfeu, e os mistérios dionisíacos, 350s.
orientatio, 17
Oseias, 327-8, 425 n17
Osíris, §29; associado a Ré, §33, 373 n29
ossadas, 20s., 26s.
ossos, renascer a partir dos, 28

palácio, de Baal, §50; centro cerimonial
  (Creta minoica), 135s.
palácio-templo, simbolismo cosmológico
  do, 386
paleantropídeos, comportamento
  mágico-religioso dos, 17s.
paleocultivadores, 48s.
Palestina, religião neolítica da, 55s.; pré-
  história da, 266 n48, 359 n9
panteão, dos indo-europeus, §62; védico,
  193s.
paraíso (iraniano), 311s.; perdido (no
  Gênese), §54
paralelos etnográficos, 34-5
Páscoa, celebração da, 176
patriarcas, religião dos, §56
pecado (Israel), 321-2
pedras fertilizantes, 122
perfeição dos primeiros tempos (Egito),
  93s.
Perséfone, e os mistérios de Elêusis, §96
"perseguição", de Dioniso, 339s.
Persépolis, capital sagrada, 303, 421 n106
Petershoehle, 26-7
petra genitrix, 149
pinturas rupestres, 29-31
pítia, 260s.
polaridade masculino-feminino, na arte
  paleolítica, 32s.
ponte, atravessada após a morte (Irã),
  311s.
pós-existência, concepções indianas
  sobre a, 403 n81; iranianas, 422

Índice remissivo

Posídon, 240, 254s., 408
Prajapati, 220s.; identificação com
  Prajapati pelo sacrifício, §77, 401 n76
prakrti, 235
práticas funerárias, dos paleolíticos, 354
  n3s.
pravargya, 399
pré-história, religiões da, 354 n2s.
"Primeira Vez", época da perfeição
  absoluta, 93s.
"primeiros tempos", bem-aventurança
  dos, na religião sumeriana, 67-8
profetas, 181; em Ugarit, 159-60
profetas, em Israel, §116s.; das escrituras,
  324s., 425-6
profetismo, no Oriente Próximo antigo e
  entre os israelitas, 391, 425
Prometeu, 245s., 406
Ptá e a "teologia menfita", 95-6, 114, 116
purificação, §90
purulli, festa hitita do ano-novo, 144, 146
Purusa, 217-8, 219s.; nos Upanixades, 231s.
purusamedha, §73, 400
Purusasûkta, cosmogonia no, 217

raças, o mito das primeiras raças na
  Grécia, §85
Radamanto, 138
rajasuya, 215-6, 400
Ré, 95s., 100s.; associado a Osíris, §33
realeza, sumeriana, "descida do Céu",
  70-1; em Israel, §113, 424 n113
rei hitita, papel religioso do, 143-4
rei universal, *Varuna*, 194s.
religiosidade dos homens pré-históricos, 19
renovação escatológica (Irã), 298s., 313-4,
  420
renovação periódica do mundo, 52s.
ressurreição do corpo, no masdeísmo, §112
revelação, concentrada no Decálogo, 177-8
rishis, §80.
ritos dionisíacos, seu caráter iniciatório,
  350s.
rituais védicos, §72, 399 n72
rô'êh, os videntes, 180-1
rocha, fecundação por um ser sobre-
  humano, 149

rta, 196s.
rûah ("espírito"), 320-1
Rudra-Xiva, na época védica, §71

Sabázio, 286, 347s.
sacrifício: védico, §72; nos Bramanas,
  §76; identificação com Prajapati
  pelo, §77; na Grécia, §86, 406-7; em
  Ugarit, 159-60; o sacrifício bramânico
  repete a Criação, 221-2; assimilado
  à ascese (*tapas*), 225-6; escatológico
  (no masdeísmo), 310s.; criticado pelos
  profetas, 326s., 334s.
"sagrado", termos indo-europeus que
  designam o, 187-8
sagração do rei, na Índia védica, 215-6
salmos da entronização, §114, 424 n114
Salomão, 319
samsara, 230s.
santuários, em Çatal Hüyük, 56
Saoshyant, 298, 304, 310, 313-4
sed, a festa de, 99
segredos, do ofício, 36; e mistérios, §99
segundo nascimento, na Índia védica,
  211s.
seixos pintados, 43
Sêmele, 338s.
senhor das feras, 21, 26-7, 43
"senhora das feras" (*pótnia therôn*), em
  Creta, 134s.
separação dos sexos, 32, 36
sepulturas, significações religiosas das,
  22s.; natufianas, 44-5
ser supremo, 26-7
serpente primitiva, primeira e última
  imagem do deus Atum, 95; deuses
  assimilados à, 197-8
Seth, §29
Shamash, 76-7
sheol, 321
Siduri, 85
simbolismo, da arte paleolítica, 32s.
Sin, 76
sincretismo religioso, em Israel, §60, §113
Síria, religião neolítica da, 55s.
skambha, pilar cósmico, 217s., 223
Skoteino, gruta de, 138

soberania divina, entre os indo-europeus, 189s.

soberano mesopotâmico, a sacralidade do, §22

sobrevivência, crença na, entre os paleolíticos, 23s.

"solarização", teologia e política da, §31

Soma, §78, sacrifícios do, 211s., 398 n70

sparagmós, 345-6, 427

Spenta Mainyu, 295s.

Stellmoor, 41-2

Stonehenge, 119, 122-3, 377 n35

sumeriana, religião, §16-9, 363-5

Tammuz, 74-5; *ver também* Dumuzi

tapas, §78, 402 n78

tehôm, 163

teletaí, §97

Telipinu, §44

Tell Halaf, a cultura de, 56s.

templo: circular, 52; de Jerusalém, 319, 424; futuro, 334-5

templos monumentais, na época de Obeid, 56-7; em Cascioarele, 58-9; na península balcânica, 59

tempo cíclico (Índia), 221s.

Tenda do Encontro, 179

teofania, de Javé no deserto do Sinai, 179s.

teogonia: egípcia, §26; grega, §83; fenícia, 149

Tep zepi ver "Primeira Vez"

teraphim, 180

"terror da história", valorização religiosa do, §121

Teshik Tash, 23

Teshup, §46, 143, 150, 157

thémis, 250, 408

Thorr, 28

Tiamat, §21

Tifoeu, 240s.

Tífon, 146

timê, 250

Tistrya, 309s., 422 n110

titanomaquia, 240s.

titãs, chacinam e devoram Dioniso-criança, 349, 427

tjurunga, e os seixos pintados do Mas d'Azil, 43

Torre de Babel, 166s.

tragédia, criação dionisíaca, 351-2

transfiguração (*fraso-kereti*) do mundo, 297s.

Três Irmãos, gruta dos, 28, 29, 30

Triptólemo, 279

trovão, deus do, 186

Tutancâmon, 97

Ugarit, §48

união dos contrários (Varuna), 197-8

upanayama, 210-1, 214

Upanixades, §80, 402 n80

Upelluri, o Atlas hurrita, 148

Urano, 150, 153, 238s.

Urshanabi, 85-6

Utnapishtim, 71, 84-5

Utu, deus solar sumeriano, 71, 72, 73

vara, 313, 423 n112

Varuna, §65-67, 396; ambiguidade de, 197s.

vegetação, solidariedade mística entre o homem e a, 50s.

vegetocultura, 48-50

"Vênus" pré-históricas, estatuetas das, 32-3

viagem, da alma depois da morte (Irã), §111

vida *post mortem ver* existência

Vishnu, na época védica, §71

Visvakarman, 217, 219

voo mágico, 37

vratya, 227s.

Vrtra, combate contra Indra, 199s.; Varuna assimilado a, 197

Wildenmannlisloch, 26

xamanismo, entre os paleolíticos, 30-2; e vocação xamânica, 261s.; grego, 410 n91; iraniano, 294s., 419

Xiva, §39

xvarenah, 293, 300s., 313, 420

Índice remissivo

Yam, §49, 153
Yasht, 307s., 309
Yasna, 306, 309
Yasna-de-sete-capítulos, 306, 422 n108
Yima, 313s., 423 n112

zagmuk ("começo do ano", em sumério)
  ver Akitu
Zagreu, 348s.

Zálmoxis, comparado a Dioniso, 348
Zaratustra, cap. XIII; 417-9; sua vida,
  §101; êxtase xamânico, §102; a
  revelação de Aúra-Masda, §103;
  mitologização de, 293s.
Zeus, criança, 133s., cap. X, 186s.;
  Diktaîos, 137
ziqqurat (zigurate), 169
Zisudra, e o dilúvio sumeriano, 71

1ª EDIÇÃO [2010] 9 reimpressões

ESTA OBRA FOI COMPOSTA POR LETRA E IMAGEM EM MINION E META PRO
E IMPRESSA EM OFSETE PELA GRÁFICA PAYM SOBRE PAPEL ALTA ALVURA
DA SUZANO S.A. PARA A EDITORA SCHWARCZ EM JULHO DE 2022

A marca FSC® é a garantia de que a madeira utilizada na fabricação do papel deste livro provém de florestas que foram gerenciadas de maneira ambientalmente correta, socialmente justa e economicamente viável, além de outras fontes de origem controlada.